LUXURY BRANDS MANAGEMENT

奢侈品品牌管理

方法与实践
CONCEPTS AND PRACTICE

李杰

北京大学出版社

图书在版编目（CIP）数据

奢侈品品牌管理：方法与实践/李杰编著. —北京：北京大学出版社，2010.5
ISBN 978-7-301-16655-0

Ⅰ. 奢… Ⅱ. 李… Ⅲ. 消费资料－工业企业管理：质量管理 Ⅳ.F406.3

中国版本图书馆CIP数据核字（2010）第017504号

书　　　名：奢侈品品牌管理——方法与实践
著作责任者：李杰　编著
责 任 编 辑：朱启兵
封 面 设 计：奇文云海设计顾问
标 准 书 号：ISBN 978-7-301-16655-0/F·2422
出 版 发 行：北京大学出版社
地　　　址：北京市海淀区成府路205号　　100871
网　　　址：http://www.pup.cn　　电子邮箱：em@pup.pku.edu.cn
电　　　话：邮购部 62752015　发行部 62750672　编辑部 62752926　出版部 62754962
印 　刷 　者：北京联兴盛业印刷股份有限公司
经 　销 　者：新华书店
　　　　　　889毫米×1194毫米　　16开本　　48印张　　836千字
　　　　　　2010年5月第1版　　2012年1月第3次印刷
印　　　数：7001—11000册
定　　　价：150.00元

未经许可，不得以任何方式复制或抄袭本书之部分或全部内容。
版权所有，侵权必究
举报电话：010-62752024　　电子邮箱：fd@pup.pku.edu.cn

献给我热爱的中国
献给中国热爱奢侈品的高雅消费者

你见，或者不见我
我就在那里
不悲不喜

你念，或者不念我
情就在那里
不来不去

你爱，或者不爱我
爱就在那里
不增不减

你跟，或者不跟我
我的手就在你手里
不舍不弃

来我的怀里
或者
让我住进你的心里

默然　相爱
寂静　欢喜*

---

* 源自六世达赖仓央嘉措藏文诗词。

序 | 王中军

很多年前,我脑子里总有这样一个画面——远离城市,开车驶入林荫大道,那里有大房子和颇具古风的庄园,周围是几百亩绿地,四周围着白色的栏杆,很多漂亮的马在里面奔驰……重视生活这一点上我可能比较特别,国人似乎不太习惯把工作和休假的时间分得特别明显,精神与物质常有分离。而我是一个懂得享受生活的人。对于我来说,我更看重的是物有所值,希望与我的家人、朋友们一起享受奢侈品所带来的幸福感。

33号私人美术馆(其实也就是我的家)就是这样一个地方。我喜爱的油画、雕塑作品在家中的长廊渐次展开,它们给我带来了很多的精神享受。可能和我先前接受过素描、色彩训练,学过绘画、美术设计有关系,我个人不太喜欢工艺色彩浓重的东西,倒特别钟情于新古典主义油画的样式。我觉着艺术家和整个时代的艺术主流不能脱离时代的审美趣味而生存,所以写实的逼真形象和唯美的艺术风格给我带来了极大的视觉愉悦和审美快感。时代的人文精神和价值体系使我陶醉在那些艺术家精湛绘画的技艺上。

奢侈其实是一种生活态度。闲暇之时,我喜欢坐在33号院子里喝杯茶、读读剧本、晒晒太阳,或是和三五好友知己聊聊天,甚是惬意。要是在空气清新的雨后,绿油油的草木间,院中的雕塑上也透出水汽,好像它们也有生命,在吮吸着自然的灵气。到了夜晚,院子里打上了灯光,这时聆听喷泉的水声,走在幽静的小路上,有着雕塑相伴,周围有股神秘的色彩,仿佛回到了16世纪的欧洲。既温馨又浪漫。

这就是我对奢侈品的理解,注重的是奢侈的体验,享受的是生活。

李杰友新作出版之际,写上一些思绪的浪花,作为祝贺。

董事长兼CEO
华谊兄弟传媒股份有限公司
2010年春于北京

序 | 雷荣发

当第一次听到李杰教授关于奢侈品品牌管理著书立说的计划时,我察觉到这是一个绝妙的主意,因为当下的中国市面上这一类型的书籍尚未问世。我相信,李杰教授的著作一旦出版,必定会引导中国消费者奢侈品消费的新潮流。

在西方,奢侈品消费者大多是社会名流和富豪阶层。他们对奢侈品品牌了如指掌,购买品牌是为了享受生活。罗·福塞尔在其《阶层》一书中说,欧洲的皇室贵族血统成员是"看得见的顶级阶层",而各个企业主是"高级阶层"。一般传统奢侈品牌,向来由皇室贵族首先进行引导消费,而"高级阶层"也随之效仿。以爱马仕为例,1956年,"Life"杂志封面是摩纳哥新皇妃格蕾斯·凯莉(Grace Kelly)拎着最大尺码、以鳄鱼皮制的爱马仕KELLY包,半掩着她已怀孕的身躯,流露闪亮妩媚的女性美。同样地,温莎公爵伉俪、小森美·戴维斯、英格丽·褒曼、罗兰·巴高、亨弗列鲍嘉、肯尼迪夫妇……均对爱马仕青睐有加。

在中国,奢侈品消费总额虽然水涨船高了,但消费者对奢侈品品牌是否真正地了解并出于喜爱才购买呢?还是仅仅因为"炫耀和盲从"呢?1997年的6月,爱马仕首次在北京王府饭店开设中国第一家专卖店时,知道的寥寥无几。十多年之后的今天,无数时尚名媛与影视明星变成了BIRKIN和KELLY的拥趸。英国《经济学人》最近说,"日本人曾经被认为是最盲信的消费群体,而现在中国人大有取而代之的趋势。"由此可见,中国的奢侈品消费依然存在"盲信"的特征。消费者需要更深入地了解奢侈品品牌的历史渊源和品牌形象,同样,奢侈品品牌也需要加强向消费者传播其核心价值。

我希望爱马仕能和更多的中国消费者分享其文化和价值观,包括:精湛的手工匠技艺、不断的创新意识和不懈追求完美品质的精神。恰逢此时,李杰教授为我们奉上这本新作,不啻于春风化雨。故为序,以为贺。

爱马仕中国区总裁
2010年4月于上海

序 赛理格

首先，我向李杰教授的新作面世致以最诚挚的祝贺！这是我见到的第一本为中国读者度身定制、系统研究奢侈品行业中国市场的专著。

Alfred Dunhill（登喜路）已在中国市场上活跃长达十七年之久，所以无论作为一个品牌还是一个企业，我们都亲历它在奢侈消费品行业中从一个小角色起步并逐步成为全球（男装）第二大奢侈品品牌的发展历程，并且渴望在不远的将来跃居第一。这些年，通过在广告和公共关系方面的战略投资，以及在一、二、三线城市零售布点的积极扩张，登喜路已树立起强大的品牌地位。同时，我们也与业主、开发商、媒体合作伙伴、政府机构以及客户建立了紧密的联系。众所周知，"关系"对于品牌地位的树立有着举足轻重的作用——它们对于任何一个正在进入新市场或者正在拓展已有业务的品牌而言，都是必不可少的。然而在中国，我们相信成功则将更多建立在对这个市场不断演绎着的千变万化关系的深刻理解和全面拓展上。

正是秉持着这样的理念，"登喜路上海之家"于2008年10月开幕了。位于20世纪20年代一幢原法租界花园别墅内的"登喜路上海之家"，将登喜路品牌精神的精髓与一种真实的生活方式体验完美融合在一起，将零售与艺术、佳肴和美酒以及奢华尊宠的服务与体验联系在一道。得益于这次具有重大意义的投资，登喜路得以扩充它现有的庞大关系网络，从而迎接我们的合作伙伴、尊贵客户以及媒体朋友。与众不同、新颖独特，伴随豪迈的奢华气派与生活品位——这样的理念使登喜路成功地从竞争激烈的中国市场中以主流奢华男士品牌的身份脱颖而出。

我预感这本书能够带领读者一同分享这些主流奢侈品牌的兴衰起落，帮助他们更好地适应蓬勃发展、日新月异的中国市场，从而成功地建立起属于自己的日不落事业王国。

登喜路(中国)董事总经理
2010年3月于上海

序

布鲁诺·兰纳

为李杰教授的新书《奢侈品品牌管理——方法与实践》作序，备感荣幸。

作为一家全球领先的国际咨询企业，贝恩公司为众多奢侈品品牌提供了多年的咨询服务。在欧洲，我们还专门设立了奢侈品品牌业务机构。贝恩已连续8年发布《全球奢侈品市场年度调研》。如今它已成为了解全球奢侈品市场容量与趋势的主要信息来源。

在中国，贝恩也与奢侈品行业内公司长期密切合作。我们发表了数篇报告与文章，探讨这一行业充满吸引力的发展状况。毋庸置疑，中国正向世界第一大奢侈品市场迈进。如果把内地消费者在香港与其他境外地区奢侈品消费也计算在内，这一趋势更加明显。

当然，中国奢侈品市场具备一些独有的特点。正如李教授书中描述的许多案例一样，即使已取得成功的品牌也必须充分了解这些特点，以便保持成功的优势。

举例来说，中国奢侈品市场目前仍是一个以男性消费者为主导的市场，这在一定程度上源于商业同仁之间礼品馈赠的传统。这也解释了为什么在中国最成功的时尚品牌是诸如登喜路（dunhill）、杰尼亚（Zegna）等男性品牌。

同时，中国也是一个品牌林立、竞争激烈的市场。所有的全球品牌，无论历史悠久与否，都在竭力争取越来越挑剔的中国消费者。这意味着竞争成本不断上升，由此也导致规模较小或进入市场较晚的品牌在实现盈利方面面临愈加棘手的挑战。

在中国奢侈品市场，互联网等新型信息技术手段已起到举足轻重的作用。中国消费者将互联网视为了解奢侈品牌的主要信息来源，许多全球品牌也注意到了这一点，并设立了中文官网。我认为奢侈品品牌目前对互联网的简单使用将在今后数年内发展成为网络社区（如"兰蔻玫瑰社区"），甚至是电子商务网站。

本书探讨的大量案例令内容深入浅出，不仅适合奢侈品业界的专业人士阅读，而且对一般读者来说，想要更多了解奢侈品这一充满魅力行业的情况，也一定能获益良多。我相信此书将大获成功。

贝恩公司合伙人
大中华区消费品、奢侈品及零售业务
2010年4月8日

奢侈品品牌管理——方法与实践

目录 Contents

前言   1

绪 论

品牌故事：娇兰(GUERLAIN)——跨越三个世纪的幽香   2
0.1 奢侈品历史   13
0.2 奢侈品定义   14
0.3 奢侈品分类   20
0.4 奢侈品特点   20
0.5 奢侈品市场   29
0.6 奢侈品行业   32
讨论案例：布加迪(BUGATTI)——男人世界最昂贵的跑车   36

第一篇 走进品牌世界

❶ 品牌及其管理   43

品牌故事：路威酩轩(LVMH)集团——缤纷奢侈帝国   43
1.1 品牌基础   51
1.2 品牌与顾客   60
1.3 品牌管理概要   63
1.4 品牌未来发展   82
讨论案例：世界舞台酒业巨子——三分觥筹世界   83

❷ 奢侈品市场环境   97

品牌故事：兰博基尼(LAMBORGHINI)——浴火重生   97
2.1 全球市场概况   101

2.2 欧洲市场	124
2.3 美国市场	127
2.4 日本市场	128
2.5 新兴地区市场	131
讨论案例：蔻驰（COACH）——驰骋新兴市场	134

❸ 奢侈品品牌核心 — 143

品牌故事：戈雅（GOYARD）——贵族气息与时尚梦幻	143
3.1 奢侈品品牌要素与特征	146
3.2 奢侈品品牌核心竞争力	161
3.3 奢侈品品牌溢价	167
3.4 奢侈品品牌成功模式	169
讨论案例：乔治·阿玛尼（Giorgio Armani）——左手前世，右手今生	174

第二篇 奢侈品品牌管理

❹ 奢侈品品牌传播 — 185

品牌故事：宾利（BENTLEY）——两个座位，决定一个世界	185
4.1 奢侈品品牌传播概述	188
4.2 奢侈品品牌传播模型	193
4.3 奢侈品品牌传播应用	212
讨论案例：蒂芙尼（TIFFANY）——早餐的艺术回声	228

❺ 奢侈品消费者 — 239

品牌故事：杰尼亚（Zegna）——伟大心灵，惊奇共鸣	239
5.1 消费者与品牌	244
5.2 奢侈品消费群体	248
5.3 奢侈品消费者决策历程	259
讨论案例：登喜路（dunhill）——英伦绅士	283

❻ 奢侈品品牌体验 293

| 品牌故事：依云(EVIAN)——神水的滋润 | 293

6.1 奢侈品营销独特性 299
6.2 奢侈品营销方式 301
6.3 奢侈品营销中的品牌体验 324
讨论案例：普拉达(PRADA)旗舰店Epicenter——终极震撼 348

❼ 奢侈品客户关系管理 357

| 品牌故事：哈雷戴维森(HARLEY-DAVIDSON)——极致之我 | 357

7.1 客户关系管理（CRM） 363
7.2 奢侈品CRM模式 371
7.3 奢侈品CRM应用 373
7.4 奢侈品CRM团队 380
讨论案例：希尔顿（Hilton）——CRM至高无上 387

❽ 奢侈品分销渠道 397

| 品牌故事：万宝龙(MONT BLANC)——中国情愫 | 397

8.1 奢侈品渠道结构 404
8.2 奢侈品销售终端类型 407
8.3 奢侈品销售终端管理 416
讨论案例：保时捷(Porsche)——激情韵风 420

❾ 奢侈品产品创新和定价策略 433

| 品牌故事：VERTU——奢华定位品位 | 433

9.1 奢侈品产品创新 436
9.2 奢侈品品牌独特定价 442
讨论案例：伯瓷酒店(BURJ AL-ARAB)——沙海帆影、天上人间 457

❿ 奢侈品品牌文化 463

| 品牌故事：卡地亚(Cartier)——奢华的态度 | 463

10.1 奢侈品品牌文化特征 466

10.2 奢侈品品牌文化定位　　475

10.3 跨文化奢侈品品牌管理　　488

讨论案例：爱马仕(Hermès)——橙色经典、斑斓诱惑　　491

⑪ 奢侈品品牌维护与发展　　503

| 品牌故事：巴宝莉(BURBERRY)——凤凰涅槃 |　　503

11.1 奢侈品品牌审计　　510

11.2 奢侈品品牌保护　　516

11.3 奢侈品品牌组合　　525

11.4 奢侈品品牌延伸　　530

11.5 奢侈品品牌危机管理　　533

讨论案例：LVMH欲购GUCCI——画眉深浅入时无　　544

⑫ 奢侈品品牌管理者　　551

| 品牌故事：百达翡丽(Patek Philippe)——人类手工文明 |　　551

12.1 奢侈品品牌业务战略模型　　557

12.2 奢侈品品牌高层领导者　　563

12.3 奢侈品行业人员招聘与培养　　566

12.4 奢侈品行业市场人员管理　　572

12.5 奢侈品行业销售队伍管理　　575

12.6 奢侈品公司与营销合作伙伴　　580

讨论案例：丽兹卡尔顿(Ritz Carlton)——文化浸透灵魂　　582

第三篇　奢侈品品牌在中国

⑬ 奢侈品品牌全球化、标准化与本土化　　591

| 品牌故事：历峰(RICHEMONT)——广表的商业帝国 |　　591

13.1 奢侈品品牌的全球化　　596

13.2 奢侈品品牌的标准化	607
13.3 奢侈品品牌全球化、标准化与本土化辨析	610
讨论案例："上海滩"（Shanghai Tang）——打造源自中国的奢侈品品牌	613

⑭ 奢侈品品牌中国市场立体观   617

品牌故事：琉璃工房——东方友谊传播使节	617
14.1 奢侈品中国市场环境	621
14.2 奢侈品中国消费市场分布	628
14.3 奢侈品中国消费群体概述	634
14.4 奢侈品品牌传播在中国	644
14.5 全球奢侈品品牌中国挑战	658
讨论案例：奔驰（BENZ）与宝马（BMW）——相得益彰的博弈	664

⑮ 中国市场本土品牌发展借鉴   675

品牌故事：中国茅台——华夏文明源远流长	675
15.1 本土品牌与品牌全球化	681
15.2 本土品牌发展战略路径	684
15.3 发展本土的奢侈品品牌	695
讨论案例：吉利（GEELY）与沃尔沃（VOLVO）——远交近攻、迷踪无影	711

参考文献	736
案例索引	743

前言

奢侈品品牌管理（Luxury Brands Management）是一门世界范围内的新兴管理科学，在中国更是如此。多年来，受直觉驱使，我对中国市场奢侈品消费的奇特现象始终保持着持续的"好奇心"，留意观察、不断比较中国本土丰富的实践活动以及欧、美市场奢侈品品牌的历史演进，尝试着从全球化视野和本土化市场两个维度来观察、探究奢侈品品牌发展规律，力图探及新兴转型的中国市场对奢侈品消费由冲动至理性、从狂热到成熟的演变规律。

品牌与消费者相生相伴。消费者通过购买某种品牌的商品而显露认可心理，二者是一种纽带或者说约定的关系，奢侈品品牌与消费者之间的关系同样如此。今天的消费者开始关心奢侈品品牌的历史故事和由此形成的品牌性格特征，变得更加关注其与自己地位是否相称。奢侈品品牌的故事既包括品牌与环境、艺术、文化和娱乐的联系，也包括与技术、工艺以及道德、伦理、公司社会责任感这些方面主旨的关联。毫无疑问，一个品牌的历史重要性是不言而喻的，其通过一个背景故事巧妙吸引消费者，扩大品牌的交流能力。作为一种沟通手段，历史和传承同样加强了一个品牌的身份和吸引力。人们用像"经典"、"手工"和"贵族气息"等词语唤起对悠久历史的追忆。不经意间，奢侈品消费者通过欣赏品牌背景故事增加了对奢侈品品牌的依恋。消费者的这种依恋通过对品牌所传递承诺的真切感悟逐渐演绎成对奢侈品品牌的眷恋、高度信任和后期的忠诚。

一般来说，消费者期望包括功能性和象征性需求满足二方面。功能性需求是商品明确的、可操作的好处；象征性需求涉及无形优势，与消费者情感和心理维度相联系，包括自我和自尊的需求满足、加强社会地位、投射自我形象等。自我形象是消费者真实自我的延伸，真实自我是现实中的自我，而他们理想中的自我是他们想要成为的人，社会自我则是人们想要在他人心中树立的形象。虽然有形和无形的优势是由奢侈品品牌起源而来，但要洞悉的是，奢侈品品牌对于消费者的核心价值是无形优势在起重要作用。无形的层次带给奢侈品品牌在品牌塑造上的声望并反馈在消费者的偏好和购买决策过程中。消费者对奢侈品的情感来源于奢侈品品牌作为个人和社会身份的象征——奢侈品品牌能够帮助消费者定义强调自身类型或者希望成为的人，这种定位也决定了"我"将与哪一类人进行交往。于是，消费者和奢侈品品牌的关系将重心从逻辑和功能性上的满足就悄然转移到了人们常说的非理性之情感部分。

对于创建奢侈品品牌，包括业界也普遍认为在当今奢侈品商业环境中非常困难。因为一个奢侈品品牌通常需要几十年持续的努力才能确定其奢侈品地位。同时，因为要在全球市场推出，需要持续地投入大量资本。加之奢侈品行业本身是一个相对封闭、狭窄的行业，行业同仁和消费者群体都不容易接受新来者。

尽管如此，今天的奢侈品品牌世界还是开始逐渐向更广泛意义的边界延伸。虽然历史和传承在奢侈品品牌形成中至关重要，但是人们开始质疑创建一个奢侈品品牌时这些要素是否必不可少。看来历史和其遗产会继续推动着传统的奢侈品品牌发展，但却不构成现代时尚奢侈品品牌创立的必然要素了。

毋庸讳言，奢侈品时尚界要求能够敏锐地捕捉消费者行为及其变异，但是奢侈品品牌天生注定要对人类文明和时代的审美情趣有着自己独特的洞见，并且能够以恒定的核心价值观来引导消费者需求的理念。在过去，奢侈品因良好的设计、昂贵以及品牌影响力而销售通畅；而在今天，由于不断加剧的竞争环境压力，使得奢侈品品牌在吸引、保留消费者兴趣和忠诚的寻求方面更具挑战性。奢侈品消费者要被更多的惊喜、挑逗或迷惑所吸引，以追求更新境界的愉悦。Porsche就是意识到逐渐宽泛的运动、休闲类社交对于塑造当今消费者期望和眼界的影响力，以预见性的设计不断地满足消费者期望，从而在包括中国的全球市场获得巨大成功。Calvin Klein同样如此。

2010年，中国继续以一种坚定的步伐进入发展的新纪元。这种坚定的前进速度，令整个世界惊讶。虽然全球范围的金融危机令世界对中国有过怀疑，但2009年中国8.7%的GDP增长率让世界不得不重新审视这个新兴转型的国家。然而让全球再一次瞩目的则是中国的奢侈品消费，在全球奢侈品市场普遍出现萎缩的2009年，中国奢侈品消费却跃升到全球市场份额的27.5%，超过美国，成为仅次于日本的世界第二大奢侈品消费国，增幅居全球第一……中国市场需要一本系统的奢侈品品牌管理论著！

《奢侈品品牌管理——方法与实践》就是在这样的中国时代背景下诞生的。本书是目

前言

前中国市场最早系统地阐述奢侈品品牌管理的尝试性作品之一,以三部分16章的篇幅,努力将奢侈品品牌管理的理论体系融入到众多鲜活的奢侈品品牌历史故事和当今丰富的实践中去,对奢侈品品牌代表的品质、人性关怀、文化传承与丰富的内涵积淀作了较为系统的诠释;从奢侈品品牌内涵、外延、关键成功要素、商业模式、具体管理方法,到市场环境、奢侈品品牌体验、品牌文化,再到奢侈品客户关系管理、渠道、定价、产品创新等,一一作了较详尽的理论说明并以案例支撑。

出版本书的另一个目的是希望对中国本土品牌的发展提供某些借鉴,并对中国企业提炼品牌DNA,有效掌控、驾驭品牌发展规律提供具有可操作性的参考。我相信中国的企业家们通过学会必要的品牌战略组合,一定能够为全球市场、各国消费者提供更加全面、系统的服务。基于这样的目的,吉利购并VOLVO的案例也同样收进了本书。

感谢美国哥伦比亚大学教席教授、上海交通大学管理学院特聘院长陈方若博士和管理学院执行院长田澎教授热忱提供的许多重要参考以及不断的思想交流与建议。

感谢我的学术合作伙伴,美国哥伦比亚大学教席教授、全球品牌领导中心主任Bernd H. Schmitt博士多年来的学术支持,他的战略思维和品牌体验营销理论给我启发良多。

感谢我的学术合作伙伴,上海交通大学品牌研究中心主任余明阳教授,管理学院营销系主任滕乐法教授,他们积极的反馈对本书的提升起到了重要作用。

感谢中欧国际工商学院教授、副院长兼中方教务长张维炯博士,感谢中华思源爱心火炬基金会主席成卓博士,感谢北京大学出版社副社长张涛先生、副总编杨立范先生、经济与管理图书事业部主任林君秀女士、责任编辑朱启兵先生。特别鸣谢众多奢侈品品牌公司。他们的热情襄助使得本书内容进一步丰富,他们的热心帮助使得本书顺利出版。

此外,我的研究助理和研究生们也贡献了他们宝贵的时间和精力。特别需要提及的是张金鑫、马长征、杨勇、刘启明、姚晓祺、姚夫妙、郑怡、朱洁、丁安、余昕翌、林佑璇、孙凯伦、钱澄湲、杨从蔚、单燕雯、徐楚。我真诚地感谢大家的帮助。

李 杰
世博前夕于上海

绪 论

名品牌重要诉问不断凝而品牌问题成为企业界关注的重大话题,建新合资的环境下,越来越多的企业已意识到,如果没有品牌的支撑,企业的产品很难在激烈的市场竞争中立足,方向的品牌也能成为企业具有价值的财产之一。可口可乐饮料早就具有了数百亿美元的价值,面对外来品牌,"品牌"已经成为其一部分。著名品牌可以帮助许多人挣钱,为名牌厂商了那些国际知名大牌精品,它们通过诉求传递理念的名顾客和其具有深厚地域品位保持各的声誉,有自己独特的文化理念在地的传播中你可以没有资金,可以没有厂房,甚至可以没有人,但你不能没有品牌。当然也会有其他类型人,品牌作为现代工业和消费有品牌的招牌,进入正式的商业运营和学术研究还只是近代词进入正式的商业运营和学术研究还是二十世纪初期的事情,但溯源合品牌词却可以追溯和考见不远古时期。

> 奢侈的对立面从来不是贫穷，而是庸俗！
>
> ——加布瑞拉·香奈儿（Gabrielle Chanel）
>
> Chanel 创始人

品牌故事：
娇兰（GUERLAIN）——跨越三个世纪的幽香 *

从1823年到现在，娇兰（GUERLAIN）已经成为世界上最富有传奇色彩的香水家族，不提到娇兰系列，香水历史是无法书写的。其品牌价值就是奢华与创造完美的和谐，每一款在当时都堪称先锋之作。它们既独领风骚，又将"和谐"的传统世代相传。

大概只有像娇兰这样出身名族的香水，才能有资格把举世闻名的香榭丽舍大道印在香水瓶上，仿佛在诉说这里是巴黎，是花之首都，是浪漫之王国。它因讲求别致时髦而迷人，令穿戴极具巴黎时尚风格的女性充满了从容自主的特性。这来自巴黎的浪漫幽香，会带你

---

* 本案例由作者根据多方资料整理而成，下同。

到法国、到巴黎、到香榭丽舍大道，去感受全世界的优雅与浪漫。凯旋门、埃菲尔铁塔……凡是这条街上有的举世闻名的景色，都华美地贯穿于瓶里瓶外。在香水界，娇兰几乎就是经典香水艺术的代名词，它将非常简单的理念付诸实践，创造出高品质的产品。永远不在质量上欺骗顾客，是娇兰代代传承的经营理念，而娇兰公司所聘请的专业调香师在富有想象力、创造力的同时，也具有娇兰家族特有的洞察力，在奢华和梦幻中彰显睿智。娇兰家族的继承者让·保罗·娇兰曾经游历全球，在各地寻找配制香水的天然精华。他说："我觉得，到各处走走，亲自挑选制作香水的材料，只有这样，才能继承娇兰的传统，保证我们的品质。"卓越的品质使娇兰香水脱颖而出，完美的程序、精巧的成品、卓越的工艺，正是这一切构成了娇兰独一无二的风格。

神奇的香料配方是娇兰香水的芳香标记，而娇兰香水的制作过程，就仿佛是作曲家谱写一首交响乐，指挥所有的香料，按照香水的风格，抒写最和谐动听的乐章。它传递着知性与感性之美，立体透明瓶装设计，强调女性的内在美感，让你感觉仿佛是身处欧洲皇室，让你经历奇幻瑰丽的旅程。光滑的瓶身仿佛佳人细腻、性感的肌肤，盈盈握在掌间，经典不言而喻，只有娇兰香水才能告诉你瞬间何以隽永。而其借由香气所散发出的那种与众不同的美丽，更是令人陶醉，让人痴狂。清新柔美的香气使每个女人散发出不同的女人香，让女性的婉转与妩媚楚楚再现。不管是谁，只要涂上这种充满活力、众人爱怜的香水，似乎都能愉快地一步步迎向幸福的人生。

精致与华丽的典范

娇兰把握了传统资源与创新精神这两者之间的平衡，成就了香水史上的奇迹，从中也可窥见娇兰的光辉成就。在品质的保证下，娇兰开创并引领着未来潮流，所以，瓶盖开启时，让·保罗·娇兰说："但愿醉死于香水。"

"光辉实属短暂，只有美誉才是永恒。"娇兰香水创始人皮埃尔·娇兰曾如是说。作为一个颇负盛名的国际品牌，娇兰香水自创立180多年以来，推出的香水品种超过300种（见表0-1）。这个香水王国中最明艳的骄子，以它那特有的贵族气质与优雅浪漫的品质保障，奠定了它在法国及世界香水界的品牌地位。

时光追溯至1828年，从娇兰的创始人皮埃尔·娇兰开设第一间香水专营店起，娇兰即专注于创制不同种类的独特香水及香精，以配合不同人士的性格特质。由于其概念崭新，

表0-1 娇兰香水系列编年纪

瓶身外型	年代/名称	灵感与主题	瓶身外型	年代/名称	灵感与主题
	1828—1899 Eaude Cologne	风华绝代的欧也妮皇后 欧洲宫廷		1900—1920 HEURE BLEUE （蓝调时光）	古埃及风味落日 黄昏前最后一缕阳光
	1925 SHALIMAR （一千零一夜）	东方情结 浪漫爱情故事		1930—1940 VOL DE NUIT	追求无止尽 同名小说
	1945—1960 FLEUR DE FEU	美国摩天大楼		1960—1979 NAHEMA	寻找和谐 追求宁静的内心世界
	1960—1985 CHAMADE、 JARDINS DE BAGATELLE	永恒的女性 自信独立的女性		1979—1990 VETIVER （伟之华）	男性纪元
	1992—1994 HERITAGE （传奇） PETIT GUERLAIN（小娇兰）	将未来注入传统		1996 CHAMPS- ÉLYSÉES （香榭丽舍）	征服含羞草 巴黎女人的特质
	1999 花草水语系列	对大自然的热爱		2005 AQUA ALLEGORIA	夏日里花园中的鲜花

随即倾倒万千女性，从而闻名于世，并于1854年被拿破仑三世皇后欧也妮钦选为御用香水。而娇兰当日特为皇后欧也妮研制了"皇家香露"迷人香水及其独有的金箔蜂姿舞香水瓶，人们至今仍可在娇兰美容中心一睹其芳华。

皮埃尔·娇兰先生于1864年离开人世后，他的庞大产业便由他的两个儿子继承。爱默继承了父亲的天赋，在老人逝世仅五年后就推出了著名的"姬琪"，这款香水和以前的香水都不同，非常时髦，非常完美，被视为第一款现代香水，是一个伟大的经典之作。香水瓶由娇兰家族的人担任设计，巴卡莱特制造，模仿了古典化学试瓶的样子，瓶塞很像香槟酒瓶塞，象征着香水所代表的快乐和幸福。1906年，在娇兰家族第三代雅克的手中，又诞生了另一款经典香水——"水波"，随后娇兰公司又推出花香调东方香型的"忧郁"，这是雅克献给爱妻的礼物，也是对考迪公司的"牛至香精"香水在商业上的回应。

对富有阶层来说，二战之前的日子每天都像是庆典，而娇兰公司也适时推出了一系列香水，如带有日本风格的"东瀛之花"，东方风情的"莎乐美"，还有以歌剧《图兰朵》中的一个角色命名的"柳儿"，以及向电影界献礼的"长夜飞逝"。娇兰的事业始终在拓展，并在其他国家开设了许多分店。但是战争的爆发破坏了娇兰的生意，战后的重建是一个相当缓慢的过程。1955年，雅克·娇兰和自己的孙子让·保罗·娇兰一起制作了他一生中的最后一款香水，而让·保罗·娇兰也借此机会继承了娇兰家族敏锐的嗅觉，在1969年为娇兰香水家族增加了新成员——"迷醉"，它使人联想到战时的鼓声、心跳声和投降的场面。

在娇兰诸多香水系列中，"TOO MUCH"香水应该算是最有特色的一款。此款香水能引发每个女人内心最深处与生俱来的独特香气，带给每个女性青春飞扬、前所未有的轻快和彻底活出自我的感觉。它表现了女性的所有优点，崇高、浪漫、知性、活泼，表达了所有激动人心的爱情故事和特殊时刻轻松、有趣的一面，汲取了香榭丽舍女士香水的所有优点，同时增加了其他元素。香水瓶子以优雅而极具时代感的香榭丽舍大道设计为主，饰以梦幻般闪烁的彩虹色调，美得令人目眩。黄色的透明喷雾器，线条圆滑，更加强香水瓶子纤瘦流畅的线条感。银色的金属瓶子上有漂亮的回纹饰，加上两个金色的娇兰圆形凹凸纹，高雅而性格鲜明。

今天，娇兰创制经典香水的传统艺术，仍由让·保罗·娇兰贯彻延续，他的首要任务，便是严格控制香水的品质。在他看来，一个优秀的香水创造者，要具备分辨香水的记忆力，以及钟爱女士的浪漫情怀。因此，由他创制的香水，均旨在激发每位女士蕴藏的独特魅力，让她们倍添诱人风姿。1996 年，迄今为止由让·保罗·娇兰出品的系列香水中最卓越的一款——"香榭丽舍"问世。此款香水完美的花香型，主要由含羞草、含羞草叶和醉鱼草构成。"香榭丽舍"的瓶子由罗伯特·格拉奈设计，他从 1959 年开始设计了娇兰所有的香水瓶。1998 年，娇兰又有限量的香水出售，那就是为了纪念娇兰的创始人诞辰 200 周年的"娇兰沉香"。

随着时光流转而历久弥新的专有技术造就了辉煌的娇兰王国，也使得娇兰众多的香水产品均散发永恒魅力。娇兰，不仅代表瞬间的辉煌，更象征着永恒的美誉，它的光辉成就早已超越时空。

国际香水业的拓荒者

身为国际香水业大师，皮埃尔·娇兰先生当时在整个欧洲的地位实属独一无二，单是使用他旗下香水的名人就数不胜数，这其中包括欧也妮皇后、维多利亚女王和无法使人忘记的奥地利皇后希茜。

1828 年，当年轻的皮埃尔·娇兰从英国学成归来，并在法国创办香水店的时候，大概没有想到，他的家族将因为无形无色的气味，在此后的一个半世纪里，成为了永恒芬芳、经久清香的代名词。

皮埃尔·娇兰是一个才华横溢的艺术家，出生于巴黎。他早年去英国学习化学，学成后返回法国，住在巴黎。1828 年，身为医生和药剂师的他本着对香水的钟爱及对精妙品质的不懈追求，经过反复试验和多方面的大胆尝试，终于得以在巴黎开设了一家香水专营店。最初，娇兰的香水店里出售的多为自英国进口的时尚品。也许是命运，也许只是巧合，医学背景为他提供了发挥灵感的现实途径，皮埃尔·娇兰开始调配香水。这位年轻的香水家在一个街角的小工厂内，发明了很多崭新的香水品种。于是，原本虚无地充盈着的灵感，开始一滴一滴地凝结在瓶中，堆积成"液体钻石"。

皮埃尔·娇兰的灵感往往来自漂亮的人物和难忘的气氛，也有顾客专门请他为某位女子、某次宴会调配特别气味。从 1830 年开始，他尝试着把他的香水产品个性化，为某个特定的人或场合而制造。在皮埃尔·娇兰创立他的生意之初，他就以能为客户配制不同个性的香水而出名。当时娇兰最著名的顾客是大文豪巴尔扎克，但是仅这些还远不足以说明娇兰在法国乃至欧洲香水历史上的地位。

当时巴黎即将重建，一条林荫大道即将出现在人们面前，而娇兰很快就在新建的帕斯大道上设立了办事处，并开办了一家工厂。在两个儿子爱默和加布里埃尔的帮助下，他的品牌逐渐建立起良好的声誉，曾得到过比利时王后给予的王室许可。1853 年，皮埃尔·娇兰亲自研制出品的"皇家香露"的瓶子上印有拿破仑时代的蜜蜂标志，因此得到了欧也妮皇后的欢心，皮埃尔·娇兰也因此被指定为皇家御用香水师。

早在鲜有人懂得开拓香水这个市场并把它列为可发展的工业时，皮埃尔·娇兰先生已全情投入到这个市场中来。1870 年，皮埃尔·娇兰加入皮尔·卡丹设计室，开始自己的事业，成为一位多产而有灵感的设计师。1876 年，他开始以个人名义发布服装系列，很快以勤奋工作和超凡才能荣登全球顶级设计师宝座。"我的热情就是做关于身体的工作，我创造能够展示内在的第二层肌肤。"这是激发他创作的源泉和动力。他设计的香水系列充满了个人风格，浓烈而性感。最有趣的是大师采用了男人和女人的身体轮廓，作为香水瓶身设计的概念，体现了他的独特思路。

娇兰是名副其实的香水家族，皮埃尔·娇兰一手创立家族事业，而其儿子爱默及加布里埃尔更是将事业发扬光大的天才。1884 年，皮埃尔·娇兰逝世，秉承了父亲天赋的大儿子爱默接管了娇兰公司，他凭借着一系列新款香水的不断推出，迅速巩固了娇兰在香水业界的地位，从而为娇兰的非凡成就打下了坚实的基础。1900 年，娇兰家族事业传至第三代，加布里埃尔的两个儿子成为接班人：皮特专责管理，雅克专注创作。对于历史如此悠久的公司而言，最大的挑战莫过于如何把握传统资源以及创新精神这两者之间的平衡，在不失既有创作风格的前提下，开创并引领未来潮流。雅克承担起了这个艰巨使命，推动着娇兰公司继续向前发展，从而成为 20 世纪香水界无人不晓的大师级人物。雅克神色郁郁，沉默寡言，对应酬场合有天生的厌恶，与其他大师不同的是，他在家里进行香水的整个调配过程，而不是在工厂的实验室里。兄弟两人通力合作，最终奠定了娇兰在香水领域的领导地位。

真正的时尚也许总是在其身后有着不动声色的傲人历史。出自皮埃尔·娇兰之手的极品层出不穷，其中任何一款都足以使他的名字书写在香水史上，于是有人说，皮埃尔·娇兰的一生就是法国香水的历史。

市场竞争情况

由图 0-1 可见，在世界香水业总体等级划分中，娇兰属于仅次于顶级的奢华级，平均每瓶香水售价在 800 元人民币以上。其特有的贵族气质与优雅浪漫的品质保障奠定了它在香水世界中的品牌地位，加上较高的市场定价，使其目标客户定位于有一定购买力同时又追求精致生活质量的 25 岁以上女性。与顶级的海蓝之谜（La Mer）、蓓莉（La Prairie）品牌 2000 元人民币以上的定价拉开一定差距，有明显的价格分级，从而在价格上不形成明显竞争关系。而与之处于同一级别的希思黎（Sisley）、郝莲娜（HR）之间价格定位相当，但是不同的市场细分也使品牌各自拥有不同的目标客户：比如娇兰的香水开发创新能力与悠久制造历史使其在香水领域中更具专业化的优势；而希思黎则更多专注于护肤领域，追求完美的护肤效果，在香水方面更多是以限量产品或专属香水形式推入市场；HR 的彩妆更推崇专属于郝莲娜的独树一帜、大胆迷人并洋溢着耀眼神采的女人。

等级	价格	品牌
Top Luxury 顶级	2000+	La Mer, La Prairie（GA）
Prestigious Luxury 奢华级	800+	CPB / Sisley, Guerlain, HR
Mainstream Luxury 主流级	500-800	Lancome, SK-Ⅱ, Dior, Estee Lauder, Shieido, Chanel, Clarins
Entry Luxury 入门级奢侈品	350-500	Biotherm, FANCL, H2O, O Hui, Sofina / Clinique
Semi-Selective 选择性品牌	100-350	Amway Artistry Mary Kay Avon Anew / Aupres, L'Oreal Paris, Olay Ⅰ, Yue Sai
Mass 大众品牌	30-80	Olay Ⅱ, Nivea, Pond's, Neutrogena, Garnier, Maybeline, Avon
Low end 低端品牌	30-	Olay Ⅲ, Dabao, Mini Nurse

图 0-1 按等级划分的香水系列

娇兰与中国市场

长久以来，娇兰作为娇兰家族的私人产业在欧洲一直享有相当高的声誉。不过由于是家族企业，其市场策略就难免有些保守，这使得它在一段时期内在开拓其他市场方面力度有些薄弱。虽然娇兰并没有像瑞士钟表企业那样曾经一度面临极其严重的生存危机，但保

表 0-2　2006 年全球香水销量排行榜

排名	所属品牌	香水系列	排名	所属品牌	香水系列
1	Dior	J'adore	11	D&G	D&G Pour Homme
2	Davidoff	Cool Water	12	CHANEL	Allure
3	LANCÔME PARIS	Miracle	13	CHANEL	Chanel N°5
4	D&G	Light Blue	14	Laura Biagiotti	Laura
5	CHANEL	Chance	15	BOSS HUGO BOSS	Boss Woman
6	BOSS HUGO BOSS	HUGO Women	16	paco rabanne	Ultraviolet
7	CHANEL	Coco Mademoiselle	17	Jean Paul GAULTIER	Le Male
8	cacharel	Noa	18	KENZO	L'Eau Par Kenzo
9	cacharel	Amor Amor	19	CERRUTI 1881	Nino Cerruti
10	Thierry Mugler	Angle	20	GIVENCHY	So Givenchy

资料来源：全球中文排行榜（http://www.cwrank.com/prime/data.php?id=440）。

守的市场策略还是使它错过了在亚太地区市场上获得发展的最好时机。

从20世纪80年代开始，美日化妆品品牌在亚太地区市场上先后取得了成功，这极大地刺激了法国化妆品产业的神经，于是法国化妆品企业成立了几个大型奢侈品集团，在亚太地区市场上与美日化妆品品牌展开对抗。而娇兰也于1996年加入著名的路威酩轩（LVMH）集团，开始向亚太地区拓展自己的业务。

像许多奢侈品品牌一样，娇兰最早进入中国时，也是通过代理商销售其产品的。但是后来由于市场的扩大，公司决策层认为应当更积极地介入到这样一个发展迅速的市场中来，由自己来控制娇兰品牌，于是开始从代理商那里收回代理权，并且于1999年在上海成立了娇兰中国区总部。

虽然没有了代理商，娇兰也正在逐步建立自己的直营网络，包括独立开设的50多家直营专柜，但是一些区域经销商在娇兰的营销体系中还是占有相当重要的地位。就网络而言，娇兰直营所覆盖的面不会特别大。目前，在中国这样一个巨大的国家，娇兰只在很少的城市建立了直营售点，其他城市仍然需要通过经销商来填补。不过即便是经销商，也都处于娇兰严格的管理和控制之中。比如经销商在哪里开设专营店，在哪个商场设专柜，专柜在商场的哪个位置，都要经过娇兰严格的审核，其中一个重要原则就是要避免与那些"烂品牌为伍"。另外，专柜和专营店的装修设计都要由娇兰包办，以防止品牌形象出现偏差。

拥有专柜只是获得了一个可以直接面向消费者的渠道，但最终为消费者所认可，娇兰还有很多工作要做，特别是必须要使品牌更具有力量。

除了悠久的历史足以让人信任之外，娇兰的产品还有另外几大卖点。比如其包装上特有的金色标志，已经成为娇兰凸显其豪华气质的一个重要方式。事实上，许多人为拥有这些独特的金色包装而自豪。而娇兰的幻彩流星粉球也一直被许多人认为是世界上最好的散粉，在所有品牌的粉或者粉饼中它的价格最为昂贵，但销售势头仍旧非常强劲。

即便有这些骄傲，但是与娇兰辉煌的历史相比，作为法国最负盛名的化妆品品牌，其目前的品牌声望与市场业绩还是大大地落后了。即便是在同一集团内，娇兰至少在中国的品牌声望、市场业绩也落后于迪奥，可以说娇兰直到现在还在为它当年的保守而买单，而努力追赶上那些市场上的领导品牌也成为其中国区最大的梦想。

同许多奢侈品品牌一样，在品牌推广方式上，娇兰也很少做大众类型的广告，公司认为针对大众的广告对其产品而言是一种浪费，因为娇兰的消费者注定是一个不大的群体，这也就意味着针对大众的广告所覆盖的绝大多数受众都不会是娇兰的客户。其次，如果在大众媒体看到娇兰的广告与一些廉价产品为伍，也会降低其品牌的品位。因此，娇兰的广告主要投放在一些针对小众的媒体上，比如时尚类杂志。此外，举办各种赞助及公关活动也被放在一个重要的位置。

  奢侈品，曾经在某些人理解中，是生活骄奢淫逸、腐化的代名词，甚至时至今日仍然如此。然而随着人类文化的进步、人们生活水平的大幅提高，消费者对奢侈品的认识已开始发生巨大的改变。以欧洲文化（特别是文艺复兴时期后的飞跃）为代表的奢侈品品牌文化所赋予的对人类文明的共同认可正逐步被消费者所认同，奢侈品在道德上、理念上获得了广泛的社会认同，不再被认为是富裕阶层的穷奢极欲，也不再是上流社会少数人的专用品。奢侈品代表的是一种对生活的态度，消费者拥有奢侈品，已从过去单一的显示自身地位、财富转化为进一步彰显对品味、对更高品质生活的追求，进而演变成为一种崭新的生活方式。

  奢侈品光彩夺目的外观、稀有的材料以及昂贵的价格是其富贵象征的一方面，另一方面则是对生活、对独特历史文化背景内涵的外在表现的追求。奢侈品是艺术、文化、科技和自然的综合体，代表着现代经济产品的最高境界——不是因为奢侈品就代表优秀，而是因为优秀才有可能成为奢侈品。

  奢侈品市场不再仅仅局限于传统的欧洲市场。20世纪以来，西方奢侈品品牌更是涌入新兴地区，如日本和中国市场，并且在新兴市场上蓬勃发展。随着经济的快速发展，新兴地区的富有人士迅速崛起，使得奢侈品品牌的消费群体急剧壮大，导致新兴市场的奢侈品产业规模急速扩张。从全球范围来看，奢侈品消费大致可以分为三个层次，第一层次以欧洲地区的巴黎、伦敦和美国的纽约等城市为代表；第二层次以日本东京、中国香港为代表；第三层次指的是中国内地、俄罗斯、巴西等新兴市场，以北京、上海、圣彼得堡、里约热内卢等城市为代表（见图0-2）。特别在中国市场上，不管是30万元一副的罗特斯（LOTOS）眼镜，还是1000多万元一辆的宾利（BENTLEY）豪华轿车，销售行情都有着不可思议的表现。根据2009年前8个月的统计数据显示，在金融危机使欧、美、日奢侈品市场需求普遍萎缩时，中国奢侈品市场却依然向好。目前中国奢侈品消费已占全球市场的27.5%，首次超过美国成为世界第二大奢侈品消费国。奢侈品在新兴市场的繁荣例证，再次充分证明了奢侈品作为人类文明的结晶在世界各地具有不容抗拒的魅力。

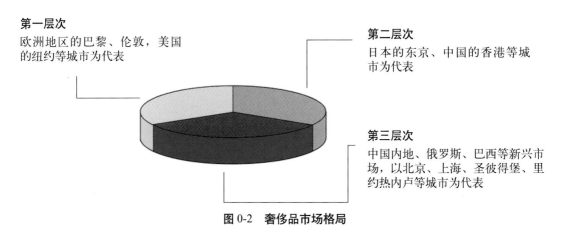

图0-2 奢侈品市场格局

同时，随着新兴奢侈品品牌的出现，国际奢侈品品牌的阵营也得以扩充。在欧洲传统奢侈品品牌通过不断创新注入新活力的同时，美国、日本等发达国家的奢侈品品牌也在国际市场上确立了自己的地位，一些发展中国家的奢侈品品牌也开始崭露头角，从而大大扩展了消费选择范围。加之数字通信技术的发展与互联网的普及，拓展了消费者的视野，革新了其购买方法与品牌体验，并降低了消费转换成本。为追求个性化，许多消费者开始尝试混用不同的奢侈品品牌。我们对欧、美奢侈品品牌发展、演变的研究，在一定程度上都在为将来中国本土可能兴起的奢侈品品牌以及后续发展做好前期准备。

本书以绪论开篇，绪论部分介绍了奢侈品的历史、定义、分类、特点、市场及行业。而后，本书通过三篇15章，从奢侈品品牌的内涵与外延着手，分别论述品牌及其管理的基础理论、奢侈品品牌管理的关键环节以及中国市场奢侈品品牌管理的特殊性，并就中国本土品牌如何借鉴做了专门论述。

第一篇将从品牌的基础知识开始，带领读者进入品牌的世界，了解品牌管理的一般环节；从一般品牌的普遍性着手，在了解奢侈品市场环境的基础上，逐步探寻奢侈品品牌独特的成功关键。

第二篇将主要围绕品牌管理的环节，从奢侈品品牌的特殊性考虑，分别介绍奢侈品的品牌传播、消费者人群、品牌体验、客户关系管理、分销渠道、产品创新、定价策略、品牌文化、品牌维护发展及其管理者。

第三篇将从奢侈品品牌的全球化、标准化与本土化开始,论述奢侈品品牌在全球市场上发展及其传播的一般手段;从全球化到中国本土化,重点论述奢侈品品牌在中国市场环境下如何传播以及应对挑战。最后一章将主要论述中国本土品牌如何借鉴奢侈品品牌自我发展以及可能的中国本土奢侈品品牌孕育。

0.1 奢侈品历史

奢侈品及其消费的历史由来已久。

在西方,古罗马帝国时代,随着古罗马人将触角伸向世界各地,他们从各个地方搜集了各种珍奇的物品,并带回去享受。这些物品包括来自西班牙的黄金、橄榄油、蜂蜜,以及来自非洲的香木缘等,这些在当时就属于奢侈品。古罗马奴隶主生活消费的奢侈,可以说是达到了登峰造极的地步,主要体现在吃喝、服饰、居住和娱乐四个方面。他们不惜耗费人力、物力地搜求特定地区的特异产品:为了满足对丝绸的需求,罗马"同遥远的中国进行了大宗贸易","等到丝绸经过漫长多难的旅途到达罗马时,它的价值已与同重量的黄金相等了";为了显示富贵,"地板不再用地毯和地席,代之以生动的镶嵌图案来覆盖";室内摆设也追求精品,"会客厅里挂着令人赞叹不绝的油画,餐室里摆着由贵重木料和象牙制成的家具、银器和上等玻璃器皿,窗户上嵌有透明石膏或云母或玻璃"。

在东方,纵观中华上下五千年的历史,从夏、商、周开始就有着关于王侯将相奢靡生活的记载。从夏桀骄奢淫逸、生活腐化,动用大量人力、物力建造寝宫、瑶台,到商纣王奢淫无度、以酒为池、悬肉为林、作长夜之饮,再到唐朝"一骑红尘妃子笑,无人知是荔枝来",历史传记中诸如此类的奢侈消费的例子不胜枚举。

关于奢侈和奢侈品的系统研究在国外开始得较早,内容也比较丰富。

比如,克里斯托弗·贝里(Christopher Berry)的《奢侈的概念——概念及历史的探究》一书中,把奢侈的历史划分为古典范式和现代范式,讲述了"奢侈"随着时代的发展"去道德化"的过程。

而维尔纳·桑巴特(Werner Sombart)的《奢侈与资本主义》从奢侈消费与宫廷、中产阶级财富、新贵族、爱情的世俗化等因素的关系,最终推论出奢侈消费催生了资本主义。

德国著名的战略学者沃夫冈·拉茨勒(Rowohlt Verlag GmbH)在被称为"风靡欧洲

的奢侈宣言"的著作《奢侈带来富足》中，根据人类不同阶段的社会分工以及不同时期的经济发展，将"奢侈"的概念分为7个不同阶段的转换（见图0-3）。

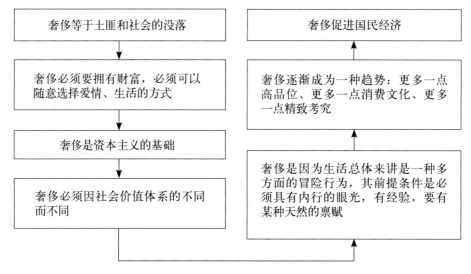

图0-3　奢侈品市场格局

在"新奢侈品品牌逐渐走强"的今天（具体内容见奢侈品行业特点部分），迈克尔·西尔弗斯坦等又通过《奢华正在流行》一书，针对美国的中高档市场，提出了"趋优消费"这一新的奢侈消费概念，趋优消费可以在关爱自己、人际交流、探索世界、表现个性这四个方面给消费者带来情感满足，而且趋优消费的对象即新奢侈品的价格也不是那么高不可攀了。

0.2 奢侈品定义

在消费者通过消费种类繁多、美妙稀有的商品来满足自身感官或情感上需要的同时，如上文所述，奢侈品消费也一直在伦理道德上备受争议，人们通常将其理解为一般人消费不起的高档消费品。

但是奢侈品并不是简单的高价消费品，也不仅是人们盲目追求的时尚品。奢侈品品牌与时尚品品牌是不同的，不能等同而论。对于奢侈品品牌来说，需要长期的积累，而时尚品品牌所追求的是目前的潮流，是此时此刻的追求。奢侈品、时尚品、中端品的区别如图0-4

所示。人们之所以容易混淆奢侈品与时尚品，是因为如果奢侈品一味地走高端路线，那么它的增长会很缓慢。所以，很多奢侈品品牌慢慢地加入到了时尚品的行列中，希望能够吸引更多的大众消费者，但是这在一定的程度上又会失去它的高端顾客。奢侈品代表着大众的梦想，承载着人们深层次的精神追求：如对完美的渴望、表达与众不同的品味等。时尚品则像一个虚幻的存在，只是一时的潮流，犹如过眼云烟，很快就会被人遗忘。而存在于人们生活中的商品大多数是中端产品，它们具有合理的价格和合适的质量，满足人们的基本需求。

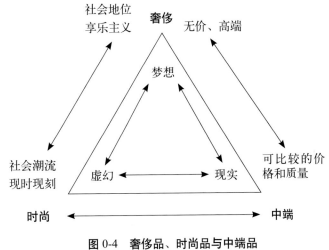

图 0-4　奢侈品、时尚品与中端品

资料来源：Jean-Noel Kapferer,"Back to Luxury"论坛报告，2009年6月。

说起奢侈品，大多数国人在认识上存在着一定的偏见：人们的印象总是将奢侈与浪费、挥霍之类的贬义词联系在一起。《辞海》对"奢侈"的释义为：不节俭；过分，过多，如奢望；阔，夸大。根据《汉语大词典》，"奢侈品"是指非生活必需的高级消费品。中国传统文化中对奢侈的解释具有明显贬义，大都和"挥霍浪费钱财，过分追求享受"相关。

但是在这里需要特别强调的是，虽然中国文化中有"奢侈"的明确解释，却并无"奢侈品"的说法，"奢侈品"实际上是一个舶来词。

"奢侈品"一词的英文是"luxury"，法文是"produits de luxe"。在西方文化中，这是一个褒义词。它源于拉丁词"luxus"，原意指"极强的繁殖力"或"超乎寻常的创造力"。拉丁文"luxus"的词根源于拉丁文的"光"——"lux"。

所以，从词根本源的字面意思理解，奢侈品应是闪光的、明亮的、吸引人的、让人享受的物品，比如钻石、黄金。西方近代以后用于描述"在各种商品生产和使用过程中，超出必要程度的生产成本或使用费用及生活方式的某些方面的商品"，更多时候用来描述"那些费时、费力、精雕细刻、完美无瑕的珍品"。

那么我们再来看看西方国家的词典对奢侈品的定义。

《牛津高阶英汉双解词典》对奢侈品（luxury）的解释为："A thing that is expensive and enjoyable but not essential"，翻译成中文就是"一件昂贵的、能给人带来愉快感的非必需物品"。《剑桥高阶英汉双解词典》对奢侈品的解释为："Something expensive which is pleasant to have but is not necessary"，其中文意思是"能给人带来愉快的非必需的昂贵的东西"。《韦伯斯特词典》对奢侈品的解释为："Something adding to pleasure or comfort but not absolutely necessary"，也就是"能增加愉快和舒适感的非必需物品"。

纵观这些权威英文词典对奢侈品含义的解释并相比较之我国有关词典的解释，西方权威英文词典有两个方面的含义非常一致：

第一，奢侈品是"好的、贵的"，"让人愉悦和舒适的"物品。

第二，奢侈品是一种非必需的物品。

综上所述，我们可以看出，所谓"奢侈品"都要具有高品质、高价格和非必需的特点。而是否属于奢侈品在很大程度上由产品和服务而来决定，"奢侈品"的特性也在这个过程中逐渐清晰地呈现出来。

那么到底奢侈品该怎么去定义，或者说，什么才是奢侈品呢？

在我们学过的各种经济学书籍中，奢侈品的定义往往是相对于必需品来说的。亚当·斯密（Adam Smith）在《国富论》中只是给出了必需品的定义，然后将所有不属于必需品的物品归为奢侈品。显然，斯密看到了奢侈品定义的困难性，所以他采取了排除法，绕过了直接下定义的障碍，避免了对奢侈品的正面定义。

相对来讲，经济学对"奢侈品"的定义显得没有那么严格。

比如，根据《消费经济学大辞典》解释，奢侈品是指同收入相比，其需求按更大比例增加的那部分消费品。奢侈品涵盖的范畴随着社会生产力的发展和消费者收入水平的提高而变化，一定时期的奢侈品可能成为以后的生活必需品。

在一般的经济学教材中，通常把奢侈品定义为需求收入弹性大于1的商品。根据经济学上的定义：随着收入的增长，该商品的需求量也在增长，如果需求的增长幅度低于收入的增长幅度，该商品就是"必需品"，其恩格尔（Engel）曲线呈上凸形（见图0-5）；而随着收入的增长，该商品的需求量也在增长，如果需求的增长幅度高于收入的增长幅度，该商品就是"奢侈品"，其恩格尔曲线呈下凹形。也就是说，奢侈品的需求收入弹性指数大于1，这样的定义是相对于必需品来说的。

另一方面，奢侈品同时也被认为是"价值/品质比最高"、"无形价值/有形价值比最高"的商品。

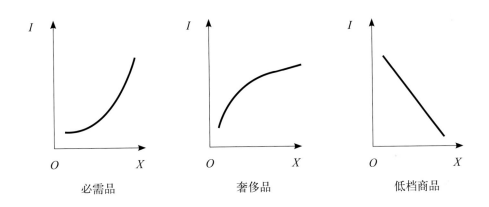

图 0-5　恩格尔曲线

注：I——收入；X——商品需求。

那么，这样的定义是否就一定正确呢？

事实上，国内外很多学者都对奢侈品的定义问题进行过深入的研究，并且他们各自通过不同的角度对奢侈品有着各不相同的诠释。

早在1899年，经济学家凡勃伦（Thorstein Veblen）在他的《有闲阶级论》一书中就论述了这样的观点，有闲阶级"以消费作为博取荣誉的一个手段"，而"为了有效地增进消费者的荣誉，就必须从事于奢侈的、非必要的事物的消费。要博取好名声，就不能免于浪费。"凡勃伦进一步论述了"低价无好货"的原因，并通过对美术因素的探讨，指出"凡是代价不高的美术品，不能算作美的"。根据凡勃伦的观点，奢侈品更多的是与炫耀、浪费和高价联系在一起。

与凡勃伦同一时期的经济学家和社会学家桑巴特（Werner Sombart）在1913年的《奢侈与资本主义》一书中提到，奢侈是任何超出必要开支的花费。桑巴特认为奢侈具有量和质的内涵，量的奢侈指对物品的挥霍，质的奢侈就是指使用优质物品。他区分了公共奢侈和私人奢侈，公共奢侈是指在教堂等公共物品上的铺张，而私人奢侈则是利己的。

1994年，Berry在其著作《奢侈的概念》中说明了奢侈品与人们的基本生活内容即衣、食、住、行等相关，与需要和欲望关系密切。Berry将奢侈品视为政治学的基本主题，历经了从古典、中世纪到现代社会的变迁，其内涵和外延也产生了巨大的变化。Berry着重探讨了不同学派和学者从各自角度出发对奢侈品的不同处理，其中，尤其探讨了对奢侈品"去道德化"的问题，解读了柏拉图、古罗马哲人、基督教早期以及现代思想家马克思、斯密、康德和休谟等人对奢侈品概念的探讨，由此通过历史的观点及假设指出，奢侈品最主要的特征就是社会地位的象征。

1997年，Kapferer给出了"奢侈品"一词的符号学解释及其社会学含义："奢侈品代表的是美好的事物，是应用于功能性产品的艺术。就像光可以带来光明一样。它们提供的不仅是纯粹的物品：它们是高品位的代名词。"

2003年，Jonathan S. Vickers和Franck Renand通过对与奢侈品相关的实用主义、经验主义和象征性三个维度进行分析，认为奢侈品的根本特征就是它是身份和社会地位的象征。

而Simon Nyeck（2004）认为奢侈品的定义涉及生活方式或存在的方式，涉及愉悦和欲望。

按照经济学家的衡量尺度，即有形的标准，麦肯锡（Mckinsey）把奢侈品定义为"定价高于大众消费品"的商品。安永（Ernst & Young）则认为奢侈品指带给消费者一种高雅和精致的生活方式，注重品味和质量，并且主要面向高端和中高端市场的产品。

此外，还有众多专家学者对奢侈品的诸多论述。当然，他们也都是从各自的假设和角度出发做出定义的。

著名的经济学家Simon Kemp（1998）通过对变量及数据的研究分析，得出一个非常有影响力的结论，他认为影响人们对奢侈品的认识更重要的是价格弹性，即与必需品相比，价格变化对奢侈品需求量的影响更大。

Laurence Beruste（1999）指出几乎所有关于奢侈品定义的出发点都是浪费，同时也指出奢侈品已经超越它本身的基本使用功能，并能提供优越感。他的观点实际上与Kapferer

的看法是类似的。

沃夫冈·拉茨勒则认为:"奢侈是一种整体或部分地被各自的社会认为是最高品质的生活方式,大多由产品或服务决定","是将有形的产品材料与精神价值、产品形象和品牌融为一体的整体感性的情境性效用"。按照拉茨勒的观点,奢侈品和奢侈已经是同一概念了,因为他所定义的奢侈是一种生活方式,是指由那些无形的因素如文化、社会、心理等给消费者带来的效用。

我们对上述各位学者的论述进行简单、形象的总结,也就是:

经济学家的定义为:"奢侈品"是价值与品质最高的产品,是无形价值与有形价值比值最高的产品。

商品学家的定义为:价格高并不意味着就是"奢侈品"。"奢侈品"的高价性也绝非是生产与使用过高过多的物质成本的积累与堆砌,而是在其背后有一个完美体系支撑和百年文化传承。

美学家的定义为:"奢侈品"是一种生活被艺术化的符号,是一种把生活追求变为美学的外在标志,是一种艺术美学的直接代表,它被赋予了更多的文化、历史、艺术和哲学的含义。

社会学家的定义为:"奢侈品"早已超越了"腐败、浪费、颓废、不公平"的意味,而是以非同寻常的物质符号来塑造自我主张的个性风格,奢侈品及其消费已经成为社会进步和经济发展的推动力。

相比各国学者的定义,商家的定义就更为直接:奢侈品是用买十头牛的价格去购买不用半张牛皮就可制成的皮包,并且还要再等上一整年。

目前在国际上被普遍认同的奢侈品的定义为:"一种超出人们生存与发展需要范围的,具有独特、稀缺、珍奇等特点的消费品,又称为非生活必需品。主要包括高档服装、化妆品、烟、酒、珠宝首饰、豪华汽车、游艇和奢华别墅等。"或者可以将奢侈品宽泛地定义为:"能够带给消费者一种高雅和精致的生活方式,注重品味和质量,并且主要面向高端市场的产品。"

很有意思的是,中国汉字"奢侈"二字隐喻了奢侈品的某些特性。"奢":上面一个大,下面一个者,意思是很重要的人才能拥有。"侈":左边一个人,右边一个多,代表了很多人想要得到,虽然这个愿望是好的,但是很难实现。

0.3 奢侈品分类

前两节我们已经讨论了奢侈品的历史和定义，由于奢侈品的表现形式具有丰富和多样性，我们还需要对其进行系统的分类，以便于后续分门别类的研究。

比较常见的分类方法可分为，实物和非实物或称有形的和无形的两种形态。实物或有形的就是指看得到的，如高档汽车、服装、珠宝首饰、化妆品等奢侈品；非实物或无形的可以是星级酒店的服务、高质量的旅游、会员资格等。

根据分类标准的不同，奢侈品还有很多其他不同的分类方式。

按产品使用性质，可以把奢侈品分为生活方式类奢侈品和消耗类奢侈品。生活方式类奢侈品包括收藏、旅行、高尔夫、娱乐活动、PARTY等奢侈品消费；消耗类奢侈品包括珠宝、手表、美食、雪茄、美酒、服饰、汽车、游艇、私人飞机和豪宅等。

按照尺寸的不同，可以把奢侈品分为大件奢侈品和小件奢侈品。大件奢侈品如豪华汽车、豪宅、私人游艇、私人飞机等；小件奢侈品如顶级的服装、服饰、皮具、珠宝、化妆品、香水、眼镜、表、名笔、名酒等。

按照对象的不同，可以把奢侈品分为私人奢侈品和公共奢侈品。私人奢侈品即私人拥有的如珠宝、手表等；公共奢侈品如酒店服务、赛事演出等。

按照奢侈品的价值高低，又可分为传统奢侈品与"新奢侈品"。"新奢侈品"的概念是随着世界中档市场消费者的趋优消费态势渐强而渐渐出现的。"所谓新奢侈品指的是这样一种产品和服务，它们比同类产品中的其他产品和服务质量更好、品位更高，也更让消费者心驰神往，这些商品价格不菲，但还不至于昂贵得让人可望而不可即。"新奢侈品的目标客户群是中高档市场，这样就导致了新奢侈品与传统奢侈品相比，其"昂贵得只有极少数人能够拥有"的特征弱化了。可见其在"大众"与"顶级"之间的市场上占据着一个有利的市场空间：质量优于传统产品，但是定价却低于超高价或传统奢侈品。

为了更好地说明不同奢侈品的分类，辨别其差异，本书在此引用了福布斯2009年发布的顶级奢侈品品牌目录，如表0-3至表0-9所示。

0.4 奢侈品特点

从奢侈品的定义，我们可以看出奢侈品与其他物品有着明显的差异，换句话说，奢侈

表 0-3　部分珠宝品牌介绍

品牌	国家	创立时间	进入中国时间	品牌风格	目标客户	经典型号	2008年主推型号	全球网点数	中国网点数
卓玫 Chaumet	法国	1789	2007	顶端法国皇家珠宝	优雅、拥有良好品味的社会顶层	Frisson系列	Class One/Attrape-moi/Liens系列	50家	1家
蒂芙尼 Tiffany & Co	美国	1837	2001	优雅经典简洁创新	优雅高端女性及步入婚姻殿堂人士	Tiffany Setting系列	Tiffany Celebration Rings系列	200余家	7家
卡地亚 Cartier	法国	1847	1990	非凡创造大胆创新	追求生活品质的精英人士	Panthère de Cartier系列/LOVE系列	神秘印度系列	250家	18家
宝诗龙 Boucheron	法国	1858	2005	尊贵优雅大胆奢华	名流显贵及社会精英人士	Cinna Pampille/Ava系列	Sheherazade系列	约35家	2家
宝格丽 Bvlgary	意大利	1884	2003	卓越尊贵大胆现代	追求顶级奢华及卓越品质的人士	B.zero 1系列	Bulgari Bulgari系列/B.zero 1彩宝系列	245家	10家
御木本珠宝 Mikimoto	日本	1893	2004	简洁大方	欣赏顶级珍珠的美丽女性	The Best of the Best项链	2008 S/S系列	100余家	2家
梵克雅宝 Van Cleef & Arpels	法国	1906	2005	优雅丰富魅惑柔美	明星、名流及成功的企业家	"隐秘式镶嵌法"作品	08 Red系列/Ballet Precieux系列	50家	3家
海瑞温斯顿 Harry Winston	美国	1932	2007	非凡品味优美隽永	独具非凡品味的顶端消费群	Wreath项链	Bridal系列	18家	2家

资料来源：2008福布斯顶级奢侈品调查（http://www.forbeschinamagazine.com/rich_list/20080605list.htm）。

表 0-4　部分钢笔品牌介绍

品牌	国家	所属集团	创立时间	进入中国时间	品牌风格	经典型号（价格）	2007年最畅销型号	2008年主推型号	全球网点数
万宝龙 MONT BLANC	德国	历峰集团 RICHEMONT	1906	1995	传统工艺、卓越品质与永恒优雅美感	149大班系列（6090元）/极品皇家系列（12.5万美元）	36008波希米亚系列（1.3万元）	漂浮星际行者系列（1.6万元）	200多家
蒂巴利 Tibaldi	意大利	蒂巴利集团 Tibaldi	1916	2005	经典、精湛技术、精细考究	DIV-EBE-FP-RG迪维娜系列（3万元）	EXC-EBU-FP-RG爱科萨系列（3.3万元）	DIV-EBE-FP-RG迪维娜系列（3万元）	1000家
奥罗拉 Aurora	意大利	奥罗拉集团 Aurora	1919	2005	经典、精湛技术、手工制造	940达芬奇系列（20万元）	934教皇系列（3.3万元）	540欧洲系列（8990元）	1000家
维斯康提 Visconti	意大利	维斯康提公司 Visconti	1988	2005	前卫、创新设计、精湛技术	72405紫禁城系列（5万元）	33202凡高系列（2590元）	26702迪维娜系列（8900元）	1000家

资料来源：同表0-3。

表 0-5　部分腕表品牌介绍

品牌	国家	创立时间	进入中国时间	创始人	创始人理念	目标客户	2008年主推型号	全球专卖店	中国专卖店
江诗丹顿 Vacheron Constantin	瑞士	1755	2000	Jean-Marc Vacherton	悉力以赴，精益求精	各区域中心城市高端男性客户	Quai de L'ile Date Self-winding	500多家	8家
积家 Jaeger-LeCoultre	瑞士	1833	1999	Antoine Le Coultre	齿轮是好表的灵魂	偏爱细腻、精巧设计的高雅人士	Master Control	16家	2家
百达翡丽 Patek Philippe	瑞士	1839	2005	Antoni Patek与Adrien Philippe	制造精密机械	有较高社会地位与文化品位的人士	World Time Watch	600家	1家

格拉苏蒂 Glashütte Original	德国	1845	2004	Fernand A. Lange	生产最精密最实用的钟表	30—50岁的企业家及高级管理人士	PanoInverse XL	分布104个国家和地区	20家
沛纳海 Panerai	意大利	1860	2004	Guido Panerai	超大表面	建筑师、工程师等成功的专业人士	Radiomir10 Days GMT Platinum	5家	1家
伯爵 PIAGET	瑞士	1874	约1993	Georges Edouard PIAGET	永远要做得比要求的更好	喜爱创意腕表设计及传统工艺和机芯的人士	Emperador Coussin Perpetual Calendar	55家	6家
爱彼 Audemars Piguet	瑞士	1875	1999	Audemars 与Piguet	糅合传统与创新	追求高品质的品味人士	Royal Oak collection	分布约340个城市	2家

资料来源：同表0-3。

表0-6 部分雪茄品牌介绍

品　牌	国家	所属集团	创立时间	品牌风格	经典型号	中国市场畅销型号
帕特加 Partagas	古巴	哈瓦那集团 Habanos SA	1845	口感辛辣，烟草味浓厚，浓郁型	巨皇冠 LUSITANIAS	喜维亚四号 Serie D No.4
蟠趣 Punch	古巴	哈瓦那集团 Habanos SA	19世纪中期	中度口感，适合各类阶层	蟠趣 Punch	蟠趣 Punch
蒙特利 Hoyo del Monterrey	古巴	哈瓦那集团 Habanos SA	1860	口感清爽，高雅	双冠 Double Coronas	逍遥2号 Epicure No.2
麦克纽杜 Macanudo	美国	美国通用雪茄公司 General Cigar Company	1868	柔滑，和谐完美	万泰其 Vintage	汉普顿 Hampton
罗密欧与朱丽叶 Romeo Y Julieta	古巴	哈瓦那集团 Habanos SA	1875	口感清淡，具有独特的香草味道	丘吉尔 Churchills	罗密欧2号 Romeo No.2
玻利瓦 Bolivar	古巴	哈瓦那集团 Habanos SA	1902	口感丰富浓郁，味道浓烈	御冠 Royal Corona	御冠 Royal Corona
游民 H.Upmann	古巴	哈瓦那集团 Habanos SA	1920	中等浓度的口味，烟草味沉厚	美冠银管 Coronas Major	美冠银管 Coronas Major
蒙特 Montecristo	古巴	哈瓦那集团 Habanos SA	1935	烟草味纯正、浓厚，适合各阶段的吸烟者	蒙特A Montecristo A	Montecristo No.2 蒙特2号

品牌	国家	所属集团	创立时间	进入中国时间	品牌风格	现任设计师（执掌时间）	全球网点数
高斯巴 Cohiba	古巴	哈瓦那集团 Habanos SA	1966		口感辛辣，烟草味浓厚，浓郁型	长矛 Lanceros	世纪六 Siglo VI
大卫杜夫 Davidoff	瑞士	厄廷格集团 Oettinger	1970		持久平和	大卫杜夫铝管二号 DavidoffTubes No.2	大卫杜夫铝管二号 DavidoffTubes No.2

资料来源：同表0-3。

表0-7 部分服装品牌介绍

品牌	国家	所属集团	创立时间	进入中国时间	品牌风格	现任设计师（执掌时间）	全球网点数
爱马仕 Hermès	法国	爱马仕集团 Hermès	1837	1997	优雅经典，精湛的手工艺	设计师组	261家
路易威登 Louis Vuitton	法国	路威酩轩集团 LVMH	1854	1992	旅行精神，传统与创新完美结合	Marc Jacobs（1997）	391家
巴宝莉 Burberry	英国	巴宝莉有限公司 Burberry	1856	1993	浓厚英伦风情，优雅奢华	设计师组	97家
杰尼亚 Ermenegildo Zegna	意大利	杰尼亚集团 Zegna	1910	1991	经典优雅、高贵奢华	设计师组	253家
香奈儿 CHANEL	法国	香奈儿集团 CHANEL	1913	2000	高雅、简洁、精美	Karl Lagerfeld（1986）	分布117个国家
普拉达 PRADA	意大利	普拉达集团 PRADA	1913	2000	简洁、冷静	Miuccia PRADA（1979）	400多家
古驰 GUCCI	意大利	碧诺春天雷都集团PPR	1921	1996	高档、豪华、性感	设计师组	138家
克里斯汀·迪奥 Christian Dior	法国	克里斯汀·迪奥时装公司 Christian Dior Group	1947	1997	华丽高雅	John Galliano（1996）	逾220家
乔治·阿玛尼 Giorgio Armani	意大利	阿玛尼集团 Giorgio Armani S.p.A	1975	1998	贴身剪裁，强调线条感	Giorgio Armani（1975）	75家
范思哲 VERSACE	意大利	范思哲集团 VERSACE	1978	1996	奢华、高贵	Donatella VERSACE（1997）	69家

资料来源：同表0-3。

表 0-8 部分汽车品牌介绍

品 牌	国家	创立时间	进入中国时间	品牌风格	经典型号	2010年主推型号	中国网点数	2009年全球/中国销售量
世爵 Spyker	荷兰	1875	2004	美妙艺术与技术完美结合、华丽永恒、特立独行	C8 Spyder（488万元起）	C8 Aileron（457万元）	3家	36辆/ NA
劳斯莱斯 Rolls-Royce	英国	1904	2005	尊贵典雅	Phantom（500万元起）	Ghost（399万元）	5家	1002辆 / NA
布加迪 Bugatti	法国	1909	2008	技术和艺术的完美结合、豪华舒适、极易驾驶	Brescia、Royale、Atalantes、Pur Sang	Veyron16.4 Grand Sport（4300万元）	3家	250辆 / 2辆
玛莎拉蒂 Maserati	意大利	1914	2004	尊贵优雅而不张扬、极速运动尽享舒适驾驶乐趣	Quattroporte、GranTurismo（179万元起）	GranCabrio（268.8万元）	14家	4911辆 / 261辆
阿斯顿·马丁 Aston Martin	英国	1914	2007	造型别致、精工细作、性能卓越	DBS（410万元起）	Rapide（368.8万元）	2家	4500辆 / NA
宾利 BENTLEY	英国	1919	2002	极具驾乘感，兼具传统手工工艺及强大运动性能	Arnage 728（998万元起）、Arnage RL（548万元起）、Continental GT（308万元起）、Continental Flying（298万元起）	Continental Supersports/GTC/Speed China（578万元/378万元/398万元）	7家	4616辆 / NA
迈巴赫 Maybach	德国	1921	2004	尊贵优雅、个性极致、完美主义	Maybach 57S（731万元）、62S（830万元）	Maybach Zeppelin 62（1298万元）	3家	200辆 / NA
法拉利 Ferrari	意大利	1947	2004	速度与激情、创新与勇气	F430（270万元）、F430Spider（320万元）、599 GTB（435万元）、612 Scaglietti（438万元）	California（348.8万元）	10家	6193辆 / 400辆
保时捷 Porsche	德国	1948	2001	日常使用的终极跑车	Porsche 911 Turbo（195万元）	Panamera（184.3万元起）911 Carrera（141.8万元起）	17家	7.5万辆 / 9090辆
兰博基尼 LAMBORGHINI	意大利	1963	2004	野性与激情	LAMBORGHINI Murcielago（488万元）	Gallardo LP550-2（428万元）	3家	1253辆 /118辆

资料来源：同表 0-3，编者有更新。

表0-9 私人飞机品牌介绍

品牌	国家	所属集团	创立时间	进入中国时间	经典型号	2007年最畅销型号	2007年全球交付量	销售额
庞巴迪 Bombardier	加拿大	庞巴迪宇航集团 Bombardier Skyjet	1907	19世纪70年代	Learjet（1450万美元）	Learjet40/40 XR	361架	NA
赛斯纳 Cessna	美国	德事龙集团 Textron	1927	1980	赛斯纳172R（23万美元）	奖状XLS/XLS+（1180万美元）	1272架	50亿美元
豪客比奇 Hawker Beechcraft	美国	高盛 Goldman Sachs	1932	1934	豪客4000（2220万美元）	豪客900XP（1555万美元）	430架	35亿美元
湾流 Gulfstream	美国	通用动力公司 General Dynamics	1958	2000	G200（2332万美元）	G450（3860万美元）	NA	48.3亿美元
达索/猎鹰 Dassault Falcon	法国	达索公司 Dassault Falcon	1963	2005	Falcon 900EX（3900万美元）	Falcon 2000LX（3000万美元）	212架	65亿美元
西锐 Cirrus	美国	西锐公司 Cirrus Design	1984	2004	SR22 GTS Turbo（54万美元）	SR22 GTS（54万美元）	710架	NA

资料来源：同表0-3。

品有其专属的特征，那么奢侈品的特点或特征是什么呢？又包括哪些具体方面呢？

世界品牌实验室（Interbrand Lab）认为，奢侈品应该有四项标准：价值品质、文化历史、高端人气和购买欲求。其中品质和文化是奢侈品的核心。

巴塞罗那IESE商学院的Jose Luis Nueno教授和伦敦商学院的John A.Quelch教授认为，奢侈品应该具有以下几个方面特征：

1. 高品质、材料独特或上乘

奢侈品必须是品质一流的，而且所选用的材料也是比较稀少的、名贵的、具有特殊意义的，最重要的是要跟一般商品的原材料区别开来。例如，每辆宾利（BENTLEY）车内的皮饰要用到400多块牛皮,并且宾利只青睐Connoly Grade这种牛皮。这些牛都来自于指定的养牛场,场主采取专门措施,精心保护牛的背部,防止互相打架时被牛角撞伤。而且并不是所有部位的牛皮都能用,每头牛仅仅使用牛脊背上这一部分的皮。

2. 昂贵

奢侈品的价格要比普通同类商品高出几倍、几十倍,甚至上百倍。从几千美元的提包到几百万美元的豪华汽车,奢侈品的价格始终高高在上。价格是区分普通商品和奢侈品的一个重要标志。

3. 传统的、独到的技艺(通常由创始人传承下来)

有不少的奢侈品品牌都是以其创始人来命名的,一些传统的、独到的技艺也是由其传承下来的。如蒂芙尼(TIFFANY)有着近170年历史,劳斯莱斯一直都是坚持手工打造,而有着271年历史的瑞士名表宝铂(BLANCPAIN)也一直坚持由其传奇式的师傅纯手工来生产完成其堪称杰作的手表。

4. 一贯的设计或风格

精明的顾客不用去翻标签也能辨认出很多奢侈品品牌。如巴宝莉(BURBEERY)的经典格子图案,路易威登(LV)中的用字母L及V配合花朵图案设计出的交织图形,经典的Monogram图案等。奢侈品都有一贯的设计或风格,这样消费者能够很快就通过一些很直观的信息辨认出品牌来。比如大部分豪华汽车的前脸都有一贯的风格,奔驰、宝马、劳斯莱斯、宾利等都是。

5. 有限的产量(保证排他性和顾客订单的可能性)

奢侈品的产量往往是有限的,宝铂目前的年产量是10000块,而以前则只有7000块。如果现在想要买一块构造复杂的宝铂1735,那么得等上20年以上的时间,因为它的订单已经排到20年以后了。这样,有限的产量就保证了产品的排他性。

6. 营销支持、有限的分店、昂贵的价格,并能超越产品本身的情感诉求

由于奢侈品昂贵的价格,购买奢侈品的人群也是特定的,一般要经济发展水平较高的地区才有一定量的购买人群。因此,奢侈品的分店也是有限的,这也在一定程度上保证了奢侈品的排他性和距离感,因而也为超越产品本身的诉求——身份、地位、品味的诉求创造了更大的空间。

7. 具有全球性的知名度、公认的世界名牌

具有广泛的知名度是奢侈品的一个重要方面。试想如果是周围人群都不知道的品牌，那么消费者就要花时间去辅导他们，但是这往往是不太可能的。要能够简单直接地传达他的信息，知名度是必不可少的。

8. 与某一具有产品渊源的国家相联系

奢侈品有别于普通商品，表现在很多不同的方面，其中国家（原产地）也是重要的一个方面。法国的葡萄酒（目前大部分葡萄酒类奢侈品品牌都是法国的（法国的全球最大奢侈品集团——LVMH 拥有众多顶级葡萄酒品牌））；意大利的跑车（如法拉利、玛莎拉蒂等）；巴黎、米兰、伦敦的时装；瑞士的制表业（全球第二大奢侈品集团历峰（RICHEMONT）、第一大手表集团斯沃琪（SWATCH）均为瑞士企业）；等等。这些都是典型的例子。

9. 每一产品的独特元素

奢侈品品牌每推出一项产品，都会赋予产品一些独特元素，从而突出其鲜明的个性。比如我们上面提到的宝铂 1735 是为了纪念其创始人 Jehan-Jacques Blancpain 于 1735 年开创宝铂而推出的，号称是世界上最复杂的手表。香奈儿的 COCO 香水也是为纪念香奈儿女士（Chanel，小名 Coco）而设计的。

10. 适时的设计能力

奢侈品除了保持其一贯的设计或风格外，还要适时地推出新的产品，以保证其流行和正统的权威。在这点上面，服装产业尤为明显，不同的季节都有不同流行的东西，这就要求奢侈品品牌也要适时地推出其适应流行趋势的产品系列。每一年的各大时装周，几乎所有高级服装品牌都会进行新产品发布。

11. 创造者的个性及价值，即品牌的个性及价值

正如品牌一贯的设计和风格一样，创造者的个性及价值也是奢侈品至关重要的一个特征。创造者的个性及价值直接影响着消费者对品牌的认识，比如香奈儿那句"只有女人最懂得女人！"一直影响着其各种产品的诉求；法拉利的创始人恩佐·法拉利对速度的执着追求，成就了今天的法拉利。同时，有关创造者的个性及价值的传说、品牌故事也是今天各大奢侈品品牌营销的重要内容和手段之一。

当然，上文所列的仅仅是奢侈品的一些典型的特征。有些奢侈品并不一定具备以上所

有的特征,比如,有限的产量这一特征,大部分奢侈品都是应市场需求而生产的,除了那些限量版的;相反,也有些奢侈品的特征比上述特征更多。

0.5 奢侈品市场

"市场"这个词,传统的观念是指买方和卖方聚集在一起进行交换的实地场所。经济学家现在则用市场来泛指对一个特定产品或某类产品进行交易的卖方和买方的集合。现代经济中充满了市场这个概念。图 0-6 显示了五个基本市场以及它们之间的流程。

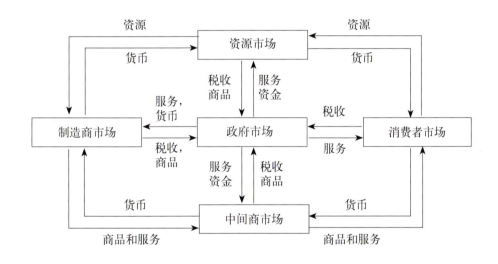

图 0-6 五个基本市场及其流程

由图 0-6 中可以看出,基本流程是:制造商在资源市场(原材料市场、劳动力市场、金融市场)购买各种资源,然后把它们转变为产品和服务,再将其售给中间商,由中间商把产品转售给消费者。消费者则出售自己的劳力,然后得到货币收入,以此来支付他们所购买的商品和服务的价款。政府从资源制造商和中间商市场那儿购买产品,付钱给他们,政府向这些市场征税,以提供各种必需的公共服务。每一个国家的经济和整个世界经济都是由各种市场组成的复杂体系,而这些市场之间则由交换过程彼此连结在一起。

相较于市场的广泛定义而言,奢侈品市场的准确描述显得尤为困难。2006 年 11 月,毕马威（KPMG）香港办事处发布的《中国的奢侈品牌》报告（Luxury Brands in China）中，对奢侈品市场做了如下注释："奢侈品品牌的特别之处在于其价格昂贵，但与其他同类商品相比在功用上并无任何优势……这让奢侈品市场成为很有趣的现象，因为它代表了一种看似不理智、以极度享乐为目的的消费方式，购买奢侈品纯粹是为了获得个人快感，完全不考虑高昂的费用。"

值得关注的趋势是，奢侈品市场的概念正在外延。一些时尚流行品，如 Swatch 的手表、苹果的 iPod 和 Levi's 的限量版牛仔裤等正在以一种质优、价高、能够批量生产且工艺上乘的新奢侈品姿态，渐渐接近于奢侈品的外沿。同时，除了物质产品之外，奢侈品市场已经把触角延伸到了健康、休闲、旅游、体验、饮食、运动、社交等多个方面。沃尔冈·拉茨勒认为这将是奢侈品市场的一种发展趋势，与之相应的是在这些领域将有可能产生新的奢侈品品牌。作为这种趋势的例证是，在今天的西方国家，一种新的奢侈品现象已经悄然浮出水面。炫耀财富不再是奢侈的象征，取而代之的是平常难得的生活体验，比如一次梦寐以求的探险历程。奢侈品消费已经从对昂贵的物质用品的追求转变到了对一种理想的生活方式的追求。

奢侈品市场之所以形成、存在并发展，是由于它与一般商品市场有着很显著的不同，而这些不同主要体现在消费需求维度上的支付能力的差异性和厂商供给维度上的生态层级的差异性这两方面。

1. 支付能力的差异性

奢侈品的经济特性首先表现为奢侈品相对需求价格弹性大于1，因此奢侈品相对于传统产品的价格较高，消费者通常难以支付奢侈品的高额费用，而奢侈品的价格变动对市场需求量影响较大。从支付能力差异性的角度出发，奢侈品市场的经济是富人的经济。通过对消费者的收入水平与支付能力进行比较，我们可以得出，收入充分细分之后所确定的市场收入水平越高，用于生活必需品的开支也就越少，对奢侈品的需求也就越大。凯恩斯指出整个经济社会的边际消费倾向具有递减性，因此，当整个经济社会的消费水平提高时，必然会产生对商品的个性化需求，奢侈品作为与生活必需品相差异的商品，也就应运而生。

奢侈品市场正是为满足消费者的个性化需求或创造个性化需求而形成的市场。支付能力差异性是奢侈品市场存在的根本前提之一，奢侈品市场将作为一种满足消费者差异化需求的场所而存在。

2. 生态层级的差异性

奢侈品市场从需求的角度出发是为满足不同消费者（支付能力或者偏好不同）而存在，但从供给的角度而言，奢侈品市场是在日益激烈的市场竞争中，生产厂商为追逐更多的利润而采取的强有力对策。

传统产品在技术、服务、性能等方面具有趋同性，仅能满足消费者的大众化需求，竞争性优势并不明显。传统产品具有相似性，且大多同处于成熟期甚至完全衰退期，产品信息对于消费者为完全信息，因此，厂商的定价优势以及市场优势并不明显，促销竞争和渠道竞争将成为传统商品的主要竞争策略。

然而，奢侈品市场与此不同，它的出现是厂商追求与竞争对手不同的产品而采取的策略，而传统产品由于缺乏进入壁垒或退出壁垒无法做到。总的来说，奢侈品定位于高端商品，形成与传统产品的生态层级错位，从而有效地避免了传统产品的竞争矛盾。

根据世界奢侈品协会调查报告，2007 年，全球奢侈品营业额增长 6.5%，达到 1600 亿欧元。而 2008 年，虽然受到全球金融危机的极大影响，奢侈品全球营业额仍然增长到了 1670 亿欧元，行业增长率在 2008 年仍达到了 3%。

世界奢侈品协会 2010 年初发布的最新报告还显示：截至 2009 年 12 月，中国奢侈品消费总额在全球的占有率达到 27.5%，成为仅次于日本的全球第二大奢侈品消费国。毕马威《中国的奢侈品消费者：追上潮流》报告显示，过去两年间，中国消费者对奢侈品牌熟悉度增加，认识的品牌平均达到 60 多个，北京和上海消费者认识品牌的数目分别是 70.5 个和 73.3 个。截至 2008 年底，世界公认的顶级奢侈品品牌中，有八成左右已进入中国市场。LVMH、PPR 等奢侈品集团旗下已经进入中国内地的品牌超过了其总数的 80%。与之相对应，是近年来奢侈品消费总额在中国的暴涨。据世界奢侈品协会预测，到 2015 年，中国奢侈品消费将占全球市场份额的 32% 左右，赶超日本成为全球奢侈品的最大买家。一个奢侈品消费的大国正在诞生。

为什么奢侈品可以在全球形成如此庞大的市场，与此同时中国消费者又为什么会对奢侈品这么痴狂呢？究其原因，可以概括地总结为以下三点：

1. 特定的历史原因

奢侈品的首要条件是要有非常强的历史传承性，可模仿性很小，这也正是奢侈品品牌高价值制造力的一个重要来源。奢侈品的生产和消费对社会的迅速发展有着积极作用，奢侈品集中了最先进的技术、最和谐的产品美学、最具个性化和人性化的品质内涵，因此它们的生产能够刺激技术创新，创造工作机会，塑造品位和风格。

2. 逐渐成熟的消费群体

奢侈品的消费在一些经济发达的国家和地区非常踊跃。作为奢侈品的发源地，欧洲有着成熟的奢侈品市场，表现为讲品位式的享受性消费。美国虽然起步较晚，但因为其后经济的迅速发展，积累了很多的财富，所以也产生了很大一批忠诚的奢侈品消费人群。而在新兴（中国）市场上，由于中国经济的飞速增长产生了一个小的但是日益增长的中产阶级群体，以及一个在规模上更小但也在不断扩大的新兴富人群体。这些群体是奢侈品的主要购买者，他们希望进行自我的外部展示和被广大群体所尊重。

3. 独特的中国文化

如果说以上两点概括地回答了全球奢侈品市场发展的共性原因的话，那么独特的中国文化，尤其是与消费者购买习惯相关的文化便是促成中国乐观前景的最根本驱动因素了。毕马威（KPMG）调查显示，中国消费者对奢侈品基本上持积极肯定的态度。中国内地有很多人都愿意购买奢侈品，此外，他们对于那些拥有高档手袋、手工瑞士表、昂贵汽车及其他奢侈品的人很少持否定态度。总体而言，大部分人都想自己能够拥有这些奢侈品。智威汤逊（JWT）广告公司大中华区首席执行官唐锐涛（Tom Doctoroff）表示，这种独特的购买文化是促使中国奢侈品销售增长的主要因素之一。他解释到，"中国的奢侈品销售总体上是在飞速发展，因为在中国，奢侈品牌还是推动人们前进的工具。中国是个等级分明的社会，人们也都渴望上进，因此奢侈品常被视作工具，能够敦促你不断追求成功，而不是仅用来标志已经取得的成就。在中国，成功会造就更大的成功，此时，你就会发现奢侈品牌的重要作用，而这也将吸引更多的中产阶级去购买奢侈品。"

0.6 奢侈品行业

根据法国统计分类，奢侈品行业隶属于时尚产业的主要门类（另一类称为流行品），指仅限在一定市场针对一定顾客群的高品质流行品。因此可以这么说，奢侈品行业是一个各行各业顶尖品牌及其产品构成的总汇。这个行业最主要的特点就是高价格、高品质以及高品位,涵盖了时装、汽车、豪宅、珠宝、配饰、游艇、化妆品等各行业的顶级品牌和产品。但它们之间又不是孤立的,而是相互联系的,顶级奢侈品牌一般会包括多种产品。同时,所有的奢侈品都具有相同的特性,因此将其作为一个行业进行分析具有可能性和必要性。

奢侈品行业的存在是为了迎合品质生活时代高端消费者的生活满足方式的需求,该行业随着经济发展和国民富裕而日渐拥有庞大的消费人群,这些人讲究生活情趣,讲究品位,有足够支付力来实现自身满足。

与其他行业相比,奢侈品行业有其行业专门的特点:

1. 行业发展快

在 20 世纪 90 年代之前,全球奢侈品行业一直以 10%—20% 的超常规速度发展,创造了 150 亿美元的全球市场,被称为世界上利润最丰厚的行业。一般来说,奢侈品行业的发展和一个国家 GDP 的发展成正比,其速度大约是 GDP 发展速度的两倍。

2. 以家族企业为主

奢侈品凭其高价及奢华外表长期受到追捧和青睐,但是由于历史原因,奢侈品公司基本上是以家族企业为主。几个世纪以来,奢侈品产业一直由家族企业掌控,迎合社会最富有阶层的品位,服务于社会最富有的阶层,工薪阶层根本无法进入。并且奢侈品行业的进入门槛高,品牌和品质需要时间和文化内涵的沉淀,任凭大资金、大投入也奈何不了历史的威力。

3. 全球格局呈现逐渐集中的趋势

纵观奢侈品行业,其全球格局呈现出逐渐集中的趋势,销售额前十大公司占据了大部分市场。仅 LVMH、历峰(RICHEMONT)、PPR 三大集团,就集聚了近千个奢侈品品牌。奢侈品市场高度集中的原因主要是对资金实力要求的不断扩张。对于面向高端市场的奢侈品品牌而言,无论是现有品牌的维护,还是打算创建一个新品牌,都需要庞大的投资进行支持。一方面,家族作坊式的小规模的奢侈品公司希望能保存和发展自己的传统品牌,但是却没有资金实力维持;另一方面,资金实力雄厚的大集团也看准了收购这一简单易行的扩张方法。所有这些因素都促进了奢侈品市场进入新的增长点。因此,自 20 世纪 90 年代以来,奢侈品行业发生了大量的兼并收购,逐步形成了如 LVMH 集团这样的奢侈品行业航母级别企业。LVMH 旗下拥有 Dior、GUERLAIN、Lacroix、Loewe、LV、Moët Hennessy、万宝龙、dunhill、Cartier 等品牌。由于大集团的运作更专业,更清楚如何进行奢侈品品牌的营销，现有的分支网络和营销体系都更完善，收购后的大型奢侈品集团依靠规模效应大大降低了成本，使得各大集团的利润幅度都有提升。

4. 行业的营销手段独特

奢侈品一般很少从功能诉求上进行宣传，他们要宣传的不仅是产品的质量，还需要将更多的情感因素导入营销过程。另一方面，奢侈品从不在渠道中提供大量的产品让消费者选择，有时候从下单到拿到产品，消费者甚至要等上数年。在宣传方式上，奢侈品只针对少量的目标客户。例如"卖的是艺术品，而不是汽车"的宾利，注定是需要采用与众不同的推广策略的。即使在中国拥有购买宾利能力的人数是 3000 个，去掉上市公司的高层、政界人士、已经购买了另外两款顶级豪车的客户，宾利的目标人群恐怕还不到 1500 个。因此针对这样的窄众传播，它的宣传多用软性文章，不做硬性的广告，多讲品牌故事，很少谈科技和技术指标。

5. 品牌延伸的矛盾性

奢侈品为了保持高端地位的形象，和一般消费者都要保持一定的距离，价高而不易得。另一方面，由于利润的驱动和新的模式的竞争，奢侈品的趋势是产品向下延伸，而这样就和它的初衷相背离。这就形成了自我矛盾的奢侈品营销怪圈：奢侈品销量越大，利润自然越多；但拥有者数量越多，奢侈品将不复特殊和神秘，吸引力也会大大减弱。因此平衡价格和销售额是维持奢侈品品牌发展的一个永久的话题。

除了以上几点奢侈品行业的普遍特点之外，不同的历史时期又赋予了这个行业不同的时代特征。20 世纪末以来，全球经济增长缓慢，奢侈品头号买家日本经济疲软，全球奢侈品行业业绩整体下滑，奢侈品的消费人群大为减少，奢侈品对于很多消费者来说成了不必要的开销。受消费市场的影响，奢侈品产业的增长最近 5 年来已大大放缓，因此近几年来奢侈品行业又凸显出以下一些新的时代特征：

1. 消费人数大减

虽然目前世界上大多数奢侈品均植根于欧美文化土壤，但奢侈品行业在欧美国家市场已遇到发展瓶颈。在原有成熟市场中大部分品牌都面临一个负增长趋势。

2. 消费新趋势

在奢侈品诞生地的欧美，富人们的最新时尚是理性消费，崇尚舒适、得体和实用。奢侈消费的新趋向是远足旅游、登山、探险等与精神愉悦相关的项目。而中国的奢侈品消费趋势是购买小件奢侈品为主，购买大件奢侈品和体验型消费逐步增多。

3．新奢侈品品牌逐渐走强

新奢侈品是一种质优、价高、能够批量生产、工艺上乘的商品，它介于普通消费品与奢侈品之间，游离于奢侈品的外沿。它们是时尚和奢华的"混血儿"，比流行高雅一点，比奢侈低调一点。很多人使用奢侈品是因为它使自己更具个性、与众不同。但人们慢慢发现，其实不用花奢侈品那么多的钱，新奢侈品也能使自己在芸芸众生中显得与众不同。这是一种新的消费观。这种新奢侈品消费观打破了传统意义上的价格需求曲线，它们在价格上比传统商品价格高出许多，同时比传统的奢侈品的成交量多出许多。这些新奢侈品和服务的涵盖范围广泛，从汽车、家具、手机、皮包、手表到宠物、运动设备、葡萄酒等。新奢侈品的购买完全不用计划，它可能只是满足你一时情感的需要，或是对某种品牌的信仰。这些产品包括一些价格不菲的"贵族"产品，有的甚至高达近万元。对于这类产品不能用单一的"性价比"来衡量它的价值。新奢侈品永远基于情感需求之上，消费者对此类产品所倾注的情感远远胜于其他产品。

与此同时，原有顶级品牌的核心设计师们纷纷加入新奢侈品行业，自立门户，推出与众不同的产品设计，很快就引起市场关注，拉动消费。风格独特、设计个性化、价格实惠，许多崛起的新生品牌已经借助这些看似简单的元素，触及奢侈品光鲜外表下的"敏感部位"。由于他们走的并非顶级路线，而是徘徊于顶级与流行之间，所以既能维护品牌的定位和形象，又能吸引更多的消费群体。随着现代零售业的迅猛发展，在机场、商场和街边小店都可以买到 Karl Lagerfeld（曾同时担任香奈儿和 Chloé 的首席设计师）这样的大师作品，比起他们原先为之效力的品牌，这些新奢侈品的价格更能让人产生购买的冲动。例如，蔻驰（COACH）等属于新奢侈品行列的公司，这些公司从 2004 年起销售业绩迅猛增长，而原有奢侈品品牌同期的销售业绩基本持平。

讨论案例：布加迪（BUGATTI）——男人世界最昂贵的跑车

2009年，当售价达到4300多万元人民币的布加迪威航特别版，静静停放在北京金宝街6号的展厅——这里是顶级奢华车品牌布加迪在全球的第一个"家"——里的时候，或许所有人都不知道，这辆车就是男人世界最昂贵的跑车。

布加迪的历史

布加迪汽车的创始人埃托尔·布加迪1881年生于意大利的米兰，1909年埃托尔·布加迪携妻儿迁至阿尔萨斯的Molsheim，建立了布加迪汽车工厂。在1914年研制出装有马蹄形散热器护栅为特征的、钢丝辐轮式车轮的T17型车后，这种形状的散热格栅随后成为布加迪的风格。后来随着世界经济的大萧条以及两次世界大战对布加迪汽车产生了重大影响。尤其是在第二次世界大战期间，德军占领了法国的布加迪工厂，在1939年和1940年，埃托尔·布加迪的长子和父亲先后离世，经营困难的布加迪工厂也被变卖，直到1956年彻底停产。在1910—1956年这47年间，布加迪共生产了大约8000台汽车。布加迪的历史暂告段落。

直到1987年，身为金融家的汽车经销商Romano Artioli购买了布加迪品牌，并将布加迪总部由Molsheim迁至意大利，布加迪重回车坛，但后来由于经营不善，布加迪于1995年宣告破产。

1998年，布加迪品牌被大众收购后，开始着手重建布加迪位于法国Molsheim的生产工厂。最终，新工厂被命名为BUGATTI ATELIER，该工厂于2004年竣工，2005年正式开放，现在作为布加迪总部所在地。

大众并没有像其他超级跑车那样对现有车型进行改进，从而看看能够达到什么样的标准，而是破天荒地先订立了1000马力、400公里极速的标准，然后雇用大量工程师夜以继日为达到这个标准而不断克服各种技术难题。这也是布加迪与研发其他超级跑车最不同的地方。最后的结果，就是现今叱咤车坛的布加迪威航16.4。

布加迪的魅力

布加迪威航确实有些太过惹眼了：尺寸、价格，各个方面都是如此夸张奢侈。但无可否认，特别是对于那些驾驭过它的人来说，它代表了汽车工程领域的极致成就。该车从起步加速到100千米/小时只要2.46秒，起步加速性能完全可以和先进的F1赛车相媲美。该车采用的是碳纤维材料整体式车身，结构如此强悍，布加迪的设计工程师说，它根本就不需要再安装侧面安全气囊。所有的板件也都是碳纤维材料制成的，除了扰流板和车门，因为这些部件的结构太复杂了，很难用碳纤维材料来加工，因此它们是用铝制成的。

车辆悬挂系统都采用了V形双叉臂结构，当然，制动盘也采用大号的，并且是用碳纤维陶瓷材料制成的，这样的制动系统能保证车辆能在10秒内从400千米/小时的速度完全刹住。轮胎采用的是特制的米其林PAX Run-Flat，后轮轮胎截宽达365毫米，是迄今为止跑车所用最宽的。排气系统则是用钛合金制成的，这也就不难理解为什么布加迪威航能卖出天价了。

布加迪威航采用的是霸气十足的16缸8.3升的四涡轮增压发动机，所以在大多数车辆采用一个散热器的情况下，为了让发动机、变速器及其他系统迅速冷却，威航用了10个散热器。更令人难以置信的是，布加迪威航在真实动力输出数据上还有所保留。因为按大众汽车的惯例，所有车辆的动力输出数据都是在环境温度40度以上时测出的。布加迪威航标示的1001马力也不例外。在这种温度下，根本无法保证充足供应氧气给涡轮增压系统，导致动力难以完全发挥。而在一般温度下，比如20度左右，它的输出动力可以达到接近1050马力。布加迪威航装备有半自动七速DSG变速箱，由于轮胎所限，它的最高时速被电子系统控制在407千米/小时（253英里/小时）下。假如不受限制，它到底能开多快？人们无从知晓。

这就是为什么在2008年北京国际汽车展览会开幕之时，2500万元的布加迪威航16.4第一次出现在中国本土，成为当时史上最贵的新车，也是唯一一款超2000万元级别的新车，带给中国人如此的震撼了。

布加迪的奢华

布加迪的魅力不止于此，在 2009 年推出的更贵的布加迪威航爱马仕特别版，使我们看到了更多的布加迪的奢华。

与布加迪威航 16.4 普通版相比，布加迪威航爱马仕特别版由布加迪提供技术，久负盛名的奢侈品品牌爱马仕提供内饰及整车风格的设计。车身的内饰全手工打造，可以根据客户对颜色的需求进行不同的搭配，客户可以根据自己的需要进行预订。一个方向盘皮革的缝制就需要一个工匠花费十几个小时，因此，爱马仕一个月只能生产一辆车的内饰，所以这个爱马仕特别版一个月也只能生产出一辆来。

一般车仪表板通常采用磨砂铝材质，但爱马仕版全部以小公牛皮包裹。坐上该车的乘客还会在仪表板上发现一个设计精巧的小储物柜，可用来盛放旅行用的各式小物件和一个带拉链的爱马仕钱包。驾驶座位和乘客座位都包裹了双色小公牛皮。将驾驶室和后置引擎隔开的挡板一直以碳纤维材料制成，此处则包裹了同样优质的真皮材料。真皮挂面的后备箱里设有一个专门与之配套的储物盒，采用带有"Toile H"图案的帆布和真皮两种材料，由爱马仕的工匠们手工制作完成。

为了凸显布加迪威航爱马仕特别版的品位，该车采用了 8 辐抛光铝合金轮胎，中央蝶形轮锁上烙有字母"H"，轮缘周围的通风孔设计则模仿了爱马仕马鞍线迹的典型样式。

布加迪在中国

在过去 100 年的时间里，布加迪从来都以奢华神秘著称，那些顶级富豪们只能凭一张照片来决定是否预订，此后要等上 9 个月才能见到实车——全球仅有的 250 个车主无一例外。

现在，布加迪为中国开了"小灶"。布加迪在全球有 40 个代表处接受定制，在中国的北京、上海、深圳就有 3 个。但是布加迪意识到想赢得中国市场，信任非常重要，因此不能光用嘴去说这款车如何好，而且在过去一段时间里，中国消费者可能还不太习惯布加迪之前的销售方式，对品牌的了解程度也不够多，还要有一个在中国市场提供眼见为实的样车作为展现形式，让消费者感受到这款车的魅力。所以布加迪借鉴了其他顶级奢侈品品牌在中国的做法：在品牌存在的同时在北京开设了全球目前唯一一家布加迪展厅。而且布加迪在全球只参加日内瓦和北京车展。

在布加迪看来，布加迪从来都只针对小众，其目标市场就是去寻找那些拥有私人飞机、游艇及多处房产，而同时又对车充满热情的富豪们，他们懂车，也喜欢开车，甚至喜欢收藏车。他们的确要有收藏家的耐心，因为定制一辆布加迪需要等上至少九个月。所以布加迪在中国通过"微细分"市场策略，吸引那些真正有兴趣、具有购买力的消费者，有针对性地邀请一些客户到北京、上海等地的私人会所试驾布加迪。

也许很多人会公然质疑制造如此强劲功率和超大速率的汽车是否有必要，但是也许他们不了解也不明白，对于那些能够花1亿多美元买一座房子、2亿美元买一艘游艇或者2000多万美元乘坐俄罗斯太空船到月球上旅行的富豪来说，布加迪的价值与社会的承受力很好地吻合。毕竟，它是物有所值的。因为事实上布加迪更是一个科技成就，是人类一直在努力争取能行进得更快、飞得更高、设计得更精巧的终极产物。

第一篇 走进品牌世界

1. 品牌及其管理
2. 奢侈品市场环境
3. 奢侈品品牌核心

1 品牌及其管理

品牌基础

品牌与顾客

品牌管理概要

品牌未来发展

第1章　品牌及其管理

> 品牌是改变整个产业版图最强有力的武器。
>
> ——理查德·布兰森（Richard Branson）
>
> 维珍（Virgin）创始人

品牌故事：
路威酩轩（LVMH）集团——缤纷奢侈帝国

LVMH 全名 Louis Vuitton Moët Hennessy 集团，是由顶级的时装与皮革制造商 Louis Vuitton 和一流的酒制品生产商 Moët Hennessy 合并而成的大型奢侈品产销集团。目前，该集团在销售额、市值、影响力等方面，都处于世界奢侈品行业第一的位置。

Moët，全名 Moët & Chandon（酩悦香槟），成立于 1743 年，现在是全球最受欢迎的香槟酒品牌之一。Hennessy（轩尼诗）则成立于 1765 年，是世界上销量数一数二的干邑酒厂。相对而言，Louis Vuitton（路易威登）反而还显得比较"年轻"，它于 1854 年成立，如今已是高档皮具生产业的头号企业。

1981 年，Moët & Chandon 与 Hennessy 两大酒厂合并，组成了 Moët Hennessy 酒业集团。1987 年，该公司又与 Louis Vuitton 合并，才形成了 Louis Vuitton Moët Hennessy 集团。

随后，该集团不断扩张，通过资本运作兼并了许多其他奢侈品品牌，逐渐在高档用品制造领域树立了霸主地位，成为全球头号奢侈品集团。

如今，LVMH 集团拥有的品牌已经超过 50 个，店铺数达到 1700 余个，其中 68% 分布在法国以外，雇员近 6 万人。截至 2007 年 12 月 31 日，LVMH 的市值达到 577.7 亿美元。2008 年，LVMH 集团的销售收入 171.93 亿欧元，同比上涨 4.3%；营业利润 36.28 亿欧元，同比上涨 2.1%；净利润 20.26 亿欧元；总资产 315.7 亿欧元。截至 2008 年年底，LVMH 集团的 2314 家品牌店分布于欧洲、美国、亚洲及其他地区。其中，欧洲、美国以及亚洲的日本是其传统市场，这三个地区的品牌店占据了店铺总数的 74%。

发展生意的同时，LVMH 亦不忘造福社会，旗下福利机构有 LVMH House、LVMH-ESSEC Chair 和 LVMH 亚洲研究考察奖学金等，此外 LVMH 还致力于保护环境。集团恪守自己的公益使命，矢志传承光大文化传统，提倡人道主义，推动教育事业，培养扶持年轻的艺术和设计人才。

LVMH 集团本着把西方生活艺术（Art de Vivre）的精髓传遍世界为使命，一丝不苟，尽善尽美，体现传统工艺的高贵典雅，继续标志着高雅与创意，每一件产品及其意义都融合了传统和创意，燃点起无限梦想，激发无尽想象。集团的目标就是：以经得起时间考验的精湛的专业工艺让您体会"生活的艺术"。

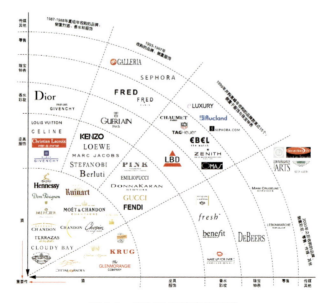

图 1-1　LVMH 品牌家族图谱

资料来源：www.lvmh.com，《新财富》整理。

第1章 品牌及其管理

目前集团主要业务包括以下五个领域：葡萄酒和烈酒、时装和皮革制品、香水和化妆品、钟表和珠宝、精品零售（见表1-1至表1-5）。如图1-1所示，其众多的品牌汇集在一起形成了庞大的LVHM品牌家族图谱。

● 葡萄酒及烈酒

表1-1 LVMH旗下葡萄酒及烈酒

名　称	年　份	主　营
酪悦香槟（Moët & Chandon）	1743	香槟
香槟王（Dom Pérignon）	18世纪	香槟
凯歌香槟（Veuve Clicquot）	1722	香槟
库克香槟（Krug）	1843	香槟
梅西耶香槟（Mercier）	1858	香槟
修纳尔香槟（Ruinart）	1792	香槟
伊更堡（Chateau d'Yquem）	1593	高级葡萄酒
轩尼诗（HENNESSY）	1765	干邑
格兰摩兰吉（Glenmorangie）	1893	苏格兰威士忌
Domaine Chandon（California）	1973	香槟及加州葡萄酒
Bodegas Chandon（Argentina）	1959	香槟及阿根廷葡萄酒
Domaine Chandon（Australia）Green Point	1986	香槟及澳洲葡萄酒
云湾（Cloudy Bay）	1985	新西兰葡萄酒
曼达岬（Cape Mentelle）	1976	澳洲葡萄酒
纽顿（Newton）	1984	加州葡萄酒
安地斯之阶（Terrazas de los Andes）	1999	葡萄酒

● 时装及皮革制品

表1-2 LVMH旗下时装及皮革制品

名　称	年　份	主　营
路易威登（Louis Vuitton）	1854	皮革制品、成衣、鞋履、腕表、珠宝、纺织品及书写用品
罗威（Loewe）	1846	主营皮革制品、成衣、丝绸饰品及香水
思琳（Celine）	1945	成衣、皮革制品、鞋履、饰品及香水
贝鲁堤（Berluti）	1895	鞋履
高田贤三（KENZO）	1970	成衣、皮革制品、鞋履及饰品

名称	年份	主营
纪梵希（GIVENCHY）	1952	高级订制服、成衣、鞋履、皮草制品及饰品
马克雅各（Marc Jacobs）	1984	男女成衣、皮草制品、饰品及香水
芬迪（FENDI）	1925	成衣、皮草制品、饰品及香水
史提芬诺逼（StefanoBi）	1991	鞋履
艾米里欧普奇（Emilio Pucci）	1948	成衣及饰品
汤玛斯品克（Thomas Pink）	1984	衬衫、领带及服饰用品
唐娜·凯伦（DONNA KARAN）	1984	男女成衣、童装及服饰用品
eLuxury	2000	精品网络销售

● 香水及化妆品

表1-3　LVMH旗下香水及化妆品

名称	年份	主营
克里斯汀·迪奥（Parfums Christian Dior）	1947	香水、化妆品及保养品
娇兰（GUERLAIN）	1828	香水、化妆品及保养品
纪梵希（Parfums GIVENCHY）	1957	香水、化妆品及保养品
高田贤三（KENZO Parfums）	1988	香水、沐浴系列及保养品
Laflachère	1987	卫生、美容及家用清洁制品
BeneFit Cosmetics	1976	化妆品、美容及保养品
Fresh	1991	护肤、美体、香水、化妆品及蜡烛
Make Up for Ever	1989	化妆师专用产品及普通消费化妆品
帕尔马之水（Acqua di Parma）	1916	香水、古龙水、家用香料及家用收藏品
罗威（Perfumes Loewe）	1972	香水

● 钟表及珠宝

表1-4　LVMH旗下钟表及珠宝

名称	年份	主营
豪雅表（TAG Heuer）	1860	钟表及计时器
先力表（Zenith）	1865	钟表及计时器
迪奥（Dior）	1985	表及书写用品
佛列德（Fred）	1936	珠宝、顶级珠宝及腕表
绰美（Chaumet）	1780	珠宝、顶级珠宝及腕表
欧玛斯（Omas）	1925	书写用品

第1章 品牌及其管理

- 精品零售

表1-5 LVMH旗下精品零售

名 称	年 份	主 营
DFS Galleria	1961	免税商品销售
Miami Cruiseline Services	1963	游轮免税商品销售
丝芙兰（Sephora）	1970	香水、化妆品、保养品及美容用品
丝芙兰（Sephora.com）	1999	香水、化妆品、保养品及美容用品网络销售
玻玛榭百货（Le Bon Marché）	1852	百货商品、Franck & Fils Parisian商店、La Grande Epicerie de Paris食品店、房地产
萨玛利丹百货（Samaritaine）	1869	百货商品

- 其他领域

D.I：成立于2000年，主营媒体集团，提供财经、音乐、艺术及文化等资讯。旗下有报纸（l'echos、Investir Hebdo、Investir Magazine、le Monde de la Musique、Défis、SID Presse），杂志（Connaissance des Arts、Expert Info、la Lettre fiscale、Mieux Gérer pour Réussir），一个国家电台网络（Radio Classique）及一个新闻社。

Connaissances des Arts：成立于1952年，主营艺术月刊及特刊。

LVMH帝国核心成员——路易威登（Louis Vuitton）

创始人：	Louis Vuitton 路易威登
注册地：	法国巴黎
设计师：	设计师群
品牌线：	路易威登（Louis Vuitton）
品类：	皮件、皮箱、旅行用品、男装女装、丝巾、笔、手表

LV的成功

提到奢侈品，联想到的第一个印象是什么？不少人的答案会是LV。能够把自己的品牌做成奢侈品的代名词，LV从法国宫廷的御用制箱包的制作者，到工业革命时期被资产阶级新贵们追捧的身份标志，再到现代的LV奢侈帝国的建立，整整经历了156年的历史。

1. 对待历史的态度：大胆的创新

进入20世纪的现代商业社会时代，对一个历史悠久的品牌而言，底蕴深厚是资产，一成不变、古老死板则是负债。1997年，年仅34岁的纽约设计师马克·雅戈布（Marc Jacobs）加盟LV，出任集团设计总监。他开创的时装系列，为LV这个象征巴黎传统的精品品牌注入了新的活力。马克·雅戈布提出"从零开始"的极简哲学，他结合LV古典气派的形象，将传统字母组合图案印压在糖果色漆皮皮具上，配以简约的服装系列，令LV的形象趋向时尚活泼，获得全球时装界的一致喝彩，正是这种大胆的创新开启了LV的鼎盛时代。更让人惊喜的创新是2003年马克·雅戈布首次与日本新艺术家村上隆携手的作品，其清新可爱的大头娃娃与色彩艳丽的花花图案，摒除了LV经典的Monogram图案给人老气的感觉，以"幼稚"的诱惑力在全球风靡一时。也许就是这样的大胆创新的魄力，让路易威登多年来一直稳坐在时尚类顶级奢侈品的宝座之上，这个混合着古老的沉稳和年轻的可爱的奢侈品品牌，成功地让自己的名字成为了奢侈品的代名词。

2. 对待终端的态度：奢侈的体验

对于奢侈品品牌来说，之所以奢侈，一个很重要的原因就是其具有的稀缺性：少，生产得少，买得起的人少，能经常买的人更少。要让大家知道尊贵和奢侈，但又不能用太大众的方式，于是没有什么比建立一个奢侈精致而又有创意的旗舰店更有效果了。

LV绝对是做有创意的旗舰店的高手。2004年为庆祝LV创立150周年，LV将香榭丽舍大道的旗舰店规模扩增两倍。

出人意料的是，LV特地制作了两个超大的招牌旅行箱，架在旗舰店的大楼外面，赚足了过往行人的眼球。这里不仅展出有LV历史上28件珍贵的古董行李箱，而且位于旗舰店七层的LV美术馆，也首次选用了一群尖端艺术家的作品，在店内做永久性的陈列。其中一件由白人女性裸体构成的字母"L"和黑人女性裸体构成的"V"组成的图案颇为打眼。

徘徊在LV旗舰店的漫步长廊，你将发现美国艺术家James的灯饰雕塑，以及丹麦概念艺术家Olafur专门为LV设计的作品。你完全可以把这样的旗舰店视为当代艺术馆。这样的效果正是LV所追求的，比起LV的许多竞争对手主要为了满足购买者的虚荣心而设置旗舰店，LV的这个店面每天有3000—5000人前来膜拜，据说在巴黎是排在埃菲尔铁塔和巴黎圣母院之后最有人气的旅游胜地。LV将自己的旗舰店塑造成了一个城市的地标性的建筑，其奢华姿态可谓"不着一字，尽得风流"。

在这样的一间旗舰店里徜徉，如参观艺术馆般的态度来参观 LV 的精致皮具，这当中甚至有了某种朝拜的"嫌疑"。试想一下，你能把卢浮宫里的《蒙娜丽莎的微笑》买下来，还天天背在身上在繁华的都市中漫步吗？《蒙娜丽莎的微笑》不行，但 LV 的包却可以满足你的这个奢侈的体验。

3. 对待消费者的态度：研究中国消费者

从 LV 官方网站的几次细微改变能看出其在中国市场的上升态势。1997 年，LV 首次开设正式官方网站时，设置了最初的中文网页，这时是 LV 进入中国内地的第五个年头。四年后，LV 又设立了一个有英语、法语、日语和繁体中文四种不同的语言版本的新网站。同年 7 月，LV 中文版的网页中增添了"大中华焦点"栏目，主要涵盖 LV 在中国香港、台湾和内地的动向。而 LV 的一个新计划是开设简体中文版网站和增加更贴近内地市场的网站内容。这个试图进军中国奢侈品行业的豪华品牌开始放下架子去聆听客户的心声，去感受这个新兴市场的时代脉动。

"过去，在奢侈品业取得成功的黄金法则是高贵优雅、始终如一和积极有效：不要问客户他们想要什么，而要告诉他们应该拥有什么。"如今，面对一个陌生的市场，以自我为中心的方法将不再奏效。你必须了解你的客户，深入把握他们的高端价值主张。"不仅仅是让你的客户知道你，而是要努力了解他们。"贝恩咨询公司（Bain）在 2005 年奢侈品报告中表示。

LV 在中国取得令人瞩目的成功清楚地证明，只有理解推动奢侈品购买行为的"原因"，奢侈品公司才能获得建设品牌方面的新想法，触摸到目标市场的情感需求，并卖出更多产品。

全新的奢侈品文化已登陆中国。中国奢侈品消费者的平均年龄在 40 岁以下；奢侈品不仅仅属于上流社会，新新人类主张人人有权拥有奢侈品；年轻的中国消费者喜欢将奢侈品与街头时尚品牌混搭的做法。于是，在这样的对中国消费者的研究基础上，LV 已开始向中国客户提供创新服务：

（1）由于当季商品的数量及范围不断增加，每一季奢侈品的货架期都相应缩短了。在华奢侈品品牌推出时尚商品的频率越来越高，数量也越来越多。

（2）正如 LV 在中国提供较小（因此不太昂贵）商品的策略所体现的，"可得到的奢侈品"或"价值导向奢侈品"的主要目标在于吸引年轻的新会员。

奢侈品品牌LV做出的低姿态不仅没有损害其尊贵的形象,反而因此抓住了中国消费者的特性,了解了他们购买的动因和能够承受的范围,占据了中国奢侈品消费的鳌头。

4. 对待公关的态度：御风而行

2004年9月，LV为庆祝150周年和旗舰店开幕而在上海的恒隆广场举办了"陈列了9000多种货品、请来1500多位客人、开了3000多瓶香槟"的盛大派对。但是这样的大型派对几乎已经成为了各大奢侈品品牌公关的规定动作。

既然要做大，为什么不搭乘着一些更大的活动御风而行呢？当年10月开始在中国举办的法国文化年在国内掀起了一阵强烈的法兰西风潮。LV在此次法国文化年的重要项目——法国印象派画展上，特地在美术馆辟出了一角专门展示LV的历史珍品，这个展区吸引的人群一点儿也不比莫奈和塞尚的画作来得少。并且在该画展期间，LV还举办了一次邀请贵宾晚上单独观展的活动，只有100个左右的名字被列在了邀请的名单上，这些贵宾大多是品牌的大客户和时尚圈中人。把门关起来慢慢看，这种特殊待遇带给人的，大概就是所要营造的奢侈感觉。乘着两国之间的友谊年之风，LV做了一次成功的公关战役，将自己的品牌和法国这个具有浪漫气质的国度紧紧地联系在一起。

5. 对待客户关系的态度：跨国的CRM管理

"多一点科学分析，少一点道听途说。"一个完整有效的客户关系管理数据系统（CRM）帮助LV充分地理解市场，并与客户建立紧密的联系。

通过深入挖掘过去的销售数据，LV能够掌握客户的偏好并评估潜在需求。今天购买小件商品的客户，明天就可能购买其他更高价值的商品。在巴黎的商店购买单件商品的中国游客可能在上海的其他商店购买多件同样牌子的商品。

无论中国消费者在全世界的哪家商店购物，数据的深入挖掘都能使LV了解他们的重要性。通过对在海外购物的中国人的密切观察，即使尚未在某个城市开设门店，LV也能较好地把握该市场的运作。

一位LV中国门店的经理表示："一个有效的客户关系管理数据系统能够帮助市场营销直接面向对此做出反应的客户，并回报给客户他们最想要的产品和服务。"

1.1 品牌基础

1.1.1 品牌定义

随着品牌重要性的不断提高，品牌日益成为企业关注的重大话题。在如今的市场环境下，越来越多的企业已经意识到，如果没有品牌的支撑，企业的产品很难在激烈的竞争中立足。另一方面，成功的品牌也能够成为企业最有价值的财产之一。可口可乐、微软等品牌甚至具有了数百亿美元的价值。而对于奢侈品来说，"品牌"已经成为其"奢侈"品质的一部分，这从许多人将奢侈品等同于那些国际知名的大牌商品就可以看出。顶级奢侈品品牌在各自的领域都保持着极高的声誉，它们通过产品、服务、文化理念的传播深深地吸引着对其钟爱的老顾客和慕名而来的新顾客。

亨利·福特曾在他的自传中说："你可以没有资金，没有工厂，没有产品，甚至可以没有人，但你不能没有品牌，有品牌就有市场，当然也会有其他。"品牌作为现代工业和消费社会的代名词进入正式的商业运营和学术研究还只是 20 世纪初的事情，但品牌作为区分不同制造者的工具的历史已经有几个世纪了。"品牌"一词来源于古斯堪的纳维亚语"布兰多"（brandy），意思是"燃烧，打上烙印"，从那以后，它就成为被牲畜所有者用来标示他们所拥有动物的工具，商标成为品牌的昵称，并不断流传与发展下来。图 1-2 从不同角度对品牌的概念进行了阐述。

西方对品牌等相关课题的研究是随着工业革命以后品牌的逐步发展而不断深入的。品牌正式确立社会和学术地位是在美国。20 世纪上半叶的美国工业消费经济发达，人口密集、城市繁荣、报纸等大众传播媒介的广泛应用，这些所营造的商业和消费氛围使原本简单的识别性的商标符号具有了独立的人格和意义。1931 年宝洁公司实行品牌经理制，品牌进入操作层面。1950 年，美国著名的广告大师大卫·奥格威首先界定了品牌的概念，并论述了广告与品牌的关系。此后，品牌迅速成为一种商业流行和学术术语。以奥格威为代表的广告人认为品牌"是一种错综复杂的象征，它是品牌属性、名称、包装、价格、历史、声誉的无形总和，品牌同时也因消费者对其使用的印象，以及自身的经验而有所界定"。

美国市场营销协会（AMA）给品牌下的定义是：品牌是一个名称、术语、标记、符号或图案设计，或者是它们的统合运用，用以识别某个或某群销售商的产品或服务，并使

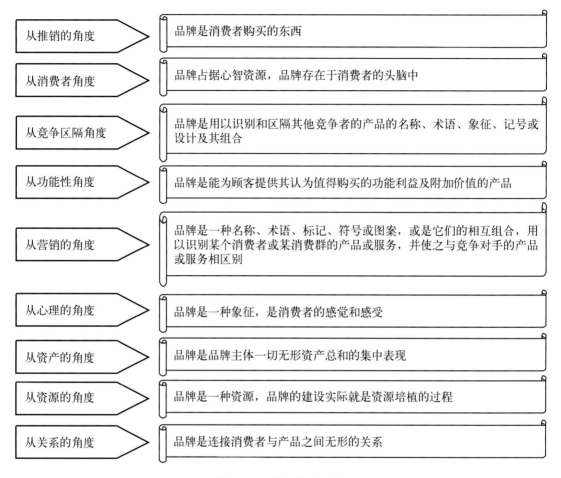

图 1-2　不同角度看品牌

之与竞争对手的产品和服务相区别。

美国西北大学教授菲利普·科特勒（Philip Kotler）指出，品牌不仅是一个名称、术语和标记，而且是销售者向购买者长期提供的一组特定的特点、利益和服务，最好的品牌传达了质量的保证。然而，品牌还是一个更为复杂的符号，一个品牌能表达出 6 层意思：

（1）属性：一个品牌首先给人带来特定的属性。

（2）利益：一个品牌不仅仅限于一组属性。顾客不是购买属性而是利益。

（3）价值：品牌还体现了该制造商的某些价值观。

（4）文化：品牌可能附加和象征了一定的文化。

（5）个性：品牌还代表了一定的个性。

（6）使用者：品牌还体现了购买或使用这种产品的是哪一类消费者。产品所表示的价值、文化和个性，均可反映到使用者的身上。

在上述观点的基础上，西方广告专家与学者又进一步阐释了品牌的特征。

哈佛大学商学院博士大卫·阿诺德（David Arnold）认为"品牌就是一种类似成见的偏见"。

美国品牌战略咨询公司总裁杜纳·E. 科耐普（Duane E. Kna）认为"品牌是某产品或服务拥有的广为人知的名字"。

加利福尼亚大学教授威廉·阿伦斯（William F. Arens）认为"品牌是指明产品及产地，并使之与同类产品有所区别的文字、名称、符号和花色的结合体"。

凯文·莱恩·凯勒在《战略品牌管理》一书中提出，"品牌就是区别一个产品与别的产品的特征"。

中国学者和专家对于品牌定义的探索是建立在西方品牌定义范畴内的，结合中国特有的环境特征，他们提出自己对于品牌的理解。

中山大学的卢泰宏认为："品牌不仅仅是一个区分的象征；品牌不仅仅掌握在品牌所有者手中，更取决于消费者的认同和接受；品牌不仅仅是符号，更要赋予形象、个性和生命；品牌不仅仅是短期营销工具，更是长远的竞争优势和具有潜在价值的无形资产。总之，现代品牌的内涵是综合的，它包含许多要素；它的目标是整体的、战略的。"

1.1.2 品牌分类

品牌是一个非常笼统的概念，按照不同的标注有不同的分类。例如：

（1）按照品牌的市场半径和影响范围大小，可划分为区域性品牌和国际品牌。

（2）按照品牌所包容的产品的品种分类，可划分为单一品牌和复合品牌。

（3）根据产品生产经营环节的不同，可分为制造商品牌和销售商品牌。

（4）按照品牌归属主体的不同，可分为产品品牌、服务品牌和企业或公司品牌。

产品品牌，用于提供区别和判断产品差异的标准，它包含品牌名称、品牌标志和品牌的法律意义。服务品牌，是指以提供服务，而非实体产品为主要特征的品牌。企业或公司品牌，是指以企业和公司为整体形象的品牌。

本书对于奢侈品的研究，也将采用因品牌归属主体不同而划分的分类方式——产品品牌。

Vigneron Franck 和 Lester W. Johnson 在进行相关研究时，提出了一个总的概念：威望品牌（Prestige Brand），用以区分一般的品牌。总的来说，威望品牌的购买需要极其高的决策参与度，因为威望品牌具有非经常购买、需要很高水平的兴趣及知识程度，以及自我概念极强等特征。然后根据品牌威望（Prestige）的不同，又分为三个级别：高档品牌、优质品牌和奢侈品品牌，见图1-3。

图1-3 威望品牌的三个级别

由此可以看出，奢侈品品牌是威望品牌中最高的一级。另外，相关研究显示，由于不同的人对同一个品牌的威望感知不同，因此威望品牌的三个级别也是相对的概念，没有非常明确的划分。

1.1.3 品牌作用与意义

企业要想做大做强，成为一个知名企业，就必须拥有自己的品牌。品牌在企业的发展战略中发挥着重要作用，不但有利于消费者识别产品、保护消费者和企业的利益，而且有利于企业进行广告宣传，扩大事业领域。可以说品牌是企业和产品的象征和代表。在现代经济活动中，品牌战略对企业而言具有重要的意义和作用。

一个企业拥有品牌，说明其产品是在经历了市场的大浪淘沙后幸存的品质保证，它经过检验并得到消费者的普遍认同和一致好评。不同的品牌各自的特定内涵决定了它们在消费者心目中的地位，决定了它们在现代社会高节奏、高效率的生活情境中，能否进入消费者头脑中的待选品清单或者更进一步成为首选。品牌是因为需要而产生的。这种需要既是商家的需要，也是买者的需要。当前的品牌发展，与现代的物品相对丰富、市场竞争日趋激烈、产品同质化现象越来越普遍，有着密切的关系。人们对品牌的倚重与社会进步和生活节奏加快有关。名牌往往意味着更高的价格，随着经济的发展，消费者的购买行为并不仅仅取决于购买力或一般的心理、生理需要，而主要取决于对某个企业、某种品牌的综合印象。

品牌对于企业，对于消费者都是不可或缺的部分。没有品牌，企业无法树立消费者忠诚度；没有品牌，消费者无法满足自己对满意商品的再一次追求。

1．品牌对于企业的作用

（1）存储功能。品牌可以帮助企业存储商誉、形象。"品牌就是一个创造、存储、再创造、再存储的经营过程。"

（2）维权功能。通过注册专利和商标，品牌可以受到法律的保护，防止他人损害品牌的声誉或非法盗用品牌。

（3）增值功能。品牌是企业的一种无形资产，它所包含的价值、个性、品质等特征都能给产品带来重要的价值。即使是同样的产品，贴上不同的品牌标识，也会产生悬殊的价格。

（4）形象塑造功能。品牌是企业塑造形象、知名度和美誉度的基石，在产品同质化的今天，为企业和产品赋予个性、文化等许多特殊的意义。

（5）降低成本功能。平均而言，赢得一个新客户所花的成本是保持一个既有客户成本的6倍，而品牌则可以通过与顾客建立品牌偏好，有效降低宣传和新产品开发的成本。

2．品牌对于消费者的作用

（1）识别功能。品牌可以帮助消费者辨认出品牌的制造商、产地等基本要素，从而区别于同类产品。

（2）导购功能。品牌可以帮助消费者迅速找到所需要的产品，从而减少消费者在搜寻过程中花费的时间和精力。

（3）降低购买风险功能。消费者都希望买到自己称心如意的产品，同时还希望能得到周围人的认同。选择信誉好的品牌则可以帮助降低精神风险和金钱风险。

（4）契约功能。品牌是为消费者提供稳定优质产品和服务的保障，消费者则用长期忠诚的购买回报制造商，双方最终通过品牌形成一种相互信任的契约关系。

（5）个性展现功能。品牌经过多年的发展，能积累独特的个性和丰富的内涵，而消费者可以通过购买与自己个性气质相吻合的品牌来展现自我。

1.1.4 与品牌相关的概念

1. 品牌与产品（Brand & Product）

英文中品牌是"brand"，产品是"product"。产品是指能够提供给市场，被人们使用和消费，并能满足人们某种需求的任何东西，包括有形的物品，无形的服务、组织、观念或它们的组合。产品一般可以分为三个层次，即核心产品、形式产品、延伸产品。核心产品是指整体产品提供给购买者的直接利益和效用；形式产品是指产品在市场上出现的物质实体外形，包括产品的品质、特征、造型、商标和包装等；延伸产品是指整体产品提供给顾客的一系列附加利益，包括运送、安装、维修、保证等在消费领域给予消费者的好处。

品牌不等于产品，品牌与产品是既相关联又相互区别的两个概念。每一品牌中必有一个产品，但不是每一个产品都会成为品牌。产品是躯体，品牌是灵魂。两者的主要区别如表1-6所示。

产品通过自身带有的利益和功能属性，直接满足消费者的需求。而品牌通过产品本身体现的功能利益，引发消费者的价值承诺。从消费者的角度来看，品牌带来的满足是一个更加间接的过程。具体说来，产品与品牌有以下四种重要关系：

（1）品牌与产品名称是两个完全不同的概念。产品名称主要体现的是辨别功能，将一产品与另一产品区别开来；而品牌则传递更丰富的内容，价值、个性与文化都能通过品牌来表现。产品可以有品牌，也可以无品牌。无品牌商品以其价格低廉也能赢得一部分顾客，但如今厂家越来越重视品牌创造。一件产品可以被竞争者模仿，但品牌独一无二；产品很快会过时落伍，但成功的品牌却能经久不衰。一个品牌可以只用于一种产品，也可以用于多种产品；当品牌具有足够的影响力时，还可以进行品牌延伸，借势推出新的产品。

（2）产品是具体的存在，而品牌存在于消费者的认知中，品牌是消费者心中被唤起的某种情感、感受、偏好、信赖的总和。同样功能的产品被冠以不同的品牌之后，消费者心中会产生截然不同的看法，从而导致产品大相径庭的市场占有率。

（3）品牌形成于整个营销组合环节，品牌是根据产品而设计出来的。营销组合的每一

表1-6 品牌与产品的具体比较

产　品	品　牌
1．依赖制造商、中间商、服务商	1．依赖消费者
2．具体的（包含有形商品、服务、人、组织、创意）	2．既是具体的也是抽象的，具有综合性
3．是实现交换的东西	3．是与消费者沟通的工具
4．五个层次（核心利益、基础产品、期望品、附件产品、潜在产品）	4．除了产品识别要素外，还包括其他非产品识别要素
5．提供功能性利益	5．除提供功能利益外，更多的是提供自我表现型利益和情感利益
6．具有功能意义	6．具有功能意义，更具有象征意义
7．实实在在	7．具有个性，活生生的
8．注重价格	8．注重价值，提供附加值
9．有形的	9．既是有形的，也是无形的
10．可以仿造，容易模仿	10．仿造侵权，具有独特性
11．有生命周期	11．可以经久不衰，世代相传
12．只从事某一类型	12．可以扩展、兼并、延伸
13．随消费而逝	13．可以积累品牌资产
14．营销策略工具	14．具有战略价值

个环节都需要传达品牌的相同信息，才能使消费者形成对品牌的认同。比如，一种定位于高档品牌的产品，必然是高价位的，辅之以精美的包装，在高档商店或专卖店出售。商业传播与品牌的关系更加密切，名牌产品的广告投入要大大高于一般品牌。

（4）产品重在质量与服务，而品牌贵在传播。品牌的"质量"在传播，品牌的传播包括所有的品牌与消费者沟通的环节与活动，如产品的设计、包装、促销、广告等。传播的效用有两点：一是形成和加强消费者对品牌的认识，二是传播费用转化为品牌资产的一部分。

关于品牌与产品的区别，世界著名的品牌标识设计与咨询公司浪涛公司（Landor Associates）创始人华尔特·浪涛（Walter Landor）曾经说过这样的经典名言："产品制造于工厂，品牌创造于心智。"可以说，这是对品牌与产品关系最经典的概括。

2．品牌与商标（Brand & Trade Mark）

英文中商标是"trade mark"，品牌与商标两者是不同的概念。商标是一种法律用语，是生产经营者在其生产、制造、加工、拣选或者经销的商品或服务上采用的，为了区别商品或服务来源，具有显著特征的标志，一般由文字、图形或者其组合构成。经国家核准注册的商标为"注册商标"，受法律保护。商标注册人享有商标专用权。

商标与品牌既有联系又有区别，其联系主要表现为：它们都是无形资产，都具有一定专有性，其目的都是为了区别于竞争者，有助于消费者识别。所以商标与品牌经常被混淆使用。有些人误以为两者无本质区别，其实不然，两者区别主要表现在：品牌无须注册，一经注册，品牌的标识就成为商标。商标一般都要注册（我国也有未注册商标），它是受法律保护的一个品牌或品牌的一部分，其产权可以转让和买卖；品牌主要表明产品的生产和销售单位，而商标则是区别不同产品的标记。一个企业品牌和商标可以是相同的，也可以不相同；品牌比商标有更广的内涵，品牌代表一定的文化和个性，代表企业对消费者的价值承诺，也可能包含顾客对商家的信赖和忠诚，而商标只是一个具有排他性的法律认可的识别标记。

3. **品牌与名牌**（Brand & Well-known Brand）

20世纪90年代以来，随着公众品牌意识的提高，"名牌"一词广泛出现在各种媒体报道、政府有关文件、各种有关会议和大量的评选活动之中。然而，严格来讲，"名牌"一词的说法是不妥当的。原因有三：（1）它不是国际通用语言；（2）它是一个相对的概念和模糊的概念，难以科学地衡量；（3）使用名牌概念，容易造成只注重提高"品牌知名度"而忽视"品牌知名度"之外的其他品牌资产的内涵，不利于品牌的平衡发展。因此，我们提倡创建强势品牌，而不只是创名牌。一般认为品牌与名牌的区别是：名牌只代表知名度，而品牌的内涵要丰富得多；品牌一定是名牌，但名牌不一定是品牌；名牌是评选出来的，品牌是不可评选的，而是企业长期用心打造出来的；名牌与品牌的关系就像名人（或名流）与英雄的关系，名牌强调的是知名度，而品牌更强调美誉度。

4. **品牌资产**（Brand Equity）

品牌资产是与品牌、品牌名称和标志相联系，能够增加或减少企业所销售产品或服务的价值的一系列资产与负债。它主要包括5个方面，即品牌忠诚度、品牌认知度、品牌感知质量、品牌联想、其他专有资产（如商标、专利、渠道关系等），这些资产通过多种方式向消费者和企业提供价值。

5. **品牌识别**（Brand Identity）

品牌识别是品牌营销者希望创造和保持的，能引起人们对品牌美好印象的联想物。这些联想物暗示着企业对消费者的某种承诺。品牌识别将指导品牌创建及传播的整个过程，因此必须具有一定的深度和广度。

6. 品牌符号（Brand Symbol）

品牌符号是区别产品或服务的基本手段，包括名称、标志、基本色、口号、象征物、代言人、包装等。这些识别元素形成一个有机结构，对消费者施加影响。它是形成品牌概念的基础，成功的品牌符号是公司的重要资产，在品牌与消费者的互动中发挥作用。

7. 品牌个性（Brand Personality）

品牌个性是特定品牌拥有的一系列人性特色，即品牌所呈现出的人格品质。它是品牌识别的重要组成部分，可以使没有生命的产品或服务人性化。品牌个性能带来强大而独特的品牌联想，丰富品牌的内涵。

8. 品牌定位（Brand Positioning）

品牌定位是在综合分析目标市场与竞争情况的前提下，建立一个符合原始产品的独特品牌形象，并对品牌的整体形象进行设计、传播，从而在目标消费者心中占据一个独具价值地位的过程或行动。其着眼点是目标消费者的心理感受，途径是对品牌整体形象进行设计，实质是依据目标消费者的特征，设计产品属性并传播品牌价值，从而在目标顾客心中形成该品牌的独特位置。

9. 品牌形象（Brand Image）

品牌形象是指消费者基于能接触到的品牌信息，经过自己的选择与加工，在大脑中形成的有关品牌的印象总和。品牌形象与品牌识别既有区别，又有联系。二者的区别在于，品牌识别是品牌战略者希望人们如何看待品牌，而品牌形象是现实中人们如何看待品牌；二者的联系在于，品牌识别是品牌形象形成的来源和依据，而品牌形象在某种程度上是执行品牌识别的结果。

10. 品牌文化（Brand Culture）

品牌文化是指品牌在经营中逐步形成的文化积淀，代表了企业和消费者的利益认知、情感归属，是品牌与传统文化以及企业个性形象的总和。与企业文化的内部凝聚作用不同，品牌文化突出了企业外在的宣传、整合优势，将企业品牌理念有效地传递给消费者，进而占领消费者的心智。品牌文化是凝结在品牌上的企业精华。

11. 品牌延伸（Brand Extension）

品牌延伸是指在已有相当知名度与市场影响力的品牌的基础上，将成名品牌运用到新产品和服务上，以期减少新产品进入市场风险的一种策略。它可以增加新产品的可接受性，减少消费行为的风险性，提高促销性开支使用效率，以及满足消费者多样性需要。

12．**品牌结构**（Brand Structure）

品牌结构是指一个企业不同产品品牌的组合，它具体规定了品牌的作用、各品牌之间的关系，以及各自在品牌体系中扮演的不同角色。合理的品牌结构有助于寻找共性以产生协同作用，条理清晰地管理多个品牌，减少对品牌识别的损害，快速高效地做出调整，更加合理地在各品牌中分配资源。

13．**品牌认知度**（Brand Cognitive）

品牌认知度是品牌资产的重要组成部分，它是衡量消费者对品牌内涵及价值的认识和理解度的标准。

14．**品牌美誉度**（Brand Favorite）

品牌美誉度是品牌力的组成部分之一，它是市场中人们对某一品牌的好感和信任程度。

15．**品牌忠诚度**（Brand Loyalty）

品牌忠诚度是指由于品牌技能、品牌精神、品牌行为文化等多种因素，使消费者对某一品牌情有独钟，形成偏好并长期购买这一品牌商品的行为。简言之，品牌忠诚度就是消费者的重复购买行为。根据顾客忠诚度的形成过程，可以划分为认知性忠诚、情感性忠诚、意向性忠诚、行为性忠诚。

16．**品牌偏好度**（Brand Preference）

品牌偏好度是品牌力的重要组成部分，指某一市场中消费者对该品牌的喜好程度，是对消费者的品牌选择意愿的了解。

1.2 品牌与顾客

1.2.1 最稀缺的资源：顾客心智

企业面临的商业环境已经发生了本质的变化，过去一个行业只有少数几个同业者，如今每个行业都充斥着数量众多的竞争对手，而且数量在不断增加。面临如此众多的品牌，顾客心智根本无法接纳。每个顾客只愿意接受和容纳少数几个品牌，在购买时作为选择。

对顾客而言，他们的标准只有一个，只要你是同行业、同产品的领导者，就能进入心智系统，获得优先选择。

美国有一家研究机构做过一项研究，跟踪了 25 个行业领导品牌从 1923 年以来的变化，结果，在 80 年的变迁中，只有 3 个品牌失去了领导地位，其余的 22 个品牌近 80 年来一直稳居第一。原因在于，企业一旦通过确立领先者的地位在顾客心智中确立了领导地位，就会成为顾客购买的首要选择，这种顾客心智的领导地位将为企业提供源源不断的成长动力，支持企业持续在市场领先。为此，企业应该不惜一切代价尽早争取到市场领先地位，特别在市场发展初期还没有明显的企业胜出时，更要全力以赴。企业必须充分了解目标顾客的需要特点：目标顾客需要什么；这些需要的重要程度；这些需要是否满足；满足程度如何；竞争者做了什么；竞争者做得如何；结合企业的资源状况，确定企业能做什么，即企业的竞争优势，并借助品牌形象定位，使企业的品牌占领顾客心智阶梯中的重要地位。

近年来，一些实施品牌战略的企业过多关注企业内部运营以满足顾客需求，却忘记了通过赢取顾客心智来赢取竞争，使这些品牌在顾客心智中确立起优势定位，因而就算运营再好，也不能赢得顾客心智的优先选择。一个品牌必须建立在可能购买它产品和服务的顾客心智中，成为某个产品或服务品类的代名词。比如沃尔沃轿车，它因在顾客心智中占据了"安全"定位，成为安全轿车品类的代名词，这才构成真正的品牌。

1.2.2 赢取顾客的关键因素

今天的公司面临前所未有的激烈竞争。如果公司能从产品哲学和推销哲学转向营销哲学，那么，它们就能有效地应对竞争。并且，营销导向的基石就是强大的顾客关系。思科系统公司(Cisco Systems)的首席执行官约翰·钱伯斯说得好："把顾客置于你文化的中心。"成功的营销者需要使顾客充分满意，从而赢得他们。

1. **细分、聚焦市场**

现代市场营销是以顾客导向为理念的，在激烈的市场竞争中，企业要赢得顾客，战胜竞争者，最根本的一条就是要使自己的目标市场定位明确，通过商业细分和目标市场聚焦，使商品和服务满足目标客户的需要，从而赢取利润。

商业细分是持续不断的过程，细分后的产品与服务成长到一定规模，又将再次细分。每一次细分都是创建新公司的良机，细分后的新品牌借助与传统品牌的竞争依次进入用户心智。

企业一旦确定了自身需要占据的细分,就需要不断进行聚焦,因为这是品牌对于顾客的全部价值。丧失了细分心智,也就没有了价值。品牌心智聚焦的目的,是确保持续增加顾客心智资源的认同,主动促进自己的进化。面临不断变化的市场环境,企业必须不断推动进化,巩固竞争优势,保持自己的品牌在顾客心智中的强势地位。

2. 核心产品与附加产品

核心产品是顾客真正购买的基本服务或利益,是公司提供给顾客最基本的东西。在竞争性的市场上,公司全部的经营活动都要以满足顾客需要为出发点,做不到这一点,顾客永远不会满意。但是随着技术和其他方面的发展,相互竞争的公司所提供的核心产品已基本相同,特别是在某些行业,产品质量标准已经被提高到了很高的地步,卓越的质量已变得很平常。因此,现在的顾客对核心产品通常并不太关心,他们经常寻找提供物中的其他成分来增加交换的价值或寻找它们与某个公司交易的理由。

此时,附加产品,即增加的服务和利益便显得尤为重要。在发达国家,品牌定位和竞争就发生在附加产品层次,因而差异化是能使产品在众多竞争者中脱颖而出的点睛之笔。附加产品使得营销人员必须正视购买者的整体消费系统,即用户在获得、使用、修理和处理产品上的行为。

3. 传递高顾客价值

消费者对于不同的品牌、商店和公司有不同程度的忠诚度。产生高的顾客忠诚度的关键是传递高的顾客价值。根据美国著名作家迈克尔·兰宁 (Michael Lanning) 在他的《传递利益价值》一书中所说,公司必须开发一种具有竞争力的卓越价值计划和卓越价值传递系统。以珠宝为例,如若能让顾客感觉产品物有所值、物超所值,注重设计与创新增值,按照符合顾客的心理需求去设计、去制造,使其既能成为一种首饰装扮品又能成为一种珍藏艺术品,从而引导行业潮流,则势必能获得顾客的青睐。

美国维持化学品公司总裁威廉姆·泰勒认为:"我们的兴趣不仅仅在于让顾客获得满意感,我们要挖掘那些被顾客认为能增进我们之间关系的有价值的东西"。在企业与顾客建立长期的伙伴关系的过程中,有些企业设立高度的顾客满意目标,如果顾客对企业的产品或服务不满意,企业承诺给予顾客合理的补偿,以此来传递高顾客价值。如印尼的Sempati航空公司保证,他们的飞机每延误一分钟,将向顾客返还1000印尼盾的现金。

4. 树立品牌优势

在商品日益同质化的时代，商品的物理属性已经相差无几，唯有品牌给人以心理暗示，满足消费者的情感和精神的寄托。强势品牌可以帮助顾客解释、加工、整理和储存有关产品或服务的识别信息，简化购买决策。良好的品牌形象有助于降低顾客的购买风险，增强购买信心。个性鲜明的品牌可以使顾客获得超过产品功能之外的社会和心理需求，从而影响其选择和偏好，建立起对品牌的忠诚。

研究表明，领导品牌平均获利率是位居第二位品牌的四倍。顾客在许多情况下乐意为购买品牌而支付更高的金额。据联合国工业计划署的调查表明，著名品牌在整个产品品种中所占比例不足3%，但其拥有的市场份额高达40%以上，销售额超过50%，由此可见，品牌就是企业的形象，就是赢取顾客的关键，就是效益。

1.3 品牌管理概要

1.3.1 品牌愿景

强大的品牌首先要从发展清晰的品牌愿景开始。正如《圣经》说："Where there is no vision, the people perish"（哪里没有愿景，人们即将灭亡）。缺乏品牌愿景的品牌战略规划和管理必定在激烈竞争中迷失方向，无法建立持久竞争优势。

历经数百年而长盛不衰的强势品牌是如何炼成的？是因为优秀的领导团队，是因为深厚的企业文化，还是因为引导时代的技术和产品创新？所有这些都只是成功品牌的一部分，不是核心与灵魂。每一个优秀的品牌背后都有一种无形的力量在引领着品牌发展的方向，让企业在激烈的市场竞争中不迷失方向，激励企业的全部员工永远充满激情和斗志，这就是品牌的愿景。

品牌的愿景就是企业的理想。一个拥有强大品牌的企业，必定有它的理想，显示出这个品牌在社会的意义。品牌愿景描绘了"我们的品牌想要创造什么"的美妙蓝图。当这种愿景成为企业全体成员内心一种强烈的信念时，它就成为了品牌创造凝聚力、动力和创造力的源泉。品牌愿景能够唤起每个员工的使命感，使员工感到他们隶属于一个非常优秀的团队。品牌愿景能够产生出一种非常强大的驱动力，激发出一种勇气和能量，推动着品牌不断前进。品牌愿景激励公司员工为了共同的使命、更远大的战略目标而奋斗,避免品牌由于没有远大目标、漂浮不定而陷入巨大的旋涡和陷阱之中。

品牌愿景明确告知企业的消费者、股东、员工和社会公众,品牌为什么存在?品牌从哪里来?要到哪里去?企业的品牌今天代表什么?明天是什么?品牌愿景要求企业和品牌的经营者必须权衡品牌所承担的社会责任,增加品牌对社会的使命。品牌愿景驱使管理层必须一致努力实现品牌长期的财务和战略目标,并且敢于把资源用于能够促进品牌增长的业务和方向上;品牌愿景指引企业对市场和消费者的深入洞察,时刻把握市场和消费需求的变化,根据变化迅速调整产品、服务,以满足消费者未被满足的需求(见图1-4)。

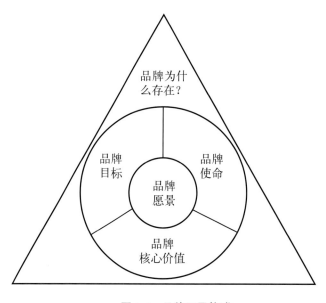

图1-4 品牌愿景构成

为了使品牌愿景与企业自身情况很好地吻合,最大限度地获得相关人员的认同,在确定品牌愿景过程应当注意以下关键点。

(1)在确定品牌愿景之前,企业已经初步形成了合适的文化环境,形成了对品牌愿景认同的氛围。这种文化氛围建立在企业全体成员高度信任、开放式沟通和互相支持的基础上,既具有企业文化的独特性与认同性,也呈现员工个体文化特征的多样化。品牌愿景依据企业的现有文化而建立,实施过程会非常顺畅和高效。

(2)充分了解企业各个层次人员从自身角度出发规划的愿景。品牌愿景由每一个具体的人来实现，每一个人不同的愿景规划都应当有效地吸收和统合到最终的愿景里。通过与基层的执行者沟通了解愿景的现实条件，与中层的管理人员沟通来了解愿景的实施方案，与高层的领导人员沟通了解对于品牌愿景形成的关键影响因素和人群。这个了解和沟通的过程会在未来品牌愿景乃至品牌战略的实施中起到重要的作用，因此在确定品牌愿景时尽可能达成一致是非常重要的。

（3）品牌愿景能够进一步分解为多阶段多步骤的清晰行动方案。有效的分解能增强品牌愿景的可行性，增强企业内部人员对品牌愿景的信心。

1.3.2 品牌规划

品牌愿景明确之后，围绕品牌愿景需要进行一系列明晰化的工作，从不同的角度去诠释、丰富和实现品牌愿景，也就是进行品牌规划。品牌规划是企业品牌愿景完成后的重要后续策略环节。品牌规划是否清晰合理，决定企业能否进行更完整的品牌覆盖。品牌规划不仅仅是领导层的事情，它是一项系统工程，需要企划部、传播部、市场部、营销部以及各分支机构通力协作，保持密切协同。

1. 品牌风格

在企业的品牌战略管理过程中，品牌的风格发挥着重要作用。它实质上是指品牌的一种特有的品质或特色形式，是品牌持久不变的要素和表现。它能帮助消费者建立品牌意识，产生品牌认知和品牌联想，帮助消费者区分产品。品牌风格形成了企业特有的精神功能，体现了产品的内在品质与外在质量相一致、相统一的完美结合。它具体体现在品牌形象、品牌传播、品牌公共关系、产品外观设计等方面。

2. 品牌布局

多元化的市场竞争格局，给了消费者更多的选择机会，也给企业带来了前所未有的经营压力。企业必须摆脱僵化的、一成不变的品牌经营模式，以多样化的品牌布局满足用户需求。比如，按照一个明确的标准将用户进行细分，针对不同用户的不同时间和空间特征，设定不同的品牌，相互之间划分明显的区隔，相对应地作出明确的品牌承诺。中国电信运营商的品牌布局即具有鲜明的特征，比如中国移动陆续推出"全球通"、"神州行"、"移动梦网"、"动感地带"等品牌。

3. 品牌弹性

品牌弹性是指品牌布局根据形势变化而迅速调整的灵活程度。外界形势时刻都在变化，所以一个品牌想要成功，必须要根据实际情况，灵活调整自己的战略布局，适者生存。没有永远的战略。品牌若要长久，其战略一定要适应外界的变化。

4. 品牌指标

要塑造一个成功的品牌，必须抛弃投机性和游击色彩，对品牌运用量化数据进行规划。为了实现品牌能力提升，应当在品牌愿景的框架下，采取"规定品牌的实施效果评价指标、规定执行内容和规定完成时间"的策略。在每年的资金计划中，根据品牌成长指标，在每年的经营初期准备一定数量的品牌启动资金，具体的数额往往采取按照销售收入增长同比例计算。实施过程中必须考虑启动资金投入后的产出及后续投入的来源，否则很容易出现品牌资金链断裂，造成品牌成长的停滞，使先期品牌投入得不到产出而形成损失。

1.3.3 品牌领导者

建立一个强势的品牌领导部门是所有做品牌的管理者一直拥有的梦想。品牌愿景的实现需要严密的规划和高效的执行，一个强势的品牌领导部门的建立正是一个品牌战略高效执行的开端。西方大型跨国公司往往拥有自己的"品牌管理委员会"（Executive Brand Council，EBC）。与这种趋势相适应，董事会和CEO应该领导品牌战略工作。

品牌战略不仅依靠传统的广告宣传和促销活动，更要依靠整个组织实施全面的企业活动。品牌战略制定与实现之间的平衡对公司的所有职能部门来说都具有重大意义，并不能单独依靠营销和传播部门的管理职责。因此，中国企业普遍将品牌建设责任归于中层营销部门的做法必须变革，企业的董事会和CEO必须担负起品牌战略的责任，领导品牌开发，管理品牌战略实施，同时全面参与品牌绩效的跟踪和基准比较。当然，CEO对品牌战略管理的直接参与和监督是有限的。为了确保在履行其他职责之外能够长期参与品牌建设，CEO必须配备一支强有力的品牌管理队伍。这支队伍由资深人士组成，能够促进品牌战略的持续发展和整合。董事会应指定一名成员负责品牌建设工作，这名特定的董事能够与CEO、CFO等公司高管一起参与管理。CBO（首席品牌官）可以担当品牌战略管理中的关键纽带，它使公司管理层能够直接设计和控制品牌战略，同时配置必要的资源，以保障战略成功实施。

品牌领导部门需要的生存条件相当苛刻。最大的成功要素是能否获得高层的全力支持。如果缺乏高层的支持，即使现代的市场部门承担着越来越多的直线职能，品牌领导部门还是可能退化成一个幕僚组织，没有实际指挥权。高层的支持首先表现在公开场合表明对品牌领导部门的重视与支持，其次在实际运转过程中真正赋予资源配置、人员调拨等权限，最后在品牌领导部门刚开始成立时给予特别的扶持。因为品牌部门往往是最容易发生矛盾和冲突的部门，特别在品牌战略最初不是很连贯的时候，很容易引起各相关业务部门的抱怨。这时，高层需要真正认识到品牌战略工作的特殊性与重要性，理性分析和对待短期内各个环节磨合出现的问题，坚决支持统一的品牌战略彻底、连续地实施。

1.3.4 品牌投资

大量品牌投资的数据显示，拥有强势品牌越多的国家，占据全球品牌投资总额的比重越高（见图1-5）。像中国这样目前缺少世界级品牌的国家，企业品牌战略的一个重要缺陷在于，品牌投资领域与金额偏低。

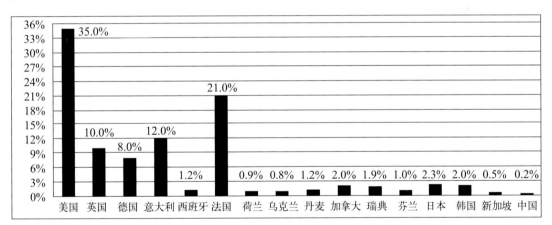

图1-5　全球品牌投资分布比例

资料来源：余明阳、戴世富，《品牌战略》，清华大学出版社2009年版。

品牌投资体现在一个较长的周期之中。从客户对品牌的最初的认知开始；进而对某一品牌形成初步的信任并对该品牌进行尝试；继而因为在使用该品牌的过程中形成满意度而建立起对该品牌的忠诚；最后发展为推崇这个品牌并向周围人群进行推荐。拥有强大品牌资产的品牌能够吸引并保留越来越多的顾客，因而在品牌投资的过程中能获得更高的回报。

越来越多的企业开始认同这样一种观念，实施品牌战略是一种投资，应当用投资的观念来控制品牌的成本，分析品牌的相关收益，学会在塑造品牌的问题上作最合算的投资，力求以最小的投入，换来最大的产出，以低成本塑造强势品牌。

营销大师菲利普·科特勒指出，顾客对品牌的投票选择取决于购买的让渡价值：

> 让渡价值 = 购买总价值 − 购买总成本
> 购买总价值 = 产品价值 ＋ 服务价值 ＋ 形象价值 ＋ 人员价值
> 购买总成本 = 货币成本 ＋ 时间成本 ＋ 体力成本 ＋ 精神成本

其中，人员价值主要是指企业人员与顾客个人关系的价值，精神成本主要是指顾客购物时担忧顾虑的成本。提高购买价值，降低购买成本，实现让渡价值的最大化，是企业竞争能力的关键所在。这种观点为品牌投资提供了理论依据。只要品牌投资能够增加顾客的购买价值，减少顾客的购买成本，就能为顾客创造增加值，这种增加值积累到一定程度，就形成了品牌的价值，也就是投资的回报。

1.3.5 品牌传播

随着品牌的不断演进，商品的活跃性日益体现在它的非使用价值上。当人们在消费商品的时候，社会关系也就显露出来，这是因为商品消费的象征性意义表现在：消费商品的过程其实是"为强调生活方式对社会地位差异的区别"。可以这样认为，消费的选择实际上是对某种生活方式的选择，而消费文化本质上代表着一种生活价值观，是一种自我塑造和社会认同的活动。于是，对于品牌建立者来说，如何定位商品的社会与文化价值，以及如何恰如其分地去使用这种价值，就变得越来越重要。品牌传播承载着这样一个特殊的任务，通过解读商品，显示它们特殊的持有者的身份等级分类（比如，通过广告图像、声音和文字等符号，展现特定的语境、场景和情景，由此体现着一种梦想、欲望和幻想，所有这些构成了商品消费过程中的"风格"、"文化"和"地位"，塑造了一种生活方式）。品牌在建构新的消费秩序的过程中培育了新的生活方式，将消费者引入了设计好并汇合到一起构成生活方式的商品中，从而使消费者把生活方式变成了一种对自己个性的展示及对生活样式的感知。新的生活方式、风格和品位，往往通过各种品牌传播手段来进行广泛传播。

品牌的传播策略主要有如下几种形式：

（1）企业形象传播

（2）广告传播

（3）软文传播

（4）事件传播

（5）公关传播

（6）终端传播

（7）口碑传播

1.3.6 品牌调研

品牌战略是无形的方向性的指导观念，需要转化为每个真实产品的具体营销策略。越是成功的企业，越注重做好品牌战略向具体营销活动过渡的扎实的基础工作。比如，顶新集团是知名的食品企业，其品牌建设人员均有10年以上行业营销、策划经验，对相关食品领域都有深入成熟的理解，积累了深厚的品牌资源。即使在这样的情况下，集团在每推出一个新品牌上市之前都要作非常细致的品牌调研，包括全面的定量和定性调研。以康师傅矿泉水为例，在该产品进入市场前，定性调研的内容就包括：产品概念、产品名称、口感、容量、包装、价格、利益点等诸多方面，在全国多个城市对目标消费人群分组进行了反复的测试、调研。当感觉到胸有成竹后，集团才开始进行推广和传播，并很快取得了市场的成功。

因此，在企业最终实施品牌战略之前，增加成功机会的最有效、最经济、最稳妥的方式就是对市场状况、消费需求、竞争对手、销售渠道等进行充分的、规范的调研，准确了解消费需求及差异，发现新的市场机会，有针对性地满足市场潜在需求。对品牌覆盖的每一种产品，都要清晰地了解：产品的目标消费人群是谁；他们是一群什么样的人；他们对该类产品的消费需求、消费行为、消费心理是怎样的；他们的价值观与产品品牌的关联度等。只有清楚界定产品的目标消费群体，了解他们的特点和需求，才能够实现产品卖点与消费需求的准确对接。

品牌调研，即品牌战略实施的企业针对客观环境特征进行有关品牌定位、战略模式选择、具体实施的数据收集和情报汇总，为品牌战略规划提供理性、严谨的量化数据支持。

1.3.7 品牌沟通

研究一些品牌战略失败的例子，我们会发现，许多耗资庞大的品牌战略迟迟见不到成功的征兆，品牌形象和品牌传播的大笔投资如流水般散失，但是品牌知名度、市场占有率、顾客满意度、忠诚转化率等关键业务指标都没有明显上升。深入探究其背后的原因，最根本的就是：欠缺品牌沟通工作，作为品牌承载的最基本个体的员工没能有力地体现出品牌的愿景以及核心价值。

品牌价值不是源于外部环境中的表象因素（比如短期炒作），而是源于企业员工投身于品牌的责任心和热情。品牌沟通的功能是：通过有效的品牌沟通，作为品牌传播最基本个体的员工能有力地体现出品牌的核心价值。当品牌对顾客做出诸多承诺后，品牌的所有环节的所有参与者都能身体力行。如果一个品牌只注意在外部环境建立外在形象，但却忽视了在企业内部进行充分的沟通，这个品牌就无法依靠内部的员工动力建立长久的品牌价值。

1.3.8 品牌绩效

一个组织必须创造股东价值，并承担责任。品牌也是如此。它为企业带来了多少价值，在实现盈利能力和竞争力上又起到了多大的作用？这是企业需要回答的问题，也是企业管理层在成功实施品牌战略的持续过程中必然要为其寻找解决方案的问题。衡量品牌绩效属于董事会职责范围，因为通过衡量品牌绩效可以得到品牌在多大程度上推动利润率上升的重要信息，证明投资于品牌战略的财务意义，及其对公司整体增长的贡献。衡量品牌绩效，企业应该综合运用定性和定量研究工具，对品牌资产进行评估。首先需要根据企业特定情况指定一系列的指标（包括财务意义上的品牌价值），需要定期进行跟踪品牌战略实施过程中品牌指标的变化情况。其次，品牌领导部门的薪酬应根据品牌绩效以及最终有益于股东价值的客户满意度来确定。只有当品牌领导部门对自己的行为承担责任，他们才会发挥领导作用，全力以赴创建强大的企业品牌。

1.3.9 品牌延伸

一个强大的、能引起共鸣的品牌应该时刻保持相关性、差异化和一致性，将品牌战略始终置于不断调整、时刻改进的动态过程之中。每个行业的经营环境几乎每天都在发生变化，所有的品牌因素之间保持平衡是十分重要的。因此，企业需要经常评估和调整品牌战略。品牌战略的本质内容和基本要素如愿景、个性和价值观等不应该经常改变，但品牌战略实施过程中，体现在整个组织无数的日常互动和行为之中的细微改变需要经常变化，体现出品牌战略随着时代与地域特征的变化相应改变的能力。

品牌战略是一个有力的工具，可以对企业的整体发展进行重新协调，确保企业充分利用尚未发掘的内部和外部资源，帮助企业增强盈利能力和壮大股东价值，协调利益相关者、管理层与企业之间的利益。一个强有力的品牌战略管理团队总是力图不断改进，并在有力的领导层支持下成为企业的变革推动者。

人们每天都在创造历史、创造文化、创造时尚和潮流，而消费者的价值观、消费观也随着不断创新的文化、时尚和潮流而发展。新的历史、新的文化和新的时尚，更接近消费者，更易形成消费者购买的理由。在此基础上重新建立企业的品牌文化和品牌战略，更有利于凸显品牌个性，有利于消费者的识别和接受。品牌可以帮助消费者表达情感、表现品位、点缀生活，因此企业必须充分研究消费者关心的热点事件，了解时尚的基础与方向，不断改进企业的品牌战略，使之不断适应潮流，成为消费者生活的一部分。

消费者的品牌需求产生了品牌消费行为，形成了品牌经济。顾客对品牌的偏好是品牌价值形成以及品牌延伸的基础。把原品牌运用于新的产品，被称为品牌延伸。

企业面对激烈竞争，只有采取有效的营销策略，才能保证持续发展。企业常利用自己的品牌名称和品牌资产，通过延伸将资源转移到新的产品或服务中去，从而降低新产品投入的成本和风险，也就是品牌延伸策略。

如同一般企业一样，奢侈品企业为了增强其品牌价值、捍卫主品牌、占领更多细分市场、防止顾客流失、提高知名度等，通常会采取品牌延伸的营销策略。比如 Polo Ralph Lauren 是以男装起家，但后来很成功地将品牌延伸至女装、内衣、泳装、运动装、童装甚至珠宝、餐具、床上用品、浴室用品和家庭装饰品，产品涵盖目标顾客的吃、穿、住、用、浴等全方位生活。

但是，一般而言，奢侈品品牌只服务于某一个产品或某一类产品，它不可以随意地跨行业。奢侈品品牌的特性、"中产人群"的特征及消费动机决定了其品牌延伸将受到更多的限制，其内涵与大众品品牌延伸有很大差别。

奢侈品品牌盲目进入新的产品市场，延伸自己的品牌，是有很大的风险的。在全世界的奢侈品品牌中，有90%以上的奢侈品品牌，出于经营困境和增加盈利的种种原因，都进行了品牌延伸或品牌的产品线延伸，其中有90%延伸失败，误入雷区，仅有10%幸存。

比如，20世纪90年代，英国巴宝莉的首席执行官罗斯·玛丽·布拉沃将巴宝莉最醒目的方格花纹用在了各种产品上，包括比基尼和轻便婴儿车。这使得巴宝莉的产品在世界各地风行一时，品牌在不同社会阶层流行，以至于英国的足球流氓和说话轻佻的庸俗女演员都将巴宝莉的方格花纹当做自己的地位标识。巴宝莉品牌的延伸固然吸引了不少新的消费者，但这也使得许多原本喜欢此品牌的顾客无法忍受泛滥的奢侈而纷纷背离。此外，普拉达（PRADA）时装也曾遭遇过品牌延伸的失利。在1993年的时候它打破自己"最了解女人"的品牌诺言，涉足男性服装和鞋帽市场，这次冒险让其品牌形象一落千丈。美国的派克钢笔质优价贵，是身份和体面的标志，许多上层人物都喜欢得到一支派克笔。然而，1982年新总经理上任后，把派克品牌用于每支售价为3美元的低档笔上，结果，派克公司非但没有顺利打入低档笔市场，反而丧失了一部分高档笔市场。导致奢侈品品牌延伸失败的因素有很多，包括消费者因素、市场外部环境因素、企业内部环境因素和营销因素等。比如，市场竞争太激烈、产品处于衰退期、企业资金不足、营销力度不够等都有可能导致奢侈品品牌延伸的失败。当然，品牌延伸也是有成功案例的：比如对高端跑车制造商而言，最安全的选择似乎是手表。阿斯顿·马丁、宾利（Bentley）、布加迪（Bugatti）和玛莎拉蒂（Maserati）都和百年灵（Breitling）和爱彼（Audemars Piguet）等手表制造商进行了合作并取得成功。

案例 1-1 HUGO BOSS 差异化定位寻求新市场

与巴黎的浪漫迥异，理性的德国一向以严谨的格调著称，在品牌的塑造上亦是如此。近一个世纪以来，由德国人 Hugo Boss（胡戈·波士）于 1923 年创建的 HUGO BOSS 品牌，一直崇尚"为成功人士塑造专业形象"的经营哲学，在男装界大刮阴柔风潮的今天，始终以阳刚味十足的男性本色形象示人，传达出一种精致、自然、执著，坚持经典的男性服装风格。而拥有一件 HUGO BOSS 的品牌服装，已成为众多商务人士的终极向往。

HUGO BOSS 旗下有三个品牌：BOSS、HUGO 和 BALDESSARINI。它们分别代表三种不同的气质和生活信念。在经营策略上，其销售点亦有区别。BOSS HUGO BOSS 主要在高素质的男装零售店销售；HUGO HUGO BOSS 的销售是在一些年轻时尚的服装店；BALDESSARINI HUGO BOSS 则以高级豪华的男装店铺为销售点。

与 BURBERRY 和 Aquascutum 等中途入主时尚阵营的品牌雷同，在 20 世纪 70 年代风声水起的 HUGO BOSS 品牌，初始以生产工作服、防水服装、雨衣及制服起家。60 年代，品牌的决策者们从皮尔·卡丹（Pierre Cardin）成衣中得到启发，开始推出高级成衣系列，敲响了时尚界的大门。BOSS 时装主要针对白领中产阶级，在不鼓吹设计师风格的同时，以小批量、高品质、高档次和价格适中取胜，很快获得市场成功，令成功人士趋之若鹜。很多名人如汤姆·克鲁斯、施瓦辛格、舒马赫兄弟等都是 BOSS 的爱好者。

BOSS 是公司的核心品牌，以都市白领为消费群，具体细分为以正装为主的黑标系列（Black Label），以运动休闲装为主的橙标系列（Orange Label）和以户外功能性服装为主的绿标系列（Green Label）。HUGO 品牌是 HUGO BOSS 集团的年轻服装系列，它的设计前卫时尚，并采用最新型面料制作服装，适合潮流触角敏锐的年轻男士。BALDESSARINI 品牌是 HUGO BOSS 集团最高档、最精致的西装系列，它针对品位超凡、要求严谨的成功男士，采用最优质的面料制作最奢华的服装。

BOSS Orange（橙色标志）是为喜爱运动的男士提供休闲装。作为最好的都市运动装，将这个系列作为高质量、现代、接近于休闲装的时装声明。它能让人们更好地远离办公室，表现出清新、自然、休闲，并带有一点对传统的叛逆，可靠并带有个性化的BOSS品质特点。2005年7月推出BOSS Orange Woman，借以补充1999年推出Orange men's collection。由于价格原因，它主要针对25—35岁的消费者。牛仔装零售价在350美元以上，裙子价格在500美元以上。

BOSS Green（绿色标志）的目标消费群体为运动员和户外运动的爱好者。它拥有明显特征的智能型细节和完美的裁剪，每一个系列都动态地履行它耐穿的品质，积极的户外运动性能和引导优秀运动员走向成功。

BOSS Black（黑色标志）是为男性打造的纯商业晚装、休闲装。黑标系列提供金钱的真正价值：精细的原料，每个细节的细致做工，完美着装的自信，优于短期流行的趋势。它为在办公室、外出和正式场合的人提供绝佳的机会。

BOSS Woman是多元化的，提供久经世故的商务风貌，包括现代女性需要的女性晚装和休闲外套，与BOSS黑标具有相得益彰的完美。时装杰出的质量适合不同的场合，无论何时，无论何地。BOSS Woman的客户有她自己的、个人的生活哲学：她是自信的、感性的和开放的。

HUGO是为HUGO BOSS的男士和女士提供流行和时尚系列，辅以年轻古典的当代运动装裁剪。裁剪强调身体与面料的革新性的组合，目的是为带有自我风格感觉的个性主义者提供非传统的时装。自诞生以来，HUGO HUGO BOSS始终以其彰显年轻活力的设计理念和完美的质地而为全球的消费者所推崇，经典元素与运动意味的交错与完美融合则是HUGO HUGO BOSS的一贯设计精髓。创意总监Volker Kächele先生自1993年品牌诞生起即担任HUGO HUGO BOSS的首席设计师，并成功地把品牌推向全球市场。

资料来源："HUGO BOSS：穿越时代的经典"，中国服装时尚网（http://www.cfw.cn/news/2007-12-7/9210-1.htm）。

1.3.10 品牌关系图谱

由于企业采取品牌延伸战略，使得企业获得了复杂的品牌关系。企业的品牌关系由于采取不同的延伸战略，有不同的布局。

如斯沃琪公司，它旗下就有复杂的品牌体系，多种高级手表产品针对不同的客户群有不同的品牌来对应，其中欧米茄目标群为名人和成功人士，雷达对应那些喜欢科技应用的人群，而斯沃琪则是喜欢时尚和潮流的年轻人的选择。又如瑞士最大的名表集团历峰集团旗下就有登喜路、万宝龙、卡地亚、积家、江诗丹顿等知名品牌，它们各自的品牌标识互不相关。阿玛尼旗下多个品牌（如 Emporio Armani、AJ Armani Jeans 等）、多种产品都针对不同的人群，定位不同，标志也都不同。

品牌延伸的策略主要可以分为单一品牌延伸、主副品牌延伸和多品牌延伸三种。

单一品牌策略是指企业所有产品（包括不同种类的产品）均使用同一品牌，在这个统一的品牌之下，不断增加新的产品，使品牌得以延伸和扩展，而这些产品的目标和定位可能都不一样。该策略能有效节约品牌设计、品牌传播等费用，从而减少企业品牌运营的总支出。跨国公司在向国外扩张时经常使用这种策略，利用已有的品牌知名度打开市场，节约进入市场的费用和时间。品牌是产品品质与特色的象征，单一品牌策略的做法是将原有的成功品牌使用到定位不同的产品上去，这些不同定位的品牌形象集中于同一品牌，势必会造成品牌形象的冲突，使品牌个性淡化，对产品的销售不利。此外，如果企业的某一种产品因为某种原因出现问题，就可能因引发"株连效应"而使其他种类产品受到牵连，从而影响全部产品和整个品牌的声誉，使品牌无形资产受损。许多奢侈品品牌都运用了单一品牌策略，如雅诗兰黛、兰姿等品牌下的产品均使用了同一品牌名称。前提就是要保证其品牌形象的一致性。

主副品牌策略是指企业在进行品牌延伸时，对延伸产品赋予主品牌的同时，增加使用一个副品牌的做法。主副品牌策略是用涵盖企业若干产品或全部产品的品牌作为主品牌，借其品牌之势，同时给各个产品设计不同的副品牌，以副品牌来突出不同品牌的个性，比如阿玛尼。该策略既能实现资源共享，又能突出品牌的差异性。但是，品牌的个性却被弱化了，并且"株连效应"仍然存在。

而多品牌策略则最大限度地形成品牌的差别化和个性化，提高企业的抗风险能力，比如 LVMH。然而对各种不同的产品分别赋予不同的品牌的做法将耗费大量的时间和资金，不利于树立企业整体的品牌形象。

企业的品牌关系图谱如图 1-6 所示。

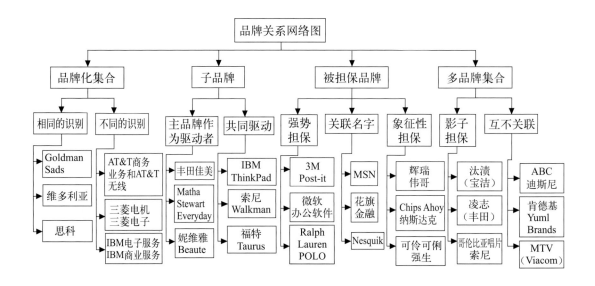

图1-6 品牌关系图谱

资料来源：戴维·阿克（David A.Aaker），《品牌组合战略》，中国劳动社会保障出版社2005年版。

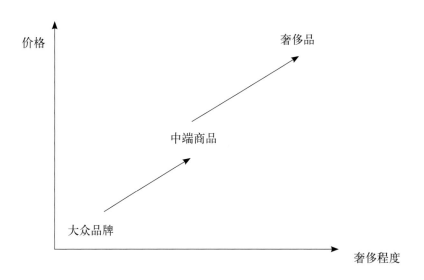

图1-7 奢侈品认知误区

并不是高端就是奢侈的，奢侈品不是把中端商品再往高端商品发展就成了的。奢侈品不是更高级的商品，它比高端品更高级，其实，奢侈品有两个层面的含义，一个是代表了一定的社会地位，一个是代表了对自己的奖励。奢侈品不仅仅只存在于很少的行业内，只要满足上面两条，就有可能发展成为奢侈品。

案例1-2　泰勒梅-阿迪达斯高尔夫与佘山国际高尔夫俱乐部

泰勒梅-阿迪达斯高尔夫，作为最大的高尔夫装备生产制造商之一，同时也是阿迪达斯所罗门集团的子公司之一。目前，泰勒梅-阿迪达斯高尔夫已经成为居全球领导地位的高尔夫球装备供应商，产品包括高尔夫球杆、球、服装、鞋与配件。1998年泰勒梅、所罗门以及阿迪达斯这三个在各自领域均有卓越成就的知名品牌历史性地结合到了一起。而阿迪达斯集团作为世界上最大的运动服装及专业运动鞋的制造商，年销售额突破了60亿美元。所罗门品牌同样在滑雪运动的爱好者中享有盛誉，是当之无愧的行业领袖。他们是最大的滑雪装备生产商，除此之外，他们在户外运动鞋行业也是佼佼者。2006年，泰勒梅-阿迪达斯的营业额超过了10亿美元。

泰勒梅-阿迪达斯高尔夫作为阿迪达斯集团的下属品牌，主要通过泰勒梅、阿迪达斯、所罗门三个品牌的结合，来完美地占领高尔夫球产品市场。如图1-8所示，泰勒梅品牌原先主要专注于高尔夫球具及高尔夫球，而阿迪达斯和所罗门主要专注于服装、球鞋及其配件。高科技运动服饰品牌和专业高尔夫运动器具公司的结合，将成为高尔夫产业中最坚强的组合。

竞争对手分析

在高尔夫用品市场上，泰勒梅-阿迪达斯高尔夫作为最大的高尔夫装备生产制造商之一，其产品线包括了高尔夫球杆、球、服装、鞋与配件，完整覆盖了高尔夫球服装以及高尔夫球杆市场。

其竞争对手包括Ashworth、NIKE、PUMA、CUTTER & BUCK等专注于高尔夫服装市场的企业。这些企业同时也在其他的服装市场（特别是运动服饰市场）上成为了泰勒梅-阿迪达斯高尔夫的母公司阿迪达斯集团的有力竞争者。而一些专业性的做高尔夫

奢侈品品牌管理　Luxury Brands Management

图 1-8　泰勒梅 - 阿迪达斯高尔夫的品牌构架

产品的企业包括 PING、MARUMAN、SRIXON 等往往偏向于高尔夫球具市场的竞争，它们对高尔夫球服装市场的关注度并不高（见图 1-9）。

图 1-9　泰勒梅 - 阿迪达斯高尔夫的竞争者列表

高尔夫产业作为奢侈产业之一，当然也受到了广大奢侈品品牌的喜爱。包括广大消费者所熟知的 BOSS、BALLY、BURBERRY、LACOSTE、Ralph Lauren 等奢侈品品牌都进入了高尔夫市场。但是受限于其本身的品牌，奢侈品品牌并不敢胡乱地延伸自己的产品线，以免稀释了自己的品牌价值。因为错误的以及过度的延伸往往并不能增加奢侈品品牌的价值，反而会极大地降低其品牌价值。因此，这些奢侈品品牌在高尔夫球市场上往往是浅尝即止，选择适度性地推出自己的产品，因此它们的产品线并不完整。

泰勒梅-阿迪达斯高尔夫在中国的发展

自从阿迪达斯与泰勒梅结合之后，阿迪达斯集团更改了高尔夫在其产品家族中的定位。如图1-10所示，阿迪达斯的高尔夫产品由原来的以年轻人为主要消费者的中等价格水平的产品升级为以中青年有为人士为主的高端产品。此改变一举提升了泰勒梅的品牌地位，增加了其品牌价值。

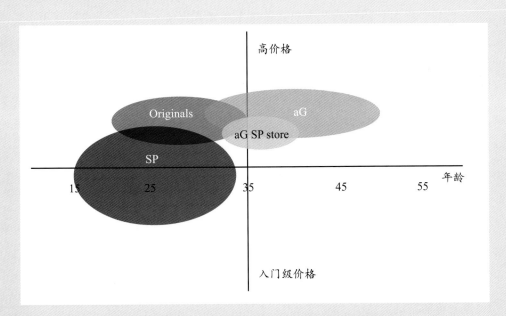

图1-10　泰勒梅-阿迪达斯高尔夫在阿迪达斯集团中的定位

同时，泰勒梅-阿迪达斯高尔夫选择了中国市场作为自己的重点目标市场。中国高尔夫球市场的高速发展、中高阶层的快速成长、高尔夫球运动的普及化、休闲娱乐消费的增加、对高品质商品需求的增加这些有利条件必将带来泰勒梅-阿迪达斯高尔夫作为一个休闲与运动紧密结合的品牌的快速成长。

佘山国际高尔夫俱乐部

泰勒梅-阿迪达斯高尔夫非常重视中国市场,在选择中国市场作为自己的重点目标市场的同时,选择了中国上海的佘山国际高尔夫俱乐部作为自己重要合作伙伴。泰勒梅-阿迪达斯通过佘山国际高尔夫俱乐部高端定位人群,很好地传播了自己的品牌。

中国高尔夫俱乐部最高端——上海佘山脚下的传奇

上海佘山国际高尔夫俱乐部从 2003 年 10 月起,用了仅仅 6 年的时间,在高尔夫球场这一进入门槛高,又充满竞争的行业中脱颖而出,向世人完美诠释了其高尔夫高端品牌战略,发展成中国最好的纯私人高尔夫俱乐部,并已成功举办了 4 届亚洲最高奖金、并有世界排名第一的泰格·伍兹多次参加的汇丰冠军赛。

2009 年 4 月 28 日,国际高尔夫职业巡回赛联盟在上海宣布,本赛季的佘山"汇丰冠军赛"升级为世界高尔夫锦标赛,上海佘山国际高尔夫俱乐部从而成为美国本土之外首个世界高尔夫锦标赛的举办地。

首届"世锦赛-汇丰冠军赛"于 2009 年 11 月 8—11 日在上海佘山国际高尔夫俱乐部举行,其总奖金额由 500 万美元上升至 700 万美元。世界高尔夫锦标赛被公认为是地位仅次于四大满贯赛事的高尔夫比赛。每年仅有世界排名靠前的顶尖选手,才能获得参赛资格。世界的目光在 2009 年的 11 月再一次聚焦中国的上海佘山,一睹泰格·伍兹、塞尔吉奥·加西亚等顶级选手们激烈角逐桂冠的赛事。

佘山高尔夫俱乐部的成功是一个传奇,它已经获得了世界级水准的高尔夫俱乐部的入场券。它的这种成功建立在它始终不渝地坚持"不断进取,追求卓越"的经营理念,及其定位高端的纯私人俱乐部性质的差异化战略:

1. **差异化的市场定位**

佘山高尔夫俱乐部对自己的定位十分清晰,即做一个纯私人的顶级高尔夫俱乐部。佘山高尔夫俱乐部的球场设计、俱乐部会所服务、内部管理服务标准,一切的工作都是围绕着私人、高级来进行的。

过去有很多俱乐部也采取过会员私人制的形式,但却很少有严格坚持下来的。佘山国际的成功在于它严守"会员私人制原则"的诺言。佘山国际高尔夫俱乐部无论是从私密性还是尊贵性而言，都具备了独一无二的优越条件。佘山俱乐部会员们可以在其中充分地享受到这一千多亩绿地所带来的超级享受与高度私密、贵族般的至尊体验。他们在高尔夫俱乐部中休闲、聊天、招待尊贵的客人，享受各种高端奢侈服务。

2. 高位嫁接的专业管理团队

很多俱乐部标榜或宣传自己有很好的服务标准，但是佘山国际高尔夫俱乐部真切地做到了有一流的服务、一流的管理。

为有效地进行球场管理，早从俱乐部筹建阶段起，佘山高尔夫俱乐部就不但聘请了具有丰富高端高尔夫俱乐部专业管理经验的国际职业经理人团队进行日常管理，同时聘请全球最富声望的体育管理与经纪公司国际管理集团（IMG）为管理顾问，为佘山管理团队提供有效的运营支持，从而使得管理水平迅速达到世界级水准。

3. 定位高端赛事的品牌战略

佘山国际高尔夫俱乐部在开始创办初期就有要做五星级高球俱乐部的想法，在俱乐部开业之前，它就有一个非常清楚的目标：第一，要成为上海公认的最好的球场；第二，成为中国排名前几位的球场；第三，在将来成为整个亚洲最好的球场。

佘山高尔夫球场从设计之初，就是瞄准世界顶级球场方向努力，球场按照国际比赛标准设计与建设。18洞球道风格迥异，迷人的意大利托斯卡纳风情让全世界多少商界精英、各国政要和贵族后裔流连忘返。

汇丰冠军赛正是俱乐部实现上述目标的最好方式。中国高尔夫赛事还没有一个像汇丰冠军赛这样的比赛在全球高坛引起轰动。佘山国际高尔夫俱乐部从2005年起承办的汇丰冠军赛总奖金额为500万美元，汇集了欧巡赛、亚巡赛、澳巡赛、南非阳光巡回赛和中巡赛的精英，另外，汇丰冠军赛还邀请了业内国际官方机构排名的世界前50名高尔夫选手。佘山俱乐部选择了依托顶级赛事来提升自己声望的品牌战略。俱乐部很好地利用了举办汇丰冠军赛的这样一个契机，提升管理，检验实力，提升会员荣誉感，凸显佘山高尔夫球场的价值，为日后进军全国不同维度的高端市场奠定了坚实基础。

"汇丰冠军赛"升级为世界锦标赛后，象征着亚洲高尔夫运动取得了惊人发展，同时也向世界说明了佘山高尔夫球场在中国的顶级地位，它标志着佘山国际高尔夫俱乐部的又一个辉煌开端。

1.4 品牌未来发展

在公司传统和文化的影响下，所有企业都形成了自己的商业价值观和独特的经营方式。真正成功的品牌必须拥有自己的生命，企业品牌的发展，也就是企业今后的品牌战略模式强调了企业个性化的表现。消费者之所以会在众多的品牌面前对你的品牌情有独钟，是因为他们的性格与你的品牌性格相一致或相近。

品牌发展模式个性的建立是真正表现品牌战略能力的一个环节。大多数企业完全可以通过分析优秀品牌的成功思路，并根据自己的内外部环境，设计出可操作的品牌战略。当目标消费者的价值感、道德规范、生活习惯等被准确定位后，我们需要提炼出其中最关键的因素来对品牌进行充实和铺垫，同时与产品本身的一些特征结合起来，最终形成产品、品牌战略、消费者的购买理想三者统一。品牌战略模式不仅仅是由品牌领导部门单方面塑造出来的，还需要消费者的认可，只有获得消费者的最终认可，一个品牌才算是彻底成功。

目前成功的企业已经开发出许多品牌发展模式，并且每年还有更多的新模式被开发出来。不存在最佳的、最全面的、最通用的品牌战略模式，企业在最终选定一种战略模式时，必须根据公司的具体需要和要求加以调整。企业必须确定品牌形象、战略和实施计划，并确保各环节协调一致。可供借鉴的模式有：

（1）共用品牌战略模式

（2）多元化品牌战略模式

（3）企业品牌与产品品牌统一的战略模式

（4）主副品牌战略模式

（5）品牌虚拟经营战略模式

（6）品牌联合战略模式

（7）品牌特许经营战略模式

讨论案例：世界舞台酒业巨子——三分觥筹世界

洋酒综述

提起洋酒，你脑海中出现的画面是什么？也许有人会回答：在高级商务场合，西装革履的成功人士，叼雪茄烟，手捧盛有人头马 XO 的水晶酒杯……没错，这是标榜自身奢侈品价值的洋酒品牌的经典形象。

但是在今天的中国，尤其是大城市，情况发生了巨大的变化：洋酒褪下了神秘高贵的光环，成为追求时尚潮流的年轻人夜生活的必备品。在北京工体西门的酒吧街，洋酒的销售量占到所有酒类销售量的七成以上；在酒店饭店里，洋酒也可以成为日常生活中的佐餐饮料；甚至在超级市场也可以轻易地购买到洋酒。

接下来我们走近洋酒，看看洋酒及洋酒公司的介绍，以及洋酒公司在全球、中国的发展战略。

洋酒的分类与品牌排名

根据生产工艺不同，洋酒可分为三大类：(1) 发酵酒类，包括葡萄酒、啤酒、米酒和果酒等。(2) 蒸馏酒类，蒸馏酒是在酿造过程中，采用蒸馏的方法浓缩酒精，提高酒精度的酒种，酒精含量常在 40%（常记为 40）以上，所以又称之为烈酒，包括白兰地、威士忌、金酒、伏特加、朗姆酒。(3) 精炼和综合再制酒类，包括金酒、利口酒、味美思酒（苦艾酒）、苦味酒、药酒等。葡萄酒、啤酒相对普及，我们下面主要介绍一下烈性洋酒（蒸馏酒）的分类与排名。

在餐厅酒吧和销售部门，通常习惯把烈酒分为五大类：威士忌（Whisky）、白兰地（Brandy）、伏特加（Vodka）、金酒（Gin）、朗姆酒（Rum）。

1. 威士忌

威士忌酒是用大麦、黑麦、玉米等谷物为原料，经发酵、蒸馏后放入旧的木桶中进行酵化而酿成的。世界上许多国家和地区都有生产威士忌的酒厂。但最著名且最具代表性的威士忌分别是苏格兰威士忌、爱尔兰威士忌、美国威士忌和加拿大威士忌四大类。

表 1-7 是 2007 年的威士忌品牌排名。

表 1-7 2007 年威士忌品牌排名

排名	品牌	分类	所属公司	原产地	总排名
1	JOHNNIE WALKER	Blended Scotch	Diageo	苏格兰	3
2	JACK DANIELS	US Whiskey	Brown-Forman	美国	8
3	CHIVAS REGAL	Blended Scotch	Pernod Ricard	苏格兰	9
4	BALLANTINE'S	Blended Scotch	Pernod Ricard	苏格兰	11
5	DEWARS	Blended Scotch	Bacardi Martini	苏格兰	14
6	J&B	Blended Scotch	Diageo	苏格兰	16
7	JIM BEAM	US Whiskey	Beam Global	美国	20
8	CROWN ROYAL	Canadian Whisky	Diageo	加拿大	22
9	GRANTS	Blended Scotch	William Grant & Sons	苏格兰	27
10	JAMESON	Blended Irish Whiskey	Pernod Ricard	爱尔兰	30

资料来源：Intangible Business: The Power 100/The world's most powerful spirits & wine brands 2007。

2. 白兰地

由葡萄酒或水果发酵后蒸馏而成的，放在木桶里经过相当时间的陈酿。世界各国都出产白兰地，而葡萄酒以法国产的最好，所以法国白兰地也是最好的，其中因为干邑地区土壤好、天气好等，产的葡萄特别好，其葡萄酒的酿造工艺也好，所以干邑白兰地（COGNAC BRANDY）尤为世界驰名。

表 1-8 是 2007 年的白兰地品牌排名。

表 1-8 2007 年白兰地品牌排名

排名	品牌	所属公司	原产地	总排名
1	HENNESSY	LVMH	法国	6
2	MARTELL	Pernod Ricard	法国	32
3	Rémy Martin	Remy Cointreau	法国	35
4	DREHER	Diageo	德国	45
5	E & J	Gallo	美国	58
6	COURVOISIER	Beam Global	美国	61
7	PRESIDENTE	Pernod Ricard	墨西哥	87
8	METAXA	Diageo	希腊	98
9	PAUL MASSON	Constellation	美国	100

资料来源：同表 1-7。

3. 伏特加

"伏特加"从俄语中"水"一词派生而来。用土豆和玉米作原料,将蒸馏而成的伏特加原酒,经过8小时以上的缓慢过滤,使原酒液用活性炭吸收它的味道。由于伏特加无色透明,与金酒一样,可与其他酒类混合调成各种混合饮品和鸡尾酒。伏特加现已不是俄罗斯的特产,有许多国家如波兰、德国、美国、英国、日本等都得生产出品质与俄罗斯所产相近的伏特加。

表1-9是2007年的伏特加品牌排名。

表1-9 2007年伏特加品牌排名

排 名	品 牌	所属公司	原产地	总排名
1	Smirnoff	Diageo	俄罗斯	1
2	STOLICHNAYA	SPI	俄罗斯	5
3	ABSOLUT	Vin & Sprit	瑞典	7
4	GREY GOOSE	Bacardi Martini	法国	28
5	MOSKOWSKAYA	SPI	俄罗斯	34
6	SKYY	Camapari	美国	46
7	FINLANDIA	Brown-Forman	芬兰	51
8	KETEL ONE	Carol Nolet	荷兰	53

资料来源:同表1-7。

4. 金酒

金酒亦称毡酒、琴酒或称松子酒,是以谷物为原料,经过糖化、发酵、蒸馏之后,再同植物的根茎及香料一起进行再蒸馏制成的酒。这种酒无色透明,具有清新的香味和柔润的口感,味道辛辣。金酒起源于荷兰莱顿大学西尔鲍斯博士制造的药酒,当初是利尿剂,外科药,由于它有振奋作用,人们可以稀释后畅饮。

表1-10是2007年的金酒品牌排名。

表 1-10 2007 年金酒品牌排名

排 名	品 牌	所属公司	原产地	总排名
1	GORDON'S	Diageo	英格兰	18
2	TANQUERAY	Diageo	英格兰	39
3	BEEFEATER	Pernod Ricard	英格兰	41
4	SEAGRAM'S GIN	Pernod Ricard	加拿大	42
5	BOMBAY SAPPHIRE	Bacardi Martini	英格兰	52

资料来源：同表 1-7。

5. 朗姆酒

朗姆酒又叫糖酒，是制糖业的一种副产品，是用甘蔗榨汁，熬玉粘稠，放入每分钟旋转 2200 次的离心机，使糖结晶，并分离出酒精成分，糖蜜，再经蒸馏，在橡木桶中储存 3 年以上而成。

表 1-11 是 2007 年的朗姆酒品牌排名。

表 1-11 2007 年朗姆酒品牌排名

排 名	品 牌	所属公司	原产地	总排名
1	BACARDI	Bacardi Martini	古巴	2
2	CAPTAIN MORGAN	Diageo	多米尼加	12
3	HAVANA CLUB	Pernod Ricard	古巴	29
4	CACIQUE	Diageo	墨西哥	59
5	CASTILLO	Bacardi Martini	古巴	79

资料来源：同表 1-7。

洋酒集团公司的发展与简介

在最近三十年以来，各洋酒公司的不断兼并和收购，已经形成了几大洋酒集团。其中主要是英国帝亚吉欧（DIAGEO）、法国保乐力加（PERNOD RICARD）、酩悦轩尼诗-路易威登（路威酩轩，LVMH）三大巨头。

1. 帝亚吉欧（DIAGEO）

DIAGEO

帝亚吉欧，来自英国，是分别在纽约和伦敦交易所上市的世界五百强公司，也是全球最大的洋酒公司，旗下拥有横跨蒸馏酒、葡萄酒和啤酒等市场的一系列顶级酒类品牌。帝亚吉欧的名字来源于拉丁语的"DIA"（每天）和希腊语"GEO"（世界），代表着任何一天任何地方都有人饮用该公司的酒。帝亚吉欧当前占有全球30%左右的洋酒市场份额，并同时拥有100个世界顶级酒类品牌中的15个。毫无疑问，帝亚吉欧在世界洋酒版图上扮演着领跑者的角色。并拥有众多世界顶级酒类品牌，比如：Smirnoff（皇冠）——世界第一伏特加，Johnnie Walker（尊尼获加）——世界第一苏格兰威士忌。

帝亚吉欧和旗下所有品牌都致力于在世界各地传播"理性饮酒"文化——人们随时随地享受生活，同时不忘责任感。

2. 保乐力加（PERNOD RICARD）

保乐力加集团由法国两家最大的酒类公司保乐公司（成立于1805年）和力加公司（成立于1932年）于1975年合并而成，目前是世界三大烈酒和葡萄酒集团之一。保乐力加集团总部设在法国，在全球拥有72家生产企业，12250名员工。是一家世界顶尖的洋酒生产商与销售商。集团通过长期发展与内部挖潜，成为世界上具有强势地位的酒业巨子。

在中国，保乐力加是进口酒类国际集团中无可争议的第一。集团的主要品牌早在20世纪80年代末即已进入中国，其中芝华士、马爹利、皇家礼炮等均已成为中国进口烈酒市场的领导品牌。

3. 酩悦轩尼诗 - 路易威登（LVMH）

LVMH
MOËT HENNESSY · LOUIS VUITTON

法国酩悦轩尼诗 - 路易威登集团（Moët Hennessy-Louis Vuitton，LVMH）由贝尔纳·阿尔诺（Bernard Arnault）将全球著名的皮件公司路易威登（Louis Vuitton）与酒业家族酩悦轩尼诗（Moët Hennessy）于1987年合并而成，员工约5.6万人，旗下拥有50多个品牌，是当今世界最大的精品集团。集团主要业务包括以下五个领域：葡萄酒及烈酒（Wines & Spirits）、时装及皮革制品（Fashion & Leather Goods）、香水及化妆品（Perfumes & Cosmetics）、钟表及珠宝（Watches & Jewelry）。

LVMH有着悠久的历史，汇聚了高贵的职业和深厚的传统，拥有独一无二的国际知名品牌组合。正是在这些相互关联的核心业务的密切推动下，经过一系列的连续合并，才诞生了现在的LVMH集团。

洋酒集团公司的全球及在华战略

作为世界上最大的三家洋酒公司，帝亚吉欧，保乐力加和酩悦轩尼诗-路易威登都很重视中国这个巨大的市场。在拥有自己的全球策略的同时，三大洋酒公司也纷纷针对中国市场的情况制定在华企业战略。

1. 帝亚吉欧

（1）帝亚吉欧全球战略

在1997年才合并而成的帝亚吉欧，却在以历史见长的世界顶级洋酒市场成了"老大"，占据了全球洋酒30%多的市场份额。为何？因为其坚持"正确做第一"的战略经营理念，通过一系列并购，其旗下已经拥有众多世界顶级烈酒品牌，其中世界排名前100位酒类品牌的就多达17种。帝亚吉欧的现任全球CEO保罗·华尔士对此津津乐道："这是我们帝亚吉欧集团最擅长的本领，我们是全球洋酒行业兼并收购的领导者。"

下面从5个方面来逐一阐述帝亚吉欧的全球战略：

① 收购兼并

一个只有11年历史的公司，凭什么发展成为全球最大的酒业巨头？唯一的答案是资本运作。众所周知，资本运作有两种手段，一是充当新品牌形成的加速器——为产品提升产能、品质，争夺渠道和市场；二是资本在品牌扩张的过程中又是操盘手——直接对品牌和其所有者进行兼并和收购。在帝亚吉欧看来，烧钱是维持品牌高附加值的最有效方法，在这个基础上，才有营销手段的千变万化和奢华的市场心理暗示。因此，在全球市场上，帝亚吉欧自始至终都没有改变的一个策略就是在品牌宣传过程中不断加大投资，无论在什么市场，在哪个角落，多少年来都坚持这样做。

② 品牌经营：一套神秘的守则

在帝亚吉欧内部，保罗·华尔士发明了一套"DIAGEO 品牌建设法"，在公司内部建立了同一种品牌语言、维护工具和流程。对旗下每一个品牌，公司都有一套标准化的问卷，包含品牌定位所必须解决的一系列问题。无论在上海还是伦敦，帝亚吉欧的员工都用同一种方法研究问题。

在近乎苛刻的严格要求下，帝亚吉欧对旗下所有品牌都有着严格的规定，细致到陈列这些细节。以 Johnnie Walker 品牌为例，如果包装有任何改变的话，都必须公司总经理亲自批准才行。另外严格执行酒的陈化（或者酝酿），也就是说让它慢慢积累酒龄——这一切都是为了确保其无可挑剔的品质。

③ 渠道管理：有效分配全球渠道

尽管帝亚吉欧在全球 180 多个国家和地区都有相对完善的销售渠道，但由于各国消费习惯和文化的特殊性，销售渠道也有着不同的特点，渠道自然就会对产品非常挑剔。

正因为此，即使帝亚吉欧在全球的不断兼并和收购过程中，可以将一些顶级品牌编入旗下，但也不是所有的品牌都可以在全球大部分地区销售，因为帝亚吉欧必须根据不同地区的特点来选择推广什么产品，如果渠道对一款产品怀有抵触情绪，帝亚吉欧是不会强行推广的。

比如尊尼获加的红方在希腊、巴西卖得很好，因为其 3—5 年产品入口更辣，更符合这两国消费者的口感，更能突出饮酒者在当地的显赫地位，因此成为其主推；但与此相对应，12 年的黑方在希腊的销售就不那么出色，因此并未完全纳入其在希腊的销售渠道。

④ 营销管理：积极参与公益事业

帝亚吉欧坚持在实现股东价值的同时致力于企业社会责任的实现，不论是在全球倡导"理性饮酒"理念还是不遗余力地将"生命之水"带到贫瘠缺水的地区，帝亚吉欧希望自己所做的每一件事都能让员工为身为公司的一员感到自豪；而员工的参与则更使企业社会责任的实现焕发出无限的生机与异彩：例如将"理性饮酒"印于名片上、亲身参与"生命之水东太湖保护项目"、资助"梦想资助计划"等。在企业内部，帝亚吉欧也推出了"绿色计划"——在办公室里提倡节水节电，减少打印纸等，通过这些点点滴滴的活动，减少对环境的一些负面的影响。该项目完全由员工自主提议并实施。

通过如上的战略，帝亚吉欧一直贯彻执行着"正确做第一"的战略理念，从而逐步成长为排名第一的洋酒王国。

（2）帝亚吉欧的中国战略

① 全方位品牌保护与打假战略

作为全球洋酒行业领军企业，帝亚吉欧致力于全方位的品牌保护，在中国市场也不例外。

在中国进行不遗余力的品牌建设，一直被帝亚吉欧视为在中国市场获得成功的关键。"在中国进行品牌建设，让更多的消费者了解并懂得欣赏我们的产品，要比追求短期的销量增加更重要。因为我们注重在中国市场的长远的发展。"帝亚吉欧的品牌建设包括定期开展评酒会、消费者意见调查等各种活动和消费者进行面对面的沟通，传播品牌及产品知识，获得即时反馈。帝亚吉欧还定期进行消费者抽样调查，了解企业采取什么样的打假和品牌保护措施才能得到消费者的认同和支持，使他们成为品牌保护的协同者，帮助企业因地制宜和有针对性地制定品牌建设和品牌保护战略。

② 培养更多销售渠道

在中国，帝亚吉欧除了对黑方和百利甜酒等少数几个品牌进行大规模推广外，其旗下的众多品牌都还处于自然销售状态，这是因为中国的消费者需要时间来接受不同口味，因此帝亚吉欧不会选择在这个时候对中国渠道进行强推。据此，业内人士分析预测，帝亚吉欧的重点业务目前还是威士忌和甜酒，而白酒比较流行的中国及东南亚市场以及欧美一些国家的华人聚集区，是未来几年帝亚吉欧在国际上的重要目标市场。

③ 塑造公益形象

帝亚吉欧不断就酒与社会的主题，和政府部门及业内同行倡导整个行业联手合作，在进行品牌营销过程中提倡理性的饮酒行为。希望和包括消费者在内的所有的利益相关方一起，共同努力，提高公众认知和消费水准，减少不当的酒类消费行为给个人和社会带来的伤害。在公司建立之初创立了帝亚吉欧基金会，将营运利润中的百分之一用于社区投资事业。"生命之水"社区投资项目在非洲干旱地区已作了十年奉献，目标为一百万非洲居民提供清洁的饮用水；2007年，帝亚吉欧在中国联手世界自然基金会开展了东太湖环境整治项目，保护长三角地区的"生命之水"。公司在上海宣布正式成为2010年上海世博会英国馆的主要赞助商，以实际行动支持在中国举办的又一世界级盛会。作为英国馆的主赞助商,帝亚吉欧承诺将在未来的时间里向上海世博会英国国家馆捐赠50万英镑,用于场馆的建设和运行。

2. 保乐力加

(1) 保乐力加的全球战略

保乐力加的全球战略可以分为五方面:

① 在全球范围内集中投资于15个核心品牌

即绝对(伏特加)、力加(茴香酒)、百龄坛、芝华士和格兰威特(苏格兰威士忌)、尊美醇(爱尔兰威士忌)、马爹利(干邑)、哈瓦纳俱乐部(朗姆)、必富达(金酒)、甘露和马利宝(力娇酒)、玛姆、巴黎之花(香槟)以及杰卡斯与蒙塔纳(葡萄酒)。15个核心品牌的市场费用占用了保乐力加总市场费用的70%,也是保乐力加盈利状况最好、市场潜力最大的品牌。

② 产品线不断高档化

随着市场的发展,单纯增加销量已经没有办法增加公司利润,唯一的方法就是不断增加高档产品的销量。

③ 加强和保持在新兴市场的快速增长

世界经济的全球化是世界发展的趋势,而谁掌握了新兴市场谁就掌握了明天,所以各大酒类公司都看中中国、印度、巴西等各大新兴市场。

④ 持续地通过兼并与收购,实现外部增长

从1975年保乐力加集团建立开始,保乐力加就不断通过兼并拓展市场。毫不夸张地说保乐力加的发展史就是保乐力加的兼并史。以下是保乐力加成立33年的兼并史:

1975年兼并Campbell Distillers;

1980年兼并Austin Nichols Ltd.;

1985年兼并Ramazotti;

1988年兼并Irish Distillers;

1989年兼并Orlando Wyndham;

2001年收购Seagram's Wines and Spirits business 38%的股份;

2005年兼并Allied Domecq;

2008 年兼并 V&S。

⑤从管理角度，保乐力加全球奉行分权式管理的战略

自从保乐力加集团建立，保乐力加采用了分权管理的组织结构。与多品牌运营相适应，保乐力加构建了独特的管理架构。最上层是控股公司，下面分为品牌持有公司和集团在各国分支机构两个平行的部分。品牌持有公司负责各品牌的生产和该品牌在全球的市场策略，而分支机构则负责全球策略在本地的推广及分销渠道等。为了充分调动品牌生产企业的主动性，保乐力加实行了严格的分权管理。集团总部只有 130 多名员工，在全球 1 万多名员工中仅占 1%。总部的角色是制定总体发展策略，并确保每个国家的企业根据实际情况贯彻实施，但不会插手干预本土品牌厂商的管理和营销（图 1-11 为保乐力加的组织结构图）。

图 1-11　保乐力加的组织结构图

（2）保乐力加的中国战略

保乐力加中国的战略是基于保乐力加全球战略而设定的：

① 集中投资于芝华士、马爹利、百龄坛、绝对伏特加和杰卡斯等集团核心品牌。

② 不断在中国市场推出新的更高端的产品，仅在2004年至2008年推出的高端产品就有：芝华士18年、芝华士25年、皇家礼炮38年、新马爹利XO、马爹利凯旋、马爹利至尊等高档和超高档品牌。

③ 在中国不断进入三、四线城市，不断开发新渠道（如酒吧、中餐厅），确保在中国这个全球最大的新兴市场的领先地位。

3．路威酩轩集团（LVMH）

（1）LVMH的全球战略

① 鲸吞式的并购

LVMH之所以能快速成功，正是因为拥有庞大的航母主体，不停地并购，为其提供了"四处开花"的盈利能力。在取得LVMH集团的主控权后，伯纳德很快为LVMH王国收购了大量的知名品牌，如纪梵希、娇兰、KENZO等，以及DFS免税商店等渠道，使得LVMH的销售额短时间内跃居行业之首。

在酒业方面，LVMH同样高举收购旗帜，目前拥有22个著名品牌，如酩悦香槟、香槟王、凯歌香槟、轩尼诗（干邑）、格兰摩兰吉（威士忌）、肖邦（伏特加）等。

② 松散管理，鼓励家族式经营

分布于全球的50多家子公司基本保持自治状态，原公司老板仍可在自己的领地享有巨大的影响力。伯纳德认为，让各个子公司享有的自由空间越多，他们创造价值的能力就越大，"合众国显然比共和国更能激发集团下各个品牌的活力与灵性"。在LVMH，伯纳德和总部200多名管理人员的主要任务是帮助子公司按照各自认准的方式运行。LVMH虽然外表结构松散，但内部管理切实有效，就主要归功于这一企业文化："如果未能获得足够的自由，他们就无法创造出上好的产品。公司能否成功，主要取决于对管束与自由这两种矛盾的平衡。"

"松散"的管理模式不仅让品牌经理们有了背靠大树的安全感，同时还充分享有自由、激励和认可。他们对总公司承担一定的义务，但完全可以凭借自己的灵感和创意，大胆创新各自品牌，并从总公司得到支持。

③ 跨业务品牌战略

正是定位全球搜寻最高贵品牌的收购策略，使得 LVMH 的收入多元化，对冲了业务风险和汇率风险。2006 年 LVMH 来自欧洲、亚洲和美国的营业额占比分别为 37%、30% 和 26%，而历峰相应的营业额占比是 42%、37% 和 20%，三大奢侈品集团中只有 PPR 对欧洲市场的依存度超过 70%。

④ 注重子品牌业绩，优化公司资源配置

首先，LVMH 打造了从实体到互联网的强大零售网络，共享网络资源对提升营业利润的作用是显而易见的。而提升最大的品牌是：珠宝、钟表、酒、皮具等小体积产品，像服饰这种占用营销空间较大的子行业则较难享受到集团渠道带来的利润提升。轩尼诗在集团的羽翼下得到 LVMH 集团的全球平台支持，销售额实现巨大提升。

其次，LVMH 在集团层面打造明星产品提升全部子品牌的形象。LVMH 遵循"提升单个明星产品的价值→提升集团总体价值→提升集团其他产品的价值"的价值提升传导机制。事实证明，这一招非常奏效，LVMH 2006 年财报显示，其品牌价值＋无形资产＋商誉的总和高达 127.64 亿欧元，占总资产的近 50%。目前 LVMH 倾力打造的明星产品有皮具路易威登（LV）和芬迪（FENDI）、干邑轩尼诗（HENNESSY）和酩悦香槟（Moët & Chandon）及唐培里侬香槟王（Dom Pérignon），这些明星产品的营业额占了集团总营业额的 50%，营业利润占了 70% 以上。

再次，共用人力资源，扩大子品牌。皮具品牌 LV 的成功是集团的巨大财富，如何将其成功经验复制到其他品牌是 LVMH 的重要课题。LVMH 创造性地实行集团内部岗位调动，所有的业务部门都要求管理人员有适应于跨品牌经营的能力，通过管理层跨品牌的人事调动将成功经验传播。

（2）LVMH 的中国战略

① 坚持多品牌、多元化经营发展，依旧延续其全球战略，维持发展其跨行业的经营。

② 扶持重点品牌，加强品牌建设。集中力量投入轩尼诗等拳头品牌，同时在品牌战略上实施出新创新，着重认准一条主线，例如走"××化"线路，或者"体育"线路。

③ 寻找新的销售渠道作为突破口，努力扩大洋酒消费市场占有率。

思考题

1. 品牌对一个企业为什么如此重要?
2. 哪些人是企业品牌的管理者,不同类型的企业会有什么区别?
3. 管理一般品牌需要注意哪些重点?
4. 结合讨论案例,提出进一步发展这些品牌的建议。

2 奢侈品市场环境

全球市场概况

欧洲市场

美国市场

日本市场

新兴地区市场

第2章 奢侈品市场环境

> 奢侈品的存在是"多余的,但是确实必要的"。
>
> ——伏尔泰(Voltaire)
>
> 法国文学家

品牌故事:
兰博基尼(LAMBORGHINI)——浴火重生

意大利,美丽而狂热的地中海半岛国家,阿尔卑斯山脉诉说着绵长的历史,维苏威火山洋溢着古罗马的热情,这里是40多年来传奇的兰博基尼——为挑战法拉利而来到人间的复仇使者——的诞生地。咄咄逼人的活力动感,勇往直前的豪迈气势,意大利式的热血奔放……这些都用来形容卓越非凡的它。它像恶魔,具有乖张的性格;它是撒旦,只因它走另类路线。它只有一个原则——制造世界上最好的跑车。

兰博基尼的历史

兰博基尼的创始人为费鲁吉欧·兰博基尼(Ferruccio Lamborghini)——一个早期生产跑车、拖拉机的意大利农民的孩子,却怀揣着超级跑车的梦想。据传闻,有一次兰博基尼打算和法拉利跑车创始人恩佐·法拉利（Enzo Ferrari）会面，想对法拉利产品提些改进建议，然而法拉利并无意听取一个拖拉机制造商的意见。受到这样的打击后，1963年费鲁吉欧·兰博基尼在意大利 Sant Agata 成立了自己的车厂并推出了第一款跑车——兰博基尼350GTV。从此以后兰博基尼跑车就成为了超级名流们竞相购买的玩具，长长的名册中有法兰克·辛纳屈（Frank Sinatra）和保罗·麦卡特尼（Paul McCartney）。

兰博基尼的理念

兰博基尼的标志是一头充满力量、正向对方攻击的斗牛，这与兰博基尼大马力高速跑车的特性相吻合，诠释了这一与众不同的汽车品牌的所有特点——挑战极限，高傲不凡，豪放不羁，也体现了创始人兰博基尼斗牛般不甘示弱的秉性。

在意大利乃至全世界，兰博基尼是诡异的，它神秘地诞生，出人意料地推出让人咋舌的350GT、Miura、Countach和Diablo等一款款超级跑车，不仅震惊车坛，更带动车坛风潮与趋势。兰博基尼最能代表罗马2700年的历史，兰博基尼生来是法拉利的敌人，也注定是世界所有超级跑车的强劲对手。每一个棱角、每一道线条，都在默默诠释兰博基尼近乎原始的美。作为世界三大跑车品牌之一，兰博基尼一直是经典跑车的代名词，以惊人的动力输出配合极具侵略性的流线外形创造着极速传说。"只比设计，不比赛道"是兰博基尼独一无二的理念：做漂亮的跑车，却不沾染街头狂飙的功利色彩。

以兰博基尼风靡世界的主流车型Countach为例。在跑车风靡的20世纪70年代，各种款式的新跑车层出不穷，如何使得自己的风格标新立异，是当时跑车制造商立足车坛的

唯一标尺。而兰博基尼 Countach 5000S 跑车隐藏着的前大灯突破了传统车型,前挡风玻璃与车头形成一个平滑的斜面,车身侧面有三个进风口,这不仅是为了冷却发动机而设计的,还能使车身的整体造型具有强烈的雕刻感,全身上下散发着一股强烈的阳刚之气,每一根线条和每一个棱角都显示着不羁的野性。特别是其向上方打开的鸥翼式车门,给人一种超级汽车的感觉,直至二十几年后的今天,还让人感受到兰博基尼设计师的超前意识。这款跑车被认为是汽车历史上的一座里程碑,为今后楔型汽车的造型奠定了坚实的基础。

兰博基尼的重生

兰博基尼的发展并不是一帆风顺的,在创始人费鲁吉欧·兰博基尼 1972 年从公司隐退之后,由于受到全球石油危机的影响,兰博基尼就此一蹶不振。兰博基尼(不管是人还是公司)虽然从来不缺乏想象力,但一直缺少稳固的资金支持。实际上,由于经营不善,兰博基尼曾经在 1980 年破产过,当时意大利商人米兰姆兄弟收购了该公司。后来,兰博基尼就像一个烫手的山芋一样数次易主,但它们中的每一个都没有表现出对兰博基尼真正的爱好者的关注。1987 年克莱斯勒汽车公司收购兰博基尼后也没有将其经营成功,并在 1994 年将其卖给了一家未知的印尼财团。

直到 1998 年兰博基尼加入大众汽车集团,并在奥迪的资助下有了自己的管理班子,兰博基尼才真正开始重现昔日辉煌。虽然双方彼此之间文化的融合并不容易(充满异域情调的汽车制造商和一个全球汽车制造巨头,一群满怀激情的意大利人和一群骄傲的德国人),但是其结果却是成就了一个彻底改型和复兴的兰博基尼:因为奥迪有能力也可以提供大量的技术支持,而大众集团的资金支持也允许兰博基尼追求新产品的发展,这一点在以前的兰博基尼身上是不可能发生的。而兰博基尼这个顶级跑车品牌不但在品牌精神上与奥迪有共同之处,都是在科技上不断进取,追求激情动感;他们的创始人也有惊人的相似之处——奥迪的霍希和费鲁吉欧·兰博基尼都是狂热的汽车梦想家而曾被大品牌拒之门外,并毫不气馁地创立了自己成功的品牌。

强强联手的产物就是 2001 年开始兰博基尼先后问世的新车型 Murciélago(包括 Murciélago Roadster)以及 Gallardo(包括 Gallardo Spyder)超级跑车并风靡至今。复兴的证明除了全新的车型,还包括工厂设施也得到扩张和更新,以及新建的设计院。另外,位于意大利莫迪那的兰博基尼博物馆也开始打开大门。

兰博基尼的市场

目前，美国是兰博基尼跑车的最大市场。以2006年为例，美国市场2006年销售876辆，占总销量的42%；德国销售234辆，占11%；另外，英国销售151辆。意大利销售134辆，日本销售127辆。上述五大市场占兰博基尼总销量的近3/4。而2004—2008年兰博基尼的销售数量也在稳步提升。

从图2-1我们可以看到，从2005年开始兰博基尼的销售量逐渐往上升，所以当2009年初兰博基尼主席兼CEO史蒂文·温科尔曼来到中国上海为兰博基尼在上海车展品牌不遗余力地宣传的时候，他的嘴角边永远挂着的是迷人的微笑。原因是在2008年全球金融危机的影响下，其销售业绩略有下滑，但相比较其他车厂的惨淡经营，销售数量也还是令人满意的，而在其中，兰博基尼在中国销量的提升不容小觑。不过到了2009年史蒂文·温科尔曼的笑容却已经变成了苦笑，原因是受到金融危机深度影响，全球豪华车市场出现萎缩，兰博基尼的情况也不容乐观，其全年销售量快速下滑了35%，只有1253辆。

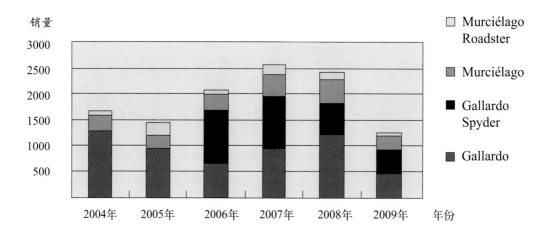

图2-1　兰博基尼2004—2009年四大车型全球销量汇总

资料来源：根据大众汽车集团年度财报整理。

兰博基尼的重生之路似乎遇到了新的问题，那么出路在哪里？答案应该在中国。

2008年是兰博基尼在中国市场增长最快的一年，其中国内地市场兰博基尼的销售量占全球销售量（2430辆）的3.5%，达到72辆，是兰博基尼全球市场排名第9名。这是兰博基尼在中国内地仅有 4 家经销商（全球有 121 或 122 家经销商）情况下完成的骄人业绩。而 2009 年兰博基尼的销量继续逆势上扬，达到 118 辆，经销商也扩张到 6 家。

在未来，兰博基尼通过增加在华经销商的数目、投入更多的资金培育经销商的能力以及开展各种各样体现兰博基尼跑车精神的赛车活动，力图在最短时间内达成史蒂文·温科尔曼对中国市场的期许：成为兰博基尼公司第五大市场，从而为兰博基尼真正的浴火重生铺平道路。

2.1 全球市场概况

根据贝恩公司的调查报告显示，2009 年全球奢侈品市场销售额为 1530 亿欧元，同比增长率比 2008 年下降了 8%。其中，日本、欧洲市场在 2008 年、2009 年两年里销售额相对下降。美洲市场亦由于金融危机的影响步入下行通道，从 32% 下降到了 29%。

与此同时，中国奢侈品消费总额 2009 年的全球占有率却达到了 27.5%，成为仅次于日本的全球第二大奢侈品消费国。据世界奢侈品协会预测，到 2015 年，中国奢侈品消费将占全球市场份额的 32% 左右，超过日本成为全球奢侈品的最大消费国。

以上这些对比数据充分说明，从区域市场上来看，亚洲市场正在茁壮成长，而欧美市场正在持续走软。

世界品牌实验室（WBL）是由 1999 年诺贝尔经济学奖得主蒙代尔教授（Robert A. Mundell）担任主席的世界经理人资讯有限公司（www.icxo.com）的全球附属机构。2005 年 9 月，世界品牌实验室（World Brand Lab）发布了 2005 年（首届）世界顶级奢侈品 100 品牌排行榜。"世界顶级奢侈品 100 品牌排行榜"基于以下四个标准：一是价值品质，二是文化历史，三是高端人气，四是购买欲求，对入选的全球 200 个奢侈品品牌展开综合而广泛的调查，最终评选出 Top100。随后，世界品牌实验室在 2006 年发布了第二届世界顶级奢侈品 100 品牌排行榜，2008 年发布了第三届世界顶级奢侈品 100 品牌排行榜（注：2007 年 Top100 排行榜未发布），如表 2-1 至表 2-3 及图 2-2 至图 2-4 所示。

奢侈品品牌管理　Luxury Brands Management

表 2-1　2008 年奢侈品前 100 名

排名	品　牌	产品（服务）	排名	品　牌	产品（服务）
1	Louis Vuitton 路易威登	皮具、箱包、时装 法国	51	FENDI Biga芬迪	名包、皮具 法国
2	BURJ AL-ARAB 伯瓷	酒店 沙特	52	Vacheron Constantin 江诗丹顿	手表 瑞士
3	Armani 阿玛尼	时装 意大利	53	Elizabeth Arden雅顿	香水 美国
4	Rolls-Royce 劳斯莱斯	汽车 英国	54	HUMMER悍马	汽车 美国
5	PIAGET 伯爵	手表 瑞士	55	BURBERRY巴宝莉	时装、化妆品 英国
6	TIFFANY 蒂芙尼	珠宝 美国	56	MONT BLANC万宝龙	笔 德国

7	Ferrari 法拉利	汽车 意大利	57	Davidoff 大卫杜夫	雪茄 瑞士
8	CHANEL 香奈儿	时装、香水 法国	58	Anna Sui 安娜·苏	时装 美国
9	PRADA 普拉达	时装、眼镜 意大利	59	Balenciaga 巴黎世家	时装 西班牙
10	Cartier 卡地亚	珠宝、手表 法国	60	COACH 蔻驰	皮具、手袋 美国
11	BENTLEY 宾利	汽车 英国	61	IWC 万国	手表 瑞士
12	ROLEX 劳力士	手表 瑞士	62	GIVENCHY 纪梵希	时装 法国
13	Mercedes Benz 梅赛德斯·奔驰	汽车 德国	63	Ferragamo 菲拉格慕	服饰、皮具 意大利

14	Gianni Versace 范思哲	时装、香水 意大利	64	CREED 克雷德	香水 英国
15	Hennessy 轩尼诗	高级干邑 法国	65	Cerruti 1881 切瑞蒂 1881	时装 意大利
16	Estée Lauder 雅诗兰黛	化妆品 美国	66	Judith Leiber 珠迪丝·雷伯	眼镜 匈牙利
17	Johnnie Walker 尊尼获加	威士忌 英国	67	GUERLAIN 娇兰	化妆品 法国
18	LAMBORGHINI 兰博基尼	汽车 意大利	68	GIRARD-PERREGAUX 芝柏	手表 瑞士
19	LANCÔME 兰蔻	化妆品 法国	69	Lexus 凌志	汽车 日本
20	CHIVAS 芝华士	威士忌 英国	70	Lanvin 朗万	时装 法国
21	Four Seasons 四季酒店	酒店 加拿大	71	DONNA KARAN 唐娜·凯伦	时装、眼镜 美国

22	BOSE 博士	音响 美国	72	Oscar de la Renta 奥斯卡·德拉伦塔	时装 美国
23	BMW 宝马	汽车、摩托车 德国	73	Wahl Eversharp 威尔·永锋	钢笔 美国
24	Moët & Chandon 酩悦香槟	香槟酒 法国	74	Missoni 米索尼	时装 意大利
25	Calvin Klein 卡尔文·克莱恩	内衣、香水 美国	75	Waterman 华特曼	笔 美国
26	TAG Heuer 豪雅表	手表 瑞士	76	Sonia Rykiel 索尼亚·里基尔	时装 法国
27	HARLEY-DAVIDSON 哈雷戴维森	摩托车 美国	77	Junyue Hotel 香港君悦酒店	酒店 香港
28	Ralph Lauren 拉尔夫劳伦	时装 美国	78	Thierry Mugler 蒂埃里·穆勒	时装 法国
29	Emirates Palace 酋长宫殿	酒店 阿联酋	79	Berluti 贝鲁堤	男式皮鞋 法国

#	品牌	类别	#	品牌	类别
30	Hilton Group 希尔顿集团	酒店 英国	80	The Elizabeth 伊丽莎白酒店	酒店 新加坡
31	Rémy Martin 人头马	酒 法国	81	Jaeger-LeCoultre 积家	手表 瑞士
32	absolut 绝对伏特加	伏特加 瑞典	82	Valentino 瓦伦蒂诺	时装 意大利
33	GUCCI 古驰	时装、香水 意大利	83	Thierry Hermès 蒂埃利·爱马仕	手工艺品 精品类 法国
34	Jaguar 捷豹	汽车 英国	84	Surin Beach 双棕榈树酒店	酒店 泰国
35	Porsche 保时捷	汽车 德国	85	Diesel 蒂柔	时装 意大利
36	Oakley 奥克利	眼镜 美国	86	Panerai 沛纳海	手表 瑞士
37	Dior 迪奥	时装、化妆品 法国	87	Cendant 圣达特	酒店 美国

第2章 奢侈品市场环境

38	Cadillac 凯迪拉克	汽车 美国	88	Yves Saint Laurent 伊夫·圣·洛朗	时装 法国
39	pagani 帕格尼	汽车 意大利	89	BAUME & MERCIER 名士表	手表 瑞士
40	Patek Philippe 百达翡丽	手表 瑞士	90	PARKER 派克	笔 英国
41	Cohiba 高斯巴	雪茄 古巴	91	Chaumet 绰美	珠宝 法国
42	MARTELL 马爹利	名酒 法国	92	Christian Lacroix 克里斯汀·拉克鲁瓦	时装 法国
43	Audi 奥迪	汽车 德国	93	A.Lange & Sohne 朗格	手表 德国
44	Ritz Carlton 丽兹卡尔顿酒店	酒店 美国	94	Breguet 宝玑	手表 瑞士
45	Ermenegildo Zegna 杰尼亚	时装 意大利	95	OMEGA 欧米茄	手表 瑞士

107

排名	品牌	产品（服务）	排名	品牌	产品（服务）
46	Issey Miyake 三宅一生 ISSEY MIYAKE	时装 日本	96	Nina Ricci 莲娜·丽姿 NINA RICCI PARIS	时装 法国
47	BACARDI 百加得 BACARDI	名酒 英国	97	CELINE 赛琳 Celine	时装、皮具 法国
48	BUGATTI 布加迪 BUGATTI	汽车 意大利	98	YSL 圣罗兰	化妆品、太阳眼镜 法国
49	Audemars Piguet 爱彼 AUDEMARS PIGUET	手表 瑞士	99	Shiseido 资生堂 SHISEIDO	化妆品 日本
50	BVLGARI 宝格丽 BVLGARI	珠宝 意大利	100	Bill Blass 比尔·布拉斯 BILL BLASS	时装 美国

表 2-2 2006 年奢侈品前 100 名

排名	品牌	产品（服务）	排名	品牌	产品（服务）
1	Rolls-Royce 劳斯莱斯 ROLLS ROYCE	汽车 英国	51	FENDI Biga 芬迪 FENDI	名包、皮具 法国
2	BENTLEY 宾利 BENTLEY	汽车 英国	52	Vacheron Constantin 江诗丹顿 VACHERON CONSTANTIN	手表 瑞士

3	BURJ AL-ARAB 伯瓷	酒店 沙特	53	Elizabeth Arden雅顿	香水 美国
4	ROLEX 劳力士	手表 瑞士	54	HUMMER悍马	汽车 美国
5	CHANEL 香奈儿	时装、香水 法国	55	BURBERRY巴宝莉	时装、化妆品 英国
6	TIFFANY 蒂芙尼	珠宝 美国	56	MONT BLANC万宝龙	笔 德国
7	Mercedes Benz 梅赛德斯·奔驰	汽车 德国	57	Davidoff大卫杜夫	雪茄 瑞士
8	Gianni Versace 范思哲	时装、香水 意大利	58	Anna Sui安娜·苏	时装 美国
9	Louis Vuitton 路易威登	皮具、箱包、时装 法国	59	Balenciaga巴黎世家	时装 西班牙
10	Ferrari 法拉利	汽车 意大利	60	COACH蔻驰	皮具、手袋 美国

11	Hennessy 轩尼诗	高级干邑 法国	61	IWC万国	手表 瑞士
12	Estée Lauder 雅诗兰黛	化妆品 美国	62	GIVENCHY纪梵希	时装 法国
13	Johnnie Walker尊尼获加	威士忌 英国	63	Ferragamo菲拉格慕	服饰、皮具 意大利
14	LAMBORGHINI兰博基尼	汽车 意大利	64	Cerruti 1881切瑞蒂 1881	时装 意大利
15	PRADA普拉达	时装、眼镜 意大利	65	Judith Leiber珠迪丝·雷伯	眼镜 匈牙利
16	LANCÔME兰蔻	化妆品 法国	66	GUERLAIN娇兰	化妆品 法国
17	CHIVAS 芝华士	威士忌 英国	67	GIRARD-PERREGAUX 芝柏	手表 瑞士
18	Four Seasons 四季酒店	酒店 加拿大	68	Lexus凌志	汽车 日本

19	BOSE 博士	音响 美国	69	Lanvin朗万	时装 法国
20	BMW 宝马	汽车、摩托车 德国	70	DONNA KARAN 唐娜·凯伦	时装、眼镜 美国
21	Armani 阿玛尼	时装 意大利	71	Oscar de la Renta 奥斯卡·德拉伦塔	时装 美国
22	Moët & Chandon 酩悦香槟	香槟酒 法国	72	Wahl Eversharp威尔·永锋	钢笔 美国
23	Calvin Klein 卡尔文·克莱恩	内衣、香水 美国	73	Missoni米索尼	时装 意大利
24	TAG Heuer 豪雅表	手表 瑞士	74	Waterman华特曼	笔 美国
25	HARLEY-DAVIDSON 哈雷戴维森	摩托车 美国	75	Sonia Rykiel 索尼亚·里基尔	时装 法国
26	Ralph Lauren 拉尔夫劳伦	时装 美国	76	Junyue Hotel香港君悦酒店	酒店 香港

27	Emirates Palace 酋长宫殿	酒店 阿联酋	77	Thierry Mugler 蒂埃里·穆勒	时装 法国
28	Hilton Group 希尔顿集团	酒店 英国	78	Italina 伊泰莲娜	珠宝 意大利
29	Rémy Martin 人头马	酒 法国	79	The Elizabeth 伊丽莎白酒店	酒店 新加坡
30	absolut 绝对伏特加	伏特加 瑞典	80	Jaeger-LeCoultre 积家	手表 瑞士
31	GUCCI 古驰	时装、香水 意大利	81	Valentino 瓦伦蒂诺	时装 意大利
32	Jaguar 捷豹	汽车 英国	82	Thierry Hermès 蒂埃利·爱马仕	手工艺品 精品类 法国
33	Porsche 保时捷	汽车 德国	83	Surin Beach 双棕榈树酒店	酒店 泰国
34	Oakley 奥克利	眼镜 美国	84	Diesel 蒂柔	时装 意大利

35	Dior 迪奥	时装、化妆品 法国	85	TESIRO 通灵	首饰 意大利
36	Cadillac 凯迪拉克	汽车 美国	86	Panerai 沛纳海	手表 瑞士
37	PAGANI 帕格尼	汽车 意大利	87	Cendant 圣达特	酒店 美国
38	Patek Philippe 百达翡丽	手表 瑞士	88	Yves Saint Laurent 伊夫·圣·洛朗	时装 法国
39	Cohiba 高斯巴	雪茄 古巴	89	BAUME & MERCIER 名士表	手表 瑞士
40	Cartier 卡地亚	珠宝、手表 法国	90	PARKER 派克	笔 英国
41	MARTELL 马爹利	名酒 法国	91	Chaumet 绰美	珠宝 法国
42	Audi 奥迪	汽车 德国	92	Christian Lacroix 克里斯汀·拉克鲁瓦	时装 法国

43	Ritz Carlton 丽兹卡尔顿酒店	酒店 美国	93	A.Lange & Sohne朗格	手表 德国
44	PIAGET 伯爵	手表 瑞士	94	Breguet宝玑	手表 瑞士
45	Ermenegildo Zegna 杰尼亚	时装 意大利	95	OMEGA欧米茄	手表 瑞士
46	Issey Miyake 三宅一生	时装 日本	96	Nina Ricci莲娜·丽姿	时装 法国
47	BACARDI 百加得	名酒 英国	97	CELINE赛琳	时装、皮具 法国
48	BUGATTI 布加迪	汽车 意大利	98	YSL圣罗兰	化妆品、太阳眼镜 法国
49	Audemars Piguet 爱彼	手表 瑞士	99	Shiseido资生堂	化妆品 日本
50	BVLGARI 宝格丽	珠宝 意大利	100	Bill Blass比尔·布拉斯	时装 美国

第2章 奢侈品市场环境

表 2-3　2005 年奢侈品前 100 名

排名	品牌	产品（服务）	排名	品牌	产品（服务）
1	BENTLEY 宾利	汽车 英国	51	FENDI Biga 芬迪	名包、皮具 法国
2	BURJ AL-ARAB 伯瓷	酒店 沙特	52	Vacheron Constantin 江诗丹顿	手表 瑞士
3	ROLEX 劳力士	手表 瑞士	53	Elizabeth Arden 雅顿	香水 美国
4	CHANEL 香奈儿	时装、香水 法国	54	HUMMER 悍马	汽车 美国
5	Estée Lauder 雅诗兰黛	化妆品 美国	55	BURBERRY 巴宝莉	时装、化妆品 英国
6	TIFFANY 蒂芙尼	珠宝 美国	56	MONT BLANC 万宝龙	笔 德国
7	Mercedes Benz 梅赛德斯·奔驰	汽车 德国	57	Cartier 卡地亚	珠宝、手表 法国

奢侈品品牌管理　Luxury Brands Management

8	Gianni Versace 范思哲	时装、香水 意大利	58	Anna Sui 安娜·苏	时装 美国
9	Louis Vuitton 路易威登	皮具、箱包、时装 法国	59	Balenciaga 巴黎世家	时装 西班牙
10	Hennessy 轩尼诗	高级干邑 法国	60	COACH 蔻驰	皮具、手袋 美国
11	American Express 美国运通	旅游信用卡 美国	61	Davidoff 大卫杜夫	雪茄 瑞士
12	Johnnie Walker 尊尼获加	威士忌 英国	62	IWC 万国	手表 瑞士
13	PRADA 普拉达	时装、眼镜 意大利	63	GIVENCHY 纪梵希	时装 法国
14	LANCÔME 兰蔻	化妆品 法国	64	Ferragamo 菲拉格慕	服饰、皮具 意大利
15	CHIVAS 芝华士	威士忌 英国	65	Cerruti 1881 切瑞蒂 1881	时装 意大利

第2章 奢侈品市场环境

16	Four Seasons 四季酒店	酒店 加拿大	66	Judith Leiber 珠迪丝·雷伯	眼镜 匈牙利
17	Ferrari 法拉利	汽车 意大利	67	Issey Miyake 三宅一生	时装 日本
18	BOSE 博士	音响 美国	68	GUERLAIN 娇兰	化妆品 法国
19	BMW 宝马	汽车、摩托车 德国	69	GIRARD-PERREGAUX 芝柏	手表 瑞士
20	Armani 阿玛尼	时装 意大利	70	Lexus 凌志	汽车 日本
21	Moët & Chandon 酩悦香槟	香槟酒 法国	71	Lanvin 朗万	时装 法国
22	Calvin Klein 卡尔文·克莱恩	内衣、香水 美国	72	DONNA KARAN 唐娜·凯伦	时装、眼镜 美国
23	Rolls-Royce 劳斯莱斯	汽车 英国	73	Oscar de la Renta 奥斯卡·德拉伦塔	时装 美国

24	TAG Heuer 豪雅表	手表 瑞士	74	Wahl Eversharp 威尔·永锋	钢笔 美国
25	HARLEY-DAVIDSON 哈雷戴维森	摩托车 美国	75	Missoni 米索尼	时装 意大利
26	Ralph Lauren 拉尔夫劳伦	时装 美国	76	Waterman 华特曼	笔 美国
27	Emirates Palace 酋长宫殿	酒店 阿联酋	77	Sonia Rykiel 索尼亚·里基尔	时装 法国
28	Hilton Group 希尔顿集团	酒店 法国	78	Junyue Hotel 香港君悦酒店	酒店 香港
29	Rémy Martin 人头马	酒 法国	79	Thierry Mugler 蒂埃里·穆勒	时装 法国
30	absolut 绝对伏特加	伏特加 瑞典	80	Italina 伊泰莲娜	珠宝 意大利
31	GUCCI 古驰	时装、香水 意大利	81	The Elizabeth 伊丽莎白酒店	酒店 新加坡

32	Jaguar 捷豹	汽车 英国	82	Jaeger-LeCoultre 积家		手表 瑞士
33	STARBUCKS 星巴克	咖啡店 美国	83	Valentino 瓦伦蒂诺		时装 意大利
34	Porsche 保时捷	汽车 德国	84	Thierry Hermès 蒂埃利·爱马仕		手工艺精品类 法国
35	Oakley 奥克利	眼镜 美国	85	Diesel 蒂柔		时装 意大利
36	Dior 迪奥	时装、化妆品 法国	86	Surin Beach 双棕榈树酒店		酒店 泰国
37	Cadillac 凯迪拉克	汽车 美国	87	Panerai 沛纳海		手表 瑞士
38	PAGANI 帕格尼	汽车 意大利	88	Cendant 圣达特		酒店 美国
39	Patek Philippe 百达翡丽	手表 瑞士	89	Yves Saint Laurent 伊夫·圣·洛朗		时装 法国

40	Cohiba 高斯巴	雪茄 古巴	90	BAUME & MERCIER 名士表	手表 瑞士
41	MARTELL 马爹利	名酒 法国	91	Chaumet 绰美	珠宝 法国
42	Audi 奥迪	汽车 德国	92	Christian Lacroix 克里斯汀·拉克鲁瓦	时装 法国
43	Ritz Carlton 丽兹卡尔顿酒店	酒店 美国	93	A.Lange & Sohne 朗格	手表 德国
44	PIAGET 伯爵	手表 瑞士	94	Breguet 宝玑	手表 瑞士
45	Ermenegildo Zegna 杰尼亚	时装 意大利	95	Shiseido 资生堂	化妆品 日本
46	PARKER 派克	笔 英国	96	Nina Ricci 莲娜·丽姿	时装 法国

47	BACARDI 百加得	名酒 英国	97	CELINE赛琳	时装、皮具 法国
48	BUGATTI 布加迪	汽车 意大利	98	YSL圣罗兰	化妆品、太阳眼镜 法国
49	Audemars Piguet 爱彼	手表 瑞士	99	Bill Blass比尔·布拉斯	时装 美国
50	BVLGARI 宝格丽	珠宝 意大利	100	OMEGA欧米茄	手表 瑞士

图 2-2 2008 年奢侈品前 100 名

奢侈品品牌管理　Luxury Brands Management

图 2-3　2006 年奢侈品前 100 名

图 2-4　2005 年奢侈品前 100 名

由以上图表可见，在三年的品牌排名变迁中有一个有趣的现象：Top20 的品牌往往呈现出"三十年河东、三十年河西"的局面，而其后的排位几乎没有易主。

不只如此，倘若对其作进一步的研究，根据奢侈品品牌前 100 名的所属国家、产品类型和产生年代分别细化加以分析，还可以得到一些意外的发现：

首先，在不考虑汽车、游艇的情况下，全球奢侈品行业的主要消费产品种类相对比较分散（见图 2-5，以 2007 年为例，括号里的是中国市场上的所占比例分布数据）。成衣消费在奢侈品市场的份额占到了11%,并不像人们所普遍认为的,服装是奢侈品市场中消费比例最高的产品。而香水及化妆品类的份额占16%,手表和珠宝首饰类的份额占21%,服饰配件加皮革制品的份额占8%。根据图2-5显示,奢侈品市场上占据份额比例最高的是酒类产品,包括静态葡萄酒、香槟和烈酒,占到了大约41%的份额。

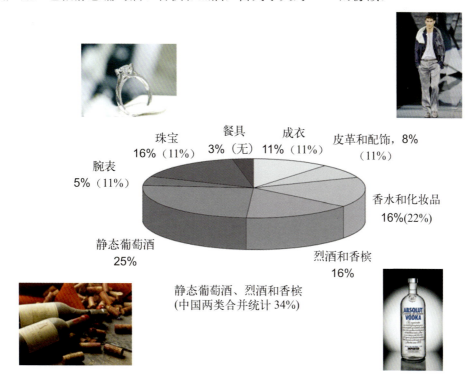

图2-5　全球各类奢侈品份额

其次,奢侈品的品牌类别比较集中。根据产品类别划分,时装、手表、汽车占前三位,分别有25%、15%和14%,化妆品(当一个品牌含有成衣和化妆品时按核心产品统计)、酒、香水、酒店也是重要的类别,均占到5%以上(见图2-6)。其中,有很多品牌是跨类销售产品的,比如YSL,既生产时装,又有化妆品、香水等产品。"奢侈"的理解是对品牌内涵而非奢侈品的价值,所以化妆品尽管单价不高,但进入了榜单,豪宅、游艇等高价的资产类奢侈品因为品牌的影响力不够而没进入排名。

再次,奢侈品品牌在产业的分布上有着明显的地域性。在WBL评选的全球奢侈品品牌排行榜上,位列前100名的奢侈品品牌中,从国家分布来看(以2008年为例),来自欧

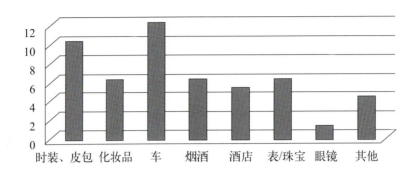

图 2-6　奢侈品品牌（前 50 名）类别分布（2005 年）

资料来源：世界经理人资讯有限公司（www.icxo.com）。

洲的品牌有 71 个，占到了 71%（法国有 23 个），美国有 19 个，日本 3 个，其他国家和地区包括古巴、沙特、阿联酋、加拿大。

2.2　欧洲市场

欧洲的奢侈品市场和来自欧洲的奢侈品在世界大舞台上占有举足轻重的地位。在美国还没有建国之前，欧洲的皇室就在宫廷里大张旗鼓地使用昂贵的银餐具、点缀着钻石的衣物和独一无二的手工家具，尽管当时这种奢侈被认为是统治阶级迂腐的象征，但这种奢侈的态度和方式或多或少影响到整个欧洲奢侈品的发展。

基于社会经济基础，当时欧洲很少有生活奢侈品，享受生活的一个重要来源是与东方的贸易。位于意大利的威尼斯在中世纪较长时间里，垄断了与东方的贸易，成为欧洲最富裕的城邦国家。这个小小的城邦国家，居然可以拥有中世纪欧洲最强大的海军，其相对于欧洲其他国家的富裕程度可想而知。威尼斯通过垄断与东方的贸易，向欧洲输入了大量东方的奢侈品，也在垄断贸易中发了大财，在全欧洲人的头脑中留下深刻的印象：东方到处是财富，到东方去就能够发财。

到东方发财的观念，通过长达 200 年的十字军东征，让一部分欧洲人得到真实的体验。十字军东征某种程度上也可以看做在宗教名义下的财富掠夺，对威尼斯的贸易垄断形成一定的挑战。但是，由于十字军东征是阶段性的，而威尼斯的贸易是长期性的，因此，十字军东征导致的商业挑战并不严重。反而更加广泛地激发了欧洲各地的贵族阶层对于东方财富的向往。紧随十字军东征而产生的文艺复兴运动，其主要原因就是对世俗享乐（人性解放）和财富的追求。

文艺复兴的财富追求和欲望享乐的动机，渐渐感染了临近国家，诸多欧洲国家都注意到享乐的欲望和满足享乐欲望所需要的财富。文艺复兴时期开始出现的对于虚伪宗教的批判，在大航海时代以后，伴随着财富的迅速增加，在更大的范围内，向宗教统治发出强烈而明确的挑战。文艺复兴高扬人性的旗帜，说得通俗点，就是摆脱宗教对财富的虚伪规范，摆脱宗教对男女之爱的禁欲主义。

不仅如此，文艺复兴导致的文化冲击深深烙印在欧洲的历史长河中，许许多多历史长达数百年的奢侈品品牌就是在这样的温床中得以孕育的，而欧洲的复古风格也是非这样的文化底蕴不可的。

在世界品牌实验室2008年甄选的100个奢侈品品牌中，有71个来源于欧洲，它们都具有50年以上的历史，其中还有23个超过150年风霜洗礼。这足以说明，悠久的历史和文化背景可以孕育出强大的奢侈品品牌和奢侈品市场。

欧洲奢侈品的制造商和设计者泾渭分明。一部分以复古的风格作为自己的卖点，例如仿中世纪的家具、拥有数百年家族荣耀的酿酒传统。另一部分则注重现代感和前卫感，例如设计超前的跑车或者绚丽夺目的首饰珠宝。

毫不夸张地说，这两种不同的奢侈品风格类似于金庸小说中的"剑宗"和"气宗"：一种注重强大的文化底蕴，其目标消费者是真正的奢侈品行家，这些奢侈品的消费者也许根本不认为他们在购买奢侈品，而是在购买艺术品，甚至会花大价钱去购买一件没有外在价值的艺术品而不是商品；另一种注重外在的感觉，这些奢侈品的制造商生产的仅仅是商品，而不是艺术品，他们的目标群体鲜有真正的行家，多数是极度不理性的消费者，为了刻意显示身价而购买奢侈品的附庸风雅之徒。

奢侈品在欧洲不断失去市场。伴随着奢侈品产业在欧洲的发展，奢侈品在欧洲人个人生活中的意义或是欧洲人对奢侈品的态度也经历了一个由最初的望尘莫及，到后来的趋之若鹜，再到如今的等闲视之的转变过程。早在中世纪，奢侈品在欧洲是少数贵族的消费品，普通百姓仰之弥高而距之弥远。现在，奢侈品生产的规模化导致其价格出现下降，于是，普通欧洲百姓开始踏入从未涉足的奢侈品店，在当时的欧洲刮起了一股"奢侈风"。在满足了自己的奢侈欲之后，欧洲人却开始体验到前所未有的空虚感，他们开始思考奢侈品对他们的重要性。进入 21 世纪,欧洲人的奢侈品消费已经完全"退烧",他们开始以一种理性、成熟的态度来看待奢侈品。比如法国,葡萄酒类的奢侈品中,法国干邑可谓独树一帜,人头马、轩尼诗等品牌也广为人知。然而,这些品牌在国外市场攻城略地的同时,却在自己的家门口不断失去市场。轩尼诗公司的推销经理弗朗索瓦在向记者展示公司价值 3000 欧元的顶级产品时感叹,这种高档奢侈酒只有俄罗斯和中国的新富才会购买,在法国已经完全没有市场。

与中国消费者相比,欧洲的奢侈品消费群体有以下几个特征:

在中国人向往奢华和过分讲究生活的时候,欧洲人则开始追求简单自然的生活。从生活经济成本上来看,在中国人花费巨额的资金来购置瑞士钟表、德国汽车、法国香水和意大利皮具的时候,欧洲人却只是在搜集"那种用稻草、竹子和灯草纸做成的艺术品"。

在中国奢侈品消费的主要力量集中在 25—40 岁的年轻人,而欧洲 50 岁以上的中老年人是奢侈品品牌的主要顾客群。二战时期的出生—死亡逆差使得欧洲人口结构在这一人群和更年轻人口中存在一个缺口。欧洲各国采取的是高福利社会模式,以较完善的社会保障体系为中心,老年人有各种补助津贴和投资收益,且不用担心医疗、负担子女供房结婚等在中国往往是巨额支出的费用,基本仍是收入最高、家庭和社会地位最高的一群。而相反,在欧洲,年轻人并不那么在意消费品牌是否够"大牌"。在欧洲社会,年轻人年满 18 岁时便离家自立,虽然大学学费由国家承担,但若想上著名私立学校的话,仍需通过自己贷款等方式赚取生活费。他们的财务规划能力更强,需要考虑方方面面的费用支出,消费观念更加务实。因此现代社会中欧洲年轻人更崇尚个性化,追求新异独特的个人风格。欧洲年轻人中消费品的大牌必需意识不强烈。

对于多数中国消费者而言,购买奢侈品品牌并不足够,要买就买明显的、大众更熟悉的款式,令大家一眼就能看出是某大牌商品。相反,在欧洲,奢侈品品牌消费显现出一种精英消费。人们更倾向于找寻适合自己风格的、给行家预留的款式系列。内敛不张扬是有品位的象征。在大街上这些奢侈品品牌的橱窗设计也有所不同。中国的设计更加奢华和张扬,而欧洲的却更加适度、实在。不同民族不同的个性使得各奢侈品品牌在中国极尽奢华地奢侈公关和营销。

中国人的奢侈品消费大部分还集中在服饰、香水、手表等个人用品上。而越来越多的欧洲消费者倾向选择奢侈服务的享受,他们的奢侈品消费趋向于体验式和家庭奢侈,他们在奢侈旅游及休闲的支出占整体奢侈品消费的很大一部分。中国消费者更注重炫耀性价值，而欧洲消费者相对注重个人取向的消费价值。中国消费者注重拥有物的公众意义，而欧洲消费者相对注重拥有物的个人含义。相对于欧洲消费者，中国消费者倾向于用产品或品牌的象征性，以及消费来表达自己在社会中的阶层和地位。欧洲消费者注重奢侈品的领先特性，中国消费者在选择和消费奢侈品时，更多了从众的动机，以规避消费风险和迎合大众口味。总之，在消费者心理方面，中国消费者的虚荣大于品位，仍处于炫耀性消费阶段，而欧洲消费者已步入下一阶段自我满足式消费阶段。

欧洲人消费奢侈品动机多为个人享受，购买决策受群体影响因素小。欧洲消费者对奢侈品的消费已从20世纪的疯狂追捧且带炫耀色彩逐步过渡到了理性的象征性消费阶段，奢侈品消费更多的是为了个人享受，喜好代表了个人品位。他们对奢侈品的欣赏也有自己的标准，而不会盲目成风。在一定程度上也是鉴于政府的重视和各类组织的支持与协助，使得欧陆国民的艺术欣赏力和文化品位不断得到培养和提升，所以欧洲消费者对设计师比奢侈品品牌更加青睐。

2.3 美国市场

美国被称之为"民族熔炉"，历史仅有200多年。相对于欧洲文化数百年的积淀，美国文化更多地体现出活力、创新和文化的交融性。

由于殖民的关系，对美国文化影响最大的是英国文化，例如英语的广泛使用、法律系统等。其他对美国文化影响较大的文化有爱尔兰文化、德国文化、波兰文化、意大利文化，以及美国土著文化和非洲（特别是西部非洲）文化。美国文化还受到新移民以及美洲邻居（比如加拿大、墨西哥等）的影响。

正是由于这种文化的多样性和交融性，使得美国的奢侈品市场呈现出很猛烈的增长势头（相对于欧洲），相当多的美国民众愿意接纳外来的文化和新鲜的事物，这点不利于培养由文化引起的品牌忠诚度。

美国的奢侈品品牌相对于欧洲的奢侈品品牌有什么样的特点呢？

通过2005—2008年世界品牌实验室的排位比较不难看出，美国虽然有22个奢侈品品牌，但所占的奢侈品品牌分布比较散，多数在20名开外，相对于欧洲奢侈品而言（尤其是法国）数量相当，但是相对知名度、受欢迎程度尚显不足。

美国奢侈品品牌仅有 11 个其历史超过 50 年，其中 6 个不满 100 年，另外 11 个的历史均只有 20—40 年，这也反映了美国的"快餐文化"：建立一个品牌的速度很快，但是由于没有足够的文化积累和忠诚度，所以其中某些品牌可能不具备和欧洲的老牌奢侈品分庭抗礼的能力。如果将眼光放长到未来 5 年甚至更长，美国奢侈品市场却仍然存在很大的消费空间。正如之前所说，美国的经济实力源于其民族的多样性，这一点正好契合了奢侈品的特点，预计来自中国、印度和西班牙的移民将成为美国奢侈品市场的一股强劲推动力。法国奢侈品零售商巴黎春天（PPR）预计，由于近期前往美国的移民偏爱价格昂贵的手袋和珠宝等名牌，未来 5—10 年里，美国将成为对奢侈品需求最强劲的市场之一。

从某种程度上来说，奢侈品的产生与社会政治经济背景紧密相连，最早完成工业革命的欧洲是奢侈品的发源地，而当代拥有最强大经济实力的美国是占有奢侈品品牌最多的国家，美国的消费者可以说是世界上最富有的。

两次世界大战均在欧洲的巴尔干半岛引发，导致全世界范围内不计其数的生命和财产损失，最为惨烈的要数欧洲诸国，如法国、德国、意大利，所以在战后重建的过程中，少有平民百姓会花费重金购买非生活必需品。美国没有参与第一次世界大战，在第二次世界大战中以胜利者的姿态搜刮了大量的财富，在 1940 年之后的婴儿潮过后，美国又经历了罕见的大萧条，再加上美国税收和养老金制度，所以消费者不会将金钱保留在身边，而会很潇洒地购买名贵手表或者和家人去国外旅行，这也就是为什么美国奢侈品消费额可以和整个欧洲相抗衡的原因。

欧洲时尚奢侈品市场基本保持健康稳定发展，增长率在 7% 到 9%。如果全球市场可以切分的话，欧洲和美洲基本上占 40%，其余的主要分布在亚洲，日本和中国就占了这另一半份额的 70% 左右。在近两年来看，由于受到美元、日元走软的市场环境的影响，诸如巴黎春天和古驰等奢侈品品牌的销售业绩都会下滑。

2.4 日本市场

在欧美奢侈品市场衰退的同时，亚洲和拉美市场却在逆势成长，是全球奢侈品市场增长最快的两个地区，这主要与这两个地区的经济增长率相关。尤其是亚洲的消费表现更为突出。日本一直是亚洲地区最大的奢侈品消费国，在全球的奢侈品消费中也占有举足轻重的地位，是很多奢侈品品牌的目标客户。

目前，日本的奢侈品市场价值150亿—200亿美元，规模仅次于美国。在日本这个奢侈品消费市场巨大的国家，新崛起的日本金字塔尖人群正呈现更具个性化的消费需求。虽然这几年来失业率创下纪录、收入持续下滑，但日本女性对名牌的追捧有过之而无不及。20世纪90年代的经济衰退使消费者在如何花钱上变得更为挑剔，这让奢侈品更成了身份的象征。

走在日本街道上，时刻能看到拿着奢侈品的年轻人。奢侈品几乎占据着各个年龄段，小到中学生、大到七旬老人，走在银座那条具有美国风格的日本大道上，两旁充斥的奢侈品店，银座几乎囊括了世界有名的奢侈品，尤其是MATSUYAGINZA这个位于银座三丁目的店。

但现在，那里的"大众奢侈品"市场正承受着空前的压力。销售急剧下滑，奢侈品公司已经发布预警，称它们将无法实现目前的增长和盈利目标，一些耸人听闻的新闻标题也争相报道该奢侈品市场的风光不再。

在日本，奢侈品的两个主要销售渠道是百货公司和独立的直营店。在百货公司中，奢侈品制造商通常采用"店中店"的形式进行销售。现在，百货公司约占奢侈品销售额的55%至60%，而很多在日本的大型奢侈品公司实际上控制着自身业务的方方面面，它们不仅亲自掌管业务，还自行聘用销售人员。

与其他许多市场不同的是，在日本，奢侈品通常代表着一种中产阶级的生活方式，而非上流社会生活方式。日本最有影响力的时尚杂志和百货公司都不遗余力地吹捧奢侈品品牌，而正是这些杂志和百货商场左右着日本庞大的中产阶级中的大部分人对时尚的理解。为了能够买到设计师的品牌手袋和服饰，中产阶级消费者节省了其他方面的花销，例如，放弃旅游或昂贵的外出用餐。于是，日本奢侈品市场在20世纪80年代得到了繁荣发展，即使在90年代遭遇经济波动时，也没有停止增长。少数最流行的品牌获益颇丰。

日本典型的奢侈品消费者都是哪些人？35岁以上的女性所占比例高得出奇，因为奢侈品类别主要是流行服饰、皮革制品、手表、珠宝、护肤品和化妆品。日本奢侈品消费群体按人口统计学可划分为两大类：一类是传统的45岁及以上人群，他们在很多奢侈品品牌的消费中仍占有相当大的比例；另一类是观念更为新潮的45岁以下人群，这类人群根据收入高低、收入来源、就职状态等又可划分为一系列子消费群。对于很多奢侈品品牌而言，一个重要的消费群体是20—35岁的单身女性：她们有全职工作，且与父母同住，因此拥有较多可支配收入。时至今日，日本女性的社会地位和自信很大程度上曾来自于外在标志，例如，品牌服饰、手袋、珠宝等行头。过去，追赶潮流淹没了她们的个性表达。而如今，日本的女性对于创造出个人风格自信了许多。曾几何时，通过她们所偏爱的品牌、样式以及逛街和购物渠道，就很容易预测奢侈品消费者。而现在，奢侈品消费者已开始对高低价位的商品兼收并蓄，并扩大了购物渠道的范围。在2008年12月《日经新闻》(Nikkei)的一项调查中，86%的日本女性认同这样的表述："我根据自己的品位，组合和搭配自己的穿着。"

日本顾客希望自己被视为社会名流，想要一些非常奢侈的产品，这将是日本奢侈品消费的下一个阶段。世界主要的奢侈品零售商也正在努力迎合日本市场中这些新兴金字塔尖人群的炫耀性消费需求，并将商店打造成更富异域风情的购物场所。位于日本时尚街区Ginza的GUCCI（古驰）旗舰店、CHANEL商店已经添设了餐厅、小型酒吧，并聘请高级厨师。其他商家也增设了鸡尾酒休息室。如今高端品牌都在提供高级奢侈品，不过仅在隔绝大众的VIP贵宾室或会员俱乐部中销售。Harry Winston为好莱坞明星提供珠宝，它在位于东京市中心的店面开辟了一间VIP贵宾室，专为富有男士提供服务。Harry Winston对顾客需求的满足甚至延伸到了销售之外，许多钟表制造商会邀请一小部分VIP顾客赴欧洲，参观钟表制作过程，令顾客产生"我比行家懂得更多"的满足感。

日本人对最新款的"必备"奢侈品也有着强烈的喜好，这促进了该行业市场的增长，并填补了其他地区销售的不足。顶级品牌的全球销售总额中，有15%至25%来自日本市场。拿LVMH帝国麾下的LV来说，这一数字要高达30%。意大利饰品制造商宝格丽21%的销售量来自日本，从而使该国成为其最大的单一市场。

日本对奢侈品的情结甚至跨越了国界，其游客的购买量占全球销售的重要部分。对LV来说，这一比例要接近35%。日本消费者知道，他们在国内付的钱比在国外付的要多，这成了名牌发烧友们在国外购物的一个原因，另一方面，购物所得也能作为他们出游的战利品。卡地亚日本公司的会长丹尼尔·佩雷尔说："单独来看，日本市场确实是最重要的；

然而，如果算上（日本游客）在国外的购买，那就更为重要了。"

根据日本市场特点，其主要的奢侈品消费者可以分为下面六类：

(1) 名门望族，大富之家。出自这些地方的消费者，是传统的奢侈品品牌的购买者。

(2) 新富人的代表，IT巨子。日本最近几年的富人代表是IT巨子，被人们戏称为山庄族，他们是人们心目中全新的经营者，向人们展示了一种全新的富人形象，他们工作中乃至私生活中的一举一动都成为街谈巷议。与低调的有钱人相比，显赫一时的这类人群总是大大方方地向世人展示他们挣了多少钱，公开、透明、大手大脚。

(3) 以巨大金融资产推动消费的高龄人群。这些人群的户均储蓄额为2554万日元，他们的价值观与以前的日本老年人不同。据日本政府"国民生活偏好调查"显示，现在的日本老年人打算把遗产留给子孙的只有不到老年人总人数的三成。

(4) 逐渐富裕的上班族。在日本的上班族里，出现了打工皇帝一族，业绩至上主义极大地提高了他们的工资。日本人的工作比较忙，所以很多人想在休息日从事自己喜欢的活动，他们觉得花点钱无所谓。

(5) 职业女性和嫁入富裕家庭的女性。有句话说得好，经济不景气的时候，消费是女人拉动的。

(6) 讴歌奢侈消费的乐活（LOHAS）族。他们的收入或资产没有那么多，但是忠实于某个领域，对这个领域有特殊爱好，花起钱来很大方，他们贯彻的是健康、环保的生活方式。

2.5 新兴地区市场

2003年，在高盛投资银行的一份研究报告中诞生了"BRIC金砖四国"这个概念。巴西（Brazil）、俄罗斯（Russia）、印度（India）及中国（China）四个有希望在几十年内成为世界最大经济体的国家，合称"金砖四国"。根据2005年安永发布的奢侈品报告，在巴黎香榭丽舍大道旁边的LV旗舰店，90%的顾客是亚洲人，尤其是东亚的年轻女性，因为顾客太多以至于要有专门的接待人员负责叫号。"金砖四国"正成为拉动奢侈品市场的主力。每年价值80亿美元的瑞士表有一半是出口到亚洲。这固然与亚洲经济的快速发展有关系，另外一方面，由于面临着欧洲市场的衰退和人口低增长的双重打击，法国和意大利的奢侈品品牌不得不寻找新市场，纷纷进军亚洲地区开设分店，扩展全球业务。

在奢侈品市场上，俄罗斯近年来的表现令人鼓舞，国际最知名的奢侈品零售集团和品牌商纷纷入驻，把抢滩俄罗斯作为未来几十年重要的发展战略。经过数年发展，俄罗斯目前日益成为全球奢侈品业重要的消费市场。

俄罗斯人有普希金和柴科夫斯基，有克里姆林宫和红场，还有面对恐怖主义而不肯放弃的优雅的生活态度，灿烂光辉的文化坚强构筑了俄罗斯人对优质生活追求的信心。从容、精致的贵族传统以及石油经济的拉动作用成就了人们对美丽、奢华等精神追求的渴望，也成就了俄罗斯奢侈品市场的飙升突进。

目前俄罗斯奢侈品市场销售额增长速度是世界其他地区的两倍。J.P. Morgan 欧洲奢侈品调查研究组织的负责人 Melanie Flouquet 表示，俄罗斯市场目前占全球奢侈品市场的 4%，但它国内的奢侈品销售额正以每年 30% 左右的速度快速增长。更有调查表明，俄罗斯的消费者会把收入的 13% 用于置装上，而在欧洲，该数字仅为 6%。

现在，奢侈品传统消费强国美国正在经历次级债危机，同时世界原油价格过高，造成美元疲软，消费者购买力削减，因而从某种意义上而言，俄罗斯、中国、印度等新兴消费市场的表现将决定全球奢侈品业能否继续保持繁荣的态势。由此，发展中国家将成为奢侈品品牌继续获取高额收益的关键。同样，对于奢侈品行业的年轻设计师们而言，如果想要成功，他们就必须去新兴市场寻找机会，因为现在传统市场已经接近于饱和了。

但是，俄罗斯奢侈品市场仍然处于新兴发展阶段，消费者对于奢侈品的认知和购买力还有待进一步改进。俄罗斯消费者天生有一种傲慢的情绪，如果在产品推广中不加注意，将会遭遇失败。

为了满足急剧增加的新富消费者（在印度，许多新富的年龄低于 25 岁），印度正经历着一场购物中心建设热潮。来自于 Bain & Co. 的分析师预测，在未来的 1—3 年内，印度的奢侈品市场将增长 25%。

印度早就有一些老牌贵族和老牌富翁，但人数很少，多在国外消费，不成气候。近年来，印度遍地开花的客户服务中心（Call Center）造就了一大批年轻的中产阶级，这些人是印度新兴的奢侈品市场的主力军。印度的奢侈品市场比中国和俄国开始得晚，但发展更快，被称为"下一个中国"。印度富翁更偏爱黄金珠宝。根据世界黄金委员会的统计显示，印度全国消费储备了近 2 万吨黄金首饰，并且这个需求量仍在不断增长。

2004年,高盛公司伦敦总部发布的一项针对中国消费市场的分析报告指出,2003年中国的奢侈品市场达20亿美元,其上升幅度为全球之首。

2005年10月,荟萃了法国69家知名品牌的精品企业联盟"科尔贝委员会"向媒体发布公告称,中国人将在2011年前后成为世界第一大奢侈品用户。

世界奢侈品协会预测,到2015年,中国奢侈品消费将超过日本,在全球奢侈品消费市场中的份额也将达到32%左右。

LV2004年6月上海恒隆广场旗舰店开业宣传

Y'S2008年4月北京太庙新装发布会

近三年来,相当多奢侈品品牌在中国市场的增长率惊人,个别品牌甚至高达80%—100%,远远高于在世界其他国家和地区10%左右的年增长率。在过去的三年里,路易威登在中国市场的销售额增长了3倍。中国人是路易威登的第四大客户群,古驰的第五大客户群,杰尼亚(Zegna)的第四大客户群。宾利(BENTLEY)在中国创造了以下三项纪录:总销售量亚太地区第一、销售增幅全球第一、宾利728的销售量全球第一。

中国的奢侈品消费者大体分为两大类。一类是富有的消费者,他们喜欢避开人潮,追求个性化服务,经常光顾奢侈品零售商店,购买最新、最流行的产品,一般不会考虑价格问题。另一类是白领上班族,其中以外企公司的雇员最为典型,他们会花上整月工资购买一件商品。调查显示,这些消费者的年龄大约在20—40岁;而欧美地区奢侈品消费者的

FENDI 2007年10月北京居庸关长城特别时装秀

年龄多在40—70岁。与之相比，中国奢侈品消费一族的年龄是相当年轻的。他们常年奔波在外，购买习惯与20世纪80年代开始大批出国的日本消费者相似。

据中国品牌策略协会（China Association of Branding Strategy）公布的数据，2005年中国有1.75亿消费者有能力购买各种品牌的奢侈品，占总人口的13.5%，其中有1000万—1300万人是活跃的奢侈品购买者，选购的产品主要包括手表、皮包、化妆品、时装和珠宝等个人饰品。该协会估计该群体的年收入为24万元人民币（约29630美元），存款在30万—50万元人民币（约37037—61728美元）之间。

传统意义上，中国的奢侈品消费者多为男性。四年前，女性仅占总消费人口的25%。由于女性社会、经济独立性的进一步提高，女性在奢侈品市场的消费比例正在日益增长。

 讨论案例：蔻驰（COACH）——驰骋新兴市场

凭借北美和日本市场的成功经验，姗姗来迟的"美国派"奢侈品品牌蔻驰（COACH）正在以中国为代表的全球新兴奢侈品市场上塑造高端形象，并以独特定位与欧洲品牌展开争夺战。

在包括路易威登、古驰、普拉达这些欧洲奢侈品品牌充斥的北美市场，美国本土品牌蔻驰以24%的市场份额牢牢占据着高端手提包市场销售冠军的位置；而在奢侈品消费占全球40%的日本市场，蔻驰仅次于路易威登，以12%的市场份额位居第二。

以生产、销售高端手提包为主营业务的蔻驰公司（COACH Inc., NYSE: COH）经营业绩令人侧目。自2000年10月在纽约证交所上市以来，蔻驰公司的股价从交易首日的2.45美元一路飙升至35美元以上，年销售复合增长率超过20%。在2007财年（截至2007年6月30日），蔻驰公司的销售收入比上年增长28%，达26.1亿美元，净利润更是猛增37%，达6.37亿美元。相比之下，掌控路易威登品牌的路威酩轩集团（LVMH, 12101.FR）旗下的时尚与皮具业务在2007年的销售额虽然是蔻驰公司的两倍多，但增长率仅为8%。蔻驰公司迅速增长的态势仍在持续，2008财年的前三季度，蔻驰公司的销售收入同比增长22%。

"蔻驰能够很好地将逻辑和魔法融为一体，"蔻驰公司全球主席兼行政总裁弗兰克福

（Lew Frankfort）说，"魔法代表的是对时尚的把握和对产品的创新能力；逻辑是你能理解你的客户需求，并且知道他们今天在哪里，明天会到哪里"。61岁的弗兰克福1995年担任蔻驰公司总裁后展开了大刀阔斧的改革，让这个创立于1941年的皮具品牌从原本中规中矩、甚至有些陈旧老套的形象中摆脱出来。为了降低成本，他还率先将蔻驰的生产基地搬到了包括中国在内的劳动力成本低廉的国家，打破了奢侈品只能在欧洲或美国生产的惯例。2005年，弗兰克福以8650万美元的年收入在福布斯美国老板薪资排行榜中高居第六。

弗兰克福的话道出了蔻驰公司飞速成长的秘诀，他对蔻驰品牌的定位是"唾手可得的奢侈品"（Accessible Luxury）。一方面，蔻驰已经在美国和日本市场上树立了高端奢侈品的形象；另一方面，蔻驰又以相对"亲民"的架势不断拓展自己的业务，抢占对手的份额。

蔻驰手提包比同类型、同品质的欧洲品牌价格低至少1/3。常常有人因为定价对蔻驰的"奢侈品"身份表示怀疑。弗兰克福则将蔻驰的消费群体分为两大类：一类是已经拥有众多欧洲顶级奢侈品品牌的富裕消费人群，他们选择蔻驰主要是看中这个品牌的时尚及实用性——对于这部分消费人群，蔻驰可以提供价值1万美元的手袋；而另一类则是对奢侈品有着强烈渴望的消费者（Aspirational Consumers），他们或许平时花几十美元购买一只手提包，但却把拥有蔻驰作为通往奢侈的入门品牌。

不断推出新品吸引消费者是蔻驰改革中的又一重要举措。当拥有贵族血统的欧洲奢侈品品牌在以每年3—4种新品的推出速度面向消费者的时候，蔻驰却保证每月推出新品，而且每种新品都有4—7种不同的风格。蔻驰公司在2007年年报中明确指出，产品革新是公司的生命线和核心竞争力。

2003年，蔻驰与香港俊思集团（ImagineX Group）以代理合作的方式首次进入中国内地市场开设专卖店。事实上，包括爱马仕（Hermès）、古驰在内的欧洲奢侈品品牌早在2000年前就已经纷纷进入了这块被视为世界第三大奢侈品消费市场的国家，路易威登在蔻驰进入中国以前已经在这个市场上发展了11年。在蔻驰国际部总裁贝克利（Ian Bickley）看来，蔻驰的"姗姗来迟"并不会对在中国市场上的发展有什么不利。"我们在80年代末进入日本市场的时候，几乎所有的欧洲品牌都已经在那里开花结果"，贝克利说，"我们用事实证明了我们有能力从竞争对手那里夺得市场份额"。

1988年，蔻驰同样通过与代理商合作的方式进入日本市场。然而，那时蔻驰还没有开始一系列的变革。"当时在日本，蔻驰手提包往往和办公室联系在一起，实际上是职业妇女的公文包，人们想要购买品质上乘且兼具时尚的手提包，只能选择价格昂贵的欧洲奢侈品品牌"，贝克利说，"这种状况直到90年代后期——蔻驰开始产品等一系列的变革后才有明显的改变"。1993年，贝克利加入蔻驰，1997年全面负责日本业务的发展。蔻驰那时的年销售收入约8000万美元，市场占有率仅为2%。然而，在2007财年中，蔻驰在日本市场的销售收入达到了近6亿美元，占蔻驰全球销售收入的19%；截至2008年第三季度，日本的店铺数量达到147间，市场份额增加到12%，在市场中的排名由当初的第五上升至第二。在这期间，蔻驰在日本的发展也经历了从代理商到与本地零售商建立合资公司，再到2005年蔻驰日本变为蔻驰公司全资子公司的历程。到2008年3月，蔻驰在日本的店铺数量已经增加到147间。

事实上，进入中国内地短短数年间，蔻驰已经将门店的数量增加到了15家，从数量上来看，在包括欧洲品牌在内的奢侈品品牌中名列前茅。"大中华区（包括中国内地、香港、澳门和台湾）的发展潜力庞大，仅次于美国与日本，无疑它将成为蔻驰的第三大主要市场"，贝克利说。仅仅在2007财年，蔻驰便在中国内地新增了8家门店。据蔻驰大中华区总裁韦奕博（Thibault Villet）透露，在未来两三年间，蔻驰将在目前中国内地、香港及澳门共计24间门店的基础上新增门店50间左右，而新增门店数量中的2/3将在中国内地。

走进蔻驰在上海位于南京路梅龙镇广场的沿街门店，明亮的店面色调和整洁而精心安排的店铺设计能够迅速抓住过往消费者的眼球——这种布置与贵族血统的欧洲品牌店铺中颇为神秘的昏暗灯光衬托下所产生的距离感完全不同。"相比之下，我们是一个很开放的美国奢侈品品牌"，贝克利说。

与欧洲品牌的另一个不同是蔻驰覆盖的年龄跨度。在蔻驰专卖店中，时常可以看见母女同行，并且各自都能找到满意商品的例子。而事实上，人们在选择购买某个奢侈品的时候，决定性的因素未必是年龄，而是他们对这个品牌的认同以及对其设计风格的喜好。蔻驰就恰如其分地做到了跨越年龄这个界限，得到了最广泛的消费者的认可。

尽管大中华市场被视为蔻驰潜在的第三大消费市场，但贝克利坦言，目前这个市场的发展仍然处于非常早期的阶段。事实上，在蔻驰的全球销售业务收入中，美国和日本的收入占到了90%以上，而国际批发业务（除美国和日本以外的业务，主要通过代理商合作的方式实现）在2008年预计也仅仅占到全部销售额的7%左右，合计约2亿多美元。

北美零售店数量	259
北美折扣店数量	97
日本门店数量	147
大中华区门店总数	50
中国内地门店数量	15

预计截至2008年6月蔻驰在全球市场的销售分布

预计2010年全球奢侈品品牌手提包市场容量将达到250亿美元

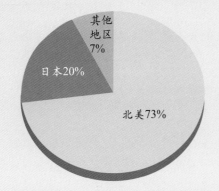
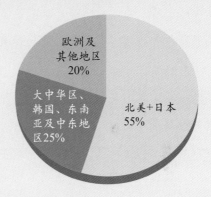

资料来源：COACH Inc. 以及 Forbes China Research。

尽管蔻驰拒绝透露大中华地区在国际批发业务收入中所占的份额，但他们预计2008财年蔻驰在大中华地区的零售总额将会比2007财年翻一番，达到1亿美元左右，其中来自中国内地市场的收入占12%。"我们在大中华区的发展目前还处于投入的阶段，而且这将是一个长期的投入，但我们相信这个市场的巨大潜力。"韦奕博说。

"我们当初可以选择把专卖店开设到全球每个角落，但是我们并没有这么做，因为我们有一套业务扩展的先后次序。"贝克利说，在高端手提包市场上，美国和日本的份额占到了全球的70%。于是，目前蔻驰仍然毫不犹豫地把目前业务发展的重点放在了这两块市场。

不过，预计到2010年，全球高端手提包市场的总量将达到250亿美元，美国和日本在全球的市场份额也会从70%下降到55%左右，而大中华区、韩国、东南亚以及中东地区在这一块的市场份额将上升到25%，其中大中华区和韩国市场的增长最为明显——这也将是蔻驰业务拓展的地区重点和优先所在。"韩国和日本的市场状况颇为相似，预计市场容量可以达到日本的1/4，而且消费者较中国消费者来说更为成熟，所以是我们仅次于大中华地区的一个发展优先的地区。"贝克利解释说，他们目前在韩国总共拥有37家专卖店，其中包括1家折扣店。对于奢侈品品牌充斥、竞争激烈的欧洲市场，蔻驰公司则采取了与分销商合作的谨慎发展态度。直到2008年3月份，蔻驰才在奢侈品品牌云集的伦敦希思罗机场五号航站楼开设了首家专卖店。

蔻驰的店铺大致分为四类：旗舰店、位于购物中心里的独立专卖店（Freestanding）、百货公司店以及折扣店（Factory Store）。在大中华地区，独立专卖店占据了绝大部分。旗舰店和百货公司店铺的发展才刚刚开始。2008年1月，蔻驰宣布于5月底在香港中环高档购物区开设第一家、也是包括日本在内的亚洲最大的旗舰店。这家旗舰店由蔻驰创作行政总裁克拉考夫（Reed Krakoff）及建筑团队亲自设计，玻璃及不锈钢材料制成的四层高外墙上由反射光线印出"C"标志，加上蔻驰的马与马车的品牌标徽形成了一道地标性的风景线。

在日本，精品旗舰店策略就为蔻驰赢得了意想不到的价值提升。2002年，蔻驰开始在日本大规模扩张旗舰店。他们不仅选择在租金昂贵的精品购物区开设店铺，而且把每家旗舰店的地址都专门挑选在了被日本消费者公认为第一奢侈品品牌的路易威登门店附近。"这一策略果然为蔻驰带来了转折性的发展，如果说其他专卖店留住了蔻驰的忠实消费者，那么旗舰店则为蔻驰带来了一大批年轻而时尚的新客户。"

在贝克利看来，香港旗舰店将不仅服务于香港本地消费者，而且还将迎接大量来自中国内地的游客消费者。据调查，中国内地每年出境旅游中，到香港的游客约占60%。事实上，蔻驰还在筹划进一步在北京和上海选址开设旗舰店。"关键是要找到最好、最合适的地点，这并不是想象中的那么轻而易举。"贝克利说。目前，在上海静安区南京西路奢侈品品牌集中地段，已经很难找到落脚点。

然而，作为蔻驰销售渠道重要组成部分的折扣店目前却不在大中华地区的计划之列。在美国，蔻驰的折扣店数量已经达到97家。另一项为蔻驰公司在2007财年带来8000万美元收入的电子商务业务目前也不在大中华地区的发展计划当中。"我们目前在大中华区发展的首要任务是树立品牌形象"，贝克利强调说，"折扣店的开发要等待消费市场的进一步成熟。事实上，蔻驰折扣店的消费群体和全价店的消费群体重叠度很小"。

在大规模进入中国之前，蔻驰就已经对中国的奢侈品消费者作了详尽的市场调研。

调研结果显示，品牌地位和形象对于中国奢侈品消费者的购物选择影响巨大，而且消费者在做出选择时感性因素明显高于包括购物环境、商品品质、服务等的理性因素。针对这一尚不成熟的市场消费群体，蔻驰不得不在品牌打造方面不遗余力。他们希望通过商品提升、门店扩张以及覆盖高端媒体的宣传策略来建立与消费者的"情感纽带"，并不断强化蔻驰拥有的60多年的皮具制造历史，是时尚之都——纽约的奢侈时尚符号。

"中国目前的消费者和25年前的日本很相似，可能认为价格最高的奢侈品就是最好的，但伴随市场成熟度的增加，这种购物习惯会有所改变——不过需要一个教育市场的过程。"贝克利坦言蔻驰目前还没有成为中国奢侈品消费者的首选，让他们理解奢侈品的内涵、从而做出理智的选择是蔻驰在中国市场发展的最大挑战。不过，让贝克利感到欣慰的是，中国消费者的心态很开放，还没有形成成熟的消费观念——这对蔻驰来说，恰恰意味着机遇。

近日，蔻驰公司宣布从2009年开始，将分阶段收回代理商俊思集团在香港、澳门以及中国内地的品牌经营权，也就是说，这块市场将从蔻驰公司的批发业务中剥离出来，成为蔻驰仅次于美国和日本的第三块直营市场。据蔻驰公司预计，到2013年，中国内地、香港及澳门的高端手提包及配件市场容量将达到25亿美元，是目前12亿美元的两倍多，而蔻驰的市场份额也将由目前的3%增加到10%。"我们相信，我们在中国的发展速度一定会比在日本更加迅猛"，贝克利信心十足地说。

资料来源：福布斯中文版（http://www.forbeschina.com）。

思考题

1. 2008年全球金融海啸对奢侈品品牌在全球市场的发展造成了什么影响？
2. 在当今全球环境下，奢侈品品牌发展的机遇和风险在哪里？
3. 请论述在奢侈品市场上，各奢侈品品类的分布情况？
4. 请结合讨论案例分析，为什么奢侈品品牌如此热衷中国市场（新兴市场）？

3 奢侈品品牌核心

奢侈品品牌要素与特征

奢侈品品牌核心竞争力

奢侈品品牌溢价

奢侈品品牌成功模式

第3章　奢侈品品牌核心

> 使一个产品稀缺难求，你可以卖出天价。
>
> ——GUCCI 格言

品牌故事：
戈雅（GOYARD）——贵族气息与时尚梦幻

已有150年历史的GOYARD行李箱，一直被国家元首、王室贵族、国际巨星等选用，最为难得的是一直由Maison Goyard家族式经营，不论是行李箱还是轻便的手袋系列，都保留了以独特布料设计及为客人度身订造款式的传统。GOYARD的一大卖点是以人手刻制顾客名字的服务，并集GUCCI、LV及DIOR的优点于一身，经典中带有潮流的感觉，荣登如今流行手袋品牌的榜首。这就是被誉为"法国袋王"的戈雅（GOYARD）：一个游走于传统和时尚之间的、一个带给您贵族梦想的百年奢侈品品牌。

奢侈品品牌管理 Luxury Brands Management

传统的戈雅

戈雅成立于1853年，历史超过156年，比LV历史（官方成立时间为1854年）更加悠久，其创办人为Francois Goyard。在19世纪的欧洲，伴随着火车和轮船业的快速发展，社会上出现大规模旅行现象，尤其是像当时王室、贵族和有钱人在内的奢侈人群，喜欢在初春出门旅行，出游一次需要花费的时间高达几个月。所以这些贵人需要一大堆Trunk木箱柜，可以用来装运大量衣服和起居用品，如书本、马球用品、梳妆品等，希望能够在旅行期间同样保持跟在家一样的舒适度。

所以在那时，Francois Goyard因这些高贵客人的需要，设计出不同用途的旅行箱，像Diptyque蜡烛木箱、香槟箱。在1920年，戈雅甚至设计了首台可以容纳打字机、纸张和文档书籍的行李箱，获法国政府授予专利权。此外，戈雅还设计了以前从未有过的单车箱、啤酒箱等一系列箱包。通过这些箱包在高档人群中的迅速传播，使得戈雅成为法国奢侈箱包业的开山鼻祖。

戈雅的顾客包括了英国王室、美国总统和俄国贵族。作为趣谈的客户故事还有《福尔摩斯》作者Arthur Conan Doyle的太太为丈夫定制出门用的书桌，名模Naomi Campbell为爱犬定制放狗用具的行李箱。只要客人要求，戈雅都可以做到，在当时可以说是风靡了整个欧美的上流社会。

戈雅的传统不仅仅体现在其悠久的历史上，我们还可以从它150年传承下来的纯手工工艺和一直对品质要求精雕细琢中找到其成功的秘密。

戈雅的旅行箱之所以特别光洁亮丽，是因为其全都以防水帆布包制作。它通过运用麻、棉及大麻纤维混合织成后再涂上光面的树胶醛醣，令本来早已防水力佳、扎实的白杨木和山毛榉木旅行木箱更结实耐用，加上金属硬件如护角、锁扣和手柄等，同时每个部位都是工人手工镶嵌，每粒钉、每条车线、每个皮革摺边都是精雕细琢，这使得每件戈雅的箱包就如同一件法国工艺品那样令人爱不释手。

即使在1998年Goyard家族将世代相传的家族企业卖给了Jean-Michel Signoles，戈雅品牌仍然保持了其150年来的原汁原味。因为Signoles早在收购前就是戈雅传统的忠心拥护者，他收藏了许多的古董行李箱，这次收购实际上是圆了他的一个心愿。这就是为什么Signoles仍坚持戈雅传统工艺的原因。

在法国工厂内的百位制袋技师，每个步骤都坚持手工制作。时至今日，戈雅卖出的每个箱子都提供了终生售后服务,任何一个小小的细节,就如同寻找顶级白杨木制作行李箱支架这种事,150年以来的传统完全都没有苟且。这就是为什么戈雅箱包的卖价可以高过LV品牌3—4倍的原因之一。

时尚的戈雅

戈雅的成功不能完全归结于其传统的优势,而是还应该从其不断引领时尚潮流中折射其大受欢迎的内在原因。

我们先来看一下戈雅首创的字母图案箱包。1892年,戈雅帆布上出现了Y字图案,这种首次出现在旅行箱的装饰图案,比LV的Monogram图案更早出现。帆布上的图案,是由工人逐一点上,而不是模版压印。Y字上的每一点,灵感来自四种花卉,以四种颜色代表。法国传统上,Y字图案是树的象征,而树又象征男人,这个由三个V组成的Y形图案,引申为Goyard家族的三代男士。同时从手感来说,戈雅帆布皮袋轻便柔软,对旅行的人来说是莫大的方便,也没有硬绷绷或过分软坠无力的外形。单从手柄的浑圆形状,每一条人工做的车线,细心的手带位置安放等,简简单单,精巧细致,给人以贴心的感觉。所以字母图案箱包一经面世,便受到上流社会的厚爱,成为当时名媛淑女争相购买的时尚用品。

戈雅的时尚还体现在其著名的个性化制作。它为客人做个性定制服务,为客人在手袋或行李箱绘上个人名字缩写和特别意义的图纹,而且如果顾客想加上特别图案的话,则一定要与设计师面对面商讨才可。戈雅的口号是:只要客人要求,戈雅都可以做到。

以戈雅首次在香港亮相为例,当日现任老板兼设计师Jean Michel Signoles携儿子Alex Signoles专程来港,一连两天为众多戈雅的支持者度身定做其专属拥有的戈雅箱包,包括社会名人荣文蔚和丈夫阮伟文、潘迪生和太太余桂珠等。尤其是社会名媛叶梁美兰女士一马当先,一共花费了6.8万元买下三个手提行李箱,还排了很长时间的队,就是为了在箱上加入心目中的图案。她选择以自己名字的英文缩写 MY 及兰花作为行李箱的独有图案，同时有一个使用了变色龙图案，原因是她养过的变色龙已去世，故想以此来纪念它。所以当戈雅将度身定做的箱包并加上其独特的英文缩写和自家图案交给叶女士时，戈雅的时尚和魅力同时也传递给了叶女士。

虽然获得戈雅个性和独特的代价不菲，譬如加上缩写和直条等，一般三个字母或数字要 590 美元，一个直条要 990 美元，而且特别图案的价格要与设计师面谈。但是包括像英国王室、美国总统和俄国贵族在内，可以说戈雅的时尚是风靡了全球的整个上流社会。

最近，戈雅改变其策略，推出多款摩登手袋并开发超过十种新色，尤其是戈雅 PINK 系列包，让全球万千支持者根本无法逃脱其粉红的时尚诱惑，使得戈雅的版图王国更为扩张，让更多的消费者通过拥有戈雅的传统和时尚，实现其毕生的贵族梦想。

资料来源：http://www.haibao.cn/article/38833.htm。

3.1 奢侈品品牌要素与特征

3.1.1 奢侈品品牌核心价值

品牌有代言品质的作用，这其实暗示了品牌对于商品消费价值体现的重要作用，品牌往往蕴涵着顾客的利益。如今一件商品的拙劣与否已经无法单纯用工厂的制造水平及产品的合格率来评判，品牌作为产品品质的延伸已经得到了顾客的认同。在购买一件商品时，如果这个商品的品牌尚没有形成力量，不能对顾客快速作出购买决定起主导作用，此商品被认为是仍停留在较低层面的经营水平，将来的着重点需要放在如何提高品牌认知度及满意度，目的是要使商品由较低级的品质竞争过渡到品牌竞争层面。

从经济学的角度来看，"奢侈品"的需求弹性大于 1，但从营销学的角度来看，如果高档商品能够正确定位自己的顾客群，让他们形成对品牌的忠诚，也能变"奢侈品"为"必需品"。对于奢侈品而言，其品牌更加倾向于借助消费者的联想把其追求的文化品位、价值观和情感等心理或精神需求纳入产品诉求主题，从而在消费者心中形成独特的品牌形象。奢侈品品牌偏向于非产品属性的因素，品牌的标志性价值及体验性价值的感知。

1. **奢侈品品牌的产品价值**

通过种种努力获得的产品在已经拥有了外在的消费价值后,接下来唯一要做的,就是提高它的品牌附加值。奢侈品往往会通过选用最好的原料,在最好的生产环境当中,使用最好的制造设备,贯穿最好的工艺,取最好的名字等来打造品牌价值。

在世界高级笔领域中,万宝龙(MONT BLANC)一直占据着较高的品牌地位。万宝龙的前身是一家微不足道的小公司,1908年创立于德国汉堡,后与另一家制笔公司合并,开始使用"万宝龙"的名字生产墨水笔。对于所有标着"MONT BLANC"的笔来说,豪华和高级是唯一的诠释。每支万宝龙笔套的顶部都镶嵌了一颗显眼的六角白星美钻,象征着欧洲大陆的最高峰白朗峰(又名勃朗峰)。现在,万宝龙已经成为成功人士身份的象征。在近百年的历史中,万宝龙始终相信:那些追求高品位的有鉴赏力的顾客,是万宝龙的首要目标。正是基于此种理念,万宝龙在全世界创下了赫赫声名。

2. **奢侈品品牌的精神价值**

品牌除了外在消费价值,可以满足消费者在精神上的需要,还帮助消费者的内在需求指向直接诉求,能够最大限度塑造品牌忠诚度。后者往往是奢侈品品牌所拥有的主要价值,奢侈品品牌经营的长胜之道就是该品牌已经兼备了外在的消费价值和内在的精神指向价值。

品牌可以暗示顾客进行自我归属,特别是奢侈品品牌。顾客在对品牌进行选择的时候已经收到了来自品牌的暗示而自发进行了自我归属。一个周身上下被种种品牌包围的人常常会被人们认为是一个有品位的人、有身份的人,即使他本身没有丝毫品位可言,但他的自我定位却是高高在上的有品位。这就是品牌的核心价值所在,它可以暗示消费者对自己进行层次归属,品牌代表的就是人们生活的不同阶层。

而奢侈品品牌则往往代表了一种高高在上的生活阶层,其深层次的价值在于奢侈品品牌可以拔高消费者的层次,或者让消费者产生一种品牌价值联想——如果消费了某某奢侈品品牌,就能置身于这个生活阶层。

中国目前有很多制造企业为了追求利润率,几乎将所有的精力都致力于如何提升产品的质量,却忽略了赋予产品更多的精神内涵,从而也失去了借助优质产品采用品牌行销的方式产生三级跳的机会。很多产品已经通过了最严格的质量检验认证和原产地认证,质量已经趋近完美,但是由于没有很好地将产品外在的消费价值拔高到消费者的自我归属的内在价值层面，纵使是流传数百年也会变得一蹶不振。究其原因就是，顾客对于该产品的认知仍停留在它具有强大的质量保证，值得信赖，而这一切别的产品同样可以满足。相反，对于满足顾客的精神诉求或者暗示顾客自发进行自我归属方面，和国际知名品牌企业相差甚远。

3. 奢侈品品牌的传播价值

奢侈品品牌同一般品牌一样，都具有传播性的价值，并且是最大限度的传播。其实品牌本身也存在着取代度的问题，一个高取代度的品牌其竞争力也是很脆弱的，这类品牌往往依存于非理性消费市场，消费者由于文化及信息获取渠道狭窄而购买此类并没有形成质量保障的商品。

一个强势品牌通常具有高价值的无形资产，可以变现、可以入股、可以被拍卖。比如说，可口可乐作为强势品牌，仅品牌价值就达数百亿美元。可口可乐的员工曾说过，即使可口可乐所有的工厂在一夜间付之一炬，明天可口可乐马上会收到世界各地蜂拥而来的投资，因为它还有可口可乐的牌子。因此，凡是具备了传播价值的品牌，只要不因为质量而倒台，总是拥有变现的可能，这就是品牌的传播性赋予品牌的经济价值。

品牌价值的形成取决于打造这个品牌时的销售主张：销售主张泛滥陈旧的，往往会自然成为消费价值品牌；销售主张独特生动的，往往会有机会成为精神诉求类品牌。

奢侈品品牌不雷同于顶尖品牌，顶尖品牌通常可以通过完美品质和品牌包装在短期诞生，而对于一件奢侈品而言，它的风格绝非一蹴而就的，奢侈品多数是蕴涵了艺术价值与历史痕迹的，奢侈品本身就是一本令人叹为观止的读物，自接触它的那一刻，你必须臣服，而且是由衷地臣服。

4. 奢侈品品牌的生存价值

全世界的品牌超过800万个，每个行业都有表现十分出众的品牌，如汽车业的奔驰（Benz）、保时捷（Porsche）、IT业的微软（Microsoft）、IBM，石油业的壳牌（Shell）等。但并不是每个行业都可以出现奢侈品品牌。迄今为止世界上的奢侈品品牌已数不胜数，而今这些奢侈品品牌的生存环境也发生了微妙的变化，以奢侈为品牌核心价值显然不足以使奢侈品品牌常青。

在创造了有价值的品牌后，无论是进行升级或者包装，都必须保证这个品牌的存活，还能为一定的消费者所接纳（注意：奢侈品只需为部分特定的消费者所接受即可，而不是把自己面向广大的消费者)。奢侈品品牌的生存土壤总是会被认为是奇迹，奢侈品的成功并没有多少痕迹可寻，正如奢侈品在日本、美国等市场渐渐变得不景气一样，而在中国市场却蒸蒸日上。

奢侈品的存在或者说生存价值主要源于以下的一些特征：

(1) 奢侈品有深厚的人文背景做后盾，否则，仅仅以价格令人咋舌是不足以成为奢侈品生存的原因的。例如：一些奢侈品流传的独特工艺本身就具有传世的价值，这些产品就是某种文化的历史见证。

(2) 奢侈品有明显的地域特征，引用现今的说法，即奢侈品的原产地概念。原产地是保护奢侈品奢侈但不泛滥的重要手段，同时原产地的环境或气候都会对奢侈品品质产生重大影响，甚至是生成该奢侈品的必需条件，如法国的波尔多红酒就是鲜活的例证。

(3) 奢侈品总是秉执亘古不变的定位，奢侈品的成功一言以蔽之是"贵在坚持"，没有对于个性及内涵的秉执，就不会有奢侈品的延续。大多数的奢侈品往往具有上百年的历史，而且对于忠诚的消费者来说，往往不需要查看产品的牌子，他们也能够从某些特征上看出这些产品是属于某个奢侈品品牌。

5．奢侈品品牌的价值巩固

辛劳打造的价值品牌应该如何巩固它内在的品牌价值呢？这是每个品牌所有者和经营者都关心的问题。

品牌价值的巩固还有一个很关键的问题，要为品牌建立一定的壁垒，如专利、设计等方面的知识产权。千辛万苦打造了一个品牌，但是却因为被别人抢先注册而拱手相让的事也曾经发生过。

作为奢侈品品牌，它们更愿意通过原产地认证来巩固自己的地位，原产地的环境或气候不仅可以产生对奢侈品品质的保障，还能通过原产地的人文背景赋予奢侈品特定的文化底蕴。虽然这一举措往往会放弃它们的利润最大化，但利润最大化并非奢侈品的唯一诉求，奢侈品更多要考虑的是如何永续经营。所以，原产地是其与产品输入国同类产品相竞争的有力武器，有效地巩固了奢侈品品牌的品牌价值。

6．奢侈品的收藏价值

奢侈品品牌的价值还会表现在奢侈品的历史性和可具收藏性。根据国际收藏市场的经验，当人均GDP（国内生产总值）达到1000美元时，收藏市场才能真正启动；而当人均

GDP达到8000美元时，收藏市场才会出现繁荣。人们在消费奢侈品的同时，却不见得会意识到奢侈品本身所蕴涵的收藏价值和巨大商机。比如名车的收藏，在中国，一般汽车用到二手就贬值得厉害，但在国外，名车却可以用来保值，一些顶级名车如果保养得好，其价格不但不会下跌，经过时间的考验，有的价格甚至还会上涨。如限量版法拉利Enzo跑车，2002年价格仅70万美元左右，现在其在市场上的售价已经达到了150万美元，短短几年时间，价格已经高出了原来的一倍。而名酒的收藏，更被誉为投资"液体资产"。法国波尔多地区产的10种年份葡萄酒，收藏3年的回报率为150%，5年的回报率为350%，10年的回报率为500%，其收益率超过道·琼斯指数涨幅。由于这些奢侈品所追求的品质、罕见度，所以一经出世，价格就已经是"天价"了，正可谓是越奢侈越有收藏价值。

不论是名车也好，名表、名酒也罢，作为奢侈品，其收藏价值必须遵循以下原则：

（1）系出名门：是高端的奢侈品品牌产品。

（2）罕见度：顶级奢侈品品牌通常会推出限量版的产品，这些产品不仅做工更加精良，而且数量有限，极具收藏价值。

（3）出品时间的长短：对于顶级奢侈品来说，出品时间越久远的越有价值。

3.1.2 奢侈品品牌资产

品牌资产的概念诞生于20世纪80年代，其最先由广告公司使用（Barwise，1993）。这一概念出现后日益引起企业管理界和学术研究界的广泛兴趣和关注，品牌不再被简单地看做是一个标志、一个符号，而是在重新审视品牌的价值后，将其看做是企业的一项资产，品牌资产是品牌思想及观念的延伸与发展。

如今，品牌资产被认为是由品牌知名度、品牌联想、品牌认知、品牌忠诚和其他专有资产构成。品牌资产作为企业最有价值的资产之一，隶属于企业的无形资产。然而，奢侈品品牌最重要的品牌资产为"渴望性"与"不可拥有性"。Wong和Zaickowsky认为奢侈品的品牌资产有六个要素，分别为品牌识别、知名度、感知品质、与自我一致的忠诚度、顾客关系的建立、购买的简单化（见图3-1）。尤其在销售点的服务态度、售后服务态度，以及和顾客关系的建立这几点上对于奢侈品品牌管理而言尤其重要。

第3章 奢侈品品牌核心

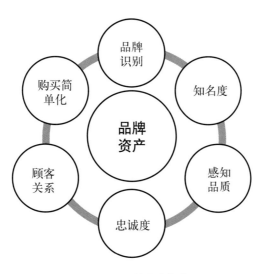

图 3-1　品牌资产框架

品牌资产地球理论认为，品牌资产的构建，可分四个层面——地核、地幔、地壳及植被（见图 3-2）。

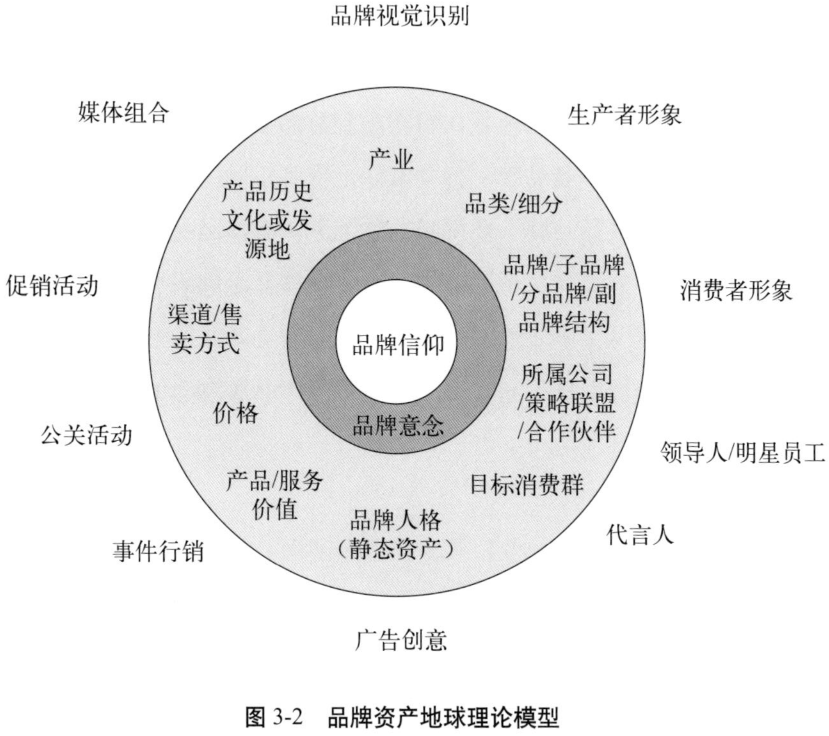

图 3-2　品牌资产地球理论模型

1. 地核

地核是最高层面，一切品牌行为必须紧紧围绕地核（第一个层面）——品牌信仰（brand belief）而逐步扩散和累积，不同的品牌可依据行业特性及自身特点，在品牌信仰的指引下，构建独特的核心竞争优势。

对于奢侈品品牌，品牌的建立不仅仅依赖于知名度、认知度、美誉度和忠诚度，更依赖于信仰度，顾客对奢侈品品牌的忠诚度最终取决于他们对奢侈品品牌内涵的理解和认识的程度。从认识品牌、接受品牌、忠诚品牌到信仰品牌，并不是所有品牌都能完成这一过程，往往在忠诚品牌阶段就出现了断裂。品牌信仰的伟大之处在于它不仅仅是忠诚者自己消费奢侈品，而且自觉地维护奢侈品品牌，帮助奢侈品品牌拓展忠实用户。这就要求奢侈品品牌必须有一种强大的文化支撑，而品牌文化正是实现品牌信仰的最佳途径。形成品牌信仰离不开参与性和差异性，品牌具有了参与性和差异性，消费者就很容易感知信仰的价值，产生共鸣。同时品牌信仰还要与众不同，具有独占性。如此这般，企业创建出来的品牌才会是独特的，也是其他企业所无法超越的。

2. 地幔

地幔是第二个层面——品牌意念（brand idea）。这是品牌因阶段的不同而不断变化的主题，通过品牌意念，建立品牌与消费者之间的联系，使消费者对奢侈品品牌产生一对一的联想，从而产生忠诚度。品牌意念是在对产品利益的提炼和对消费者需求的洞察基础上提炼出来的。要成为一个奢侈品品牌，首要条件是得到不同国家、不同种族、不同群体的衷心拥戴，才能称之为奢侈品品牌。要得到这种拥戴，奢侈品品牌必须找到一个强有力的理由，而表达这种理由的方式是多种多样的：有的奢侈品品牌采用"本地化策略"传递品牌意念，有的奢侈品品牌以"不断追踪消费者变化"来更新品牌意念，有的企业通过"品牌延伸"来丰富意念的内涵。在不同时期、不同阶段，品牌意念的变动总是围绕品牌信仰这个核心价值来进行的。

3. 地壳和植被

品牌资产地壳（第三个层面）及植被（第四个层面）：地壳是品牌生存的界面和根基，具有相对稳定性；植被是美化的手段，是最终的传播层面，可以是多维、多样、多变的战术手段。品牌资产的地壳和植被又可称为品牌的静态资产和动态资产。与前两个抽象层面不同，这两个层面是品牌资产的具体化。

第3章 奢侈品品牌核心

奢侈品静态资产包括：产业、品类/细分、品牌/子品牌/分品牌/副品牌结构、所属公司/策略联盟/合作伙伴、目标消费群、品牌人格、产品/服务价值、价格、渠道/售卖方式、产品历史文化或发源地等多种资源整合方面的要素，是奢侈品品牌的核心资产。而奢侈品动态资产则包括品牌视觉识别、生产者形象、消费者形象、领导人/明星员工、代言人、广告创意、事件行销、公关活动、促销活动、媒体组合等多种传播策略方面的要素。

奢侈品品牌资产的生成本质是企业和消费者共同努力的结果，就奢侈品品牌生成的最优路径而言，是实现企业与消费者的互动，并在这种互动行为中建立良好的品牌关系，是奢侈品品牌资产管理追求的最高境界。

奢侈品品牌核心资产是一种以"品牌"为先锋、以"资产化"为经营理念的特殊企业资产，它是企业的一种有着巨大潜力的资源，要以市场为基础为企业所用，它肩负着为企业创造效益、为消费者谋求福利的伟大使命。品牌核心资产是企业的一笔巨大财富。

Vigneron 和 Johnson 提出以炫耀性、独特性、品质、愉悦性与自我表达等五个维度作为衡量奢侈品品牌的品牌强度。我们可以此为基础，审慎评估其如何影响基于顾客心智的品牌资产与基于市场产出的品牌资产的关系。图3-3中的"奢侈品品牌资产测量模型"由奢侈品产品本身的特点出发（分别为昂贵的价格、稀缺性、美学、工匠艺术以及历史传承与设计风格）观察其影响消费者的五大感知价值（分别为炫耀性价值、独特性价值、愉悦性价值、品质保证与自我表达的价值），因而提出了基于消费者心智的五大品牌资产维度（分别为品牌知名度、渴望性、忠诚度、感知品质与感知品牌文化），同时与基于市场产出的两大品牌资产：溢价与顾客心智占有率连接，形成一个完整品牌资产测量模型。

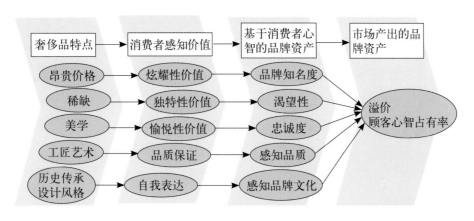

图 3-3 奢侈品品牌资产测量模型

奢侈品品牌管理　Luxury Brands Management

 案例 3-1　品牌价值——等同现金的劳力士（ROLEX）

　　劳力士（ROLEX）是世界上家喻户晓的品牌，除了商品的价值，它还常和财富、品位、冒险和成功等众人期盼的意象画上了等号。很多人都听过流落异乡的落难客旅，靠着典当自己的劳力士取得了盘缠和资金，获得了救命或东山再起机会的传说。可见劳力士手表足堪比家传宝物，价值恒久更胜黄金的价值感的确深植人心。能得到消费者这样的交托和信任，劳力士手表根本就超越了一般商品的境界。劳力士这样一个成立才百年的手表品牌，它到底是如何挣来这样的品牌价值的呢？劳力士又是如何在这么多历史更悠久、资源更多的表厂，如百达翡丽（Patek Philippe）、江诗丹顿（Vacheron Constantin）、宝玑（Breguet）和欧米茄（OMEGA）等诸强环伺中脱颖而出的呢？唯有探讨如今已深藏在劳力士璀璨品牌光环后、不常为人知的奋斗历程，以及今日已化身传奇的劳力士经典表款背后的真实故事，我们才有机会可以真正了解劳力士魔力和魅力所在。

劳力士的起源

　　劳力士的起源可以追溯到 20 世纪初期。那是一个怀表盛行的时代，而一位年仅 24 岁的巴伐利亚青年汉斯·威尔斯多夫（Hans Wilsdorf）却独具慧眼，非常看好腕表的未来。这位劳力士创始人的开拓精神一直是现代腕表制造史上的佳话，同时他也是两项重要发明的创造者。1926 年，世界上首款防水、防尘腕表——劳力士"蚝式"腕表诞生；1931 年首款采用永恒摆铊的自动发条机芯也相继问世。多年来，劳力士研制出了一系列兼具不凡品位和卓越功能的蚝式腕表。这一堪称经典的腕表系列共有 170 多种款式和 3200 多种个性设计选择。之后的切利尼（Cellini）系列为钟情于劳力士传奇品质的顾客提供了更多选择。产品的可靠性和一流性能让劳力士品牌享誉全球。

国际化企业

目前,帕特里克·海尼格(Patrick Heiniger)执掌劳力士帅印,劳力士腕表销往一百多个国家。一个由28家分公司和数千家劳力士官方珠宝商组成的庞大网络负责劳力士腕表的销售和维护。

劳力士腕表体现了持久品质。依托专业技术和数十年来积累的宝贵经验,劳力士一直采用手工制作工艺。与众不同的售后服务则为劳力士腕表的性能提供了终身保障。为此,劳力士专门为世界范围内的分公司以及公司旗下的珠宝商培训了4000多名精通腕表制造的能工巧匠。作为一个历史悠久的全球知名品牌,劳力士不断致力于在全球范围内开拓新市场来进一步提升自身的影响力。

一流的技术

要想满足不断增长的需求,并在工艺中融入最新技术,就必须持续改进生产方式。为了控制全部腕表元件的生产,实现生产环节的全面独立,20世纪90年代中期,劳力士对公司的生产设施进行了垂直整合。公司对位于瑞士的4个工厂的所有生产活动进行了整合,从而大大提高了生产的连贯性和效率。

卓越的品牌形象

劳力士品牌是卓越品质的象征。1927年,一位名为梅塞迪丝·吉莉丝(Mercedes Gleitze)的英国姑娘佩戴着蚝式腕表耗时十多个小时成功横渡英吉利海峡。到达终点时,腕表运转完全正常。劳力士公司立即在《每日邮报》(Daily Mail)上刊登了一则广告,宣告防水腕表成功诞生,这也意味着"劳力士蚝式腕表开始了走向全世界的伟大征程"。这一事件也拉开了劳力士与知名人士长期合作的序幕,他们是劳力士产品和劳力士品牌卓越品质的见证者。在这些合作的基础上,劳力士在包括艺术与文化以及网球、高尔夫、帆船、马术以及赛车等体育赛事在内的多个领域内开展了大量的合作和赞助活动。

传承开拓创新精神

目前,劳力士公司在世界范围内约有8000名员工,身为新掌门的帕特里克·海尼格一方面坚持劳力士品牌的成功理念,另一方面不断打破传统,寻求创新,以应对全球不断变化的市场需求。他通过开拓新市场和提高品牌知名度巩固了劳力士在腕表制造业中的领袖地位。在上世纪的机械表时代,劳力士一直是全球手表业的领头羊。时至今日,超卓的工艺与技术依旧使得劳力士保持着手表业的翘楚地位。

资料来源:"劳力士——历史经典表款的故事",瑞士钟表网(http://www.rszbw.com/news.asp?NewsId=214)。

3.1.3 奢侈品品牌的特征

奢侈品品牌具有"6高1长"特性,即高知名度、高美誉度、高顾客忠诚度、高经济效益、高无形资产价值、高社会效应、较长的市场生命周期。其中属于所有的奢侈品品牌的一个共同特点,那就是高经济效益,即昂贵的产品价格,这给厂商带来的是巨额的经济效益。根据世界贸易组织(WTO)的数据,法国2003年香水、酒精饮料、美容用品和皮制品类的奢侈品品牌共创收110亿美元,而在同时期,航空航天和人造卫星等产业才赚了1600万美元。

但是,对于奢侈品品牌应具有哪些特征,不同的人也有不同的理解。

从内在质量(功能性)和文化(表现性)的角度对奢侈品品牌的特征进行描述的有:

路易·尼克和奎尔克(1998)认为传统的奢侈品品牌根据它们的历史前身具有以下特征:

(1) 产品线上所有的产品均一贯传递极高的质量;

(2) 手工制作传统,通常来源于最初的设计者;

(3) 公认的风格或设计;

(4) 每种产品都是限量生产,以保证独有性,还可能就此产生顾客等待名单;

(5) 有一套市场营销程序作为支持手段,通过有限的渠道、溢价定价策略以及市场定位把情感诉求与产品卓越结合起来;

(6) 全球范围的声誉;

(7) 与原产国形象联系到一起,特别是有着相关产品类别卓越来源的良好声誉的原产国形象;

(8) 每样产品都有唯一性要素;

(9) 当产品类别属于时尚密集型的时候具有实时设计能力;

(10) 体现品牌创建者的个性和价值标准。

Dubois 等（2001）在定性研究的基础上发现，消费者眼中的奢侈品品牌具有以下 6 个特征：

(1) 卓越的品质（excellent quality）；

(2) 极高的价格（very high price）；

(3) 稀缺性和独特性（scarcity and uniqueness）；

(4) 审美和感官刺激（aesthetics and polysensuality）；

(5) 传承性和个人历史（ancestral heritage and personal history）；

(6) 非必要性（superfluousness）。

综合以上的特点，奢侈品品牌一般具有以下几个内在特征：

(1) 丰富、深厚的文化底蕴

就商品种类所关联的基本功能需求上讲，奢侈品的功能性未必高到产生消费者可感知的显著差别，但它们的表现性即蕴含的文化附加值却一直是它们的诉求点。这也是它们与普通消费品拉开巨大差异的根本，消费者倾向选择最独特、最少人拥有的奢侈品来显示身份、地位或者个人品位。

(2) 高品质、稀缺性和卓越的功能性利益

奢侈品品牌与其他品类商品品牌的显著不同就体现在其表现性上：令人称颂的高品质、稀缺材料的应用以提供卓越的功能性利益。例如，名酒"人头马"，它独特细致的口味颇受世界上流人士喜爱，一直被誉为品质、形象和地位的象征。它的原料必须是产自夏朗德省科涅克地区的优质葡萄。等葡萄成熟后，要尽可能晚地采摘，以便使其尽量饱满，香味更浓郁。采摘下来的葡萄经过去籽、压榨、发酵，酿成葡萄酒，为避免其变质，必须在来年 3 月底之前将葡萄酒两次蒸馏，使之成为酒精含量达 70% 的烧酒，然后把没有颜色的烧酒注入橡木桶内，放入酒窖窖藏，储存若干年后，等其变成金黄琥珀色。

从奢侈品品牌的外在特征来看，其有以下几个方面的特征：

(1) 品质感外溢

奢侈品品牌所服务的产品必须是"最高级的"。这种"最高级"必须从外观到品质都能逐一体现。奢侈品的高级性应当是看得见的。正因为人们对其奢华"显而易见"，它才能为主人带来荣耀。所以说奢侈品理当提供出来更多的"可见价值"、"让人看上去就感到

好"。那些购买奢侈品的人不完全是在追求实用价值而是在追求一种"最好"的感觉。奔驰（BENZ）如此，香奈儿（CHANEL）时装也如此。品牌才更显示出其尊贵的价值。奢侈品品牌的品牌魅力是不仅"富"而且"贵"的，从社会学的角度上说，奢侈品本应该是历史上富贵阶层的物品，它暗示了地位、身份、高人一等的权利，它是贵族形象与贵族生活的具体反映。

（2）距离感

作为奢侈品品牌必须制造望洋兴叹的感觉。让大多数人产生可望不可即的感觉是奢侈品品牌营销的使命。在市场定位上奢侈品品牌就是为少数"富贵人"服务的。因此，要维护目标顾客的优越感就当使大众与他们产生距离感。距离产生美，奢侈品品牌要不断地设置消费壁垒，拒大众消费者于千里之外，要使认识品牌的人与实际拥有品牌的人在数量上形成巨大反差，这正是奢侈品品牌的魅力所在。

（3）独特性

奢侈品品牌必须有自己的独特性，包括文化、定位。一个奢侈品品牌必须吸引一批忠实的拥戴者，让他们以己为荣。所以，独特鲜明的个性是与拥戴者之间的情感纽带。强烈的个性化为人们的购买创造了绝佳的理由，也使他们远区别于大众品，更显示出其尊贵的价值。这种个性的形成，具有排他性。

世界品牌实验室基于以下四个标准——价值品质、文化历史、高端人气、购买诉求，对于全球 200 个奢侈品品牌进行综合评估，编制了《世界顶级奢侈品品牌 TOP100 排行榜》，这是奢侈品品牌研究领域比较权威的研究成果。

从 TOP 100 排行榜中这些品牌的历史跨度可以看出，这些备受尊敬的世界奢侈品品牌大多都传世几十甚至几百年，还仍然保持着旺盛的生命力（见图 3-4）。

纵观世界奢侈品品牌发展历程，每个品牌都对应着一种具体的产品或服务，即它们在品牌基础——物质载体上都能提供明晰而卓越的物质利益。品牌的特定内容是质量与文化，对于奢侈品这样的炫耀性产品来说，文化和品位是其"让人感动、值得拥有"的更重要的地方。从这些世界级的奢侈品品牌的归类中，我们可以很容易看到，每一个品牌都有自己最核心的风格、价值观，这或许也是它们傲视群雄、久立不败的根本，毕竟技术等有形特色上的差异是很容易模仿的。

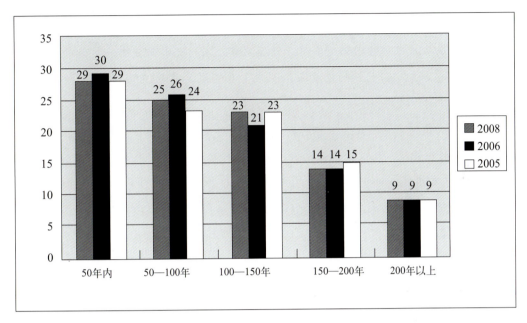

图 3-4 WBL 奢侈品品牌 TOP 100 历史跨度比较

 ## 案例 3-2 宝缇嘉（BOTTEGA VENETA）：皮具中的翘楚

有"意大利爱马仕"之称的 BOTTEGA VENETA，创始人是 Moltedo 家族，他们于 1966 年在意大利 Vicenza 设立总部，取名为"BOTTEGA VENETA"，意即"Veneta 工坊"。Moltedo 家族独家的皮革梭织法，让 BOTTEGA VENETA 在 70 年代发光发热，成为知名的顶级名牌。

BOTTEGA VENETA 是皮具品牌中的翘楚，以精湛手工和优雅款式驰名。自 1966 年于 Vicenza 正式成立总部以来，BOTTEGA VENETA 一直着重品质与技艺的结合，采用最优质的皮革配合臻极完美的手工，为旗下皮革精品赢得品质超卓的赞誉。如今Bottega在时尚圈已经成为极为独特的奢华表征，标志典雅，同时也散发着历久常新的格调，其中更以触感矜贵细致、工艺精巧的皮袋为代表，人们最津津乐道的当然是"织皮手袋"和"经典动物印图"款式。

也许你对这品牌有点陌生，但你肯定在时尚派对中名门贵妇、好莱坞明星的手上看过它。整块的梭织皮革，展露出绝顶的好手感，它就是由Tomas Maier领军的BOTTEGA VENETA。

然而，如同许多经典老牌都会遭遇的困境，随着时过境迁，BOTTEGA VENETA声势日渐下滑，第二代继承人Laura Moltedo在20世纪90年代力图振作，和当代设计师合作，试图营造BOTTEGA VENETA的现代感。Tomas Maier正于此时入场。来自德国的Tomas Maier，毕业于法国巴黎高级定制服学院（Chambre Syndicale de la Haute Couture），之后在爱马仕（Hermès）工作长达九年。他有着德国人严谨、低调、讲究质感的个性，高级定制服学院的训练又让他拥有炉火纯青的剪裁功力，加上进入爱马仕（Hermès）之后，更是览尽世界最顶级的皮革手艺。

这样完美的资历，的确是BOTTEGA VENETA创意总监一职的不二人选。2001年，Tomas Maier获邀进入BOTTEGA VENETA，为BOTTEGA VENETA带来崭新气息。第一年，Tomas Maier便设计了Cabat Bag，马上成为BOTTEGA VENETA招牌包款！棋盘格纹般的编制效果，由纯手工穿梭串编而成，质感独具，吸引来许多名人爱用。

BOTTEGA VENETA——矜贵经典

世界顶级皮编品牌BOTTEGA VENETA之所以矜贵，在于纵横交错的皮革简直就是耗时耗工的手艺指针，以10万元起价的Cabat为例，制作流程是，先各把两块皮上下粘合在一块儿，裁成条状后，再由师傅编织而成，等于动用到4片皮革，据说2—3位师傅至少要花3—4天才织得成一只包；Veneta也不简单，要先把一块光泽颜色毫无瑕疵的皮革，用机器按照固定间隔打出一个个洞，取另一块皮裁成条状，师傅再一格格把这条状皮革编到洞里头。这些身价不凡的包，除小羊皮和鹿皮，也推出鳄鱼皮，造价46.9万元，夺下全店最贵单品宝座。

BOTTEGA VENETA 以软包为主，编织皮革被处理得极为柔软，完全不用担心磨损衣服，除单纯的编织纹理，有的包打上镂空的金属铆钉，或预先在局部位置打了结，或在纵横格子加了车缝线装饰，甚至还有故意在每个格子切了一道口子，用久了就会翘起来，原来是呼应隐喻吉祥富贵的金鱼。

据说 BOTTEGA VENETA 创意总监 Tomas Maier 在推出春夏作品前游了趟香江，在浅水湾第一次见到金鱼，让他惊为天人，春夏以金为主色的概念，据说也与金鱼有关。Tomas Maier 因此以金鱼鱼鳞为概念推出了两款包，另一款是以亮面漆皮与雾面的羊皮编织成略带橙橘闪色的提袋，把手与包身为一体成型，毫无接缝，整只包等于是先以一整块皮去裁剪成型，再将两块皮衔接缝制而成，相当耗材，如此考究的虔诚手法，叫人不禁肃然起敬。

资料来源：鲤晓飞，中国时尚品牌网。

3.2 奢侈品品牌核心竞争力

奢侈品的品牌似乎天生就是敏感而骄傲的，天生流淌着不一般的特性。奢侈品品牌恰如一湾涟漪，在一处落下，却向四周慢慢荡漾开去，充满极致韵味之美、与众不同之美。这与许多快速消费品以重磅奋不顾身砸向海面泛起惊涛骇浪的做法来让消费者感知自己的品牌不同，反映了奢侈品和大众消费品两种不同的人生哲学。

为什么当其他品牌为自己登上报纸的边角栏而欢呼雀跃时，奢侈品却对传播制定苛刻的标准，甚至对常人喜出望外的免费宣传也吹毛求疵。那么奢侈品的核心竞争力在哪里呢？是什么让贝鲁堤（Berluti）演绎了百年的经典历史？正如该品牌的宣传口号"When shoes have a soul"（当鞋有了灵魂）一样，品牌正是奢侈品的核心灵魂，奢侈品品牌为每一个奢侈品都赋予了生命和灵魂。

那么，什么是奢侈品品牌？如果把奢侈品品牌简单理解为奢侈品的品牌还是不够确切的，因为奢侈品的概念本身就是模糊的，其主观性和相对性很强，不同的人有不同的理解。随着品牌理论日益成熟和奢侈品消费的升温，越来越多的学者开始关注这一经济现象，就奢侈品品牌等相关问题提出自己的看法，但目前国内外对奢侈品品牌价值至今尚未形成完整的研究理论。因此，至于奢侈品品牌的定义，一些学者也只是从不同的侧面给出了各自的一些认识。

首次清晰定义奢侈品品牌的是 Nueno，J.L. 和 Quelch，J.（1998），他们在"The Mass Marketing of Luxury"中对奢侈品品牌的定义如下：奢侈品品牌是指产品价格中包含的功能性效用比率较低而无形的情境性效用比率较高的品牌。这个定义中，"功能性效用"是指产品的实际功能给消费者带来的效用，而"无形的情境性效用"是指由那些无形的因素如文化、社会、心理等给消费者带来的效用。该定义虽然相对来说比较清晰，但说到效用时，作者也使用了"较高"、"较低"这种模糊的字眼。

法国著名学者卡普菲尔（Jean-Noel Kapferer）认为"奢侈品品牌一定是那种所有人都渴望得到，但只有幸福的少数才能消费得起的品牌"。

Vigneron Franck 和 Lester W. Johnson（1999）在"A Review and a Conceptual Framework of Prestige-Seeking Consumer Behavior"中将奢侈品品牌定义为"最高层次的威望品牌，它包含一系列有形价值和心理价值，如炫耀性价值、唯一性价值、社会价值、享乐价值和质量价值等"。

综合以上的观点，我们认为奢侈品品牌是指这样的一类品牌：以高消费能力人群为客户群体，具有优质产品载体和鲜明文化风格，其产品的价格、品质、工艺等方面都远远高于同类产品的其他品牌，其带给消费者的无形效用远远高于其产品本身的实际功能对消费者产生的效用，如质量价值、炫耀性价值和享乐价值，有着极高品牌资产价值的品牌，是社会各个阶层公认的顶级品牌。

围绕着奢侈品品牌的独特之处，我们势必会触及核心竞争力这个话题。

所谓核心竞争力，是指各种竞争力中对企业生存最具根本性影响的能力。品牌的核心竞争力是品牌在经营过程中形成的不易被竞争对手效仿，并能带来持续竞争优势和超额利润的独特能力。其本质内涵是让消费者得到真正好于、高于竞争对手的不可替代的价值、产品、服务或文化。奢侈品品牌的核心竞争力指的是由于其高品质、稀缺性、文化独特性、品牌价值主张专一性所带来的相对竞争对手的比较优势，凭借"无形的情境性效用比率较高"得以保持该奢侈品品牌的持续盈利能力。这一点上其与普通的快速消费品品牌、耐用品品牌和工业品品牌的核心竞争力大为不同。奢侈品品牌的核心竞争力主要表现在以下几个方面：

1. **稀缺性——造就属于奢侈品的神话**

稀缺性，作为奢侈品品牌最重要的核心竞争力之一，造就了市场上可望不可及的供需状况和消费者内心望洋兴叹的心理憧憬，成就了属于奢侈品品牌独特的历久弥新、稀缺珍奇的神话。一个奢侈品品牌代表了该类别所有产品的最高水准，一流的品质、超凡细腻的手工、对品质的苛刻要求、经典的设计理念，以及设计大师的匠心独运、用料考究，使奢侈品精致而唯美。而这些都决定了奢侈品超高的销售价格。例如，1875年创立的爱彼表(Audemars Piguet)，以自制复杂机芯和精细手工打磨而闻名于世。爱彼表现在的年产量不到三万枚，因为每一只爱彼表从头到尾都是由手工打造完成的，包括最小及最薄的机械，哪怕是螺丝的边缘，全部用手工打磨。

奢侈品追求与众不同的独特和精致造就了它的稀缺性，如果丧失其稀缺性则也不能成为奢侈品。正是稀缺性增加了商品的消费者期望价值和购买欲望，更彰显了其奢华的本性，铸就了高端的价格。其具体表现为：

（1）自然的稀缺。奢侈品最初就是采用一些自然存在的珍稀原料、稀有而精湛的工艺制作，因此奢侈品天生具有稀缺的特性。

（2）技术性稀缺。奢侈品还可以不断地追求最新的技术和工艺来获得一种技术性稀缺。从历史到当代，技术进步总被人们称道和追捧，消费者也因为求新心理对高新技术产品有强烈的渴望。

（3）限量版。奢侈品的另外一个重要的稀缺性就是推出"限量版"，即推出"特殊版"和对消费者提供一对一的个性化服务，通过营造稀缺状态而使其弥足珍贵。稀有性使得奢侈品对于许多人而言是可望不可及的，也正由于稀有性，奢侈品才具有了使人憧憬的神秘感。

2. **文化内涵——书写属于奢侈品的传奇**

深刻而符合时代精神的人文内涵对奢侈品品牌的建设具有无可取代的原则性、使命性与灵魂性的支撑作用，它是奢侈品品牌的核心价值资产。奢侈品消费者在购买奢侈品的同时，实际上购买了奢侈品背后的文化向往，表现为消费者对一种文化的信仰与尊重。奢侈品蕴涵丰富的历史和文化，是精神、灵感和品位的体现。这样强烈的文化性特征，需要时间的积累和蓄养的熏陶。没有文化底蕴的品牌永远无法成为一个奢侈的品牌，最多只能成为一个时尚的品牌。

品牌的历史和传奇需要时间来撰写。以时尚品牌为例，只有在具有了一定的稳定性和持久性时，才能慢慢拥有奢侈品品牌的地位。悠久的传统和动人的历史故事使奢侈品具有极强的文化性特征，奢侈品消费实际上也表现对为一种文化的崇拜。如同文物一样，悠久的历史和独特的文化赋予品牌无法取代的内涵，使奢侈品具有强烈的独特风格，营造出与众不同的产品形象。

英国有一句俗语："三代才能出一个贵族"。这句话用在奢侈品领域更是恰如其分。所有称得上顶级的奢侈品无一例外，都有着许多让消费者回味和沉醉许久的历史故事，很多品牌甚至以百年计。例如，当年卡地亚为温沙公爵夫人设计了四款首饰，分别是"猎豹"胸针、"BIB"项链、"老虎"长柄眼镜和"鸭子头"胸针。历史的沧桑与岁月的锤炼使得奢侈品更加熠熠生辉。

有故事、有文化，这就是奢侈品之所以成为奢侈品的一个重要理由，是丰富的品牌内涵所在。来自悠久贵族传统的英国观点是，几乎每个奢侈品品牌背后都有各自的文化积淀，拥有者会被这些气质所感染，潜移默化地与这些品牌气质互相融合，人物合一。

3. 创始人与管理团队——引领属于奢侈品的辉煌

世界上任何一个奢侈品品牌的创建，都起源于创始人的个人经历，如Armani（阿玛尼）、GUCCI（古驰）、LouisVuitton（路易威登）、Fendi Biga（芬迪）、Versace（范思哲）。每个品牌的建立，都离不开创始人兢兢业业、苦心孤诣地经营一生的心血与付出。创始人从开始的勇敢冲动，逐渐发展到战略谋划能力的提升，但最管用的还是他们的嗅觉和作为创业者的胆略。

20世纪50年代的欧洲，每一个年轻人都希望拥有一条美国产的牛仔裤，例如Levi's，但今天的美国，来自意大利的DIESEL在"定制牛仔裤"这个细分市场中所占的份额已经超过了Levi's。DIESEL的创始人兼总裁为Renzo Rosso，在成立DIESEL品牌之前，他专门为意大利王室家族缝制最精细合身的牛仔裤，后来他认为世界上还有很多人正在寻找合身、高品质又价格合理的牛仔裤，所以在1978年10月和两个朋友PAULO和GERMANO共同组建了DIESEL合伙公司。公司刚开始是替各国名牌服饰加工生产，不久便开始生产自己的品牌。最初生产男装，后来扩大到童装和女装，最终在1995年DIESEL开始涉足配饰。DIESEL品牌以能够修饰腿部和臀围曲线的剪裁、首创三点合腰式裤型、日本进口弹性布、珍贵材质的细部处理、独一无二的"毁灭破坏与脏污"为其品牌的设计特征。

Rosso 认为他不是在卖东西，而是在贩卖生活的一种方式。所以从 1978 年至今，他亲身切入产品设计和广告营销两个核心层面。他把广告定位在社会文化和社会问题的层面上，以故事形式来包装其服装系列。他悉心探求各种未来的可能，传播给年轻人以不同角度看世界的方法，倡导一种进取、智慧的生活态度。使得每季其广告都令世人对时尚的理解被颠覆、再颠覆。这些都一一证实了 Rosso 曾经说过的一句话 "DIESEL 不是我的公司，而是我的生命"。

可见，每个奢侈品品牌的背后，都有着一个非常动人的关于创始人的故事。这个故事里有激情、有梦想、有智慧、有坚持、有成功的喜悦、也有一路走来的艰辛。并且能够被消费者们深刻的理解和接受。

当创始人在把握住了机遇，成功地挖掘出第一桶金之后，更具挑战的无非就是在识别自身资源和能力之外，进行资源和能力整合的过程，创造属于自己的管理团队和事业王国。奢侈品的品牌核心竞争力离不开一个富有创造力的创始人和一个富有领导力的管理团队，他们的全局战略观念能够掌握宏观、中观、微观环境的可预测或不可预测的变化，从全面的角度，带着创新的意识，来看待和考虑品牌发展中遇到的各种问题，并坚持贯彻和落实战略举措。从核心竞争力理论来分析，企业长盛不衰的根本性要素是企业自身的素质，内部条件比外部条件更具决定性影响。因此，奢侈品品牌要获取超额利润和保持长期竞争优势，有效的管理团队、企业能力的培养、资源和知识的积累都是引领辉煌的关键。

4. 坚持自我——维系属于奢侈品的永恒

为了保证产品质量，奢侈品公司 Tod's 坚持手工生产和意大利制造。在位于意大利卡塞特德特的一家工厂里，每天，上千位工匠仍然固执地秉承着传统的手工生产工艺，用自己的双手缝制出一款款皮鞋。这家公司仍然固执地秉承着传统的手工生产工艺。德拉·瓦莱解释说："现代化生产不符合 Tod's 追求高质量、高品质的理念。"

"蒂芙尼奢侈品的最终价格不应该用来表明你讨价还价的本领"，蒂芙尼公司首席执行官 Michael Kowalski 说，"我认为对于广大不想讲价的顾客来说，这是一个可怕的伤害。"虽然蒂芙尼公司在 2008 年以来的经济危机中损失颇大，蒂芙尼奢侈品还是坚持不降价。很多投资者和分析人士表示，打折促销长远来讲将影响蒂芙尼公司的品牌形象。

这一个个的例子告诉我们，在奢侈品的世界里，还有一个至关重要的核心竞争力，那就是坚持自我，保持风格。奢侈品之所以称为奢侈品，并不仅是因为其本身或是品牌的价值高，而是因为其综合了昂贵性、稀缺性、极品性、梦幻性和引领性于一身。

奢侈品所特有的距离感，也并不仅仅是消费定位带来的，而是因为奢侈品品牌必须要维护目标消费群体的特定优越感所导致的。因此，在奢侈品已经成为个人品位与财富地位标识的年代里，如若那些昂贵的奢侈品纷纷放下高昂的身段，频繁进入平民的视野中，则势必面临丢失已有的高端市场的风险。尽管改变营销策略和品牌战略定位可能会吸引到一些新的消费者，但也往往会使得那些原本喜欢奢华享受的忠诚顾客由于无法忍受泛滥的奢侈而纷纷离去。

需要牢记的是，奢侈品的品牌和顾客需要的是贵宾般的享受和待遇。它们不属于大众产品的范畴，因而千万不要为了短期利益而动摇自己的市场定位。坚持自我，坚定信念，在未来的品牌发展历程中继续保持整体风格的一致，通过产品创新来寻求新的发展机遇，将是维系品牌可持续发展的重中之重！

案例 3-3　卡尔文·克莱恩（Calvin Klein）

服装品牌卡尔文·克莱恩（Calvin Klein）是美国第一大设计师品牌，曾经连续四度获得知名的服装奖项；旗下的相关产品更是层出不穷，声势极为惊人。

Calvin Klein 一直坚守完美主义，每一件 Calvin Klein 时装都显得非常完美。因为体现了十足的纽约生活方式，Calvin Klein 的服装成为了新一代职业妇女品牌选择中的最爱。

公司简介

卡尔文·克莱恩创始人 Calvin Klein 1942 年出生于美国纽约，就读于著名的美国纽约时装学院（F.I.T），1968 年创办卡尔文·克莱恩公司。

Calvin Klein 的产品范围除了高档次、高品位的经典之作外，克莱恩同时还是那些以青年人为消费对象的时髦的无性别香水和牛仔服装的倡导者。

Calvin Klein 旗下有 Calvin Klein（高级时装）、CK Calvin Klein（高级成衣）、Calvin Klein Jeans（牛仔）三大品牌，另外还经营休闲装、袜子、内衣、睡衣、泳衣、香水、眼镜、家饰用品等。

独一无二的卡尔文·克莱恩是世界上最顶尖的、最具代表性和影响力的美国时装设计师，卡尔文·克莱恩本人被称为纽约第七大道"时装王子"（虽已过了知天命之年，卡尔文·克莱恩却依然保持着匀称的身材，每次出现在公开场合时，总是衣履光鲜、有型、有款、有品位，丝毫不逊色于任何明星、模特）。

以都会简约著称的Calvin Klein

从20世纪70年代崛起至今，一贯的现代都会风格深受品位族群的喜爱。1968年，Calvin Klein首度推出女装大衣，立即受到青睐，之后，Calvin Klein干净与内敛的设计，不但掳获买家与时尚媒体的肯定，一种舒适愉快的穿衣态度，更是奠定日后的基础。

Calvin Klein喜欢干净完美的形象，运用天然材质搭配利落剪裁，呈现高尚格调，直到今日也未改变。Calvin Klein对于时尚嗅觉相当敏锐，70年代后期，首度推出牛仔系列，并以"漂亮宝贝"布鲁克雪德丝为代言人，广告语为："在我和我的Calvin之间什么都没有！"极具挑逗性的话语使销量立即提升。1982年的内衣系列，搭配极具挑逗性的广告，一改众人对内衣的观感，成为一种时尚代表。香水无疑也是Calvin Klein的代表作，1994年首度推出的CK One中性香水，打破性别藩篱的概念，让品牌再攀巅峰。

广告是Calvin Klein表现创意的最佳焦点，强烈视觉印象所呈现的"性感"一直是它的代名词，而Calvin Klein也相当偏爱裸体形象，无论在内衣、时装或香水广告中，模特儿全裸或半裸姿态、大肆挑逗的视觉印象，性感而不低俗。2003年，Calvin Klein出现重大转变，因股权出售案，由Italo Zucchelli与Francisco Costa分别担任男女装设计总监，卡尔文·克莱恩本人则退居幕后担任设计灵魂人物，并拥有重要策略及决定权，不过从2004年春夏来看，两人仍延续了Calvin Klein的精神，让经典风格永垂不朽。

3.3 奢侈品品牌溢价

按照经济学"理性人"的假设，消费中理性的做法应该是选择价钱便宜而实用的东西，但为什么消费者会"丧失理性"去购买奢侈品？通过以上的分析可以看到，奢侈品能够提供给消费者除产品物理属性外的一些东西，我们可以把这些东西称为品牌溢价。

学术界对品牌溢价的定义和研究有很多不同的派系，各派理论不一，但总结下来学术界主要从（消费者，历史）以及（企业，未来）两个维度对品牌溢价进行了定义。前一个维度可以认为是品牌经过企业的经营后对消费者效用、形象认知和忠诚度的影响，而后者可以归结为品牌能够给企业未来带来的超额现金流。从企业的角度来看，希望的是尽可能增大品牌带来的超额现金流。而这个超额现金流可以认为是品牌溢价（指品牌产品超出同类产品的溢价收入，如果一个消费者非常喜欢该品牌，那么他愿意为该品牌支付更高的价格）的结果。

那么溢价是怎么产生的呢？按照假设消费者在买商品时总是以达到自己利益最大化为目的，就是在商品带来一定效用时，所耗费消费者的成本最小。或者是在一定花费的基础上，商品带来的效用最大。消费者在购买商品时可能对某种商品品质的信息了解不多，相反卖方对该商品品质的了解更加充分，这种资讯不对称使得一部分消费者愿意为那些拥有好的信誉的品牌付出更多的代价，以减少不确定性带来的损失。这样拥有好的品牌的厂商便能获得较好的品牌溢价，并且为了保持或者提高其品牌溢价能力，会加强产品的品质管制，建立良好的商誉，提高品牌的价值。消费者购买某个品牌产品的标准应该是购买好的品牌所多支付的品牌溢价小于等于购买一般或没有品牌的同种商品所可能带来的损失。

奢侈品具有这么高的价格，但是人们仍然对此趋之若鹜，到底是什么支持奢侈品品牌有这么高的溢价能力呢？

1. **市场定位**

高价格本身就是一种市场定位，价格上就代表一种领导者的地位，只要你有相应的产品来支持，一旦你确立了这种领导者地位就可以长时间保持这种优势。

2. **心理因素**

一些成功人士需要有某种东西来代表他们的身份地位和生活方式，希望有一些东西足以代表他们的地位与普通大众不同，奢侈品恰好提供了这样一种可能，其核心识别也代表了这样一种社会成功的标志，情感性已远远超过了实用性，为了达到这种情感上的满足，通常他们是不会过分计较价格的，反倒是把它看做和普通人群的区分度，当然另一些尚未成功但是渴望成功的人也是如此。甚至有时很难说是品牌代表了他们，还是他们代表了品牌。

3．品牌形象和个性塑造

每一个溢价品牌所表现出的身份地位、权力象征等无不会引起感性的刺激，使人们从想拥有到最终的心理满足，对此消费者愿意为品牌背后所代表的形象和所表征的个性特征支付高昂的价格。

4．品牌厚重的历史文化根基

由于大多数的奢侈品品牌背后都有着厚重的历史文化底蕴在支撑着，因此消费者在购买这类产品的时候，感到放心，在支付高价格的时候心里面有很强的依靠。而对于那些新兴的品牌或者说一般商品品牌支付高价格的时候，缺少心理依靠，消费者有时会犹豫不决。

5．产品不断创新

奢侈品品牌往往都似乎是各个领域创新的领跑者。领先者地位的认同以及其背后的含义，使得消费者购买奢侈品品牌时，其心理不会过度排斥高昂的价格。

6．高档稀有材质的运用和杰出质量

奢侈品品牌往往对材料的选择十分考究，其产品质量较之于一般商品也高很多，这是消费者可以直观观察和感受到的。奢侈品所选用的高档稀有材质和最终产品质量的保证，有助于保持其极高的产品价格以及不断扩大其品牌声誉，从而进一步产生溢价作用。

7．高收益、高投入

奢侈品品牌都是国际性的品牌，在全球市场上都要有它们的身影。无论奢侈品出现在哪个城市，它都必须展示在该城市的中心点，它们永远是人们眼中的焦点。奢侈品代表着高质量，这是它们一刻都不能马虎的。

3.4 奢侈品品牌成功模式

奢侈品品牌往往能够使消费者产生一系列美好的遐想，诸如尊贵的文化感、富有生命力的艺术、对美好时代的敬意等，从而让消费者心甘情愿地支付出高于成本几倍的价格来购买。但是我们都不很理解，为什么它贵得这么理直气壮。有人说，贵的东西就是奢侈品，只要贵，就可以成为奢侈品。金砖一定是奢侈品吗？这种理解是片面而原始的。但是，即使是一张纸、一颗钉，到了LV或者卡地亚的手里，就能成为奢侈品。为什么？因为它们有品牌，它们代表了一种文化，能够给消费者带来无限的遐想。

奢侈品和普通的消费品，相差的并不是成本，为什么价格却有着数十倍的差距？为什么奢侈品的溢价能力如此之高？为什么高价反而热销？它们的成功到底源于何处？回顾这些奢侈品品牌的成功经历，我们可以发现它们的关键成功因素五花八门、各不相同，但仔细想来，亦是有一些规则可循的。联纵智达咨询顾问机构的黄焱和李雄经过分析，将奢侈品品牌的成功模式归纳为以下五种类型：制造稀缺型、强调品位型、提倡个性型、描绘梦想型、创造尊崇型。

1. 成功类型一：制造稀缺型

此类奢侈品的成功是最为无可非议的，因为它们有成为奢侈品的理所当然的理由——"物以稀为贵"。经济学的核心概念可以概括为两点：一是讲究对社会资源的"最佳配置"，以最小经济成本创造最大经济价值。二是挖掘一切"稀缺资源"增值创造社会财富。对稀缺，经济学家瓦尔拉（Walras）有一种很恰当的解释："它一方面对我们有用，另一方面它可以供给我们使用的数量却是有限的。" 因此，从经济角度看，稀缺创造价值，让产品产生巨大的溢价；从情感角度看，稀缺产品带来心理的满足，带来疯狂，带来荣耀，带来炫耀，带来口碑传播。因此，在奢侈品品牌的成功模式中，"稀缺性"的巨大威力带给我们对营销的思考——稀缺营销。制造产品的稀缺性，让其具有不可复制性的独特价值，让其最大化地"屏蔽"竞争对手，从而给企业带来丰富的利润，让消费者在疯狂中满足、在满足中忠诚、在忠诚中传播品牌！

伯瓷酒店（BURJ AL-ARAB）、百达翡丽（Patek Philippe）、宾利（BENTLEY）、劳斯莱斯（Rolls-Royce）、蒂芙尼（TIFFANY）、法拉利（Ferrari）等是这一成功类型的代表。这些奢侈品的产量、原材料、位置或者工艺、服务相当稀缺，甚至大多数时候是全世界独一无二的。有些是属于本身材料相当稀缺（如钻石、珠宝），有些是由于自身位置和地位独一无二（如伯瓷酒店），而有的是因为掌握独家的工艺，也有很多品牌是由于企业自身采取限量发售的方法制造产量稀缺。稀缺性是这一类品牌的成功之道，同时在产品推广时，不断通过广告、公关传播激发潜在需求，使供求比例严重倾斜，产生奢侈效应，供需关系更严重倾斜，供严重少于求的时候，产品的价格自然就显得相当珍贵。

这一类的成功案例包括：

（1）伯瓷酒店。号称七星级酒店，开业于1999年12月，仅202间客房，建立在离海岸线280米处的人工岛Jumeirah Beach Resort上。伯瓷的工程花了5年的时间，两年半时间在阿拉伯海填出人造岛，两年半时间用在建筑本身，伯瓷糅合了最新的建筑及工程科技，迷人的景致及造型，使它看上去仿佛和天空融为一体。虽然它的位置、设施和外观造型都很突出，但成功关键在于它制造了产量和服务的稀缺。全世界唯一、提供绝对周到和私密的服务、直升机接送……它的出现满足人类（特别是富人）享受被尊重和猎奇的双重欲望，产量的稀缺和服务质量的稀缺，打造了世人瞩目的奢侈酒店。

（2）百达翡丽表（Patek Philippe）。"没有人能拥有百达翡丽，只不过为下一代保管而已。"历史上第一块百达翡丽表在1839年诞生。它的生产者是瑞士少数的真正的独立制表商，由头至尾都是自己生产，训练一名百达翡丽表师需10年时间。公司严格控制产品数量，每块表的平均零售价达13000—20000美元，但还是很多贵族排队购买。钟表爱好者和贵族的标志是拥有一块百达翡丽表，产品的价值已经超越手表本身，而演变成为贵族家族的传世之宝。

2．成功类型二：强调品位型

与制造稀缺性的奢侈品品牌相比，这一类奢侈品品牌通常在成本上比较低，原材料可以大量生产，工艺技术也没有很高的门槛，因而它们的成功通常是独辟蹊径，即通过塑造品牌形象，提升产品的情感附加值，强调精致、品位、典雅，具备精湛的工艺，通过满足目标客户渴求更高人生境界的物质和精神需要来构筑品牌魅力。

绝对（absolut）伏特加、芝华士（CHIVAS）、高斯巴（Cohiba）、阿玛尼（Armani）、zippo是这一类的成功代表，它们成为奢侈品并不是靠制造稀缺或者严格限制产品销量来达成的。因为这种奢侈品是需要重复被消费的，而且绝对价格比耐用奢侈品（车、房子等）要低很多，所以企业需要生存就必须保持一定的产量。应该说这类型的奢侈品塑造难度最大，但是在全球的奢侈品市场上，恰恰是这类型的奢侈品品牌数量最多，最为大众接受，知名度又最高。它们成功的关键通常来自于对潮流的引领，而不是对潮流的适应；它们超越现有的流行，而不是跟从流行。这类奢侈品要想成功，不但需要依靠产品上的创新，更需要创造产品和品牌带给消费者的情感和身份附加值。这时，不断的品牌形象塑造和产品包装美化以及社会舆论宣传成为关键。

这一类的成功案例包括：

（1）绝对（absolut）伏特加。它无论产地、度数、类型、口味还是原料、历史，都没有太多的优势，却在2002年一度成为年度第一奢侈品品牌。伏特加1879年由Lars Olsson Smith发明酿造，历经100年才从瑞典进口到美国。产地不是在伏特加主产地俄罗斯，口味也不是当时流行的低度酒，无论哪个方面都与奢侈沾不上边……但是它精妙的广告表现却成功地将平平无奇的产品变成了人们品位的象征。药瓶形状的个性化酒瓶成为很多广告人、艺术家施展才华的元素，其广告也成为20世纪世界十大广告之一。

（2）阿玛尼服装。乔治·阿玛尼，以使用新型面料及优良制作而闻名。就设计风格而言，其服装似乎很少与时髦两字有关。依靠自我创作，Giorgio Armani 打破阳刚与阴柔界线，使他的产品凌驾于潮流之上，成为品位的象征。许多世界高阶主管、好莱坞影星们就是看上这般自我的创作风格，而成为 Armani 的追随者。在美国，它已经成为销量最大的欧洲设计师品牌。

3．成功类型三：提倡个性型

人都是一样的，又都是不一样的，一样的是共性，而不一样的那部分叫做"个性"。人们的潜意识里面总是想把自己与别人不一样的部分显示出来，于是出现了"凸现个性"的需求。围绕着"凸现个性"这个需求，企业可以制造出各种个性化的产品。当这些个性化产品的情感属性能够强到变成个人的性格符号时，自然就有很多有足够支付能力的人的追捧，也会成为大众艳羡的对象。如果，这些个性化的产品又加上贵族的气息和历史，那么上流社会的人士就会对他趋之若鹜。个性鲜明，大众艳羡，富人欢迎，是这些奢侈品成功的理由。

香奈儿5号（CHANEL No.5）、哈雷摩托（HARLEY）、宝马（BMW）、路易威登（LV）、悍马（HUMMER）、范思哲（VERSACE）是个性化的代名词。这类奢侈品的成功关键在于：产品上不计成本的创新，争取追求最好，最有特点和个性的品质；包装和外化形象上美感，设计、品牌、终端上都追求突破……总之，只要有机会，都要设法做到与世界上的其他物品不同。当然，产品衍生出来的个性文化的培育也很重要，通过各种俱乐部，聚集一群疯狂的爱好甚至痴迷者形成团体，形成个性的团队，并且强化独一无二的圈子文化。同时，利用媒体调动社会舆论，使产品的个性文化为世人所传颂。

这一类的成功案例包括：

（1）范思哲。范思哲的设计风格非常鲜明，是独特的美感极强的艺术先锋，强调快乐与性感，它撷取了古典贵族风格的豪华、奢丽，又能充分考虑穿着舒适及恰当地显示体型。范思哲善于采用高贵豪华的面料，借助斜裁方式，在生硬的几何线条与柔和的身体曲线间巧妙过渡，范思哲的套装、裙子、大衣等都以线条为标志，性感地表达女性的身体。范思哲品牌主要服务对象是皇室贵族和明星。

(2) 香奈儿 5 号。它的个性无处不在。从它的产生、它的命名到它的配方、它的包装都那么与众不同。它是唯一一个以人名和数字作为名字的香水；它规避了一般香水模仿花香的做法，而是将乙醛、植物与多种鲜花结合，制造出前所未有独特的香味；它不像其他化妆品那样在包装瓶上做太多的文章，而是将包装瓶简化成为一个简简单单却又极具美感的药瓶，香奈儿 5 号香水瓶的现代美感令它在 1959 年获选为当代杰出艺术品，跻身于纽约现代艺术博物馆的展品行列……所有的一切都是极致个性，成功打开了贵族淑女心房，成为贵族争相使用的香水。

4．成功类型四：描绘梦想型

每个人的心目中都有一个属于自己的美丽梦想，女生们知道每一寸肌肤都是她们要捍卫的领地，像浇灌花朵一样，不放过任何一处不完美，一点一滴地为着美丽梦想而努力。美容产品日益发达，护肤程序日益繁杂，面对纷繁的产品，如何选择适合自己的，常常成为达成美丽梦想前的困扰。常见于化妆品行业的奢侈品品牌的成功正是在这样的期待下诞生的。这一类品牌的原料不稀缺，产品也并无限制，工艺其实也并非高门槛，但是价格却能高出普通化妆品好几倍，是自身成本的好几十倍，甚至上百倍。如果说，成本占据了产品价值 1% 的比例，那么梦想占据产品价值 99% 的比例。消费者花重金购买的不仅是产品本身，更是美丽的承诺。

迪奥（Dior）、SK-II、资生堂（Shiseido）、兰蔻（LANCOME）是这一类型中的典型成功代表，对于它们来说质量是其第一保证，通过描绘良好效果和美好的愿望来调动消费者的购买欲望。这一类品牌成功的关键在于：首先，要保证其产品的质量。虽然原料不可能稀缺，但是一定要精致，这样才能保证效果比其他的普通产品要好。其次，广告和公关的力度要相当大，不仅是投入的力度大，更是指对消费者心理把握和表现的到位，梦想的描绘主要通过这个步骤来实现。再次，强化市场终端的建设，包括选点和美化布置等内容。目的在于更加全面地接触到目标消费者，并且展示自己的良好形象。

这一类的成功案例如 Dior。其创始人克里斯汀·迪奥（Christian Dior）1946 年在巴黎创立克里斯汀·迪奥，克里斯汀·迪奥为巴黎稳固世界时装中心的地位有着不少贡献。除了高级时装外还经营香水、皮草、头巾、针织衫、内衣、化妆品、珠宝及鞋等，克里斯汀·迪奥的毒药（Poison）等香水誉满全球。广告传播和终端建设上是它成功的关键。

5．成功类型五：创造尊崇型

你可以拥有优秀的品质，但你不一定会有尊贵的血统。很多产品的奢侈是与它的历史以及使用人是分不开的。创造尊崇类的奢侈品，除了有优质的产品质量，还有它背后的历史，往往这些产品是古代皇宫贵族的贡品，是一般人使用不到；或者是近现代名人、领袖人物的私人专用用品，这些名人、贵族、领袖成为了产品的形象代言人。人们把对明星人物的推崇转嫁到产品身上，再加上生产这些产品的企业严格控制产品质量和数量，造就了高端尊贵的感觉。

尊崇型的奢侈品成功代表有万宝龙（MONT BLANC）、路易十六（Louis XVI Wine）、凯迪拉克（Cadillac）、轩尼诗（HENNESSY）等。这一类品牌的成功关键是创造历史和血统。用世人皆知的历史人物和组织，或者受人仰慕的明星名人作为产品的形象代言人。法国的皇宫贵族、英国的皇室、中国的宫廷、各国世袭的贵族家族、美国的总统、各个国家的领导人、瓦格纳、华盛顿、毛泽东主席、恺撒大帝……这些人物和组织都可以完美诠释产品的传统和尊崇气质。

这一类的成功案例包括：

（1）轩尼诗。以李察·轩尼诗（Richard Hennessy）命名，轩尼诗当时供应皇室饮用已达26年之久，在1815年受法国皇帝路易十八颁发书函，选为国会主要供应酒商。法国皇家血统使当时轩尼诗受到很多贵族的追捧。

（2）万宝龙。一支笔的价值很小，但是一支镶嵌上钻石的笔就价值斐然，如果这只笔又有一段非凡的历史，那这支笔就无比尊贵。在世界高级笔行列，万宝龙一直占据着较高的品牌地位。对于所有标着"MONT BLANC"的笔来说，豪华和高级是唯一的追求。从美国杰斐逊总统开始，万宝龙墨水笔正是受到了这样的人群的钟情与宠爱：伊丽莎白女王、肯尼迪总统、罗马教皇、作家海明威、美国当今最具影响力的十大建筑师之一莫特·扬……万宝龙保留着这样的尊贵——传统世界各国的首脑重量级人物是用万宝龙签署重要条约的。那些社会地位尊贵、具有时代影响力的用户成为明星代言人，使万宝龙成为了尊贵和身份的象征。

 讨论案例：乔治·阿玛尼（Giorgio Armani）
　　　　　　——左手前世，右手今生

乔治·阿玛尼的品牌创始人是乔治·阿玛尼（Giorgio Armani），该品牌产品品类有：男装、女装、运动装、体育用品、牛仔装、皮饰品、配件、香水、家饰品。

品牌简介

在两性性别越趋混淆的年代，服装不再是绝对的男女有别，Giorgio Armani 即是打破阳刚与阴柔的界线、引领女装迈向中性风格的设计师之一。阿玛尼在学校主修科学课程，大学念医科，服兵役时担任助理医官，理性态度的分析训练，以及世界均衡的概念是他设计服装的准则。

Armani 创造服装并非凭空想，而是来自于观察，在街上看见别人优雅的穿着方式，便用他的方式重组再创造出他自己、属于 Armani 风格的优雅形态。许多世界高阶主管、好莱坞影星们就是看上这般自我的创作风格，而成为 Armani 的追随者。好莱坞甚至还流行了一句话："当你不知道要穿什么的时候，穿 Armani 就没错了！"朱迪·福斯特就是 Armani 忠实的拥护者。

男女服装中，简单的套装搭配完美的中性化剪裁，不论在任何时间、场合，都没有不合宜或退出流行的问题，来自全球的拥护者更是跨职业、跨年龄。Armani 的配件包括了皮件、鞋子、眼镜、领带、丝巾等，与服装一样讲究精致的质感与简单的线条，清楚地衬托款式单纯的意大利风格服装。即使是泳装，也都省去繁复的装饰线条，以雕塑性感曲线的剪接为主，有着一种无法形容的优雅气质。Giorgio Armani 的副牌有很多，如 Armani JEANS（男女牛仔系列）、Giorgio Armani JUNIOR（男女童装系列），还有雪衣、高尔夫球装系列等，其中发展得最成熟的应该是以老鹰作为标志的 EMPORIO Armani 男女装。各种品牌皆吸引了忠实的支持者，时尚圈中俨然吹起一股 Armani 风。

品牌发展

1975 年，40 岁的乔治·阿玛尼以自己的名字命名，成立了"Giorgio Armani"公司。30 年后，Armani 已经是价值超过 20 亿美元的品牌。仅 2005 年第一季度，包括中国内地、香港和台湾在内的大中华地区的销售额增长了 52%。现在，Armani 集团在全球共开有 300 多家店面，员工 5000 名。

作为设计师出身的阿玛尼同时担任着集团董事长、CEO，一个早年的橱窗设计员如何将诞生于一间 14 平米工作室的品牌经营成为长久不衰的世界顶级品牌的呢，这也是很多咨询公司研究的话题，但纵观阿玛尼的管理发现，他就是一个执着、坚持又会抓住机遇的人。

Armani 品牌并非一开始就闯进了顶尖品牌的行列，转折是在 1980 年，当年阿玛尼设计的 Armani 男女"权力套装"（power suit）问世，为了将此设计向顶尖人群推广，阿玛尼将此套服装提供给《美国舞男》中的男主角李察·基尔，同年全套 Armani "权力套装"随着影片的放映亮相。这部影片大获成功，Armani 品牌也在好莱坞这块明星云集的城市受到追捧。

阿玛尼从来不为未成名的影星设计服装。他的顾客主要包括希望获得尊重的成名大腕，如 Jodie Foster、Glenn Close、Mark Wahlberg、Ricky Martin 等。而近几年世界足坛明星也逐一走近了 Armani，贝克汉姆、罗纳尔多、维埃里、皮耶罗、菲戈以及舍普琴科等都是常客。

阿玛尼是第一位认识到名人市场潜力的现代服装设计师。为此，他专门在洛杉矶设立了办事处，向名人出租服装，专门满足他们在服饰方面的奇思异想。

为了稳固并发展 Armani 在顶尖市场取得的成就，设计师出身的阿玛尼在经营上做出了很多举措。Armani 的手法主要有三：一是通过收购长期的特许经营商和贴牌工厂加强阿玛尼集团对制造和分销的控制，二是通过积极推出阿玛尼自己的零售店，加强对零售端的控制，三是积极扩大产品线。

公司利用现金实现对 Armani 集团大部分生产和分销的控制。Armani 将那些给自己贴牌生产的企业一一收购，又收购两家制衣企业生产 Armani Collezioni 高端服装。除此之外，它还在全球范围内收购了一些第三方分销商。然而，在收购过程中，Armani 坚持一条原则，那就是不收购其他品牌，以免无法融合或损坏 Armani 品牌。这与 GUCCI 和 LVMH 有所不同。LVMH 公司前总经理迈克·乌尔曼非常佩服阿玛尼的商业才能。乌尔曼表示，阿玛尼通过他的连贯性和他对自己风格的坚持，为消费者创造了一个富有吸引力的平台。这种吸引力建立在对顾客需求的了解上。到现在，阿玛尼坚持每天看从全球各地传来的当日销售数据，进行研究，了解消费者的需求。

积极推出自己的零售店，加强对零售端的控制，也是阿玛尼的营销战略之一。Armani 品牌自 1974 年落户意大利米兰市场，1989 年进入伦敦市场，1991 年进入美国市场。2004 年 4 月，他在上海开了 Armani 在中国最大的旗舰店，Armani 集团期望 2008 年以前在中国最主要的城市建立一个拥有20—30家独立专卖店的零售网络。

作为时装界"副牌"(diffusion line，也有人称为sub-brand、leisure wear或jeans wear)概念的创始人，阿玛尼于1981年试验性地推出EMPORIO Armani，首开了品牌延伸的风气。随后，其他国际大牌纷纷仿效。国内男装企业开始批评品牌延伸会导致品牌定位模糊的弊端时，阿玛尼却意识到品牌拓展范围不够广，品牌生命力也就不能旺盛长久，只有从不同层面构筑产品金字塔，才能使品牌丰满有力。阿玛尼还把品牌拓展到了眼镜、手表、化妆品、家具、珠宝等众多领域。通过为梅塞德斯·奔驰公司设计定制内饰，他把触角伸进了汽车行业。他准备与一家日本寿司公司合资，进入食品行业；他甚至还开了一家Armani糖果店，还计划和迪拜的埃玛房地产集团合资开14家Armani宾馆……

品牌延伸

乔治·阿玛尼在社会精英群体及时尚的细分市场里也运用类似的方式延伸品牌。如今Giorgio Armani的品牌由一个主品牌和五个子品牌构成，这些品牌在不同的价格水平上满足不同的目标消费者。

（1）署名Giorgio Armani的产品线：这是由Armani成衣和奥斯卡礼服等组成的衣饰系列。该系列售价极高，其主要目标消费群在35—50岁。

（2）Armani Collezioni：阿玛尼大胆地进入这个消费能力稍低的市场区域。基本上，这个品牌满足了两类人，一类是那些热衷穿着阿玛尼品牌的衣服但负担不起Giorgio Armani高价的，另一类是渴望为自己的衣橱增加新衣裳的人。售价比Giorgio Armani低20%的Armani Collezioni品牌向消费者提供了一条极好的并且消费得起的时尚产品线。

（3）EMPORIO Armani：该品牌特别瞄准了25—35岁的专业人士群体，并提供与目标人群相关的具有时代感的设计。

（4）Armani Jeans：这是阿玛尼衣饰最低层次的品牌，它面向大众市场，而Giorgio Armani则针对高端市场。Armani Jeans充分满足18—30岁的年轻人的需要，它提供具有时尚和奢华倾向的衣饰。

（5）A/X Armani Exchange：这是阿玛尼产品链上特许外包零售的品牌。它向消费者提供一些尽现品牌魅力的服务。Armani Exchange通过向消费者提供全套衣饰和附属品来尽显 Giorgio Armani 全部的奢华时尚感。

这些子品牌帮助 Giorgio Armani 在许多不同的时尚成衣市场运作。但这还不是全部。它令 Armani 不仅跨越相同品类的众多细分区域而且也跨越了不同品类。

但是，阿玛尼没有在这些品类上止步：他将品牌延伸到其他品类，比如 Armani 之家（家具），Dolci（糖果），以及 Armani 之花（花卉）。阿玛尼最近和 Emaar 集团达成一项地产投资协议，在 2011 年建立 14 家以 Armani 为品牌的连锁酒店。此举又为阿玛尼扩充了品牌部门。

品牌挑战

Giorgio Armani 公司是缔造者面临两难局面的经典案例。公司的拥有者和 CEO——乔治·阿玛尼已经 70 有余。然而公司似乎并未对阿玛尼离去后的事宜做出计划。在最近的访谈中阿玛尼的这段话被广泛引用，他说，寻找商业伙伴和继任者不是替今天、明天着想，而可能是替将来作打算。虽然一些公司通过种种努力，在缔造者故去后依然存活下去，但这种例子很罕见。阿玛尼应当和重要管理人员一起建立某种结构来确定和培养一些在缔造者故去后能够继续开展生意的接班人。

（1）过度延伸造成品牌的稀释

生意最根本的目的是追求更高的利润，并通过最大化投资回报率来增加股东的收益。投资建立和管理品牌的主要原因之一是相同的，正如我们所了解的那样，强势品牌能够让公司有能力利用有限的投资去开拓新市场。这为公司提供了丰富的收入来源。清楚了如此简单而有力的事实，世界上多数强势品牌增加其品牌资产并且将品牌延伸到新品类、新市场甚至是更新的细分市场，也就不足为奇了。

用以上观点分析 Armani 公司，我们发现其增加强势品牌资产的做法稍稍过了头。虽然 Armani 的核心生意是时尚服饰，但是它把品牌延伸到了诸如豪华酒店和糖果等如此不同的品类中去。一个很重要的事实是：时尚品牌的排他性造就了时尚品牌及其产品的价值。由于这些品牌涉足众多产品，因而丧失了强势品牌资产重要的一部分。

（2）保持财务独立

从财务角度来看，Armani 也是很罕见的。从公司建立之初到现在，乔治·阿玛尼是唯一的股东。另外他也没有动用任何银行贷款。Armani 也是少数几家成功获得如此良好的运营收益的公司之一。并且从1999年起,阿玛尼花费差不多7亿欧元进行再投资。财务独立极大地帮助了Armani公司进军不同领域,而无需承担股东的压力也无需为面对季度性目标而烦恼。时尚产业的常识是:一个概念或一个产品想要在市场上站稳脚跟需要花费相当长的时间。在酝酿期的时候,公司需要在不必每天面对财务压力的环境下运营。拥有这样的财务独立性,是Armani成功的关键因素。

但在将来阿玛尼还想继续"一个人公司"是有困难的。一旦发生合并,这对阿玛尼的行事风格和持续成功是一大挑战。

(3) 维持一致的品牌个性

一个时尚品牌最重要的方面是它的个性和特征。建立和维持一致的品牌个性,并且始终能够在目标消费者心中产生共鸣是建立强势品牌所面临的最严峻的挑战。Armani涉足不同市场,拥有众多产品组合,要协调与不同类型消费者的关系。因此对于它来说,树立一脉相承且能引发消费者共鸣的品牌个性是一个巨大的挑战。在将来,Armani还要面临时尚产业生生不息的竞争、不断发展的品牌部门,因而建立和培养品牌个性是一个相当巨大的挑战。

资料来源:中国品牌服装网及阿玛尼官方网站。

思考题

1. 奢侈品品牌的成功要素是什么?
2. 奢侈品品牌为何特别强调其核心价值?
3. 讨论奢侈品品牌与一般大众消费品品牌的差异。
4. 试以某一奢侈品品牌为例,论述该品牌取得成功的缘由?

第二篇 奢侈品品牌管理

4 奢侈品品牌传播
5 奢侈品消费者
6 奢侈品品牌体验
7 奢侈品客户关系管理
8 奢侈品分销渠道
9 奢侈品产品创新和定价策略
10 奢侈品品牌文化
11 奢侈品品牌维护与发展
12 奢侈品品牌管理者

奢侈品品牌管理的共同点是全员化管理，品牌管理涉及整个公司组织，而不仅是营销部门。在实际的品牌管理过程中，品牌管理者必须根据品牌资产增值的要求，改变人们的思维定势，建立全员参与的品牌管理文化。改变人们的思维定势，才可能使组织中全体成员共同推进品牌目标的实现。

在这一过程中，需要把品牌管理目标分解到组织的各个组成部分和各项运作流程中，通过不断的品牌再造，达到品牌维护的目的。没有品牌化的组织结构及其协调控制，品牌管理职责就会归于营销部门。拒绝全员性参与，必然人为割断原本环环相扣的品牌管理链，降低品牌管理应有的效力。

比利时珠宝品牌通灵（TESIRO）通过全方位360度品牌管理模式推行。强调从每一个接触点来打造品牌，要求所有通灵关系人从各个方面围绕通灵品牌，向圆心归纳，要做到人人、物物、上下、左右360度。

通灵要求自己的每一位员工都代表通灵的比利时品牌形象，所穿所戴都要为品牌加分，所言所行都透出欧洲品牌气质。在通灵专卖店，顾客听到的是比利时的音乐，看到的是欧洲化的陈设，连顾客被赠送的礼物也是原汁原味的比利时巧克力。

保乐力加集团旗下拥有芝华士（CHIVAS）、皇家礼炮（ROYALSALUTE）等众多奢侈品品牌。在品牌管理过程中，集团日常事务由所属的两类公司完成：品牌公司和分销公司。品牌公司主要负责集团关键品牌长远战略的发展规划，而分销公司负责执行各区域各品牌战略和日常运营。这种分权化的品牌管理体系使品牌战略的执行得到了保障，同时提高了快速决策的能力。

高效率的品牌管理，不仅需要有特色鲜明的品牌识别系统，更需要在日常维护、传播时适应市场变化，及时调整。这种调整的判断依据并不应是品牌管理者的感觉，而需要有精准的调查数据支持，包括市场环境的变化、品牌内生资源的变化、消费者消费心理的变化等。

但品牌量化管理的内涵并不局限于此，在以品牌为导向的企业中，全员化品牌管理制度的前提是，清晰地界定品牌与企业各单元的关系，品牌经营的任务落实到具体的负责部门、负责人员。形成结构严谨、便于量化考核的管理体制。这样可以明确使品牌资产增值、保值，提高品牌传播的效力。

欧洲经典奢侈品品牌一般都具有基于品牌发展的职务跟踪制度。由于具有量化的管理体系，管理者一般不会倾向于进行短期的品牌决策，收获短期的品牌利益，因为这通常是以牺牲品牌的长期利益作为代价。

全球最大钻石切割商 EDT 旗下、欧洲在华最大珠宝零售机构通灵，依托客观科学的量化管理系统，始终采用量化的管理手段实现了企业的高效管理。

在通灵，品牌管理方案出炉前都要经过多次量化评估过程，分析及决策量化模型，其成功率因此而大幅提升；每一次品牌推广状况，都有量化的记录和分析，可以在系统中清楚地查询到，管理者因此可以更有效地实施精细化品牌管理；与之对应的是，品牌管理人员的所有工作也有清晰的量化指标。

奢侈品的品牌管理系统，包括了市场战略分析、品牌定位、品牌传播、品牌体验、渠道管理、客户关系管理、品牌审计与保护以及品牌管理者等各个方面。正因为能够通过在各个流程上的点滴细节的把握，将奢侈品品牌独特的品牌符号、品牌文化、品牌内涵有效地展示出来，并尽可能得到最大多数人群的认同，在特定时间、特定距离给消费者带来一种独特的享受，欧洲经典奢侈品品牌才能在全球市场拓展迅速，在占据市场主导地位的同时获得了消费者的高度认同。

4 奢侈品品牌传播

奢侈品品牌传播概述

奢侈品品牌传播模型

奢侈品品牌传播应用

第4章　奢侈品品牌传播

在购买时，你可以用任何语言；但在销售时，你必须使用购买者的语言。

——玛格丽特·斯佩林斯（Margaret Spellings）

美国前教育部长

品牌故事：

宾利（BENTLEY）——两个座位，决定一个世界

创始人	W.O.Bentley
创始年代	1912年
创始国家	英国
所属集团	大众

天才工程师沃尔特·欧文·宾利先生的赛车情结缔造了宾利品牌。极尽奢华的内饰和精良的手工制造工艺，确立了宾利与劳斯莱斯同样的超豪华皇家风范，但是宾利更注重车的运动性，宾利车强健的体魄和矫健的身姿足以证明这一点。正是这样的气质让宾利脱离了劳斯莱斯的框架，以"皇家运动员"的形象出现在世界车坛。

从1912年成立到1924年勒芒赛道上的所向披靡，再到20世纪30年代初期由于濒临倒闭而并入劳斯莱斯，直到 1998 年被大众收购，宾利饱经磨砺，但是每一辆宾利车却都有着传奇的经历。

1921 年，宾利出品了功率 85 马力、车速高达 128 公里的 3 升车型，这是当时最快的量产汽车。这一车型被认为是当时车坛极具创新意识的产品，并且开创了性能车这一概念。这款 3 升车打破了当时几乎所有的耐力和速度纪录，后来，其衍生车型还为宾利历史性地一举夺下 1924 年、1927 年、1928 年、1929 年和 1930 年 5 年勒芒 24 小时耐力赛冠军，宾利从此名扬天下。

20 世纪 30 年代初期，由于财政危机而濒临倒闭的宾利成为劳斯莱斯旗下的一个品牌。1933 年，第一辆由宾利设计、由劳斯莱斯负责生产的宾利汽车面世，命名为"3.5 升"。这款车明显带有劳斯莱斯的风格，在造型上是 30 年代非常流行的款式，但运动性能并不出色。可是对于一度消沉后重现江湖的宾利来说，这已经算是成功的了。

第二次世界大战后，宾利迎来了新的发展机遇。1946 年，宾利生产的 MK6 的左置方向盘车型问世，这是宾利出品的第一款左置方向盘车型，预示着宾利已经将眼光投向了国外市场。

1998 年，宾利被大众公司收购，一度有人担心宾利的形象会被改变，但后来推出的雅致 Red Label 完全消除了人们的顾虑，德国人并没有改变宾利，宾利的英国皇家血统仍然纯正。我们相信，在大众的品牌旗帜下，宾利一定会创造出一个又一个经典！

宾利在中国

宾利从 2002 年开始正式进入中国市场，发展速度很快，目前已在北京、上海、深圳、广州四城市设有销售展厅，经营的车型有宾利红标轿车、大陆 GT 跑车和宾利 Arnage 轿车，定价从 398 万元到 1200 万元，成为中国市场上最昂贵的汽车。

目前劳斯莱斯和宾利在中国的保有量已达数百辆，中国正在成为世界上一个新兴的豪华车消费市场。2003 年全年，宾利在中国内地卖了 51 辆车。凭借这个数字进入了宾利全球销售排行的前十位。在 2002 年，宾利进入中国内地的时候，国内有 100 多辆劳斯莱斯，却只有不到 5 辆宾利。综合以上数字可以推断，现在宾利在中国的保有量也依然比不上 2002 年的劳斯莱斯。劳斯莱斯在中国的知名度更高，是人们心目中"最昂贵"的汽车。

目标客户

"宾利购买者的资产起点至少是 1 个亿。"这是一个中国的销售经理被问及宾利的消费群体时提到的。

和奔驰、宝马等高档车品牌推广不同,宾利把目标客户锁定在身价近亿元的富人身上。宾利中国近一段时间的工作就是联谊这一目标客户。

中国的奢侈品消费和国外相比有显著不同:在中国购买奢侈品的大部分是 40 岁以下的年轻人,而在发达国家,这个市场的主导者是 40—70 岁的中年人和老年人。而另外一则调查显示:与很多人想象的不同,中国奢侈品消费的主力军实际必须包括中产阶层。

在英国或者其他西方国家,宾利购买者的年龄在 40—60 岁,并且更倾向于年老一边;在中国,宾利购买者的年龄在 30—50 岁,更倾向于年轻一边,集中在成长性行业——地产、娱乐和 IT 行业。

品牌传播渠道——窄众传播

宾利的推广策略注定是与众不同的。即使拥有购买宾利能力的人数是 3000 人,去掉上市公司的高层、政界人士、已经购买了另外两款顶级豪车的客户,宾利的目标人群恐怕还不到 1500 人。同时,面对先进科技在豪华汽车领域的应用,手工制作的宾利只能说:"我们卖的是艺术品,而不是汽车。"

品牌传播策略——营造知名度,出售满足感

"宾利和宝马、奔驰没有竞争。比如说,我有 5000 万资产,你有 5 个亿,然后咱们两个都买了宝马或奔驰,那么,你一定没有满足感。"宾利(北京)工作人员这样说:"中国的新贵,需要一种东西来把财富的档次拉开。" 或者说:那 1500 个客户所要购买的,是另外 15 亿人的羡慕和认同。窄众传播的基础是外围的知名度所带来的消费满足感。

品牌传播细节——让我们来讲故事

宾利 80 年的历史里,有英国的女王、无数次的赛事、制作中的趣闻,一部宾利车上凝聚了太多与财富和尊崇有关的往事。

宾利(北京)工作人员说:"我们把这些故事告诉给客户,是为了让我的客户在购买

宾利以后，可以炫耀给他的朋友们听。这是宾利的品牌故事，这就是宾利。"

品牌传播手法——宾利总是能在客户集中的地方出现

最近人们在谈论"广告已死，公关正盛"，对于窄众传播这句话已经被很好地验证了。宾利工作人员在谈到媒体策略时说："宾利很少打硬性的广告，我们多用软性文章；锁定少量几本杂志，几乎从来不用报纸；多讲品牌故事，很少谈科技和技术指标。"

对宾利销售促进最大的是推广活动：2002年6月，宾利在北京车展推出价值888万元的"全球最昂贵"汽车，当时的那辆车是宾利中国公司请求宾利工厂为这次活动专门制作的，并且还顺利地在展出之前被买走；2003年，宾利在上海赞助的"宾利杯"高尔夫球赛，更加集中体现出精准定位对于窄众传播的重要性。

宾利这些活动的推广策略就是"让宾利汽车的实物，出现在目标客户聚集的地方"。

无论是宾利还是劳斯莱斯，抑或是豪宅、名表，面对窄众传播的时候，更需要清醒地明确出售利益，动用个性灵活的公关手法，以及拥有丰满充实的品牌推广细节。

宾利中国传播语录

"你买齐白石的画，不能问他：纸墨的成本是多少。"

"宾利购买者的资产起点至少是1个亿。"

"2002年宾利刚刚进入中国的时候，英国厂方认为：在北京宾利的潜在用户在2000—3000人左右。"

4.1 奢侈品品牌传播概述

奢侈品由于自身的特性，在品牌传播上与普通消费品有着很大的不同。普通意义上的消费品是以大众市场为首要目标的，所以通常会以大众的媒体作为依托向大众传递信息，例如我们常见到的日化用品、家用电器类产品等。而对于奢侈品来说，则必须采用不同于普通消费品的品牌推广手法，奢侈品的传播采用的常是逆向传播和渗透法，它们所选取的首要目标为那些领导潮流者，如时尚人士、演员等位于消费顶端的人群，这种战略推广方向与普通消费品正好相反，不是直接影响最大的那一群大众市场上的消费者，而是瞄准了他们喜欢、崇拜和效仿的起着引导作用的人群。在英国，贝克汉姆和辣妹夫妇只轻轻地说了一句"喜欢 GUCCI"之后，人们就疯狂地涌进了 GUCCI 的店里，其销量在接下来的日子里暴涨。这种购买动机是出于自己的主观愿望，当然效果就不一样了。那么潮流领导者和先期接受者是如何受到影响的？这就需要特殊的品牌传播方法了。

1. **奢侈品品牌传播与大众品牌传播的不同之处**

相较于大众消费品品牌传播的渠道而言，奢侈品品牌的传播渠道是有很大不同的。大众消费品以大众市场为主要目标消费群体，因此其传播渠道通常以大众媒体作为依托，向大众传递品牌信息，例如大众报纸、电视广告、销售点促销等；而对于奢侈品来说，其目标消费者是非常小的一部分特定的顶级人群，意味着奢侈品势必采用不同于普通消费品的品牌传播渠道。

（1）传播渠道方式不同

奢侈品要用独特的传播渠道赢得竞争，要深入宣传品牌的历史故事。奢侈品品牌的经营者要知道：奢侈品品牌都有许多脍炙人口的品牌故事，它们依靠人们的口碑传播成为宣传品牌的重要渠道。在品牌故事传播过程中，不忘加入一些具有吸引力的元素来体现品牌的情感，如巴利（BALLY）品牌创始人为妻买鞋的浪漫故事；品牌的高贵，如蒂芙尼（TIFFANY）在 19 世纪被世界各地君主定为御用珠宝；品牌的文化，如宝玑手表出现在巴尔扎克、大仲马的小说中；品牌的高品质，如欧米茄（OMEGA）手表成为美国第一块登上月球的手表。当历史和情感、高贵、艺术、品质结合在一起时，奢侈品的品牌魅力才能真正显现。

（2）传播接受对象不同

奢侈品的传播对象是仅针对顶级用户宣传产品。品牌经营者要明白，奢侈品品牌不能和大众品牌混为一谈。奢侈品品牌就是为少数"富贵人"服务的，因为有钱人才会购买奢侈品。一切为有钱人着想，为他们服务，这是奢侈品品牌经营者最基本的要求。意大利著名的统计学家巴瑞多曾提出过一个著名的"二八原理"，即 20% 的人将为你创造 80% 的财富。这极小部分的人就是奢侈品品牌的拥有者。劳斯莱斯只为"有身份的人"量身定做；花旗银行不受理小客户储蓄，因为它一直秉持这样的经营原则："为有钱人服务才能赚到钱。"

2. **奢侈品品牌传播学的发展**

奢侈品品牌传播学是以符号学和传播学的基本理论内容为基础，同时结合心理学、市场营销学的交叉学科。随着对奢侈品及其相关特点的研究越来越受到广大学者的关注，奢侈品品牌传播学也逐渐成为新的研究热点。

西方国家对于奢侈品及其品牌传播的研究开展得相对较早，而国内专注于该领域的研究成果还比较鲜见，这与中国奢侈品市场起步较晚有着直接的关系。随着近年来中国奢侈品消费的逐渐升级，国内对该领域的研究也初见端倪，但大都局限在一些外围的试探性研究上。

同时，国外对于奢侈品品牌的传播大多也是建立在实证研究上，没有形成完整的奢侈品品牌的传播理论。

（1）目前有关品牌和传播的研究多从单一市场结构，单一传播结构与体制角度出发，考察品牌资产的性质、内容和效果。

（2）近来有关品牌的研究著作不断丰富，特别是关于品牌传播的理论不断涌现，但是关于它们之间的差异和联系缺乏系统的梳理。

随着我国经济的持续快速增长和奢侈品消费人数的逐步上升，中国在全球奢侈品市场中的地位日趋重要，国外奢侈品品牌纷纷加快进入中国市场的步伐。中国奢侈品市场的飞速发展，迫切需要我们加强对奢侈品及其相关问题的关注和研究。本章将对不同品牌传播理论进行理论探讨，并从大传播的角度对其进行梳理和阐释，这也具有重要的学术价值。

3. 奢侈品品牌传播学的研究方法

奢侈品品牌传播学本身的边缘性特点和对传播现象研究的综合性特点，同样突出地表现在它对具体研究方法的合理移植和综合运用上。它一方面把其他学科的具体方法合理借用到自己的研究中，另一方面在对传播现象进行研究时又会综合运用多种具体方法。奢侈品品牌传播学研究的具体方法有很多，但目前最常用的有：调查研究法、内容分析法、控制实验法、个案研究法。

（1）调查研究法

这是指研究者对在对象总体中感兴趣的那个部分（诸如报纸读者、电视观众等）进行研究和实地调查的方法。这是传播学中最重要、最基本的研究方法。

调查研究的具体方法很多。从调查范围看，有典型调查和普遍调查。典型调查，是在对需要调查的对象作初步分析的基础上，有目的、有计划地选择若干具有代表性的对象进行的重点调查，借以认识总体，指导一般；普遍调查，是对有关范围内要调查的总体所进行的广泛的逐一不漏的调查。这两种方法的综合运用,是传播学研究克服片面性、绝对化的一个有效办法。

从调查的方式看,有问卷调查和抽样调查。根据被调查者的思考判断和框架,预先把要询问的问题设计成一套条款分明的问卷,在统一条件下要求被调查者回答,即所谓问卷调查。问卷有三种形式:一是只提问题、不给答案、自由回答的"开放式";二是既提问题又给答案,但只选其中一个答案的"封闭式";三是含部分开放式问题和部分封闭式问题的"复合式"。抽样调查,是指从符合调查要求的人群(即"总体")中,抽取一部分人(即"样本"),把他们当做总体的样本加以研究,从而由样本推断总体的方法。抽样有两种形式:一是随机抽样,即排除人的主观选择,严格按照随机原则,使总体中每个人或单位被抽取的机会均等,因而其结论比较可靠;二是立意抽样,即不遵从随机原则,从方便调查目的出发,在假定的总体中抽取一部分调查对象,其结论的说服力往往不是很强。

(2)内容分析法

这是研究者对选定的某时某地的传播内容进行客观、系统分析和描述的方法。内容分析法最初仅用于印刷媒介的文字信息分析,现已扩展到各种声音和图像信息分析。分析形式也从着重分析"说什么"(即传播内容)的单一形式过渡到将"说什么"与"怎么说"(即传播方式)结合起来进行分析的复合形式。

与其他具体方法相比,内容分析法具有研究费用低、研究材料易得、研究对象集中等特点。其研究的步骤为:首先确定一个调查题目或一个待验证的假设;其次选择合适的信息材料并确定研究范围;接着制定一整套可靠、有效的信息分类标准以详细划分信息内容;最后,对分类后的信息内容进行统计分析,得出结论。

虽然内容分析法有许多优势,但也有一些不足之处:假如研究者选择的信息内容不恰当、确定的研究范围太小,那么其他步骤无论怎样精确,也难以保证结论与事实相符;如果在制定分类材料和分类表格时渗入较多的主观因素,又没有邀请富有经验的专家给予客观评价,那么结论的可靠性亦有问题。

(3)控制实验法

这是指研究人员根据一定的目的和计划系统地控制或操纵一至数个假定与传播效果有关的因素,并在客观现实状态下观测这些不同因素所引发的不同现象,进而推断某种现象产生的原因。它本是心理学和社会心理学研究的常用方法,借用到传播学研究中来,主要研究信息与受众之间的互动关系。

控制实验不同于自然实验。自然实验（又称社会实验）是在自然环境中或自然状态下合理地操纵一些条件，并观测不同组别受众在不同信息刺激下所做出的不同反应。标准的控制实验一般是先人为地设置一个特定的没有"外涉因素"影响的非自然状态的环境（如实验室），而后从总体中随机选择两个相当的组，再操纵"实验刺激"的强度让其中一组人接触，最后观测、确定两个对照比较组的反应及差异，从而得出结论。勒温和霍夫兰是最先将这一方法用于传播研究的两位学者。

控制实验的长处在于研究者能够得心应手地控制实验因素，实验本身有较严密的逻辑程序。然而，由于这种实验环境是人为地布置出来的，无论设计者如何煞费苦心，也无法完全真实地再现社会生活丰富多彩的情况，因此其实验结果必然存在某种误差。也许正是由于这一原因，近来传播学研究中出现了一种转向自然实验或者综合运用两者的新趋势。

(4) 个案研究法

它是将某一社会单位（个人或群体）作为一个案例，放在特定环境和特定时间内，对其中的若干现象、特征和过程作专门的全面的综合性研究，了解其操作动机、操作心理和个人背景、社会背景在传播中所起的作用。

在以往的传播研究中，个案法大多用于检验某一传播者（如某位编辑、记者）的多方面特性，或者了解研究者所感兴趣的某一特定案例在一个时期之内的全面情况，这多少限定了它的活动范围和生存空间，甚至已导致一些传播学方法论的著作不再介绍这一方法。其实，它除了传播者个案、把关人个案之外，还应有更广阔的运用领域，如中介者个案、受传者个案、事故个案等。

个案研究一般事先不提出什么假设，也不用以最后的结果去证实什么观点，因为其结果说到底只是从一个实例中得来的，没有典型性和代表性，因此很难由此推论出一般性结论。不过，这种方法对个别传播现象的考察具有较高的深度和较强的力度，能够提供许多详细的材料，提出一些新颖的观点和见解，并能够在此基础上与其他方法结合起来进行研究而求得一般性的结论。

其实，个案研究的特殊意义和着眼点也只在于解剖个别，而不在于个别和一般的关系。因此，研究者不宜把个案看做是整体的样本，把研究的结果作简单推论，试图导出普遍性法则用来指导一般。如果那样做，就会出现以个别代替一般，发生以偏概全的错误。

除了上述几种具体方法外，还有所谓文献法、换位法、观察法等。此外，一些具体的研究软件和技术也同具体方法有密切的关系，如 SPSS 软件、眼动摄影机、视向测验器、皮电反应记录器、视听测量器、共轭程序分析装置等技术，就都可以用来测量和分析传播现象或受传者对媒介信息的反应。运用具体方法，有助于对传播活动进行具体的定量分析，有助于传播研究的精确化和细密化，进而有利于加强对传播活动尤其是大众传播活动的宏观对策和微观调节。

4.2 奢侈品品牌传播模型

4.2.1 传播机理

在奢侈品行业中，市场与消费者变化的弹性更大，一方面由于消费者不断走向成熟，另一方面也为品牌在传播过程中对消费者的训导作用提供了更大空间。因此随着消费者需求和认知的不断变化，传播的过程也是动态变化的。因此模型中要体现出这种随着消费者的变化而不断调整的反馈机制作用。

根据拉斯韦尔的 5W 模式，奢侈品品牌在传播中各个模块应该分别是：

（1）传播者（Who）：奢侈品公司；

（2）信息（Say what）：奢侈品品牌附加值信息；

（3）渠道（In which channel）：各种营销方式与渠道模式的综合作用；

（4）接受者（To whom）：消费者；

（5）效果（With what effects）：消费者对品牌的感知。

首先，社会生活中，消费者总是会直接或间接、有意或无意接触到来自外界的各种信息，包括各种营销刺激（价格、质量、特色、服务、品牌形象等）、家庭成员、邻居、朋友、同事、媒体、社会舆论等。这些信息通过与消费者内在的态度、个性、情绪、记忆等心理活动以及个人的经济、职业等因素相互作用，产生了人们希望获得认可、尊重、品位水平以及享乐、自我实现、自我赠与（self-gift）、追求精致等消费需求和动机。

随后，消费者环节发生作用，进行信息的搜寻：对已有信息的筛选整理和主动的（无意间的）获取各种相关信息，针对可供选择的方案，根据产品、价格、地点、品牌形象、经济状况、社会认识等因素进行整体重构、分类、评价，进而做出决策。在这个过程中，消费者会对消费需求和动机与消费对象（商品或服务）进行预衡量，通过衡量这种商品或服务是否能够代表或实现消费者的需求和动机（炫耀与自我实现），然后根据个人喜好、经济状况（预算）等因素，发生购买行为以及消费后的评价。

其中，消费者一方面是信息最终的接收者，一方面还是奢侈品企业制定传播信息、选择传播渠道的重要引导因素。企业通过对消费者的奢侈品消费行为进行分析，找到适合的市场方式。消费者消费行为的改变是推动整个系统循环运动的动力。随着消费者行为导致的市场需求的变动，奢侈品品牌的传播模式也将随之变化，因此是一个非循环的螺旋形结构，这里通过三个主要模块间的箭头循环表示（见图4-1）。

渠道是整个奢侈品传播的重点。一方面它是将信息直接传递给消费者的通道，另一方面，根据M.麦克卢汉的媒介即信息的理论，渠道具体方式的选择将会与品牌信息产生作用，共同对消费者产生效果。在品牌发展的不同阶段，虽然传播的具体模式不同，但是仍都可以通过这三个主要模块的互相作用表示出来。

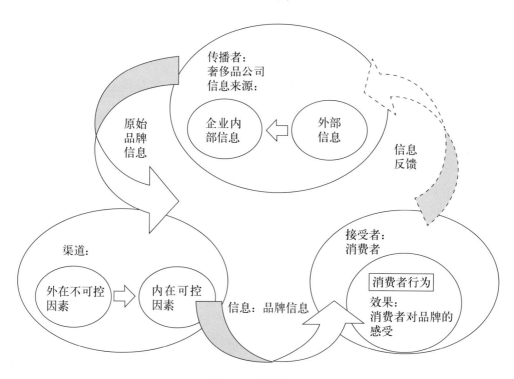

图4-1　传播模式机理图

资料来源：丹尼斯·麦奎尔、斯文·温德尔，《大众传播模式论（第2版）》，祝建华译，上海译文出版社1993年版。

在传播过程中，通过各个环节对奢侈品价值的不断强化，最终当信息到达顾客端时，便形成了奢侈品的品牌价值。因此，甚至可以这样说，奢侈品的价值是通过传播产生和体现的。

1．环节1——信息反馈：确定奢侈品价值定位

在奢侈品品牌进入一个新市场的过程中，第一个需要关注的环节就是系统研究目标消费者。奢侈品消费者通常都具有挑剔的眼光，但对价格昂贵的商品又存在着不同的情结，选择什么样的价值发送给目标消费者，是塑造奢侈品品牌的第一步，从这里开始，你需要比消费者拥有更多的奢侈的精神。

奢侈品的消费群体，在东西方有比较明显的差异，欧美国家的奢侈品消费主力是40岁至60岁的中产阶级，而在东方这个群体要年轻10多岁，以30岁左右的年轻新贵为主。在中国，平均月收入5000—50000元，年龄在25—40岁的高学历、高收入的人群是中国奢侈品消费的主要力量。世界上奢侈品消费的平均水平是个人财富的4%左右，而中国的一些消费者，特别是年轻人，却用40%甚至更大的比例去追求奢侈品。

随着收入的增加，对奢侈品消费的心理就越来越强烈。在2005年中国手表消费的调查研究中发现，个人税前年收入在25万元以上的群体，消费手表品牌的前三位分别是劳力士（ROLEX）、欧米茄（OMEGA）、帝舵（TUDOR）手表，其中也不乏消费国际顶级品牌江诗丹顿（Vacheron Constantin）、伯爵（PIAGET）的个体；而个人年收入在12—25万元的群体，消费手表的品牌前三位却是卡西欧（CASIO）、斯沃琪（SWATCH）、浪琴（LONGINES）手表。从中不难看出，收入更高的阶层对奢侈手表品牌有更强烈的偏好，而收入相对较低时，中低档手表成为主流的选择。

了解奢侈品消费心理和行为能带来巨大的回报，奢侈品品牌曾在20世纪的日本女人身上发现了奢侈品消费狂热，继而把日本开发成为全球第一大奢侈品市场，占全球市场份额的47%。现在，他们在中国的年轻人身上发现了同样的狂热，而中国俨然成为了奢侈品品牌的下一个金矿。

2．环节2——原始品牌信息：奢侈品品牌诉求

要卖出高于同类商品数倍甚至数十倍的价格，奢侈品的价值肯定不仅仅在于产品本身，更重要的是它所代表的价值内涵和品牌精神。在这个奢侈品品牌价值内涵的界定过程中，一方面要结合品牌原有的文化基础，另一方面要注重对现有市场特点的结合。

例如化妆品和服装奢侈品品牌经常打造"关爱自己"的品牌诉求。"维多利亚的秘密"内衣就是一个很好的范例,虽然价格比同类品牌高出好几倍,但它却是都市普通女性宠爱自己、给自己的最好礼品。还有很多奢侈品品牌的诉求在于"个人风格",帮助消费者表达他们的个人风格,表明他们的个人兴趣所在,引发他人的崇拜和羡慕。从"嬉皮士"风格到"雅皮士"风格,哈雷摩托始终个性鲜明,独树一帜,同时哈雷还提供对于驾车的培训、定制、改装车,以及如何在哈雷戴维森专卖店保养他们的车,并通过试用或试穿哈雷头盔、手套、皮夹克来选择合适的装备的个性服务,将个性进行到底。法拉利的红色、BURBERRY的格子图案、绝对伏特加的瓶子等则都是追求"创造经典"的诉求,帮助消费者完成对品位和格调的认知,成为行业内的标准和典范。通过持久地坚持某一风格营造至高无上的尊贵感和时尚感,都已经成为时尚和经典的代名词。

3. 环节3——品牌信息的发送:奢侈品品牌营销

在确定了奢侈品价值定位以后,奢侈品需要通过产品设计与制造、定价、渠道建设等一系列营销活动把这一价值交付给消费者。对于奢侈品营销来说,每一个环节都是富有技巧的,既要保持高贵的姿态,又要不顾一切地接近消费者。因此,要奢侈有道。

新兴奢侈品定价的奥妙在于,在自己所处的品类中永远像一个外来者一样,特立独行,利用信息不对称来进行超常规定价。很多奢侈品品牌最初都是某一个品类的外来者,通过巧妙的定价,引发消费者关注和崇拜,它们初到乍来就占据了行业的顶端地位。

而对于许多传统奢侈品而言,高高在上的价格已经成为负担,它们急需降低价格以便让消费者觉得更加容易接近、更加有竞争力,从而创造更大的需求。对此,通过延伸和扩展品牌,创造多个梯度的价格空间是关键。

Armani通过一系列副品牌的推出同时把价格向下延伸,扩大了目标消费人群,培育了核心品牌的潜在消费群体。Giorgio Armani和Emporio Armani是其核心品牌,采用高定价,而Armani Jeans、Armani Exchange等品牌则采取较低的定价,最终Armani完成了中等以上价格梯度的完整覆盖,从而在奢侈品服装领域既占据了高度又拥有了广度。

奢侈品消费者在自己喜欢的品牌中寻求品位,在保持低调的同时,也希望能让人理解到其消费的奢侈含意,奢侈品营销就需要选一个好的传播点,恰到好处地把品牌精神和奢侈的意味传递到目标群体当中去。

4.2.2 奢侈品传播渠道机理模型

奢侈品从诞生之日起,其营销方式就注定与众不同。如上文所述,奢侈品营销需要选一个好的传播点,恰到好处地把品牌精神和奢侈的意味传递到目标群体当中去。相较于一般产品的品牌传播,奢侈品品牌传播有以下特点:第一,其营销本体——商品本身的特殊性,奢侈品的价值无法用一般商品的价值衡量标准来评价;第二,目标消费群体的特殊性,这部分顶级人群的生活模式与接触的环境与大众不同,他们可能忙于穿梭在世界各地,在高尔夫球场谈生意,在马球场度周末,而很少去看正在热播的电视剧;第三,营销方式的特殊性,简单的密集式广告投放绝不可能打造一个奢侈品品牌,奢侈品品牌里也绝没有暴发户。

以上的特点都使得奢侈品品牌传播有其特有的传播形式,如品牌故事的创造与传播;同时在其他传播渠道上的侧重点也有所不同(如图 4-2 所示)。

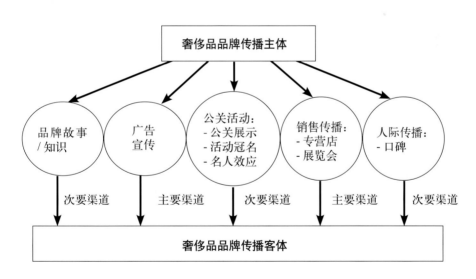

图 4-2　奢侈品品牌传播渠道框架图

1. 品牌故事传播

当奢侈品品牌定位于"奢侈"之后,消费者对于品牌的关注度自然提高。这首先是因为消费者会对品牌的高价感到惊讶,并希望了解其高价背后的理由;其次,奢侈品品牌所代表的顶级生活方式,实际上是社会各个阶层都感兴趣的内容。几乎每一个奢侈品品牌背后都有一个优美动人的故事在支撑其产品的战略定位。品牌设计的理念、品牌的文化与历史、生产时间、独特工艺、所采用的尖端科技以及相关的优质服务等，都能成为"故事"的素材。

通过传播品牌故事的方式将奢侈品品牌的价值传递到消费者的心目中，是奢侈品品牌成功的关键。为什么消费者愿意支付高昂的价格购买奢侈品品牌这个符号，是因为他了解这个符号的意义，而这个符号的意义正是品牌的价值所在。

奢侈品品牌大多自称是"出身名门"，宣传品牌的高贵血脉。大多奢侈品品牌的创始人本身也是该行业的开山鼻祖或是顶尖知名人士，他们对自身所处的社会精英阶层非常了解。通过宣传和利用社会名人，接近"上流社会"，将他们的特质与其品牌进行协同塑造，也是其突出高贵血脉的重要方法。在树立高端形象、紧密围绕高端人群的生活方式的同时，奢侈品品牌在传播中的沟通之道是：多讲品牌故事，很少谈技术指标。品牌把这些故事告诉给客户，是为了让客户在购买奢侈品以后，可以炫耀给他的朋友们听。在产品同质化和顾客社会财富占有率差别极大的情况下，奢侈品非凡的品质形象自然容易拨动富人的心弦。

因为以上原因，奢侈品品牌可以通过各种媒体利用各种形式对消费者进行沟通和教育。PRADA曾自豪地说：因为拥有百年的历史，因而可以很从容地向客户推介其设计生产的传统，同时，也可以推广其最新的设计理念。

绝大部分奢侈品品牌与历史名人、创始人或者重大事件紧密联系在一起，如范思哲、香奈儿、路易十三等。正是这些扣人心弦的故事丰富了奢侈品品牌的内涵，提升并捍卫了在消费者心智中的经典形象。娇兰一瓶价值2900元的面霜，原料是由珍贵的兰花精粹而成；爱马仕的一条一米见方的丝巾，需要打90多个版；巴利的每双皮鞋，平均需要经过200道严格的制作工序与检验才能上市；蒂芙尼在宣传中，不断强调其珠宝工匠手艺巧夺天工，尽取原创珠宝精髓；而奔驰则在其新S系上，配置了超过12项非常领先的技术，每一种技术都可以写成长篇文字供汽车爱好者阅读……

如果不具备以上对产品知识、品牌的了解，纯粹从功能和直接感受角度，不同的化妆品对于消费者来说实际上不会有太大的区别，不同的皮鞋品牌对消费者来说仅仅存在做工和品质的不同，同样，消费者也难以分辨奔驰轿车与其他档次的轿车在技术方面的存在的天壤之别。

2. 广告传播

广告对品牌传播有着极其重要的作用，但是奢侈品品牌并不热衷于密集的广告投放。密度不会帮助奢侈品迅速找到自己的买家，在奢侈品广告的投放中，唯一重要的是精确。

奢侈品很希望能找到自己的目标客户，但是这个过程很困难，因为顶级的买家常常隐身在茫茫人海中。奢侈品广告投放中的一个关键因素就是要精确制导，找对找准自己的广告投放媒体和投放形式。

奢侈品的广告目前仍然集中在高档杂志上，特别是已经在全球市场都取得不错口碑的杂志。很多奢侈品都已经经历了漫长的历史发展过程，所以在杂志的选择上必然要求其品质能和品牌在视觉传达上达到一致。品牌通过杂志建立品牌形象主要有如下途径：在杂志前端页面位置刊登双封面、扉页广告，发布递进式的连续页面广告，名人代言、专家意见等社论性广告，散发插页样本等纸制品，与时尚杂志联合举办活动，等等。

奢侈品的广告诉求也是极尽奢华之能事，这也是拨动消费者心弦的初始感觉。如劳力士的尊贵嬗变、迪奥的奢华视觉、宾利的独具匠心与稀世尊贵。奢侈品品牌在媒介选择上非常讲究和挑剔，其分众和市场细分得一目了然。如百达翡丽品牌甚至拥有自己的杂志。1996年10月正式发行了《百达翡丽国际杂志》，以英、法、日、中、德、意6种语言版本发行。奢侈品凭借创意非凡的各种广告首先震撼了人心，占据了顾客的第一心智，当你想消费时不选择都困难。更重要的是，奢侈品广告本身的表现力也值得品位和收藏。

3. 公关活动传播

奢侈品品牌的传播通常采用逆向传播和渗透法。这种传播方向与大众消费品的传播方向是相反的，不是直接影响数量最大的那群大众市场，而是瞄准了大众群体所喜欢、崇拜和效仿的起着引导作用的顶级人群。传统的广告是公开地通过说服消费者达到销售目的，但是对于顶级人群，他们有自己生活方式，并不会为广告所控制和改变，于是公关、展示和一些事件活动等软性的营销传播，成为最行之有效的品牌传播方式之一。

对奢侈类品牌的品牌传播来说，展示会（如时装SHOW）和路演是极其重要的，没有这些SHOW就很难有这些成功的产品。例如在欧美一场20分钟的大牌时装SHOW要花掉10万—50万美元。在国外最早是在伦敦采用了这种形式，由于发现效果明显、产生了轰动的效应，逐渐成为了奢侈品制造商品牌推广的主流应用模式之一。通常这一类的发布会为了增强效果，还要邀请大牌的明星来助阵，当然这些明星要身着该品牌的产品来出席，在宣传了品牌的同时，这些明星也有了更多的曝光机会。这一类的展示通常是为其产品定下流行的基调和趋势，使其成为人们谈论的话题。对于这类奢侈品行业，如果减少展示的机会，那么其地位将会迅速地下降了，尤其对于那些时尚类的产品来说，失去了在人们眼中的地位，人们将不再理睬你，只会去寻找那些更炙手可热的、拥有大牌设计师的品牌。

奢侈品品牌在公关展示活动中充分利用了媒体，通常在各类展示会后一些潮流的跟随者便会下订单，之后财源就滚滚而来。然而最重要的是那些时尚的媒体、时尚的撰稿人、摄影师也位列其中，他们成了各类发布会和展示会的传播工具，结束后回去纷纷发布时尚的趋势并配以各种精美的图片说明，更有一些在互联网上发布，这些顷刻之间就传遍了世界。媒体的推波助澜，对影响消费者起着很重要的作用。大篇大篇的文章来描述各类奢侈类产品和时尚趋势，使这些品牌精明地使用了免费的传播和广告，据国外的媒体测算，在杂志和报纸的文章对于一场50万美元的发布会其价值相当于10倍以上，也就是说：如果不做公关展示活动，而是花钱购买那些专业的杂志和电视节目需要花费10倍以上的费用（见图4-3）。

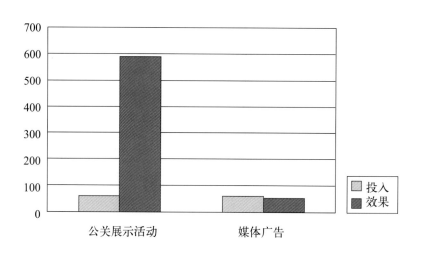

图4-3 公关和媒体广告的投入与效果比

在树立本品牌形象的同时，奢侈品品牌通过与高端消费者的生活方式紧密结合，进一步强化自身品牌。奢侈品品牌通常采取大手笔的赞助活动和公关活动，如高尔夫球赛、网球比赛、一级方程式赛车、奥运会等系列活动，这一类活动通常影响力大，而且也符合目标消费者的生活方式和认同，这可以提高在他们心中的品牌形象，无时不对这些位于顶层的人士暗示着我们是世界上最好的。

奢侈品品牌不会考虑一般的大众化活动，因为这样将降低自己的"身价"。当奢侈品品牌与体育活动结合的时候，紧密围绕的都是F1赛事、高尔夫球、网球等高端体育运动。豪雅（TAG Heuer）自1992年起到2003年，一直就是F1官方指定计时器。每次比赛，完成这项使命都需要运送20吨材料、雇用30多名员工以及租用西门子数据处理装置。而以登喜路冠名的闻名世界的高尔夫赛事也有四项之多：登喜路杯、登喜路公开赛、登喜路英国名人赛和登喜路挑战赛。

与高雅艺术的联姻，也是奢侈品品牌强化自身高端形象的重要手段。一贯强调自身"艺术"定位的万宝龙于1995年赞助德国国际爱乐交响乐团的创办。自1992年以来，通过设立"万宝龙国际艺术赞助大奖"，这个品牌已经表彰了世界各地85位杰出的艺术赞助人。

通过赞助和支持高雅艺术以及高端人群喜爱的体育活动。奢侈品品牌一方面可以牢牢抓住参与者和关注者的眼球，这些人本身就是奢侈品品牌的潜在消费者。同时，不同的艺术形式和体育运动可以为奢侈品品牌注入不同的丰富联想。最重要的是，它们都符合奢侈品品牌所定义的社会顶层人群的生活方式，能够强化奢侈品品牌的品牌地位。专门介绍各界名流的生活方式，对大众消费者的生活制造影响。如英国某些媒体连篇累牍地介绍时尚明星穿什么服装，喜爱什么品牌。

每年世界瞩目的奥斯卡颁奖晚会对于一般观众来说，它是美国最权威的电影颁奖晚会。但是，对于奢侈品品牌来说，它是一场商业秀。例如Armani等奢侈品品牌通过为Harry Berry、Nicole Kidman这样的明星提供赞助，使她们成为诠释自身产品最好的模特。明星艺人的晚装、手包、皮鞋、珠宝、妆容，甚至她们前往晚会所乘坐的轿车，都将成为奢侈品品牌奢华生活的一部分，其魅力在奥斯卡颁奖晚会这一充满悬念和光彩的时刻充分绽放，最大限度地吸引全球观众的眼球，博得他们的啧啧赞叹。

在晚会结束以后，由于人们对于奥斯卡的关注，对于明星的热爱和倾慕，媒体将会继续刊登相关的内容。打开电视机、翻开时尚杂志，明星们在晚会上的风采依然历历在目。奢侈品品牌通过主动宣传的方式，将奥斯卡晚会的投入不断复制与放大，从而获得最好的投资回报。

而大众人群时刻关注着这些透过明星传播的各类奢侈品品牌，明星们因而成为奢侈品品牌的形象大使。

4. 销售传播

无论在曼谷、东京、纽约还是上海，只要是在当地最为繁华昂贵的商业中心，都能看到普拉达、万宝龙和阿玛尼等奢侈品品牌的标志及其专营店铺。在这些装修豪华、风格统一的店铺内，陈列着全球同步的当季产品。

奢侈品的渠道策略从整体上讲就是保持对市场的有限覆盖，从不在渠道中提供大量的产品以供消费者选择，使得渠道始终保持在一种不饱和的状态。在有限的前提下，则尽可能要求完成对目标市场的有效覆盖。

在这种策略指导下，奢侈品的分销结构追求重点覆盖，把精力集中于少量对高质量服务有特别需求的网点。对于增加零售网点、进入新市场的考察非常详尽，决策周期也比较长。保证渠道价值链上每个环节都有高利润产生，以便维持奢侈品高贵形象所需的高额市场费用。

同时，在渠道组合上又要求尽量做到有效覆盖，把零售网点设在目标顾客最集中的地方。

品牌旗舰店：旗舰店一般只出现在一线城市。旗舰店不仅拥有最全最新的商品，更是品牌精神和形象的集中体现，是塑造品牌的关键一环。

专卖店：专卖店一般位于一线城市和特殊二线城市的商业中心最为繁华的地段，巨大的人流量保证了专卖店是奢侈品销售的主要场所。专卖店在奢侈品的销售体系中占有十分重要的地位，对于树立自身的品牌有很重要的帮助。

顶级百货商场、五星级酒店专卖柜：一般为化妆品、服装、手表等初中级奢侈品所有。在规格上比专卖店低一个档次，是对专卖店体系的有效补充，很好地体现了有限覆盖的理念。一般在进入新市场时，或者在已有市场进行适当补充时会考虑这种形态。

除了固定网点以外，奢侈品展览会也是销售传播中一条重要的渠道。

奢侈品展览会一般由专业奢侈品展会公司或者私人会所、高尔夫球会等举办，对参加展会的消费者身份有一定经济实力方面的限制。对于家具、豪华车、游艇等中高级奢侈品来说，能够直接跟目标客户进行有效的接触非常重要。奢侈品品牌每年都会出席一些奢侈品展览会，作为品牌传播的重要途径之一。

5. 口碑传播

奢侈品的文化底蕴决定了消费者的口碑相传对其知名度的影响作用很强，奢侈品的营销规则是公关第一，广告第二。在几代消费者的口口相传过程中，这种口碑不仅拥有了较高的可信度，还具有了很强的故事性。以口碑作为奢侈品文化宣传的助推剂，不仅成本低，而且宣传效果好。

4.2.3 传播模式流程

根据以上的传播机理，对于图4-1所示模型的三个主要模块，相应找出对其影响比较大的一些因素作为控制因子进行细化。根据这些控制因子绘制出传播模式的流程图（见图4-4）。

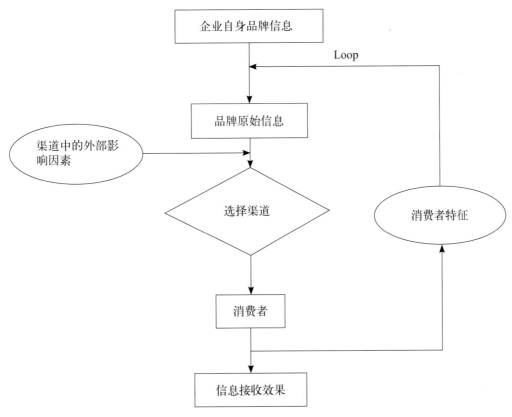

图4-4 传播模式机理图

资料来源：同图4-1。

其中，流程图中各个环节的关键因子归纳如表4-1所示。

表4-1 传播模式流程图中各个环节的关键因子

原始品牌信息										
外部信息					内在信息					
消费者特征					品牌文化		品牌定位			
性别	年龄结构	文化程度	职业分布	地域分布	历史	现有地位	产品	价格	目标消费者	

传播渠道							
外界不可控因素			内在可控因素4P				
文化层面	竞争环境	政策层面	product	质量	设计	特色	服务
			price	价格			
			promotion	广告	人员推销	促销	公共关系
			place	渠道	位置	覆盖面	

消费者信息接收效果		
消费者的认知和信息收集、消费者的购买决策、消费者的购后行为		
消费者认知度	消费者购买度	消费者美誉度

资料来源：同图4-1。

案例 4-1 CHANEL N° 5

世界上独有一款香水随着时光流转散发着日久弥新的魅力，那就是 N° 5。年复一年，它愈加迷人，愈加神秘，愈加深邃。贾克·波巨（Jacques Polge），这位香奈儿香水公司（Parfums CHANEL）自1979年以来的首席调香师，如是描绘 N° 5——一款为香奈儿所有香水奠定基调的香水。N° 5 冠领群香，卓尔不群，是灵气与诱惑的绝对写照。

自20世纪20年代末以来，历经风潮转换与时代变迁，N° 5 始终是全球最畅销的香水。不仅如此，在杰克·海卢（Jacques Helleu）任艺术总监的这些年里，N° 5 越发迷人，展现出绝代光华。香奈儿女士仿佛发现了一种能够调配出无限女性娇柔的神秘配方，一种用香水体现出女性气质精髓的神奇魔力。

要想把握这种具有奇特渗透作用的神奇魔法终归是徒劳的。因为香水如同爱情一样，往往超越理性。

然而，如同香奈儿的时装将实用与美感结合得天衣无缝，N°5也深谙有形与无形的融合之道。在寻觅女性气质精髓与诱惑的过程中，N°5的五个秘密也许能帮你揭开其魅力之谜。

灿烂辉煌的历史

1920年，香奈儿女士在巴黎时装界独领风骚。她相继推出帽子、礼服与便装，成功地向世人传达了其对优雅的独特诠释：自由、简洁与舒适。这种风格超越了以往一切的时尚风格。拥有这种风格的女性是卓尔不群的。

那年夏天，在沙皇尼可拉斯二世的堂弟——迪米催大公爵的陪同下，香奈儿女士到蒙地卡罗去拜访她的朋友——画家荷西·马利亚·塞特(Josè Maria Sert)和妻子米西亚·塞特（Misia Sert）。这对夫妇在当时的艺术界举足轻重。在他们的谈话中，一个想法产生了：香奈儿可以推出一款香水。在那个女装与香水设计制造工艺各行其道的时代，这无疑是个绝无仅有的计划。于是，就在这个法国Midi地区花香四溢、奢华富足的土地上，在温馨荡漾的氛围中，N°5扎下了根。

虽然还在酝酿阶段，这款未来的香奈儿香水就已隐隐融合了来自多方的影响元素：以香奈儿女士十足的法式风情为核心，香水充溢着她对古典式严谨风范的品位及对巴洛克式华贵艺术的热情，同时蕴含了一位俄国王公博大雍容的气度、一位波兰缪斯女神的风韵，以及一位加泰罗尼亚画家的神采。N°5已然具备了国际号召力，而前沙皇宫廷调香师恩尼斯·鲍（Ernest Beaux）以其丰富的文化修养强化了这种号召力。这位富有灵感的"鼻子"，是由迪米催大公爵介绍给香奈儿女士的。

恩尼斯·鲍是现代调香术的先驱，他创造了一种令人倾心的香气，一种饱含女性气质精髓、与同时代其他香水截然不同的独特香精。

1921年，香奈儿N°5正式上市。这款香奈儿第一款创新的、革命性的香水，还以其名称与瓶身设计震撼了当时的潮流。在那个世纪交替的时期，许多香水都被冠以俗丽的、抒情式的名称。香奈儿女士却独树一帜，选择了一个极其简单的商标，看上去就像是一个注册号。不知是因为这是恩尼斯·鲍提供的第五个香水样本，还是她决定用自己的幸运数字来保护这款珍贵的香水？5这个数字同她的星座狮子座有着玄妙的关系，因为狮子座是十二宫图的第五个星座。N°5这个名称极其独特，与众不同，而且便于记忆，甚至是在任何一个国家都不需要翻译的名字。

正因为这一特点及其他诸多特征，令N°5立即得到了全球女性的认可，成为世界各地女性的一致选择。香奈儿女士亲自为N°5设计的瓶身简单得就像实验室里的烧瓶，线条清晰明快，配有几何圆角。这个香水瓶是简约单纯的典范，它承载了有史以来最华美、最复杂的香水。这反映出了香奈儿的核心精神：严谨而注重本质。N°5的瓶身设计脱离匠气，超越时尚，以其永恒的典雅屹立于世。而且每隔数年瓶身都会有细微的改动，以便其慑人的美感与时代保持同步。

N°5的声誉首先风靡全美，接着传到日本，后来逐渐成为名扬全球的极品香水。巴黎解放时，美国士兵在康朋街的精品店前排起长队，只是为了带一瓶这款知名的香水给他们的妻子。

1954年，著名影星玛丽莲·梦露在回答记者问她穿什么入睡时，说"我只穿N°5入梦"，这款香水由此成为传奇。1959年，N°5的香水瓶作为20世纪的象征之一，被纽约现代艺术博物馆纳入永久藏品之列。数年后，它的瓶身在画家安迪·沃荷（Andy Warhol）绘制的一系列9幅绢印版画上熠熠生辉。

引领潮流的配方

恩尼斯·鲍于1881年出生于莫斯科,父母是法国人。他17岁时就开始在俄国第一家法国香料店Rallet工作,该店专为沙皇宫廷提供香水、美容产品和化妆品。因为这样,迪米催大公爵结识了这位香水大师,而那时他已凭借一些早期香水创作而成名。

1917年俄国大革命爆发后,恩尼斯·鲍移居法国,在临近法国香水发源地格拉斯的La Bocca开了家香水店。就在他的香水实验室里,香奈儿女士与他第一次见面。当时,那间实验室里摆满了瓶瓶罐罐,蒸馏器里制造着香水。她当即被他的严谨风范与创造灵感所吸引。恩尼斯·鲍当时正在进行对乙醛的研究,这是一种极易挥发的合成物质,少量地使用可以让植物香气变得轻灵散发。

香奈儿女士向他描述了她所想要的:这是一种与众不同的香水。一种闻起来很棒的香味,有着与她本人相像的气质,具有多重与矛盾的特征,性感、温婉、善解人意而不张扬,轻柔淡雅却令人难忘。简而言之,这必须是一款"闻起来有女人味的女性香味",雍容奢华,永恒诱惑。她宣告:"我想给女性一种人造的香水。我用'人造'这个词,是因为它将是被创造出来的。我要的是一种人工合成、经过设计的香水。"

这是个有远见的要求,宣告了N°5将为香水界带来一场革命。这款香水将与当时流行的单一花香调制的香水全然不同。

恩尼斯·鲍后来表示,他找到了一个前所未有的灵感。在极昼午夜阳光的照耀下,湖面上散发出难以言喻的清新之气,就在那一刻,灵感出现了。他创造了一种没有单一主导香型,所含花卉之丰令人惊异的结构。乙醛首次按特殊比例用于香水的配制,令不下八十种成分在嗅觉体验中获得提升。

1921年,他把几种香水样本交给香奈儿女士挑选。据说,香奈儿女士选择了第五个样品,并让他在其中添加大量采自格拉斯的茉莉,这是一种世上最名贵的天然香水原料。恩尼斯·鲍创造了一款独特的香水,香奈儿女士则令其无以伦比。

这款香水的开瓶香调的主要成分是科摩洛岛的香油树花和格拉斯的橙花,这两种成分增添了香水的性感温润,而乙醛又使这种感觉变得虚幻缥缈。而五月玫瑰与格拉斯茉莉的完美融合,使香水的核心浓香四溢。香迹飘摇在檀香的木气中,融入香草与波本香草的芬芳。

作为第一款人工合成的"抽象"香水，N°5 向全新嗅觉词汇发出了召唤。专家们总会说，香水以 N°5 为界，分为 N°5 之前的香水与 N°5 之后的香水。N°5 开创了调香术的新纪元，自此天然原料与合成物质就在香水的调制中琴瑟相谐。对香奈儿来说，N°5 奠定了一种风格基调，该基调影响了此后所有的香水创造。

1986 年，贾克·波巨创造了 N°5 香水（Eau de Parfum），一款真正的合成香水。它是对最初 N°5 的现代诠释。由于富含柑橘香型与更柔和的嫩香草芬芳，这款香水最初的嗅觉冲击力相对较轻。

卓越出众的原料

N°5 配方的核心是多种花卉，来自世界各地的众多名贵花卉。每种花朵都被赋予一种女性概念，与其他花朵相互调和，虽然难分彼此，却均为这款多层面香水增添了特殊的魅力。N°5 的关键在其极高品质的原料，其中有些是完全无法取代的，而恰恰是该香水得以识别的精髓所在。

其中最重要的一种原料是香油树花，它是开瓶香调的主要成分之一。这种黄色的花源自于菲律宾，长长的花瓣让人联想起兰花，明艳不可方物。这种花在印度洋岛屿温暖的早晨中采摘。在马达加斯加岛与马约特岛，是全年可以采收的，尤其是在 5 月和 6 月，那时它们遍地盛开；以及在 11 月，那是此花开得最美的时候。香油树花要经过蒸馏以获取精油。香奈儿仅选用特优等级的花来制造 N°5，并在贾克·波巨的监督之下进行调制，赋予 N°5 娇柔、醉人、醇美的花香精髓。

蕴含女性妩媚、光彩照人、魅力四射的特质，五月玫瑰施施然开启了 N°5 的心门。格拉斯是 20 世纪全世界唯一生长这种 Rosa Centifolia 玫瑰的地方。这是一种花瓣众多的圆形小花，香气十分浓郁。

此花品质细致，沐浴在法国 Midi 地区温暖的气候中，每年仅在 5 月开放三个星期。采摘时间是在清晨日出之前，以防阳光伤害到娇嫩的花质，而且采下后要立刻将其转制成香油，然后立刻提炼成纯精油。香奈儿就是采用这种处理方法，从而获取嗅觉原理层面的强度。这种花的精油产量非常稀少，1 吨的花朵仅能提炼出 1.5 公斤的纯精油。

独一无二、无以伦比，格拉斯的茉莉及五月玫瑰与乙醛的完美融合，正是 N°5 成分的秘诀所在，也是其诱惑魅力的源泉。

这些极其名贵的原料是法国伟大传统的有力证明，也是香水制造业的绝对基准。这些茉莉生长于格拉斯Esterel山脚下，是把Grandiflorun大茉莉与药用茉莉嫁接得到的品种。在嗅觉方面，这种茉莉的植物特性令其卓尔不群。随着环境不同，或者戴花女子的不同动作，这种茉莉的香味也会有均匀而细微的变化。

既含蓄内蕴，又顾盼生姿，此花完美体现了 N° 5 的核心精髓，同时也是成熟女性的魅力特质。

因为格拉斯茉莉是 N° 5 香水不可或缺的成分，香奈儿自1987年起就与当地花商合作，以确保这种茉莉的供应。后来，这份专门的协议又扩展至五月玫瑰，确保格拉斯的花卉传统与技术得以延续，以便这些具代表性的花卉拥有恒久的未来。采用这些名贵花卉代价不菲，但唯有这样，才能保证这款作为香奈儿风格象征的独特香水永远保持尊贵的身份。

高度品质保证的精品

追求完美无瑕是香奈儿的基本价值观。在奢侈香水制造业的传统中，品牌形象也是以产品的品质为基础。作为香奈儿香水的首席调香师，贾克·波巨监督并参与所有香奈儿香水的制造过程，以确保所有烙印着香奈儿名称的香水产品达到其要求的卓越水准。

作为实验室的负责人，贾克·波巨对所有用于制造 N° 5 的成分进行挑选和检查。这种一丝不苟的做法确保了原料始终如一的高品质。这对玫瑰和茉莉等原料的采摘来说尤为重要，因为这些原料从大自然撷取了无以伦比的气息，但一些气候状况可能对它们自身的品质造成不利影响。在香奈儿的实验室中，化学分析与气味检查均采用了最复杂和先进的技术：包括套色法、光谱测定法及嗅觉测量法。最后一道检查永远是嗅觉上的，因为经验丰富的调香师，人们所说的"鼻子"加上他出色的记忆力就代表了无以伦比的灵敏度。这种双重检测法是最可靠的。

在距离巴黎不远的地方，香奈儿拥有自己的生产基地。在这里我们仿佛走到了炼金术与高科技的交叉口，进入了一个神秘莫测、充满智慧、但绝非故弄玄虚的世界。

人们对调香业最成功作品的神秘配方怀有渴望，而这个配方正静静躺在保险箱里，得到妥善保护。如何将原料调和在一起，以及如何将酒精加入浓缩液，是最需细心处理的问题。技术人员与贾克·波巨的团队严密合作，按照代码指令进行操作。

一切包装作业都在工作人员谨慎的监督下进行：装瓶、放瓶塞与标签、调整包装盒、软包装覆上外玻璃纸等。

薄膜封口法是一种从传统沿袭下来的基本而珍贵的技术，目前为 N°5 香精瓶封口专用。步骤是先把一张极细致的薄膜覆在瓶颈处，然后绕上两排黑色珍珠棉纱，以确保绝对防水和气密性。然后用密蜡加封香奈儿的双 C 标志，以防假冒。

上述步骤需要经过数月的练习，才能操作娴熟。这种方法已不再被其他香水同业所使用，因此成为香奈儿的保留特色之一。香奈儿将其视为奢华至尊的象征，以及对一个充满魅力的行业的热爱与尊重。

因此，从原料选择到香水制造的每一个步骤，香奈儿都在打造一种精致、奢华的工艺。香奈儿对影响 N°5 品质的一切因素严格控制，从而捍卫了这款香水的神秘与激发梦想的能力。在一个伟大香水商的传统中，永恒意味着始终如一，以及确保一份举世无双的配方品质持久。

冠领群芳的形象

早在 20 世纪 50 年代，香奈儿香水公司就已享誉美国，并在许多新领域崭露头角。在当时，广告、摄影和电影被认为不可或缺的宣传媒体。但 N°5 彻底打破了女性香水的宣传习惯，于 1953 年首次在一个专题节目的广告插播时间中播放了电视广告片。这个令人难以置信且极富远见的决定令香奈儿和 N°5 成为众人关注的焦点。

香奈儿艺术总监杰克·海卢用特定的表征定位 N°5 的广告，用无法比拟的美学词汇确立了对香奈儿女士精神的写照。他受过美术与装饰艺术的培训，有着很高的美学品位和不断捕捉完美的眼光，并在此基础上培养出一种严谨的风范，这种风范为 N°5 的形象注入一种强大的力量和令人敬畏的持久性——一种看似不屑一顾，而对任何挑逗不畏惧的态度。

在指导艺术家时，他大胆创新，选用形象领域中大名鼎鼎的人物，因为他们有能力展现香奈儿的价值，同时能发挥自己的想象力来丰富这个品牌。

1937 年，香奈儿女士本人亲自站上了 N°5 大使的舞台。她邀请摄影师 Francois

Kollar为她在丽兹饭店的套房里拍摄了用于媒体宣传的照片,照片刊登在Harper's Bazzar杂志上。杰克·海卢邀来摄影界的名流,让他们把人的面孔与香水瓶的华美形象协调地呈现在同一张照片里。赫姆·纽顿（Helmut Newtton）、理查德·阿威顿（Richard Avedon）、欧文·佩恩（Irving Penn）、丹尼尔·儒诺（Daniel Jouanneau）以及帕特里克·德马尔什耶（Patrick Demarchelier）,均贡献他们的才华,创造出了简约华丽的摄影作品。

继香奈儿女士与玛丽莲·梦露之后,杰克·海卢还选择了世界各地最美丽的女性为优雅、迷人的N°5作形象代言人。她们都是真正的缪斯女神,邀请人们张开梦想的翅膀,徜徉在N°5的传奇世界中。其中有坎迪丝·伯根（Candice Bergen）、苏茜·帕克（Suzy Parker）、阿莉·迈克格劳（Ali McGraw）、劳伦·赫顿（Lauren Hutton）、简·诗琳普顿（Jean Shrimpton）、雪洛儿·提格丝（Cheryl Tiegs）等,还有凯瑟琳·丹妮芙（Catherine Deneuve）,当时她被《Look》杂志选为"年度最美丽的女人",在阿威顿、纽顿与皮雷的镜头下,她在为美国市场拍摄的一系列N°5的广告中与观众建立了一种细致亲密的关系。20世纪80年代的卡洛·波桂（Carole Bouquet）,还有后来的艾斯黛拉·沃伦（Estella·Warren）,都将自身与这款全球最畅销的香水结合起来。

1969年,在杰克·海卢的促使下,理查德·阿威顿在纽约为N°5制作了首部有剧本的广告片。这在当时是有史以来制作成本最高的广告片。这部广告片开启了主流电影品质广告片的传奇时代。这部仅有几秒钟的真正的超级制作,创造了一个关于N°5的情节。

20世纪80年代,雷德利·斯科特（Ridley Scott）以广阔开放的空间与简约的建筑为特色的艺术表现形式增添了一种性感美学。1993年,贝蒂娜·海姆（Bettina Rheims）将镜头转向卡洛·波桂（Carole Bouquet）,强调了这款香水显著的个性。1994年,摄影师尚·保罗·高德（Jean-Paul Goude）用他的镜头探索出了新的变种科技。两年之后,导演杰拉德·科比约（Gerard Coriau）在广告片中运用了这一令人惊喜的元素,让一支交响乐团浮出海面。接着,大导演吕克·贝松（Luc Besson）对《小红帽》进行了重新演绎,从自己的视角重塑了一个梦幻般的世界,重新诠释了这款香水具有的种种微妙差异。于是,关于香奈儿灵感的诸多伟大主题都栩栩如生地呈现在华美的影片中,我们则从中发现了一种能够直接辨识的美学和一种完全电影化的视觉梦想。

一个令人震惊的事件为2004年画上了一个完美的句号:妮可·基德曼化身为N°5

的形象代言人。独特的优雅气质和彰显香奈儿精神与现代感的能力令她雀屏中选。这位赢得奥斯卡金像奖的好莱坞女影星已经到达了她荣耀与美丽的巅峰。杰克·海卢邀请了在《红磨坊》一片中对她的表演有着出色指导的导演巴兹·鲁曼，进行新的广告宣传的创作。这是一部史无前例的创作，它的国际化桂冠将香奈儿 N° 5 的传奇形象提升到了一个全新的境界。

纯净的线条、严谨的画面以及略带性感的神秘与复杂的特性，汇成一种源源不断的叙事语言。一组组似曾相识的微妙可辨的符号热情赞颂着华贵迷人的 N° 5。

资料来源：香奈儿公司提供。

4.3 奢侈品品牌传播应用

4.3.1 奢侈品品牌传播与品牌文化

对于奢侈品品牌来说，品牌文化显得特别重要。甚至可以这样认为，奢侈品品牌正是通过传播其丰富的文化内涵，才使其可以超越一般商品品牌，达到品牌的金字塔顶端。一方面，尽管奢侈品通常都具备非常卓越的品质和时尚的设计，但是已经有越来越多的一般消费品品牌同样能够为消费者提供并不逊色的商品。奢侈品品牌必须为它的购买者和使用者提供一个崇拜的理由——那就是品牌文化。另一方面，从消费者的角度来看，在财富逐渐增加的同时，生活费用由于大型折扣零售商的出现而降低，因此消费者可以支配的收入也得到了提高。人们可以也愿意花更多的钱来获取精神上的满足，奢侈品品牌的文化内涵恰恰能够在提供物质利益（有形的奢侈品）的同时，为消费者带来最大的精神利益。

品牌文化不仅是包括奢侈品品牌在内的所有品牌的核心，也是它们保持顾客忠诚的关键。奢侈品的品牌文化在传播的过程中既要表现出与时代精神的融合，更要彰显出其独有的个性特点与代表的尊贵地位和身份。

奢侈品的丰富的文化内涵是通过以下六个方面表现出来的：

1. **高贵的出身**

大多数奢侈品都与皇室或者国家元首们——在国家政治、经济生活中具有十分重要作用的阶层有着密切的关系。很多厂家的创始人就是当年的皇家御用设计师。他们设计、制造的产品一脉相承,这种奢侈品有着纯正的高贵血脉,更是通过其产品传达出尊贵的意蕴。世界上赫赫有名的路易威登箱包正是一例。这位年轻的旅行箱制造工人路易威登于1854年在巴黎成立了路易威登公司,此前他成为当时的法国皇后欧也妮最喜欢的旅行箱制造专家,获得了无上的荣誉。威登公司高质量的旅行箱广受欢迎,路易威登不得不在短短几年中就扩大了公司的规模。到后来,埃及总督伊斯迈尔·帕萨以及后来的俄国沙皇尼古拉斯大公爵分别在1869年和1877年订购了一整套威登旅行箱,与西班牙国王阿方索七世一样也成了路易威登的客户。

2. 悠久的历史

奢侈品的品牌多是拥有多年的历史,历史的沧桑与岁月的锤炼使得奢侈品更加熠熠生辉。知名的品牌可以通过金钱与运作在短期内实现,而奢侈品品牌的风格不是一朝一夕就完成的,奢侈品多数蕴涵了丰富的艺术价值,其上也烙下了深深的历史痕迹。伦敦的罗布(LOBB)男鞋店从维多利亚女王时代就有了,创始人John Lobb是当时的威尔士亲王爱德华的制鞋匠。罗布皮鞋店秉承了手工制造传统,时至今日,仍有王室成员光顾。意大利的顶级奢侈品品牌古驰也已经传承80多年。

3. 传奇的故事

无论是路易威登,还是蒂芙尼,奢侈品品牌往往都拥有一段悠久的品牌历史和传奇故事,这使得奢侈品品牌深深地扎根于它们的传统之中,也使这些品牌本身成为传奇,创造出与众不同的市场定位。

奢侈品的文化内涵更透过故事传达出某种深含的意蕴。奢侈品总有着很多的传奇故事让人们记着它们,原本奢侈品的用户就是广受关注的群体,这个群体有能力制造出惊心动魄的故事,或者演绎出缠绵悱恻的爱情故事。香奈儿与美国总统肯尼迪的夫人杰奎琳就有着数不尽的轶事。甚至,当年美国总统肯尼迪遇刺时,倒在夫人杰奎琳的怀中,杰奎琳正身穿粉色的香奈儿套裙。肯尼迪遇刺案对美国社会的深刻影响和杰奎琳在欧美时尚界的感染力,这些都是时尚消费者去深刻理解认识香奈儿这个品牌的动力。

从迈克尔·波特(Michael E. Porter)的竞争优势理论来看,奢侈品的这一特性是新品牌进入奢侈品市场参与竞争的最大障碍,也是奢侈品品牌巩固自己地位得天独厚的优势。

"罗马不是一天建成的"——这句话充分体现在一个奢侈品品牌的建立过程上。要想在短时间内建立一个公认的奢侈品品牌是不可能的，品牌的历史和传奇需要时间来撰写。以时尚品牌为例，只有在具有了一定的稳定性和持久性时，才能慢慢拥有奢侈品品牌的地位。例如，伊夫·圣·洛朗（Yves Saint Laurent）21岁时出任Dior的首席设计师，但由于他的设计过于前卫，很快就离开了迪奥公司。但他的才华被科科·香奈儿所赏识，他于1962年创建自己的品牌，发布自己设计的高级时装，后来又经过几十年的努力才使伊夫·圣·洛朗（YSL，YVES SAINT LAURENT）这一品牌从一个时尚品牌发展为奢侈品品牌，产品也从高级时装扩展到香水、眼镜、化妆品、香烟等领域。这充分说明即使年轻的设计师具有非凡的创造力，也还是需要在相当长的时间内，努力吸引顾客的兴趣，才能逐渐获得市场的认可，并进而向一个奢侈品品牌过渡。

4. 时代的先锋

社会在演变，很多环境也都变了，很多种类的奢侈品被淘汰掉了，同时又有很多种类的奢侈品出现。作为顶级产品的商家，奢侈品厂家总能够最快地把握到时代的脉搏，十分迅捷地推出自己的新产品。历年来，LV推出了多项经典设计。Trianon行李箱是LV推出的第一件旅行用皮件。这是一种采用木制长方形框架，表面覆盖LV独创布料的皮箱，外形美观，轻巧牢固。早期的LV行李箱内，就已经辟出了存放相机等易碎品的空间，而用锌和樟木制成的密封防水行李箱，可以防止湿热多虫的气候。两次世界大战期间，欧洲不少汽车上都配备着防水防尘的LV行李箱。到今天，LV除了秉承传统优良的皮革工艺之外，仍不断研究开发新产品，它延伸出来的皮配件、丝巾、笔、手表甚至服装，都是LV精致舒适的旅行哲学的体现。

5. 设计师的功力

设计师的文化素养是十分重要的，深厚的文化素养是设计师不竭的创造源泉。深厚的文化素养不是一朝一夕能够完成的，从文化素养转换到设计能力也需要极大的勇气和能力。需要勇气是指，这是一件长期、艰苦的事情，可能要花费一辈子的时间。再者，做出来的东西可能未必为社会所承认，会产生很强的挫折感。需要极大的能力是指在浩若烟海的文化之洋中寻求设计的突破，不是一件容易的事情，如何找到突破口，把文化素养转化成扎扎实实的设计能力，而不流于表面形式的模仿，也需要设计师具有全局的视野，能够找到文化和设计的结合点。

6. 地域特征

在奢侈品行业中，产地是一个能蕴涵丰富品牌文化的因素。如果一个国家以某个行业或某种产品而在世界范围内享有盛誉，那来自该国该行业的品牌就具有了一种先天优势——有利的原产地形象。原产地形象表示国际市场消费者对一个国家的一般化感知，这种感知会影响人们对该国产品和品牌的评价。

目前大多数在世界上处于强势地位的奢侈品品牌都是欧美的，更确切地说，多是欧洲的。欧洲有着悠久的奢侈品传统，尤其法国人、意大利人对奢侈品有着莫名的情结。巴黎被称为"奢侈品之都"，是奢侈品的天堂。城市形象为奢侈品提供了良好的发展空间，众多的奢侈品品牌也为城市的经济、文化注入了活力。有利的原产国形象会带给奢侈品品牌带来强有力的品质保证，这种类型的品牌在全球传播时应把原产国形象作为品牌个性的一部分加以宣传，充分利用有利的外部条件。如法国的香水、葡萄酒、时装是世界有名的，许多法国品牌在进入国际市场时充分利用这种有利的原产国形象，以"来自法国"作为自己的品质保证。瑞士的钟表也存在同样的情况，"瑞士制造"赋予了该国品牌劳力士、雷达、欧米茄极高的产品声誉，使它们可以从容应对来自日本和中国香港的低档手表的挑战。

很少有奢侈品会把自己的生产地移到其他国家或地区。虽然现在中国有着"世界工厂"之称，有着极其廉价的生产成本。但是全球第二大奢侈品集团——古驰的现任总裁明尼科·迪梭斩钉截铁地说："中国消费者不会去买中国制造的古驰产品。"中国消费者在使用欧洲奢侈品的时候，幻想的是来自异域的生活方式。

4.3.2 奢侈品品牌传播与消费者心理

社会文化因素是奢侈品品牌的跨国传播中最具影响力的因素。社会文化对消费者的消费心理、消费行为、消费习惯、消费特点有着最根本的作用。它决定了目标国消费者的行为准则和价值标准。消费者也正是在社会文化的深层影响下判断是否接受或拒绝一个品牌。奢侈品品牌最大的问题是在本土化的传播中应怎样对待当地文化中的价值标准。忽视这一点会给品牌传播造成负面影响。奢侈品品牌应对目标国的文化环境进行系统而深入的考察，检查现有的品牌是否与当地的文化传统和价值取向相吻合，差异在什么地方。在美国的奢侈品品牌发展的历程中，这个特点表现得尤为明显。

在第一次世界大战打响后，美国经济获得了飞速的发展，还发了一笔意外的"战争财"，国家经济加速发展的同时，催生出了一个全新的阶层——中产阶级。中产阶级对于贵族生活方式的向往，对于在欧洲发展遭阻的奢侈品品牌而言，无疑是个福音。于是，在 20 世纪 60 年代前后，众多的奢侈品品牌就像当年乘坐"五月花号"的征服者一样，开始挖掘美国这一块新的大陆。美国的消费文化是"大众"的，而非"贵族"的。尽管美国的中产阶级在很大程度上受到了欧洲风格和礼仪的影响，但却并不完全是贵族式的。这个阶级的人并不会过分地崇尚高贵与豪华的派头，他们希望的是比劳动阶层更有品位，但又不像贵族那样挥金似土。因此，中产阶级的消费行为更多的是为了寻求品位的提升以及个性的彰显，而非炫耀性地对身份和地位的强调。

奢侈品品牌产品的象征意义是明显的，这是因为，从其制造一直到销售的过程，奢华、高雅的品牌文化都贯穿其中。购买和消费奢侈品品牌产品，不仅象征了一个消费者的身份和地位，也体现了他的兴趣和品位。然而，要使这种象征意义迅速而有效地传递给品牌的目标顾客，奢侈品品牌必须找到一种适合美国市场的途径。另一方面，面对如此之大的市场规模，奢侈品品牌还必须在"走向大众"和"保持高调"之间做出选择。

最后，奢侈品品牌并没有采取走入市场的"亲民"策略，而是对它们的目标消费者保持了孤高的姿态，却又并非遥不可及。例如，奢侈品品牌会通过影视作品等向目标消费者传达那种优雅的上层社会的生活方式，并不断的激发人们对于品牌的象征意义的欲望。早在 20 世纪 60 年代，珠宝品牌蒂芙尼就借由奥黛丽·赫本主演的影片《蒂芙尼的早餐》赢得了广泛的声望。此时的好莱坞电影，为美国人呈现了一种来自欧洲的上流社会的生活景象。在这个时期之前，由于政府的积极资助，一批敢于冒险、野心勃勃的人在工业革命之后成为了企业家和富翁，即老一代的中产阶级人士。他们希望能够建立一种新的社会等级，使他们得在普通大众中鹤立鸡群。他们对于贵族型生活方式的学习态度，使好莱坞电影中，由各种"欧洲品位"的奢侈品所构建的"上品生活"成为了他们活生生的教材。而奢侈品品牌也首次通过电影这种形式，扩大了品牌的影响力，使品牌文化所象征的生活方式与品位深深地进入了老一代的中产阶级人士的心目中。

如今，各式各样的奢侈品品牌更是广泛地见诸好莱坞的影视作品中。在电影《穿普拉达的女魔头》中，奢侈品品牌的出现频率更是高到了让人眼花缭乱的程度。随着梅丽尔·斯特里普所扮演的女主编抛在助理桌上的一个个不同品牌的新款皮包，一个走在时尚浪尖、将时尚和品位操纵于掌心的人物就这么跃然而出。在这里，"普拉达"已不仅仅是一个品牌的名称，或是仅仅代表了这一个品牌，它的含义已经被延伸为"时尚"。

调动消费者心理是一个综合的过程，需要借助各种营销传播手段。我们可以通过比较雅诗兰黛和玉兰油这两个化妆品品牌不同的营销传播策略，来观察它们是如何通过合理的组合不同的营销工具，调动消费者的心理的。

雅诗兰黛作为一个顶级化妆品品牌，自1946年诞生以来，一直坚持着"高贵优雅、精致奢华、创新研发，把美丽带给每一位女性，实现女性梦想"的品牌文化。由雅诗兰黛发起的"粉红丝带乳腺癌防治运动"，一方面体现了作为顶级品牌的社会责任感，另一方面也是雅诗兰黛最主要的公关活动。从1992年发起至今已经有十几年的"粉红丝带"运动，在分发了600万份粉红丝带和乳腺癌防治资料卡的同时，也使数以亿计的女性更多地了解了这个品牌，使雅诗兰黛成为女性心目中关心自己、宠爱自己的象征。另外，"粉红丝带运动"还在40个国家的著名的历史建筑点亮粉红色的灯饰，吸引了众多的明星、第一夫人和其他知名人士的支持。这些活动都在媒体和公众中引起了不小的反响，起到了传播品牌文化的作用。在中国市场上，雅诗兰黛一直依靠精美的平面广告和POP广告来吸引人们的眼球，翻开任何一本大牌时尚杂志，都能看到雅诗兰黛化妆品的广告。相对的，雅诗兰黛较少在电波媒体上发布广告，只是在最近才投放了"21夜密集特润修护精华素"以及美白产品的电视广告。雅诗兰黛更多地为其VIP客户提供积分换礼的优惠，而不是直接的降价优惠。这是因为雅诗兰黛作为奢侈品品牌，它所希望的顾客关系是长久而又牢固的。在销售终端的选择方面，雅诗兰黛在中国市场上的74家专柜中，只有2家是设在丝芙兰（Sephora）中，其余的专柜都设在大型百货商场内，专柜的位置也大多处于商场一楼的显眼位置。从专柜的装修和展示，到销售人员的穿着和姿态，无不为其顾客带来舒适的尊贵享受。

在品牌代言人方面，雅诗兰黛与伊丽莎白·赫莉签订了多年的代言合同，还起用奥斯卡影后格温妮丝·帕特洛作为其香水的代言人。高贵优雅的代言人形象，更是强化并提升了雅诗兰黛的品牌形象。

与雅诗兰黛相比，宝洁公司旗下的玉兰油品牌是典型的大众化妆品品牌。玉兰油的品牌格言是"惊喜从肌肤开始"，它是年轻的、有朝气的、如同邻家女孩般亲和的。从这样的品牌文化出发，玉兰油所采取的营销传播策略与雅诗兰黛也有极大的不同。玉兰油投放的电视广告频率高、覆盖面广。因为这样的大众品牌需要不断地提醒消费者，来维持与她们的关系；同时，频繁的投放新的广告，也利于树立品牌年轻朝气的形象。玉兰油更多的采取广告而非公关手段来进行品牌传播的原因是，广告的影响面更广，产生的影响也更迅速和直接。在促销形式方面，玉兰油目前只在两个城市推广了VIP会员的积分回报计划，但同时，消费者却可以通过其网站成为其注册用户，享受一定的会员待遇。很明显，与雅诗兰黛相比，玉兰油的目标顾客更年轻，更接受网络这种新的传播形式。我们可以在很多卖场中找到玉兰油的专柜，这传递的信息是：使用玉兰油的产品护肤就是日常生活的一部分。即使是设在百货商场中的玉兰油专柜，也常常同美宝莲、ZA等大众化妆品品牌一起，设在商场的2楼或其他较为不显眼的位置。张曼玉、宋慧乔、林志玲、Sasha等众多的明星和名模都担当了玉兰油的代言人，频繁出现在广告以及媒体活动中。除代言熟龄产品的张曼玉之外，其他的代言人都比较年轻，她们笑容明朗，正如玉兰油的品牌文化一般，富有朝气。

通过表4-2在品牌营销工具上的比较，可以看出雅诗兰黛作为奢侈品品牌的独特的品牌营销策略。

表4-2　雅诗兰黛和玉兰油不同的品牌传播策略

	雅诗兰黛	玉兰油
品牌文化	奢华精致、实现女性梦想	肌肤惊喜、年轻朝气
广告	主要在《Elle》《Vogue》、《时尚》等大牌时尚杂志投放平面广告，此外还有POP广告、户外广告以及网络广告	大量的电视广告、各种女性杂志的平面广告、POP广告以及网络广告
公关	粉红丝带运动、包括赠粉红丝带和防治资料、点灯活动、酒会、纪录片等各种形式	"新自然新主张OLAY NATURE新才艺选拔大赛"，赞助"模特精英大赛"等
促销	VIP优惠、套装优惠	直接折扣，为网站的注册会员提供折扣
销售终端	除2家专柜在丝芙兰（Sephora）内，其余都是在大型百货商场内的专柜，专柜处于重要位置、销售人员专业、热情	百货商场内的专柜、大型卖场内的专柜，单柜销售人员少，能够提供的服务也较简单
代言人	目前的代言人有三名，伊丽莎白·赫莉、格温妮丝·帕特洛以及莉雅·凯蓓帝	张曼玉、宋慧乔、林志玲、Sasha等众多的明星和名模

4.3.3 奢侈品品牌传播与品牌生命周期

一个完整的品牌生命周期应依次经历导入期、知晓期、知名期、退出期等四个阶段（见图 4-5）。品牌的历史是由强势的增长期与相对平滑的停滞期相互交错所构成的，有时甚至可能会出现急速的扩张或快速的退出现象。

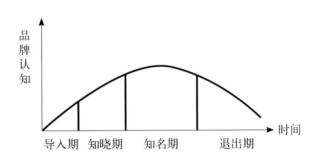

图 4-5　品牌市场生命周期曲线

1．导入期的广告策略

品牌培育战略就是"市场分析—品牌定位—未来地位设定—品牌企划—实施与评估—市场分析……"这样一个封闭的循环圈，也是一个螺旋式上升的过程。因为消费者对新品牌认知评判极少，所以，如何在消费者空白的印象中导入一种有利的品牌形象十分重要。

在广告策略上，提高产品的知名度和认知度是这一阶段的首要目标。广告投放上要求及时或提前宣传，扩大产品的宣传声势，传播内容上主要应以产品的性能和特点的介绍为主。在广告目标市场的选择上，一般采取无差异性的市场广告策略，以探求市场需求和潜在顾客，同时结合有效的公共关系、人员促销、销售促进活动，打开产品的试销局面。

而在奢侈品品牌的品牌市场生命周期中，品牌的重新导入是一个比较常见和受人关注的问题，同时这也是绝大多数处于知名期或者退出期的品牌所面临的很现实的问题。连续性的重新导入最为成功的例子是古驰（GUCCI），在 1995 年和 1996 年间古驰做出了第一次重要的品牌重新导入。2001 年，"9•11"事件对于古驰产品的销售产生了极大的负面影响，这一影响持续到 2002 年，同时 LVMH 集团和 PPR 集团对于古驰的控股权的斗争也对其他产品的销售产生了负面影响。然而由于品牌的重新导入，即使在 Messre Ford（原创意总监）和 De Sole（原首席执行官）离开的情况下，2004 年和 2005 年古驰的市场表现也很强势。古驰品牌以其自身实力回归到一个弹性区间。

重新导入现象与新的生命周期的创立是相对的，实际上，这是品牌的第二次或第三次生命。重新导入所产生的效果很少如此明显，很少与我们所说的"巨大跳跃"相协调对应，尤其对于古驰产品 1995 年、1996 年的第一次跳跃而言。这样的重新导入意味着该品牌的重新配置，以及其品牌形象、目标人群的巨大调整。重新导入政策像是通过建立新的品牌价值并与该品牌的早期价值相兼容，给予品牌一个新的生命周期。

2. 知晓期的广告策略

这一阶段仍然必须加强各种营销传播活动，但应对战术性营销策略和战略性营销策略的侧重点进行适当调整，即采取两者并重的战略。因为即使在知晓期，仍需要通过战术性营销策略加强目标社会公众已有的记忆和印象，扩大知晓度成果，所以只能对此策略进行适当收缩；提高战略性营销策略的力度和比重则可以把目标社会公众的知晓度升华到认同、信赖。

另一方面，善于运用口碑原理，利用已对品牌认同和信赖的目标消费者进行传播，加快传播速度，提高传播质量和效率，缩短知晓期向知名期转变的过程。所谓口碑原理是指一种以口头传播为主要形式，以传播者之间的相互信任或相互有密切关系或兼而有之为基础的一种信息传播方式。口碑原理具有三个重要特性：一是选择性，即人们在传播信息时会以传播者所认为最主要的信息作为传播对象，这可能是产品质量，也可能是价格、品牌的地位等；二是主观性，即人们所传播的信息是经过自己的思维加工而成的，它必将带有一定的主观色彩；三是高效性，由于传播者之间的关系，往往一次传播将对被传播者的购买行为和态度产生决定性影响。美国洋基洛维奇事务所与《美国周末杂志》1996 年就口碑原理问题对消费者进行抽样调查，结果发现因亲朋好友推荐而购买的占 63%，因看电视广告而购买的占 25%，因报纸广告而购买的占 15%，因杂志广告而购买的占 13%，因售点广告而购买的占 13%（其中包括交叉信息）。日本电通广告公司的调查也得出相似的结论。可见口碑原理在信息传播和影响消费者购买行为中占有十分重要的地位。

在广告策略上，广告宣传的目标是紧紧围绕如何进一步提高市场占有率而建立，广告宣传的重点应从宣传产品的功效上为主转为建立产品形象、宣传商标为主，以树立产品的市场形象，维系老顾客、吸引新顾客，因竞争激烈，产品信息宣传不再仅局限于满足向消费者提供告知性的理性知识，而是可突出宣传本企业的经营理念、产品质量以及服务保证等美誉度方面，加强消费者对品牌的好感度；在广告投放时间上，应选用均衡时间策略，有计划地、反复地、均衡地对目标市场进行"细水长流"式的广告宣传，以逐步达到加强印象、保持记忆、巩固效果、提高知名度的目的。在目标市场的选择上，则适宜采用差异性或密集性市场策略，以满足不同细分市场顾客的需求，针对其做不同主题的广告。因这一时期受导入期广告效果的延续性影响和密集宣传，此阶段的广告费要比前期降低，广告规模比前期缩小。除此以外，企业在成长期还应做好产品的售后服务工作，以优质的服务赢得市场和吸引顾客，这样广告才能达到更好地树立企业形象的效果。

公关活动是品牌推广的一种重要形式。通过公关造势来推广品牌与常见的广告宣传相比更具曲径通幽之功效。消费者对商业味很浓的广告往往采取一种审慎、怀疑甚至排斥的态度。而运用公关手段，往往能通过比较中性的媒介来传递品牌信息，可信度高，消费者易于接受。如可口可乐在二战前与其他饮料相比并无出众之处。二战爆发后，可口可乐公司巧妙地抓住了这一千载难逢的机会将可口可乐饮料送到美军前线，为战士们解渴。之后，可口可乐成了世界流行口味。

3. 知名期的广告策略

品牌一旦进入知名期，或者说跨入名牌行列，企业便立即面临对它已有的"知名度"进行维护与完善的问题。这个阶段应从战略高度出发，以目标企业形象为中心，通过传播、维护和完善良好的品牌形象，不断提高和维护目标社会公众对品牌的忠诚度。

首先，维护和完善知名品牌所代表的产品的品质形象。我们在前面几个阶段曾假定品牌所依附的产品具有值得信赖的质量水平，但是，到了品牌的知名期，企业仅仅从具体产品角度以优良的品质满足目标社会公众的需要就显得不够了，而是要对此进行升华，即力求在广泛的目标社会公众中维护和完善品牌所代表的产品的良好品质形象，使品牌成为企业所有产品良好品质形象的代表和象征。

其次，完善品牌的个性特征。品牌个性就是在品牌定位基础上的人格化、个性化的品牌形象，它代表特定的生活方式、价值观念和消费观念，其目的是与目标社会公众建立起有利于企业的情感联系。完善品牌个性的根本目的是向目标社会公众展示一个代表某种价值观、消费观的生活方式，这个生活方式既要与产品的特色相适应，又要能引发符合目标社会公众个性需求的、心理上和情感上的联想，激发目标社会公众的购买欲望。这时品牌所代表的产品已不仅仅是某种具有自然属性的物品，而是一种有个性、有生命的东西。

再次，融战术性和战略性为一体的营销策略。就知名期的基本任务和特点来说，战略性营销策略应该是主调。无论是维护和完善品牌形象，还是完善品牌个性都是如此。但是，企业的任何目标最终都要通过产品销售实现，而任何企业产品销售一般都有其特定的规律性和特殊的要求，如淡旺季的规律性、扩大产品的市场份额、增加产品单位时间里的销售额、完成计划年度的销售目标等。此外，即使在知名期，企业仍然要继续扩大品牌影响，使更广泛的目标社会公众认识或重新认识已有较高知名度的品牌。这些都要求企业在这一时期的信息传播活动中以战略性为主调的同时，辅以战术性营销策略。最完美的选择是把战术性和战略性统一起来，这也是营销策略的最高境界。

最后是应变策略。无论是品牌形式，如名称、标志等，还是品牌的内涵，如品牌的个性、品牌形象等。它们作为一种人的意志体现和特定客观社会经济环境条件下的特殊产物，以及一种代表和象征，都不是一成不变和一劳永逸的。它们一方面会随着人的认识的提高和深化而发展，另一方面还应该随着客观社会经济环境、企业经营战略和方针、组织规模等的变化而进行调整。只有这样品牌才可能永葆青春，它的知名度和良好的品牌形象才有可能得到维护和提局。

当然，在知名期，企业仍然需要对品牌进行升华，使品牌成为企业产品良好品质形象的代表和象征，继续扩大品牌影响，使广泛的目标社会公众认识或重新认识已有较高知名度的品牌。

如宝洁公司每年都会拿出利润的30%来进行维护品牌的广告投放，无间断广告策略虽与其产品大多是日化产品的特性有关，但持续的广告渲染，使得其各类产品的概念深入人心，逐步培养了品牌的忠诚度，从而也稳固了市场占有率，延长了产品的成熟期。广告还应致力于宣传产品的新增性能、新用途、新个性、新使用场合等，满足消费者的新需求，培养消费者对系列产品的接受感，提高顾客的购买率和重复购买行为。同时企业还应继续深化产品的服务，注意加强售后服务工作，增加服务项目，提高服务质量，以巩固企业形象。

4. 退出期的广告策略

在产品成熟期的后期，产品的销售量下降速度开始加剧，企业盈利少，甚至亏损，原有的产品已无法满足消费者需求，这就可认为产品进入了退出期。产品的退出期也预示着下一轮产品生命周期的开始。

在退出期，大量的竞争者退出市场，消费者消费习惯发生转移，此时，企业的广告策略的运用可从以下几方面考虑：一是如果企业发现自己的产品还处于行业中竞争实力和品牌忠诚度较高的行列时，可考虑增加或维持现有投入广告水平、设法延长产品的市场周期。二是采取收缩策略，可把广告预算集中用于最有利的细分市场和最好销售的产品品种与款式上来。三是对于退出速度较快的产品，应当机立断，直接采取放弃态度，对广告不再进行任何投资，而把主要投入放在新开发产品的导入期，全力以赴于新产品的宣传上。这一时期，企业维护老产品的广告宣传也属于"提醒型"广告，提醒老顾客注意产品的存在，唤起人们对品牌的怀旧意识。

品牌出现衰退现象最直接的表现是其所代表的产品市场占有率、销售额、销售利润等出现较大幅度的持续下降。对此，企业应进行深入细致的调查研究，具体分析导致品牌退出的原因。一般来说，这种原因主要有两个方面：一是企业本身的失误，即企业在品牌知名期对品牌的维护与完善策略不当，例如，由于企业经营管理不善导致品牌所代表的产品质量不稳定，甚至持续下降；或者是产品技术、设备等更新换代不及时，不能适应目标社会公众的需求变化；或者是营销策略不当；或者是企业没有针对企业内部条件和外部条件的变化而采取相应的应变策略。二是相同或替代性的且更具竞争力的产品加入市场竞争。对于上述情况，企业应对症下药，采取有力的措施。

4.3.4 奢侈品品牌传播与网络时代

随着互联网的蓬勃发展，电子商务也在迅速崛起。电子商务改变了传统的买卖双方面对面的交流方式，也打破了旧有经营模式，它通过网络使企业面对整个世界，为用户提供每周7天、每天24小时的全天候服务。电子商务的规模正在逐年迅速增长，根据2009年研调机构IDC发布的研究报告，2009年全球网络人口已超过16亿，略高于总人口数的四分之一，2009年全球网络购物总金额逼近8兆美元(包括企业对企业以及企业对消费者)。IDC预估，2013年底全球上网人口将超过22亿，占总数的三分之一以上，2013年全球电子商务交易额将超过16兆美元。虽然不同研究咨询机构对电子商务的增长预测有一定差异，但电子商务的飞速增长已是不争的事实，它带来的商机是巨大而深远的。由于电子商务所依托的互联网的全球性和开放性，电子商务的影响将是全面的，它不但在微观上影响企业的经营行为和消费者的消费行为，而且在宏观上影响到国际贸易关系和国家未来竞争力。

正是基于这样一种大的网络经济发展环境，奢侈品的消费也顺应这一发展趋势，品牌公司纷纷建立起自己的品牌网站，在第一时间将自己的产品通过便捷、无限的网络空间展现给消费者，不仅把网络作为一种媒介、宣传的手段，更努力将其运用为一种直接交易、信息及时沟通的平台，据新浪网提供的统计数据显示，全球范围内的奢侈品网络交易额日益飘升。欧洲的网络商铺，平均每 3 分钟售出一种古董、每 15 分钟售出一台手提电脑、每 40 分钟售出一辆轿车；而在中国的 B2B 网站上，手机正以每分钟一部的高速度成交，而首饰的卖速甚至更高，达到了半分钟一件。事实上，在网络销售日渐崛起的今天，无论在个人交易活跃的淘宝网还是在开放海外贸易的 eBay，网络买卖奢侈品正在成为一种重要的潮流，在网络上销售奢侈品更早的例子则数全球最著名的网站之一 Amazon.com 投资的奢侈品网络销售站点 Ashford.com。

奢侈品消费向网上的转移，肯定将成为我国电子商务今后发展的必然趋势，随着商品的增加与网络购物意识的增强，势必将奢侈品的网络消费带入一个新的天地。

贝恩公司 2009 年的奢侈品研究报告，对中国的网络奢侈品消费做了一个调查（见图 4-6）。根据研究，网络正成为中国市场上重要的营销渠道，但是目前而言网络仍不是有效的销售渠道。越来越多的消费者选择从网络上了解到奢侈品的有关信息，因为网络可以让消费者熟悉产品，便于在不同品牌之间进行比较。但是由于无法感知到真实的产品本身，而且产品价格相对昂贵，大多数消费者还是选择门店购买。成熟市场的网络消费情况将在下面进行描述。

第4章 奢侈品品牌传播

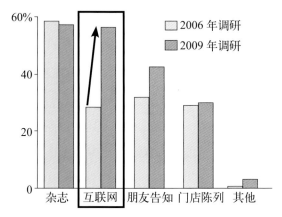
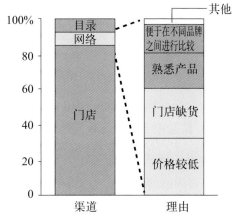

图4-6 中国奢侈品市场网络消费调查

资料来源：贝恩中国内地奢侈品消费者调研。

1. 日本的奢侈品网上消费状况

当今世界，41%的奢侈品都被日本人购买，相对而言，世界第一经济强国——美国每年奢侈品消费量只占世界奢侈品消费总量的18%。日本民族对奢侈品有种近似病态的崇拜，即使在日本经济严重衰退的10年，日本人对奢侈品的消费也没有丝毫的减弱。

互联网和第三代数码手机的快速普及是扩大网络购物的催化剂。截至2004年年底，日本的网民已经达到7948万，宽带用户达到1866万，平均每三个家庭中就有一个宽带用户，第三代数码手机用户也上升到了3035万。高速通信网络的构筑与完善为网上购物创造了基本条件。据日本《互联网白皮书》发表的调查统计结果，日本的网上购物已经相当普及，在2004年，有89.1%的电脑网民在网上购过物，18.1%的手机网民在网上买过商品。调查还显示，日本网民一年内人均网上购物8.8次，其中电脑网民每人年均购物额9.50万日元。电脑网民购买最多的是图书杂志以及各类光盘，其次是服装和装饰品，而在这些服装和装饰品中有相当一部分是价格昂贵的奢侈品。

在日本，一切可能并可以在现实生活中应用的营销方式都被聪明的日本人搬到了网络这个虚拟世界里。汽车、豪华公寓、珠宝首饰、游艇、酒店、高尔夫等这些极度奢华的商品和生活方式都被日本人利用网络加以营销，而在这些营销中最为传统的要数网络广告和自办网站，翻开日本的各大门户网站，各种名车和豪宅的广告比比皆是，日本人相信，与传统的媒介宣传相比，网络更具针对性和动感，费用也更为低廉。而在日本最大的两个电子商务网站乐天和雅虎日本上，奢侈品的交易已占到相当的比例。与此同时，对奢侈品有着病态热爱的日本人还经常光顾国外的大型奢侈品网站和交易平台，以购买他们所心仪的商品。

2. 美国电子商务与奢侈品网上消费

美国是当今世界的第二号奢侈品消费大国，但美国的奢侈风潮明显有别于日本，简单言之，美国的奢侈消费有历史，而日本只是模仿和炫耀。现代意义上的消费主义（奢侈主义）起源于19世纪末的美国。

近几十年，美国人的消费愈演愈烈，20世纪八九十年代是美国中产阶级家庭疯狂消费的年代，90年代末，"美国梦"（郊区一所小房子、两辆车、一年一度假）大为拓展。在不到50年的时间里，美国中产阶级的住宅扩大了一倍，越来越多的人有了第二处房产，汽车也越来越讲究，有人称之为"贪婪的年代"。美国富人疯狂地购买凌志车、劳力士表、名牌笔，收藏艺术品，把奢侈品的消费推向新的高潮。

基于强大经济实力的支撑，美国的奢侈品消费具有相当程度的普适性，美国人对高档生活的追逐渐成一种习惯，但这种奢华有别于近乎病态痴迷的日本。相对于日本人个人化色彩浓重的炫耀性消费，美国人的奢华更多带有家庭色彩，高档住房、外出度假外加极品的体育赛事成为美国人消费的主流。因此在某种程度上美国人的奢华是一种生活态度和情趣，奢华而不奢靡。作为世界头号的经济强国，美国引领着世界的时尚标准和消费潮流，它是世界奢侈的风向标。同世界其他国家一样，美国的奢侈品消费也是基于传统的商业形态：大型专卖店、高级购物中心等这些上层社会极度痴迷的地带承载着绝大多数奢侈品品牌的光荣与梦想。随后出现的一些新的商业形态如大型超市、便利店等也承担了部分奢侈品的流通功能。

在如今的美国，网上购买奢侈品已渐成风潮。人们对于钻石等奢侈品的网购情有独钟，其增长势头远远领先于其他网购产品，增长率高达67%。著名的电子商务网站亚马逊公司自涉足珠宝等奢侈品销售以来，业务连年成倍增长，有专家预计其奢侈品网站的销售额很有可能在未来超越传统的图书销售。在美国，珠宝商蒂芙尼是第一个承认互联网潜力的高级品牌，它并不仅仅把互联网当做一种在线导购手册，而且，1999年它开始向美国顾客进行在线零售，2001年12月英国也继之而起。而今，豪华时装公司古驰在美国开展在线销售7个月之后，目前又在英国开办了在线业务，销售手提包、鞋子和皮件。其他著名品牌如爱马仕和路易威登也在美国进行在线销售。

3. 奢侈品网上消费的共同特点

（1）消费内容的丰富性

随着网络技术的日新月异，网络本身也逐渐完成着在全球的延伸和铺设，数量巨大的、多样化的信息像潮水般涌进人们的感性世界。人类智慧所能涉及的全部内容都能以信息的方式展现在网络世界中。同时，作为奢侈品的内容也呈现在丰富多彩的网络空间中，上至一些豪华的名车、珠宝、别墅、服饰等人们在现实生活中能够比较容易寻找到的种类，下至一些古董、珍稀邮票、特色收藏等有些不易在市面上找到的奢侈品信息，给消费人群提供一个极为宽泛的信息渠道，为人们展现出一个富于扩展的消费空间。从网络销售的角度来看，没什么东西是不可以卖的，只要不犯法、不违规，任何商品都可以成交，即便是开出天价的奢侈品也在其列。目前，网上"豪卖族"的人数虽然有限，可他们的成交量不可小觑，少数"铺子"的生意甚至可以用"火爆"来形容。就笔者个人的观点而言，在电子商务领域，只要商品本身具有的时效性不是太强，卖家通常不必为销路发愁，成交只是或早或晚的问题。

（2）消费的个人化和个性化

科技的发展，促使网络消费呈现出极具个人化、个性化色彩的显著特征。信息的供应者和消费者之间的个体互动关系更加密切。从单纯的消费角度而言，面对纷至沓来的众多信息，消费者完全根据个人的兴趣、爱好选择自己最满意的内容；从信息的供应者角度而言，只有根据消费者的个体需求强化信息的针对性，才有可能达到预期的效果。于是，从信息的搜集、加工到发布都鲜明地烙上了个性化的印痕。对于奢侈品在网络中的消费也不乏如此，如国内800buy珠宝新天地的奢侈品网络销售中，其可以根据顾客的特殊要求利用无库存的优势来对每个产品进行单独的定制服务,从而使顾客满意。

(3) 服务的及时性

在对奢侈品进行消费时,毕竟购买诸如珠宝、钻石等名贵物品的客户身份是比较尊贵的,同样以 800buy 为例,其每个顾客都能享受到一对一的 VIP 服务,以电话确认开始,交易中出现的一切疑问和问题都能得到客户经理无比迅速和专业的回应,所有一些传统店铺因为备货不全而无法拥有的特殊尺寸的首饰(如大于 20 号或小于 6 号的女戒)都可以在网上店铺中找到,在戒指上增加名字或者某个纪念符号更是轻而易举,因为对于网上珠宝店来说,本身就有这样的天然优势,无库存,每个产品都可以单独定制,这样就可以使商家及时调整,对消费者实施最为全面的服务。

(4) 消费价格让利幅度较大

由于网络的跨空间特性,消费者可以通过在线查询作跨国界的价格比较,从而看到一些公司通过差别定价、向顾客收取不同的高额溢价的现象,因为这些溢价的差别和成本中的实际差别毫不相关,消费者得以在交易过程时对价格有一定的把握。相对于商家,电子商务的特殊形式决定了商家在成本方面有其独特的优势,而这些都被网络作为优惠返还给了自己的顾客。相对于普通产品来说,在网上购买可能只能节约几块钱,但是对于奢侈品来说则可达到几千元、几万元。比如像手提电脑、钻石这样的消费品,尽管网上开价动辄上万元、上十万元,可和同类商品的市场价相比还算是便宜的、划算的。

(5) 消费信息的便捷性

发达的网络通信技术可以使消费信息的获取占尽先机,比如卖汽车这类的消费品,如果缺少网络支持,销售受到的地域性限制就会非常明显。在传统销售模式中,买家必须先跑到销售点实地看货,落实后再约定取车事宜。买卖现场转到了网上后,买家的奔波辛苦全免了,不管身处何地,只要一台电脑、一根网线就能详细了解商品信息,这对买卖双方来说都省时省力。

讨论案例:蒂芙尼(TIFFANY)——早餐的艺术回声

1837 年 9 月 18 日,查尔斯·路易斯·蒂芙尼(Charles Lewis Tiffany)贷款 1000 美元作为资本,在位于纽约市百老汇大街 259 号开设了一家名为 TIFFANY & Young 的文具及日用精品店，开业当天的营业额仅为4.98美元；至查尔斯·路易斯·蒂芙尼在1902年逝世时，遗留下的财产为3500万美元。

没有财富是从天而降的，从一个小小的文具精品店发展到今天世界上最大的珠宝公司之一，"经典"已经成为TIFFANY的代名词，因为有太多的人以佩戴TIFFANY的首饰为荣，那是与历史共同沉积而发展至今的。

如今，蒂芙尼已经成功地在自己的消费者中建立了一种关于"奢华品"的品牌形象，并且成为了高品质和价格不菲的象征。当人们说到某行业中的某品牌是针对高消费群体并且质量精良时，往往称之为"你就是这行里的蒂芙尼"。

一部电影牵手一次传奇

清晨时分，纽约第五大街上空无一人，穿着黑色晚礼服，颈上挂着假珠宝项链，打扮入时的优雅女子独自伫立在蒂芙尼珠宝店前，脸颊紧贴着橱窗，手中拎着一个牛皮纸袋，边吃着袋里的可颂面包、喝着热咖啡，边以艳羡的目光，观望着蒂芙尼店中的一切……这一定格正是1961年由世人心目中的优雅女神奥黛丽·赫本主演的电影《蒂芙尼的早餐》中的经典场景。影片中，赫本饰演一个出身贫寒却一心梦想嫁给富人的年轻女子，此刻女主角心中真正想"吃"的，不是什么早餐，而是晋身蒂芙尼所影射的上流社会。

《蒂芙尼的早餐》的上映让蒂芙尼更加"名副其实"。透过电影图像，蒂芙尼优雅精致的珠宝首饰、淡蓝色装潢的高雅专卖店，不单是一个品牌符号，更成为具有情感象征的图腾。尽管它本身已是世界知名的珠宝品牌，但是赫本让蒂芙尼变成了一个梦幻之地，

一个汇聚了人所能找得到有关"梦想"、"永恒"和"经典"等美好字眼的地方。可以说，这部电影将蒂芙尼的高雅风格表达得淋漓尽致。

美国文化、纽约风格，就这么经由商品与传播媒体的结合，而渗入我们的生活之中。于是我们与《蒂芙尼的早餐》中为情所困的奥黛丽·赫本一起在TIFFANY橱窗前徘徊；与《西雅图夜未眠》里的梅格·瑞安一起挑选咖啡瓷具组，欣赏她戴上后来又退回的结婚戒指；与《恋爱世纪》中的松隆子，一起凝视那颗代表爱情不确定性的水晶苹果……

TIFFANY，一个纽约的、美国的、世界的名字！

传奇设计　永恒魅力

蒂芙尼的设计崇尚经典，从来不跟风、不媚俗，完全凌驾于潮流之上，因此每一件作品都有着永恒的魅力。

蒂芙尼创立不久就设计出了束以白色缎带的蓝色包装盒，成为其著名的标志。19、20世纪之交，蒂芙尼品牌首次使用不锈钢首饰盒，强调要银色，不要金色。

20世纪50年代，蒂芙尼将巴黎著名珠宝设计师吉恩·施伦伯格带到纽约，让他大展身手，为自己公司设计高级珠宝饰品。20世纪蒂芙尼最举足轻重的珠宝设计师之一让·史隆伯杰于1956年加入蒂芙尼公司，将花卉、鸟类、海洋生物等自然之物，幻化成令人目眩、举世无双的珠宝。他设计的珠宝色彩缤纷，不但为其带来数之不尽的荣誉，更赢得好莱坞贵族与世界时尚名流的倾心拥戴。1974年，前模特、艺术家珀雷蒂开始为蒂芙尼设计珠宝，她从骨头、咖啡豆等天然物品中获得灵感，设计了一种价格不高却精美出众的项链，并以此向仅为富人设计宝石的陈旧观念挑战。正如埃尔莎所说：我设计一个造型，一定要找到它的精髓——这正是其作品的魅力所在。她设计的镂空鸡心形项圈畅销长达20年之久。

1981年，帕洛玛·毕加索成为蒂芙尼的设计师，她仍奉行非神秘化的设计宗旨，创作的饰品造型非常简洁：随意的十字架，看似漫不经心的波形曲线……

21世纪，蒂芙尼迎来了一位新的设计师——他就是名闻国际的建筑大师法兰克·盖瑞。蒂芙尼于2006年推出的Frank Gehry设计系列，其中荟萃着无穷的想象力和设计师毕生对艺术的追求。在盖瑞的手中，无论是珍贵的金属还是石头木材，都被塑造成弯曲自如的形状，在与蒂芙尼精湛工艺的珠联璧合下，这些形状最终成为独具创意、浑然天成的珠宝。

每位与蒂芙尼合作的设计师，均以各自独有的风格，点缀了蒂芙尼的悠长历史，同时也在艺术设计史上写下辉煌的一页。世界各国博物馆和收藏家，均把蒂芙尼的大师级作品视为珍藏。

在漫长的岁月里，蒂芙尼这个珠宝世家成为地位与财富的象征，但是路易斯·康福特·蒂芙尼有句话说得好：我们靠艺术赚钱，但艺术价值永存。

创新魔力的传承

1837年9月，蒂芙尼商店创建。这家店的所有商品都用价签标价，不允许顾客讨要折扣，这在当时算是新的经销方式。

1851年，蒂芙尼推出设计精美的银器，引起广泛关注。此后，它率先使用925银，这在后来成为了美国银制品的标准。

1861年，蒂芙尼受邀为林肯总统就职典礼设计纪念水罐，林肯当时送给妻子的一套珍珠首饰也是蒂芙尼产品。林肯开了先例后，其他美国总统和外国元首争相效仿。美国内战期间，蒂芙尼为北方军队提供剑、旗帜和外科手术器械，后来又为格兰特将军和谢尔曼将军制作过嵌宝石的佩剑。

1867年在巴黎世界博览会上，蒂芙尼因其精美的银器成为美国第一个获得博览会大奖的品牌。4年后，它推出了以日本自然风景画为设计灵感的Audubon系列银餐具，这一系列至今仍是蒂芙尼最畅销的产品之一。

1877年，在南非甘巴利矿石场采得TIFFANY之钻，是全世界最大也是最完美的黄钻石，1878年，查尔斯·路易斯·蒂芙尼以18000美元购到这颗重287克拉的钻石后，根据TIFFANY的传统，切割时必须借助灵巧的切割工艺展现钻石的光芒，而不是保持钻石的大小，这颗黄钻最后被切割成90刻面钻石，重达128克拉，仿佛像一团从内向外燃烧的火焰，璀璨夺目。同年，自由女神像运抵纽约，TIFFANY特别为此设计请柬，纪念当时克里夫兰总统主持揭幕盛事。

1878年巴黎世界博览会，令查尔斯·路易斯·蒂芙尼从名不见经传的珠宝商，一夜成名为全球瞩目的设计大师，并且出人意料地获得包括银器设计大奖和珠宝设计金奖在内的8个奖项。

1886年，著名的蒂芙尼六爪镶嵌法面世，立刻成为订婚钻戒镶嵌的国际标准。这种六爪镶嵌法将钻石镶在戒环之上，尽量将钻石承托起来，让光线全方位折射，使美钻尽显璀璨光华。到19世纪末，蒂芙尼的实力已经与欧洲珠宝商不相上下，它的顾客中包含有欧洲王室与富豪，创始人查尔斯·路易斯·蒂芙尼被美国媒体称为"钻石之王"。

1902年，查尔斯·路易斯·蒂芙尼去世，其子路易斯·康福特·蒂芙尼接班，并成为公司首位设计总监。小蒂芙尼本人是位珠宝设计家和玻璃工艺大师，他设计的蒂芙尼灯饰自成一派，获得极大成功。此时，蒂芙尼已成为美国工艺品的杰出代表，其质量与设计堪与欧洲同行抗衡。

20世纪初期，TIFFANY已经吸引了23个当时的皇族家庭光顾。包括英国维多利亚女王、俄国沙皇、波斯国王、埃及总统、巴西国王，以及意大利、丹麦、比利时及希腊的帝王。多年来，为世界所有的国家元首设计不同的物品也成为TIFFANY最引以为荣的经历。

蒂芙尼一直以纽约为基地，1963年才在旧金山开设了纽约以外的第一家分店。1972年蒂芙尼走出国门来到东京，1986年在伦敦开店，从此进入欧洲市场。

1999年，TIFFANY推出一款独家设计的全新钻石切割法及镶嵌法。Lucida的钻石呈方形，线条简洁迷人，钻石冠部的分层切割使得钻石更具层次感，不仅内外散发夺目光芒，且移动时也会产生不同的光泽。该产品一经推出又引起轰动，TIFFANY订婚钻戒再次光芒四射。

蒂芙尼的不断创新使它一直在全球珠宝界居于领先地位，如今蒂芙尼不仅是世界首屈一指的珠宝商，它在纯银器皿、瓷器、水晶和手表等方面的工艺和设计也享誉国际。

4C+1P 钻石价值鉴定要素

简单地说，鉴定钻石价值通常有四个要素（4C）——切割、净度、颜色和克拉重量

(Cut、Clarity、Color、Carat weight)。但这些要素并不足以衡量一颗钻石的真正品质、美感和价值。蒂芙尼超越常规的"4C"标准,另外提出了一些钻石品质鉴定标准(Presence),包括切工准确度、对称度和抛光,并称为"宝石风采"。这些额外的准则从美学角度对钻石作出了新的诠释。

- 切工

切工代表钻石表面的切割比例。一颗钻石的美丽光芒,主要取决于切割排列的准确度。然而为追求极致璀璨,不得不有所取舍。

为最大限度地展现钻石的亮光度、色散光度和闪光度,必须切除大半的钻石,因而钻石尺寸通常随之变小。反之,假如切工的重点是尽可能保持钻石的尺寸而非璀璨光芒,则通常要在亮光度、色散光度和闪光度上作出妥协。

一颗钻石的光芒取决于每一个切割面的准确形状、定位和角度。

蒂芙尼钻石的切工始终追求极致华美而非尺寸大小。

- 颜色

钻石的颜色分级是评估钻石质量的关键因素,但时常产生误导,因为理想的订婚钻戒应该是无色的。换句话说,就是通透的完全不着色或近乎无色的钻石才最受推崇。

蒂芙尼宝石鉴定室以专业鉴定用的"比色石"来评估每颗钻石的颜色分级。

只有颜色分级达到"I"或以上的钻石才会被蒂芙尼采用。

精确的颜色分级标准最高为"D"(无色),最低为"Z"(淡黄色)。

- 净度

钻石的价值还取决于其净度,它会直接影响钻石售价和闪耀光芒。

实际上,所有钻石都含有细微物质,即所谓的杂质和瑕疵。当钻石在十倍放大镜下也找不到内部杂质(云状物、羽状纹或针点杂质)或表面瑕疵(刮痕、白点或小缺口)时,它便可被冠为"全美钻"。但由于完美无瑕的钻石极其罕有，因此其价值亦会不菲。

所有符合宝石等级的钻石都可以依据业内标准获得精度评级。钻石净度由FL级（全美）至I3级（内含特大杂质）不等。

蒂芙尼宝石专家对于其他许多珠宝商能够接受的缺陷坚决予以拒绝。蒂芙尼不会采用任何含有杂质、缺口、表面杂质和激光钻孔的钻石。

蒂芙尼坚持用比大部分同业更严格的净度标准，以求得到更加华美的钻石。任何对钻石进行加热处理、颜色调较或加入其他物质的行为，蒂芙尼都不会接受。蒂芙尼钻石在被镶嵌之前和之后都会经过严格的检验。根据蒂芙尼的独有标准，任何已镶嵌钻石的净度不可被评为FL级（全美）。原因在于：镶爪会阻碍鉴定师的视线，令其无法全面检验该钻石，因此将其评为全美级会令人质疑。

● 克拉重量

所有钻石均以克拉为重量单位，一克拉相当于0.2克。蒂芙尼宝石鉴定室量度钻石的精确度达千分之一克拉。

钻石不能单纯以克拉重量来评估价值。两颗相同重量的钻石，可能因品质的区别而价格相差甚大。事实上，较小体积的钻石，会比切工、净度、颜色或宝石风采较差的大钻石更为美丽夺目。

—— 原石

如两颗钻石品质相同，体积较大的当然价值较高。一般说来，一颗两克拉的钻石会比一克拉的钻石价格高过两倍，而优质的大钻石更是物以稀为贵。

● 宝石风采

蒂芙尼超越常规的"4C"标准，额外增加了一些重要的钻石品质鉴定标准，包括切工准确度、对称度和抛光，并将其统称为"宝石风采"。

切工准确度：任何宝石等级的钻石，尤其是蒂芙尼的圆形美钻，每个切割面的形状、大小及角度都非常重要。每位专业钻石切割师必须依据指定的比例图来进行"优质"的准确切割。当中稍有误差，蒂芙尼宝石鉴定室的宝石鉴定师便会立即找出有问题的钻石，当即将其弃用。

对称度：蒂芙尼运用一系列复杂的精确测量和视觉检查，评估一颗钻石的对称度。

每项鉴定步骤都会影响钻石的评级。蒂芙尼对钻石等级的要求远高于行业标准。

抛光：钻石的抛光素质直接影响钻石的亮光度、色散光度和闪光度。蒂芙尼对抛光素质的要求远高于行业标准。

"奢华品"不是"时尚品"

蒂芙尼本身就是品质和经典的象征。从营销中关于品牌的概念来看，尽管蒂芙尼经营着从珠宝首饰、婴儿礼品到书写工具这样繁杂的产品线，价格也是从低到高，给顾客提供了许多选择，但是其始终通过谨慎的广告投放和活动，把自己定位在世界级珠宝商上。从活动上看，例如近年来蒂芙尼基金会资助非营利的机构从事艺术教育、艺术保护及环保工作，在美国博物馆、纽约大都会美术博物馆等著名博物馆举行银器及首饰回顾展，并且进行了一系列的和珠宝设计有关的捐赠等，这些都是和蒂芙尼的品牌定位相吻合的。当然，按照蒂芙尼的说法，推广的最有效方式恐怕还是通过顾客的口碑来进行宣传。这种近乎"狭窄"的品牌定位宣传，给蒂芙尼带来了和品质高贵相关的巨大知名度。

蒂芙尼所推崇的"奢华品"定义里固然有价格不菲的意思，但更重要的是指它本身的品质高贵，即奢华品并不意味着最贵，而是在同类或者同价位产品中品质最为精良的，这里包括了它独特的选料、设计和工艺等。他们试图传达给顾客这样一种印象，即如果你有自己独特的品位，并且要求高品质，那么蒂芙尼是可以满足你的。

现任蒂芙尼全球总裁兼首席执行官 Michael J. Kowalski 强调，蒂芙尼应该是一个经典品牌而非时尚品牌。这是这家珠宝商的定位中最为明确也是极为微妙的地方。在 Kowalski 的解释里，经典是可以经得起时间考验，并且和"奢华品"概念相得益彰的品质，是持久并且贯穿于人一生之中的。而时尚不停地变化，这一季和上一季完全不同。这也是蒂芙尼选择店址和培训员工时需要整体考虑的因素之一，他们时时注意维护自己的高品位形象。

不同于其他品牌的繁复累赘，TIFFANY在其独有的简约之中渗透着低调的奢华。TIFFANY，已经是美国设计的象征。它以爱与美、浪漫和梦想为主题而风誉了近两个世纪。它以充满官能的美和柔软纤细的感性，满足了世界上所有女性的幻想和欲望。卓越的设计并非无谓的奢侈，也不是轻浮的夸耀，而是能真正地震撼心灵。它传承着人类社会的文化，具有永恒的价值。

思考题

1. 奢侈品品牌传播和大众品牌传播的区别在哪里？
2. 在你心目中最成功的奢侈品品牌有哪些，为什么？
3. 你认为奢侈品品牌形象应当是时尚的还是传统的？

5 奢侈品消费者

消费者与品牌

奢侈品消费群体

奢侈品消费者决策历程

第5章　奢侈品消费者

> 见其表，知其人。
>
> ——法兰克·穆勒（Franck Mulle）
>
> 瑞士制表大师

品牌故事：
杰尼亚（Zegna）——伟大心灵，惊奇共鸣

Ermenegildo Zegna

杰尼亚集团简介

杰尼亚（Zegna）集团是世界男装潮流的领导者，作为男装中的顶级品牌之一，它是个性与艺术性完美组合的作品，为了尽量满足现在越来越多的服装个性化要求，杰尼亚专门提供量体裁衣的服务，上乘的面料通过高级制作师的精心雕琢，细致剪裁，周到呵护至每个细节，穿着舒服。将传统工艺和现代智慧有机地结合，杰尼亚特有的梦幻般的面料把男装艺术发挥到淋漓尽致的地步。

杰尼亚年产2000000米纺织面料、500000套服装、1500000多件运动装和1700000件各式服装配件。杰尼亚在全球有超过6000名员工，2005年的收入达到了712.7亿欧元，其中的90%来自成衣及服饰配件，10%来自纺织面料，所有的销售中出口比率占86%。

奢侈品品牌管理 Luxury Brands Management

  杰尼亚集团于1910年诞生在Trivero-阿尔卑斯山脉Biella地区的一个小镇，由Ermenegildo Zegna创立。年轻的企业家立志要将他的产品立足于高品质的男装面料上，他的战略集中在从原始市场上收集最好的原材料，提升生产过程中的技术以及对品牌的推广。

  1960年，杰尼亚的两个儿子Angelo Zegna（现任集团主席）和Aldo Zegna（于2000年逝世）继承其父业。他们领导公司向成衣市场进军，并把男式服装的发展路线定位在世界顶级男装市场，接着公司又逐步开发了针织、配饰和运动装系列。

  杰尼亚集团目前仍是家族产业，现由家族第四代的成员掌管，他们分别是：担任CEO的Ermenegildo和Paolo，以及Anna、Benedetta、Laura和Renata Zegna。

  杰尼亚1991年进入中国，现在中国已经成了它的全球第二大市场。

杰尼亚集团的历史与发展

  自20世纪80年代起，杰尼亚集团进行了纵深拓展，1980年和1985年杰尼亚集团分别在巴黎和米兰开设了第一家专卖店。至2005年，杰尼亚已拥有了460个各式的销售点（Ermenegildo Zegna和Zegna Sport）分布在世界各地，其中有187家是集团直接管理的。集团最新的发展计划是，在中国市场建立多元化的品牌发展策略。

  1999年7月，杰尼亚集团成功地收购了Lanerie Agnona公司，2002年7月杰尼亚集团又获得了Guida的控股权，这家公司是Longhi皮具品牌的拥有者；在2002年9月集团与Salvatore Ferragamo合作，建立了股权各占50%的合资企业——Zefer，以开拓Ermenegildo Zegna品牌在鞋业和皮革业更广泛的发展前景。2003年3月在中国，集团获得了夏梦（SharMoon）50%的控股权。这家温州公司先前属于陈氏家族，为中国市场生产夏梦品牌的男装、男士套装和西服上衣。2005年，夏梦开发了一个新的项目即创立"Pimbo"品牌，生产并独立发展业务。

  2003年，Zegna新的香水系列ESSENZA DI Zegna投放市场。2005年，Z Zegna香水系列相继推出，他们都是由YSL Beauté代为销售，它同样也是GUCCI集团香水和化妆品的代理，并且获得了全球发展生产以及发行的许可证。2005年1月，杰尼亚与De Rigo公司签订了一份全球协定，杰尼亚集团将授权该公司在全球生产及销售杰尼亚品牌的男士眼镜以及太阳眼镜。

专注的力量

在竞争对手们纷纷大规模进行品牌延伸和产品拓展的洪流下，意大利高级男装品牌杰尼亚的注意力仍然相对集中在自己的核心业务——服装和面料上。

2007 年，杰尼亚集团的营业收入增长 8.4%，达 8.43 亿欧元；净利润增长 10%，达近 7000 万欧元。杰尼亚已在世界范围内开设了 525 家专营店，其中 253 家直营店。多年以来，服装和面料一直占据着杰尼亚集团将近 90% 的业务收入；意大利以外的国际市场收入占总收入的 86%（见图 5-1）。

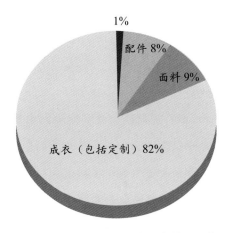

图 5-1　杰尼亚 2007 年综合收入分布

资料来源：Zegna Group。

家族企业杰尼亚公司在 1910 年成立之初还是一家面料供应商。直到 1966 年，杰尼亚家族的第二代才步入了成衣生产领域。

杰尼亚集团在中国的发展

杰尼亚与中国的合作始于面料。1985 年，中国内蒙古产的山羊绒获得了杰尼亚举办的羊绒大奖。穿着正式的杰尼亚家族成员和身着民族服装的养殖户的合影，至今还被保留着。

- 1991 年，杰尼亚在北京王府饭店开设了第一家精品店。事实上，杰尼亚是第一个进入中国市场的男装奢侈品品牌。在这具有历史性的开幕之后，杰尼亚开设了许多专卖店和专柜。

- 2004年7月，杰尼亚在北京东方广场开设了500平方米的首家旗舰店。
- 2005年4月，亚洲最大的杰尼亚精品店也在上海外滩18号开业，这进一步巩固了杰尼亚在中国的地位。
- 2005年年底，杰尼亚全新推出太阳眼镜系列。
- 2006年，杰尼亚集团的年轻系列Z Zegna在中国隆重上市。在北京的首都美美时代广场开设了第一家Z Zegna店铺。

目前，杰尼亚在全中国的店铺数量达到55家，其中有三个专卖店专门经营杰尼亚的皮具系列，并且还在不断的市场开拓和发展中。

增强中国消费者的"情感纽带"

当对手阿玛尼（Giorgio Armani）将橄榄枝更多地抛向中国的体育冠军刘翔和影视明星章子怡的时候，杰尼亚却在全球广告大片中添加了浓重的中国元素。无论是在上海虹桥机场的候机大厅，还是在杰尼亚遍布全球的数十家旗舰店中，紫禁城的朱红大门以及万里长城的古老城墙与英俊的西方超级男模同样争夺着高级男装狂热者们的眼球。

在中国市场长期耕耘为杰尼亚赢得了一大批忠实的客户，而中国市场在杰尼亚全球市场中的地位也日渐突出。2007年，亚洲市场在杰尼亚的全球销售额中占33%，而中国内地和香港的销售收入在2007年分别增长了38%和32%，已经进入盈利期。包括香港在内的中国市场刚刚取代日本成为杰尼亚在全球仅次于美国的第二大市场，为杰尼亚全球贡献了12%的销售收入。"我们计划加大在中国（包括中国内地、香港和澳门）直营店的投入，2008年我们还会开20家店。"杰尼亚集团全球主席保罗·杰尼亚（Paolo Zegna）透露。与阿玛尼一再强调批发业务不同，杰尼亚把2008年业务扩张的重点放在了零售业务中直营店的发展上。

2004年12月前，介于中国对外资零售的政策限制以及防范因不了解市场而带来的投资风险，杰尼亚主要依赖代理商建立销售网络。2005年开始，杰尼亚在中国大规模投资直营店，并陆续停止了与代理商续约，几年来直营店的数量已经增加到了43家，远远超过了其竞争对手。近年来，杰尼亚还关掉了与代理商合作的5家百货公司店铺和3家专卖店，其中包括杰尼亚进入上海开设在静安希尔顿大酒店内的第一家店铺。

显然，直营店有利于进一步增强杰尼亚与中国消费者的"情感纽带"。当杰尼亚刚刚进入中国市场的时候，它的店铺主要集中在一线城市的五星级酒店内，主要消费群体是在华外国人和一些有国际背景的商务人士。伴随市场的发展，杰尼亚的主体消费群已经转向了中国本土。

赢取二级市场顾客

中国一线城市物业的稀缺和猛涨的价格给所有有意扩张的奢侈品出了难题。杰尼亚近年新开的直营店面积在250平方米左右，在上海满足这一条件的已经越来越少，成本也越来越高。在上海中信泰富商场，万宝龙（MONT BLANC）为了和芬迪（FENDI）争抢600多平米的临街店铺，每天租金花费12美元／平方米。因此，杰尼亚大步迈向了二、三线城市。

除了沈阳、杭州、成都，即使在合肥、郑州乃至乌鲁木齐，现在也能够见到杰尼亚的足迹。二、三线城市顾客的豪爽让杰尼亚感到吃惊，他们对衣着的要求也和一线城市的顾客有细微差别。比如上海和北京的顾客平常多出席商务场合，所以他们对正装系列的需求更多。沈阳的顾客平时穿着相对随意，杰尼亚的店铺内就陈列着更多休闲系列的服饰。在地区分布上，上海和北京已经全部实现直营，而在消费能力较弱的二、三线城市，杰尼亚则主要以百货公司店铺和延伸品牌为主。

杰尼亚围绕服饰领域展开的产品延伸见表5-1。

表5-1　杰尼亚产品延伸

合作时间	合作公司	合作目的
1999年7月	收购Lanerie Agnona公司	保持传统面料领域的领先，拓展女装
2000年7月	与阿玛尼集团成立合资公司，占股49%	合作生产Armani Collezioni男装线
2001年	与GUCCI签订香水合作协议	由古驰集团所属YSL Beauté产销杰尼亚香水
2001年	收购Master Loom的大部分股权	拓展新型面料市场
2002年7月	获得Gulda的控股权	拓展皮具市场

2002年9月	与佛莱格默成立合资公司Zeter，占股50%	开拓在鞋业和皮革上的发展
2003年3月	与中国民营企业夏梦成立合资公司夏梦意杰，占股50%	在中国产销夏梦（SharMoon）和彼雅泊（Plombo）男装，后者现已逐步停产
2005年1月	与De Rigo公司签订眼镜合作协议	产销杰尼亚男士眼镜及太阳眼镜
2006年2月	与Tom Ford签订协议	产销TOM FORD全系列产品
2006年6月	与Perofil签订内衣合作协议	产销杰尼亚内衣

资料来源：Zegna Group。

定制服装满足消费者个性需求

定制服装是杰尼亚超越其他品牌的资本所在，也是中国顾客对其最早的认识。在中国光顾杰尼亚的顾客中，有一半人会选择量身定制的服务，尽管其价格要比柜台上出售的成衣高出20%，而且需要6周的时间制作。杰尼亚的定制服务提供350种传统面料与120种季节性织物，顾客可以定制皮鞋、领带、衬衫或是西服。在店铺中，在杰尼亚学校（Zegna School）培训过的工作人员会根据顾客的喜好和身材给予建议。杰尼亚顶级面料定制的上衣在中国内地市场上赢得了最多的客户。

资料来源：据福布斯中文版（http://www.forbeschina.com）改编。

5.1 消费者与品牌

消费者-品牌关系（Consumer-brand Relationship）是一个全新的概念，是品牌与消费者之间相互关系研究的崭新领域。它是指"消费者对品牌的态度与行为和品牌对消费者的态度与行为之间的互动"（Blackston，1992）。品牌关系的提出顺应了关系营销理论和品牌管理理论的发展趋势，因此受到学者们的广泛关注。品牌关系的理论基础是人际关系交往理论。消费者与品牌的关系就跟人际关系一样，通过互动可以形成亲密、持久、稳定的关系。因此，可以利用人际关系交往的模式来定义，甚至是衡量品牌与消费者间的关系。因此，想要了解品牌与消费者间的关系，必须观察并分析"消费者对品牌的态度与行为以及品牌对消费者之态度及行为两方面"（Blackston，1992），这样才能真正了解消费者与品牌间的关系。

自从1992年Research International市场研究公司的Blackston提出品牌关系概念以后，这一领域的研究者集中研究了品牌关系主体与结构（Blackston，1992，1995；Fournier，1997，1998，2004；Muniz等，2001；McAlexander，2002；Aaker等，2004）及品牌关系的建立与关系强度问题（Dyson等，1996；Cross等，1996；Fournier，2001）。这些研究成果极大地丰富了品牌关系的内涵，拓展了品牌关系的研究思路，比较全面地诠释了品牌关系的发展过程。

关系营销的基础在于交易双方之间有利益的互补，如果没有各自利益的实现和满足，双方不会建立良好的关系。显然，在消费者与品牌的关系中，对利益的考虑将决定消费者与品牌的关系启动、建立、维持及解体的全过程。品牌关系是否可能满足消费者需要、是否提供相应的利益将影响消费者是否能把品牌作为关系伙伴、是否愿意建立品牌关系。

消费者在内心积极地创造"品牌空间"的观点已经被学者们广泛接受（Brucks和Das，1998）。尽管品牌关系被视为消费者与品牌之间行为与态度的互动关系，但更多的体现为消费者的一种心理过程。消费者从自身需要出发，评估品牌可能带来的利益而形成消费者对品牌的态度，进一步导致相应的行为。而品牌向消费者所传递的有关信息则使消费者试图解读为品牌对消费者的态度，解读为从品牌角度如何看待消费者。这些都表明消费者-品牌关系是在消费者内心空间的一种互动，是一种心理过程。而这一过程并未表现为消费者的显性动机，而是存在于消费者潜意识中。这种潜意识的动机需由消费者的需要激发，而形成积极的态度并导致与品牌建立伙伴关系的行为。

品牌消费者对品牌的认知分为三个阶段：初识了解、尝试体验到形成品牌忠诚度。消费者对品牌的认知总是经历这样一个过程，首先通过初步的了解，在对品牌传递的精神和价值产生了初步的认可后，通过尝试和体验形成对品牌的进一步认可，最终产生对品牌的忠诚。奢侈品的消费者也不例外，但与普通产品的消费者不同的是，奢侈品的消费者更加注重产品的外在价值和自己内心的满足。他们愿意为高质量的产品和服务付出更高的价格；同时，他们也更加挑剔，需要更精致和有品位的消费，甚至希望能通过消费某类商品来塑造和体现自己的个人风格。顾客购买物品一般基于三种利益：功能利益、情感利益和象征性利益。而在奢侈品消费中，人们追求的核心价值已不再侧重于商品本身的功能利益，他们更看重的是依附在商品使用价值之外的"符号象征价值"，即物品的象征性利益。一个普通工人,年薪不超过 5 万美元,却愿意用一年的积蓄买一套卡拉威(Callaway)高尔夫球杆,"因为它让我感到更富有,你可以经营世界上最大的公司,成为最有钱的人,但是你买不到比这更好的球杆。"这样的消费者越来越多,他们正在用行动打破以往的价格销售曲线。事实上,在全球经济无法逾越周期变动带来的阵痛时,奢侈品和奢侈品企业的经营业绩却在节节攀升。

消费者与品牌的关系是消费者的一种心理互动过程。消费者行为主要受到四种因素的影响:文化因素、社会因素、个人因素及心理因素(科特勒,2003)。

对消费者来说,需要是一切行为的出发点,也是消费者行为的最终归宿。目标事物的缺乏形成了需要,提供了驱动力,而目标事物的获得则是需要的满足。消费者是否把品牌作为关系伙伴,是否有意愿与品牌建立伙伴关系,取决于消费者是否存在着这种需要。只有能恰当满足消费者需要的品牌才是消费者想要与之建立关系的品牌。

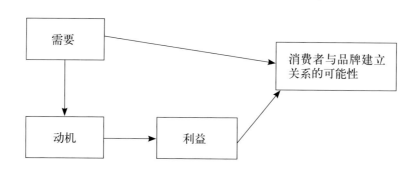

图 5-2 消费者行为影响因素

一个品牌要成为消费者期望建立关系的伙伴,就应该具有良好的品牌个性、积极的品牌形象,并形成良好的口碑,能充分反映消费者的需要。那么,与该品牌建立关系就会成为消费者的目标,在适当的环境下就会成为现实,满足消费者的需要。所以,消费者的需要是促进消费者行为的基础,对品牌关系的建立产生积极影响。

要确定关系,消费者不是把品牌看做一个可以交易的目标,而是看做一个积极的、有贡献的即能给消费者带来利益的关系成员(Founier,1998)。显然,利益是激发消费者动机的内在驱动力,也是连接消费者动机与消费者行为的纽带,如表 5-2 所示。

表 5-2　消费者动机、品牌与利益的关系

利益		消费者与品牌的连接点		
		生活主题	生活计划	当前忧虑
动机	定位动机	承认、信心、身份、怀旧	更新	稳定
	生存动机	成就、地位、身份、力量、归属感	保障	安全、完美、独特
	适应动机	成就		身份
	期望动机	自信、许诺	成就	承诺
	娱乐动机	自我表达		放松

1. 消费者动机维度

社会心理学的研究表明，人们产生某种态度和行为总是由一定的动机驱使的。动机心理是存在于人的潜意识之中。迪希特（Dichter）认为，潜意识的动机在人们的决策过程中起着重要的作用。他提出个人的消费行为背后隐藏着一组动机。这些动机是以潜意识的形式影响着消费者的决策，特别是对产品中的象征性意义十分有用。而 Maddock 和 Fulton 认为潜意识主要包括五种动机，即定位动机、生存动机、适应动机、期望动机和娱乐动机。这个动机体系能解释消费者的所有行为。

五维度的动机体系可以衡量产生某种动机对人们行为的影响。定位动机是指每个人都需要定位外界环境，并在身体内有一个机制可以使其找到自己的位置。生存动机是最强烈的动机，是人们在受到外界威胁或压力时，才会觉察的动机。适应动机是人们希望能够适应社会风气、文化、生活人群、信仰和环境。期望动机与人们的希望、信仰以及人们对未来的展望有关。适应动机关系过去和现在，而期望动机则关系未来。娱乐动机是为了消除紧张情绪。

2. 消费者与品牌的连接点

Founier（1998）认为，可以从三个方面来描述消费者与品牌之间的联系：一是生活主题（Life Themes），是个体在日常生活中所关注的或引起的紧张事件，而消费者可以借助品牌关系来解决这些问题。二是生活计划（Life Projects），涉及能极大地改变个体自我概念的重要生活角色的建构、维持和瓦解或角色改变的事件。三是当前的忧虑（Current

Concerns），是指一系列指向日常任务的完成的有关活动。这些都直接影响到消费者与品牌建立关系的企图的强弱、联系的水平或深度。在这三个层面上，消费者都可能有积极的动机促进品牌关系的建立。

3. 利益驱动的品牌关系

消费者个体的动机具有活动性和选择性，当表现为活动性的时候，个人怀有某种动机之后，能对其行为发生推动作用，表现为其行为的发动、加强、维持，直至中止。当表现为选择性的时候，具有某种动机的个体，其行为总是指向于某一目的而忽视其他方面，使其行为有明显的选择性。寻求利益的动机促使消费者去寻求与品牌建立甚至进一步加强、维持良好的品牌关系。同样，消费者为了获得在解决生活主题、生活计划或当前的忧虑几个层面的利益问题时，也会积极地寻求与品牌建立良好的关系。

在将动机的五个维度和消费者与品牌的三个连接点联系起来时，利益是一个中介，是激发消费者动机的切入点。表 5-2 中所列的利益，既是各个动机维度相关联的，是动机趋向的目标事物；又是联系消费者与品牌连接点的基本要素。所以，消费者动机直接指向可能的利益，利益的获得直接导致消费者与品牌关系的启动、建立、维持。

人们认识品牌、了解品牌可能带来的利益，本身就是一种动机。当人们对某个品牌缺乏认识时，由于潜意识的动机驱使，就会积极去认识它，去辨别该品牌是否解决了自身生活主题或生活计划的问题，或者是否能消除当前的忧虑。

5.2 奢侈品消费群体

消费者是一个希望满足他们需求和欲望而驱动的潜在群体。消费者行为是指消费者为获取、使用、处置消费物品或服务所采取的各种行动，包括先于且决定这些行动的决策过程。消费者行为是与产品或服务的交换密切联系在一起的。消费者心理与行为研究关心的是消费者所想的（认知）、所感觉或体验的（情感）以及所做或想做的（行为）与相应环境交互作用的结果。正是由于每一位消费者在这几方面的差异性，才使消费行为显示出多样性、复杂性，市场变得多姿多彩。市场营销经验表明：市场启动一定是产品或服务迎合了消费者的需求与自我表现，并满足他们的欲望的结果。消费者为获得所用的消费资料和服务而从事的物色、选择、购买和使用等活动，亦称消费者行为。

5.2.1 消费者行为研究

消费者研究（Consumer Research），也称消费者行为研究（Consumer Behavior Research）。对消费者行为的研究，主要是从市场角度考察消费者选购某种消费对象的动机及其决策过程。

消费者行为研究的核心问题是消费者的购买动机的形成问题。按照行为学派的传统解释，一定的"看得见的行动"，来自一定的刺激。一般用"S → R"表示某一行为。S 代表一定的刺激，R 表示一定的反应。然而这种传统解释被认为过于简单化。很多学者强调，消费者的行为趋向，是决定和影响消费者的各种内在因素和外部环境共同作用的结果，因此，应对相关的所有内在因素和外部条件的作用进行系统的分析。消费者自身的欲望是驱策消费者去购买的主因。它既产生于消费者的内在需要，又来自外部环境的刺激。强烈的需要会成为决定某一时期的消费行为的支配力量。但是，某一需要还取决于消费者个人的习惯、个性和家庭的收入总水平与财产额的高低，以及家庭规模与结构的特点，等等。外界环境是制约消费者行为的影响性因素，它包括社会因素和企业因素两个方面。

社会因素主要有：（1）社会交往。每个消费者都有自己的"社交圈"，他会购买与"生活圈"里的人大致相仿的消费品，如服装、住宅、耐用消费品、饮宴等。（2）某种社会舆论和社会运动的影响（例如购买国货运动）。

企业因素主要有：（1）企业产品更新换代情况和质量、性能、包装所具备的吸引力；（2）著名品牌的商标给予消费者的信誉；（3）企业的广告和推销员的"劝说"所形成的"拉力"；（4）企业位置与服务态度；（5）商品价格及与它相联系的服务费用的高低；等等。

形成消费者购买的重要条件还有：（1）消费者对某种消费对象的"认识"与"理解"；（2）对购买该商品或服务的"经验"与"知识"；（3）通过对各种商品的比较和"判断"所形成的"态度"；等等。

消费者行为研究是进行营销决策和制定营销策略的基础，从营销角度看，市场机会就是未被满足的消费者需要。要了解消费者哪些需要没有满足或没有完全满足，通常涉及对市场条件和市场趋势的分析。比如，通过分析消费者的生活方式或消费者收入水平的变化，可以揭示消费者有哪些新的需要和欲望未被满足。

（1）市场细分

市场细分是制定大多数营销策略的基础，其实质是将整体市场分为若干子市场，每一子市场的消费者具有相同或相似的需求或行为特点，不同子市场的消费者在需求和行为上存在较大的差异。众所周知，一般商品和奢侈品的消费群体是完全不同的。商家细分市场的目的，是为了找到适合自己进入的目标市场，并根据目标市场的需求特点，制订有针对性的营销方案，使目标市场的消费者的独特需要得到更充分的满足。

（2）产品与渠道定位

营销人员只有了解产品在目标消费者心目中的位置，了解其品牌或商店是如何被消费者所认知的，才能发展有效的营销策略。

普通产品面向大众，需要考虑广泛的消费人群，要有清晰的产品功能诉求和大众化的价格，否则就会被束之高阁。但奢侈品恰好相反，对于奢侈品品牌来讲不是市场占有率越高，身价就越高，恰恰相反，正因为一物难求，而更显其奢华本性。奢侈品的价格通常高得让一般的消费者瞠目结舌，望而却步，对于大多数人来说，奢侈品可能永远是一个梦，也正因此，它更加激起人们追逐的欲望。奢侈品满足的只是极少数的消费人群，它诉求的是吻合特定消费群体某种文化或者理念较为模糊的价值表达，奢侈品品牌与消费者的距离感和神秘感常常会引发消费者的消费幻想，为了满足这种幻想，消费者会想尽一切可能的办法去追逐这种奢华，尽管奢华严格意义上来说并不代表实用甚至也不代表富足。

事实上奢侈品消费者绝不仅仅是处于金字顶塔尖的富人阶层，还包括一部分潜藏在普通消费者中的群体，因此，并不能说仅仅有钱就奢侈，奢侈是一种价值主张，是一种潜藏的消费文化，也是人们的一种向往奢侈的消费积蓄。购买奢侈品的人群不仅仅是那些外在的财富符号突出的群体，也包括那些缺少财富但是有强烈消费欲望的感性消费群体，追求奢华是人们对于奢侈文化的认同。

波德里亚（Jean Baudrillard）在《物体系》（*Le Système des Objets*）中提出，商品除劳动价值和使用价值以外还具有第三种价值——符号价值，显然奢侈品的符号意义大于功能意义。有了奢侈消费人群的消费文化，就有了奢侈品的市场价值，两者有着密切关系。仔细分析发现，消费者所消费的，不是商品和服务的使用价值，而是它们的符号象征意义，比如宾利不仅仅是"车"，LV的包也早已经超越了"包"的意义。消费者借助消费向社会观众表达和传递了某种意义和信息，包括自己的地位、身份、个性、品位、情趣和认同。富豪们不遗余力地以各种各样的方式，实现自己心目中的奢侈梦想，一掷千金地购买各种奢侈品，向社会展示自己的身份，这种彰显身份的炫耀性消费正是他们心理的体现，而从人们消费的标志物来评价一个消费者的阶层也成为人们社会价值认可的一种方式,这种方式也促进了奢侈品的繁荣,成为消费者行为的外在环境因素。

图 5-3 关于奢侈品消费者的研究调查,显示了消费者在选择奢侈品时关注的各种因素在消费者心里所占据重要程度的大小。从图 5-3 里我们可以发现,在消费者眼里,有新颖独特的设计和漂亮的外观是最重要的,当然不能缺少质量的保障,没有人希望自己花费高昂的费用所买的产品只能使用一段很短暂的时间。对消费者行为进行的研究分析,关键是要发现,从消费者的关注中找到未来的消费趋势,从消费者眼中寻找商机。

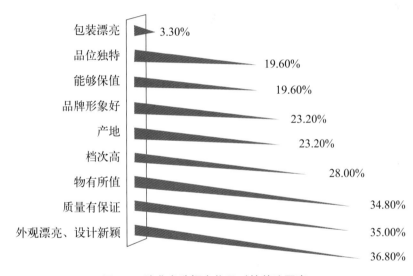

图 5-3　消费者选择奢侈品时的关注因素

资料来源:《广州日报》,2007 年 3 月 15 日。

5.2.2　消费者行为影响因素

在现代市场经济条件下,我们研究消费者行为着眼于与消费者建立和发展长期的交换关系。为此,不仅需要了解消费者是如何获取产品与服务的,而且也需要了解消费者是如何消费产品,以及产品在用完之后是如何被处置的。传统上,对消费者行为的研究,重点一直放在产品、服务的获取上。随着对消费者行为研究的深化,人们越来越深刻地意识到,消费者行为是一个整体,是一个过程,获取或者购买只是这一过程的一个阶段。因此,消费者行为学的研究既应调查、了解消费者在获取产品、服务之前的评价与选择活动,也应重视在产品获取后对产品的使用、处置等活动。只有这样，对消费者行为的理解才会趋于完整。同时，上文也提到过消费者所想的（认知）、所感觉或体验的（情感）以及所做或想做的（行为）是与相应环境交互作用的，消费者的行为受到很多因素的影响。影响消费者行为的因素主要有两类：

1. 个体与心理因素

个体与心理因素是指消费者的需要与动机、知觉、学习与记忆、态度、个性、自我概念与生活方式。这些因素不仅影响和在某种程度上决定消费者的决策行为，而且它们对外部环境与营销刺激的影响起放大或抑制作用。奢侈品消费的内涵不仅是物质上的，更大一部分是情感上的，它更加强调消费者在消费物品的同时获得精神满足，奢侈品的精神价值对于消费者远远超过了使用价值。

并且，消费者的消费心理显然会受到个体因素影响而表现出截然不同的形式，同时还会因为不同年龄层次的差别而有所不同，性别对消费心理的影响作用也十分明显。

（1）不同年龄层次的消费心理差异

① 少年儿童消费心理

少年儿童通常具有如下消费心理特征：a. 购买目标明确，购买迅速；b. 更容易受参照群体的影响；c. 选购商品具有较强的好奇心；d. 购买商品具有依赖性。

② 青年人消费心理

青年消费者一般是数字最庞大的消费群体，因此，也是大多数企业竞相争夺的主要目标客户群体。一般来说，青年消费者具有以下几点消费心理特征：a. 追求时尚和新颖；b. 表现自我和体现个性；c. 容易冲动，注重情感。

③ 中年人消费心理

中年人的心理已经相当成熟，个性表现比较稳定，他们不再像青年人那样爱冲动，爱感情用事，而是能够有条不紊、理智分析处理问题。中年人的这一心理特征在他们的购买行为中有如下表现：a. 购买的理智性胜于冲动性；b. 购买的计划性多于盲目性；c. 购买求实用，节俭心理较强；d. 购买有主见，不受外界影响；e. 购买随俗求稳，注重商品的便利。

④ 老年人消费心理

老年消费者所具有的心理特征主要表现如下：a. 富于理智，很少感情冲动；b. 精打细算；c. 坚持主见，不受外界影响；d. 方便易行；e. 品牌忠诚度较高。

（2）性别差异导致的消费心理差异

① 男性消费心理

a. 动机形成迅速、果断，具有较强的自信

男性的个性特点与女性的主要区别之一就是具有较强的理智、自信。他们善于控制自己的情绪，处理问题时能够冷静地权衡各种利弊因素，能够从大局着想。有的男性则把自己看做是能力、力量的化身，具有较强的独立性和自尊心。这些个性特点也直接影响他们在购买过程中的心理活动。因此，动机形成要比女性果断迅速，并能立即导致购买行为，即使是处在比较复杂的情况下，如当几种购买动机发生矛盾冲突时，也能够果断处理，迅速做出决策。特别是许多男性不愿"斤斤计较"，购买商品也只是询问大概情况，对某些细节不予追究，也不喜欢花较多的时间去比较、挑选，即使买到稍有毛病的商品，只要无关大局，也不去计较。

b. 购买动机具有被动性

就普遍意义讲男性消费者不像女性消费者需要经常料理家务，照顾老人、小孩，因此，购买活动远远不如女性频繁，购买动机也不如女性强烈，比较被动。在许多情况下，购买动机的形成往往是由于外界因素的作用，如家里人的嘱咐、同事朋友的委托、工作的需要等，动机的主动性、灵活性都比较差。我们常常看到这样情况，许多男性顾客在购买商品时，事先记好所要购买的商品品名、式样、规格等，如果商品符合他们的要求，则采取购买行动，否则，就放弃购买动机。

c. 购买动机感情色彩比较淡薄

男性消费者在购买活动中心境的变化不如女性强烈，不喜欢联想、幻想，他们往往把幻想看做未来的现实。相应的，感情色彩也比较淡薄。所以，当动机形成后，稳定性较好，其购买行为也比较有规律。即使出现冲动性购买，也往往自信决策准确，很少反悔退货。需要指出的是，男性消费者的审美观同女性有明显的差别，这对他们动机的形成也有很大影响。比如，有的男性认为，男性的特征是粗犷有力，因此，他们在购买商品时，往往对具有明显男性特征的商品感兴趣，如烟、酒、服装等。

② 女性消费心理

在现代社会，谁抓住了女性，谁就抓住了赚钱的机会。要想快速赚钱，就应该将目光瞄准女性的口袋。店铺在市场销售中，应当充分重视女性消费者的重要性，挖掘女性消费市场。女性消费者一般具有以下消费心理：

a. 追求时髦

爱美之心，人皆有之。对于女性消费者来说，就更是如此。不论是青年女子，还是中老年女性，她们都愿意将自己打扮得美丽一些，充分展现自己的女性魅力。尽管不同年龄层次的女性具有不同的消费心理，但是她们在购买某种商品时，首先想到的就是这种商品能否展现自己的美，能否增加自己的形象美，使自己显得更加年轻和富有魅力。例如，她们往往喜欢造型别致新颖、包装华丽、气味芬芳的商品。

b. 追求美观

女性消费者还非常注重商品的外观，将外观与商品的质量、价格当成同样重要的因素来看待，因此在挑选商品时，她们会非常注重商品的色彩、式样。

c. 感情强烈，喜欢从众

女性一般具有比较强烈的情感特征，这种心理特征表现在商品消费中，主要是用情感支配购买动机和购买行为。同时她们经常受到同伴的影响，喜欢购买和他人一样的东西。

d. 喜欢炫耀，自尊心强

对于许多女性消费者来说，之所以购买商品，除了满足基本需要之外，还有可能是为了显示自己的社会地位，向别人炫耀自己的与众不同。在这种心理的驱使下，她们会追求高档产品，而不注重商品的实用性，只要能显示自己的身份和地位，她们就会乐意购买。

2．环境因素

影响消费者行为的环境因素主要有：文化、社会阶层、社会群体、家庭等。很多世界顶级的产品里面含有相当多的理念，它们不仅是一种物质的奢侈，而且是一种精神的奢侈，并不是所有人都能体会到，这和消费者所处的环境息息相关。奢侈品是一种文化现象，需要时间的积累，素养的熏陶。真正享用奢侈品的人注定了只是小部分，他们是真正懂得品位、欣赏并陶醉其中的人，这其中不乏各类超级明星、富豪及各国政要，他们的选择往往是奢侈品人气的风向标。另外有人认为，如今美好生活是由人们所拥有的资产来定义的。它是由你所拥有的豪宅及汽车、你的外表及衣着、你的社交网络、你的餐饮品位以及你的艺术藏品的珍贵程度来衡量的。这种观念无疑也推动了奢侈品市场的发展。

社会阶层是由具有相同或类似社会地位的社会成员组成的相对持久的群体。社会阶层有如下特点：（1）社会阶层展示一定的社会地位；（2）社会阶层的多维性；（3）社会阶层的层级性；（4）社会阶层对行为的限定性；（5）社会阶层的同质性；（6）社会阶层的动态性。

决定社会阶层的因素分为三类：经济变量、社会互动变量和政治变量。经济变量包括职业、收入和财富，社会互动变量包括个人声望、社会联系和社会化，政治变量则包括权力、阶层意识和流动性。教育有时用做评价社会地位的单项指数，在大多数国家，一个人所受的教育程度越高，他的社会地位就越高。传统上，在制造、服务等领域，很多高收入的职位不一定需要高的教育，但这种情况正在改变。看看各种招聘广告，你就会发现，凡是稍好一点的职位，对能力和素质都有很高的要求。要达到这种要求，通常需要接受良好的教育。不仅如此，教育还影响个人品位、价值观、获取信息和作决策的方式。总之，教育影响到个体消费模式和生活方式的各个方面。

群体或社会群体是指通过一定的社会关系结合起来进行共同活动而产生相互作用的集体。社会成员构成一个群体，应具备以下基本特征：（1）群体成员需以一定纽带联系起来，（2）成员之间有共同的目标和持续的相互交往，（3）群体成员有共同的群体意识和规范。

群体分为正式群体与非正式群体，正式群体是指有明确的组织目标、正式的组织结构，成员有着具体的角色规定的群体。非正式群体是指人们在交往过程中，由于共同的兴趣、爱好和看法而自发形成的群体。群体还可分为主要群体与次要群体，主要群体或初级群体是指成员之间经常性面对面接触和交往、形成亲密人际关系的群体。这类群体主要包括家庭、邻里、儿童游戏群体等。次要群体或次级群体指的是人类有目的、有组织地按照一定社会契约建立起来的社会群体。群体也可分为隶属群体与参照群体，隶属群体或成员群体是消费者实际参加或隶属的群体，如家庭、学校等。参照群体是指这样一个群体，该群体的看法和价值观被个体作为他当前行为的基础。因此，参照群体是个体在某种特定情境下作为行为指南而使用的群体。

参照群体对消费者的影响通常表现为三种形式，即规范性影响、信息性影响、价值表现上的影响。规范性影响是指由于群体规范的作用而对消费者的行为产生影响。信息性影响是指参照群体成员的行为、观念、意见被个体作为有用的信息予以参考，由此在其行为上产生影响。价值表现上的影响指个体自觉遵循或内化参照群体所具有的信念和价值观，从而在行为上与之保持一致。

参照群体对其成员的影响程度取决于多方面的因素：（1）产品使用时的可见性。一般而言，产品或品牌的使用可见性越高，群体影响力越大，反之则越小。（2）产品的必需程度。对于食品、日常用品等生活必需品，消费者比较熟悉，而且很多情况下已形成了习惯性购买，此时参照群体的影响相对较小。相反，对于奢侈品或非必需品，如高档汽车、时装、游艇等产品，购买时受参照群体的影响较大。(3)产品与群体的相关性。某种活动与群体功能的实现关系越密切，个体在该活动中遵守群体规范的压力就越大。(4)产品的生命周期。当产品处于导入期时，消费者的产品购买决策受群体影响很大，但品牌决策受群体影响较小。在产品成长期，参照群体对产品及品牌选择的影响都很大。在产品成熟期，群体影响在品牌选择上大而在产品选择上小。在产品的衰退期，群体影响在产品和品牌选择上都比较小。(5)个体对群体的忠诚程度。个人对群体越忠诚，他就越可能遵守群体规范。(6)个体在购买中的自信程度。

所谓从众行为指个人的观念与行为由于受群体的引导或压力，而趋向于与大多数人相一致的现象。从众的原因有三个方面：(1)行为参照；(2)对偏离的恐惧；(3)群体的凝聚力。影响从众的因素有：(1)群体特性，包括群体的一致性、群体的规模、群体的专长性；(2)消费者特性，包括消费者的自信心、消费者的自我介入水平、消费者对群体的忠诚程度。

一般认为，家庭是指以婚姻关系、血缘关系和收养关系为纽带而结成有共同生活活动的社会基本单位。家庭作为社会的基本组织，具有多种功能。与消费者行为研究联系比较密切的功能有经济功能、情感交流功能、赡养与抚养功能、教育功能或家庭成员的社会化功能。

一般而言，家庭消费决策过程中至少涉及以下五种角色：(1)倡议者，提议购买某种产品或使其他家庭成员对某种产品产生购买兴趣的人；(2)影响者，为购买提供评价标准和哪些产品或品牌适合这些标准之类的信息，从而影响挑选产品的人；(3)决策者，有权决定购买什么及何时购买的家庭成员；(4)购买者，实际进行购买的家庭成员，购买者与决策者可能不同，例如，青少年可能会被授权决定购买何种汽车甚至何时购买，但是，父母才是实际与经销商进行议价并付款的人；(5)使用者，在家庭中实际消费或使用由他们自己或其他家庭成员所购产品的人。

在现实生活中，由于家庭决策类型的不同，成员所起的作用不同，其购买行为也有很大差别，一般的家庭决策类型可分为四类：(1)各自做主型，即家庭中的每一个成员都有权相对独立地做出有关商品的购买决策。(2)丈夫支配型，指家庭主要商品的购买决策是由丈夫决定的，如汽车、大型的家用电器。(3)妻子支配型，指家庭的主要购买决策是由妻子决定的。(4) 共同支配型指购买决策由夫妻双方或家庭其他成员共同协商决定。

影响家庭购买决策的因素有：(1) 文化和亚文化。文化或亚文化中关于性别角色的态度，很大程度上决定着家庭决策是由男性主导还是女性主导。(2) 角色专门化。随着时间的推移，夫妻双方在决策中会逐渐形成专门化角色分工。(3) 家庭决策的阶段。在家庭购买决策中，同样存在着不同的阶段。家庭成员在购买中的相对影响力随购买决策阶段的不同而异。家庭决策越是进入后面的阶段，角色专门化通常变得越模糊。(4) 个人特征。家庭成员的个人特征对家庭购买决策方式亦有重要影响。(5) 介入程度及产品特点。介入程度越高，购买决策的影响力越大。当某个产品对整个家庭都很重要，且购买风险很高时，家庭成员倾向于进行联合型决策；当产品为个人使用，或其购买风险不大时，自主型决策居多。

家庭成员会使用很多办法来避免和解决冲突。这些办法主要有：(1) 讨价还价，努力达成妥协；(2) 断章取义地列举事实，以博取支持，如小孩在购买要求遭到拒绝时，指出哪些同学都拥有这样的产品，而且使用过程中并未出现不好的后果；(3) 运用权威，如声称自己在这一购买领域更有专长，或者更适合做出决策；(4) 运用逻辑进行争辩；(5) 沉默或者退出争论；(6) 进一步搜集信息或获得他人的意见。

案例 5-1　欧米茄（OMEGA）终端服务——永远不低估顾客

消费者走进你的商店，并且准备挑选一件商品，你要明白这就像马拉松，最关键的是后半程。看看奢侈品是如何对待自己的顾客吧，他们常常赢在最后一关里。

顾客就是上帝，这句口号早已被企业奉为经营的圣典，但销售大师们却告诉商家要像对待情人一样对待你的顾客。

零售大王沃尔玛给自己提出了"三米"理论，就是当顾客与员工距离在三米之内时，员工必须注视着顾客的眼睛并要露出八颗牙的微笑。每天要面对成千上万顾客的零售业可以如此规范，那么售卖矜持与高贵的奢侈品的行业又该怎样对待自己的顾客呢？

"我们不会完全迎合客户，其实我们是主动引领别人来喜欢我们。"欧米茄的工作人员如是说。

不要低估你的客户

1848年，一个叫路易·勃兰特的钟表匠在瑞士的拉夏德芬开设了一家手表装嵌工厂。1880年，路易的两个儿子设计出在当时技术先进的19令机芯并大获成功，一位银行家给这种机芯取名为欧米茄（OMEGA），也就是希腊文的最后一个字母，代表了完美、卓越和成就。

来自市场的调查数据提供了量化依据。高盛公司2004年奢侈品报告的数据显示，钟表在整个中国奢侈品行业的销售中占据最大比例，为35%。而欧米茄则在钟表市场中独占鳌头，占有该市场的20%。而且欧米茄在中国市场的销售额已经占欧米茄全球销售额的15%，而对于其他奢侈品品牌来说，这个数字只有2%—3%。

欧米茄相信自己的顾客自视颇高，甚至以表类的专家自居，这群消费者欣赏的是品质、技术以及货真价实的氛围，他们更在乎产品的优良传统，并会为此不停地追赶整个产品的种类变化。

面对真实顾客的终端销售门店，欧米茄要小心翼翼地贯彻自己多年来的这个宗旨。欧米茄积累了多年的统计数据："我们的客人在欧米茄店里平均会待25分钟，最短的三五分钟，最长的要两个小时还要多。在这平均25分钟里，我们的销售人员要做很多事。当一位客人走进店里，我们的销售人员会主动和客人打招呼，道一声'你好'，但此后如果客人没有主动要求，我们不会继续打扰客人。"

与此同时，销售人员会根据经验将客人分为三类，针对不同类的客人，店员介绍的内容和重点会略有不同。欧米茄称第一类为路过客人，这些客人一般是路过，他们没有明确的目的而往往只会在店里待几分钟。第二类客人有比较明确的目标，他们是那些看到了欧米茄的广告或海报而对某种产品有兴趣，或者抱有购买意图而来的。这时店员会专门对客人感兴趣的部分进行介绍和讲解。第三类客人是收藏家，这种客人一般来说是钟表的专家，他们对钟表的了解甚至比销售人员还要多，为了更好地为这种客人服务，销售人员会马上请来经验更丰富的值班主管来应对。

后台支持

对于顾客的分析来源于欧米茄每天都坚持的报表分析。事实上，这也是欧米茄日常工作中非常有特色的一点。在欧米茄的店里，每一天销售人员都要统计进出商店人员的数量，还要根据经验判断走进店内的客人的有关信息，并每隔一小时或两小时就要将这些信息——记录在报表上。还有非常重要的一项，就是记录客人是从什么地方来的，是国外、国内、哪座城市等。每周或每月欧米茄的员工就会对此进行认真的总结。报表是欧米茄了解顾客相关信息的重要渠道，也是对产品使用和新产品推广活动反馈进行观测的工具。

"不管什么样的客人，在态度上我们都会一视同仁，不能忽视每一位进店的客人绝对是欧米茄乃至奢侈品行业的行规。"欧米茄工作人员说。

在全球的任何一家门店，消费者都能享受到欧米茄的标准化服务，而在这背后都要源于欧米茄对员工的两个基本要求，首先员工要认同欧米茄的文化传统，从心里认可这个品牌，销售技巧一开始都不是必需的。其次，员工要有一定的综合素质。因为"我们并不一定要求员工一定有过销售高档手表的经验，但是他们必须相当好学"。在欧米茄看来，这些基本条件是必要的。"比如，应该大方、自信。"

"我们还设有酒吧和收藏家角落，专门让客人放松和欣赏我们的手表，我们从来不揣测来人是否富裕，是否有购买的意图。如果有机会向客人介绍产品，那就是非常好的品牌推广机会，我们永远不低估每一位客人。"

资料来源：《国际广告》，2005年第8期，作者：马飞。

5.3 奢侈品消费者决策历程

实施品牌营销策略，需要注意了解发现消费者的需求变化，并制定相应的营销策略，不断地强化品牌的差异优势。让消费者体验到产品或品牌与竞争者之间的独特之处，同时要不断地认识消费者价值观念的变化与发展。只有当产品或品牌与消费者价值观念之间有着较高一致性时，产品或品牌才有可能为市场所接受。

基于品牌与消费者的关系程度，品牌营销包括奢侈品品牌和一般商品品牌都需要注意分析以下几点：

（1）分析忠诚消费者的特征。品牌营销要研究属于该品牌的忠诚者的特征，以确定其市场中的定位。

（2）分析对应于品牌的消费者特征。通过分析与自身品牌相对应的顾客，进而发现品牌营销方面的薄弱环节并改善。

（3）分析消费者购买决策过程，从而发现品牌的营销策略。

5.3.1 顾客决策模式

企业无时无刻不努力追求着攻克顾客心智，那么什么时机是最合适的呢？应该说，企业营销对客户起作用的最佳时机应该是：在最能够影响消费者决策的那一刻出现在他们面前。各种各样的营销活动一直在寻找消费者容易受到影响的时刻，或者说接触点。

传统的"漏斗式"选购模式是影响消费者决策的一般方式。如图5-4所示，在开始的认知阶段消费者的脑子里有许多可能的品牌（漏斗口较宽的一端），当消费者系统地筛选候选商品数目、在漏斗中往前挪动并依次进入熟悉、考虑、购买、忠诚等各个关键决策点时，企业向他们发起推销攻势。最后，消费者确定了一个选择购买的品牌。

漏斗模式确实很有帮助，它可以提供一种方式以理解某一品牌在不同阶段与竞争对手之间的实力对比，将妨碍消费者选择购买的瓶颈凸显出来，并让企业能够专注于顾客决策的关键点。

然而近年来，一些学者对传统漏斗模式提出了异议，认为随着社会的发展，漏斗模式开始不能适应新时代的消费者决策。其中典型的新模式为麦肯锡的消费者决策历程模式。

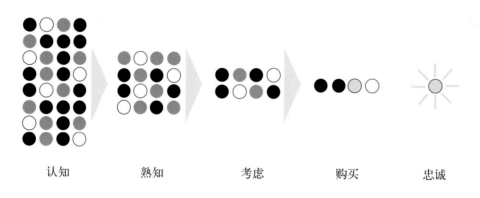

图 5-4　传统的消费者"漏斗式"决策模式

在现代市场竞争中，企业应当深刻认识消费者在研究和购买产品的方式方面所发生的深刻变化。同时充分重视并且改变营销活动的重点以适应这一变化，只有这样企业才能有效地实现核心目标，即在对购买行为影响最大的时刻触及客户。消费者决策的变化意味着，企业需要调整开支，需要调整思维——不是把这一变化视为对消费者影响力的丧失，而是视为营销者在恰当的时刻、出现在恰当的地方、为消费者做出恰当的决策而及时提供恰当的信息和支持的天赐良机。

通过在汽车、皮肤护理、保险、消费电子产品和移动通信行业所进行的大量定性和定量研究结果，麦肯锡认为对消费者购买决策的认知在以下三个方面应当重新调整：

1. 品牌选择

以消费者购买汽车为例。像对多数产品那样，消费者马上就可以确定一组初选品牌名单。面对过多的选择和信息，消费者往往会圈定有限的一组品牌，使其能够从大量信息中杀出重围。品牌知名度至关重要：进入初选品牌名单的商品最终被购买的可能性可以是未进入初选品牌名单的商品的 3 倍。

不过，那些在认知阶段未被纳入初步考虑的品牌并非全无机会。与"漏斗"模式的认识相反，在后面持续的评估阶段被纳入考虑范围的品牌数量实际上会随着消费者寻找信息和有针对性地逛店而增多，而不是减少。某些品牌可能会进入考虑范围，从而"打断"决策过程，甚至会迫使竞争对手出局。麦肯锡的研究表明（见图 5-5）在后续阶段加入的品牌数量因行业而异：那些对个人电脑进行积极评估的人，平均会向数量为 1.7 的初选品牌名单添加 1 个品牌，而汽车购买者会向其数量为 3.8 的初选方案添加 2.2 个品牌。因为多元化信息渠道而导致的这一行为变化为营销人员带来了机会，为品牌增加了施加影响的接触点。而那些已经进入初选范围的品牌再不能为拥有这一地位而高枕无忧了。

行业	购买的比例（单位：百分比）			品牌平均数量	
	初选	积极评估	忠诚循环	初选入围	积极考虑阶段添入
汽车	63	30	7	3.8	2.2
个人电脑	49	24	27	1.7	1.0
皮肤护理	38	37	25	1.5	1.8
电信运营商	38	20	42	1.5	0.9
汽车保险	13	9	78	3.2	1.4

* 对于皮肤护理行业来说，包括那些在过去 3 个月中购买当前品牌 2 次或 2 次以上，以及在过去 3 个月中当前品牌至少占该类别总购买量的 70% 的消费者，对于所有其他行业来说，包括那些在此次和上次都购买同一品牌以及考虑其他品牌的消费者。

图 5-5 决策中的品牌添加

资料来源：麦肯锡消费者决策调查——2008 年美国汽车和皮肤护理；2008 年德国移动通信；2009 年美国汽车保险。

2. 消费者升级

以往，营销是由企业来推动的，通过传统广告、直接营销、活动赞助和其他渠道向消费者进行"推"销。在"漏斗"模式的每一个点上，当消费者缩小其品牌选择范围时，营销人员都会试图影响他们的决策。这种不精确的方法通常无法在恰当的时刻接触到恰当的消费者。

在如今的决策历程中，随着客户把握了消费决策过程的控制权并积极搜索对他们有帮助的信息，由消费者主导的营销越来越重要。

麦肯锡的研究发现，在积极评估阶段中，有2/3的接触点都涉及消费者主导的营销活动，如互联网评论、亲朋好友的口头推荐、店内的互动以及过去经验的回顾。只有1/3的接触点涉及由企业推动的营销。传统的营销仍然重要，但是，消费者决策方式的变化要求营销人员主动超越纯粹"推销"风格的沟通，学会运用口碑相传和互联网信息网站等手段来影响消费者主导的接触点。可以说消费者正在自我升级，而企业也必须迎头赶上。

3. 顾客忠诚的分级

当消费者在购买时刻做出决定时，营销人员的工作才刚刚开始：购买后的体验决定了消费者对该类产品的每项后续决策的意见，因此，这一历程是个持续不断的循环。例如，在使用面部皮肤护理产品的消费者中，有60%以上的人都会在购买后上网进行进一步的研究——这个接触点是"漏斗式"模式所无法想象的。

尽管人们早就知道需要提供能够激发忠诚度并由此而产生重复购买的售后体验，但是，在当前竞争越来越激烈的复杂世界中，并非所有忠诚度都是等同的。在那些自称对某一品牌忠诚的消费者中，有些是积极主动的忠诚分子，不仅会坚持购买该品牌，还会向他人推荐。另外有些则是消极被动的忠诚分子，他们要么是因为懒惰，要么是因为令人眼花的选择带来的困惑，会继续购买某一品牌，但是未必会坚守。被动的消费者尽管会宣称忠诚于某一品牌，但是，也愿意接受竞争对手为其提供的信息，为变卦找理由。

所有营销人员都应该把扩大积极忠诚顾客群体作为工作重点，为此，他们必须将资金支出集中于新接触点上。这需要全新的营销努力，不仅仅是投资于网站、提高口碑或者反复强调致力于提高客户满意度。

基于上面三点，麦肯锡的研究认为，传统漏斗模式现在已无法适应不断升级的消费者，也无法概括由产品选择面和数字渠道激增所导致的所有关键购买因素。因此，企业需要有更精明老道的方法，来帮助营销人员驾驭这种环境——比这种"漏斗式"模型所描述的那种线性关系要复杂得多的环境。

麦肯锡将这种方法称为"消费者的决策历程"。如图5-6所示，消费者决策历程模式认为：决策过程更多地是一个循环历程，每个阶段都代表了能决定营销人员成败的潜在战场。

此循环历程包括：（1）初选；（2）积极评估（或者研究潜在购买选择的过程）；（3）购买时刻（消费者购买某品牌）；（4）购买后体验（消费者对产品的体验）；（5）忠诚循环。

深入了解消费者如何决策还只是第一步。对于多数营销人员来说，困难在于将战略和资金支出都集中于最有影响力的接触点。有4种活动可以帮助营销人员应对消费者决策历程中出现的新情况。

1. 确定目标和开支的优先次序

以前，营销人员会有意识地选择重点关注营销漏斗中的任意一端——建立知名度或者是获得现有客户忠诚度。在消费者从初选、进入积极评估、再到做出决策的过程中，营销人员需要更有针对性地特别选择接触点，以便影响消费者。企业若只盯着传统的营销漏斗的前端或后端，就可能错失激动人心的良机——不仅可以将投资集中于决策历程中最重要的关键点上，还可以瞄准正确客户。

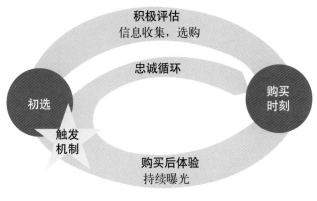

图 5-6 消费者决策历程模式

资料来源：麦肯锡报告《消费者决策历程》。

2. 量身定制宣传信息

对于某些企业来说，需要采用新的信息沟通交流方式，以便在消费者决策历程中提供最大收入机会的环节中获胜。可能需要用针对某一特定环节（例如初选或积极评估）上弱点的专门信息去取代贯穿所有阶段的笼统信息。

3. 投资于消费者主导的营销活动

要超越受"漏斗式"启发的推动式营销，企业必须在消费者了解品牌时，对那些能够让营销人员与消费者互动的工具进行投资。消费者主导的营销的中心在互联网上，它在消费者寻求信息、评论和建议的积极评估阶段起着关键性的作用。在决策历程中，这一个点的强有力作用要求企业改变思维定势，从购买媒体时段或版面转向开发吸引消费者的工具：如像介绍产品的网站等数字资产，培育口碑的活动，以及通过研究背景和消费者来定制广告的系统。例如，美国运通的 CAR FINDER 和福特汽车的 CAR CONFIGURATOR，就可以通过每一次点击，迅速、直观地选择分类，从而在决策历程中的各个阶段为消费者提供方便。营销人员可以运用工具，发现有关品牌的在线论坛，分析人们的言论，并允许营销商发表自己的评论，从而影响在线口碑。

4. 打造高水平终端店铺

营销活动呈现出来的新的复杂性所产生的一个后果是：更多的消费者会将其最终购买决定推迟到他们进入店内时。这样，推销和包装就成为很重要的销售因素，这一点并没有得到广泛的了解。消费者希望看到产品的实际运行情况，并且在很大程度上受到视觉因素的影响：高达 40% 的消费者会由于他们在此时看到、了解到或所做的事情而改变主意，比如，包装、商品的摆放或者与销售人员的互动等。

5.3.2 奢侈品顾客忠诚分级

现有的调查机构对奢侈品品牌的评价一般基于奢侈品品牌的以下四个特征：（1）价值品牌；（2）文化历史；（3）高端人气；（4）购买欲望。以上四个特征决定了作为奢侈品品牌的定位和对应的消费阶层，进一步决定了其品牌的传播方式和途径。

奢侈品的消费在一些经济发达的国家和地区非常踊跃。作为奢侈品的发源地，欧洲有着成熟的奢侈品市场，表现为一种追求品位式的享受性消费。日本和美国虽然起步较晚，

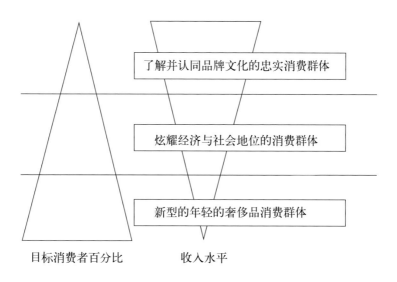

图 5-7　目标消费者划分

但因为其后经济的迅速发展，积累了很多的财富，所以也产生了很大一批忠诚的奢侈品消费人群。而在中国，奢侈品的顾客有鲜亮的外部特征，或者说他们会很自我地进行外部展示。他们一般都是高收入人群，具备非常雄厚的资金实力。他们或者是企业老总，或者是行业新贵……他们渴望被尊重，他们对奢侈品具有强烈的认同感，他们认为这些产品代表了一个阶层或者一个圈子，他们一般是环境中具有号召力的部分，或者是话语的主导者，代表了"领导中心"，所以奢侈品其实是"身份产品"、"身价产品"。

在奢侈品消费过程中，存在着"消费升级"的趋势。领带、皮鞋、皮包等小配件和化妆品是"入门级"的奢侈品，这类商品的相对价格高但绝对价格低，很多主力消费者所购买的第一件奢侈品就属于以上品类。而随着年龄、收入增长以及奢侈品消费心理的成熟，消费取向就会逐渐转向服装、手表、珠宝等中级奢侈品，中级奢侈品是奢侈品市场的主力，其消费人群也是奢侈品消费的主力。大多数人的消费止步于此，对于千万富豪来说，他们的消费会继续升级，豪华车、豪宅等成为他们的下一个目标（见图 5-8）。

5.3.3　奢侈品消费群体的东西方差异

奢侈品的消费群体，在东西方有比较明显的差异。东方文化与西方文化的差异，使

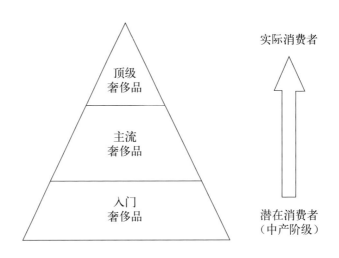

图 5-8　奢侈品消费群体

东西方奢侈品消费存在差异。东方文化强调集体主义，强调人际间相互依赖的自我概念，重视等级制度，这使得东方人对奢侈品的消费更加关注象征价值、地位消费、物品的公共价值，在品牌的选择上更多地受群体影响。而西方国家消费者的奢侈品感知价值，从早期的炫耀价值、独特价值和从众价值等社会导向价值，逐渐转向对个人导向价值的关注。奢侈品消费开始更多地服从于个人的情感体验和感觉机制，体现自我的精神存在，而不仅仅是社会等级的区分。

欧美国家的奢侈品消费主力是 40 岁左右的中产阶级（见图 5-9），而在东方这个群体要年轻十多岁，以 30 岁左右的年轻新贵为主。在中国，则是平均月收入 5000—5 万元，年龄在 25—40 岁的高学历者。无论是东方还是西方，高收入人群都是奢侈品消费的主要力量。世界上奢侈品消费的平均水平是个人财富的 4% 左右，而中国的一些消费者，特别是年轻人，却用 40% 甚至更大的比例去追求奢侈品。一项针对中国城市青年的调查显示，超过 60% 的年轻人认同并表示愿意购买高品质物品，中国奢侈品消费年轻化已成为趋势之一。欧洲顾客对购买奢侈品相对理性一些，因为喜欢和需要而买。中国顾客可能有时会因为品牌的知名度而购买。中国顾客的年龄也比欧洲要年轻，而且他们出手很大方。

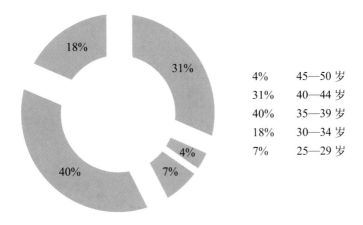

图 5-9　欧美奢侈品消费者年龄层分布

5.3.4 奢侈品消费阶层

对奢侈品消费者的分类有很多方法，可以按照年龄、性别、地域、文化、购买能力等进行划分。本书主要按照不同购买能力对消费阶层进行划分，进而对各个阶层的消费者进行分析。

虽然奢侈品品牌琳琅满目，涉及各行各业，且都面向着高端消费市场，但与普通商品一样，也同样对应着不同的消费阶层。不同级别的奢侈品品牌其价格有时也相差非常悬殊，各自对应着不同购买能力的消费阶层。此外各个消费阶层在消费奢侈品时，其目的和动机也不尽相同。所谓动机，是指促使人们做出他们所做行为的过程。当消费者希望得到满足的一种需要被唤醒，动机就产生了。

众多的奢侈品根据特定的消费人群是入门阶层、中产阶层和精英阶层而对应不同的品牌。每个奢侈品品牌以及其产品在生产以前，都会做充分的市场调研。针对特定的消费群体的消费能力，制造出符合消费者身份、喜好的相应产品。可以这么说，同属于奢侈品范畴的不同物品都有明确的后端定位。

表 5-3　奢侈品的消费阶层对比

阶层	年龄	代表	财富	知名度	社会需求
精英阶层	中老年	名流政要 跨国集团领袖	巨大	大	经常/顶尖场合
中产阶层	中年	一般官员 企业中高层	富裕	一般	经常/各种场合
入门阶层	中青年	白领	生活水平较高	小	偶尔/一般场合

1．精英阶层

精英阶层是指那些处在社会财富金字塔顶端的阶层，他们已经实现了完全的财务自由，金钱对于他们而言仅仅是一个符号和数字，没有更多的实际意义。他们具有难以计算的购买能力，奢侈品的购买完全凭个人的偏执喜好，常常会定制一些限量版产品或者由制造者特别量身定做。亿万富翁和他们手中的金钱，对奢侈品市场有着巨大的吸引力。从镶有宝石的手机，到金制电脑游戏机，都在面向超级富豪的奢侈商品之列。

精英阶层消费者主要是名流政要、跨国企业领袖、超级巨星等。在 2005 年英国《金融时报》全球记者推出的很长的富豪名单中，评审组最终从中选出了 25 人上榜。与 2004 年相比较，欧洲上榜者数量翻番；政治人物达近一半。这些富豪年龄大多为中老年，社会知名度很高，掌握着巨大的权力或财富，生活奢华，作风张扬，对社会有着较大的影响力，需要经常性地出席各种顶级社交场所。精英阶层处在社会的最顶层，往往孤独而寂寞。由于他们所处的社会地位，使他们感受到与社会大多数人的不同，为了表现出其权威，他们往往通过稀有的奢侈品来彰显他们的权威，其消费动机很大程度上是为了显示其独特性和炫耀性。他们已经不再希望与他人攀比，而是希望与别人不同。亿万富翁们现在越来越有钱，致富速度越来越快。即便 20 世纪 90 年代末股市暴涨的幸福感已逐渐消退，但那段时光的幽灵残留在全球富豪们的银行余额，以及他们的世界观中。莱斯特·梭罗（Lester Thurow）教授在 1999 年出版的著作《知识创富》中写道："财富是资本主义衡量成功的最终标准。那些拥有大量财富的人是重要的，值得献殷勤。他们值得别人尊敬，也要求别人顺从。他们是赢家。在尊贵次序的排定中，财富一直是重要的，但它正日益成为衡量个人

第5章 奢侈品消费者

价值的唯一尺度。如果你想证明自己，就必须参与这个游戏。这是一个甲级游戏。如果你不在那里玩，那你注定陷于次等。"

精英阶层对应消费的奢侈品品牌往往是那些常人无法企及的顶尖品牌，以此来彰显他们的巨大影响力。品牌更多的体现在其可见价值，而不完全是其使用价值。

在亿万富翁的物品清单中，豪华游艇排在首位。拥有切尔西足球俱乐部的俄罗斯富翁阿巴拉莫维奇，拥有一个游艇船队，其中包括 Ecstasea 号、Sussurro 号和长达 377 英尺的罗盘号（Pelorus）。这些游艇上有直升机停机坪和电影院等豪华设施，阿布豪掷 2 亿英镑打造的"切尔西号"是一艘世界最大的私人游艇，这艘巨轮总价值高达 2 亿英镑，是由德国著名的制造公司 Blohm+Voss（该厂负责德国军事战机等重要设备制造）在德属的波罗的海岛屿吕根岛制造。船体长 550 英尺，比阿布现有的四艘游艇中最大的"罗盘号"长 200 英尺。微软（Microsoft）的保罗·艾伦（Paul Allen）也拥有三艘游艇，分别为长 414 英尺的 Octopus 号、302 英尺的 Tatoosh 号以及 199 英尺的 Meduse 号。甲骨文公司总裁拉里·埃尔森有意买下横空出世的世界最大游艇"旭日"号（Rising Sun），这也将是拉里的第三艘游艇。"旭日"号全长 460 英尺（约 140 米）。

而世界各国元首则大多都对名表情有独钟，意大利总理贝卢斯科尼腕上的江诗丹顿金表最昂贵，价值 54 万美元；俄罗斯总理普京（前总统）也不甘落后，他的那块百达翡丽金表价值 6 万美元；普京习惯于把手表戴在右手腕上。这块贵得吓人的金表相当于普京总理的一年薪水。普京总理非常在意手表的品牌，2003 年他曾经戴过一块经典款式的百达翡丽金表——"Calatrava"，那也是价格不菲。几名俄罗斯副总统和政府官员也投其所好，纷纷追随普京，争相佩戴百达翡丽的手表。莫斯科市长尤里·卢日科夫拥有一块价值 1.8 万美元的百达翡丽"Calatrava"金表。传奇总统——约翰·肯尼迪也是高级手表的爱好者。2006 年国际钟表珠宝展上，欧米茄首次展出了原属肯尼迪私人珍藏的欧米茄表。在那个年代，欧米茄手表可谓是瑞士专业手表的杰出典范，这和肯尼迪本人喜好精品、关注品位的个性相当吻合。肯尼迪总统还经常佩戴一只卡地亚（Cartier）的"路易·坦克"（Tank Louis）。南斯拉夫总统铁托号称红色奢侈品爱好者。他佩戴的是一只欧米茄手表，这位强权人物的手表同样不含糊，刚硬、简洁。

表 5-4 世界十大名表最新排行榜

排名	品牌名称	关键词	品牌商标	品牌介绍
1	百达翡丽（Patek Philippe）	贵族的标志	PATEK PHILIPPE GENEVE	创立于1839年的百达翡丽是瑞士现存唯一一家完全由家族独立经营的钟表制造商。百达翡丽表一向重视外形设计与制作工序，制表工序全部在日内瓦原厂完成，是全球众多品牌表中唯一一家全部机芯获"日内瓦优质印记"（Geneva Seal）的品牌。
2	江诗丹顿（Vacheron Constantin）	贵族的艺术品	VACHERON CONSTANTIN	始创于1775年的江诗丹顿已有250年历史，是世界上历史最悠久、延续时间最长的名表之一。创始人让·马克·瓦什隆（Jean-Marc Vacheron）是一位渊博的人文学家。江诗丹顿被誉为贵族中的艺术品，一直在瑞士制表业上担当着关键角色。目前隶属瑞士历峰集团。
3	爱彼（Audemars Piguet）	坚持百年传统	AUDEMARS PIGUET	1875年，朱尔斯-路易斯·奥德莫斯（Jules-Louis Audemars）与朋友爱德华-奥古斯蒂·皮捷特（Edward-Auguste Piguet）一同创立了爱彼表。1972年，爱彼推出了全精钢材质的高端运动表系列"皇家橡树"（Royal Oak），成为表业经典。爱彼公司在瑞士设有钟表学校，每名学徒必须在钟表学校中修完4年课程，才能取得钟表匠资格。此外，还要经过1—2年训练，才能制造超薄机芯，而要开始制造复杂机芯前，还需10年训练。

4	宝玑（Breguet）	现代制表之父		1775年，A.路易斯·宝玑（A. Louis Breguet）创办了宝玑这一品牌。这位举世公认的钟表史经典人物首先在巴黎发展这一品牌，后至瑞士。宝玑手表深受皇族垂青，法国国王路易十六和玛丽皇后都是宝玑的推崇者。巴尔扎克、普希金、大仲马、雨果等文豪的著作中也都曾提及宝玑表。英国女王维多利亚和英国首相丘吉尔等名人都是宝玑的顾客。如今，宝玑隶属瑞士斯沃琪集团。
5	万国（IWC）	机械制造品质超凡	IWC	创立于1868年的万国表有"机械表专家"之称，每只万国腕表都要经历28次独立测试。创始人是美国人佛罗伦汀·琼斯（Florentine A. Jones）。20世纪初，万国表在德国、奥地利等地销售量大增。如今，万国表在全球有700多个销售点，产品主要销往远东、瑞士和德国。目前隶属瑞士历峰集团。
6	伯爵（PIAGET）	至尊之宝	PIAGET	1874年，Georges Edouard PIAGET以机芯制作起家。1940年，PIAGET的孙子为伯爵表的发展开拓了国际市场。1956年伯爵表推出了超薄机芯。20世纪60年代以来，伯爵一边致力于复杂机芯的研究，一面发展顶级珠宝首饰的设计。从设计、制作蜡模型到镶嵌宝石，伯爵表始终秉承精益求精的宗旨。其"手铐腕表"（cuff watches）和"硬币腕表"（coin watches）设计出众，是伯爵表中的珍品。目前隶属瑞士历峰集团。
7	卡地亚（Cartier）	上流社会的宠物	Cartier	卡地亚拥有150多年历史，是法国珠宝金银首饰的制造名家。1888年，卡地亚尝试在镶嵌钻石的黄金手镯上装上机械女装表。1938年，卡地亚制造了世界上最小的腕表，并把它送给了英国伊丽莎白公主。卡地亚手表一直是上流社会的宠物，历久不衰。目前隶属瑞士历峰集团。
8	积家（Jaeger-LeCoultre）	创造"吉尼斯纪录"	Jaeger-LeCoultre	安东尼·拉考脱（Antoine LeCoultre）1833年在瑞士成立工作坊。1844年，他发明了测量精度达到1/1000毫米的微米仪，使钟表零件加工精度大大提高。积家在1907年推出了世界上最薄的机械机芯，在1929年推出了世界上最小的机械机芯。积家1931年专为马球选手所推出的腕表是为高档腕表中罕见的经典之作。目前隶属瑞士历峰集团。

9	劳力士 （Rolex）	手表中的霸主	ROLEX	劳力士创始人为汉斯·威尔斯多夫，1908年他在瑞士将劳力士注册为商标。20世纪20年代，劳力士公司研制了防水手表。1953年，劳力士推出了专为潜水员设计的潜水表。劳力士手表的设计本着庄重、实用、不显浮华的风格，受到大批人喜爱。
10	芝柏 （GIRARD- PERREGAUX）	尽显尊贵	GP GIRARD-PERREGAUX	芝柏表的创始人J. F. Bautte 1791年制作出他的第一块手表。1854年，芝柏（GIRARD-PERREGAUX）这一名字正式诞生。到20世纪初，芝柏的知名度不断扩大。1930年，当手表销售量首次超过怀表销量时，芝柏50年前就定下的发展手表的策略被证明是正确的。1998年，芝柏在日本建立分支机构，并有一款手表入选日本"年度最佳手表"。2000年，芝柏在美国建立了分支机构。

资料来源：世界钟表网（http://www.replicadoor.com/watches-top-10.asp）。

2．中产阶层

中产阶层是最主流的也是最庞大的奢侈品消费群体，学术界对中产阶层相对全面的描述是："所谓中产阶级，是指有一定的知识资本及职业声望，以从事脑力劳动为主，主要靠工资及薪金谋生，具有一份较高收入、较好工作环境及条件的职业，有相应的家庭消费能力，有一定的闲暇生活质量；对其劳动、工作对象拥有一定的支配权；具有公民、公德意识及相应社会关怀的社会群体。"他们一般有较稳定的高收入来源，购买产品一般是具有丰富文化背景的中高级奢侈品品牌，他们的消费比较理性而稳定，经常在高档商店或品牌店旗舰店采购商品。中产阶层消费者对低价的商品和服务采用的是趋低消费，对质优价高的商品和服务采用的是趋优消费，对于日趋乏味、价值降低的中端商品则避而远之。这种两极化消费特点已经对发达国家的市场营销产生重大影响。

中产阶层主要指一般官员，企业中高管理层，明星等。中产阶层一般是中年，他们大多学历较高，有稳定的事业和工作，或者本身就是公司的主人，有较强的支付能力，需要证明自己已经成功，有着较强的骄傲感和自豪感，有一定的知名度，需要和上层社会打交道，常常参加各种社交活动，生活富裕，乐于享受高质量的生活。在很多国家，公务员都是一个令人羡慕的职业。他们不仅有受人尊重的社会地位，而且收入稳定，还有良好的福利待遇。与职业地位相符的薪水报酬，让他们拥有较高的消费能力。在欧美发达国家，公务员构成了奢侈品消费的重要人群。西方人收入普遍较高，中产者花个几百元到一千元钱买件奢侈品并不困难。他们大多年龄在30岁以上，事业有成，收入颇丰，见多识广，外在形象趋于成熟、自信、典雅，个人气质与奢侈品的华丽外表相得益彰。

中产阶层消费者的心理状态通常比较复杂，一方面，他们对自己的生活现状通常比较满意，但同时他们要承受较大的压力，工作紧张、时间紧迫、缺少与家人朋友的沟通相处。他们对奢侈品的消费动机主要是出于对自己的关心及与人更好交往的需要。新兴中产阶层正逐渐成为奢侈品的消费主流。他们的消费动机主要是出于对自己的关心以及与人更好交往的需要。高强度的工作和压力使得他们时常感觉到需要获得关爱或休憩，从而能够积聚足够的能量继续迎接各种挑战，奢侈品消费可以帮助他们实现对自己的认可从而缓解压力。同时，人际交往也是他们生活中不可缺少的内容，交际过程中出现的商品通常能够代表拥有者的品位、知识、成就和价值标准，这也是他们选择消费各种奢侈品的动机所在。他们需要通过这些奢侈品来向他人证明自己的身份，从而达到社交的目的。中产阶层对应消费的奢侈品品牌一般比较讲究性价比，而且往往比较专业，体现着低调却不失个性。品牌代表着某些方面的卓越和超凡。

中产阶层具备如下消费特点：

（1）符号型消费

对中产阶层来说，越来越多的消费不再是生活的必需，而是出于展现个人价值观念、生活情趣和社会身份的需要，车友会、品客圈、会员俱乐部等形式日趋流行，消费日益成为身份认同、社会交往的重要方式。在商家主动设置的门槛下，在媒体的宣传引导下，消费者对消费什么、去哪消费、和谁一起消费、为何消费等方面的认识，开始从朦胧转向清晰，一切与消费有关的品牌、价格、服务、场所等都越来越具有符号暗示意义。

值得注意的是，因消费观念、消费水平、生活方式的相似性，众多中产人士追求个性化的消费行为，结果却导致了在消费方式、品牌认同等选择标准上的日趋一致，消费选择的趋同性反过来又成为促使商家进一步分化整合实现错位经营的催化剂。

（2）休闲型消费

中产阶层的休闲并不是休息，具有浓厚的功用目的和社交色彩。社会调查表明，虽然中产阶层普遍感到竞争压力大、工作时间长，但休闲活动并未因此而减少。作为脑力劳动者，中产者的工作时间、场所比较自由，工作内容则以信息处理和社会交往为主，工作与休闲经常相互掺杂。吃饭、聚会、健身、上网、旅游等很多形式上的休闲活动，在中产人士身上，往往也是变相的工作延伸，是借消费与外界建立关系的社交活动。

（3）现代消费中留有传统消费痕迹

中产人群大多受勤俭持家等传统消费观念影响，本身受教育水平也较高，其在价值观念和生活情趣上都不认同无节制地追求物质享受，他们在消费上仍然还是理性和有节制的。消费时会兼顾实用性与炫耀性，追求高品质的同时也喜欢打折，接受刷卡、按揭等超前消费但也会控制在自己的偿还能力之内。但这种还留有传统消费印记的现代消费方式，在第一代中产者的子女身上将被彻底打破，在他们成为第二代中产者后，从小在相对优越的环境中养成的消费观念、消费行为和生活方式，都会与克制的、先积累再消费的传统消费习惯彻底决裂。时尚、前卫等群体性消费特征将更趋鲜明一致。

随着中产阶层的壮大，群体意识的觉醒，群体性消费特征趋向一致，阶层化的消费行为正成为引发商业企业经营定位加速分化的催化剂。商业企业在营销上必须加强品牌的塑造和宣传，在渠道选择上必须重视网络的作用。

3. 入门阶层

入门阶层一般是指那些较高收入者，大多是职场白领，虽然收入较高，但仍然不是奢侈品的忠实客户。该阶层消费的奢侈品品牌往往是较低端的奢侈品品牌或者是高档品牌的副产品，价格一般不是很高，但却占到收入的相当一部分比例，购买稳定性差，他们只是偶尔消费奢侈品，只有在某些自认为值得的价钱较高的商品上愿意尝试，而在大多数情况下，尤其是基本生活品方面的消费则比较理性节俭。

入门阶层对应的是公司中级管理层和一些较高收入者，大多是中青年，没有太高知名度，生活水平较高，偶尔需要参加社交活动，

入门阶层以年轻人居多，由于他们对未来抱着非常乐观的态度，很少担心自己的老年生活，他们倾向于购买自己能买得起的最贵的产品来满足自己的追求。他们希望通过奢侈品来满足自己的高雅品位，同时他们非常乐观，对事物持积极态度，有相当的探索和冒险精神，有野心和抱负去追求成功，在工作的同时认为享受生活同样重要。该阶层消费的奢侈品品牌更具有实用性，性价比高，一般有着良好的质量和信誉。品牌体现着他们对美好生活的追求和向往。

入门阶层的典型代表是办公室白领，他们大多消费服装、皮包和化妆品这类绝对价格相对较低的入门级奢侈品，本着不在多而在精的原则。衬衣、西裤以及与之相配的包是他

们的必备首选。有报道称目前欧洲一些高级女白领，已经发现了一种既能维持预算又可顾及体面的好办法——奢侈品租赁。不管是新年晚会还是生日派对，不论是慈善宴请还是公司聚会，想在外貌上"出奇制胜"的女人常常会为她们的衣着而伤透脑筋。高贵典雅的晚礼服、璀璨夺目的钻石项链……勉强购买一两件显然解决不了问题，如果碰巧缺少合适的礼服、手袋或首饰，通常的做法就是去租一件来，这样既可以为自己剩下开销，又能免去买贵重物品时那种千挑万选的麻烦。事实上，不论是美国，英国还是意大利，在这些时尚国度中，奢侈品租赁行业一直不乏受众，比如一些大公司的高级白领在代表公司出席宴会时就会发现没有体面的着装是不行的，但是每次都要为此花费巨资购买又不划算，那么租借便是一种最合理的解决方式了。

5.3.5 奢侈品的消费动机

消费者动机是在消费者需要的基础上产生的，而需要是消费者由于缺乏某种东西而产生的主观欲求状态。因此，在消费者行为的产生过程中，需要和动机占有特殊、重要的地位。购买动机是引导消费者购买活动指向一定目标，以满足需要的购买意愿和冲动。这种购买意愿和冲动是十分复杂、捉摸不透的心理活动，从其表现来看，可以将消费者的购买动机归纳为两大类：理智动机和感情动机（见表5-5）。

表5-5 购买动机

	理智动机		感情动机
适用	适用即求实心理，是理智动机的基本点，即立足于商品的最基本效用。在适用动机的驱使下，顾客偏重产品的技术性能，而对其外观、价格、品牌等的考虑则在其次。	好奇心理	好奇是一种普通的社会现象，没有有无之分，只有程度之别。一些人专门追求新奇，赶时髦，总是充当先锋消费者，至于是否经济实惠，一般不大考虑，诸如魔方、跳跳糖、谜语手纸、电动牙刷、意彩娃娃等能在市场上风靡一时就是迎合了这一心理。
经济	经济即求廉心理，在其他条件大体相同的情况下，价格往往成为左右顾客取舍某种商品的关键因素。折扣券、大拍卖之所以能牵动千万人的心，就是因为"求廉"心理。	异化心理	异化心理多见于青年人，他们不愿与世俗同流，总希望与别人的不一样。我国1994年下半年开始由南往北渐进的将黑发染成黄发、红发的消费行为就反映了他们想标新立异的心理。

可靠	顾客总是希望商品在规定的时间内能正常发挥其使用价值,可靠实质上是"经济"的延伸。名牌商品在激烈的市场竞争中具有优势,就是因为具有上乘的质量。所以,具有远见的企业总是在保证质量的前提下打开产品销路。	炫耀心理	这多见于功成名就、收入丰盛的高收入阶层,也见于其他收入阶层中的少数人,在他们看来,购物不光是适用、适中,还要表现个人的财力和欣赏水平。他们是消费者中的尖端消费群。购买倾向于高档化、名贵化、复古化,几十万乃至上百万美元的轿车,上万美元的手表等的生产正迎合了这一心理。
安全	随着科学知识的普及,经济条件的改善,顾客对自我保护和环境保护意识增强,对产品安全性的考虑愈来愈多地成为顾客选购某一商品的动机。现在的"绿色产品"具有十分广阔的前景就是抓住了这一购买动机来促进销售。	攀比心理	攀比,社会学家称之为"比照集团行为"。有这种行为的人,照搬他希望跻身其中的那个社会集团的习惯和生活方式。人家有了大屏幕彩色电视机、摄像机、金首饰,自家没有,就浑身上下不舒服,不管是否需要,是否划算,也要购买。
美感	爱美之心人皆有之,美感性能也是产品的使用价值之一。企业对产品外观设计注入愈来愈多的投资,就是因为消费者购买决策时,美感动机的成分愈来愈重。	从众心理	作为社会的人,总是生活在一定的社会圈子中,有一种希望与他应归属的圈子同步的趋向,不愿突出,也不想落伍。受这种心理支配的消费者构成后随消费者群。这是一个相当大的顾客群,研究表明,当某种耐用消费品的家庭拥有率达到40%后,将会产生该消费品的消费热潮。
使用方便	省力、省事无疑是人们的一种自然需求。商品,尤其是技术复杂的商品,使用快捷方便,将会更多地受到消费者的青睐。带遥控的电视机,只需按一下的"傻瓜"照相机以及许多一次性商品走俏市场,正是迎合了消费者的这一购买动机。	崇外心理	一些讲摩登的人盲目崇拜外国货,只要是舶来品就买。一些家用电器生产厂,尽管绝大部分甚至全部采用了国产件,仍沿用进口散件组装的牌子在国内销售。有的企业在产品或包装上全用外文,或者只用拼音字母而不著一个汉字,在国内销售,进行不正当竞争,就是利用了这种崇外心理。
购买方便	在社会生活节奏加快的今天,人们更加珍惜时间,对选择性不大的商品,就近购买,顺便购买,捎带购买经常发生。一应俱全的超级市场之所以兴旺,邮购、电话购物、电视购物等多种购物方式的兴起等正是适合了消费者的这一购买动机。	尊重心理	顾客是企业的争夺对象,理应被企业奉为"上帝"。如果服务质量差,哪怕产品本身质量好,顾客往往也会弃之不顾,因为谁也不愿花钱买气受。因此,企业及其商品推销员、售货员、维修人员真诚地尊重顾客的经济权力,有时尽管商品价格高一点,或者质量有不尽如意之处,顾客感到盛情难却,也乐于购买,甚至产生再光顾的动机。
售后服务	产品质量好,是一个整体形象。对多数消费者而言,花不小一笔积蓄购买高档耐用消费品,即使就是享誉世界的名牌产品也不能完全消除心理上的紧张感。因而,有无良好的售后服务往往成为左右顾客购买行为的砝码。为此,提供详尽的说明书,进行现场指导,及时提供免费维修,实行产品质量保险等都成为企业争夺顾客的手段。		

不同的奢侈品消费群体，由于他们消费动机的不同，决定了他们对奢侈品的品牌有不同的认知。从消费动机的不同可以大致划分为两类——炫耀性消费和象征性消费。

炫耀性消费的消费者购买奢侈品多是源自炫耀性心理。早在1899年出版的《有闲阶级论》中，经济学家凡勃伦就首次提出了"炫耀性消费"（Conspicuous Consumption）这一概念。凡勃伦认为，要获得尊荣，并保持尊荣，仅仅保有财富或权力是远远不够的，有了财富或权力还必须能够提供证明。炫耀性消费是为财富或权力提供证明的消费活动，而尊荣就是通过这样的证明得来的。消费者通过对奢侈品的购买使自己成为某一阶层，因为他们需要寻找一种符号的象征，以显示他们的经济和社会地位。对于他们而言，品牌的知名度是第一位的，他们对品牌的展览和店堂的装潢很少留意，也不太关注商品的质地、面料和做工的过人之处，他们往往更看重商品所配的品牌LOGO及所显示的价格，然后欣然接受，而不是通过喜好来选择自己所需要的商品。这类消费者并不成熟，他们对品牌的体验往往是停留在该品牌是否能够彰显他们的经济和社会地位，因此他们通常只注重价格、款式的外在体现，而根本不关心奢侈品的文化内涵及历史，仅仅只是出于炫耀而拥有品牌的产品。这一类客户往往缺乏对品牌的忠诚度，他们在不同的品牌间游移，今天购买了PRADA，明天就极有可能转向LV，豪华汽车是最能体现这类消费者身份和地位的奢侈品。

象征性消费有两层含义：其一，是"消费的象征"。即借助消费者消费表达和传递某种意义和信息，包括消费者的地位、身份、个性、品位、情趣和认同。消费过程不仅是满足人的基本需要，而且也是社会表现和社会交流的过程。其二，是"象征的消费"。即消费者不仅消费商品本身，而且消费这些商品所象征的某种社会文化意义，包括消费时的心情、美感、氛围、气派和情调。现在已经有越来越多的消费者把奢侈品消费当做一种"身份的享受"。有很多人一开始也是为了追求"虚荣"而去，但是在认识这个品牌的过程中，在购买零碎小配件，到最终穿着各种服装的过程中，消费者会渐渐被奢侈品品牌所提倡的"生活方式"所感染，将那种精致、完美、认真、平和的态度融入日常生活中。这类消费者很少把奢侈品当做一种地位和成功的标志，而是不同的、特殊的、独有的一种享受过程。奢侈品给人带来的满足和安全感，会让fans们更努力工作，不失为一种很好的自我奖励方式。他们可能并不是真正意义上的富翁，但是却有敢于花明天钱的勇气；他们也许没有太多的存款，但是这并不影响他们对富裕的生活方式的追寻，他们往往会不惜一切代价将钱花在一个地方，而在其他地方省吃俭用。这类奢侈品消费就是沃夫冈·拉茨勒在《奢侈带来富足》中定义的"切分奢侈"。他们有时对文化非常敏感，希望因为自己的品位而赢得尊重，拥有最高的质量，最深厚的文化内涵和艺术性，一个古老的灯具，听新年音乐会都可以成为他们的奢侈品。他们对奢侈品品牌的认知往往不仅仅是对品牌本身的认知，即品牌本身独特的元素，此外还有对品牌延伸的认知。即是指品牌背后代表的深层次的含义。

中国学者朱晓辉结合 Vigneron Franck 的西方消费者奢侈品消费动机结构和中国儒家文化价值观，提出了中国奢侈品消费动机修正模型，将中国奢侈品消费动机细化为社会消费动机和个人消费动机。具体的中国消费者奢侈品消费动因将会在本书第三部分进行详细论述。

1. 社会消费动机

社会消费动机主要包括炫耀、从众、社交、身份象征。目前中国进行奢侈品消费的人群中，更多的是出于社会消费动机。

东亚消费者对奢侈品的购买在很大程度上是为了群体需要或者别人的期望而进行消费，而且东亚消费者更加重视"外在自我"，即自己在别人眼中的形象（Smith, 1983）。在中国传统文化中，请客送礼、礼尚往来是从事商业活动和人际交往的重要方式之一。礼品分量的轻重往往反映一种诚意。中国人好面子，面子可以说是儒家文化氛围下人们消费行为的一个重要特征。很多消费者购买奢侈品就是为了从产品的消费过程中展现自己的财富、地位或权力，向周围人炫耀，显得自己有面子。而有些消费者因为周围人都购买了奢侈品，即使自己不想购买，但是为了与周围人保持一致，不使自己丢面子，迫于从众压力也会进行奢侈品消费。或者某群体进行奢侈品消费，促使其他消费群体也产生了购买奢侈品的冲动。一些消费者进行奢侈品消费，主要是为了赠与他人，以加强社会交往纽带，这是奢侈品消费中的社交动机。奢侈品作为礼物对于东方文化国家，特别是中国，对于维系社会交往关系上发挥着重要的作用。

还有部分消费者为了彰显自己的身份而进行奢侈品消费，这些消费者觉得这些奢侈品是自己身份的一种象征，表现自己的社会地位。通常购买奢侈品作为商业赠礼用途的男性多于女性。在女性的社交性消费中，购买奢侈品作为赠礼更多是赠送给亲朋好友，以分享她们的快乐。

2. 个人消费动机

个人消费动机则包括品质精致、自我享乐、自我赠礼。研究表明，在中国出于个人消费动机进行奢侈品消费的人所占的比重很小，而在西方消费者出于个人消费动机进行奢侈品消费的人所占的比重较大。

造成这种现象的原因，一方面是东西方文化的差异，另一方面是我国奢侈品市场发展较晚，消费者对奢侈品消费还不够理性。但是由于近年来消费主义和享乐主义的影响，中国消费者存在个人取向的奢侈品消费动机的人群在逐渐增多。

某些消费者进行奢侈品消费，主要是为了享受该产品超凡卓越的品质，这是奢侈品消费中的追求品质精致动机。因为奢侈品的质量做工等高于一般产品，符合这些消费者高品质生活的要求。某些消费者消费奢侈品，主要是要让自己感受到产品所带来的乐趣，这是奢侈品消费的自我享乐动机。某些消费者进行奢侈品消费，主要是为了赠与自己，这是奢侈品消费中的自我赠礼动机，跟自我享乐动机相比，自我赠礼动机更强调通过自己实现购买行为，在购买的那个时点获得情感上的某种突破，而自我享乐动机则是更多地强调通过对奢侈品的消费使用获得愉悦的感觉。这些消费者购买奢侈品作为赠予自己的礼品，是对自己的一种犒赏。这种奢侈品消费动因涉及个人的情感性消费。有学者归纳其表现为：

（1）追求品质

奢侈品在质量上没有任何妥协，是高质量的代名词。在中国消费者传统的价值观念中认为一分钱一分货，奢侈品高质高价，理所当然。对于注重生活品质又有消费能力的高收入阶层，奢侈品的消费成为他们日常消费的一部分。他们会选择不同品牌中符合他们个性偏好的品种，不喜欢随波逐流，认为这样的东西在用了很多年以后也不会觉得过时，它与流行的东西有本质的区别。此外，我们可以看到在中国还有更年轻的群体，他们资产平平，却追逐潮流，有很强的消费欲望。他们可以花上万元去购买一个手包，来满足对某一类产品品质的追求，也会只花 100 元买一件普通的饰品，这在当前的中国市场上体现得十分明显。这一群体未必有足够的品牌忠诚来成为某一奢侈品品牌的高价值目标顾客，但他们庞大的数量足以使奢侈品经营者重新审视这个市场。

（2）情绪性消费

情绪性消费更为常见和普遍的是体现在女性消费者身上。女性消费易受情绪影响，尤其是在与平常心境不同时的消费行为。在极端情绪中购物消费的女性相当多，据零点调查公司的调查，这一比例高达46.1%。当她们心情不好的时候，女性的购物消费成为一种缓解压力、平衡情绪、宣泄无奈的方法。在开心的时候，购物消费也是她们表达快乐的一种方式。在众多的情绪化消费中最让人无怨无悔的是在快乐或心情不好时发生的消费行为，据零点调查公司调查，哪怕是买了自己并不真正需要和喜欢的东西，有88%的人也不后悔。女性会把购买的奢侈品当做补偿或犒赏自己的一份礼物，或作为某一特别时刻的纪念和庆祝，在记忆中留下一些值得回味的东西。感性的女人从感性的消费中获得了自我完善需要的满足，实现了情绪及感情上、需求与现实购买能力上的平衡，从而使得这种情绪性消费时常发生。

这两种动机之外，还有一种常见的动机，就是投资性消费。

所谓投资消费，就是将消费与投资结合在一起。一般情况下，投资与消费是两种不同的行为。

人们每天在消费，而投资却要受很多条件的限制。消费了普通的商品，不会有保值增值的功效。但是奢侈品的属性以及某些奢侈品由于精雕细琢、经久不衰或创意独特，限量绝版，使得它们会随着时间的推移而增值，因此奢侈品的消费有时还是贮藏财富、增值财富的一种方式，如名贵的手表、珠宝、艺术品等。在消费中包含一定的投资，使投资与消费同时实现，也成为人们热衷购买奢侈品的原因。奢侈品消费的这种投资性特征，使得其稳定的消费群体扩大，中产阶级以上的消费者都乐于参与其中，因为乐于守财是中国传统文化的重要组成部分。

5.3.6 奢侈品的消费行为

从需求理论来说，奢侈品并非必需品，但美好的事物人人向往，购买奢侈品其实无可非议，但核心条件有两个：首先看奢侈品消费是否超出了其经济承受范围，其次再从使用角度来讲，奢侈品消费是否超过了一个使用度。

奢侈品的消费行为主要分为以下几类：

1. 炫耀，以获得尊重

凡勃伦认为：有闲阶级"为了保持荣誉，对不能为人所窥见的部分，就得有所显示，使人信服他的生活的确是有闲的"。因此，"使用这些更加精美的物品既然是富裕的证明，这种消费行为就成为光荣的行为。"所以,"对有闲绅士说来,对贵重物品作明显消费是博取荣誉的一种手段"。与消费相关的社会地位,根源在于人类需要被接受和尊重,需要一定的地位。

2. 自我表现

在对奢侈品的研究中,马斯洛的需求层次理论可能是影响最大的。马斯洛指出:"驱使人类的是若干始终不变的、心理的而不仅仅是生理的需要"。马斯洛将人的多种需求由低到高分为五大类,即生理、安全、情感、自尊和自我实现。Ronaldlnglehart 指出,一旦所有的自然和物质需要得以满足,人们就会将自我表现置于比纯粹经济效率更高的地位,这与马斯洛的"自我实现"阶段相呼应。

3. 社会效仿

可以想象,法国香槟曾经只有皇室和贵族才喝得起。出于这种历史原因,喝香槟为更高经济和社会地位提供了一种暗示。为满足马斯洛理论中的自尊和地位的需要,自然有许多人渴望喝到香槟,以显示:"我成功了。我也像那些富人一样喝到了香槟。因此人们也应该把我当做富人一样看待。"

4. 个性化

Peter Marber(2004)指出在体验社会阶段,非必需商品是不可或缺的。在现代物质型和体验型社会,哈佛大学教授 Putnam(2001)指出,从1980年到1993年,美国打保龄球的人数增长了10%,而团体保龄球活动则下降了40%。通过此例说明了他的主要观点:现代生活是非常个人主义的,人们都有自己的需要。而这对于奢侈品及其消费行为有着更高的个性要求。

在奢侈品消费群中,具体的消费行为还可以划分为理性消费和病态消费。

理性消费者往往比较崇尚谦虚节俭的价值观,他们对奢侈品的攀比心态比较平和,对奢侈品的消费并没有太强烈的欲望,消费奢侈品只是他们对自己的预期财富增长乐观的一种表现,能给他们带来愉悦的体验。他们大多数是大公司或者是政府机构的高层管理人员,并且人际交往广泛,相比非理性的奢侈品消费者而言一般层次更高。他们对奢侈品有着自己比较独特的看法和品位,当其他奢侈品消费者只是刚刚开始购买奢侈品的时候,传统的奢侈品购买者已经开始注重奢侈品的体验,甚至开始转向一些更加小众的产品。他们更加看重物有所值,并且希望与家人一起享受奢侈品所带来的好处。在理性的奢侈品消费者看来，品位绝不是体现在财富的攀升上，而是关注内心深处的需要，经得起时间沉淀，才是真正有价值的东西。

非理性的消费者购买消费品，更看重的是奢侈品本身所显示的富贵和品位，是为了满足自己被无限放大的虚荣心，这样的初衷就很容易使自己偏离理性消费。英国心理学家米歇尔·米勒曾表示，有病态购物倾向的人，都有欠缺安全感、自我形象偏低等问题。这类人往往对自己信心不足，但提升内在品质需要一个过程，而购买奢侈品品牌这样外在的改变却可以通过即时消费来实现，因此，他们希望通过改善外表来达到吸引人的目的，这样的出发点本身就有欠缺，而如果外在改变的消费超过自身的经济承受能力，并带来额外负担，便是一种病态消费。世界上奢侈品消费的平均水平是用自己财富的4%左右去购买，而在中国，用40%甚至更多的比例去"苦求"的情况并不罕见，这就是非理性消费的表现。他们对奢侈品有着极大的热情，但由于过分的迷恋，常常因为冲动消费而导致入不敷出，生活质量下降。

在美国等成熟市场，奢侈品随处可见，常常被戏称为"民主化的奢华"。在超市里，人们甚至也可以买到最顶级的美食。

而在中国，购买奢侈品代表了财富和社会地位。与中国不同，美国和欧洲很难根据购买行为来判断财富，因为在这里几乎人人都有能力购买某些奢侈品。另外很重要的一点即是人们对奢侈品的消费观念、消费层次、消费形式有很大差异。

在欧洲，人们对奢侈品的消费已经成为了一种习惯，但前提是有那部分可以支配的财富，很自然地去购买一些相对昂贵的成衣、晚礼服、饰品等等，而不会把它当成炫耀的资本。在中国购买奢侈品的大部分人是40岁以下的年轻人，而在欧美发达国家，这个市场的主导者是40—70岁的中年人和老年人。

在消费形式上，对于中国人来说，奢侈品大部分还集中在服饰箱包、香水、手表等个人用品上，而在欧美国家，房屋、汽车、合家旅游才是大家向往的奢侈品。中国的奢侈品消费群体可分为两大类：新富阶层更关注奢侈品的高昂价格，年轻的高级白领则希望通过购买奢侈品来显示自己的独特品位。从长远看，年轻人消费奢侈品将会由"崇尚"变成一种"生活方式"。而这两类人的消费观念、购买能力，都将进一步地拓宽中国奢侈品消费市场。

讨论案例：登喜路（dunhill）——英伦绅士

品牌名称：登喜路（dunhill）

创始人：阿尔弗雷德·登喜路

发源地：伦敦

英国人历来谨慎拘礼，显示出一种有涵养的高贵气质，人们习惯称之为英伦绅士风范。永远都不要怀疑英国男人的品位和格调，无论在家，还是旅行去遥远的地方，你都能看到一种英式的服饰，它舒舒服服地把不同年龄的男人包裹起来，无论是幼儿园里的孩子还是夜总会，甚至赌场。让英国男人感觉最舒服的着装是那些反映他们世界观的服饰，它代表着绅士的风格和对品质的认知。dunhill 的迷人之处正在于它展示的英式传统绅士风范。

其实，英伦绅士风范，不仅仅在于公众交往中注意自己的仪容举止，风姿优雅，给人留下的彬彬有礼和富有教养的印象，还有包含着一种向往冒险的精神在内。从英国小说家阿瑟·柯南·道尔笔下的夏洛克·福尔摩斯身上就能很好地体现出来。福尔摩斯不但头脑冷静、观察力敏锐，推理能力极强，他的剑术、拳术和小提琴演奏水平也相当高超。一旦接到案子，他立刻会变成一匹追逐猎物的猎犬，开始锁定目标，将整个事件抽丝剥茧，层层过滤，直到最后真相大白。dunhill 品牌所蕴含的冒险精神的风格和特点加上它对奢华独到的理解，造就了登喜路辉煌的今天，成为了真正的英伦绅士。

从阿尔弗雷德·登喜路一百多年前开设他的第一家汽车配饰产品专卖店开始，到 21 世纪初所赞助的国际汽车赛事，这种无畏的冒险精神贯穿了登喜路发展历史的全程，并成为登喜路的风格和特点。

"登喜路驾车族"是年轻的阿尔弗雷德·登喜路为公司起的名字,这个伟大的事业开始于20世纪早期的伦敦。在当时,驾车只是少数人消遣和娱乐的方式,这些人一般都是富家的公子、喜欢冒险的贵族,或是那些富有且行为不羁的人们。

当维多利亚时期年轻的赛车手们终于得以真正地放开手脚,将汽车驾驶到极至,享受愉悦、疯狂和刺激时,适合身份的驾车服就成了问题,需要配备一些特殊的服装。而阿尔弗雷德·登喜路正是为他们提供这种装备的人。

1902年夏,阿尔弗雷德在非常时尚的Conduit Street大街开设了一家旗舰店,并很快获得了巨大的成功。随后的1904年,登喜路在水晶宫举办的国际服装、面料和纺织品博览会上赢得了"驾乘专用服饰"的金奖。登喜路开设于伦敦的两家店铺被命名为"汽车驾驶者的裁缝店"。

20世纪早期富有而讲究的汽车驾驶者们,都以拥有登喜路的驾车装束为荣。登喜路采取了奢华的走向,认为世上总有一些人愿意为产品的卓越品质而支付额外的费用。他说:"如果我们的产品能够完全满足上层人士的期望,相对于卓越的品质,价格并不那么重要。"

登喜路拥有一个忠实而尊贵的顾客群,他们每一位都是当时流行时尚的引领者。这份名单包括:西班牙阿方索国王,挪威肯特公爵、暹罗(今天的泰国)国王、埃及国王法鲁克、荷兰王子贝恩哈德、印度大公,以及萨默塞特·毛姆、奥利弗·哈代,等等。几乎每个人都很喜爱登喜路的香水,享用登喜路的雪茄,同时希望通过登喜路的手表来

知晓时间,用登喜路的钢笔和文具给亲朋好友写信。

登喜路在战争时期最著名的顾客是英国首相丘吉尔。战后,众多明星也加入了登喜路客户的阵营。如今,人们可以在chart well一睹这些名人明星喜爱的那些独特的古董产品的风采。

登喜路在美国也取得了令人瞩目的成绩,登喜路的Rollagas打火机就是"猫王"Elivis的至爱。

阿尔弗雷德在揣测客户消费心理方面是个不折不扣的天才。更重要的是,他还是一名忠实的驾车爱好者,甚至有点狂热。1903年,阿尔弗雷德因在科巴姆的朴次茅斯公路上以远超过每小时12英里的限速的时速驾驶着他的de Dion汽车而被警察抓到。因这个事件,他发明了颇有争议的"警察探测器"。这种探测器从外观看像是一种介于驾车护目镜和双筒望远镜之间的过渡产品。有它后,即便是警察将自己伪装成绅士,汽车驾驶者也可以在半英里之外就发现他们的存在。在为这种超值的服务支付42先令或63先令后,20世纪初的石油巨头们便有了充分的时间来尽情地享受驾驶乐趣。

Alfred Dunhill 于1992年正式进入中国市场。如今,在中国已拥有近90家门店,覆盖47座城市。

市场推广

dunhill的品牌宣传分为四个部分:CRM、广告、PR和活动,也就是360°市场推广

策略,其中 CRM 是不可分离的核心组成部分。

广告:dunhill 喜欢采取视觉广告(Visual Advertisement)的形式,比如橱窗广告。dunhill 认为,橱窗广告是最能传递自己产品的一种方式,当顾客经过你的橱窗,不一定会买,但他一定会看到。消费者会看到 dunhill 橱窗的陈列摆设或者模特身上穿的衣服,这些都会对他们产生影响。此外 dunhill 也会采取比如传统媒体、平面广告等形式。在中国,dunhill 选择合作的杂志大多是时尚类的杂志,有《时尚芭莎》、《时装》、《时尚先生》、《Vogue》、《望》、《Target》等,其中比较多的是男性时尚杂志。dunhill 也非常喜爱户外广告,比如:机场灯箱广告和重要路段广告。

PR 与活动:dunhill 公关经理每天都和不同的媒体打交道,PR 是 dunhill 品牌传播的一个很重要的手段。而活动是 dunhill 最乐意进行的,因为活动能够很好地传达品牌文化,而且可以让品牌近距离地与顾客接触,从而了解其需求,并且能够很好地结合 dunhill 的广告、公关和 CRM 策略的展开。

比如在 dunhill 位于上海淮海路 796 号的上海 Home,dunhill 每个月都会有 2—3 个活动。鸡尾酒会、晚餐、下午茶等等,每次都会有不同的主题,吸引不同类型的客户。

CRM

dunhill 有一个 CRM 系统,叫做 DCMS 系统,亚太区分系统位于香港,由香港公司代为管理,并与 dunhill 全球 CRM 系统相结合,截至 2009 年 12 月底,dunhill 中国在 DCMS 数据库中已经有超过 8.5 万名会员。客户每次在 dunhill 买东西,就会自动记录到系统中。比如在中国，到每年年底，dunhill 会根据客户积分，选出全中国消费额最高的前十位。dunhill 全球 CEO 会亲自写信给他们表示感谢，同时，会送上一份 dunhill 的特别产品作为礼物。这些礼物在店里是买不到的，作为有特殊意义的礼物送给 dunhill 最忠实的客户。此外，每年 dunhill 还会准备其他礼品，馈赠给普通的会员客户。

员工培训：dunhill 对每个新员工都会有一个入职培训，让他们了解关于 dunhill 企业的历史、文化等。dunhill 员工每个季度都会有一个培训，培训经理会到每个店，对员工进行培训。培训内容包括产品、销售技巧、客户服务等等。不时也会邀请专业的咨询公司来做培训。dunhill 还有一个特殊的培训方法，就是通过角色扮演的形式让自己的员工深入地了解客户的需求。

登喜路（dunhill） HOME

推进男士对梦想的追逐是阿尔弗雷德·登喜路矢志不渝的目标。怀着这样的诉求，这一生产男装和配饰的英国顶级奢侈品品牌推出了诠释奢华生活方式的独家概念，即将当代男性的品位生活诉求和体验式零售概念合二为一，并在全球范围内推出 Alfred Dunhill Homes。为高品位的绅士而造，为现代的绅士而造，Home 体现的是 Alfred 最珍贵的传统，他要成为最优秀的管理者，不仅提供顶级产品，而且还要提供一流的服务与体验。

Home 是 dunhill 阳刚气质、卓越功能性、稀有品质以及英伦风范这四大品牌精髓的综合体现，同时涉猎到奢侈品的第三维度——体验，令到访的宾客可以融入品牌。从受邀乘坐专为 VIP 客人提供的宾利礼宾车前往 Alfred Dunhill 上海 Home 开始，顾客已经感受名副其实的 dunhill 体验"家"。

dunhill 自 2007 年底开始，陆续以"Home"为主题的旗舰店在伦敦、上海、东京等全球三大主要城市开幕。"Home"的设计灵感，取源于品牌创始人阿尔弗雷德·登喜路的生活品位与寓所风格，在糅合粗犷与摩登气息的现代空间中，摆饰 dunhill 新品与经典之作，并拥有贴心服务与高级寓所般的舒适氛围，让宾客能放松享乐，享受美好的奢华时光。在上海，东京与伦敦三间 home 旗舰店皆用复古为主要的设计模式，零售区设立于旗舰店的首层和二层，致力为满足现代绅士的全方位需求而打造，全店店内装潢都是以复古怀旧为主要风格，传统是 dunhill 的开始与结尾，有了这个稳固的基础，才能继续注入新元素。第三层则为宾客提供令人难忘的零售体验,英式高级定制服务,理容服务和私人礼宾服,高级餐厅和酒吧等,让大家体验英伦绅士的奢华。

Alfred Dunhill 伦敦 Home 旗舰店

对于 Alfred Dunhill 这样一个声名显赫的英国奢华品牌而言,把真正的精神家园建在英国伦敦最适合不过,它选择了著名的 Bourdon House,并深深为此自豪——这里曾是威斯敏斯特公爵在伦敦的贵族官邸。这是一座建于乔治王朝时期的二级保护建筑,位于 Mayfair 中心,它——正如 dunhill——代表了英伦传统中的高贵与显赫。

零售区在 Bourdon House 中覆盖三层楼面,贴心考虑每一位现代绅士的需求。一楼开设的 dunhill 门店给人留下至深印象——出售男装、皮具、配饰、礼品、配件以及装备之精品。二楼开设的 Discovery Room 则是 dunhill 对个性化、奢华以及独有性不懈追求的体现——包括定制男装与皮具,由两间理疗室组成的 spa,传统的男士理容室,Alfred Dunhill 的高端产品,以及雅致的博物馆,内有 dunhill 品牌档案文件与老式皮具。底楼开设了一间地下室私人电影院——配有最先进的声响系统,由被誉为英国制造技术魔术师之称的 Meridian 出品——和一个沙发休闲区,旁边有保湿盒与雪茄。

不仅如此,伦敦 Home 还被 Alfred 赋予了人性化——它拥有阿尔弗雷德·登喜路的首个私人会所。这里是专为有品位和懂品位的男士打造的世外桃源,dunhill 品牌视为珍宝的创新力、魅力、风尚、智慧与热情在这里得到淋漓展现。男士们到此享受休闲、获得启发,这里是他们的秘密家园,是就连阿尔弗雷德先生本人也将为之骄傲的会所。

阿尔弗雷德将向每一位精选会员——会员资格只能通过邀请获得——提供由 Mark Hix 主厨料理的顶级餐厅;游戏室;"dishonesty"酒吧间;供娱乐的庭院;私人用餐间;配有常驻斟酒服务员的 Bourdon House 原始酒窖;以及四间卧室,其中包括一套再现公爵卧室原貌的豪华套间。

此外，Alfred 的老顾客们还可预订豪华轿车免费接送到店购物，或要求配备门卫，享受奢华至极的生活方式。

伦敦 Alfred Dunhill Home 让这座约建于 1720 年的杰出建筑物再现往日辉煌，它注重细节，追求完美，服务热忱，体贴入微，为顾客带来无可比拟的顶级体验。

Alfred Dunhill 东京 Home 旗舰店

日本一向都是各家名牌的竞争之地。2007 年 12 月，Alfred Dunhill 东京银座 Home 正式开业。东京全新旗舰店 Alfred Dunhill 坐落于银座区的菁华街道，三层楼高的银座 Home，地处繁华的东京市中心银座大街，具有明显的现代气质。Alfred Dunhill 东京银座 Home 内部空间由建筑设计师 Tatsuya Matsui 规划。Tatsuya Matsui 不仅是建筑设计师，也是知名的机器人设计师，他富涵敏感度的设计风格与 dunhill 品牌宗旨相互契合。Matsui 为三层楼的腹地延展出丰富机能，除了展示、贩卖 dunhill 产品，光看外观和一楼展示间，就有非常舒适的空间感。这间旗舰店也是一样的设计，它的一楼是商店，二楼是英式理容，三楼是 dunhill 全球第一间 Lounge Bar，承袭了"Home"的品牌精神、男士理容与衣物管理等独特服务，体现英伦绅士优雅讲究的生活品位，并传递 Alfred Dunhill 的享乐精神。

Alfred Dunhill 上海 Home 旗舰店

于 2008 年 9 月隆重开幕的 Alfred Dunhill 上海 Home 位于上海市中心卢湾区的淮海路 796 号。该项目的前身是一幢位于 20 世纪 20 年代前法租界内的新古典主义双宅。修缮一新的 Alfred Dunhill 上海 Home 环绕于优美的英式花园中，环境典雅脱俗，为宾客提供令人难忘的零售体验，英式高级定制服务，理容服务和私人礼宾服务等。这座宅邸中还将设立顶级的当代艺术画廊，高级餐厅和酒吧等。

作为最早进入中国内地的奢侈品品牌之一，Alfred Dunhill 长期以来，始终关注着中国这个有着巨大潜力和活力的市场。1993 年，当很多品牌仍对投资中国仍犹豫不决，Alfred Dunhill 已经率先登陆沪上。之后的 15 年间，dunhill 以其细腻奢华的产品设计享誉中国，这次落成的上海 Home 是 Alfred Dunhill 深谙奢华之道真谛的完美诠释，旨在让每名莅临 Home 的中国贵宾都成为传递"艺术之趣"的使者……

Alfred Dunhill 上海 Home 的零售区设立于 Home 的首层和二层，致力为满足现代绅士的全方位需求而打造。

首层：古董产品区，旅行主题探索区，Bentley's 古董角。

位于 Home 首层的"旅行主题探索区"，是 Alfred Dunhill 个性诉求、奢华品位和尊崇身份的明证，在这里陈列着 Alfred Dunhill 博物馆的各类馆藏珍品，将创始人阿尔弗雷德传承百年的先锋时尚精神和自由意志延续至今。此外，这里还出售为 Alfred Dunhill Home 设计的专属限量版产品。

作为世界顶级专业皮具供应商的制造商，一系列 dunhill 稀有品质的皮具产品和由伦敦著名古董商店 Bentley's 精选的古董皮革箱包产品，也将在上海 Home 的首层陈列。

二层：成衣零售区，量体裁衣定制服区，高级定制室，白衬衫吧，理容区。

二层则是令人耳目一新的 Alfred Dunhill 全系列男装王国，成衣、量体裁衣定制服装区，以及首次在中国推出的高级定制服室和白衬衫吧都坐落于此。在这里您可以体验到由受训于伦敦 Savile Row 裁缝街的剪裁大师担纲主理的英式高级定制剪裁服务。

此外，二层还设有三个座位的传统英式理容服务区，为享受私密性理容服务的 dunhill 贵宾提供周到细致的服务。

三层：Lounge 休闲区，顶层餐厅。

顶层餐厅位于 Home 的三层，而在三层的阳台处，独具匠心地设置了环境幽雅的室外 Lounge 休闲区，与室内用餐区遥相呼应，是享受餐前小酌或餐后雪茄的最佳场地。

思考题

1. 奢侈品品牌应当如何寻找自己的客户群体?
2. 消费者在购买奢侈品的时候,一般关注哪些因素?
3. 请论述在东西方奢侈品市场上消费者之间的差异?
4. 奢侈品企业应该如何培育消费者忠诚?

6 奢侈品品牌体验

奢侈品营销独特性

奢侈品营销方式

奢侈品营销中的品牌体验

第6章　奢侈品品牌体验

> 伟大的品牌代表了感性收益，而不仅是理性收益。
>
> ——菲利普·科特勒（Philip Kotler）
>
> 美国管理大师

品牌故事：
依云（EVIAN）——神水的滋润

在世界瓶装水市场上，依云水可算当之无愧的贵族品牌，占世界饮用水总量0.00000004%的依云矿泉水，以高档的品质和不菲的价格拥有世界瓶装水市场高达10.8%的市场占有率，其品牌策略值得我们思考。

依云矿泉水之源

依云（EVIAN），是法国达能（DANONE）旗下有200多年历史的法国矿泉水品牌，是世界上最昂贵的矿泉水之一。早在1789年，雷瑟侯爵无意中在法国依云小镇发现清纯甘洌的依云天然矿泉水可以治疗他的肾结石，就开始了依云矿泉水的生产，依云水从此被公认为健康之水，其卓越的理疗功效于1878年得到法国医药研究会的认可。每滴依云矿泉水始于汇聚在壮观的阿尔卑斯山头的雨或雪，这水要用15年的时间以每小时1.5厘米的速度缓慢渗透进位于深山的巨大自然含水层，经过天然过滤和冰川砂层的矿化形成，采撷了雪山深处千年的精华。为了保证依云水纯正的天然品质，其灌装地就是它的水源地，整个灌装过程没有任何形式的处理和加工，完全是自动化流程，一天进行300次取样化验，以确保每一瓶依云水的水质都是一样纯净。依云水在碰到消费者的嘴唇之前绝对没有任何人接触过，甚至法国的法律也明文规定，依云的灌装和包装必须在水源地进行，以防止人为因素对产品品质的破坏。传奇的身世、优良的水质加上苛刻的灌装过程，以2.3欧元（或25元人民币）每2升一个包装的售价出现在全世界44个重点城市，无一不昭示着依云水作为世界灌装水贵族的地位。

依托贵族品质，定位高端市场

在这个物质极度丰盛、消费者需求多样化的时代，任何产品都不可能为市场上所有的顾客提供所有的服务，想要获取市场竞争的胜利只能根据产品的情况选择优势细分市场，进行准确而有力的品牌定位。品牌定位是建立品牌形象、提供价值的行为，"是要建立一个与目标市场相关的品牌形象的过程和结果"，并且只有"当一个品牌的定位存在时，该品牌的识别和价值主张才能够完全得到发展"，才能更准确地将产品相对于竞争对手的优势以及主要购买理由传达给目标消费者。那些经过市场洗礼在市场上留下来的强势品牌都有准确而有力的消费者所认可、接受的品牌定位。

依云水准确的定位为其取得成功打下了良好的基础。每一滴依云水的形成都完全是由大自然用15年之久从容不迫地完成，这是任何饮料的现代化大规模快速生产望尘莫及的，大自然赋予的绝世脱俗的尊贵加上依云水被发现的传奇过程，成为依云水贵族血统的最好脚注。更重要的是，由于过滤依云水的土层带给依云丰富而平衡的矿物质成分，使依云能够很好地满足人的生理需要并具有一定的医疗效果。这种医疗效果在1878年得到了法国医药研究会的权威认证，更加强化了依云水的传奇色彩和贵族地位。

基于自身的贵族品质，依云将自己定位为健康纯净的高档矿泉水，并将其当做奢侈品来经营。依云一直只在全世界44个重点城市，通过100多个分销商的渠道，销售给目标消费群,并定期在全世界发售限量珍藏版矿泉水,同时依云还在得到其认证的很少几家高品质餐馆,提供依云矿泉水。它的定价策略也是基于这种贵族定位。依云大中华区执行董事孙威强宣称,依云不仅仅是一瓶水,它首先是一种概念,一种生活方式。它一般只适合月收入 6000 元以上的人。而这部分中高收入人群"在选择商品时,会更加关心品牌或产品的象征意义",以期在某种程度上表现自我,满足自尊,依云的贵族定位和健康纯净的高品质诉求很好地迎合了这部分目标消费群的消费心理,因而尽管价格不菲却仍备受青睐。至今依云水仍然没有成为一种大众饮品,而依云也唯恐自己成为大众饮品。

整合渠道,传播贵族形象

毋庸置疑,依云水的成功离不开它与生俱来的产品品质优势和严格控制的灌装过程,但这并不等于说它只依靠产品本身的品质,而不需要对其进行经营和管理,就能够在竞争激烈的灌装水市场获得成功。事实上依云发展为今天的世界级品牌,与其经营者的各种努力是分不开的,"好酒不怕巷子深"的时代早已成为历史,更何况是依云这种需要立足国际市场的品牌。依云水的贵族定位奠定了其成功营销的基础,而"品牌定位是被积极传播形成的",依云也不例外,它通过各种渠道向目标消费群传播品牌信息、使这一贵族品牌的形象更趋丰满。

1. 广告传递贵族气质

无论是什么档次的产品,在这个信息爆炸的时代,适当的广告宣传是必不可少的。诚然,品牌定位决定了广告传播的对象只是数目不算众多的一部分目标消费群,但广告这种特殊的大众传播形式在某种程度上保证了品牌应有的知名度。依云水的广告投放是很讲策略的,它只是有目标地在重点城市的重点媒体进行有针对性的投放,我们在中国本土几乎不见依云投放什么广告,但中国的品牌消费者显然都注意到了依云低调而高价的存在。依云的广告创作形式也巧妙而多样,它的一则不在场广告邀请小朋友老歌新唱"We Will Rock You"这首广受欢迎的摇滚歌曲,作为 30 秒电视广告的主题曲来宣传品牌。同时制作了 2 分钟的无品牌标识的 CD 及 MTV,进行歌曲销售及不在场品牌宣传。这首广告歌推出后,半年之内依云水销售量提升了 30%—40%,单曲 CD 也销售了 120 万张。

在平面广告的创作上,早期依云强调其特殊品质带来的保健效果,但随着商品同质化与消费者个性化需求之间的矛盾,广告创意中的理性诉求已不再适用,感性诉求才能起到决定性作用。依云广告顺应消费者心理，开始转向以感性诉求为主的策略，于是我们看到的依云水平面广告（如美人鱼篇、冰宫篇、天使篇等），从表现形式到内容，都纯净唯美，犹如一件件艺术品，完全没有商业的浮躁和喧嚣，没有具体的产品功能性诉求，没有繁琐的文案，甚至没有明确的主题，整个画面留给消费者的所有印象，就是一种安静醇美的怡然自得和不容玷污的纯净。依云水广告从内容到形式都于不经意处流露着淡淡的贵族气息，有效传递了产品的贵族气质。

2. 口碑传播，彰显尊贵

口碑传播是人际传播的一种重要方式，并且也是在营销中最主要运用的一种人际传播方式。它在形成品牌美誉度方面有重要的作用，是品牌传播手段中最容易被消费者接受的。据研究显示，消费者对其他使用者所介绍的品牌品质等方面的信息的相信程度，是广告宣传的 18 倍。著名品牌无不擅长通过口碑传播来赢得消费者的信赖，而在经济社会地位较高的人群中进行的口碑传播，更能够彰显品牌的尊贵。当然，优秀的品质和服务是口碑传播取得良好效果的前提。

依云水不仅有口碑传播的品质基础，更有传奇的品牌故事为口碑传播提供良好的素材。1789 年夏，法国正处于大革命的惊涛骇浪中，一个名叫 Marquisde Lessert 的法国贵族患上了肾结石。有一天，当他散步到附近的依云小镇时，他取了一些源自 Cachat 绅士花园的泉水，饮用了一段时间，他惊奇地发现自己的病奇迹般痊愈了。这件奇闻迅速传开，专家们就此专门做了分析并且证明了依云水的疗效。此后，人们大量涌入依云小镇，亲自体验依云水的神奇，医生们则将它列入药方。拿破仑三世及其皇后也对依云镇的矿泉水情有独钟，1864 年正式赐名其为依云镇（EVIAN 来源于拉丁文，本意就是水），依云泉边一时间衣香鬓影，名流云集，此时依云水就打上了贵族的烙印。后来的经营者聪明地利用了这些轶事，依云水销售到哪里，经营者就将依云的传奇故事传播到哪里，通过其目标消费群的炫耀心理口耳相传，使依云的故事越发神秘，更显高贵难得，并使人们对依云水的保健功效深信不疑。

3. 独特包装，高人一等

当然，高档品牌的打造不是简单地通过大众媒体或者人际传播就可以解决的，重要的是，要让消费者无论何时都对品牌产生良好体验。产品本身的很多识别因素以及功能因素都会在消费者接触或使用产品时产生传递品牌信息的效果，只有充分重视消费者与产品亲密接触时的情感体验,才能使品牌的传播达到事半功倍的良好效果。依云矿泉水的成功离不开它对消费者产品体验的重视,作为一瓶矿泉水,消费者对其最先接触到的,就是它的包装。依云不断深入调查了解消费者需求开发新的产品包装。最初的水滴形包装,使依云的外包装与内容物完美结合,整瓶依云水就像刚取自阿尔卑斯的一滴山泉一样纯净,与其他瓶装水平庸的包装设计相比,显得分外与众不同。后来依云根据调查了解到,当时瓶装水的包装设计大都只考虑运输和成本因素,很少为消费者考虑,于是立即进行了包装革新。依云第二代螺旋挂钩包装设计充分考虑消费者需求,其挂钩式瓶盖设计可挂于皮带、手袋或衣服上,便于消费者随身携带;独特的防漏瓶嘴可单手轻易开合,让人们可以边走边喝水。该包装的各组成部分,都强化了品牌的与众不同及其与品牌联想的完整一致性,形成独具特色的品牌识别,它在为消费者带来了使用便利的同时还提供了追求时尚的享受。依云人性化的设计使产品与消费者的关系得到了更好的互动和交流,消费者在满足使用功能的同时,对产品产生了认同和情感的共鸣。直接与消费者亲密接触的包装,在终端成为依云品牌信息传播的良好载体,消费者在产生品牌体验的同时,在情感上对品牌产生好感和信任。

另外依云还不定期发售限量珍藏的包装设计,让依云像其他奢侈品一样被人们收藏。例如2005年11月开始发售的"依云之源"(Origine)珍藏纪念瓶,以3D立体造型来诠释其独特的设计理念。这款包装特别选用纯净的特白玻璃,以其极为透澈澄明的色泽,来凸显依云矿泉水天然、纯净和平衡的特质;并以独特的冰山造型,让人联想到屹立八千多年、孕育着依云矿泉水的阿尔卑斯山,整个瓶身晶莹剔透,熠熠生辉,如依云水源头EVIAN-Les-Bains的雪域之巅。依云独特的包装设计,成为依云水向消费者诠释其贵族地位的绝佳渠道,使消费者在饮用依云水时切切实实地体会到了依云水高人一等的贵族气质。

巧用营销策略,强化贵族地位

激烈的竞争使得单一的营销手段越来越不足以解决企业面临的问题,多种营销手段的整合运用已成为这个时代营销必不可少的手段。除了运用各种媒介传递品牌的贵族形象,依云水也不忘巧妙地运用营销策略,借势各种活动发展和丰富品牌的个性和联想,强化品牌的贵族地位。

1. 借助发源地地理优势,与旅游共舞

依云水的发源地法国阿尔卑斯山是著名的旅游胜地,远离污染,自然环境异常优美。

诞生于此地的依云利用这里的美丽风光来扩大知名度，证明依云水的纯净自然。依云水的灌装地 EVIAN-Les-Bains 小镇，风光旖旎秀丽，背靠雄伟的阿尔卑斯山，面临清澈的莱芒湖，它的温泉疗养在世界范围内享有盛誉，1824年小镇就开设了第一个正式的温泉疗养区。来此地旅游的至少都是中产阶层以上，小镇的旅游设施非常豪华，无论是宾馆、高尔夫球场还是其他娱乐休闲设施都很高档，连洗车场也是用价格不菲的瓶装依云水洗车，由于依云水与这里的温泉是同一水源，来旅游的人很自然地将这里纯美的自然环境和奢华的消费方式与依云水联系在一起，支持了依云水的贵族品质和高价位销售。并且，受依云小镇的温泉疗养启发，依云水陆续在世界各地开设高档豪华的依云水疗中心，用奢华的装修风格、无可挑剔的细节安排、高雅别致的休憩气质，凸显水疗这一本身就不属于平民阶层的休闲方式的高贵。这一切无非都是在引导人们将依云水与高水准的消费和生活方式划上等号。

2. 借势贵族运动，赞助高尔夫球赛

活动赞助也是建设品牌形象的重要手段。赞助活动经过企业的精心设计和诠释，向人们暗示着品牌与特定事物的某种联系。越来越多的企业认识到成功的活动赞助对品牌建设的巨大支持作用，因此趋之若鹜。聪明的依云自然不忘巧妙地运用活动赞助作为彰显其贵族身份的一个重要手段。与很多企业赞助体育赛事不同，依云从不赞助那些观众和参与者都很多的大众化运动。足球、篮球和田径运动，永远无法得到依云的青睐。依云只选择赞助颇有贵族风范的高尔夫球比赛。这是一项高雅的运动，它是有钱阶层独享的特权式贵族休闲运动，这样的赞助才能延续依云一贯的品牌联想和高贵的产品定位。发轫于1994年的依云高尔夫球锦标赛，是世界上最重要的高尔夫球赛事之一，而今已成为最重要的女子高尔夫球比赛，比赛场地就是依云水的发源地。每年一度的高尔夫球比赛不仅吸引了大批游客，也促进了依云水的销售和品牌形象的强化，它增加了消费者对依云水高贵品质的联想，迎合了依云水目标消费群通过消费方式显示自己品位和地位的心理，取得了良好的效果。

奢侈品可以高价销售的最主要原因，就在于如何制造出高级形象并在消费者心里得到认可。清晰而准确的品牌定位，是依云品牌建设获得成功的基础，多种渠道的完善传播策略则是其品牌贵族形象深入人心的有力保障，而各种精心策划的营销策略的配合更是依云打造贵族品牌必不可少的条件。由此可见一个成功品牌的打造，需要一个完整的品牌建设体系的支持，才能确保马到成功。依云品牌的成功在一定程度上得益于大自然赋予的不可替代的质量，但如果没有经营者精心的策划、准确的形象定位以及独特的传播方式及销售

渠道来衬托它们高级的身价，依云也不可能成为饮用水市场的贵族，受到高端族群的喜爱。

资料来源：王秋韵，中国名牌杂志社（http://news.xinhuanet.com/topbrands/2009-02/05/content_10768070.htm）。

6.1 奢侈品营销独特性

奢侈品品牌，不仅仅是一个与"必需品"相对的概念，它首先承载了高昂的价格，构成了消费社会的终极向往；其次，奢侈品品牌的文化内涵已经成为品牌符号系统里最为闪耀的"炫点"，它的所指延伸至广告、终端、公关、媒介策略，蔓延成为尊贵、神秘、历史的王国。在这样一个价值王国里，所有的能工巧匠都在编织着一个让人思念不已的梦想，拥有了品牌，就得到了幸福、地位和品位。

事实上，这些尊贵、华丽符号的表现也是通过传统的、严谨的，甚至科学化的营销手段一步步走向极致的。我们透过奢侈品品牌华丽的外表深入到其广告表现、品牌传播、终端建设以及公关策略中，就可以揭开奢侈品针对高端消费者所进行的营销传播"秘诀"。

奢侈品营销不仅仅是一种精巧的业务战略，也不只是一个品牌管理工具，它利用消费者的心理，将产品或者说是将被购买或消费的物品提升为一种新的体验，使消费者了解奢侈品更深层次的含义，从奢侈品消费中获得更丰富的享乐。虽然如今的奢侈品市场已经向广大消费者敞开大门，但人们还是无法"全面奢侈"。不过，为了感受到奢侈品所带来的身心愉悦，他们可以投资于自己所执着的一个领域以享受奢侈。

奢侈品世界仅仅为一部分人存在，它很奢华，但也有低调的一面。奢侈品的营销有其独特之处，总结下来有如下几点：

（1）集中精力完善商品和渠道，追求彻底的专业化；

（2）奢侈品不只是卖实物，它更重要的是卖服务；

（3）抓住富人"不从众"的消费心理，向富人们提供他们不惜重金想要取得的品位；

（4）通过度身定制创造"独一无二"，这是最大的竞争优势；

（5）着眼于与客户建立长远的关系；

（6）创造更高价位，做豪华的领头人；

（7）用控制供给量的方式提高奢侈品的价值；

（8）重视稀有性和差异性；

（9）强调产品的历史文化背景；

（10）面向特定人群，而不是大多数的消费者。

案例 6-1 VOSS（Artesian Water From Norway）的独特营销

挪威著名的 VOSS（Artesian Water From Norway），在众水之中有巨星级的身价。它的故事来自两个挪威年轻人对市场的敏感度与创意：他们在现代人常随身携带的瓶装饮用水中看到商机，发现瓶装水的选择很多，却没有极品，他们希望创造出水中的王者，顶端人士的最爱。而家乡挪威的纯净水源，引发他们想到这可正是一门可行的好生意！

于是他们决定要创造出瓶装水中的王者，并环游世界寻找最适合的顶级市场。众星云集的好莱坞，自然是最好的目标，名人也是他们想到最好的宣传手法。当巨星如麦当娜等，都喝起了 VOSS 的时候，为这个品牌做了最好的宣传，于是品牌形象就根深蒂固于人心，成了名副其实的水中高贵极品。

高贵的水，卖相的重要性自然不言可喻。VOSS 请凯文克莱的前创意总监设计瓶身，借用香水工业的品牌塑造经验，结果的确让人赞叹，看上去不像是喝的水，倒像是高级化妆品品牌的醒肤水或是香水。

VOSS 比较注重平面广告的创作以及口碑的传播。在 VOSS 的网站中，可以看到 VOSS 许多美轮美奂的平面海报，同时还可看到强调自身品牌是好莱坞明星的最爱的一些篇幅，现在最火的一些明星如安吉丽娜·朱莉、林赛·罗

翰、布拉德·皮特及乌玛·瑟曼都在公众场合饮用 VOSS。早前麦当娜在与英国导演盖·里奇的婚礼上就以 VOSS 水宴请宾客，说她只喝 VOSS。有了巨星的支持，VOSS 的销量自然是如日中天。名人的宣传支持就是他们最好的广告以及宣传手法，以此营造出水中劳斯莱斯的形象，这也是人们为什么用可以买一瓶葡萄酒的钱去买水的原因。

VOSS 所采用的销售渠道较为特别，1 公升的 VOSS，定价大约 10 欧元，比一般的瓶装水贵了好几倍，目前市面上无法用零售的方法买到 VOSS 的矿泉水，VOSS 昂贵的

价格，甚至引起许多仿冒厂商的觊觎。

此外，既是锁定金字塔顶的客户，当然就得运用物以稀为贵的道理，光是有10欧元还买不到这水，因为从零售渠道来说，VOSS只能在最高级的地方找到：高级饭店、高级旅馆、高级俱乐部。VOSS美丽的外观让许多艺术家以为它是纽约MoMA委托设计的矿泉水，细长透明圆柱体的外形配上灰瓶盖、灰字体，排满一整面墙再从后面打光，绝对是"酷毙"的装饰艺术。东京的六本木君悦酒店客房赠送的矿泉水就是VOSS。巴黎Colette Water Bar的标价是5.5欧元。这款瓶装水迅速风靡美国，一时间成为世界顶级酒店、餐厅、度假村及夜总会的宠儿。随后成为全世界40多个国家顶级休闲场所，如全球W Hotels、四季酒店高级休闲会所、丽兹卡尔顿酒店及半岛酒店唯一指定销售的瓶装水。

资料来源：王秋韵，中国名牌杂志社（http://news.xinhuanet.com/topbrands/2009-02/05/content_10768070.htm）

6.2 奢侈品营销方式

6.2.1 广告与奢侈品营销

1. 广告的定义

广告作为商品经济发展的产物，以私有制的形成和商品交换的产生为其前提。"广告"二字，从中文字面上理解是"广而告之"，在西方"广告"一词则源于拉丁语（Advertere），作"诱导"、"注意"解，后演化成为英语口语中的Advertising（广告活动）和Advertisement（广告宣传品或广告物）。作为一种熟悉的事物，人人都可以对它指点评说，可是，又很难把广告的定义本质把握准确，这是广告有趣又复杂之处。

广告指法人、公民和其他经济组织，为推销商品、服务或观念，通过各种媒介和形式向公众发布的有关信息。大众传播媒介刊播的经济信息和各种服务信息，报道商品、服务的经营者、提供者，凡收取费用或报酬的，均视为广告。

2. 广告的作用

有位大公司总裁曾说："人们是否喜欢广告，这并不成为一个问题。广告是我们生活和现实社会政治经济制度中不可缺少的组成部分,他们喜欢不喜欢,都已毫无意义。"这句话虽有偏颇,却道出了广告在现代经济生活中的重要性。

广告的作用可以从市场、企业、消费者三个层次进行分析。

(1) 从市场层面看,广告是传播商品信息的主要工具。市场的一般定义是指买卖双方相互联系、相互作用的总表现。买卖双方间的相互联系、相互作用以及二者的沟通是通过商品流通来实现的。商品流通由三部分组成:商品交易流通,商品货物流通,商品信息流通,而信息流通是开拓市场的先锋。可以说没有信息,就成了哑巴,不能沟通,无法交流。

(2) 从企业层面看,广告是企业竞争的有力武器。"没有广告就没有市场,没有广告就没有名牌",企业可以利用广告快速吸引消费者,通过广告来增强企业的竞争力,在做广告策略的同时来间接地树立企业文化。

(3) 从消费层面看,广告可以引导消费,刺激消费,甚至创造需求。"广告充实了人类的消费能力,也创造了追求较好生活水平的欲望。它为我们及家人建立了一个改善衣食住行的目标,也促进了个人向上奋发的意志和更努力的生产。广告使这些极丰硕的成果同时实现。没有一种活动能有这样的神奇力量。"丘吉尔的这段话从一个侧面反映了广告对消费需求的引导、刺激和创造的作用。

除这三点之外,广告还起着美化环境,教育人们的作用。广告也是一种艺术,好的广告能给人以美的享受,能美化市容,美化环境。同时,广告内容设计得当,有利于树立消费者的道德观、人生观及优良的社会风尚。

3. 广告的定位

广告定位是美国广告专家大卫·欧吉沛倡导的。他认为广告活动的核心,不在于怎样规划广告,而在于把所广告的产品放在什么位置。广告定位就是指从众多的商品中,寻找宣传商品的有竞争力的特点和独特个性,通过广告宣传攻其一点,在消费者心中树立该商品的一定地位。

广告定位包括:

(1) 确立广告目标

广告目标是指在一个特定时期对特定观众所要完成的特定的传播任务。福特公司把它的汽车定位为"静悄悄的福特",整个广告活动围绕"静悄悄"作文章,突出福特汽车的安静舒适、不受噪音干扰的特点。

（2）确定广告对象

（3）确定广告区域

针对广告区域的地方性、区域性、全国性、国际性的不同，选择不同的广告覆盖方法，如全面覆盖、渐进覆盖或轮番覆盖。

（4）确定广告概念

这儿所指的广告概念，特指广告所强调的商品特点、信息传递方法、技巧和具体步骤等。

（5）确定广告媒体

选择媒体不一定收费愈高愈好，要根据商品和媒体的特性确定。

4．**广告的种类**

（1）印刷品广告

印刷品广告包括报纸广告、杂志广告、电话簿广告、画册广告、火车时刻表广告等。

（2）电子媒体广告

或称电波广告、电气广告。包括电视广告、电影广告、电台广播广告、电子显示大屏幕广告，以及幻灯机广告、扩音机广告等。

（3）户外广告

它主要包括：路牌广告（或称广告牌，它是户外广告的主要形式，除在铁皮、木板、铁板等耐用材料上绘制、张贴外，还包括广告柱、广告亭、公路上的拱形广告牌等）、霓虹灯广告和灯箱广告、交通车厢广告、招贴广告（或称海报）、旗帜广告、气球广告等。

（4）邮寄广告

邮寄广告是广告主采用邮寄售货的方式，供应给消费者或用户广告中所推销的商品。邮寄广告是广告媒体中最灵活的一种，也是最不稳定的一种。

（5）POP 广告

POP 是英语 Point of Purchasing 的大写字母缩写，译为售点广告，即售货点和购物场所的广告。

（6）其他广告

其他广告指除以上五种广告以外的媒体广告，如馈赠广告、赞助广告、体育广告，以及包装纸广告、购物袋广告、火柴盒广告、手提包广告等。

5. 奢侈品广告

奢侈品往往以己为荣，它们不断树起个性化旗帜，创造着自己的最高境界。伯爵表推崇自己的"珠宝计时器"理念，梵克雅宝胸针内镶嵌着蓝宝石，卡地亚戒指则是由三色黄金制成。在汽车品牌中，劳斯莱斯追求着手工打造，法拉利追求着运动速度，宝马追求着驾驶乐趣，奔驰追求着顶级质量，而凯迪拉克追求着豪华舒适，沃尔沃追求的是智能安全。正是因为这些广告的个性化，才为人们的购买创造了理由。也正因为奢侈品广告的个性化追求，使其从大众品牌中脱颖而出，才更显示出其尊贵的价值。

GUCCI 2010 春夏广告大片由时尚摄影师墨特·马可斯组合（Mert n Marcus）掌镜，顶级超模娜塔莎·波莉（Natasha Poly）领衔演绎，男模 Ryan Kennedy 的出场则更像是一位"配角"。整组广告大片在凸显强势女人形象的同时，运用大幅度的肢体动作来展示 GUCCI 服饰及包包的无限魅力，引人瞩目。

事实上，很多大品牌都喜欢在广告中创造出旅游度假的场景或者意境，以吸引人们的眼球。比如，Louis Vuitton 多年来一直强调"个人旅行体验"的中心思想，并连续推出了多个名人代言的系列旅行广告，不惜重金请他们讲述旅行故事。Emporio Armani 新一季的春夏广告系列也体现了旅行的概念，模特手中的大号旅行袋，随意但有型的搭配，以及背景的凹凸玻璃效果，创造出了令人迷幻的色彩图画。"因为旅行可以涵盖尽可能多的人群，所以奢侈品广告不约而同地植入旅行元素"，一位上海资深广告策划人说。随着 30 年的财富积累，中国已经有足够多的富人，他们是中国奢侈品市场繁荣的基础，而旅行是他们生活方式的共同部分，奢侈品品牌纷纷打"旅行"牌，也就不难理解。

近年来，"情色"这个在《现代汉语词典》中找不到的词语和时尚似乎越来越密不可分。而性感与时尚广告纠缠在一起，时间好像更久些，每年都有一两条令世人惊叹的创意和情色广告，博人耳目。因此在时尚界中，每年总有人不时把两者搅在一起，挑战一下公众的承受力。D&G、DIESEL、CK 等品牌的平面广告历来充满着争议，2010 年他们大胆的创意和情色系列春夏广告卷土重来。其实，时尚界打情色创意牌已经不是什么新鲜事，CK 曾以此名声大噪，但从 CK 内衣在全球的受欢迎程度就可看出那些话题多多的"情色"广告给人们留下了太深的印象。你也可以说这是炒作，比如前几年 Benetton 涉及敏感问题和众多大尺度广告，虽然在多个国家遭到禁播，却激起了大众的好奇心，反而大大宣传了一番。这些充斥着敏感问题和性暗示的广告更多是被当作一种炒作手段来解读。

这些"创意"广告可以被禁播，但禁播永远不会阻碍设计师和摄影师的创作动力。摄影师和设计师会振振有词地说："这是艺术的需要！"其实，不论是艺术的需要，还是炒作的需要，时尚本来就和艺术密不可分，并通过艺术来表达品牌的整体风格。不论是时装，还是香水、手表、包袋、鞋履，人们永远不会看到 VERSACE 推出一款清纯无比的香水，因为这不是它的风格，VERSACE 宣扬的就是火辣的性感，独立，智慧和坚强并存的形象。

为什么奢侈品或者高端品牌的"创意"广告会层出不穷？甚至有些已经超越了大众的接受能力？奢侈品从不直接说话，高高在上的身份限制了它们的表现欲，他们不会像普通品牌一样去对自己的产品喋喋不休，只是表达自己的品牌文化，其实，更是为了博得人们的眼球。不是有句话叫"语不惊人死不休"吗？这些广告就是如此。

奢侈品品牌青睐的广告形式通常有以下几种：
（1）高档杂志和网站的宣传活动

大多数的奢侈品品牌热衷于选择高档的杂志来做自己的广告宣传。每年3月的比弗利山庄都会贵客盈门，热闹非凡，因为有权威判定名流座次的《名利场》杂志会邀请那些拥有烫金名字的人出席奥斯卡的晚宴。与这些名流一同出席的还有他们所穿、所配、所饮、所用的奢侈品品牌。但是，嘉宾的名单席位年年变，这些品牌反而成了届届捧场的常客。

有很多时尚杂志、网站都对某一类别的奢侈品品牌做过"十大"排行。比如《福布斯》杂志评出的"顶级奢侈品品牌排行榜"和由世界经理人资讯有限公司的全资附属机构世界品牌实验室（WBL）公布的"世界奢侈品前100名排行榜"，都是系统化的综合榜单，在消费者和奢侈品公司间都有非常大的影响力。

（2）突出形象或主题的平面广告

大幅的平面广告也是奢侈品企业进行产品营销时的一个主要手段。

迪奥（Dior）已经具有近60年的历史，它的品牌格调十分奢华。其近年的广告战役"Free to fly"系列中，极具冲击力的画面使迪奥从经典雅致的窈窕淑女变成了狂野另类的风格。广告画面被描述为"Flying Falling"的感受，充满了格斗游戏式的紧张感，用Galliano自己的话来说这次不需要性感，而需要更强的张力，"may even violent"。目的是吸引年轻的新贵们。自由意志下的激情演绎把女性狂野妖艳的美表达得淋漓尽致。事实证明这个系列广告受到目标受众的喜欢，市场业绩斐然。

（3）赞助广告

赞助广告是奢侈品企业广告宣传的另一个手段。

作为竞技体育最前沿的赛事，F1成为无数顶级奢侈品的最佳赞助对象。1996年，已是两届世界冠军在身的迈克尔·舒马赫成为全球最知名腕表品牌欧米茄（OMEGA）的代言人，一份合约一签再签就是10年。每当舒马赫赢取一次世界冠军，欧米茄都会推出一款特别版的纪念手表，全球限量发行。2004年，当舒马赫成就七冠伟业时，推出的The Legend系列，同上一年度的Speedmaster一样，限量生产6000只，成为无数车迷心目中追逐的梦想。

（4）书籍内容

随着奢侈品的种类越来越多、越分越细，各个特定品种的奢侈品相关书籍也应运而生。

因为很多奢侈品品牌都传承了在广告上低调的风格,所以大多数的奢侈品品牌都会特别注重通过书籍来传播。

目前比较广泛的书籍分别为:服饰类、美容类、手表类、汽车游艇类。比如手表类的《TIME SQUARE》,时尚类的《ELLE》、《VOGUE》和《BAZAAR》等。当然,由于男性和女性所关注的奢侈品的种类和特质有很大的差别,因此我们还可以从男性和女性进行书籍的区分。男性比较注重有内涵的产品,而女性相对来说侧重外观的感觉。所以,很多杂志如《ELLE》和《VOGUE》都分别有男士版和女士版。

虽然有这么多的广告媒体可以选择,但是对于大部分的奢侈品品牌,除了汽车品牌以外,几乎都选择相类似的广告策略。我们从表6-1中可以看到,它们几乎都不选择电视广告,其中的70%—90%会选择高档的杂志,剩下的10%—30%会选择一般的杂志。相类似的广告宣传策略往往会导致了奢侈品广告的扎堆和相互干扰,所以有时奢侈品品牌也会尝试找出一些创新的策略,比如选择某些精品的报纸,如那些时尚精英人士每天早晨必读的报纸,做一些创意的广告形式,这会带来意想不到的收益。

表6-1　2006年广告花费最多的20个奢侈品品牌(单位:人民币千元)

排名	奢侈品品牌	2004 总计	2005 总计	2006 总计	电视	报纸	杂志
1	BMW	199018	262458	359139	223030	85635	50475
2	Cadillac	125783	205124	269105	143681	103693	21731
3	OMEGA	51427	90243	104695	19742	31726	53228
4	CLINIQUE	50382	85273	87136	416	18032	68688
5	Louis Vuitton	26043	38180	60136	-	5230	55401
6	Cartier	26822	38676	54013	-	16718	37295
7	GUCCI	11035	22070	50609	-	4791	45818
8	SWAROVSKI	9931	19643	26798	-	7286	19512
9	TIFFANY & CO	6846	9551	25061	-	4394	20666
10	BVLGARI	5509	16640	23414	-	1176	22238

11	PRADA	8965	24509	23287	-	646	22641
12	LAND ROVER	8054	11306	22632	7301	8,000	7331
13	BURBERRY	9948	17811	19887	-	665	19222
14	HUGO BOSS	17402	28376	19751	4373	440	14938
15	CHOPARD	8866	10099	16534	-	2,740	13795
16	EMPORIO & Armani	7043	10085	16017	-	168	15849
17	dunhill	7613	9142	14876	335	2808	11733
18	PIAGET	9589	14871	13716	-	3721	9995
19	KENZO	2414	8073	13018	-	250	12768
20	Calvin Klein	5709	8488	12722	655	426	11641

注：总花费包括电视广告和印刷广告支出。

资料来源：Nielsen。

6.2.2 公共关系和奢侈品营销

公共关系（Public Relation）是指某一组织为改善与社会公众的关系，促进公众对组织的认识、理解及支持，达到树立良好组织形象、促进商品销售的目的的一系列促销活动。

它的本意是工商企业必须与其周围的各种内部、外部公众建立良好的关系。它是一种状态，任何一个企业或个人都处于某种公共关系状态之中。它又是一种活动，当一个工商企业或个人有意识地、自觉地采取措施去改善自己的公共关系状态时，就是在从事公共关系活动。

作为营销组合的一部分，公共关系的含义是指这种管理职能：评估社会公众的态度，确认与公众利益相符合的个人或组织的政策与程序，拟订并执行各种行动方案，以争取社会公众的理解与接受。

1. 公共关系的内容

公共关系的内容包括以下 12 个方面：（1）密切与新闻界的关系，吸引公众对某人、某产品或某服务的注意；（2）进行产品宣传报道；（3）开展企业联谊活动；（4）游说立法机关与政府官员,由于中国实践中政府与企业关系可能特别密切,有时也出现实际操作中"公关等于攻关"的畸形现象;(5)咨询协商;(6)编写案例、经验;(7)公众舆论调查,即事先了解设计师、建筑师、工程师、化学家、采购代理商以及有权决定规格的购买者的态度;(8)信息反馈;(9)广告合作;(10)安排特别活动;(11)支持相关团体,赞助相关的活动;(12)处理顾客抱怨。

公共关系的对象很广,包括消费者、新闻媒体、政府、业务伙伴等,公共关系被用来促进品牌、产品人员、地点、构思、活动、各种组织机构甚至国家关系。组织机构利用公共关系去吸引公众的注意力或者去抵消留在公众头脑里的坏印象。国家使用公共宣传去吸引更多的观光者、外国投资者和取得国际支持。

2. 公共关系实施的步骤

公共关系实施的步骤包括调查研究、确定目标、交流信息等,具体内容如下:

(1) 调查研究

奢侈品公司每年都要花费一定预算(自行组织或委托专业公司)来进行针对性调查,一方面了解所处区域的商业环境变化而可能引发的目标客户群体反应和新的诉求,反馈给相关部门和更高层的管理者,促使决策者们有的放矢。另一方面,将品牌新的发展倾向和新产品发布的时间表传递给目标消费者,使得受众加强对奢侈品公司的信心和期待。

(2) 确定目标

一般来说,奢侈品公司的公关目标是加速目标群体深入、形象地了解奢侈品品牌核心价值观和理念,树立奢侈品公司和其旗下各种品牌的立体形象。具体地讲,公关目标是引发目标受众关注奢侈品公司旗下的各类品牌,转变(或加强)对这些品牌的态度,唤起他们的潜在需求。要注意的是,不同奢侈品公司或同一公司在不同发展时期,其公关具体目标是不同的。

(3) 信息交流

指奢侈品公司与目标客户之间双向、及时、互动的沟通过程。它体现了一定的文化、政治、经济与技术发展水准。强调一种人文的、开放的、尊重人性、个人感情和尊严的文化交流过程,是"理性"向"人性"转变的过程。并通过先进的技术支撑定期地、定向地向"地球村"的各个独特个体客户进行"全球同步"却是"大规模"的有效传播。

(4) 效果评估

评价的指标可以包括:第一,曝光频率,衡量公共关系效果的最简易的方法是计算出现在媒体上的曝光次数。企业同时希望报上有字、广播有声、电视有影；第二，反响，分析由公共关系活动而引起公众对产品的知名度、理解、态度方面的变化，调查这些变动前后变化水平；第三，如果统计方便，销售额和利润的影响是最令人满意的一种衡量方法。

尊尼获加（Johnnie Walker）这个顶级的威士忌品牌，在1997年受到金融危机和顾客老化的双重影响，销售额开始下降。经过公关策略等营销手段的调整和实施，尊尼获加迎来了新的辉煌。

第一，尊尼获加设立永远向前创业基金会，为那些勇于挑战自我和永不放弃的人提供资金支持。这使尊尼获加的定位理念化为具体的创业种子，最终结出成功的果实，体现永远向前精神的价值。同时，他们与CNN和DISCOVERY等媒体结成联盟，将一些平常人的不平凡旅程制作成记录片，通过电视在全球150多万家庭投放。年轻人是创业的主要人群，这一基金的设立无疑吸引了诸多的年轻人。基金会推广配合有一系列的"人在旅途"广告。例如：一则广告描述了意大利国家足球队主将罗伯特·巴乔从1994年世界杯射失关键点球到1998年世界杯再次面对点球挑战而成功的过程。在广告的最后，巴乔终于带着自信走下绿茵场地，说到："最重要的是，我相信我自己。"又如，另一则广告中，一位老人叙述了自己的人生旅途：从小时候一群孩子的一起玩耍，到其他人放弃后他自己的独自努力；最后，他不甘于现状，"想要知道从最高处跳下来会怎么样？"就这样，他站到了山崖的最高峰，从那里跳入到湛蓝大海的怀抱。他成功了，他赢得了人们的欢呼和赞美。"像他这样的室外跳水运动员，需要的是勇气，但是在走向最高峰的过程中，需要的是更多的东西"，其中一定包括"不断前进"的信念。

第二，尊尼获加赞助永远向前的事件，通过这些事件宣传尊尼获加永远向前的精神。迈凯伦-梅塞德斯车队是永远向前的杰出代表，因此尊尼获加努力成为了该车队的赞助商。在2005年8月的土耳其汽车大奖赛上，尊尼获加的标志出现在迈凯伦-梅塞德斯队车的引擎盖和队员的队服上。通过引人注目的F1赛事，使迈凯伦-梅塞德斯车队和尊尼获加共同的永远向前的理念与年轻目标顾客群的激情梦想紧密联系起来。F1赛事的目标观众恰好与尊尼获加的主力目标顾客相一致，F1赛事这一名门贵族的运动项目，永远向前的力量、速度、激情与尊尼获加的理想相吻合，因此，尊尼获加每年大约花费1000万—1500万英镑长期赞助迈凯伦-梅塞德斯队。同时，从事和喜欢观赏高尔夫球运动的人，也常常是尊尼获加的目标顾客，因此尊尼获加也积极赞助顶级的高尔夫球赛事。首先，可以借助体育运动形象化地体现尊尼获加品牌永远向前的精神,同时高尔夫又是一种与尊尼获加相匹配的贵族运动;其次,可以借助赛事场地、运动员展示尊尼获加产品,增加曝光率,例如2005年4月在北京举行的尊尼获加高尔夫精英赛上,尊尼获加的标识新"阔步行走的人"随处可见,冠军奖杯也是由"阔步行走的人"构成,吸引了大众的眼球;再次,可以借助于大众参与的赛事活动宣传产品本身,例如在北京举行的尊尼获加高尔夫精英赛上,尊尼获加特意为大赛定制了一个蓝宝石钻石项链,作为第一个在17号洞打出一杆进洞选手的奖品。这串价值约100万人民币(92940欧元)的项链,体现了尊尼获加蓝方的奢华和精湛,起到了极好的传播作用。

自从1999年尊尼获加进行定位战略调整以后,销售量从1030万箱上升到1230万箱,实现了20%的增长率,取得了明显的财务绩效,同时尊尼获加的品牌价值得到了前所未有的提升,被多家媒体评为世界上最奢侈的品牌。

3. 奢侈品品牌公共关系典范

运用公共关系的方法很多,如周年庆祝活动、艺术展览会、拍卖会、义演晚会,在不寻常地方举行聚会、舞会等,本书在此将具体介绍以下几种奢侈品品牌经常选择的公共关系宣传手段。

(1) 门当户对

门当户对,是奢侈品品牌的公关活动始终坚持的不二原则,通过匹配的场地、匹配的场景布置等这些与消费者的特定接触点,有效传达品牌内涵,品牌的档次感不言而喻。

早在近两个世纪以前(1820年),江诗丹顿就曾与中国结缘,1860年咸丰皇帝还特意向江诗丹顿定制了一只蓝色珐琅装饰的怀表,后来故宫博物院又收购过两只江诗丹顿的钟。于是1995年,当江诗丹顿大举进入中国市场时,就打出了"江诗丹顿重返中国"的口号,并一眼将新闻发布会的地址瞄准了故宫博物院。故宫作为中国传统文化的宝库,其特殊的象征意义与江诗丹顿厚重而沉稳的品牌内涵正好吻合,所以此前从未做过商业活动的故宫博物院也为它破例。

(2) 物以稀为贵

奢侈品,因为精,所以贵;然而,更因为少,所以愈加珍贵。翻开奢侈品品牌的常用字字典,我们会惊讶地发现,"限量"、"标号"、"天价"、"量身定制独一无二"等词汇屡屡出现。不难看出,在对外发布活动信息方面,奢侈品品牌擅长利用这些引人入胜但又令人望而却步的有效信息点,在媒体上广而告之,让最大多数的人甚至永远都不可能成为其客户的人都知道，引发万众瞩目的轰动效果。

比如万宝龙自 1992 年起推出纪念著名艺术家的限量版表以来，一直坚持每个系列在全世界仅出产 4810 只。而百达翡丽每一块表从头到尾都是由一名制表师独立完成，训练一名这样的制表师至少需要 10 年的时间，每块表的平均售价高达 13000 美元至 20000 美元，该公司成立至今的一个半世纪以来，总产量仅有 60 万只左右，拥有一块百达翡丽表成为钟表爱好者中贵族阶层的显赫标志。

（3）品牌故事

很多奢侈品品牌背后都隐藏着一段鲜为人知的故事，或是感人肺腑的凄美爱情，或是艰苦卓绝的创业历程，或是意想不到的灵感来源……奢侈品品牌就是一个非常善于讲述自己故事的高手，例如劳斯莱斯。

"世界汽车中可称为贵族的，唯有劳斯莱斯。"劳斯莱斯成为英国王室专用车已有数十年历史，爱德华八世、女王伊丽莎白二世、玛格丽特公主、肯特公爵等众多英王室成员的座驾都是劳斯莱斯。沙特国王、日本王子都对劳斯莱斯情有独钟。该公司的创始人劳斯和莱斯两人的出身、爱好、性格完全不同，但对汽车事业的执着和向往，使他们成为一对出色的搭档。这种超越了血缘的友谊令人钦佩，他们忽略了门第出身而为共同的目标一起奋斗并取得伟大的成绩，共同缔造了劳斯莱斯神话。

故事的主角查尔斯·斯图亚特·劳斯 1877 年出生在英国伦敦一个显赫的贵族家庭。与只关心工厂和信贷收益的新贵族不同，这位贵族显然受到了当时科技大飞跃的时代影响，因而对科学表现出浓厚的兴趣。在其念伊顿公学（中学）时候，劳斯便亲手安装了一台刚刚发明不久的发电机，而后他进入剑桥大学土木工程系学习，在此期间，他迷上了新奇的汽车以及汽车运动，在他毕业的时候，他已成为一名赛车高手。1903 年，劳斯驾驶着一辆 80 马力的轿车在柏林创造了每小时 150 公里的汽车速度纪录。故事的另一个主角弗雷德理克·亨利·莱斯的身世与劳斯相比显然有着天壤之别。莱斯 1863 年出生在一个贫困的磨坊主家庭，由于生活所迫，莱斯曾经上街卖过报纸，而后又在铁路公司当学徒。尽管出身贫寒，莱斯却在机械方面表现出了过人的天赋。1904年，年过40的莱斯亲手设计制造了一辆2缸汽车，这辆车在当时堪称杰作，该车使用马达起动而非传统的摇柄，并且该车运行非常平顺，故障率很低。恰巧莱斯的一名商业伙伴亨利·埃德蒙兹是英国皇家汽车协会的会员，他把这件事告诉给了同为协会会员的劳斯，没想到却让劳斯极感兴趣。这样，境遇和背景完全不同的两个人被一件事连在了一起。其实劳斯一直有一个愿望：找出一款能与外国汽车质量相媲美的英国本土汽车，并能用自己的名字命名这款汽车。而作为工程师的莱斯志向与劳斯不谋而合：不计成本，设计制造质量最优良的汽车，并卖给识货的人。正是有这种共同的志向，最终促成两人跨越门第的相识。1904年5月4日，在亨利·埃德蒙兹的引荐下，两人在曼彻斯特的米兰德宾馆会面，并且一见如故。他们共同憧憬了未来汽车的发展，并随手在一张餐巾纸上勾勒出一辆汽车速写，这也就是后来享誉世界的劳斯莱斯汽车的第一张图纸。会面后，两人决定共同组建劳斯莱斯汽车公司，莱斯负责设计和生产，劳斯负责销售，两人签订了合作协议。1904年，劳斯莱斯公司生产了第一辆10马力车型，公司把这款车打上了"Rolls-Royce"的商标，因此这款车成为劳斯莱斯的第一款车。第一批共生产了10辆，他们参加了当年在巴黎举行的汽车展览会并一举成名。面对大量的订单，公司仍然坚持用手工制造，当时制造一辆车大概需要25个工人8个月时间完成，这些人力和工时让车辆从外观到内饰无不精心雕琢、精益求精。从那时起，手工制造就成为劳斯莱斯一成不变的传统。

1906年3月，劳斯莱斯汽车公司正式注册成立，当年劳斯莱斯公司便生产了一辆4缸20马力轿车，这款车赢得了当年英国"男儿岛旅行者杯"汽车大赛的胜利。这项比赛在英国上流社会影响很大，当时英国女王亲自出席授奖仪式并亲手颁发奖牌。凭借这次胜利，劳斯莱斯开始赢得英国贵族乃至王室的垂青。凭借这股良好的势头，第二年，劳斯莱斯便推出了震惊世界的车型"银色幽灵"（Silver Ghost）。这辆车在试车的过程中没有任何噪声，行驶在林荫道上，人们只是感觉到一个银色的幽灵从眼前一晃而过，因而该车"银色幽灵"的名声开始流传，到后来公司干脆用"银色幽灵"为该车命名。除了豪华的外观、内饰，该车也拥有大大超过同时代车辆的可靠性。除了赢得广泛的声誉，"银色幽灵"的另一个成功是让劳斯莱斯成功打入英国上层社会。当时的英国贵族仍然心仪马车而拒绝使用汽车，"银色幽灵"的出现彻底改变了他们的观点，到最后英国女王宣布：一般出行不再乘坐马车而改坐"银色幽灵"轿车，这让劳斯莱斯从此披上了贵族的外衣。同时，劳斯莱斯"银色幽灵"的出现，标志着汽车分类中出现了一个全新的序列——豪华轿车。在两次大战期间，劳斯莱斯出产豪华车也丝毫没有逊色。1922年，劳斯莱斯在美国生产了具有美国风格的"银色幽灵"豪华车。圆桶式车头、流线型车顶、反倾式车厢后背均为美国风格，它的水箱格栅也与欧洲的迥然不同。1926年，为了纪念劳斯莱斯正式成立20周年，公司推出了劳斯莱斯20豪华轿车，该车有波浪一般的翼板，流畅、自然，该车一直影响到30年代的劳斯莱斯车型。在这个时期，劳斯莱斯推出另一个产生巨大影响的车型系列"幻影"（Phantom），在二战前共推出了三代。在这款车型上，劳斯莱斯更加强化手工工艺和车辆性能，一辆豪华的劳斯莱斯需要众多的能工巧匠不断地精雕细琢才能最终成为成品。比如工匠们要根据珍贵的意大利胡桃木的年轮和花纹仔细地布置拼接，最后才能够制成美丽且独一无二的仪表板和车门护板。正是这种类似于加工艺术品的精细和苛刻，让这款车成为众多王宫贵族、富商巨贾不断追捧的对象，劳斯莱斯这个品牌的车也成为权力和财富的象征。

二战后，劳斯莱斯的航空发动机事业曾有过辉煌的发展阶段，到20世纪60年代，劳斯莱斯一举成为世界三大航空发动机供应商。但令人没有想到的是，1971年在开发RB211发动机时，公司投入了巨额资金却没有斩获，这让劳斯莱斯公司陷入了财务危机并最终破产。同一年，政府接管了劳斯莱斯公司并进行了破产改组，政府把汽车和航空发动机事务分成两个公司，改组后劳斯莱斯汽车公司被维克斯公司收购。有趣的是，劳斯莱斯航空发动机公司在分拆之后恢复生机，而劳斯莱斯汽车公司却陷入了飘忽不定之中。1998年，宝马公司收购了劳斯莱斯而大众公司领走了宾利。宝马为这位比自己历史还要悠久许多的贵族准备了什么呢？一所三万平方米绿化天花板的大房子，厂址仍然是英国伍德弗德。各种组件由德国运来在这里组装，而装配方式仍然是传统的手工。2003年，工厂出产了重组后的第一款车，"新"劳斯莱斯"幻影"。而今，这款车已经走进了中国。

（4）"低调"营造奢侈

奢侈品品牌的公关活动都有一个内部自身的新闻中心，负责有效控制和利用外部的传播力量，甚至把外部媒体整合纳入自身的传播体系，制造一种持续而有层次的、积极性的信息冲击。同时新闻中心也掌控着新闻议题的鲜明导向和积极要素，通过主动设置传播议题，特别是为目标媒体量身定制高端议题，达到内部传播渠道和外部传播渠道的深度整合，架构全方位立体式的宣传平台，形成极其有利于活动信息传播的连锁效应。

卡地亚2004年上海博物馆艺术珍宝展在媒体策略上的目的非常明确，即品牌建设和展览告知（Brand Building & Exhibition Awareness），把媒体作为关键的影响力（Key Influencer）来对待，信任媒体，配合媒体，尽可能提供媒体所需要的全部信息，在展览前两个月就于北京和上海两地分别召开了新闻发布会，除了为重要媒体安排特殊活动以外，还给二线城市未能到场的媒体分别寄送新闻稿和持续两个月的活动进程情况资料，所有媒体齐心合力共同营造出一种这个世界上最为壮观的展览即将到来的隆重登场感。在此期间卡地亚内部新闻中心也在努力跟媒体沟通，通过安排媒体采访点、官方网站、媒体导图等等看似细小的环节，尽可能让媒体感受到展览前营造氛围、展览时跟踪报道、展览后深度报道的重要性并提升媒体对卡地亚这个品牌和档次的认知，然后通过这些被教化了的媒体再去有效地影响消费者。最后据卡地亚的统计资料显示，在从2月活动预热到10月活动全部结束的8个月中，卡地亚成功吸引到报纸、杂志、网站、广播、电视等共449家大小媒体并做了有效报道，折合广告价值34114764元人民币。

6.2.3 奢侈品渠道营销

渠道营销又称营业推广，是指"那些不同于人员推销、广告和公共关系的销售活动，它旨在激发消费者购买和促进经销商的效率，诸如陈列，展出与展览表演和许多非常规的、非经常性的销售尝试"。

一个公司在运用营业推广时，必须确定目标，选择工具，制订方案，实施和控制方案，并评价结果。

1. **确定营业推广目标**

就消费者而言，销售推广的目标包括鼓励消费者更多地使用商品和促进大批量地购买，争取未使用者试用，吸引竞争者品牌的使用者。就零售商而言，目标包括吸引零售商们经营新的商品品目和维持较高水平的存货，鼓励他们购买落令商品，贮存相关品目，抵消各种竞争性的促销影响，建立零售商的品牌忠诚和获得进入新的零售网点的机会。就销售队伍而言，目标包括鼓励他们支持一种新产品或新型号，激励他们寻找更多的潜在顾客和刺激他们推销落令商品。

2. 选择营业推广工具

营业推广的工具多种多样，但是有三个明显特点：直观的表现形式，灵活多样、适应性强以及有一定的局限性和副作用。

(1) 直观的表现形式

许多营业推广工具具有吸引注意力的性质，可以打破顾客购买某一特殊产品的惰性。它们告诉顾客说这是永不再来的一次机会。这是一种吸引力，尤其对于那些精打细算的人是一种很强的吸引力，但这类人对于任何一种品牌的产品都不会永远购买，是品牌转换者，而不是品牌忠实者。

(2) 灵活多样、适应性强

可根据顾客心理和市场营销环境等因素，采取针对性很强的营业推广方法，向消费者提供特殊的购买机会，具有强烈的吸引力和诱惑力，能够唤起顾客的广泛关注，立即促成购买行为，在较大范围内收到立竿见影的功效。

(3) 有一定的局限性和副作用

有些方式显现出卖者急于出售的意图，容易造成顾客的逆反心理。如果使用太多，或使用不当，顾客会怀疑此产品的品质、品牌或价格是否合理，给人以"推销的是水货"的错误感觉。

3. 制订营业推广方案

营业推广方案应该包括这样几个因素：(1) 费用。营销人员必须决定准备拿出多少费用进行刺激。(2) 参加者的条件。刺激可以提供给任何人，或选择出来的一部分人。(3) 营业推广措施的分配途径。营销人员必须确定怎样去促销和分发促销方案。(4) 营业推广时间。调查显示，最佳的频率是每季有三周的促销活动，最佳持续时间是产品平均购买周期的长度。(5) 营业推广的总预算。

4. 方案试验

面向消费者市场的营业推广能轻易地进行预试，可邀请消费者对几种不同的、可能的优惠办法作出评价和评分等，也可以在有限的地区进行试用性测试。

5. 实施和控制营业推广方案

实施的期限包括前置时间和销售延续时间。前置时间是从开始实施这种方案前所必需的准备时间。它包括最初的计划工作、设计工作，以及包装修改的批准或者材料的邮寄或者分送到家；配合广告的准备工作和销售点材料；通知现场推销人员，为个别的分店建立地区的配额，购买或印刷特别赠品或包装材料，预期存货的生产，存放到分配中心准备在特定的日期发放。销售延续时间是指从开始实施到大约95%的采取此促销办法的商品已经在消费者手里所经历的时间。

6. 评价营业推广结果

对营业推广方案的评价很少受到注意，以盈利率加以评价不多见。最普通的一种方法是把推广前、推广中和推广后的销售进行比较。

销售渠道传播包括以下几种类型。

1. 针对消费者的营业推广（Consumer Promotion）

针对消费者的营业推广包括引导顾客改变购买习惯，或培养顾客对本企业的偏爱行为等。厂商可以鼓励老顾客继续使用，促进新顾客使用，动员顾客购买新产品或更新设备。其方式可以采用：（1）赠送。向消费者赠送样品或试用样品，样品可以挨户赠送，在商店或闹市区散发，在其他商品中附送，也可以公开广告赠送，赠送样品是介绍一种新商品最有效的方法，费用也最高。（2）优惠券。给持有人一个证明，证明他在购买某种商品时可以免付一定金额的钱。（3）廉价包装。即在商品包装或招贴上注明，比通常包装减价若干，它可以是一种商品单装，也可以把几件商品包装在一起。（4）奖励。可以凭奖励券买一种低价出售的商品，或者凭券免费以示鼓励，或者凭券买某种商品时给一定优惠，各种抽奖也属此类。（5）现场示范。企业派人将自己的产品在销售现场当场进行使用示范表演，把一些技术性较强的产品的使用方法介绍给消费者。（6）组织展销。企业将一些能显示企业优势和特征的产品集中陈列，边展边销。

价格战等传统销售手段是高档奢侈品营销的大忌。必须研究目标顾客群体对引进品牌的全面感受，努力通过各种品牌价值分享活动、独一无二的新品咨询演示和增值服务来提升顾客价值，从而起到传播目的。

奢侈化妆品就经常采用新品演示手段来推广促销。2008年3月，正值兰蔻智能愉悦臻白系列上市之际，全球护肤专家法国兰蔻带来兰蔻花颜悦坊进行推广活动，并邀集了美容达人以及各界媒体朋友。在这次活动中，到场的嘉宾在柔美舒缓的音乐中，领略来自全球护肤专家带来的美丽心得，并抢先试用了全套最新的愉悦臻白系列产品。

2. 针对中间商的营业推广（Intertrade Promotion）

针对中间商的营业推广目的是鼓励批发商大量购买，吸引零售商扩大经营，动员有关中间商积极购存或推销某些产品。其方式可以采用：（1）批发回扣。企业为争取批发商或零售商多购进自己的产品，在某一时期内可给予购买一定数量本企业产品的批发商以一定的回扣。（2）推广津贴。企业为促使中间商购进企业产品并帮助企业推销产品，还可以支付给中间商一定的推广津贴。（3）销售竞赛。根据各个中间商销售本企业产品的实绩，分别给优胜者以不同的奖励，如现金奖、实物奖、免费旅游、度假奖等。（4）交易会或博览会、业务会议。（5）工商联营。企业分担一定的市场营销费用，如广告费用、摊位费用，建立稳定的购销关系。

3. 针对销售人员的营业推广（Sales Force Promotion）

针对销售人员的营业推广可以鼓励推销人员热情推销产品或处理某些老产品，或促使他们积极开拓新市场。其方式可以采用：（1）销售竞赛，如有奖销售、比例分成。（2）免费提供人员培训、技术指导。

兰蔻的销售终端以百货商店专柜为主，但是兰蔻显然意识到体验营销对于化妆品的重要性，于是提出了概念店的说法。

2004年6月，兰蔻在上海的南京西路开设了概念店。概念店与一般专柜的最大区别在于大大增强了体验功能。兰蔻为消费者提供的，不再是百货公司里拥挤的小小角落，而是一个足有四、五百平米，功能区域划分明显，设备完善的梦幻世界。

进入店内，兰蔻的世界分成三个主要区域：香氛、护肤及彩妆区域；名为"Discovery Sphere"的悬浮透明圆球中，陈列着精选的香氛；专为彩妆而设的"Make-up Bar"，方便进行试妆；"Skincare Bar"则用来展示最新产品。兰蔻全新概念店还独家隆重推出兰蔻男士护理系列，其他任何百货商店兰蔻专柜均无销售。店内还配有精确的皮肤分析仪器，可以为顾客提供最佳的专业建议，成功糅合先进科技及个人化服务的成果。经验丰富的兰蔻美容顾问，全部从精英之中千挑百选，将她们的专业知识致力于满足顾客的个人需求。

在概念店内，顾客不必担心环境太过嘈杂，柜台太过拥挤。可以从容地挑选产品，并得到一对一式的高质量服务。概念店不再是一个柜台，而是一个美容王国，让每一位前来的顾客都享受到贵宾式、量身定做的服务体验，被尊重、被重视、被优待。

6.2.4 奢侈品关系营销

所谓关系营销，即把营销活动看成是一个企业与消费者、供应商、分销商、竞争者、政府机构及其他公众发生互动作用的过程。人际关系营销的核心是建立和发展与这些公众的良好关系。

1. 关系营销与传统的交易营销的差异点

关系营销与传统的交易营销相比，它们在对待顾客上的不同之处主要在于：（1）交易营销关注的是一次性交易，关系营销关注的是如何保持顾客；（2）交易营销较少强调顾客服务，而关系营销则高度重视顾客服务，并借顾客服务提高顾客满意度，培育顾客忠诚；（3）交易营销往往只有少量的承诺，关系营销则有充分的顾客承诺；（4）交易营销认为产品质量应是生产部门所关心的，关系营销则认为所有部门都应关心质量问题；（5）交易营销不注重与顾客的长期联系，关系营销的核心就在于发展与顾客的长期、稳定关系。关系营销不仅将注意力集中于发展和维持与顾客的关系，而且扩大了营销的视野，它涉及的关系包含了企业与所有利益相关者间所发生的所有关系。

2. 关系营销的本质特征

关系营销的本质特征可以概括为以下几个方面：（1）双向沟通。在关系营销中，沟通应该是双向而非单向的。只有广泛的信息交流和信息共享，才可能使企业赢得各个利益相关者的支持与合作。（2）合作。一般而言，关系有两种基本状态，即对立和合作。只有通过合作才能实现协同，因此合作是"双赢"的基础。（3）双赢。即关系营销旨在通过合作增加关系各方的利益，而不是通过损害其中一方或多方的利益来增加其他各方的利益。（4）亲密。关系能否得到稳定和发展，情感因素也起着重要作用。因此关系营销不只是要实现物质利益的互惠，还必须让参与各方能从关系中获得情感的需求满足。（5）控制。关系营销要求建立专门的部门，用以跟踪顾客、分销商、供应商及营销系统中其他参与者的态度，由此了解关系的动态变化，及时采取措施消除关系中的不稳定因素和不利于关系各方利益共同增长的因素。

3. 奢侈品品牌的关系营销

顶级的奢侈品品牌很少选择大众媒体投放广告，它们更倾向于利用一些特殊的活动建设好与目标客户长期的友好关系，并在客户圈子中进行有效的口碑传播。它们通常不依赖于常规的媒体广告，或是对零售终端情有独钟，它们始终相信"好的产品自己会说话"，坚持"低调"会让品牌更"奢侈"。

宾利轿车作为奢侈品品牌排行上的老大，在进入中国市场后，只在少量的高端精品杂志上有为数不多的平面广告和内容。宾利的品牌建设主要渠道还是依靠口碑传播。对于宾利而言，它的消费者不是普通的驾驭者，而是王子和骑士，是与宾利浑然一体的至高象征。那么如何接近他们？吸引他们？为此宾利绞尽脑汁。2005年宾利分别在北京、深圳、上海举行了三个以慈善为主的公益活动，分别邀请上百个宾利车主及相关客户，共募集了120多万元捐献给中国慈善基金、中国希望工程等，向全社会展示宾利除了"贵"以外，还是一个热爱公益事业、富有强烈社会责任感的高贵品牌。例如在深圳举行的"生活奥斯卡——宾利高尔夫球赛和慈善之夜"的盛会上，共有80位企业家在深圳观澜湖杜瓦尔球场参加了球赛。高水准高尔夫赛，以及慈善晚会上的威士忌品评、佳士得拍卖、古典音乐演奏，到最后50万元善款捐赠给广东省青少年基金会希望工程项目，无不体现着高品位、精致生活。2006年，宾利还借高尔夫球赛之际，邀请一些VIP车主亲赴位于英国克鲁郡的厂房，亲身体验每分钟只移动6英寸、每辆车要花16—20周才能完成的流水线作业。在惊叹其"慢工出细活"的同时车主们都不自觉地成为宾利的"品牌大使"，热心地在朋友圈中义务推广宾利的品牌理念，宾利一直成功利用口碑效应树立起牢固的品牌形象，通过像"生活奥斯卡"这种生活方式的盛宴，向人们传达着"奖励自己、帮助别人"的生活理念。

奢侈品关系营销的网络也可能很广阔，甚至能通过跨界合作获得更大效益。万国表 IWC 曾经与梅塞德斯-奔驰联合，不仅推出了轿跑车，还推出了限量表，仅仅制作了 55 只，每只售价 7100 美元。那是 2006 年，万国表在为庆祝 IWC Ingenieur（工程师系列石英手表）诞生 50 周年的晚会上，展示了 CLS 55 AMG IWC 1 Ingenieur 轿跑车，它是奔驰专业改装厂 AMG 与万国表于 2004 年 10 月合作的作品。IWC Ingenieur AMG 腕表附加在轿跑车上一起发布。

同样，2006 年夏天，华硕电脑与奢侈型跑车兰博基尼携手推出了兰博基尼 VX1 笔记本产品，售价 2700 美元，这是继宏基 Acer 和法拉利合作后的又一个电脑厂商和跑车厂商联合的案例，其竞争意图也是直指法拉利。虽然华硕笔记本的风格一向是低调务实，但在兰博基尼的发布上华硕着实高调了一把。有兰博基尼"蛮牛"品牌标识助威，该 VX1 笔记本让华硕名利双收，于是进入了 2007 年后，华硕与兰博基尼再度跨界联手，推出了第二代兰博基尼笔记本 VX2，中国市场售价 34000 人民币。

2006 年 4 月，阿玛尼时装回顾展在上海美术馆举行，其宣传声势浩大，尽人皆知，那些能亲眼目睹设计大师阿玛尼亲自携影星章子怡出席展览开幕演出的嘉宾都感到无上荣光。同时，在上海大剧院上演的时装秀让人心旌荡漾。作为跨界活动的合作者，梅赛德斯-奔驰赞助支持了这次展览。梅赛德斯汽车集团执行副总裁乔阿希姆·施密特（Joachim Schmidt）博士说："乔治·阿玛尼与我们都对设计和风格充满激情，因此能帮助乔治·阿玛尼这样一位传奇设计师的展览，我们感到十分荣幸。"

6.2.5 奢侈品整合营销

对于营销，菲利普·科特勒认为：营销是个人和集体通过创造、提供并同他人交换产品价值，以获得其所需所欲之物的一种社会和管理过程。这就是说，营销是以满足人类各种需要和欲望为目的，通过市场变潜在交换为现实交换的活动总称。这一定义高度概括了营销的本质，基本上得到了理论界的共识。

但它只是界定了"是什么"的问题，而没有描述"如何做"，因此不少营销学家便在"营销"前加以界定，把抽象的营销定义具体化为可操作的营销方法，如绿色营销、关系营销、服务营销、文化营销、网络营销、全球营销、定制营销、社会营销等。

在奢侈品品牌长达几个世纪的传播过程中，我们可以很明显地感受其在文化营销、定制营销以及关系营销等方面所蕴藏的深厚功力。特别是在文化营销上，从劳斯莱斯众人皆知的品牌故事到卡地亚轰轰烈烈的中国珍宝展；无不以文化的感召力作为其传承的动力。文化的感染力，也使我们熟悉和接受了这些奢侈品品牌。

于是，我们可以把营销看成是一种普遍性，它最终是以一些具体属性表现出来，正如马总归表现为白马、红马、黑马等具有不同颜色的马，没有抽象、虚无缥缈的"马"一样，营销始终是和大规模营销、定制营销等概念相伴而存在的。

整合营销是一种通过对各种营销工具和手段的系统化结合，根据环境进行即时性动态修正，以使交换双方在交互中实现价值增值的营销理论与营销方法。从这一意义上讲，整合营销的提出同样是对营销的具体化、操作化。但与绿色营销、服务营销等稍有区别，整合本身又是一个抽象的概念，这使得整合营销更显得"仁者见仁，智者见智"。

奢侈品的整合营销除了以市场为调节方式，更看重以价值为联系方式，以互动为行为方式，以不断更新的姿态从容面对动态复杂环境进行一个有效选择。

一个品牌需要有一个清晰的定位和在客户心目中有个正确的形象。Tag Heuer、Rolex 和 Cartier 这些都是奢侈品品牌，但是他们有着不同的定位。整合营销在其中扮演着重要的角色，通常强势品牌对于客户来说是一种价值的倡导者。名人的认可、签名和品牌大使这些手段被一些品牌所使用，如 Armani、L'Oreal、Swarovski，有着很好的效果。

下面是一些能让品牌到达富有阶层的方式，虽然它们并不是通行天下，但是基本上适用。

（1）直接邮寄：选择正确的客户名单需要花费很多功夫和思考。同样重要的是邮寄品的本身——主题文字、正文文字、视觉效果等。但是最重要的是宣传你所提供的东西（不要说价格，而是说价值）。

（2）赠阅邮件：对于那些已在使用某个品牌产品/服务的客户，就传播效果而言，邮寄品具有最大的影响力，传递最为正确的关联性。客户担心会收到一点没有联系的垃圾邮寄品，垃圾邮寄的方法会损坏一个品牌，而赠阅邮件这种方法可以消除他们的疑虑。

（3）推荐人：现有客户中的人愿意分享他们所知道的那些可能会对这个品牌感兴趣的人的信息，这些人就成了推荐人。推荐人的做法是接近新客户的屡试不爽的方法。这些客户不介意他们的名字被用为推荐人（这需要获得同意），并且有时候是最好的品牌大使。在此口碑成了非常高效的市场营销工具，一个品牌应当积极对此进行管理。

（4）拉动式营销：让客户明白你所提供东西的益处，并且告诉他们你能够为他们创造价值——给予便捷、个性化的注意、独享性等。通过邀请客户参加品牌的活动等方式来让他们尝试一下。没有拘束的尝试能让客户意识到自己的需求，同时也让销售多一份顾问的味道。

由点及面是整合营销一个常见的手段——兰蔻就围绕着玫瑰做了一系列的营销活动。1964年，兰蔻就开始在广告及包装图案上运用叶片较小的玫瑰。此后，玫瑰图案更是经过不断改良、浓缩，直到今天，成为兰蔻品牌的logo，VI的一部分，出现在广告、包装、pop、装潢中。由于产品种类的不同使玫瑰呈现出不同的颜色：白色为护肤品，红色或紫色为彩妆品，黄色为防晒用品，这使得这种玫瑰的地位得到了进一步的加强。玫瑰还作为岚蔻品牌香水的主要原料。不仅如此，在香水瓶设计、香水命名以及香水的颜色中都可以看到玫瑰的影子。1957年兰蔻的envol香水原始瓶身设计就是一个花苞形状，在瓶盖上添加玫瑰花蕾。兰蔻品牌进行体验式整合营销的手法多样且灵活，比如定时推出限量版的产品，香水或者彩妆，借助媒体之东风，往往先声夺人，使错过时机的消费者懊悔不已。兰蔻也通过举办各种晚会来贯彻其玫瑰精神。为庆祝中国首间概念店开幕暨兰蔻中国十周年庆典，兰蔻特倾力打造了"巴黎玫瑰之夜"晚会，将法兰西的浪漫与华贵融入上海的美丽夜空下。此外，兰蔻还推广一些列网络小游戏，轻松愉快地将品牌与游戏结合起来。

随着社会的不断发展，奢侈品品牌和行业也经历了一次次的洗礼。虽然前面章节已经提到了很多奢侈品品牌都是以广告、人际关系和销售传播等为主要营销方式的，但细细看来每个行业都有着鲜明的营销特点，特有的传播方式。

案例6-2 劳力士（ROLEX）的奢侈营销

创始人：Hans Wilsdorf

国家：瑞士

产品代言

在营销和品牌建设上,劳力士总是找一些探险家、音乐家等"高雅人士"来做广告。网球天王费德勒、钢琴王子郎朗都为劳力士代言,另外,英国女王伊丽莎白二世的外孙女扎拉·菲利普斯公主成为瑞士劳力士钟表公司最新代言人。

活动赞助

劳力士经常赞助一些高尚却未必热门的活动和体育比赛,而且投放量相对小,投放媒体精挑细选,力求在塑造形象的同时控制成本。拿劳力士最直接的竞争对手欧米茄来比较,请马友友代言肯定比请布鲁斯南代言便宜,赞助帆船赛肯定比赞助奥运会便宜,至于广告投放量,欧米茄绝对高出劳力士很多,也许不止10倍。

事件传播

Wilsdorf注意到有一位名叫Mercedes Gleitze的英国著名游泳女将,即将挑战单人横渡英吉利海峡。他便赠给Mercedes Gleitze一只劳力士新发明的蚝式防水手表,并派遣了采访和摄影记者全程记录她创纪录的整个挑战过程。1927年10月7日,Mercedes Gleitze完成创举,骄傲地从海水中浮现到水面上的那一刻来临,她手腕上戴的劳力士蚝式防水表伴随着她泡在海水中整整15个小时15分钟,不但丝毫无损,而且准确依旧,当场也令各地媒体同声惊讶。此事在当时的英国《每日邮报》头版新闻中,被誉为"制表技术最伟大的胜利","创造了一直认为难以实现的奇迹","一只击败所有计时器天敌的完美手表:防水、防湿、防热、防冷、防震又防尘"。从那以后,劳力士蚝式防水表在世界上流行起来,也奠定了劳力士公司在手表防水技术中的领先地位。而劳力士这场和体育探险活动结合的宣传造势活动,也被誉为本世纪最成功的天才行销手法。

6.3 奢侈品营销中的品牌体验

6.3.1 奢侈品品牌体验意义

有这么一个故事:一对刚刚抵达威尼斯的夫妇来到圣马可广场的一家咖啡店。在这里，两人一边在威尼斯早晨清新的空气中饮着蒸汽加压的咖啡，一边沉浸在古城最为壮观的景色和喧闹中。当他们结账时，发现咖啡 15 美元一杯，而在一般小餐馆、街头咖啡店喝咖啡只需要 0.5 美元，可这对夫妻却愉快地认为这杯咖啡绝对值 15 美元，因为在一般小餐馆根本体验不到什么是威尼斯。除了咖啡和服务，这家咖啡店还提供了一种最终体验，或者说享受，把威尼斯的早晨同咖啡一起卖给了顾客，这种情感的力量，给顾客留下了难以忘怀的愉悦记忆。亲历亲为，感受氛围，体验理念就是体验营销的真谛。

上面的故事告诉我们，在产品极大丰富的现在，人们对价格已经变得不再敏感了，产品或服务所带来的心理上的效益占据越来越重要的位置。

品牌体验，即目标消费者通过采取观摩、聆听、尝试、试用等方式认知、偏好并购买产品（服务）。品牌体验营销是品牌传播的最新理念，它进一步强化了消费者的核心地位，使顾客满意由购中、购后的认知转变为购前的预知，从而使消费者的购物风险得到了提前释放，切身利益得到了可靠保障。也正因为如此，品牌体验在全球范围内尤其受到奢侈品品牌及其消费者的欢迎，也许你可能无法拥有这个品牌，但是你可以去感知它，了解它，在未来的某一天，你会拥有它。

品牌体验营销是 21 世纪营销战中最有力的秘密武器，它与消费者的沟通和互动最有力，谁能牢牢地把握，谁就会讨得消费者的欢心。现今，传统品牌推广方式已失去作用，而体验是其选择的新方向。传统形态的市场大量地关注产品的功效，而对产品的分类以及替代产品的考虑极其地狭隘。在传统市场上，消费者被认为是理性的购买者，其心理活动被大多数的市场决策者忽视了。此外，传统的市场分析方法往往就是分析、销售数量上的判断、问卷调查等普遍的方法。

但是现在，这些传统市场上的观念及其方法都不再适用了。现在，与传统形态的市场需求比较，消费者需求逐渐出现了显著变化。正是这种变化带来了品牌体验的重要性，体验市场正在逐渐占有现今的市场份额。

今天，人们的消费观念发生了巨大变化，消费追求的目标正在从传统的注重产品本身向注重接受产品时的感受转移。人们不再更多地注重产品的消费结果，而是更多地注重产品的消费过程。消费者们把产品功效、产品质量、积极的品牌形象都看成是企业应该给予的，他们要求的是触动他们需求、冲击他们心灵、刺激他们大脑的产品。他们越来越希望和企业一起按照自己的新的生活意识和消费需求开发能与其产生共鸣的"生活共感型"产品，开拓反映消费者创造新的生活价值观和生活方式的"生活共创型"市场。

标准产品日渐失势，个性化的产品需求方兴未艾。现在，人们越来越热衷于那些能够促成自己个性化形象形成，彰显自己与众不同的产品或服务。追求新、奇、特产品已成为一种具有普遍性的消费现象。人们不再只是为了吃饱穿暖，消费者在购买产品的时候，情感需求比重在大幅度地增加。消费者在注重商品质量的同时，更加注重情感的寄托和愉悦，购物过程的心理追求往往超过生理追求。在许多情况下，人们购买商品的目的不再是出于生活必需的要求，而是出于追求某种特定产品与理想的自我概念的吻合。对某一商品的取舍，有时仅以其与自己关系的密切程度与自我心理需求引起共鸣的大小为标准。

奢侈品体验式营销之所以成功，因为奢侈品对于现代人，最重要的不再只是可炫耀的商品，而是生活的态度。奢侈不是把实现了的镜像或意境展示给他人看，而是自己享受自己营造的镜像或意境的美。奢侈的感觉都是从纯粹的感官快乐中生发的，任何使得眼、口、鼻、舌、身愉悦的东西都趋向在日常用品中找到更加完美的表现形式。现代生活的自我享受，在这些物品上的消费促成了奢侈品的体验式营销。

6.3.2 奢侈品品牌体验特点

1. 彰显个性

体验是消费者内心的感受，由于人们的心智模式存在差异，因此即使是同样的情景和参与也会产生不同的体验。品牌体验要吸引消费者充分参与达到互动，就必须体现较强的个性化。当前，个性化消费也成为一股潮流，消费者愈来愈追求能够表达个人价值、性格、审美情趣的东西，正如一句广告语所言："我选择，我喜欢。"什么是个性？个性就是与众不同。品牌只有与众不同才可能给予消费者独特的体验。由于人们往往喜欢与自身相似的个性，因此品牌个性应该和目标消费群的个性相一致，在以后的品牌传播中应集中表现这一点。在2002年的北京国际汽车博览会上，宝马公司推出专为中国新贵们量身定制的宝马新7系列等数十款豪华轿车。每一部个性极品车的内饰选材和色彩都完全不同，充分满足了中国消费者"专属独尊"的个性要求。宝马公司中国区总裁毫不掩饰他们的目的，让顾客通过宝马的产品来显示他们的成功，把宝马品牌和消费者本身的成功很好地融合在一起，将使用宝马产品变为顾客的一种生活方式。

2. 追求互动

人们的主动参与比被动观察学到的东西更多。品牌体验就是要让顾客以个性化的、互动的方式参与刻意设计的事件，获得深刻的感受。在体验中，顾客处于主体地位，通过亲身参与，可以强化对品牌的认知。互动过程，也是品牌和顾客之间的学习过程。通过与顾客的接触，企业可以深层次、全面地了解顾客，深度的洞察顾客如何体验品牌旗帜下的产品和服务，从而创造出高峰体验。

3. 蕴涵情感

在产品和服务越来越同质化的今天，消费者更关注品牌的象征意义。品牌体验强调的是顾客心理所发生的变化，要触动他们的内心世界，目的就在于创造他们所喜好的体验，从而使他们对品牌产生强烈的偏爱。

哈根达斯把自己和浪漫爱情联系在一起，在亚洲推出一系列浪漫主题的冰淇淋蛋糕，如"华尔兹的浪漫"、"幸福相聚"等，以致马尼拉的一家报纸写道：马卡提城区里香格里拉饭店周围挤得水泄不通，年轻人和冰淇淋迷们感到哈根达斯的入驻并没有对本地的冰淇淋市场形成威胁，反而增添了活力。因为，哈根达斯推销的是浪漫感受，而不仅是冰淇淋。

4. 创造快乐

快乐是人类最原始的体验之一，人们天生都愿意寻求欢乐而避免痛苦，几乎没有人会排斥促使其开怀大笑的快乐瞬间。品牌体验就要通过精心设计的具有挑战性活动吸引人们来参与、来"玩"，在"玩'的过程中达到心神愉悦。

6.3.3 奢侈品品牌体验类别

从类别上来说，体验营销就是从消费者的感官、情感、思考、行动、关联五个方面来重新定义、设计营销理念。因此，品牌体验可以分为两类：一种是消费者在其心理和生理上独自的体验，即个人体验，例如感官（Sense）、情感（Feel）、思考（Think）；另一种是必须有相关群体的互动才会产生的体验，即共享体验，例如行动（Act）、关联（Relate）。

1. 感官

感官品牌体验诉求目标是创造知觉体验的感觉，它经由视觉、听觉、触觉、味觉与嗅觉。感官品牌体验可区分为公司与产品识别、引发顾客购买动机与增加产品的附加价值等。

希尔顿酒店的一个做法是在浴室内放置一只造型极可爱的小鸭子，客人大多爱不释手，并带回家给家人作纪念，于是这个不在市面销售的赠品便成了顾客特别喜爱希尔顿饭店的动力（当然希尔顿饭店其他设施、服务等方面也是一流的），这样便造成了很好的口碑，这就是"体验式营销"（在视觉和触觉上）的应用。

2. 情感

情感营销诉求顾客内在的感情与情绪，目标是创造情感体验，其范围可以从温和、柔情的正面心情到欢乐、自豪甚至是激情的强烈的激动情绪。情感营销的运作需要的是，真正了解什么刺激可以引起某种情绪，以及能使消费者自然地受到感染，并融入这种情景中来。新加坡航空以带给乘客快乐为主题，营造一个全新的起飞体验。该公司制定严格的标准，要求空姐如何微笑，并制作快乐手册，要求以什么样的音乐、什么样的情境来"创造"快乐。通过提供出色的顾客服务，使得新加坡航空公司成为世界上前十大航空公司和盈利最多的航空公司之一。反观国内的企业在体验式营销上，尚没有成型的做法，但以情感为诉求点的营销做法却是有一些较为成功的案例。

3. 思考

思考营销诉求的是智力（Intelligence），以创意的方式引起顾客的惊奇、兴趣、对问题集中或分散的思考，为顾客创造认知和解决问题的体验。对于高科技产品而言，思考活动的方案是被普遍使用的。在许多其他产业中，思考营销也已经使用于产品的设计、促销、和与顾客的沟通。

1998年苹果计算机公司的 iMac 计算机上市仅六个星期，就销售了27.8万台，以致《商业周刊》把 iMac 评为1998年的最佳产品。该公司的首席执行官贾伯斯（Steve Jobs）表示："苹果已回到它的根源，并再度开始创新。"iMac 的设计师伊维（Jonathan Ive）也指出："与众不同是这个公司的基因。"iMac 的创新紧随着一个引人沉思的思考营销的促销活动方案。该方案是由广告人克劳（Lee Clow）构思，将"与众不同的思考"（Think Different）的口号，结合许多在不同领域的"创意天才"，包括爱因斯坦、甘地、拳王阿里、理查·布兰森、约翰·列侬和大野洋子等人的黑白照片。在各种大型的广告路牌、墙体广告和公交车的车身等随处可见该方案的平面广告。当这个广告刺激消费者去思考苹果计算机的与众不同时，也同时促使人们思考自己的与众不同，以及通过使用苹果电脑，使自己成为创意天才。贾伯斯说"与众不同的思考代表着苹果品牌的精神，因为充满热情创意的人们可以让这个世界变得更美好。苹果决定为处处可见的创意人,制造世界上最好的工具。"

4. 行动

行动营销的目标是影响身体的有形体验、生活形态与互动。行动营销通过增加顾客的身体体验,指出做事的替代方法、替代的生活形态与互动,丰富顾客的生活。而顾客生活形态的改变是被激发或自发的,且也有可能是由偶像角色引起的(例如,影、视、歌星或是著名的运动员等)。

5. 关联

关联行销包含感官、情感、思考与行动营销等层面。关联营销超越私人感情、人格、个性,加上"个人体验",而且与个人对理想自我、他人或是文化产生关联。关联活动案的诉求是自我改进(例如,想要与未来的"理想自己"有关联)的个人渴望,要别人(例如,一个人的亲戚、朋友、同事、恋人或是配偶和家庭)对自己产生好感。让人和一个较广泛的社会系统(一种亚文化、一个群体等)产生关联,从而建立个人对某种品牌的偏好,同时让使用该品牌的人们进而形成一个群体。关联营销已经在许多不同的产业中使用,范围包括化妆品、日用品、私人交通工具等。美国哈雷机车就是个杰出的关联品牌。哈雷就是一种生活形态,从机车本身、与哈雷有关的商品,到狂热者身体上的哈雷文身,消费者视哈雷为他们自身识别的一部分。

案例 6-3 保时捷(Porsche)——魅力无尽、"极至"体验

第一次驾驶保时捷跑车的经历总是令人难以忘怀。当你亲眼见到保时捷经典的设计,亲耳听到引擎发出的轰鸣声,那种激动喜悦之情是难以言喻的。保时捷仿佛有着一种魔力,一旦为其痴迷,就决计难以忘怀。2009年5月10日,保时捷中国在北京举行了一场前所未有的保时捷"极至体验"活动,令车迷们得以零距离地感受保时捷的这股摄人魅力。

活动现场拉起了精美的保时捷横幅,保时捷品牌的传奇历史和赞誉满载的全系车型,营造出了一个保时捷的国度。天时、地利、人和,三者兼备,保时捷"极至体验"活动注定是一场精彩纷呈的盛会。保时捷"极至体验"经过精心的设计,使得全家人都能尽情地投入活动之中,享受保时捷跑车带来的淋漓畅快,类似性质的活动在中国还是第一次。整个活动最重要的环节无疑是2009年度亚洲保时捷卡雷拉杯(PCCA)第三、四回

合的比赛，各车队之间的激烈竞争令车迷们引颈期待。除了保时捷卡雷拉杯比赛之外，保时捷"极至体验"还安排了一系列丰富刺激的节目，车迷们可以在赛道驾驶、越野演示、表演圈等诸多环节中领略保时捷最新车系的风采。在比赛间歇期，保时捷还特别邀请了摩托车特技表演队，为来宾呈献高难度的演出。此外，保时捷特地为举家前来的车迷们设置了儿童驾驶学校、米其林维修站挑战赛、保时捷多媒体角和独家时尚购物等环节，令来宾得以在多元化的活动中，全面感受保时捷的动感魅力。

保时捷（中国）汽车销售有限公司首席执行总裁柏涵慕先生（Mr. Helmut Broeker）的发言概括了每一位保时捷工作人员的心声："我们一直以来致力于为中国的保时捷爱好者提供更多体验保时捷的机会，在北京举办的'极至体验'活动向车迷们呈现了保时捷引以为傲的跑车历史和赛车传统，再此证明了我们对中国市场的高度重视。""极至体验"旨在令所有年龄层的车迷都能纵情恣意地享受保时捷所带来的极致乐趣。活动当日适逢母亲节，为了表达庆贺，每位母亲都会在接待处收到一支玫瑰花，场面相当温馨。而保时捷911、Cayman和Boxster响彻云霄的引擎轰鸣声，则仿佛在召唤车迷们赶快走进入口处的通道。在那里，一幅幅巨大的影像，展示着保时捷的赛车血统。保时捷车迷们从通道一出来，就会发现一个壮观的保时捷车阵呈现在眼前，其阵容之大在中国前所未有。保时捷全系车型齐上阵，其中也包括备受瞩目的特别版车型，展现出缤纷闪亮的色彩，像是一支训练有素的仪仗队，欢迎着车迷的到来。停在车阵显眼位置、吸引许多车迷驻足凝视的，是不久之前刚在上海国际车展全球首发的保时捷最新车型Panamera，活动当天前来一睹Panamera芳容的车迷络绎不绝。

除了令人啧啧赞叹的车阵之外，近期初登舞台的其他保时捷家族新成员也悉数登场亮相，让车迷惊喜连连。保时捷Cayenne GTS Porsche Design Edition 3和保时捷Cayenne Transsyberia以独一无二的专属设计，俘虏了大批观众的心。为保时捷Cayenne车系锦上添花的是一部限量生产500台，并且仅对中国市场提供的保时捷Cayenne Edition Style。另一部艳惊四座的超级跑车Carrera GT则陈列在贵宾接待区前，碳纤维材质打造的车身漆上了迷人的卫红色，激情四射，令车迷们随之心潮澎湃。

在贵宾休息室内，保时捷特邀嘉宾享受到了来自北京希尔顿酒店的尊贵服务。VIP贵宾可以一边品尝美馔佳酿，一边气定神闲地欣赏全天候的精彩节目。嘉宾还可以在这里观看现场直播的保时捷卡雷拉杯比赛，聆听专家级评论员 Jon Flinn 和中央电视台主持人朱环的解说。观众们更可以在每场比赛结束之后近距离地接触车手，听听车手对于自己表现的评价，或者向喜爱的车手索要签名。在亚洲保时捷卡雷拉杯两个回合的比赛间隙，车迷们尽情体验了保时捷经典跑车的卓越性能。来宾有机会在一系列保时捷 911、Cayman 和 Boxster 车款中，选择自己钟情的车型试驾，若想要追求更为奔放狂野的感受，不妨坐上保时捷 Cayenne，在特设的越野赛道上挑战极限，体验这款世界领先的四驱车型之强劲动力。

"极至体验"还得到了米其林的全力支持，米其林维修站挑战赛让来宾一试换轮胎的身手，相互竞逐，看谁能最快最好地从赛车上卸下前后轮胎。此外，来宾还可以选择和最新的保时捷 911Turbo 合影，或是同朋友在由电脑模拟的北京金港国际赛道上，驾驶着保时捷 Cayman 一决高低。

为活动画上精彩句号的是"表演圈"环节。幸运的车迷们可以乘坐由专业车手驾驶的保时捷卡雷拉杯赛车 911 GT3 Cup，围绕赛道飞驰两圈，体验惊心动魄的赛车快感。这个环节被车手戏称为"出租车之旅"，但当车速推进到时速 200 公里时，相信绝没有哪位乘客敢说自己曾经有过如此刺激的"出租车历险记"。车迷张婷下车后显然还意犹未尽，她说："第一圈的时候我觉得头晕目眩，但第二圈的感觉妙极了！"这次活动意在让车迷们意识到，购买保时捷跑车，实际上是在投资一种生活方式。保时捷为车主提供了超凡脱俗的速度感和舒适度。"极至体验"的目的在于创造一个契机，将你从平淡琐碎的日常生活中抽离出来，唤起你内心澎湃已久的激情。要说这个活动是否成功？我们得听听车手们的意见。

首次参加比赛的 Rodolfo Avila 来自澳门 ART 车队，他说道："这里的观众似乎很乐意同车手交谈，对我们而言，这很有趣，在亚洲的其他地方，人们通常都不会这么做。"一些曾经到过北京的车手同样对活动作出了正面的评价。瑟肯（Tim Sugden）虽然带着受伤的肋骨参赛，却仍然兴高采烈地说："我很享受这次比赛，这次的活动办得很好，赛道也很棒。"两度赢得亚洲保时捷卡雷拉杯桂冠的车手欧阳若曦（Darryl O'Young）恰如其分地总结了当日的氛围："今天真的是很特别的一天，车迷们亲自看到、听到、触摸到了关于保时捷的一切。"

更为重要的是，对于那些专程赶赴北京金港国际赛车场的保时捷车迷而言，"极至体验"是一次充满惊喜与愉悦的超值旅程。当人群陆续散去的时候，我们仍然可以清楚地听到车迷之间欢快的交谈，来自北京的匡先生说："这里就像是个大型游乐场，你可以尽情享受各项活动。"保时捷"极至体验"的看点并不只有卡雷拉杯赛，它更为车迷们提供了一整天不间断的精彩刺激，在许多车迷心中留下一个终生难忘的美好回忆。

6.3.4 奢侈品品牌体验平台搭建

与其他营销方式比较，品牌体验营销具有其显著特点，因此，在开展品牌体验营销时只有遵循其特有的规律，严格按照以下程序（见图6-1）进行，才能达到目的。首先企业需要认识、明确自己的目标顾客；然后在定位自己的目标顾客之后，建立好自己的体验平台，并设计与之相应的品牌体验内容与方式；进而组织顾客体验；最后通过评价与控制体系，创新体验营销方式，不断提高。简而言之，就是通过定位自己的品牌，认清自己的目标顾客，然后建立自己的品牌体验管理体系（见图6-2）。

1. 企业需要认识、明确自己的目标顾客

品牌体验营销的一个重要特征是使目标顾客在购买产品前先体验到该品牌的魅力。显然，只有对顾客进行分析，明确目标顾客、了解目标顾客，才能做到这一点。了解和掌握目标顾客的需求点，知道他们购买商品追求的是什么，最担心、最顾虑的问题有哪些，进

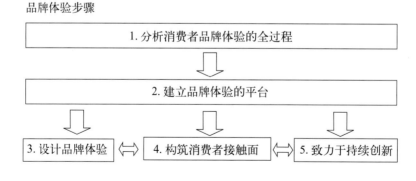

图6-1　开展品牌体验营销

资料来源：Bernd H. Schmitt, *Customer Experience Management*, John Wiley & Sons, Inc, 2003。

品牌体验如何为一个公司服务

```
         ┌──────┐
         │ 定位 │
         └───┬──┘
             ↓
       ┌──────────┐
       │ 消费者分析 │
       └─────┬────┘
             ↓                ┌──────────────┐
       ┌──────────┐      ┌───│ 建立体验平台 │
       │          │      │   └──────────────┘
       │品牌体验管理│──┤   ┌──────────────┐
       │          │      ├───│ 设计品牌体验 │
       └──────────┘      │   └──────────────┘
                         │   ┌──────────────────┐
                         └───│ 构筑消费者接触面 │
                             └──────────────────┘
```

图 6-2 企业如何开展品牌体验营销

资料来源：同图 6-1。

而有针对性地提供相应的体验手段，满足其需求，解除其后顾之忧。在具体运作时，应注意信息传递由内向外的扩展性，可把同外部顾客接触的企业员工也作为目标顾客，使其先体验产品，这样，在向外部顾客推销产品时，他所传递的信息会更准确，更令人信服。

2. 建立自己的体验平台

建立体验平台，企业需要考虑体验定位、体验价值承诺、体验主题等三方面的因素（见图 6-3）。企业需要考虑：你的品牌定位是什么？你建立的体验平台能够带给消费者什么？这个体验平台能够传递给消费者什么信息？

品牌体验的战略要素

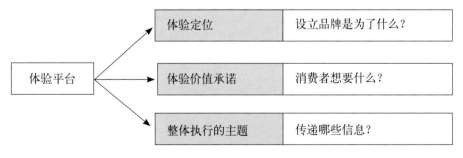

图 6-3 体验品牌的组成

资料来源：同图 6-1。

奢侈品的体验平台包括品尝会、产品发布会、时装SHOW、展示会、路演、体育赛事、巡回展览会、试用体验馆和赠饮等。奢侈品体验终端的分类如表6-2所示。

表6-2 体验平台分类

1	2	3	4	5
品尝会、产品发布会	时装SHOW、展示会和路演	体育赛事、巡回展览会	试用体验馆、赠饮等	网上体验和会议体验等

资料来源：同图6-1。

下面我们就奢侈品企业常用的几种体验平台分别介绍：

（1）品尝会

品酒会是酒类奢侈品推广的一大法宝，更是一种趋势。品酒会、高档餐饮终端等就是它们的最佳传播手段，厂商往往花上500万美元在某地召开一系列的品酒会，以配合其俱乐部营销模式的开展。而各大葡萄酒厂每年更是不遗余力地拿出自己最好的酒，参加各类国际评酒会，以图更好地证明自己、展示自己。从这一方面来看，就进一步证明了类似于品酒会这样的体验终端和推广终端对打造奢侈品品牌的重要性。

（2）品牌专卖店

人们在全世界各地都能找到一模一样的古驰专卖店。所有的专卖店都保持了古驰的标准风格。正如在每家店里，三万法郎的儿童貂皮大衣无一例外地放在价值1.2万法郎的Chapka旁边，这可以说是古驰的一种怪癖了，但是这给消费者留下了深刻的印象和熟悉感。

古驰在其全世界大刀阔斧地推出这种新店后，取得了极大的成功。专卖店的数量不一定越多越好。重要的是这些专卖店都设立在世界上最发达城市最繁华的地段，这样才能获得良好的知名度，并且被越来越多的富人知道。在现代奢侈品行业，专卖店就是触动消费者的神经。对于古驰来说，它所有的专卖店都没有根据国家进行美感上的调整，所有的专卖店都完全相同。古驰的专卖店正是给了消费者这样一种体验，在每一个专卖店里，穿古驰的女人都应该能够感受到她所习惯的感觉，正如孩子们都能够随意畅游在迪士尼世界一样。在这里，女人就好像在家里一样闭着眼睛可以熟练地寻找和购买心仪的商品。这正是古驰所追求的"享受一切权益的生活方式"。

在大多数奢侈品品牌的专卖店里，往往是一种空旷感加上一种超自然或者是宗教的东西。在这些被设计成膜拜之地的商店里，购物不再是一种单纯的购买行为，而是变成了一种证明自己从属于这个部落的入教式的礼节。比如在普拉达新的店铺设计里，它体现了一种消费崇拜的风格。消费者在普拉达的专营店里，不仅仅能感受到美，还能感受到一份来自普拉达品牌给予你的安详和平静。

（3）时尚品牌公园

现在购物已不再是一件简单的事，而变成了类似看电影、看比赛或是去画廊那样的一种娱乐形式。时尚公园对此也做出了积极的反应，它们建造了类似博物馆或主题公园的地方来售卖时装。这些品牌专卖店变成了观光目的地，它们登上了所在城市的城市指南。如果时尚厂商为了减少传统广告的开销，同时为了区别于便宜的折扣店，而坚持通过打造漂亮的店面来推广品牌，它们必须能为顾客提供丰富、有趣的购物体验。

（4）体育赛事

奢侈是一种生活的格调，生活的态度。对于很多奢侈品品牌而言，常采用与运动时尚的完美契合演绎，使得自己的消费群体在运动中体验奢侈品的价值，获得高端品位独特的生活方式。

比如尊尼获加与高尔夫运动的完美结合。高尔夫是一种休闲方式、一种生活态度、一个社交圈子、一个时尚话题。尊尼获加借其让绅士在舒缓间体验尊尼获加运动生活的时尚细节：美酒、美女、美钻。

1910 年，当"Striding Man"肖像第一次在高尔夫球场高高飘扬时，尊尼获加就开始与高尔夫结下不解之缘：1926 年赞助"Johnnie Walker Hole-in-one Award"大赛，1990 年主办"Johnnie Walker Classic"高尔夫球赛。

在尊尼获加的"亲密之旅"中，行走于蓝天之下，绿草之上，自有一份悠然自得的高尔夫，不仅是一种运动方式，它所蕴涵的健康积极的生活态度、返璞归真的自然情趣、对生活细节的品位和琢磨，使其成为一项尊尼获加饮用者钟爱的运动。而独特的游戏规则——面对各种挑战与意想不到的球位球况、比赛中风云突变的态势造成的精神压力与冲击，也充分契合尊尼获加自我进取的精神。

在 2005 年尊尼获加北京高尔夫精英赛中，所有参赛的 156 名职业选手都收到了主办方的一份礼物——一瓶尊尼获加绿方。在长度为 182 码的第 17 洞前，一位高挑的女模特一袭迷人的低胸蓝色晚礼服，配上价值超过一百万人民币的蓝宝石钻石项链，以迷人的微笑迎接每一位球手的到来。根据精英赛的规定,凡是在赛事周末的两轮中在第17洞打出一杆进洞的选手就可以将那串价值不菲的钻石项链——"蓝色庆祝"揽入怀里。

生活的品位在于细节。高尔夫与美酒、美女、美钻的结合,在展示尊尼获加特有的奢华和精湛的同时,也使绅士体验到尊尼获加的沉稳与内敛。

2006年,尊尼获加成为F1方程式麦克莱伦-梅赛德斯车队的顶级赞助商,让绅士体验到了尊尼获加的另一面:激情与理性并举。

不仅仅是速度的竞技,更是耐力的挑战,尊尼获加赋予赛车手率先冲破终点的意志力。一场完美的F1赛事,就如一杯完美的尊尼获加威士忌,释放浓烈诱人的能量,也点燃绅士追逐完美的热情。不论是尊尼获加或是F1,在每一步准确性的执行背后,都是对完美发自内心的强烈渴求。

尊尼获加威士忌的长久酝酿如同F1连续60圈的耐力坚持,以长时间保持巅峰的表现,累积傲人成绩。F1急速过弯的绝佳速度、弧度和时机,就像尊尼获加绝妙的勾兑造诣,让威士忌醇烈又顺口。一小口尊尼获加,感受自喉咙涌现的醇厚韵味,仿佛F1终点前的全力冲刺——释放能量。

尊尼获加借F1精准顺畅的过弯、终点线前全力的释放,充分地点燃绅士心中蕴藏的热情,激活冷静下来的热烈渴望,使得耐力终能酝酿成就。

F1这一系出名门的运动项目,凭借自身的魅力——力量、速度、激情交织而成的卓越传播平台,将尊尼获加的激情狂野传播到世界各地;同时,通过F1这个媒介平台,尊尼获加将"酒精和驾驶"的矛盾推至新的高度——倡导"合理饮酒"的概念。

通过F1,绅士们体验到了尊尼获加挑战速度极限的雄心;通过F1,绅士们体验到尊尼获加释放的激情和狂野;通过F1,绅士们体验到尊尼获加的理念与理性。

(5)试驾与特约店

单单在机场高速路上树立几个广告牌,在高端商务、时尚杂志上大做广告,或频频举办高档酒会沙龙,并不是豪华车推销产品的最好手段。豪华车品牌更乐意通过"体验式"的营销模式来向更多的消费者推销自己,从宝马的"X"之旅、奔驰的全系车型试驾,到Acura的全国巡回贵宾试驾体验会,这样的形式既可以让受众范围最大化,还可以让消费者亲身感受产品及服务,从而促进消费者认知、产生喜好并最终购买。比如Acura,它在全国的贵宾试驾体验活动中,并不一味追求参与者数量以及现场的订单量,而更重视体验的品质和细节。贵宾不仅可以亲身驾驭运动豪华车型，还有专业赛车手带领体验极限操控感受。即使客户没有购买意向，销售人员依旧会热情接待，并邀请客户进一步到特约店进行再次试驾。

这些细节对于消费者来说恰恰是最重要的。尤其是豪华车的消费者，他们希望自己被当做尊贵的客人，享受独一无二的待遇，一些微小细节上的做法可以让他们立刻决定购买，也可以瞬间失去对整个品牌的良好印象。

除产品的试驾感受外，在特约店的体验也会延续消费者对品牌的好感：彬彬有礼的服务人员均接受过专业的培训，细致周到但不会给人以强迫感；店内的装饰简洁而又注重材质，均采用了指定材料和供货商，统一生产和供给；每一个细节都力求完美和人性化，连洗手间内都配有洗手台的宽阔前室，在确保私密性的同时又考虑了轮椅的进出。

注重细节和品质，才能铸就完美体验。对于豪华车品牌来说，急功近利的营销模式并不能收到长期的回报，通过提升体验式营销模式的细节和品质，才能真正打动顾客，培养顾客的品牌忠诚度。

3. 在拥有体验平台后，企业需要设计品牌体验的内容与方式

如图 6-4 所示，品牌体验设计的内容包括：产品体验、视觉与感知、体验沟通。对于产品体验的选择主要是指体验媒介的选择；视觉与感知的体验必须要符合品牌的身份，其中需要特别注意体验平台的布局设计；体验沟通的主要作用是传递信息，宣传品牌的差异化主张。在体验设计的过程中，企业要注意使顾客的需求同企业的目标有机结合，双方兼顾。顾客的需求是通过体验来选择最佳的购买对象，满足自己的需要；企业则通过提供体验创造更多的销售机会，卖出更多的商品。只有较好地满足二者要求的品牌体验营销，才是可采用的较为理想的体验方式。

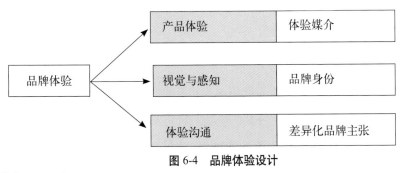

图 6-4　品牌体验设计

资料来源：同图 6-1。

4. 组织顾客体验

企业需事先准备好让顾客体验的产品或设计好让顾客体验的服务，并确定出便于到达目标顾客的渠道，以便于其进行体验活动。比如企业要清楚顾客要来做什么、为什么他们会跟着你设计的体验进行等问题。在组织客户体验中有三个关键因素：本次体验的目的、形式及其后续购买、体验的时间把握。这三个关键因素是企业在设计顾客体验活动时必须要仔细考虑的，图 6-5 是一个组织顾客体验的例子。

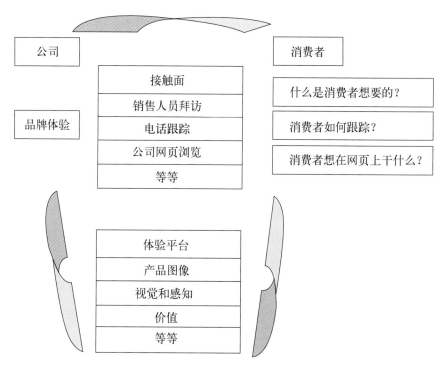

图 6-5　组织顾客体验

资料来源：同图 6-1。

5. 评价与控制，以期不断提高

每一次体验营销活动结束后，企业都应进行必要的评估，以便总结经验教训，不断提高活动组织的质量，提高营销效益。评估的主要内容包括：活动效果；顾客满意程度；顾客购买风险的释放程度；风险是否转移到企业及转移程度；企业承担转移风险的能力；等等。据此，企业可对未来营销方案进行修正和调整，以收到更为理想的效果。

6.3.5 奢侈品品牌体验的应用

当越来越多的奢侈品品牌进入主流市场，光彩夺目的奢侈品本身已经不足以让富豪们趋之若鹜。如今更能打动他们，让他们觉得自己确实与众不同的是奢侈品的附加值，包括高规格服务、品牌文化以及用奢侈品串起的上流社交圈等等。于是，品牌体验在奢侈品公司手中变化出令人目不暇接的创意和花样。

1. "富豪俱乐部"

在路易威登位于东京表参道的大厦内，有一个名叫"塞克斯俱乐部"的高档会所。用任何固有词汇都无法准确地描述这个俱乐部的性质，它有些类似于"富豪俱乐部"，但又不仅仅如此。

"塞克斯俱乐部"的成员是近百名艺术家、各界名流和许多时尚弄潮儿。通过严格的入会筛选并且交付2000美元会费之后，每人将拥有一张会员卡。这张会员卡自然是他们尊贵身份的象征。每次进店，他们只要出示会员卡，就能享受最高规格的服务——购买路易威登最新款的产品、在购买限量版产品时拥有优先权，而且不用像其他顶级品牌那样支付额外费用。

在俱乐部里，一切都以舒适、娱乐为主题。会员们可以在VIP休息室里喝香槟，尽情地放松，甚至把脚跷到桌子上。

如果你只把"塞克斯"看成一个提供消费优惠的俱乐部，那你就大错特错了。在最近几个月里，塞克斯会员们曾和清酒酿造大师共进午餐，提前观看了最新一部《星球大战》，而这比福克斯公司内部首次放映还要早一个星期。俱乐部还计划涉足高端房地产市场，在大厦附近开发一个客户自主设计的公寓楼盘。

日本拥有全世界最为成熟的消费文化，精心设计的大型店铺成为一个个观光景点，许多店铺还设有"额外项目"，例如银座店顶楼的爱马仕艺术博物馆。普拉达旗舰店有许多高技术"小把戏"，比如可折叠门，折起来时保护隐私，展开来可以作为展板。

类似"塞克斯"这样的附加服务将是今后奢侈品行业发展的方向。这并不是说每个品牌专卖店都要像达思路在圣保罗新装修的旗舰店那样配备87间休息室和直升飞机停机坪，但至少要让置身其中者真实地感觉自己"不一样"。虽然人性化的服务不能产生立竿见影的效果，但它们能够塑造一个品牌的形象。

奢侈品品牌也正在通过增加他们的拳头产品来提升客户的消费质量。在宝狮龙的珠宝专卖店里，专为客户定制的珠宝以每年15%的速度增加，设计师为给客户设计一件作品，耗时一两年更是常有的事。正如路易威登的首席执行官所说，在奢侈品消费过程中，"你可以得到你所梦想的一切。"

2. 要的就是"感觉"

显然，当奢侈品也像其他所有商品一样变得越来越普通，要想让富豪们继续心甘情愿地为它们一掷千金，单靠优雅的购物环境已经不够了。奢侈品商人们必须在充当高档消费品的生产者和销售者的同时，提供附加的、最顶级的服务。只有想出更多新花样，才能让那些最富有的精英们体验到"尊贵"感觉，获得心理上的满足。

奢侈品公司没有令他们的客户失望，他们无愧于"世界上利润最丰厚行业的经营者"这个称号。他们已经开展或正在计划各种营销手段，力求引领奢侈品业进入全新的"体验经济"时代。

奢侈品最初吸引顾客，是因为它们如此地与众不同。古奇集团旗下的博泰加·贝妮塔是近年来成长最快的奢侈品品牌之一。其巧夺天工的皮包作品从来不添加商标和广告语，"它们本身就是商标。"这种理念很适用于高端市场。

度身定做服装、纯手工制作的包以及名贵珠宝只是"奢侈品"的传统项目。如今，这个经典名词被赋予了更为丰富的内涵———参加私人花园的狂欢派对、成为品牌俱乐部会员、获得一些内部艺术展览、电影观摩的入场资格，或者享受任意地点送货上门服务（船、飞机场甚至私人小岛）。由建筑设计师们设计的品牌专卖店甚至变成观光景点。奢侈品品牌用艺术，而不是用衣服装点店堂。在这些店堂里，商业被艺术化了。

还有一些公司开始拓展新业务以满足顾客"体验奢侈"的需求。珠宝品牌保格丽投资的一家饭店已经在米兰开张，计划中的另一家将建在巴厘岛。阿玛尼已经在米兰拥有一家综合型大商场，并且计划在2008年开连锁饭店，头两站是米兰和迪拜。毫无疑问，这些饭店的服务将会是一流的。

"如果我要在住酒店这样的事情上花费几千美元，我希望整个过程美得像童话一样。"米尔顿·佩德拉萨说。佩德拉萨是奢侈品业内的资深人士，掌管着专门跟踪调查世界富豪们需求的纽约奢侈品协会。"我们生活在体验经济时代，客户就是上帝。"佩德拉萨说。这会是奢侈品行业由生产业转向服务业的先兆吗？"富人们已经拥有了飞机、汽车和游艇。

为什么不试试珠宝和服装？"佩德拉萨说，"我有理由认为奢侈品企业会提供各种会员制，规定只有会员才能享受所有的'奢侈项目'。"

下面我们从化妆品、服装、汽车以及钟表等不同行业来描述一下不同类别奢侈品品牌体验的运用。

1. 化妆品

化妆品行业比较多的采用新品发布和明星效应相组合的方式。一方面，通过不断推陈出新的产品来吸引不同需求的人群；另一方面，采取当红明星代言，并且吸引更多的明星自觉追随自己的产品，从而达到很好的营销效果。

当然，不同类别的化妆品在具体的营销方式选择上也是不尽相同的。化妆品大致可以分为彩妆、护肤、香水、美体四大类，大部分高档的品牌一般会用不同的方式推行这四类产品。

对于彩妆类产品，在每年的秋冬和春夏到来前3个月这两季的彩妆新品发布是所有奢侈品品牌化妆品的重头戏。根据国际专业的潮流报告分析，每个彩妆品牌都需要抓住流行的趋势，根据自己品牌的特色来进行创意，再把创意融入对于彩妆的设计中。各大化妆品品牌都会选择在某一特定的时间集中发布最新一季的彩妆，而隆重的发布会和明星的捧场只是一个开始。之后品牌经理和公关人员要把新发布的产品所包含的故事通过各大媒体传播出去，这就需要行业中的一些意见领导人：如时尚编辑、明星等人通过博客、评论文章、综艺通告传播。当我们在一些关于女性时尚的节目中看到新产品而跃跃欲试的时候，电视广告、报纸杂志中美丽精致的插页开始强化我们对于这款新品的条件性刺激。如果我们是某一品牌的会员，那么我们将收到令人激动的贺卡问候和对于新品的介绍。这时一些勇于走在潮流前端的消费者已经迫不及待地等待产品在专柜的上市。等待也是一种营销，我们会在一些比较高端定位的女性网站上看到某产品的新品试用，女性朋友会争先恐后地在线上注册，申请试用装。聪明的商家当然不止是满足我们猎奇的心态，更重要的是这些申请到试用装的消费者她们必须在线更新她们对产品的体验，有一部分人在无形中成为产品的广告，她们的言行很大程度能传递产品的信息，当我们看到美丽的广告，众人说好，再加上有个限量之类的头衔，怎么能抑制住心中强烈想购买的欲望呢？

护肤品和彩妆的营销方式非常相似，也有发布会、明星、时尚编辑的宣传。但彩妆强调的是创意、新奇，而护肤品更注重的是内涵。大部分高端护肤品都是功能性的产品，与普通的日常护肤品有所区别。高端的彩妆在消费者的年龄上没有很大的影响，然而护肤品是一个与年龄相关的产品。高端化妆品的目标人群一般是30岁以上有一定收入和地位的职业女性或有钱有闲的富裕主妇。她们对产品的质量要求高，而且她们的消费习惯会很大程度地影响整个生活圈的消费习惯。所以我们看到 LA MER 非常有心地走了五星级大酒店高端会所的营销渠道；消费者在那里一边聊生意一边接受顶级护肤。女性消费者的口味很善变，但她们会习惯到特定的会所或 SPA 中心接受服务，所以这些地方也是高端化妆品营销时候的重要渠道。当一位成功的女经理人掏出化妆包，无数其他女性都会关注她用的是什么护肤品，这和女人对箱包的重视程度不相上下。新款的高科技产品和高端的品牌是护肤品之争的关键。

梦露可以不穿衣服，但不能没有 CHANEL N°5 的香水，现代的都市女性也是如此。对于女性来说，可以不施粉黛，可以不要名牌傍身，但不能没有香水。对于普通人来说，也许舍不得买一个几万块的 LV 包，但是再贵的香水也还是在承受范围之内的，所以说香水的营销是一种大众营销，大部分人都是香水的目标客户和潜在客户。香水要有别具一格的外形和包装，要有符合香调的颜色，要和彩妆一样刺激我们的神经和调动我们需求的使用，最重要的是要有打动人心的故事——我们看到全世界最美丽的女人为了 CHANEL N°5 离家出走，2008 年春夏季更是包围在 Marc Jacbs 的雏菊芬香中让人无法抗拒。一些在香水市场上占有一定地位的品牌保持对经典产品的不断制造和尝试推出新产品，同一香调的产品经过小小的改良可以变成因特定节日或事件而推行的限量版。香水品牌一般的产品线有不同的长度和深度，一个拳头产品也会带动其他产品的销售。至于一些不是致力于生产香水的国际奢侈品品牌也开始进入市场抢占份额，有时看上去像玩票一样的尝试往往会带来意想不到的效果。Stella by McCartney 对于玫瑰香调的诠释成功地加强了品牌的知名度，Vera Wong 的 Princess 香水让我们对于服装的品牌有了更深刻的了解。香水的成本只有我们支付价格的3%—5%，我们支付了品牌营销的费用，也支付了我们对产品的情感享受。

美体产品总是屈居于化妆品品牌的一个小小角落，一般美体产品会和护肤品作为同一个系列推出，最近流行推出与减肥相关的美体产品。这类产品的使用效果最重要，我们在购买产品之前一般都要上网查阅一下对于产品的评价，因此意见领导很重要。关于女性时尚话题的节目的事件营销和网络营销是这类品牌主要战场。

2. 服装

各大服装业的巨头们最注重的营销方式就是通过每年各大时装发布会来展示其最新的产品，塑立奢侈品品牌独一无二的个性。无论是在米兰的时装发布会，还是在纽约的时装展示中，我们都能从中了解到最新的服装趋势，也能深深感受到那些走在时装最前沿的品牌所带给人们的冲击。

在时尚产业，服装消费似乎缺少理性，于是买不到的会叨念不已，成为了女人的通病。"哪怕开始还犹豫不决，但听说有竞争者，或已断货，会突然觉得非它不可。"一位业内朋友说，"这种现象很明显，所以'限制'销售方式很有效。"控制商品产量、限制产品销售量、限定时间折扣、提供产品的价格，种种被商家用过的方式都可以用4个字形容——饥饿疗法。限量也不仅是数量，H&M惯用的方式屡试不爽，拿出大牌设计师像 Karl Lagerfeld，现在又加上麦当娜的号召，整夜排队的现场完全可以理解。现在连MNG也开始复制这种方法。"至少我觉得，麦当娜总不至于成为全职设计师，这种限量应该很可靠。"一名顾客这样说。限量的关键在于稀缺，比如能让 Lagerfeld 亲自出马终究需要能耐。

在服装行业，"讲述故事"的能力，同样是产业技能的核心能力之一。最为著名和经典的，当然要数那些一线大牌们。它们的成长史背后，到处可见传奇故事的存在，在历史的时空中，这些故事已经成为品牌的核心印象之一，和着时尚的光辉，熠熠闪耀，光彩夺目。比如，战后 Dior 的"NEW LOOK"风潮，讲述了一个充满个性品牌的华丽转身，它足足影响着一个时代，也深深地记录着全球时尚历史的大变迁。这是奢华的品牌贵族从灵魂之处传递出来的设计故事。

服装产业的 SPA 概念曾被媒体热炒了一阵子。SPA 是 Speciality Retailer of Private Label Apparel 的缩写，直译就是"自有品牌服装专业零售商"。SPA 厂商通过尽可能减少从原料准备到零售全流程中的不必要的环节，借助 SCM 供应链管理等手法，使其产品和服务比传统的流通渠道中的零售商和制造商更具有竞争力，更能适应服装流行周期化和消费者需求多样化这样的市场趋势。一个叫做 ZARA 的 SPA 在欧洲西班牙起家，居然做到了 SPA 鼻祖美国 GAP 三倍的规模，成就了服装业的 SPA 神话。

服装产业还可以通过服装门店有意识地针对消费群体进行转型。"比如进行一些会员活动，增值服务，款式定期推介，甚至可以考虑邀请品牌设计师与顾客进行互动等活动。"消费奢侈品的人，一般不会像普通人一样，周末去商场里逛街，对于这部分群体，更多的是应该品牌主动提供个性化的服务,发现消费群体,并且开拓市场。

3. 汽车

汽车行业的体验营销也是比较有特点的。很多奢侈的汽车品牌都会有一个品牌故事来诠释它特有的汽车文化。同时,这些品牌还以私人"汽车俱乐部"、公益活动等间接方式来提升自己高贵的品质和形象,对奢侈品品牌来说,这不失为一种好的营销方式。

当今汽车产品的竞争,已从大众走向分众时代,又从分众走向小众时代。小众如何寻找,他们在什么时候出现,什么样的事件会聚集这样的人群?不同用途的汽车在营销推广方面的策略也是完全不同的。

消费者体验与品牌知名度和品牌个性被宝马视为其品牌资产的三大内容,由此可见奢侈品品牌对消费者体验的重视程度。宝马曾改进4S店的布置,营造了同其他4S店不同的气氛。在上海车展的宝马展厅里,一辆MINI赫然陈列在墙壁上,造成一种让人感到窒息的美。从消费者第一次接触宝马,到取到资料,到试驾,过程都被设计得很完美,让消费者感受到一次难忘的消费体验。

2001年,宝马与阳狮集团旗下的Fallon广告公司合作,推出《The Hire》系列电影短片,吸引十多亿人次观看,被誉为"一种与消费者建立联系的全新方式"。宝马旗下的MINI则牵手广告公司CP+B,运用非传统载体,与消费者进行联系。比如,将MINI轿车放在一辆SUV车顶上,周游全国。在中国市场,宝马更偏重于从生活方式上影响消费者,通过广告和营销活动,让消费者全方位体验、了解宝马品牌,感受宝马倡导的"时尚、动感"的生活方式。

BMW3系是为年轻人量身定制的一款运动车型,是高档运动轿车领域的引领者。宝马为3系就策划了相应的营销活动——"BMW3行动"。这是首家高档车品牌在中国市场,专门针对年轻人的营销活动。宝马3行动是一次全国巡游赛,每3个参赛者组成合作团队,接受历时3天的行动考验。行动由"决战心智"(行动1)、"挑战体能"(行动2)、"触及灵魂"(行动3)三部分组成。参赛者通过攀岩、登山、漂流等运动,挑战自我极限,还将接受知识技巧考核、团队协作等考验。

出于对潜在用户的了解,宝马推出相应的活动。"我们的营销活动,同目标消费者的生活方式是吻合的。"公司相关人士说。宝马的其他车系如5系(定位于成功的商业人士)、7系(定位于高层商务人士)等,也都根据不同车型的定位,设计了相应的营销活动。

2008年底,由Interone(北京)制作的BMW7系广告在亚洲地区展开投放,这支片长45秒的广告片,介绍了BMW7系的演进历程,将这一车型近百年的发展历史压缩在一条精美的广告片中,其创意点在于,让消费者看到宝马在各个时间段的成就。被市场营销业界评论为"透出一种沧桑却不失高雅的历史厚重感"。记者了解到,之所以这样处理,因为7系是宝马第一款大型豪华四门轿车,诞生于1977年5月,该年宝马决定转型生产豪华轿车,可以说是宝马历史的转折点。

宝马影响消费者的另一项营销策略,是在电影中进行产品植入。电影《偷天换日》中的MINI车植入已经成为业界称道的经典之作。而中国电影,如《大腕》、《手机》中,都不难见到宝马的身影。在赞助《大腕》时,当时的宝马中国区市场总监说过:"宝马在把艺术和科技相结合方面素有传统,这不仅体现在宝马汽车的美学设计,艺术境界的科技应用,还体现在宝马的艺术彩车,以及对高档次文化艺术项目的支持上。当然,这包括对世界级电影的赞助。"

而今对于跑车而言,"保时捷"(Porsche)无异于一个全球意义上的代名词。那么,它运用了怎样的营销方式呢?

一个力求至臻完善的标准——这就是保时捷品牌的核心所在。保时捷的传统是在不断更新的。费迪南德(Ferdinand)和法瑞·保时捷(Ferry Porsche)早就预见到了这一点。但是他们却没有飘飘然,正是这种态度,使想象力与可能性在保时捷的发展过程中达成了一种平等的关系。100多年的不断革新导致了保时捷3000多种具有全球意义而又效果极佳的车型。就全世界而言,保时捷的跑车已经赢得了23000多次的竞赛胜利。在他们为这些数据倍感自豪的同时,全世界也诞生了无数个保时捷的赛车FANS,保时捷911是迄今为止世界上在赛车中最畅销的一款。保时捷的质量可以毫无保留地印证一个事实,那就是至今其生产销售的70%的保时捷车仍在被使用着,这无论对我们的信任度还是满意度而言都是一个令人无法逾越的明证。同时,保时捷也在宣扬它与众不同的生活方式,即保时捷永不过时的设计原理与顶级工艺的完美结晶。这也同样是运动灵活性的基准与动态个性化的延伸。保时捷可以满足你向前飞驰、极欲享受生活及表达自己的欲望。保时捷不仅承诺了整个世人,它也将自身的产品与服务带给了每一位。其服务也反映了公司的理念:专家们用他们内行的技术来保证你们所需求的个性化。保时捷提供了一个几乎无限宽广的消费型设计与风格理念,这可以令每一位消费者在拥有自己保时捷的同时还能充分反映出他们个人独具的品位与个性。保时捷对未来的策略是明确的。消费者可以继续享受别人对你投来的景仰与注目,而这一切将以一种生动而又极具吸引力的方式显现。如今,法拉利(Ferrari)和奔驰(BENZ)在F1的赛场上各显神通也为他们的赛车市场做足了营销派头。

在推进高档商务车的计划里,一些厂家更愿意通过组织慈善活动或赞助高雅演出等情感营销方式;"与消费者共享"是目前比较时髦的讲法。现下,奥运会无疑是这样的吸铁石。世界都在看奥运,汽车品牌更是奥运贴身的传播伙伴。汽车企业参与奥运营销有两种方式:一是成为奥运的合作伙伴;二是非奥运赞助商。无论是TOP赞助商还是非奥赞助商,奥运营销都是天大的机会。取得的奥运赞助商是一种幸运,有效放大这种权利与运用这种势能,企业的奥运营销就取得了巨大的成功;没有这种幸运,也能通过有效的媒体组合,取得相应的传播效果。

4. 钟表

说到名表,可以让顾客立即想到的有三个方面:第一,瑞士制造;第二,历史悠久、做工精致、功能齐全;第三,昂贵。

但是,并非所有名表都是在瑞士生产,即使有些名表也是在德国或法国生产的,并且也并非每一块手表都是昂贵到价格不菲。但目前来说,瑞士依旧是世界上顶级豪华手表的出产聚集区。

头顶"瑞士制造"光环,再印上一个日内瓦印记或天文台印记对抬高自己的身价也是大有好处。经历了日本石英表的冲击后,"瑞士制造"的再次复活也成为其手表营销时一个吸引顾客的必备条件之一。

说到历史悠久,具有250年历史的江诗丹顿(Vacheron Constantin)和早在1735年就成立的宝珀表(BLANCPAIN)等声名显赫的手表都有着让人回味无穷的传奇故事和所有零件手工制作的优良传统。历史代表了丰富的经验和不朽的精神;而全手工则意味着精良的工艺和稳定的质量。除了一般计时的功能,江诗丹顿还在手表上加了万年历、月相、三问等功能来满足各类高端客户不断增长的需求,达到占领市场的目的。在完善手表功能以外,各家制造商还积极寻找合作对象。当刘翔在110米栏的比赛中跑出12秒88的时候,观众印象很深刻的一点是他站在一个竖着SWATCH的计时器旁边的情景。其实,很多品牌的手表都在和不同运动项目进行合作,推广自己的品牌。比如,沛那海作为专业的航海专用手表,还和法拉利合作专门为其定制F1系列手表;百年灵很早就开始为英国空军提供飞行专用的手表。当一个品牌的手表通过这种方式赋予了自己独特的标识，它也就找到了适合自己的最终客户。

现在，小小一块手表对大多数人来说都是奢侈品，一块名表显示自己地位的最有效手段就是表价的昂贵：越是昂贵的手表往往也越能成为富人追逐的目标。通常来说，手表每年都会升值5%—10%，这也是吸引很多人把钱投资在手表上的原因。我们可以从很多手表杂志上看到一些精致的手表款式都是限量发行的。甚至为了显示其高贵，用黄金或白金作为表盘的材料。虽然，越是特别的款式制造的时间越是长久，但表厂设定限量生产也并不是因为没有足够的时间去生产，它的真正目的是提高手表在市场上的出售价格和收藏价值；其最终的目的还是为了繁荣手表的营销。

在2009年1月19日至24日举行的日内瓦高级钟表展（SIHH）上，沙夫豪森IWC万国表特别邀请了足球名将齐达内（Zinédine Zidane）、著名歌手罗南·基廷（Ronan Keating）、影星让·雷诺（Jean Reno）以及电影导演马克·福斯特（Marc Forster）等贵宾参加IWC万国表创新表款的首次展示。IWC万国表从加拉帕戈斯岛的迷人景致，以及与达尔文基金会（Charles Darwin Foundation）的合作中汲取灵感，设计并推出海洋时计潜水员腕表的全新系列。在IWC万国表的晚宴上，人们在奥斯卡奖得主凯文·史派西（Kevin Spacey）与Supertramp乐团的前卫萨克斯手约翰·海利威尔（John Helliwell）的歌声中，体验到了IWC万国表的魅力和品位。到场贵宾无一不为IWC万国表精密卓绝的传统工艺所倾倒。对于这些杰出的爱表者来说，这已经不是第一次参加日内瓦高级钟表展了。詹姆士·邦德（James Bond）系列影片的导演马克·福斯特也接受沙夫豪森IWC万国表之邀，和众多贵宾一起庆祝海洋时计潜水员腕表全新系列的推出，并亲自感受这些杰出的专业时计戴在手腕上的美妙体验。在展览会上，IWC万国表的展台布置别具一格，散发着慑人心魄的美丽：大屏幕上用背景灯光投射出加拉帕戈斯群岛海底世界的奇幻景致，带领来宾走进梦境一般的绮丽世界。贵宾们在这样的氛围中仔细了解着这些专业潜水员腕表的秘密以及IWC万国表其他新品。

此外，IWC万国表在日内瓦的Bâtiment des Forces Motrices设宴招待贵宾，这个地方特别的气氛和舒适的布局让贵宾们感到宛如在家般的温馨惬意。活泼的鸡尾酒会、别致的自助晚餐、酒吧浅酌与音乐表演，让受邀的合作伙伴及尊贵的宾客在轻松的氛围中结束美妙的一天。好莱坞明星摄影师迈克尔·穆勒（Michael Muller）也不忘借此机会介绍自己在加拉帕戈斯群岛这个奇幻世界拍摄的一系列照片,这些照片为 IWC 万国表海洋时计家族系列营造了充满海洋气氛的展台照片。整个晚会以轻松的私人聚会方式取代了隆重的红地毯仪式——时尚的环境、惬意的氛围,为这个迷人之夜更添亲切感。晚会的选址别出心裁——Kulturzentrum BFM——一个坐落于罗纳河(River Rhone)河床中部古老的水泵站。这里随处可见昔日使用的机器和日常用品,这种原始的技术氛围加上特别营造的绚丽灯光效果,充分突出了 IWC 万国表以工艺技术为核心的制表理念。

世界越来越小,许多东西不复过去的价值。唯有我们此时此刻的所作所为会随着时间的流逝变得愈加珍贵。从这个角度说,现在所有的奢侈品似乎都没有贵在点子上。真正激动人心的也许是发现和体验新生事物的新鲜感觉,而这只有经过精心设计的消费体验才能做到。尽管不同行业的体验营销方式不尽相同,但这些方式都是在最有效地、最完整地传播着这些奢侈品品牌。当一种营销方式变得不合适的时候,要么改变它,要么就会改变这个品牌的命运了。

讨论案例:普拉达(PRADA)旗舰店 Epicenter
——终极震撼

简介

普拉达(PRADA)可谓说是一个老字号意大利品牌,由于它的出品追求完美,所以无论老少,对此品牌的认知度绝不逊于其他任何牌子。意大利人注重家族观念,时尚工业也不例外,普拉达就是其中代表。普拉达草创于 20 世纪初,因当时活络的商业贸易与频繁的交通商旅,创立人 Mario Prada 开始制造一系列针对旅行的手工皮件产品,并于 1913 年开设一间精品店。

70 年代,时尚环境变迁,普拉达几近濒临破产边缘,1978 年 Miuccia Prada 与其夫婿 Patrizio Bertelli 共同接管普拉达,带领普拉达迈向全新里程碑。Miuccia 接手之际,普拉达仍是流传于欧洲、代代相传的家族,若没有创新与突破,很容易没落。Miuccia 企图寻找和传统皮料不同的新颖材质,历经多方尝试,从空军降落伞使用的材质中找到尼龙布料，以质轻耐用为根基，"黑色尼龙包"一炮而红！普拉达直至1989年才推出首次秋冬服装秀，一反当时潮流的设计赢得不少赞美；20世纪90年代，打着"Less is More"口号的极简主义应运而生，而普拉达简约、带有一股制服美学般的设计正好与潮流不谋而合。1993年，普拉达推出秋冬男装与男鞋系列，一时之间旗下男女装、配件成为追求流行简约与现代摩登的最佳风范；90年代末期，休闲运动风潮发烧，普拉达推出PRADA Sport系列，兼具机能与流行的设计，造成一股旋风。

普拉达亮眼的表现主要归功于设计与现代人生活形态水乳相融，不仅在布料、颜色与款式工夫，其设计背后的生活哲学正巧契合现代人追求切身实用与流行美观的双重心态，在机能与美学之间取得完美平衡，不但是时尚潮流的展现，更是现代美学的极致。目前普拉达旗下产品涉及：皮草与时装、皮草与皮件、成衣、针织休闲服装、沙滩装、泳装、珠宝、手表、香水。

普拉达 Epicenter 旗舰店

自1999年起，普拉达开展了 Epicenter 旗舰店计划，目的是缔造崭新的购物概念。建筑大师为旗舰店设计出创意满盈的购物环境，不但可容纳更多种类的商品，店内设计亦各有特色，让顾客体验全新的购物乐趣。普拉达在全球各地的旗舰店，无一不是由库哈斯、赫尔佐格这样的世界顶级建筑师设计，一落成就自动进入世界建筑史的必备条目，成为艺术界争论或者仰慕的焦点，而且成了旅游者必去的景点。让我们随手点播其中两个作品：普拉达的纽约旗舰店和东京旗舰店。

普拉达纽约旗舰店——科技增强的奢华体验

2001年12月开业的纽约旗舰店更像一座美术馆，它斥资4000万美元，占地23000平方英尺。即使是以纽约大都市的标准来看，普拉达纽约旗舰店的开张也是引起了轰动效应。更不用说该店的开幕式邀请到了许多重量级的社会名流（其中包括纽约市市长Rudolph）。

一进入店铺，消费者就会面对着一大片的空旷空间，四周围绕着超大尺寸的圆形电梯。据说OMA曾经花费两个月时间来研究和调查零售体验的改造方法。根据调查的结果，

OMA 决定在第一层的大厅里只放很少的商品和设备，这样就避免了大厅里客户因为大量的商品和购买行动而感受到狭窄拥挤和昏暗的感觉。

纽约旗舰店设计的第一个关键组件就是一个连接上下楼层的波浪形木质楼梯。在百老汇街道的那半边，波浪曲线的组成是一组台阶，主要用于产品展示，必要时可以变成观看服装表演的座位。波浪曲线的另外一边是一个很陡的曲线，它把大家的眼光拉回到了地下一层。在接近波浪线底部的位置可以旋转出一个演出台。为了表现出构思中的大波浪，设计师在上下两层都贡献了大量的零售空间，当然换来的是强烈的视觉效果。

纽约旗舰店的另外一个关键设计理念就是科技增强下的客户互动体验。OMA 构思了整个店铺的建筑技术，并与普拉达公司的 IT 部门合作完成电子应用技术部分。建筑技术、多媒体技术与电子技术的整合在纽约旗舰店得到了成功尝试。在充分发挥功能的基础上，设计加入了文化内涵，使购物的顾客最大程度地体验普拉达的品牌价值。其主要的关键因素包括：无所不在的屏幕、特殊设计的试衣间、店内无线导航服务系统。

"无处不在的屏幕"是店里的一大特点。安装在家具上、电梯里或者试衣间的等离子屏幕，滚动播放当天的新闻和股票交易数据。屏幕上还有语种转换按钮，宾客可以自由选择语言方式。将店内世界与外界紧密连接在一起。语言和视觉的完美结合创造出一个全方位的冲击波。不同渠道诠释的"事实"混合在一起，即真实反映出当今现实时时变化的鲜亮景色。

纽约旗舰店的试衣间不止宽敞舒适，其内部的镜子更是堪称"魔镜"，反映在安装于大镜子内的显示屏，顾客可以从容不迫地看到自己的正面和背面影像，甚至还有慢放和重放的功能。试衣间的其中一面墙壁采用了 Priva-lite 的高科技液晶玻璃，以电子开关的方式就能方便地控制玻璃的透明与否。顾客可以选择可透视让外面的同伴或者店员观看着装效果，也可以通过一个脚踩开关将其关上以保证隐私。

店内无线导航服务系统主要的组件是体现在客户面前的 RFID 标签、员工信息终端、客户卡和客户看不到的后台服务系统。

所有的产品上都挂有无线身份标签（RFID）。当员工或者客户用无线信息终端来检测到该 RFID，可以立刻访问有着丰富内容的后台数据库。数据库里有该产品相关的草图、时装表演录像以及各种色彩的样品图。同样，每一个普拉达的 VIP 卡内也置有 RFID。客户的偏好、采购习惯等都储存在后台数据库，当然，只有客户提供 VIP 卡时，数据才能够显示在信息终端上。这样可以方便店铺工作人员有针对性地提供相应的服务和建议，提高对持卡客户的服务质量。

店员持有无线信息终端还可以获得很多的销售支持，比如查看所有商品的库存状况、作为大显示屏的遥控器、直接用终端在客户面前显示产品草图和时装表演录像，甚至直接下订单以完成交易。信息终端的使用解放了导购的店员，避免了他们在桌式电脑、仓库与客户所在地之间的来回奔波；使得店员可以集中精力服务客户。

另外通过这一套无线导航服务系统，每个店铺在必要的时候可以直接和 PRADA 总部进行通信交流。

OMA 先后担任普拉达纽约、洛杉矶、旧金山等地几家旗舰店的设计工作，但又没有完全继承传统旗舰店的概念。传统旗舰店到底"旗舰"在哪里呢？无非是店面规模庞大。但 OMA 放弃了面积上的追求，转而为普拉达提供了一种多样化的购物体验：一系列实验性的空间布置，如改变视觉效果的玻璃板等，覆盖了整个建筑，最大限度地提升商业功能，让小空间发挥了大作用。OMA 把这间店铺变成了一个崭新的实验室：空间关系的实验、建筑材料的实验、科技元素的实验以及服务战略的实验。在 OMA 手中，建筑的社会性从来不会从功能、空间、材料等方面分离出来，每一个项目都以一种与众不同而又很概念化的形态表达出对公众与社会的关注。

他们寻找一种可以将城市空间、街道融入到商店空间的方法，以此消解高端商店所营造出来的高高在上的感觉，使之回到城市公共空间之中。OMA 设计的每个普拉达旗舰店都有超大尺寸的楼梯，它既可以用于商品展示，也可以作为一个容纳 200 人的观众席，从而打破了传统的商品陈列空间格局。这种别具一格的设计改变了人们的行为方式，产生了各种可能性，比如在纽约店，楼梯在展示鞋子的同时，也可以让人们坐在上面聊天、约会。在这个空间里,商品成了另外一种语境,拉近了与顾客的距离,少了一分强迫性。这种空间从某种程度上将人从实际购物的压力中解放出来,顾客可以仅仅待在那里,不消费任何东西。

普拉达东京旗舰店——璀璨的水晶

普拉达东京旗舰店出类拔萃、别具一格。一座由菱形框架和数百块玻璃构成、犹如水晶般的"玻璃塔",让过路行人情不自禁驻足欣赏,整个建筑就像一个大橱窗,充满了存在感。该普拉达旗舰店斥资8300万美元打造,总面积30140平方尺。玻璃的外表是在整体平板上由向建筑外侧弯曲的凸板和向内侧弯曲的凹板组合而成。每块玻璃的重量因固定框架的位置和形状而异,大约有300公斤左右。由于表面凹凸不平,虽说是透明材料,却给人一种充满重量的感觉。在光影折射下,外部空间产生了一种近似突变的视觉效果,仿佛是一个外层空间船降临在表参道上的停机坪;而未来感十足的内部空间,像是航天飞机般的冷峻与空荡,与该店面无表情的服务人员形成一派和谐的科幻场景,刹那间,空间内所有的摆饰让你进入店内就感觉进入一场外层空间之旅。

菱形玻璃能产生虚幻却透彻的视觉效果,人们既可从店外透视店内陈列的普拉达服饰产品,也可从店内欣赏店外的景致。横向的管道设计活像望远镜,并不只满足于结构性功能,同时成为外眺景观的长廊,吸引访客观赏城市四周的景致,令这座PRADA旗舰店成为视觉感官的享受。

在高达六层的玻璃体大楼内购物,透彻空灵的空间让你像置身于一枚剔透的水晶内

第6章 奢侈品品牌体验

部,在瞬息万变中感受被娇宠的奢华和尊贵,非常适合"低彩作风"的普拉达时装。旗舰店的室内空间层层相扣,由底部到顶部宛如一个整体,顾客难以识别层与层之间的分隔。此外室内还设有一个像潜水镜一样的视频头,以便传送时尚信息和美妙声音。建筑物旁边则特意留下一块公共空间来营造欧洲式广场的气氛,让你休息之余可以领略它。总而言之,此建筑物打破了传统的建筑模式,为普拉达缔造了全新的购物理念和时尚建筑的完美追求,造成时尚界极大的震撼,成为当今日本结构最复杂的建筑物之一,因此也带动了东京当地其他品牌旗舰店的建筑风潮。2003年一开店,这里就成了东京著名的时尚景观。

建筑作品充分反映出普拉达缔造全新购物概念的期望,通过建筑大师设计创意满盈的购物环境,将崭新购物文化借助建筑物本身融入时尚生活。正像赫尔佐格说的:"这是极刺激的合作经验,也是与普拉达文化交流的有趣论坛,我们共同造就的建筑物以最激烈的方式挑战了人们的视觉和购物体验。"这座建筑史上的璀璨水晶由著名建筑师组合赫尔佐格和德梅隆共同设计,他们也是北京奥林匹克中心——"鸟巢"的设计者。

普拉达——将奢侈进行到底

普拉达旗舰店的建设表现出了20世纪末普拉达所面临的挑战:那就是在奢侈品市场的激烈竞争加上平价时尚品牌的冲击下,普拉达品牌如何为顾客营造一种强调普拉达个性的独特服务体验。普拉达给出的解决方案是设计科技化和人性化一体的崭新风格的旗舰店以提供奢华服务。从20世纪90年代末开始,普拉达的店铺开始了被称为先锋派建筑的旗舰店建设。他们委托世界各地一些富于创造精神的设计小组为其设计旗舰店,以传达当代购物的创新途径和新鲜概念。在普拉达看来，购物作为当代世界的生活内容之一，不仅仅代表消费体验或顾客至上主义，而且应该糅合文化艺术。如今看来，建设 Epicenter 旗舰店无疑帮助普拉达把奢侈品品牌形象推到一个新的高度。

思考题

1. 奢侈品品牌在营销方式上与一般商品的营销方式有何不同？
2. 如果你是一个酒类奢侈品品牌的管理者，你会鼓励你的消费者收藏你的产品还是鼓励他们饮用？当你选择鼓励收藏（使用）时，你会选择哪种营销手段？
3. 请结合讨论案例分析，普拉达旗舰店的全新体验式服务的意义何在？

7 奢侈品客户关系管理

客户关系管理（CRM）

奢侈品CRM模式

奢侈品CRM应用

奢侈品CRM团队

第7章 奢侈品客户关系管理

> 衡量成功最重要的标准并不是用户量而是客户满意度。
>
> ——迈克尔·戴尔（Michael Dell）
>
> 戴尔（Dell）创始人

品牌故事：
哈雷戴维森（HARLEY-DAVIDSON）——极致之我

加入WTO之后，中国会不会出现哈雷一族？当这个世界越来越趋同和社会日益开放，品牌成为一个人的身份标识时，哈雷戴维森（Harley-Davidson）的标志有可能被中国新一代消费者文在自己的皮肤上。

在这个日益品牌化的世界里，有什么手段可以衡量消费者对一个品牌的忠诚不渝呢？最简单、最有效的方法，就是看有多少消费者将这一品牌的图形文在自己的肉体上。世界著名摩托车品牌——哈雷戴维森标志，是当今世界上最多地被其目标消费群文在身上的品牌之一，同样，它的品牌忠诚度也是最高的。

行驶过100年历程的哈雷摩托车，它的成长浓缩了美国一个世纪以来品牌的发展历史。不同于可口可乐、麦当劳、通用汽车、IBM等品牌，哈雷品牌创造了一个将机器和人性融合为一体的精神象征，并深刻地影响了其目标消费群的生活方式、价值观，甚至衣着打扮。从人类进入商业品牌化的社会以来，还没有一种商品的品牌能够从里到外地改变着消费对象，并形成一个特定的社会群体，品牌从识别和指导消费的功能上升到了精神的寄托和情感的归宿。从这个意义上讲，哈雷除了是一个被物化了的品牌之外，更多的还是一种文化的词语和象征。这是品牌发展的最高境界。

作为交通工具的摩托车本来是和自由没有必然联系的，由于哈雷在漫长的产品变革和市场推广中，机车本身的造型、轰鸣声、马力和速度感融合为一体，逐步通过哈雷这一品牌象征将美国人所崇尚的个人主义影射在物化的摩托车上。最后，哈雷品牌的老鹰标志在消费者心目中的认知已经不是一个商标的意义，而是代表了某种生活方式、某种体验和特定的表现自我个性的工具。

品牌历史

2001年美国经济的阴霾并没有阻止哈雷轰隆马力的强劲，全年共销售了234461辆各种类型的摩托车，提前突破了预定的2003年20万辆的目标，销售收入达30.36亿美元，比上年增长15.7%，而利润增长25.9%，纯利达4.3亿美元之多。哈雷品牌不仅百年不老，而且更显得生机勃勃，2001年1月，哈雷戴维森公司被《福布斯》杂志评为"年度公司"，2月份又被《幸福》杂志选为国家"最受尊敬的企业"之一。为什么哈雷戴维森可以走过一个世纪之后还保持着品牌不朽的魅力？有些人把它归结为其产品卓越的品质和企业不断创新的精神，还有些人分析是技术的领先与哈雷的企业文化使然。其实，追根溯源，从哈雷企业使命中我们不难看到，通过产品的细分市场和服务的品牌化，在帮助驾驶者实现梦想的过程中，延续了自己的品牌生命。用现任哈雷戴维森集团公司董事会主席兼CEO杰弗瑞·L. 布鲁斯坦（Jeffrey L. Bleustein）的话来讲，是哈雷世代继承下来对摩托车制造的激情、承诺造就了哈雷辉煌的过去。

1903年，当21岁的威廉·S. 哈雷（William S.Harley）和年仅20岁的阿瑟·戴维逊（Arthur Davidson）在一间木窝棚里制造出第一辆哈雷戴维森牌摩托车时，他们并没有想到要把自己的摩托车公司发展成一家百年老店，只是凭着对摩托车不减的激情在不断完善其制造技术，追求更高的产品品质。正是凭借这一朴素的品牌理念，到1920年，哈雷戴维森已经成为当时世界最大的摩托车生产商，新款摩托车可以从遍布67个国家的2000家经销商处买到。到30年代初，除了印地安品牌，哈雷已经将在美国本土所有的竞争对手打败。1953年标志着哈雷戴维森品牌进入一个新的历史阶段。在庆祝公司诞生50周年之际，哈雷不仅设计出著名的"V"字型品牌标志，延续使用至今，而且还击败了最后一个竞争者，成为美国市场上的独唱者。

从20世纪的60年代末至90年代，哈雷经历了一段相对持续稳定发展的时期。其中以1969年兼并美国机器铸造公司的举措拉开了哈雷品牌扩张的序幕；而70年代初推出"超级滑翔"摩托车和后来被称之为"高速公路之王"的"巡弋滑翔"式摩托车，标志着哈雷品牌进入到了一个新的市场领域。80年代品牌最富有革命性意义的是哈雷车主俱乐部（H.O.G）问世，它不仅在品牌和用户之间搭起了一座桥梁，让消费者直接参与到了品牌的建立和管理之中，而且，它为以后哈雷品牌培养了无数的铁杆忠诚者。1987年哈雷戴维森在美国纽约股票市场上市，随后进行了一系列的品牌收购活动。80年代末，面临日本产品低价的挑战，哈雷戴维森凭借客户对品牌的忠诚和产品品质的改进，又从日本人手中夺回了失去的市场。1993年庆祝自己90周年诞辰之际，哈雷创造了一项纪录，大约有10万哈雷摩托车用户，乘驾6万辆摩托车举行游行活动，并汇聚在哈雷总公司所在地密尔沃基，举办了声势浩大的哈雷家族成员大聚会。

2003年百年诞辰，哈雷品牌留给世界的不仅是一个美国产品成功的故事，更多的是思考。

品牌个性

综观哈雷100年的品牌踪迹，它没有大起大落，也没有大悲大喜，沉淀在品牌历史中最有价值的就是它倡导的自由精神。这一品牌的核心价值默默无闻地承载了哈雷戴维森，并将它演化为品牌个性和目标消费群的情感需求联系在了一起，成为维系品牌和消费者关系的纽带。

不同于其他产品品牌的个性形成，哈雷品牌一方面是因为产品自身的物理属性和特定的目标市场决定了它品牌基因中的野性和阳刚之气；另一方面，它与美国经济和社会结伴而行的历史过程，天然地给这一品牌打上了国家和民族文化的烙印。所以，经历过美国20世纪30年代经济大萧条、二次大战炮火硝烟与80年代美国高科技经济繁荣的哈雷戴维森，其品牌个性不是主观形成的，而是由历史创造的。开发西部英雄主义式的怀旧情结在哈雷戴维森忠诚的品牌拥戴者身上体现为黑皮衣、络腮胡子、黑墨镜、长长的头发、脚登牛仔靴和"扮酷"的特征，当然，在每位骑手身上都有一个必不可少的肉体记号——哈雷戴维森的品牌文身标志。用美国加州一位哈雷机车批发商的话来讲："除了哈雷以外，你还看过文在人们身上的其他品牌名称吗？"

当消费者心甘情愿用血肉之躯证明对一个品牌标志的忠诚时，品牌已经超出了普通识别的象征意义，在它的崇拜者心中具有了某种宗教的色彩。品牌被转化为一种精神象征，被消费者赋予了任何竞争对手不可超越的力量。迄今为止，还没有任何一个品牌在品牌忠诚方面可以和哈雷戴维森相媲美，这在很大程度上取决于该品牌另外一个很显著的个性，就是哈雷宣扬了至高无上的爱国主义，无论是从它的诞生到今天的强大，还是从它的设计到每一颗螺丝的制造，哈雷身上彻头彻尾流淌着的是美利坚的血，因为，它不仅从一个侧面记录了美国整整一个世纪从工业到科技强盛于世界的历史，更重要的是，它用机车自身创造的驾驶经验生动地阐释了美国文化中的自由主义精神。所以，当20世纪80年代，日本摩托车大举进攻美国市场时，即使它在价格和技术性能方面更具有优势，但是，它却无法取代哈雷摩托车对美国文化的诠释，即使当时哈雷没有刻意利用民族情绪来煽动消费者以此捍卫自己的市场地位，消费者对哈雷品牌的认同已经被视为是美国文化不可分割的一部分，抵制日本品牌成为一种自觉的行为。无怪乎，每逢哈雷俱乐部成员举行盛大聚会，美国国旗和爱国主义激昂的情绪都是聚会的一道风景线。美国著名品牌战略研究专家大卫·艾格在他所著的《建立强势品牌》一书中曾评价哈雷品牌："某些人似乎觉得，骑哈雷摩托车比起遵守法律更能表达强烈的爱国情怀。"

品牌忠诚

维持哈雷和消费者之间的品牌忠诚关系，并非只是靠品牌的理念和单一的情感联络。从哈雷品牌问世以来，哈雷几代人都不遗余力地不仅为消费者提供广泛的产品选择，帮助他们实现驾驶摩托车的梦想，而且还提供上千种的零配件和售后服务。为了加强与客户之间的紧密沟通和互动，最具有独创性和决定意义的是在1983年，哈雷创立了哈雷车主俱乐部，英语简称为H.O.G，当时的目的就是想通过这一方式，使会员之间可以更便利地分享他们驾乘哈雷摩托车的经验与体会。随后这一由哈雷企业赞助的机构迅速发展起来，到2001年，H.O.G全球各地的分部已达1200个，66万个会员遍布115个国家。无疑，H.O.G

创造了一种哈雷亚文化，将消费者、机车和哈雷公司连接在了一起，消费者追求驾驶的乐趣和自我价值的实现通过哈雷摩托车，最终转化成为对品牌的忠诚。

今天，哈雷之所以培养出成千上万的铁杆品牌忠诚者，绝非是一朝一夕的努力可以达到的，早在1916年，哈雷戴维森就创刊了《狂热者》杂志，以此作为和目标对象沟通的媒介，至今，该杂志已经是连续发行现存历史最悠久的摩托车杂志，目前在全世界的发行量近90万份。借助媒体，哈雷不断倾听客户的意见，并就产品关键部位和质量改进与消费者保持互动，倾心倾力实践为忠诚于哈雷品牌的家族消费者提供最佳外观和最优质量的产品承诺。

要培养品牌的忠诚者首先要有忠诚于自己事业的员工。2001年哈雷年报其中一章的大标题只有一个字——"爱"。年报阐述道，哈雷戴维森的员工不仅仅是在制造摩托车，他们是为哈雷戴维森的经历而生活着的。因为哈雷的很多员工也是热衷于驾驶机车寻求自由体验的摩托车爱好者，他们同时继承了哈雷历代员工充满激情和工作热忱的传统，正是这种生生不息的热情、专业精神和创意促成了哈雷戴维森在追求产品方面的完美主义，渴望帮助消费者实现梦想的行动让员工将自己的劳动视为一种爱的工作，而不是谋生的手段。培养品牌先从培训员工开始，哈雷学院承担着重点培养员工核心能力（交互能力、执行能力和技术能力）的作用，所有员工每年接受80小时的培训。哈雷品牌的成功告诉我们，企业品牌的塑造是从提高员工素质开始的，没有忠诚于企业的员工，也就没有忠诚于品牌的消费者。

品牌延伸

恐怕哈雷戴维森的两位创始人无论如何都不敢想象，他们给一辆摩托车命名的品牌标志会异化为一种精神的象征，最后被印制在了其他产品上，从T恤衫、夹克衫、靴子、手套，一直到泳装、丝质内衣、装饰物和家具，哈雷品牌被广泛延伸到了服饰以及和摩托车相关的行业里。寓意自由和个性自我的哈雷品牌给这类产品增加了附加值和品牌联想，即使这类消费者根本没有驾驶哈雷摩托车的经历，但他们希望从这个被延伸的品牌中体验到独立、自由和野性的美感。

在哈雷的一个广告创意中，孩子身上穿着的哈雷T恤衫暗示了品牌的深入人心。孩子在小的时候，家长就将对哈雷品牌的喜好"穿"给了下一代，这时的哈雷品牌已经不是摩托车的标志，而是父母对品牌延伸的认同和喜爱。创意没有正面诉求哈雷摩托车，而是用一个延伸了的品牌形象表达了哈雷对大众生活方式潜移默化的影响，以此说明该品牌的魅力。实际上，随着哈雷品牌的延伸，越来越多的大众开始接受哈雷的品牌形象，其中还包括一部分女性。此外，哈雷摩托车的目标市场也有渐渐扩大的趋势，其平均年龄从十几年前的32岁，扩展到了42岁，其职业背景也从过去的蓝领向律师和会计师等白领转移，包括好莱坞的明星。

资料来源：乔远生，"哈雷戴维森：纹在消费者身上的品牌"（http://www.cnshu.cn）。

近年来，客户关系管理的理念已经渗透到了各个领域的各个角落。今天，掌握企业命运的，不再是单一的产品，而是客户。"贴近客户"的客户关系管理之道为哈雷戴维森带来了莫大的品牌忠诚度。哈雷戴维森公司认为，产品设计和营销策略的核心，是关注如何使品牌在客户心中与众不同，而要做到这一点，首先要和客户没有距离感。从公司管理层到普通员工，每个人都会把自己模拟成"客户"，为真正的客户设身处地着想。市场调研就从自己开始——客户在参观哈雷公司时，可以看到员工衣柜上摆着头盔，因为哈雷戴维森的员工就是骑着他们的摩托车工作、度假和参加车主会。哈雷戴维森公司的员工正是用这种方法来感知客户的想法和需求，其成果最终转化为客户对品牌的依赖和忠诚。在哈雷车主会上，车手们畅所欲言，他们决定着哈雷戴维森前进的方向。这种亲身体验并快乐分享的方式既是第6章所论述的奢侈品品牌体验的继续，更是奢侈品品牌客户关系管理的成功表现，同时也揭示了哈雷戴维森品牌屹立不倒的奥秘。

客户关系管理对奢侈品品牌而言意义重大，因为它是奢侈品公司维系现有客户、培育他们成为忠诚客户以及发展新客户的核心环节，对奢侈品品牌的盈利能力和长期可持续发展具有战略性价值。由于奢侈品行业的特殊性，其供应链下游很短，在销售渠道上往往尽可能少、甚至不引入中间商，而由奢侈品品牌直接面对终端客户，大量而广泛地接触高端人群。这样做的好处使得奢侈品公司能够更主动、有效地管理客户，直接传递品牌核心价值，减少品牌精神的部分遗失和可能的品牌形象失真；然而在另一方面却提高了奢侈品客户关系在管理方面的难度，这不仅体现在人力成本、时间成本、资金成本方面，而且在对当地客户的理解、沟通、把握以及市场环境应对上都会带来许多意想不到的挑战。如何制定和实施卓有成效的奢侈品品牌客户管理系统，已经成为了大多数奢侈品品牌孜孜以求的战略重点。

7.1 客户关系管理（CRM）

7.1.1. CRM理论

客户资本决定企业价值，忠实的客户是最珍贵的商品，客户的保持率、满意度、增长率、流失率等指标是衡量现代企业的重要杠杆。今天的客户，不再是徒有虚名的"上帝"，而是掌握了较多主动权的品牌体验者和挑剔者，他们货比三家，不再被一家企业锁定，而是寻求更优质的服务、更期待的价格和不断创新的产品。在"客户为中心"的买方市场条件下，"客户革命"导致了"客户经济"时代，企业时刻有把客户推向自己竞争对手的可能。在这种背景下，密切关注和高度重视客户关系管理就显得更为重要。这方面，男装品牌杰尼亚（Ermenegildo Zegna）就是一个很好的范例，其经常利用数据来细分和跟踪世界各国男装高端客户的消费行为和喜爱偏好并以此制定相关决策。比如其在美国和意大利重视购买经典西装的男士，在中国则侧重于相对年轻的时尚人士。

客户关系管理（Customer Relationship Management，CRM）是指企业与客户之间建立的管理双方接触活动的信息系统，通过有效管理客户信息资源，分析客户的需求特征，不断发现客户的价值，为客户提供满意的产品与服务，从每一个与客户接触的地方着手，在企业与客户之间建立起长期、稳定、相互信任的良好关系，为企业保留老客户、吸引新客户，通过实现客户效用的最大化获得超额利润，提高企业竞争力。客户关系管理是现代管理科学与先进信息技术结合的产物，但又并非等同于单纯的信息技术或管理技术，而是企业通过再造企业组织体系和优化业务流程、改善企业与客户之间关系的新型管理模式。

客户关系管理的核心是客户价值管理，它将客户价值分为既成价值、潜在价值和模型价值，通过一对一营销原则，满足不同价值客户的个性化需求，提高客户忠诚度和保有率，实现客户价值持续贡献，从而全面提升企业盈利能力。

在奢侈品品牌客户关系中，对其供应链的下游进行集成管理是一个非常有效的策略。供应链的下游集成是指面向市场，将顾客作为企业资源，通过建立相应信息平台进行整合的策略。相对于供应链的上游来说，奢侈品行业供应链的下游则"短得多"，主要原因是销售直接面向顾客，企业需要同顾客达到有效的沟通，从而获得进一步发展。

实施客户关系管理可以提高客户满意度、维持较高的客户保留，对客户收益和潜在收益产生积极的影响。如图 7-1 所示，客户关系管理（CRM）的本质是一种以客户为中心的管理理念和战略。作为一种业务战略，其目标在于利用自己所拥有的客户数据进行分析，以更有利可图和更有效的方式获取、保留、开发高价值客户，实现每个客户盈利最大化和企业最终盈利最大化——提升股东价值。

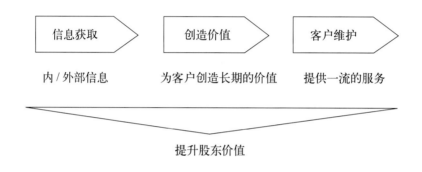

图 7-1　提升股东价值

归纳起来，客户关系管理的目标体现在以下三个方面：

（1）提高效率。通过采用信息技术，可以提高业务处理流程的自动化程度，实现企业范围内的信息共享，提高企业员工的工作能力，并有效减少培训需求，使企业内部能够更高效的运转。

（2）拓展市场。通过新的业务模式（电话、网络）扩大企业经营活动范围，及时把握新的市场机会，占领更多的市场份额。

（3）保留客户。客户可以自己选择喜欢的方式，同企业进行交流，方便地获取信息而得到更好的服务。客户的满意度得到提高，可帮助企业保留更多的老客户，并更好地吸引新客户。

不能把客户关系管理看成一件由 IT 人员负责数据维护而与市场部或公关部简单协调的事情，它应该是贯穿整个公司主要业务的核心路线。它之所以备受奢侈品品牌的青睐，是因为能产生巨大的效益。比利时经典钻石品牌 TESIRO 通灵中国区运营总监伯纳德说，"进驻中国市场之初，我们就把如何培养品牌知晓度、为客户创造愉悦的零售体验，在广阔的中国市场上把握渠道布局，通过先进技术手段高效地挖掘潜在客户、管理现有客户等问题作为重中之重。在不失品牌格调的同时，我们努力做到营销方式的亲民性。"TESIRO通灵会趁新店开张举办奢华的珠宝秀或晚会，这样的活动在中国常常代表着一个特别的品牌形象推广、塑造时机，公司可以借此慎重邀请贵宾，宣扬其品牌核心理念，同时要注意与重要媒体的关系协调，获得广泛的媒体报导。从TESIRO通灵、卡地亚等这些国际奢侈品品牌邀请的媒体名单里，我们不仅可以看到高端的时尚媒体，也能看到一些平民化的都市媒体。这些品牌都设立内部自身的新闻中心，每次开展公关活动时，他们会积极主动配合形形色色的大小媒体，架构全方位立体式的宣传平台，形成媒体轰动效应，给很多无缘亲临现场的人创造无限的遐想空间。在卡地亚2004上海博物馆艺术珍宝展上，卡地亚成功吸引到报纸、杂志、网站、广播、电视等共449家大小媒体做了有效的报道。

7.1.2. CRM应用

现在的客户关系管理已经成为管理软件、企业管理信息解决方案和客户管理理念相融合的一种特殊混合系统。一个成功的客户关系管理系统至少应包括如下功能：

（1）通过电话、传真、网络、移动通信工具、电子邮件等多种渠道与客户保持沟通；

（2）使企业员工全面了解客户关系，根据客户需求进行交易，记录获得的客户信息，在企业内部做到客户信息共享；

（3）对市场计划进行整体规划和评估；

（4）对各种销售活动进行跟踪；

（5）通过大量积累的动态资料，对市场和销售进行全面分析。

CRM的软件系统是传播CRM理念、执行CRM战略的工具，工具会体现出一定的差异，但理念和战略的方向选择却不会因工具的差异而发生变化。一般情况下，CRM的分类都是以CRM的系统功能为参照物的，根据CRM的系统功能，可以将CRM分为三类，即协作型、操作型和分析型CRM。

1. **协作型CRM**

协作型CRM又称渠道型CRM。目前企业与客户的接触渠道日益多样，除了传统的电话、面对面的现场接触外，E-mail、传真、呼叫中心、互联网等其他渠道也成为企业与客户之间沟通的重要途径。如何将客户与企业的各种接触渠道进行整合，通过统一的标准化接口与后台的支撑系统，使客户的同一服务请求在各个相关系统平台上得到统一的展示，是协作型 CRM 所要完成的任务。

2. **操作型 CRM**

操作型 CRM 可以帮助企业实现营销、销售、服务等环节的流程自动化，达到利用 IT 技术来提高企业的运营效率、降低运作成本的目的。通过实施操作型 CRM，企业最终将建立一套以客户为中心的运作流程及管理制度，同时有助于培养员工的服务意识，销售、服务、营销部门的业绩也将得到明显提升。

3. **分析型 CRM**

分析型 CRM 也叫做商业智能（BI）。它包括以上两种系统的功能，并同时提供商业智能的能力，最终使得企业将宝贵的客户信息转变为客户知识，将企业原有的客户信息管理系统提升到客户知识管理系统的高度。通过建立数据仓库、应用数据挖掘、商业智能等技术手段，对大量的客户信息进行分析，可以让企业更好地了解客户的消费模式，并对客户进行分类（如根据客户的当前贡献与潜在贡献，寻找对企业最为重要的大客户），从而能针对客户的实际需求制定相应的营销战略，开发出相应的产品和服务，更好地满足客户的需求。

CRM 适应了两个重要的管理趋势的转变。首先是企业从以产品为中心向以客户为中心的管理模式的转变。在产品同质化越来越明显的趋势中，企业靠制造差异化的产品来赢得的竞争优势越来越不明显。企业的竞争优势更多地从赢得的客户资源中体现出来。其次，CRM 还体现了企业管理的视角从"内视型"向"外视型"的转换。网络和各种现代交通通信工具的出现和发展缩小了时空距离，企业与企业之间的竞争也变成了几乎是面对面的竞争，仅仅依靠 ERP 的"内视型"管理模式已经难以适应激烈的市场竞争，企业必须转换自己的视角，在企业外部寻找整合自己资源的方法，CRM 正是体现了这一趋势。

图 7-2 显示了 CRM 在企业的战略、价值观、人员、系统等各个方面需要作出的改变和修正。

第7章 奢侈品客户关系管理

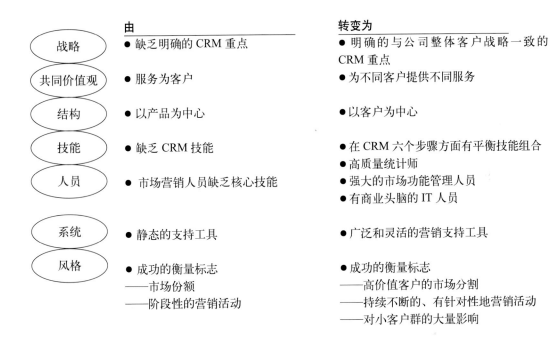

图 7-2 CRM 对企业改变的要求

无论什么样的客户关系管理，其运作的基本逻辑都是相同的，即通过提升客户满意度来提高客户再购买意愿、客户忠诚度与客户保留度，从而最终实现市场份额和企业盈利能力的提升。因此客户关系管理不再是一个简单的服务体系，如何通过客户关系管理来提升客户满意度关乎企业认知价值的提升和企业品牌形象的提高，应当成为品牌战略的重要组成部分，关乎企业生存。

在激烈的市场竞争中，中小型企业和大型企业面临着提高客户基础的忠诚度、使利润最大化、降低成本等挑战。而客户关系管理为企业提供了迎接这些挑战的解决方案。

成功实施 CRM 必须借助于两个层面的共同支持：一是在管理观念上，其实质是在市场细分理论、关系营销和消费心理学理论等基础上发展而成的以客户为中心的系列管理思想。二是需要一个 CRM 软件产品的管理信息系统。一个完整的 CRM 系统由呼叫中心单元、业务处理单元、数据存储单元和商务智能单元构成。

CRM 管理思想是 CRM 概念的核心和指导思想，是建立 CRM 信息技术的基础，它完善有序地整合了 CRM 的业务流程、信息技术、组织机构和客户关系，使企业生产经营的各环节协调配合，产品流、资金流、人力流和信息流有机统一。信息技术为 CRM 管理思想的实现构筑了现实的信息平台,把先进的CRM管理思想付诸实施,是CRM的载体。可见,先有CRM的管理思想,才能实施CRM的管理技术系统。

实施CRM是企业经营战略的一部分,必须作为企业的战略工作来抓。在实施顾客关系管理之前,首先必须统一思想,提高认识。这不仅需要企业高层领导的支持和推动,也需要提高员工对客户关系管理重要性的认识,要让员工充分认识到客户是企业最为宝贵的财富,没有满意的客户就不可能有员工的前途,同时客户满意度与忠诚度需要靠每一位员工通过积极的努力去精心地培育,客户关系管理需要充分发挥每一个员工的自觉行动,这样才能保证客户关系管理真正落到实处。其次,要组建项目实施团队。客户关系管理系统的实施必须有专门的团队来具体组织领导,这一团队的成员既应包括公司的主要领导,以及企业内部信息技术、营销、销售、客户支持、财务、生产研发等各部门的代表,还必须要有外部的顾问人员参与,有条件的话还应邀请客户代表参与到项目中来。

客户关系管理实施过程如图7-3所示,通过六步组成一个实施循环。即业务数据集成、业务数据分析、制订营销活动计划、实施活动、活动评估和改善活动。

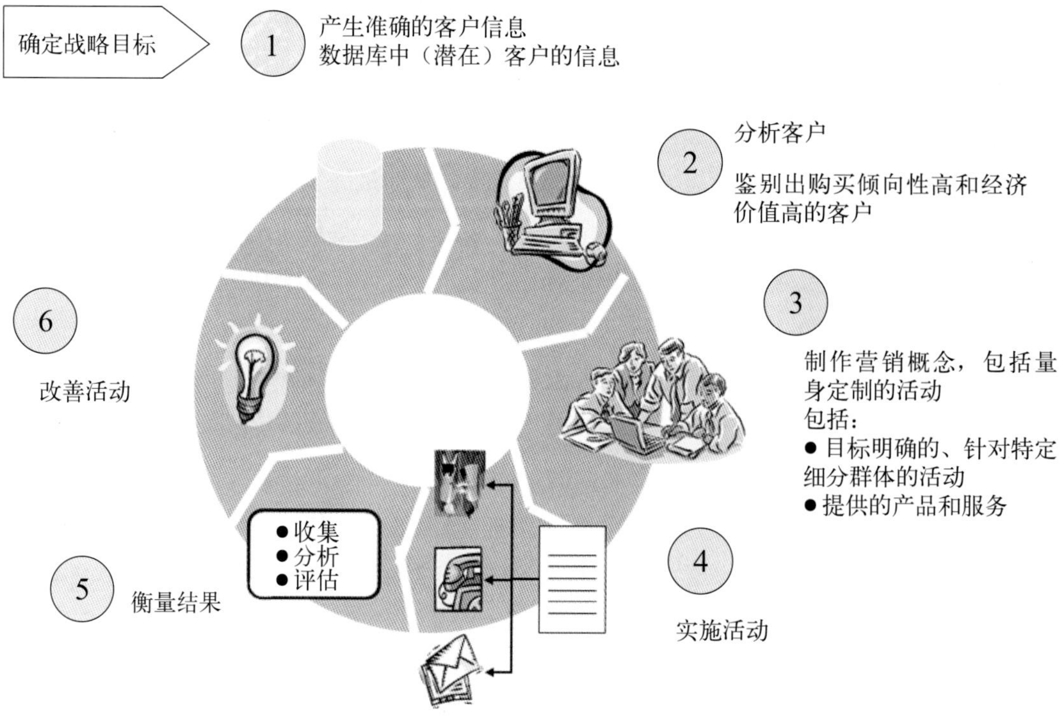

图7-3 客户关系管理六步骤

1. 业务数据集成

第一步就是将独立的市场管理、销售管理与售后服务信息系统进行集成,提供统一的运作平台。将多渠道来源的数据进行整合,实现业务数据的集成与共享。这一环节的实现,使系统使用者可以在系统内得到各类数据的忠实记录,代表目前真实发生的业务状况。

图 7-4 可以代表当前人们对客户关系管理(CRM)信息系统框架的主流认识:CRM 信息系统的功能可以归纳为三个方面:对销售、营销和客户服务三部分业务流程的信息化;与客户进行沟通所需要的手段(如电话、传真、网络、Email 等)的集成和自动化处理;对上面两部分功能所积累下来的信息进行的加工处理,产生客户智能,为企业的战略战术决策作支持。一般来讲,当前的 CRM 产品所具有的功能都是上述系统的子集。

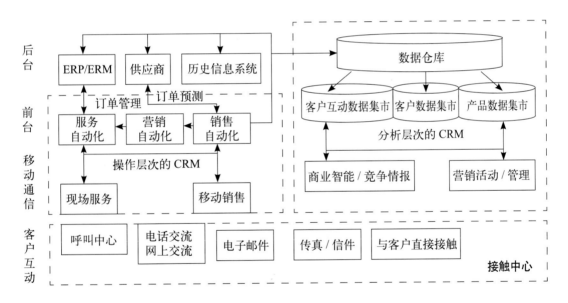

图 7-4　CRM 信息系统框架

2. 客户分析

CRM 的核心思想是"以客户为中心、以改善客户关系为宗旨",它主张通过对客户系统化研究,优化企业组织体系和业务流程,从而提高企业营销效率和利润水平,达到客户、企业和社会共赢的目的。因此,使用数据挖掘等分析工具对客户数据进行系统分析,是企业实施 CRM 的前提。

通过集成的信息系统在相关业务中的运作,我们得到了初步的业务数据,接下来的工作就是对 CRM 系统中的数据进行加工、处理与分析。对数据的加工主要是选择有用数据并剔除异常和模棱两可的数据。对数据的分析可以采用联机分析处理（OLAP）的方式进行，生成各类报告；也可以采用业务数据仓库（Business Information Warehouse）的处理手段，对数据作进一步的加工与数据挖掘，分析各数据指标间的关联关系，建立关联性的数据模型用于模拟和预测。这一步所取得的结果将是非常重要的，它不仅反映业务目前状况同时也对未来业务计划的调整起到指导作用。

数据加工树立的最终目的是客户分析：鉴定出经济价值高的客户并且分析其消费特点，寻找客户流失的原因并从中发掘潜在需求。

3. 制订营销活动计划

依据数据分析所提供的可预见性的客户分析报告，企业作出相应的营销活动计划或者针对现有流程的改善计划。希望通过相应活动达到增强与客户之间的联系、使业务运作更适应市场要求的目的。计划应当包括：明确的目标、实施手段、实施人员、时间表、结果评估标准等。相应的，企业的营销活动必须从企业整体战略的角度来规划，综合权衡企业各个战略之间的关系，避免 CRM 营销活动与企业其他战略相抵触。

4. 活动实施

各个相关部门按照营销活动计划行动，具体制定整个营销活动的工作流程，定义各活动的时间顺序。而前线员工随时根据实际情况进行任务调整，保证针对客户的产品和服务的高质量。

5. 活动评估

活动完成后，企业收集和分析活动的结果数据并且根据给定的标准对活动结果作出评估。计算客户响应率、销售收入、费用与利润的比率等，从而在成本与收益上对营销活动进行控制。

6. 改善活动

根据活动结果的评估，企业要总结其经验教训，然后对现在运行的 CRM 系统进行改善。

一个完整有效的客户关系管理数据系统能够帮助奢侈品公司充分理解市场，并与客户建立紧密联系。通过深入挖掘销售数据，奢侈品公司能够掌握客户的偏好并评估潜在需求。今天购买小件商品的客户，明天就可能购买其它更高价值的商品。在巴黎的商店购买单件商品的中国游客可能在上海的其他商店购买多件同样牌子的商品。但是，绝对不能忘了，奢侈品 CRM 并不仅仅是信息化。

7.2 奢侈品 CRM 模式

在讨论奢侈品客户关系管理模式之前，让我们先来问自己几个问题：

（1）奢侈品品牌进行客户关系管理的目标是什么？竞争对手是如何进行客户管理的？

（2）你对奢侈品品牌细分客户的需求了解多少？你知道哪些客户最有价值吗？你如何维护这些客户忠诚度？

（3）你公司用什么方法开发新客户？你的工作方法有利于客户关系管理吗？

（4）你如何激励员工以客户为中心的态度工作？有没有跟踪和评估 CRM 管理成效？

如果你对这些问题已经有了满意的答案，那么你实际上已经在用一套成熟的模式进行奢侈品客户关系管理了（如图 7-5 所示）。

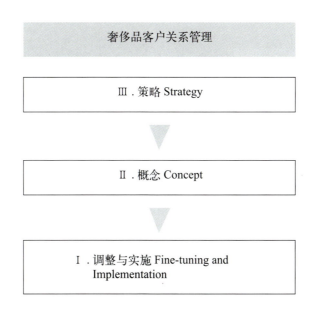

图 7-5　奢侈品客户关系管理模式

首先，制订奢侈品客户关系管理的策略。设置进行客户关系管理索要达成的目标和发展战略；针对奢侈品客户独特的需求特征，将重点放在开发新客户和现有客户管理优化之上。具体研究行业趋势和竞争分析、产品定位和沟通方法、潜力分析、设计客户关系管理渠道和产品、优化垂直销售系统的交互作用与协作效用。

其次，将客户概念化，定义潜在客户、创造吸引力、提高现有客户的忠诚度。具体指定义最有价值的100个客户以及他们个性化的购买行为，并设计专门的客户关系管理系统定义和设计购买行为。

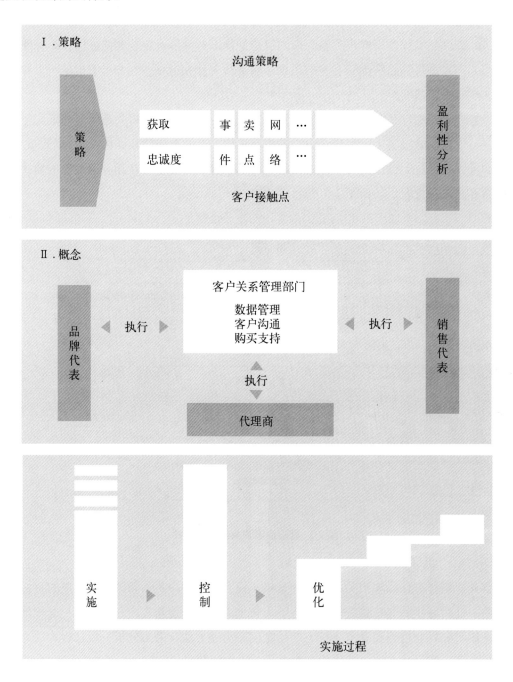

图 7-6 奢侈品客户关系管理模式的具体内容

最后，调整与实施。优化并实施奢侈品客户关系管理进程，进行员工培训。主要包括以下方面：（1）定义客户关系管理的关键环节；（2）根据客户数据和实施支持，定义客户关系管理的具体要求；（3）批量管理顾客采购行为及其忠诚度；（4）跟踪和分析顾客的购买习惯，并对其进行控制，包括研究吸引顾客的新方法以提高销售有效性；（5）实施客户培训（注意培养其在口碑传播时的信息传达和技巧交流）。

7.3 奢侈品 CRM 应用

应用 CRM 理念是成功实施的基础。企业可以借助 CRM 所蕴涵的先进的企业管理理念，优化企业的业务流程，提高企业整体服务客户的水平。企业把"以客户的需求为中心"的经营理念贯穿到企业经营管理的所有环节中，就是所有的业务过程围绕如何更多地为客户创造价值，如何获得客户满意、客户忠诚而展开。

传统奢侈品行业总是以一种高高在上的态度面对消费者，"永远不要问客户想要什么，而告诉他们应该拥有什么"。实行的是一种"饥饿销售"的法则，让普通消费者可望而不可即。而如今的市场，情况已有所变化，中产阶级逐步成为了消费主力，奢侈品企业也开始瞄准部分中产阶级，开发所谓的大众奢侈品。

奢侈品品牌形象的亲民化可以帮助奢侈品企业扩大销售额，然而另外一个危险也随之而来：奢华形象的丧失。事实上，一些一开始以高身价标榜的品牌已经走下"奢侈神坛"。曾经令国人仰慕的皮尔·卡丹品牌，在大量的分销、各种各样的宣传、打折降价等"亲民化行动"下，已经滑向大众市场，再也不能成为奢华的代名词。

对于大多数奢侈品品牌，既要维护自身的奢华品牌形象，又要在吸引更多的中产阶级的同时维系原来的高端客户成了一个巨大的挑战。在这种情况下必然促使各奢侈品企业努力追求高层次的客户关系管理。像 CHANEL、Dior 等顶级奢侈品都建立了专门的客户关系管理部门，专门研究如何吸引更多的客户和保持现有客户对该品牌的忠诚。

衡量奢侈品企业对于客户关系管理成功的标准高于一般企业所追求的客户满意度。奢侈品品牌追求的是与客户建立情感联系，激发他们对品牌的热情从而牢牢锁定客户忠诚度——不仅对品牌满意，还要对品牌充满热情与渴望。这是个非典型的 CRM 系统绩效度量标准，对客户关系管理的要求也非同一般。

7.3.1. 奢侈品CRM信息化

奢侈品公司和其零售点之间的销售数据交换和预测非常频繁，而要有效地实现供应链的下游集成应该建立相应的信息交流平台，以实现快速有效的制造—需求之间的沟通。信息交流平台应包含以下三个重要部分：

（1）实时销售数据的收集。这可以通过零售管理信息系统来实现。其主要功能是实现日常业务处理自动化：一是实时地收集销售数据；二是提供各类销售数据统计报表。

（2）在线 CRM 平台的构建。所谓在线 CRM 是指能通过互联网访问的面向客户的信息系统，是基于 B/S 结构的。这对实现有效的客户关系管理至关重要。虽然许多企业都意识到客户关系管理非常重要，但能够提供全方位服务的在线 CRM 系统的企业并不多。在线 CRM 系统应该能提供以下几方面功能：

① 客户资料收集和客户服务。能通过互联网实时地收集和处理客户资料，并且为客户提供关于产品的咨询和售后服务。奢侈品的消费者一般更看重服务，所以奢侈品售后服务采用产品跟踪策略：即记录产品从制造到销售整个环节的信息，当出现问题时向上能回溯到生产流程，了解到是哪个工艺过程出现了问题，向下能了解到是哪个顾客购买了该产品，可以为其提供附加服务以提高顾客忠诚度。

② 提供客户定制平台。某些产品如服装、首饰、手表等，顾客有某些特殊要求，可通过客户定制平台提出自己的设想和方案；企业通过这个平台了解顾客需求，制作顾客需要的产品，产品设计者可以从中获得灵感和了解顾客需求。这也是 MTO（Make To Order，按订单生产）策略的一个实际应用方法。

③ 提供个性化的客户服务。如时装购买者可能因一些特殊因素（如体型偏胖或偏瘦，或者想改变自己的形象但不知道如何改变）而需要一些来自专家的建议。又如化妆品购买者不知道如何护理自己的皮肤以及如何适合自己彩妆，非常希望得到专家的建议。企业如果能提供这样一些附加服务，将使得自己的产品和品牌有更高的威信。提供个性化的客户服务功能很多时候需要专家意见，所以建立一个相应的专家系统提供在线咨询将极大地方便客户。

④ 需求的识别和分类。通过在线 CRM 和客户的沟通可以收集来自多层面的需求信息，如何在这些需求中识别有效需求并对其进行分类也非常重要。

（3）企业内部决策支持系统构建。该系统应该能提供以下几方面的功能：

① 市场需求预测。收集客户需求和市场信息，进行市场需求预测。预测结果将作为

销售和生产的根据。

② 销售点的选址决策支持。通过使用合理的评价指标和评价方法对多个选址方案进行评估，最后提供最优的选址给企业作为参考。奢侈品销售点一般应该选在消费层次比较高的城市和地区。

③ 企业品牌管理和优化决策支持。奢侈品公司可能拥有多个品牌，如何有效地维护品牌形象并优化品牌，需要及时了解顾客的评价和品牌的实际影响力，进行全方位评估，并制定品牌优化策略。

虽然系统信息化已经给 CRM 带来了全新的变革，但奢侈品 CRM 信息化应该服从于客户体验管理。Millward Brown 每年会对全球 28000 个品牌（BrandZ ™）进行调研，而对调研的分析表明——成功地与客户建立功能和情感联系的企业拥有相对较高的保留率（84%）和交叉/向上销售率（82%）。调研同时证实第一个"关键时刻"发生在客户将自己的期望与他们最初、实际的体验相比较时。在这一点上，客户的旅程是由两大关键因素形成的：

（1）功能：客户对产品或服务应用方面的预期和体验。

（2）情感：购物过程中的体验。

Tom Ford 在 GUCCI 时曾说过："一个品牌就是一段难忘的记忆。"当记忆与时间、地点和人而不是东西结合在一起时，它就会释放出最强大的力量。换句话说，体验重于产品。综合性的客户体验管理方法总是专注于客户体验，并由此引出新的流程、培训指南甚至新的技术来支持令人印象深刻的品牌化、差异化体验。

零售体验是最直接的印象传递元素。如果创造的销售体验对头，那么你将拥有一个终生客户。由此可以想象，我们将看到更富创意的店内设计和超高水准的前线培训。目前就可以看到一些大奢侈品品牌对终端的投入无所不用其极。如 PRADA、LV、爱马仕的各种旗舰店都建造得美轮美奂，甚至成为了当地的地标级建筑。此外，是对服务的极致追求，如宾利会对车主的司机免费提供包括帽子到皮鞋的整套制服；对司机进行免费培训。又比如欧米茄给客户提供终身保用。

CRM 信息系统的部署不可避免会影响到客户销售终端的流程和客户体验的方式。然而不管各种 CRM 信息系统如何千变万化，一条准则是 CRM 信息系统一定要服从客户体验管理的需要。绝不允许为了信息系统的实行而造成客户体验的下降。一切系统的存在都是为了服务客户，而不是让客户迁就系统，这一点对于奢侈品行业非常重要。

7.3.2. 奢侈品CRM与客户细分

我们通过以下一家奢侈品品牌公司实际情况的剖析来说明上述主题。

一家奢侈品品牌零售商制定了积极的增长目标，决定深入研究那些价值最高、但消费最少的客户的需求和流动模式。经过研究，公司确定了几个渗透度相对较低、但消费潜力高的客户群，并且似乎这些客户群所关注的商品权益和商店体验正是该零售商价值主张的核心。该零售商发现，特别重要的客户群是追求时尚和品质，但又很忙碌的专业人员。

该公司意识到，要鼓励目标客户群在它的商店多消费，必须调整商品和商店的服务，适应这些客户对时尚、品质和便利性的独特需求，尤其要方便他们快速进出商店。然而，采取这些措施面临不少困难。首先，很少有商店经理愿意花精力来确认特定购物者的需求，并为他们提供差异化服务。此外，该零售商的传统规划过程局限于营销、广告推销和商店内部，几乎没有给跨部门的客户群目标留有空间。

为解决这些问题，该零售商从广告推销和运营部门中选拔高级管理人员，以制定新的计划，并在现有商店中实施。这些管理人员先从提高便利性的举措入手。在很多情况下，他们督促各个商店的工作人员关注那些注重时尚、忙碌的专业人员客户群。

此外，该公司还创建了一套新的财务和客户群衡量标准，以跟踪实施情况。

该零售商在建立自上而下的财务目标后，定义了特定于客户群的目标，如光顾频率、与前一季度对比的销售增长、各客户群的客户数量和交叉销售率。该零售商还在定期业绩管理会议上，与商店经理一起评估这些新的衡量标准。在这种基于客户群的综合方法（图7-7）、针对特定客户的计划、以客户群为导向的规划和业绩管理、以及组织变更的支持的共同作用下，目标客户群的平均消费额得到了提高：总购物金额增长10%，购买目标商品类别的金额增长30%。

7.3.3. 奢侈品独特的VIP系统

前面提到很多奢侈品企业希望大力促进奢侈品产品销售额。然而很明显的挑战是销量大幅度上升后会削弱奢侈品客户对品牌的稀有、尊贵的感觉。一般的对策是要做好客户VIP系统以保持高端客户的优越感和忠诚度。

LV 的手袋在日本十分畅销，几乎每位女士都有一只，高端消费者对此产生了不满，日本路易威登经过慎重考虑后发行了制作精致的VIP会员卡，提供VIP独有的特色服务、

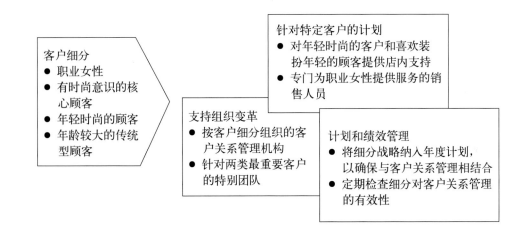

图 7-7 基于客户细分的客户关系管理（以时装奢侈品为例）

创新服务、增值服务。大家都知道排队买 LV 的人很多，尤其是限量单品推出时就更加不得了！不过作为 VIP 的好处就在于可以优先订购限量单品，而且同时就会收到品牌送出的 VIP 非卖品作为小礼物。而这些小礼物绝非简单的小东西，都是水晶骰、筷子、村上隆 MONOGRAM 扑克牌、MONOGRAM 眼罩和颈枕等特色产品。事实上，LV 的 VIP 礼物既是一件艺术品，更像是 Louis Vuitton 寄给各 VIP 的情书，让大家继续迷恋她、爱上她。这样路易威登通过 VIP 俱乐部行动又一次成为时尚先锋，VIP 会员俱乐部的成功运作使路易威登的高端消费者品牌忠诚度大大提高，同时又再一次刺激了原本的消费人群继续购买以获取尊贵的 VIP 会员的资格。

除了针对 VIP 客户的特供产品外，企业还应当充分利用 VIP 数据库进行情感营销，优化与客户的关系。感情是维护客户关系的重要方式，日常拜访、节日的真诚问候、客户生日时的真诚祝福，都会给客户留下良好的印象并让客户感动，从而加深对品牌的感情。

还有一些企业组织一些为 VIP 客户特别准备的活动，如法拉利自己组织的 F430 杯汽车赛事、哈雷摩托的百年庆典车迷大游行都在自己客户中心建立了特殊的情感链接。

除了利用各种方式来吸引 VIP 客户外，建立的分级 VIP 系统还可以考虑适当提高客户的转移成本。企业利用会员制对 VIP 客户提供差异化服务和积分系统，一旦客户想要更换品牌和卖主就不得不承担冒险尝试新产品、失去原品牌购买积分或者奖励等风险。

当然，奢侈品企业在进行客户分级的时候还必须注意防止 VIP 卡泛滥的现象，如果

VIP卡和麦当劳优惠券一样随手可得，高端客户就很容易丧失优越感，花费心思建立的VIP系统也就毫无意义。

案例7-1　美国运通卡——卓尔不群

美国运通公司是信用卡客户关系管理的领先者，它在信用卡业务中获取了高额的利润。自1958年发行第一张运通卡以来，美国运通公司凭借百余年的服务品质和不断创新的经营理念，保持着自己"富人卡"的形象。美国运通公司在《商业周刊》2004年全球知名品牌的排行中，名列第14位，品牌价值180亿美元。运通的持卡人与美国运通公司的客户关系平均为四年半，其中大概20%的客户产生70%的利润，7%—8%的最佳客户产生40%的利润。

运通卡主要有以下几大类：

一是签账卡。从1958年开始一直到20世纪90年代，运通主要发行签账卡，这种不预先设定消费限额、到期需及时缴清欠款的卡产品，在美国创造了一种新的消费模式，也是运通的标志性产品。

二是信用卡。近十几年来，运通发行了具有循环信贷功能的信用卡，分为绿卡和金卡两种。

三是公司卡。运通作为全球最大的公司卡发卡机构，《财富》500强中超过70%的公司使用运通公司卡（Corporate Card），为其员工差旅提供优质服务；此外，针对中小企业，运通发行了商务卡（Business Card），以满足其财务管理的需求。

四是联名卡。根据消费者不同的需求，运通与各行业合作推出各具特色的联名卡。从合作机构的数量而言，运通是第一大航空联名卡的发卡机构。

五是蓝卡。为满足客户网上购物的需要，运通特别发行了蓝卡，给予持卡人100%的网上购物保障。目前此卡只在欧美地区发行。

从顾客与发卡商初次接触到形成销售机会，再到签约直至最后购买全过程，在不同阶段和状态，运通公司都要对其顾客的需求进行分析，制定相应的策略，使顾客保持一定的忠诚度。

可能的购买者

可能的购买者就是该公司的潜在顾客。公司首先判断能给什么样的顾客提供优越价值，顾客细分市场具有很高的同质性，而这种同质性将会提高服务该细分顾客群的经济性。发展新顾客是信用卡行业的生命力所在。经过多年的发展，顾客开拓已经成为一个极其复杂的过程。在信用卡行业早期，市场营销的主要内容就是几乎不加区别地向所有的现有客户和根据外部获得的通信地址主动大量寄发信用卡，成本高并且效果差。在信用卡行业发展的第二阶段，发卡商首先将信用卡的申请筛选，然后对所收到的申请进行信用可靠度审查，最终确定是否发放信用卡。随着信用卡行业逐步走向成熟，信用卡发行商开始进行市场定位，区隔市场，以避免价格战。美国运通公司细分市场针对上流社会人士，为他们旅行和商务提供方便。运通卡的收费在全球是最高的，但持卡人依然愿意接受并使用运通卡。其原因主要有两个：第一，运通卡的品牌给予了持卡人尊贵的身份。第二，持卡人可以得到私人化的优质服务。

客户

一旦可能的购买者实施购买行为，他们就成了公司的客户。在开始的一年到一年半里，顾客离开的可能性很大，美国运通公司在开始的16个月将新客户分配到一个特定的部门，提供多种促销措施来鼓励顾客更多使用信用卡。在此阶段公司尤其关注第一次会员资格的更新情况，这时的顾客流失可能是最初16个月内的特殊优待终止后，那些通过促销方式赢得的、或者只是偶尔使用信用卡的顾客，如不常旅行的顾客持有专为旅行设计的联名卡。由于联名卡的使用依赖旅行，因此美国运通公司竭尽所能使顾客增加旅行次数，如提供航空里程奖励（AirMile Reward）以及旅馆的优惠措施。此外美国运通公司挑选了公司中最出色的电话推销员，组成一个"流失客户特别行动小组"。当客户打电话来要求注销信用卡时，小组成员就会努力挽留他们，甚至提供一些特别的优惠条件，通常小组成员能够说服约50%的客户留下。

收费

正像五星级的酒店必然有五星级的收费，关键是能否提供五星级的服务，让客户感到物有所值。不可否认，运通卡的收费在全球是最高的，但持卡人依然愿意接受并使用运通卡。其原因主要有两个：第一，运通卡的品牌给予了持卡人尊贵的身份。"成为世界上最尊崇的服务品牌"是运通一直追求的战略目标，多年来运通一直跻身于国际知名品牌的行列。在《商业周刊》2004年全球知名品牌的排行中，运通名列第14位，品牌价值180亿美元。显然，运通卡可以当之无愧地成为尊贵身份的象征。第二，持卡人可以得到私人化的优质服务。借助于先进的数据管理及运营中心，以及全球网络服务中心24小时的服务，运通对持卡人的消费偏好、消费模式等有着透彻的了解，可以有针对性地为持卡人提供私人化的服务。例如，白金卡持卡人可以享受1:100的礼宾秘书服务(Concierge Service)，即每百名白金卡持卡人配备1个礼宾秘书，而百夫长卡的这个比例则上升至1:50。此外，通过全球规模最大的信用卡积分计划和不断推出的新项目，为持卡人提供丰富的回馈。例如，最近运通推出"精选礼待"项目，与18个国家主要城市（包括北京、上海）的商户合作，为持卡人提供近千项优惠及折扣，覆盖购物、餐饮及旅行等各个方面。

当然，在不同的市场中运通公司也会考虑行业平均收费、竞争对手的定位等因素而制定相应的收费标准。以香港地区为例，绿卡的年费是250港币，金卡的是650港币，白金卡则为5500港币，而百夫长卡的年费高达9800港币。

7.4 奢侈品 CRM 团队

7.4.1 奢侈品CRM团队架构

很多人认为，CRM就是一套用以管理客户信息和协助日常业务处理的软件系统，其实不然。这在奢侈品行业表现得更加明显——CRM已成为奢侈品企业的战略核心，是奢侈品品牌在经营理念、组织架构、企业流程、业务策略、信息规划、绩效考核等各个方面的整体运作，具有战略意义。因此，为保障CRM顺利实施，奢侈品公司通常需要从里到外、从上到下周全地考虑其工作方式、工作流程、组织结构、人员岗位、产品属性、行业特征，并通过行政管理加以配合。只有这样，员工才能够充分了解并掌握CRM的理念，达到 CRM 所要求的标准，从而发挥出 CRM 对奢侈品品牌管理的最佳作用。

但是，并非所有的奢侈品 CRM 都是成功的。一项研究报告详细列出了导致 CRM 失效的因素：组织结构调整，29.0%；企业政治和经营惯性，22.0%；缺乏对客户关系管理的理解，20.0%；计划不善，12.0%；缺乏客户关系管理技能，6.0%；预算问题，4.0%；软件问题，2.0%；错误的建议，1.0%；其他，4.0%。从以上可看出，尤以组织结构调整、企业政治和经营惯性以及缺乏对客户关系管理的理解三个因素最为突出。一旦这几点得以良好协调，那么企业前端活动及内部作业间就能够通过紧密的团结协作，来保证客户关系管理的有效进行。

事实证明，团队构建对于奢侈品 CRM 至关重要。CRM 不是技术，更不是一套软件，而是以"人"为本的一种崭新的管理思想和管理方式，它侧重于企业对客户资源的有效发掘和利用。与其说 CRM 是一项工程，不如说它是一个需要不断执行、不断改进的过程。奢侈品客户的消费需求需要引导，而不仅仅是被满足，这将是一个永无止境的过程。

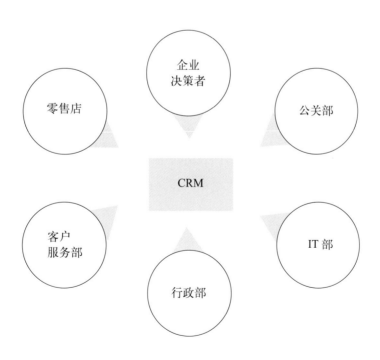

图 7-8 奢侈品 CRM 团队构造图

7.4.2 奢侈品CRM员工

作为顶级的奢侈品品牌，对员工的要求更加不同于一般的公司，很强调员工要有奢侈品的感觉和风格。

首先，由于奢侈品的消费者往往追求的是一种"奢侈"的心理体验，员工需要对这部分人群的消费特征、购买偏好等非常了解，并与他们保持良好的关系，对他们进行量身定做的产品推广。

其次，对于奢侈品企业员工们来说，不仅需要在统一的产品概念下和公司内部的市场推广及公共关系部门进行良好的沟通，他们还要有良好的理解力，能理解奢侈品的概念，领悟公司产品的深层次含义和公司文化。最终把对奢侈品品牌特色的理解融合到策划活动和自身的气质当中。这样在员工与那些VIP客户沟通时，才能更好地表现品牌的魅力，激发客户对品牌的热情。

因此各大奢侈品品牌都在员工培训上大花功夫，特别是在一些行业如高端酒店行业。高素质员工造就的高品质的服务是任何一个高端酒店品牌走向成功的先决条件。

企业主管需要在员工和消费者之间建立一种相互信任的关系，这种关系必须建立在合适的、真实的和有效的商业运作基础上。除了必需的产品知识技能培训，企业还应该建立科学的激励体系，针对员工的不同特点，充分考虑员工的需求层次进行适当的激励。同时鼓励员工献计献策，对员工提出的建议进行认真的审核和考察。有时候不起眼的小小建议就有可能大大提高客户满意度，从而提升公司的业绩。

内部营销是一种被证明对提高员工素质的行之有效的方法。像星巴克和豪雅表公司都利用内部营销理念来提升员工素质，传递品牌魅力和提高客户满意度。让我们通过豪雅表的例子来看看奢侈品品牌应该如何利用内部营销来促进员工更好地理解公司品牌，并且向客户传递品牌魅力。

案例 7-2 豪雅表（TAG Heuer）——"表"里如一的客户服务

作为"钟表王国"瑞士众多高档手表中的佼佼者，拥有 150 年历史的豪雅表（TAG Heuer）秉承着原创理念，制造研发精准确切、可靠美观的手表，被称为"自 1860 年以来，瑞士前卫风格的代表"。

钟表百年先驱

豪雅表的创始人——爱德华·豪雅（Edouard Heuer）于 1860 年在瑞士西部汝拉山区的小镇圣艾迈（St Imier）创办了自己的小型制表工作室，由此，在国际高档手表以及国际体育领域举足轻重的豪雅表诞生了。爱德华·豪雅一生酷爱运动与创造准确无误的计时器。各类运动竞技项目对于精准计时的需要赋予了豪雅表设计和技术上无尽的灵感；而竞技运动的本质——"挑战自我、追求成功、卓越品质"的精神则更成为了豪雅表的品牌精神。爱德华·豪雅及其后来人的心中只有一个信念，那就是将时间的计量带入一个新的高度。从表厂的建立开始，豪雅表就一直是制表业的先锋。无论是手表的技术、材料的选用还是款式的设计，豪雅表都打造了一系列尊贵手表的典范。

决不随波逐流的设计理念

豪雅表在充分展示其杰出的精密计时功能之外，创始人爱德华·豪雅本人还信奉这样的手表设计哲学——他相信一只手表不该有不必要的细节——应给予豪雅表一个可以一眼分辨的风格，从而将美学、科技和功能完美融会于腕表的设计。

与运动的深厚渊源

不断创新的技术、精益求精的计时和坚韧耐用的材质，这些与众不同的特质都使得豪雅自1860年创立以来一直和许多高水平的竞技项目保持着密切的联系。早在20世纪50年代，豪雅表便开始赞助世界知名的赛车手——1971年，豪雅开始和法拉利车队合作；1985年起，豪雅表开始赞助奔驰麦凯伦（McLaren）车队；1992年起，豪雅表开始担任F1世界一级方程式赛车官方指定计时器。

成就归功于豪雅表成功的内部营销

而在外界向豪雅负责人询问成功的秘诀时，豪雅的回答是"成就归功于内部营销"。

1. 重视向员工宣传公司的悠久历史和品牌精神

豪雅认为对于一家公司而言，取得成功的最基本原则是要让每位员工都能够接受并认同品牌创始人所信奉的理念，并始终与之保持一致，因为只有这样，才能确保公司每一位员工、每一个部门都朝着同一个方向努力发展。在豪雅表品牌创立之初，创始人爱德华·豪雅就确立了"挑战自我、超越自我"的品牌精神。而豪雅表之所以能够历经150年发展到今天，就是因为后人对这种品牌精神的继承与发扬。

豪雅表内部营销的手段又有哪些？

（1）充分利用IT技术，在员工中开展内部营销以及培训

其中一个有效的沟通工具是企业内部网站。这个内部网站可以把豪雅表的母公司以及20多家子公司，甚至是全球的合作伙伴联系起来。每位员工都有自己的登录用户名和密码，通过这个网络，他们可以方便地与世界各地的同事沟通交流，也可以搜寻到所有与公司相关的信息。

另外一个工具是用于培训的，这个工具通过生动形象的表现方式（幻灯片或者视频光盘的形式）将丰富内容展现在员工面前，例如豪雅表的历史、各个年代的不同市场活动，或者重大事件。为了让员工深刻了解每一款产品的结构与性能，公司还会制作三维动画，详细讲解它们的构造、原理以及特征等。针对不同的主题有不同的培训资料，并且根据需要随时更新。

（2）在豪雅表的内部营销体系中培养积极的文化氛围

公司鼓励大家分享各自的最佳实践、最佳学习方法或者有效的市场策略。不同地区的市场，其发展程度是不一样的。例如，在马来西亚的豪华腕表市场上，豪雅表位列第

一;在新加坡市场,它也发展得相当好;但中国则是一个全新的市场。因此中国区员工就完全可以通过学习和分享,借鉴豪雅表在其他国家或地区的成功经验,从而获得成功。

2. 内部营销造就一致的品牌形象

豪雅表是一个全球性的品牌,这要求公司无论在哪里,也无论使用什么语言,都必须向顾客展现出同样的品牌形象和品牌精神。因为现在的人们经常穿梭于世界各地,如果你是豪雅表的顾客,你当然希望在新加坡看到的豪雅表专卖店或者展示柜与在中国看到的是同样的。那么是什么促使各子公司在外部营销方面能够保持豪雅表形象的高度统一呢?答案就是内部营销。内部营销让豪雅表的每一位员工都充分理解了豪雅表的品牌内涵,他们明白所有的市场活动都应该朝着同一个方向进行,并且能够在工作中保持着同样的热情与激情。这就像在一个管弦乐团,每一位演奏者必须齐心协力才能演奏出美妙动听的乐曲。

3. 充分授权创造良好的经营业绩

许多公司,尤其是一些跨国公司为了确保它们在全世界的统一形象,往往将决策权留在总公司而不是各地的子公司。这或许能发挥一定的作用,但是却影响了决策的速度。而豪雅总部则充分授权给子公司。通过内部营销,各地子公司不仅理解豪雅表的品牌精神,而且对当地市场也相当熟悉,因此总部对内部营销的效果十分自信,也相信子公司完全有能力自行做出适合当地市场的决策。这意味着在豪雅表,子公司有足够的发展空间来做出决定,而不是由任何事情都要上级告诉你应该做些什么。

豪雅表通过成功的内部营销成就了高度统一的品牌形象,同时也给豪雅表带来了优秀的业绩。

资料来源:《中华工商时报》,哈佛商业评论网(http://www.hbrchina.com)。

7.4.3 奢侈品CRM经理人

CRM之于奢侈品品牌的重要性是不容置疑的,但是比奢侈品客户关系管理本身更重要的是奢侈品CRM管理人才。这些人被称为奢侈品CRM职业经理人,他们承担着管理奢侈品客户关系的重要责任,日常工作包括建立健全VIP客户的数据系统,并对这些数据作相应的分析,通过这些分析对VIP的顾客的购买偏好以及消费习惯等作分析,并配合公共关系部和市场部的新品发布等。有了这样的经验数据的总结，接下来就要对VIP客户进行进一步的关系维护，比如VIP客户club的营运，定期会员服务等等。

从CRM经理人这个职位的分析上看，似乎他们做的事情比较繁杂，既有市场推广方面的工作，也有公共关系方面的事务。其实，我们可以看到的是，作为CRM经理人需要兼备公共关系和市场运营的眼光和工作能力。

那么，奢侈品行业对CRM经理人的要求有哪些呢？

放在第一位的是组织沟通能力。因为他们不仅要在统一的产品概念下和公司内部的市场推广和公共关系部门进行良好的沟通，还要对产品的陈列和发布有很好的理解。这样才能维系好奢侈品的品牌概念。

此外，由于奢侈品的消费者，往往追求的是一种"奢侈"的心理体验，因此，CRM经理人需要了解这样的人群的消费特征，理解他们的购买偏好，与他们保持良好的沟通，对他们进行量身定做的产品推广。

其次，是良好的组织策划能力和创新能力。从CRM经理人的职位分析上可以看到，他们的职责涉及产品发布推广，他们要有良好的理解力，能理解产品的概念，虽然他们的客户是小范围内的，但是也更体现了这些客户的高端性，对品牌本身气质的理解也要很好地融合到策划活动中去，时时刻刻都要体现品牌本身的奢侈性，等等。

再次，做奢侈品必须强调，无论是CRM经理人，还是市场经理人，一定要有Luxury Sense，作为顶级的奢侈品品牌，对员工的要求也不同于一般的公司，特别强调员工要理解这个品牌的文化，并把这样的文化内化到自身气质中去。这样他们在代表这个品牌与VIP客户沟通的时候，才能更好地表现品牌的张力。

最后就是语言能力。流利的英语说和写的能力是很基本的要求，如果能有一口流利的法语，这样的职业经理人在奢侈品行业应该能走得更远。笔者在与一位在日资化妆品公司的职业经理人聊天的时候，她就谈到她应该不会去欧美企业发展，因为她流利的日语让她在日资企业里能与上层有非常良好的沟通，语言的障碍会让她的业绩大打折扣。

事实证明，CRM经理人在奢侈品品牌塑造和传播过程中起到相当重要的作用。然而，目前我国奢侈品CRM经理人还不成熟，很多人才都是半路出家的，专门经营奢侈品客户关系管理的职业经理人和专业队伍相当匮乏。弥补国内奢侈品人才短缺的有效途径，除了引进国外人才和到境外培养外，与国外富有经验的大学、培训机构共同培养也是一条可选择的途径。国外奢侈品公司和培训机构在奢侈品人才培养上所表现出来的敏锐市场嗅觉以及长远战略眼光,可以保证受训学员素质的全面提升。假以时日,当我们有了一批浸透品牌气质,精通品牌推广、善于引导消费的专业管理人才,对于成长中的中国奢侈品市场来说,无疑会有极大的帮助。

 讨论案例:希尔顿(Hilton)——CRM 至高无上

集团简介

希尔顿酒店集团公司(Hilton Hotels Corporation)旗下主要品牌包括:希尔顿(HILTON HOTEL)、康拉德(CONRAD HOTELS)、斯堪的克(SCANDIC)、双树(DOUBLE TREE)、大使套房酒店(EMBASSY SUITE)、家木套房酒店(HOMEWOOD SUITE)、哈里逊会议中心(HARRISON CONFERENCE CENTER)、庭园旅馆(GARDEN INN)、汉普顿旅馆(HAMPTON INN AND SUITES)、希尔顿度假俱乐部(HILTON GRAND VACATIONS CLUB)等。

Hilton 广告语:"Travel is more than just a to b."(旅行不仅是 A 地到 B 地。)

Conrad 广告语:"The luxury of being yourself."(做高贵的你!)

DOUBLE TREE 广告语:"This summer is packed with the fun of kids at doubletree!"(今年夏天双树酒店充满了孩子们的快乐!)

希尔顿国际酒店集团(HI),为总部设于英国的希尔顿集团公司旗下分支,拥有除美国外全球范围内"希尔顿"商标的使用权。美国境内的希尔顿酒店则由希尔顿酒店管理公司(HHC)拥有并管理。希尔顿国际酒店集团经营管理着 403 间酒店,包括 261 间希尔顿酒店、142 间面向中端市场的"斯堪的克"酒店,以及与总部设在北美的希尔顿酒店管理公司合资经营的、分布在 12 个国家中的 18 间"康拉德"(亦称"港丽")酒店。它与希尔顿酒店管理公司组合的全球营销联盟,令世界范围内双方旗下酒店总数超过了 2700 间,其中 500 多间酒店共同使用希尔顿的品牌(图 7-9 为希尔顿酒店的组织结构图)。

CRM 策略

2003 年酒店 IT 界的事件簿中,希尔顿酒店集团的两项新举措吸引了许多行业分析

奢侈品品牌管理　Luxury Brands Management

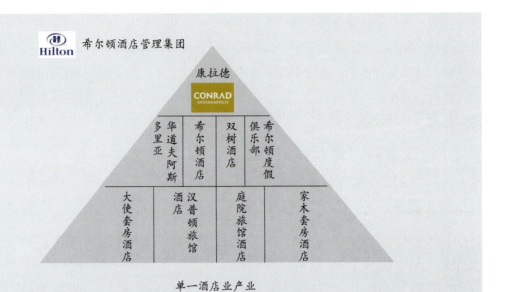

图 7-9　希尔顿酒店集团的组织结构图

人士的眼球，一个是无线局域网技术应用的拓展，另一个就是以客户关系管理策略为龙头的 OnQ 全面 CRM 科技解决方案在集团内各个连锁品牌中的大规模推广实施。为此，希尔顿大幅度增加了在酒店 IT 方面的预算，达 13%，并期望借助 IT 技术为集团带来可观的投资回报和盈利能力。而这一切无疑是四年前那次被列入各大酒店管理学院教案中的著名并购行动的自然延续。

下面我们就从头来看，看希尔顿国际是怎样以 IT 为核心推动集团化的 CRM 策略的。

1999 年，希尔顿国际收购了美国本土的大型特许经营连锁酒店集团 Promus，从而把双树（Double Tree）、枫屋（Homewood）、大使（Embassy）和汉普顿（Hampton）等几个品牌纳入到希尔顿的大家庭，由于希尔顿国际之前主要是以全资拥有或者全面管理的方式进行品牌拓展，而且酒店的规模较大，以全功能酒店为主，因此发展速度受到一定的限制。这次并购行动，为希尔顿国际带来了一套成功的特许经营运营管理模式，以及具有一千多家酒店的发展成熟的酒店特许经营网络，是酒店集团发展史上一次互补双赢的成功并购案例。

但这个案例之所以备受关注，不仅仅是品牌商业运营模式上的强强联合，而且在酒店 IT 方面，希尔顿国际通过合并，获得了 Promus 的研发团队和技术专利，从而巩固了希尔顿国际在酒店 IT 应用的领先地位。

希尔顿国际一直很重视在酒店信息科技上的投入，尤其是总部和酒店之间的经营信息交流，而在这一点上，Promus 是英雄所见略同。Promus 作为一个拥有多品牌特许经营体系的酒店管理公司，对于庞大的成员酒店网络的支持和控制，很大程度上依靠的是 IT 技术。从 1997 年起，Promus 自行组织技术力量进行新一代酒店管理系统以及互联网酒店电子商务的研发，成效显著。希尔顿国际伴随着品牌并购，得到了一个 CIO、一支 450 人的 IT 技术队伍、一套成熟的酒店管理软件以及一个现代化的数据中心。

从 2000 年开始，希尔顿国际设立了一个由品牌整合总裁、HHonor 会员计划总裁和各个品牌经理组成的品牌整合委员会（BIC），开始把希尔顿国际的 HHonor 会员计划推广到原来 Promus 的各个品牌，并在各个品牌之间建立交叉销售体系，合并一些重复冗余的部门，把希尔顿国际顾客至尊、追求品质的公司文化与 Promus 感性、温情、年轻的企业活力相互贯通融合。建立一个名为希尔顿大家庭的全新品牌标识（Hilton Family）。

与此同时，来自 Promus 的希尔顿国际集团副总裁兼 CIO 蒂姆·哈维带领他的团队开始了对希尔顿国际的技术整合和改造，其中最重要的行动就是用 Promus 的酒店管理软件 System 21 全面取代希尔顿国际原有的 H1 系统。与其他酒店集团不同，希尔顿国际采取的科技策略是自行开发酒店管理软件，并要求旗下所有酒店使用相同的酒店管理软件。

希尔顿认为，酒店管理数据及软件的标准化和集中化是首要的，只有这样，才能保证各个销售渠道实时和准确地把握酒店的可供应房间数量和价格，跟踪至尊会员和常客的消费历史和积分，这是收益最大化和加强顾客忠诚度所必需的。单单做到各个电话预订中心和订房网站所见到的房间数量和价格一致，但与酒店管理系统中的实际情况不同的话，一方面，服务代表无法即时对宾客的预定或更改请求进行确认，另一方面，又会造成客人直接打电话到酒店拿到更好价格的情况，这些都会降低客户的满意度同时减少酒店的收入。

从最初就在 Windows 平台下开发和使用的 System 21 系统，有别于其他厂商的产品，它从一开始就是针对连锁酒店数据共享的需求而设计的，是一个高度集成的系统，包括客房管理、预定、收益管理、客历和销售管理的数据，都集中到数据中心，可以进行统一的查询和统计分析处理。

例如，通过 System 21，一个订房文员可以预订集团内部任何一家酒店的客房，可以根据客人提供的确认号码，调出订房单进行修改或取消预定，可以根据客人的姓名、电话号码或信用卡号码实时查询客人的档案、在 HHonor 系统中的积分和特殊喜好。

System 21 超前的理念、先进的设计概念，注定了它可以最终取代希尔顿原有的酒店管理系统，并在日后的 CRM 总体规划中占据重要地位。

希尔顿的 CRM 发展策略是在 2002 年 5 月提出来的，这是基于对品牌整合两年来的成效评估而做出的商业决定，希尔顿看到，随着旗下品牌的增多，需要有一个更科学的宾客价值评估机制，需要有更高效的迎送、服务补救和投诉跟踪流程，需要更充分地利用收集到的信息获得顾客忠诚度和利润的同步增长。

希尔顿认为客户关系管理就是创造价值，包括为顾客创造价值，以及为业主、加盟者和管理者创造价值。CRM 在希尔顿的语汇中，还代表"Customer really matters"（客人确实重要），它包括追求业务策略的清晰制定、聚焦最有价值的顾客、追求短期成功、向客人提供实际利益、充分运用现有的科技和资源，以及在各个接触点建立共同的宾客视图。

希尔顿把自己的 CRM 计划划分为四个阶段，并形象地比喻为爬行、走路、奔跑、飞行。

第一阶段从 2002 年 5 月开始，采取的措施包括：

● 设立宾客档案经理的职位，负责对原有科技底下收集到的顾客信息进行汇总，从而保障在每个品牌每个宾客接触环节都可以识别某个顾客及其个人偏好；

● 改良抵店客人报表，反映客人的个人偏好、特殊要求以及在各个接触点的过往的服务失误及跟踪补救；

● 重整 HHonor 体系和钻石服务承诺，确保任何时候在任何酒店，"最佳客人"都能获得最佳服务；

● 建立"服务补救工具箱"，保证补偿的成效，消弭客人因为服务失误造成的不快；

● 增强了宾客档案的功能，包括了加急预定以及对过去/将来预定的浏览；

● 酒店级 CRM 入门培训。

第一阶段取得的成绩是被识别的至尊宾客人数增加了 4%，每人的平均消费房晚增加了 1.1—1.7 个，交叉销售的增长率为 21.3%，各个品牌的服务评分和顾客满意度都有 2—

5 个百分点的增幅。

第二阶段是从 2002 年 12 月开始，包括：

- CRM 数据到 System 21 酒店管理系统的整合，让一线人员可以得到弹出账单消息等自动提示；
- 客人自助式的在线客户档案更新系统；
- 把客户投诉/服务失误整合到宾客档案管理系统中，从而让经营者可以界定存在流失风险的客人；
- 把希尔顿全球预定和客户服务中心与宾客档案管理系统进行整合，使预定人员可以得到自动的系统提示；
- 改善宾客隐私保护政策和程序；
- 酒店进行强化培训等。

第三阶段是从 2003 年年中开始，包括：

- 让客户档案在任何地方、任何渠道都可以访问和修改、改善在品牌和 HHonor 互联网站的宾客欢迎和识别，扩充及加强客人喜好和特殊需求的可选项，抵店前 48 小时的确认和欢迎，包括天气信息、交通指引以及特殊服务等；
- 在所有接触点提供个性化信息传递的能力；
- 离店后电子信息和电子账单的传递，包括在线账单查询、感谢信、满意度调查、HHonors 积分公告、特殊的市场优惠等；
- 酒店级科技的加强；
- 报表的汇集。

第四阶段从 2003 年底到 2004 年初开始，包括：

- 针对性的个性化行销——客户化的促销活动，按照客人旅程安排的特别服务项目；
- 无线技术的深入使用；
- 远程入住登记和无钥匙进入；
- 个性化的客房内娱乐和服务项目；
- 客户生命周期管理，从尝试、绑定、跨品牌体验，直到持续的关系巩固，乃至驱动其频繁使用；
- 宾客级的收益管理，根据客人的终生价值和风险因子确定价格策略。

从整个计划当中我们可以看到IT技术的研发和实施占了一个相当重要的角色，蒂姆哈维曾向媒体阐述了2003年其IT部门的几个主要目标——继续System 21系统的新版本研制以及在各个成员酒店中的升级和推广，在年底以前把所有酒店的管理系统更换为最新版本的System 21，包括目前使用HPMS2的几十家最大型的希尔顿酒店；通过对第三方收益管理和CRM数据分析系统的整合，提供一个历史数据、竞争者分析和业务预测的工具平台；酒店无线局域网的应用研发和试验推广。从而为希尔顿集团下属的所有酒店品牌提供一个全面的技术解决方案。

这个解决方案被称为OnQ，其核心是System 21酒店管理系统，目前已经发展到2.11版本，将会被重新命名为OnQ V2系统，它作为一个统一的前端系统，除了完成日常的酒店业务外，还可以透明地访问到由其他后台系统提供的数据，这些系统包括Focus收益管理系统、Group1客户联络管理系统、E.piphany客户关系数据分析系统等，同时具有与各种电话计费系统、程控交换机系统、语音信箱系统、高速互联网系统、迷你吧系统、门锁系统、POS系统、收费电影系统、能源管理系统、客房内传真系统的接口。

OnQ的收费模式是按照酒店客房收入的0.75%收费，并提供一系列的IT服务，包括：

- 基于现有配备情况以及对酒店业务需求分析选定的硬件平台；
- 24小时×7日的硬件和专利软件支持；
- 业界领先的完全整合的收益管理模块；
- 客户关系管理模块；
- 改良的HILSMART系统；
- 7个E-mail账号；
- 通过System 21桌面完全的互联网www访问；
- 硬件升级保证，大概三年更新一次设备；
- 软件核心模块升级，无须另外收费。

OnQ中的Q是质量的缩写，代表了希尔顿国际对服务质量的一贯追求，同时，也是英文On-demand Cue的简称，代表这个科技平台可以在服务团队需要的时候，提供充分的提示，让他们成为顾客的个人助理，提供个性化服务，从而取悦顾客获得对于集团忠诚度的提升。同时对于管理层，系统也能在需要的时候，通过分析数据，提供对修正经营策略的提示，从而更能适应高度竞争的市场环境。

针对新酒店和现有酒店加入特许经营体系的不同情况，OnQ 解决方案提供了详细的部署计划和培训指导，包括一本 40 多页的系统规格要求（包括前厅服务图的尺寸布局图纸、电脑房和设备间的规格、网络布线规范、硬件采购指南以及培训室的规格等），一本 96 页的培训管理手册（包括系统向导、情景作业、在线指导、技能测试、模拟操作、补充实习、资格认证七个阶段的工作指引），一本 30 多页的培训系统安装手册，以及项目会议程序、标准实施进度表、数据库初始化问卷和各种检查表格等资料。对于新开业的酒店，标准的实施进度从开业前 4 个月到开业后 1 个月，分 12 个阶段、43 个项目；对于从其他品牌转换过来的酒店时间要长一些，需要从转换前半年到之后的 1 个月，分 12 个阶段、52 项任务，计划中详细列出了每个人物的目标、负责人、完成时间和具体步骤。培训时间通常占其中的 45—60 天，管理层的培训时间较多，因为除了系统的使用之外，还有相关的管理领导课程。

OnQ 的培训绝大部分是通过电脑进行，整个系统功能的向导、在线的教学笔记和习题、情景模拟、考试都在培训系统中完成。同时，在实际使用的系统中也设置了 COACH 的图标，可以随时为工作人员给出交互式的帮助信息。从而大大降低了培训成本，缩短了培训时间，也保证了培训内容的一致性。

OnQ 由于是基于一个集中式的系统，具有互联互通的网络架构，因此其业务系统和培训系统都实现了自动分发和远程更新。为了保证工作效率，每天都会自动下载数据库的备份到本地，方便检索的速度，仅对修改做出同步。

与 Fidelio、MSI 等著名的酒店管理系统供应商的产品相比，System 21/OnQ 的功能也许没有那么全面细致，也没有太多的多样化和适应性。但由于是作为希尔顿的专有系统，更多时候强调的是核心流程和数据格式的一致性，从硬件配置到功能特性，都是自上而下根据管理目标和策略进行规划和定义的，而不向个别酒店的特殊要求进行妥协，而且所有关键的业务数据都完整地传送到集团的信息中心，酒店的业绩对于管理公司一览无遗，酒店的常住客自然成为管理公司的重点客户，在连锁范围内共享。毕竟所有加入希尔顿大家庭的酒店，无论是全面管理还是特许经营，都必须接受使用集团指定的电脑系统，并签订信息授权使用的条款。而这也就是希尔顿集团之所以可以大刀阔斧地在企业级推行 CRM 策略、并成为行业翘楚的根本因素。也许这也是中国的连锁酒店经营者值得借鉴的。

思考题

1. 你认为 CRM 信息系统增加了公司的成本吗？
2. 奢侈品企业客户关系管理成功的重要标准是什么？
3. 奢侈品品牌在客户群大增的情况下应该如何保持客户的奢华感觉？

8 奢侈品分销渠道

奢侈品渠道结构

奢侈品销售终端类型

奢侈品销售终端管理

第8章 奢侈品分销渠道

> 店面橱窗不仅是宣传新一季皮包或腰带的平台,更是展示品牌形象的工具。
>
> ——蒂埃利·爱马仕(Thierry Hermès)
>
> 爱马仕(Hermès)创始人

品牌故事:
万宝龙(MONT BLANC)——中国情愫

万宝龙(MONT BLANC)简介

万宝龙国际(MONT BLANC International,GmbH)是历峰集团旗下位于德国的一家精品钢笔、手表与配件的制造商,以"白色六角星"商标作为识别。

对于所有标着"MONT BLANC"的笔来说,豪华和高级是唯一的追求。它从不降尊于普通,它所追求的是奢华与尊荣,是永久的品质保证。每支万宝龙笔套顶部都镶嵌了一颗显眼的白星徽号,这种清晰的白色星雪线作为身份的象征,从一个个笔杆中探出头来,在世界各地领尽风骚。

万宝龙意指欧洲最高峰——勃朗峰(MONT BLANC)。近一个世纪以来,万宝龙

（MONT BLANC）以制造经典书写工具驰名于世，万宝龙的名号代表着书写的艺术，笔顶的六角白星标记，恰恰是勃朗峰俯瞰的形状，象征着勃朗峰的雪岭冠冕，该山峰的最高点为海拔4810米，而每支笔尖上的"4810"字样正是勃朗峰的高度，该数字通常循环用做各种主题。而纯手工制作、经过25道工序打造的笔头，更使得MONT BLANC书写工具如勃朗峰般坚实而又高贵。

品牌文化精髓

1924年，经典的大班（MEISTERSTUCK）系列墨水笔面世，巧夺天工的工艺及恒久隽雅的设计、儒雅的气派，彰显出对书写艺术的钟情，因而备受推崇。此后的近百年时间里，该系列产品曾与无数风云人物一起指点江山，共同书写世界历史。该系列产品也完美诠释出万宝龙的品牌精髓：追求精准无误和特有的价值取向，如传统、细腻、考究的手工工艺，对生命、思想、情感、美丽及文化等人文精神的礼赞。

作为世界两大奢侈品集团之一的历峰集团旗下的著名品牌万宝龙，如今已发展成为一个多元化的高档品牌。勃朗峰高耸入云的巍峨气魄，正好象征万宝龙工艺登峰造极和力臻完美的宗旨，它代表着高雅恒久的生活精品，反映着今日社会对文化、素质、设计、传统和优秀工艺的追求和礼赞。

"放缓脚步、尽享生命"（deacceleration），可靠的书写品质与手工品质，以及长久以来强调完美感的要求，这些坚持使得万宝龙，在强调"高科技"的现今社会，愈显弥足珍贵。在人们的心目中，万宝龙已成为"高感受"的诉求象征，一种优质生活的选择。

万宝龙发展史

1906年，在汉堡市内，文具店主Claus-Johannes Voss、工程师August Eberstein和银行家Alfred Nehemias认为生产墨水钢笔大有可为，所以他们合资成立"SIMPLO Filler Pen Co. GmbH"，以"成为高级墨水笔生产商"为宗旨。

1909年，公司改良了墨水笔的技术，推出墨水笔型号"MONT BLANC"。这名字后来注册成为品牌名字，照亮了后世文具用品的发展之路。"MONT BLANC"是欧洲第一高峰"勃朗峰"的法文名字，这个名字代表了品牌本身追求最高水准的品质和工艺。

1913年，万宝龙品牌创造了一个品牌标志，状似星星，实际上它是盖上积雪的勃朗峰的俯视图。这标志常见于产品上，沿用至今，而高尚的品牌精神也一样坚持至今。既然对品质有所要求，自然不会那么易于满足。

1924年，万宝龙再推出另一款墨水笔经典MEISTERSTUCK，外形高贵大方，至今仍是不少收藏家的目标。

在1935年，万宝龙更为MEISTERSTUCK产品提供终生保养，由此观之，万宝龙对自己的产品信心十足。在20世纪20年代末，万宝龙已成为国际知名的高级墨水笔名牌，当时行销全球超过60个国家。品质优良自然吸引全世界高品位的人士，可是要再进一步令全球一般消费者也认识万宝龙，那么便要有好的宣传手段配合才行。万宝龙对此也深有同感。例如，万宝龙是全球首家运用飞机广告的企业，可知在飞机上印上品牌名字于天空盘旋，对活在20世纪20年代的人来说是一件新鲜事。跨过第二次世界大战的难关，万宝龙迅速重建在战时遭受破坏的厂房，并继续欣欣向荣地发展下去。

踏入90年代以后，万宝龙品牌发展渐趋多元化，一方面继续强调品牌的优良传统，继MEISTERSTUCK后于2000年推出Boheme系列，2003年，再推出另一新系列StarWalker。另一方面又推出皮袋、公事包、腕表，以及珠宝首饰，甚至于2001年推出香水系列。发展至今，可以说一个成功商家的必需品可全由万宝龙包办。

万宝龙品牌产品线

万宝龙生产与其标准产品不同设计的限量版。版本包括Patron of the Art（每年4810/888支）、Writers Edition、Annual Edition、各种周年纪念版（Anniversary Editions）、Donation Series与只有一支的纪念性钢笔。

莫扎特（Hommage à Wolfgang Amadeus Mozart）系列笔，是大班系列中最纤巧的一款，笔杆只比一支唇膏略大，深得女性欢心。

除笔之外，万宝龙现在还拥有腕表、皮具等产品。

腕表：凭借瑞士首屈一指的制表工艺，万宝龙腕表系列将卓越传统和完美设计巧妙结合。表把的六角白星和表壳侧面镌刻的 Meisterstück 字样，传达出它与驰名世界的万宝龙笔一脉相承的卓越品质。

皮具：以光滑柔润的法国小羊皮或意大利南部小牛皮为原料，手工制造，确保牢固耐用，而皮具上的每个细节都能让人领略到万宝龙产品的精良考究和不凡价值。

此后，万宝龙又发展了珠宝配饰、太阳镜、香水等系列多样化的名贵物品，除书写工具外，万宝龙现在销售手表、皮革产品、女性与男性首饰与书桌的附件，以及高档成衣、香水等。

1. 万宝龙香水

万宝龙星辰女士香水 Presence d'une Femme，献给追求高贵精致与具有品位格调的女性。瓶身本身就是一个散发"存在"氛围的艺术品，线条流畅而精致优美，它包含了许多对立的要素：银色的底座、透明的玻璃；金属外层的包覆、清透圆滑的边缘；一目了然的清透设计却反映香水瓶身的颜色。清新青脆的菠萝叶瓣，融合橘子的甜美，打造一场闪耀着异国风情的开场白。接着，精致的仙克来与豪华动人的兰花结合，散发摩登的花香。最后，檀香的温暖气息，透过花梨木轻抚感性的香草花与优雅的广藿香，更加增添女性的娇柔与感性。

万宝龙星辰男士香水是时尚精品品牌万宝龙的首支男士香水，承袭优雅内敛的品牌精神，PRESENCE 也以艺术般精致的流畅瓶身，邀请每一个注重品位的男性驻足欣赏。摩登东方情调的味道流露着一股姜味的温暖辛辣、佛手柑的清新，随着时间消逝，渐渐地在檀香的包围下沉淀，只留下一抹麝香让我们回味。

2. 万宝龙珠宝

在经由八年的潜心研究以及对每一个角度、每一寸距离的苛求后，万宝龙终于创造了唯万宝龙独有的万宝龙星形切割钻石。

43个截面经由身怀特技的万宝龙珠宝工匠细心推敲打磨，以最完美的4C（克拉，净度，色泽，切割）为标准，将钻石光线由内心深处层层折射；勃朗峰山巅六条冰川灵气四溢，令聪明与永恒美感经43瓣切面极致绽放……

万宝龙珠宝定位高端，无论颜色或净度都采选最高品质，六角星钻石是万宝龙的专利切割。每一颗万宝龙钻石都由全球最大的独立宝石实验室比利时国际宝石学院IGI鉴定并签发品质证书。

3. 万宝龙腕表

前行即是改变，它意味着离开原有的平坦，探索新的未知。这一理念的拥趸是一些身处今朝而胸怀未来的人，他们富有才华，抱负远大，充满自信与活力，在不断前行的过程中，总会比他人领先一步。也正是以此理念，万宝龙继推出全新的"星际行者"（StarWalker）系列书写工具后，又于2003年冬季在全球呈献融合传统工艺与现代精神的"时光行者"（TimeWalker）系列腕表。

万宝龙慈善活动

一直以弘扬人类文化艺术为己任，这已成为万宝龙品牌哲学的重要基石，万宝龙致力传承的书写文化，更是人类最古老的文明成就之一。然而时至今日，在传播教育书写和阅读等基本技能方面，仍有许多国家资源相当匮乏。因此，万宝龙希望继续肩负重任，为全球教育和文化艺术推广做出贡献。

在2004—2007年间，万宝龙通过"书写的力量"（Power To Write）全球扫盲慈善活动筹集了100余万美元的善款，鼎力支持联合国儿童基金会发起的多项教育项目。2009年，万宝龙承载着为儿童开创教育机遇和扫除文盲的全球重任，再次做出支持联合国儿童基金会教育项目的承诺。为此，万宝龙承诺在2009—2010年间，通过写真义卖及全球筹款活动为联合国儿童基金会筹集150万美元。

2009年2月20日，即奥斯卡金像奖颁奖典礼前2日，万宝龙与SIGNATURE INTERNATIONAL在好莱坞联袂举办国际性的万宝龙"以爱为铭"（Signature for Good）慈善活动。

此次慈善活动展出由美国著名摄影师 Roger Moenks 倾力打造的明星写真,以支持联合国儿童基金会的教育和扫除文盲项目。参与这一活动的12位国际知名女星包括艾娃·朗格利亚(Eva Longoria)、西耶娜·米勒(Sienna Miller)、苏珊·萨兰登(Susan Sarandon)、艾米莉·布朗特(Emily Blunt)、玛西亚·克劳斯(Marcia Cross)、克里斯蒂娜·瑞茜(Christina Ricci)、安迪·麦克道威尔(Andie MacDowell)、海伦·亨特(Helen Hunt)、劳伦·赫顿(Lauren Hutton)、米拉·乔沃维奇(Milla Jovovich)、杰西卡·兰格(Jessica Lange)及米拉·索维诺(Mira Sorvino)。她

们在 Roger Moenks 的镜头前逐一塑造传世名著中女主人公的经典形象,包括玛格丽特·米切尔名著《飘》中的斯佳丽·郝思嘉、莎翁名著《罗密欧与朱丽叶》的朱丽叶、小仲马代表作《茶花女》中的玛格丽特·戈蒂埃等。她们共同表示愿意无偿捐赠其肖像写真,并将拍卖收益全部捐赠给联合国儿童基金会。

上述女星的12幅惊艳写真巨作在开幕酒会上揭开其神秘面纱,所有参与本次活动的著名女星与自己的写真作品联袂登台。本次活动的写真作品随后6个月将在万宝龙全球各项推广活动上巡回展出,并最终于2009年与苏富比拍卖行合作拍卖上述作品,全部所

得均将赠与联合国儿童基金会(UNICEF)。参与本次竞拍并获得肖像写真作品的幸运儿,除可获得该女星亲笔签名的肖像写真之外,还可获赠附送的万宝龙大班经典系列(MONT BLANC Meisterstück)85周年纪念珍藏版名笔一支。此笔款延续万宝龙的精湛工艺,全球限量发行仅12支,是为此次合作特别设计的旷世佳作。

万宝龙国际公司首席执行官贝陆慈先生表示:"全球局势愈发艰难,帮助全球贫困弱势群体更加责无旁贷。我们有幸获得这12位杰出女性的鼎力支持,帮助我们更有效地开展教育救助计划,并在全球范围内增强对联合国儿童基金会的经济支持。万宝龙对信誉、信任、信赖及恒久

价值的追求矢志不渝,我们将始终恪守对联合国儿童基金会的承诺。"

万宝龙中国渠道之争

万宝龙在中国的渠道发展并不太顺利。

2002年,在中国消费者对万宝龙还很陌生的时候,万宝龙选择国瑞信为内地市场的代理商。当年10月,双方签订授权书:"万宝龙太平洋有限公司现委托上海国瑞信钟表有限公司开发中国零售市场及售后跟进服务。"包括双方公司名字在内,当年的授权书不到40个字。手执协议的国瑞信董事长朱兴宜开始为万宝龙"披荆斩棘",拓展渠道。

在朱兴宜为开拓市场撒下几千万元"血本"后,2006年万宝龙开始为他带来收益。可好景不长,2007年5月15日,万宝龙中国公司认为:朱兴宜未经万宝龙公司同意,擅自设立销售点,违约在先,且非法使用万宝龙的商标,侵犯了万宝龙的知识产权。万宝龙决定停止对国瑞信供货。这引发了一场"离婚"官司。朱兴宜开始状告万宝龙并要求3500万元的赔偿。

国瑞信认为:"为了开拓市场,国瑞信前后共投入近5000万元,包括在香港、上海专门设立进出口贸易公司,打通了万宝龙进入中国的通路,并在全国各地开设了30余家经销点和专卖店。国瑞信至今未达到收支平衡,本来预计2008年就可以稳定盈利,但是这个进程现在被强行打断。"国瑞信于2007年12月17日向万宝龙商业(中国)有限公司(下称"万宝龙中国")发去律师函,称国瑞信在得到授权后投入巨资进行商业布局和市场开发,万宝龙此次终止合作,是万宝龙为了"攫取更高额的利润,肆意剥夺国瑞信公司作为合作伙伴应得的商业利益"。

万宝龙中国则回应:"万宝龙中国曾在2006年11月就国瑞信未经授权违规开店一事要求对方纠正,但是国瑞信没有做出改善,所以决定终止合作。""为了攫取更高额利润,无端终止授权"的指控并不成立。"在过去5年,国瑞信的销售额仅占整个万宝龙在中国销售额的1%—6%,并且国瑞信授权的14家门店中,有11家经营面积在30平方米以下,不符合现在万宝龙平均70平方米的门店要求。"

万宝龙方面还措辞严厉地说,国瑞信至今仍在使用"万宝龙"、"MONT BLANC"等图形及商标标识,万宝龙也将考虑采取相应的法律措施。

万宝龙事件折射出了近年来国际奢侈品品牌在中国的销售渠道策略方面发生了明显变

化。几年前国际奢侈品品牌基本都是利用国内代理商进行销售和布点。而后随着中国经济的发展和国民收入的提高,国际奢侈品品牌明显增加了自身销售网络的建设。双方的纠纷带来一个很明显的课题:我们应当如何合理规划的销售渠道来保证产品和品牌形象的有效传递?在不同的国家地区又应当如何灵活应变?

8.1 奢侈品渠道结构

如图 8-1 所示,奢侈品品牌的国际分销体系主要分为母公司所建立与直接控制的世界分销体系,以及奢侈品品牌通过特许授权的被授权公司所建立的特许分销商分销体系。

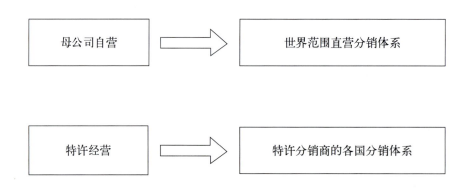

图 8-1 奢侈品的国际分销体系

第一种方式是公司自营的分销渠道系统,一般包括奢侈品品牌公司在各国的销售分公司、自营旗舰店、自营零售店、设计师定制店。另外还有部分公司开展网络直销和电视直销。

直营的分销渠道体系的优点是:(1)有利于品牌建设,销售终端和品牌公司的利益统一,不容易出现随意降价、服务降级等有损品牌形象的事件;(2)对于用途单一、技术复杂的产品,可以有针对性地安排生产,更好地满足需要;(3)生产者直接向消费者介绍产品，便于消费者掌握产品的性能、特点和使用方法；（4）由于直接渠道不经过中间环节，可以降低流通费用，掌握价格的主动权，积极参与竞争。

对于奢侈品品牌来说，如果人力、财力足够并且当地的销售额足够的话，公司会尽可能采用直营分销体系。大部分奢侈品品牌的主要销售均来自品牌专卖店。星巴克、哈根达斯、贝纳通这样的品牌更是绝大部分销售均在品牌专卖店完成。这是因为奢侈品品牌有其"奢侈"的一面，其明显的品牌个性不易融入其他渠道，品牌专卖店是其独特品牌体验的最高场所。

但直接渠道也存在不足，如制造商在销售上投入大、花费大，而且销售覆盖范围也受到限制。而奢侈品品牌对销售店铺的要求很高，投资更是比普通品牌庞大得多，所以一般奢侈品直接分销渠道系统不会覆盖很广，地域上主要都是建立在大都市。

第二种方式特许经营系统属于一种间接的分销渠道系统。特许经营是指特许经营权拥有者以合同约定的形式，允许被特许经营者根据特定条件使用其名称、商标、专有技术、产品及运作管理经验等从事经营活动的商业经营模式。常规来说包括各个层次的中间批发商，专营店铺和专业时装销售店。主要针对一些欠发达、或者公司暂时了解不够的国家和地区。由于其当地的销售额暂时不足以支撑销售分公司的费用，采用各种形式的中间商可以帮助公司在较低成本下保证一定的销售覆盖率。

特许分销渠道系统作为一种间接渠道，其运作方式非常多样化，其区别主要体现在特许经营权拥有者对于被授权方的控制程度大小。最常见的是区域授权代理、免税店系统、品牌（商标）授权三种方式。

区域代理一般是在指定区域里销售该奢侈品的经销商。选择代理商时，代理商的规模大小、区域如何划定？这里要区别对待。比如作为刚进入市场的奢侈品，属于新品范畴，为了激励经销商，降低推广费用，尽快打开市场，因此可以选择省级总代理。但是如果是属于成熟产品，在市场销售有很长的一段时间，可以在省级区域选择两到三个区域代理，这样避免客大欺店，也有利于经销商对其所辖区域的精耕细作。

品牌特许授权渠道系统下，奢侈品品牌公司在协议条件下授权给其他公司使用自身品牌。被授权的公司自己负责建立其相应的渠道系统（甚至是产品研发）。授权方奢侈品品牌公司主要负责品牌控制以避免被授权方的不当行为伤害自身的品牌形象。比如在日本这种比较封闭的市场，很多公司就采取了品牌授权。另外还有一种情况就是被授权的公司生产的产品是授权方暂时无法涉及的。比如巴宝莉公司本身的产品是高档服装，针对墨镜、手表等行业的拓展就采用了品牌特许授权的方式，授权给墨镜、手表行业的专业制造商。相对来说，品牌（商标）授权方式下，品牌拥有者对被授权方的控制相对较弱。

免税品是指经营单位按照海关核准的经营品种，免税运进专供其免税店向规定的对象销售、供应的进口商品。免税店经营的免税品品种，应由经营单位统一报当地政府部门批准。免税店主要经营免税香水、化妆品、首饰、手表、服装、服饰、皮具、太阳镜、食品、旅游精品及地方特色产品等。其销售场所一般是口岸、机场和飞机上。由于免税店一般不需支付进口关税和当地消费税，因此一般可以给顾客带来部分优惠，从而保持其吸引力。据统计，很多奢侈品品牌的免税店销售占据总销售额的 20%—30%。目前主要的免税店集团有：Nuance 集团、DFS 环球免税店、BAA 等。免税店系统的强大销售能力和价格折扣让奢侈品品牌又爱又恨，因为价格折扣很容易伤害到普通分销商的积极性。这种情况下，提供免税店专供产品成了一种比较常见的折中手段。

特许分销渠道系统其优点是：中间商的介入，使交易次数减少，节约了流通成本和时间；中间商着重扩大流通范围和产品销售，品牌商可以集中精力于产品研发、品牌管理、生产，有利于大范围的销售覆盖。

它的不足是：中间商的介入，使制造商与消费者之间的沟通不便。另外中间商可能因为自身的利益做出伤害品牌的行为，如品牌形象传递失真、随意降价、服务不周等。

世界上许多著名的奢侈品品牌通常都会采用公司直接分销网络与特许分销渠道相结合的体系。这样的体系可以保证拥有品牌的母公司能够在世界各地都拥有代表，但是又不需要承担太高的成本，当然其中有些销售网络并不是由母公司来控制的。例如很多时装和化妆品品牌，往往先通过国内的代理商和百货公司进入中国市场，随着市场的开拓和品牌认知度的建立，再由母公司直接通过自己的分销体系在国内建立旗舰店、专卖店等。以兰蔻（LANCÔME）为例，先在太平洋百货等设有专柜销售，随着市场占有率的增长，还设立了旗舰店双管齐下。

总体来说，奢侈品的分销渠道同一般商品的区别是比较明显的。一般商品的分销网络力求越大越全。而奢侈品对分销网络和销售店铺的要求是少而精，宁缺毋滥；而且其一贯坚持着相对低调的销售方式。

奢侈品渠道链不宜过长，可以采取从代理商到一级分销商、终端零售商即可，不宜开辟二级分销商。虽然奢侈品利润较高，但是产品渠道过长，导致市场管控难度增加，经销商利润空间被稀释，而且不利于市场的精耕细作。另外，渠道过长，将致使物流配送、营销管理等方面的运营成本大幅提升。奢侈品的渠道布局，要兼顾数量与质量。在奢侈品布局过程中，并非代理商的分销网点越多越好。要注重代理商的资金实力、经营理念、分销能力，特别是品牌意识，这是尤为重要的。只有注重品牌，对价格体系呵护备至的经销商才可能在选择代理商时充分考虑到其分销网点布局的合理性、分销网点的分销效率。

一方面是尽量扩充渠道纵深和渠道覆盖面以获得更大的客户接触面，追求更大销售额，而另一方面是保持奢侈品品牌的排他性和神秘感以塑造品牌形象和吸引力，那么这样一对矛盾应当如何来平衡呢？一般来说，奢侈品公司通过平衡市场供求关系来达到双方的平衡。在"宁缺毋滥"的经营原则和始终保持市场需求大于供给的状态下，尽可能扩展高素质渠道网络，以此保证产品销售以及品牌定位的均衡。

8.2 奢侈品销售终端类型

8.2.1 大型购物中心（Shopping Mall）

从1993年，纪梵希（GIVENCHY）进驻深圳西武百货，随后路易威登（Louis Vuitton）、巴宝莉（BURBERRY）、波士（BOSS）等也先后加盟，开启了奢侈品在中国的Shopping Mall时代。如今，北京国贸商城、上海恒隆、香港中环这些名字在中国人的心目中无疑是奢侈品朝圣的殿堂，并且越来越具有世界影响力。2004年路易威登亚太区最大的旗舰店落脚上海恒隆，2005年科尔贝尔（COLBERT）委员会旗下的51家法国奢侈品公司的奢侈品展，标志着恒隆广场成为中国的时尚高地。

奢侈品品牌云集的购物中心往往有三个特点：

1. 地理位置能代表城市人心目中的新贵形象

寸土寸金的城市商业中心，以及高档商务写字楼的围绕，凸显了奢侈品品牌的尊贵地位。北京国贸商城地处高档商务写字楼圈，而上海恒隆本身就是一个集写字楼与Shopping Mall于一体的综合商务楼。这些高档写字楼中的城市精英正是城市财富和生活风尚的代表。而汇聚奢侈品品牌的Shopping Mall借此向消费者传递着一个信息：精英阶层。

2. 总体建筑凸显艺术感与品位感

建筑外形也是奢侈品品牌选择 Shopping Mall 的重要依据。北京国贸商城所在国际贸易中心由美国著名设计公司 ARQUITECTONICA 担纲整体设计，循环式的结构布局展示出流畅的弧型曲线；上海恒隆采用流线型的纯玻璃主体，曾有人评论说："上海恒隆就如同浓缩版的纽约第五大道"；香港中环广场大厦是香港最高的建筑，简洁三角外形设计，像埃及金字塔的顶部，整体蓝色及金色的色调更显出其高雅的风格。

3. 内部空间构建往往安静而空旷

相比大众品牌，宽敞与安静是奢侈品门店的主题。Shopping Mall 内各品牌专门店宽敞的布局让消费者在购物的同时欣赏与享受生活，在近距离接触消费品的时候体会到一种优雅与轻松。专门店中很多展示品牌历史的非售品让消费者了解到了品牌的文化和内涵。销售顾问从不急于推销的姿态与高雅的氛围相得益彰。

8.2.2 名品街（Boutique Zone）

"boutique"一词源自法语，在 20 世纪开始和小商店、时髦酒店形影不离。来到新世纪，这个形容词已经变成名词，概念意义广泛，以独立经营、富个性、讲究独特设计感、标榜量身定造的贴心服务，区别于包罗万象的 Shopping Mall。所谓 Boutique Zone——名品街，即是国际顶尖品牌 Boutique 聚集的地方。著名的巴黎圣·安诺赫街（Rue du Faubourg St-Honore）、伦敦庞德街（Bond Street）和纽约第五大道，不仅是时尚都市的潮流地带，更是各国游客的必到之处。

2004 年上海外滩 3 号开幕，2005 年 34 个国际顶级品牌进驻杭州湖滨名品街拉开了我国 Boutique Zone 时代的帷幕，标志着国际奢侈品品牌在我国的空间建设达到一个高潮。整个 Boutique zone 的气质出奇地统一、奢华、低调。比起百货商场或购物中心的专柜销售，它具有更高的私密性和专属性，更能够体现奢侈品品牌的文化和地位。

8.2.3 免税店

是主要针对旅行者的折扣市场,通常选择吞吐量较大的机场设立。世界上有五大免税集团,下面将一一介绍。

1. DFS 集团

全称 DFS Group Limited,总部设在旧金山,是世界上最大的免税零售商,其销售主要集中在北美和太平洋地区,在这些地区拥有 180 多家零售店。共同创始人 Robert Miller 拥有 DFS 38.75% 的股份,LVMH 拥有 61.25% 股份。

目标客户:国际游客,包括来自日本、中国内地、中国台湾和其他在某一地区有影响的游客。70% 左右的销售额来自于日本游客。

经营特点:

(1) 世界机场免税店特许经营的第一个实践者;

(2) 是世界市内免税店经营的领导者;

(3) 零售商与著名品牌商的融合,在采购成本、经营品种、品牌引进等方面极大地促进了 DFS 的发展;

(4) 将娱乐融入免税店经营概念中,首创 GALLERIA 免税店经营模式;

(5) 在品牌和价格上成为亚洲免税店标准;

(6) 免税店类型:GALLERIA、机场免税特许经营店、在高档饭店、旅游胜地设专卖店等。

2. Nuance 集团

Nuance 集团在世界免税市场排名第二位,同时又是世界最大的机场零售商,Nuance 集团在世界各地拥有零售店近 400 家。Nuance 集团注册地在卢森堡,总部设在瑞士的苏

黎世。2002年4月意大利超市巨头Gruppo PAM S.p.A公司全资收购Nuance集团。

经营特点：

（1）以并购促进集团的超常规发展

Nuance集团惊人的发展速度主要依赖于并购其他公司来实现，尤其在1996年对Allders国际免税公司的收购，使Nuance集团一跃成为世界最重要的免税集团之一。在此过程中，Nuance集团还收购了其他一批成功的但相对独立的旅游零售公司，把它们锻造成一家强大的集团公司。

（2）以创新精神创造新契机

Nuance集团是业界公认最具创新精神的公司，首先提出了奥运会主题商店的概念。2000年悉尼奥运会上，国际奥委会进行了一项特许经营计划的创新，就是与免税零售商Nuance集团签署了建立奥运主题商店的特许协议，使Nuance集团获得了全球范围的经营许可。悉尼奥运会期间，Nuance集团共开设了七家奥林匹克主题商店，包括机场店、市内店和奥运村店，主要商品是国际奥委会获准经营的商品，如运动服、T恤、针制品、徽章、奥运书籍、手表、CD、录像带、纪念币（邮票）等，并获得空前成功。

（3）免税店分布

Nuance零售店类型有供船店、机场店、机上店、市内店、边境店、旅游邮购、网上购物和其他类型的零售店和零售方式。Nuance集团87%的销售业务来自机场零售，10%来自供船和批发业务，只有3%的业务来自市内店销售。业务范围延伸至澳大利亚、奥地利、加拿大、开曼群岛、葡萄牙、新加坡、瑞典、荷兰、瑞士、瑞典、中国香港、爱尔兰、新喀里多尼亚、新西兰、丹麦、法国、希腊等17个国家和地区。主要业务集中在亚洲（40%），欧洲（47%）和美洲（13%）。

3. 英国机场管理公司（BAA）

BAA是全球盈利最多的机场管理公司，该公司于1987年实现私有化。2002年BAA实现营运收入31亿美元，其中零售收入达到8.3亿美元。World Duty Free（WDF）是BAA的分支机构，主要负责BAA的免税业务，2002年的销售收入为5.7亿美元，占当年BAA总收入的18.2%，是BAA的核心业务。

WDF的客户来自世界各地，重点集中在日本、韩国、中国等亚洲国家。

WDF很少参与免税经营权的招标。主要是利用BAA巨大的资金优势和它在机场管理方面的丰富经验，参股国外机场管理公司或者与国内机场达成长期的管理协议，实现其业务低成本的扩张。截至 2003 年 3 月，BAA 拥有 7 家英国机场的所有权和经营权，并与 2 家美国机场签署了零售管理协议，拥有 10 家国外机场的股份。

4．Gebr Heinemann 公司

Heinemann 家族于 1879 年在德国汉堡成立 Gebr Heinemann 公司，由 Gunner Heinemann 和 Caul Heinemann 共同拥有。2001 年在全球免税业中排名第四位，是德国最大的旅游商品零售批发商，注重商品计划、营销品牌和门店培训等方面的努力。渠道销售分为六个区域：德国免税和奥地利机场免税；德国免税和斯堪的纳维亚机场免税；军队免税销售；欧洲、中欧和东欧一区和二区免税；特殊市场。

该公司具有较强的政治背景。1999 年，针对欧盟取消的免税业，Gebr Heinemann 带头在德国展开游说活动，并得到德国议会的全力支持。

其发展战略是：巩固已有业务，将战略重点逐步转向零售业务，尤其是加强对东欧和亚洲的渗透。利用东扩的时机，努力开拓东欧广大的市场空间，率先创造了"旅游价值"的概念，并以此为基础成立了旅游零售协会。

5．Weitnauer 控股公司

Weitnauer 控股公司是一家坐落在瑞士巴塞尔莱茵河畔的私人旅游零售公司，是全球第五大免税集团，2002 年销售额约 7.54 亿美元。Weitnauer 在 23 个国家开设了 267 家旅游零售店，类型包括机场店、港口店、边境店和市内店，业务覆盖欧洲、美洲、非洲、中东和亚洲。核心业务集中在机场零售，目前该公司在全球 54 家国际机场经营 164 家免税店，主要市场为意大利。

Weitnauer 旅游零售业务的发展是通过零售店面的大规模扩张，实现两个方面的战略转变：一是业务重心的转变——从早期的烟草制品的销售转移至免税商品的批发和销售，再转向旅游产品的零售业务；二是战略地域的转移——从以意大利为重点的欧洲转向以墨西哥为中心的美洲，再逐步向发展空间巨大的亚洲和中东地区转移。

8.2.4 高档酒店

奢侈品刚刚踏足中国之时，秉持了谨慎的态度。一些五星级酒店，如北京王府饭店、广州中国大酒店、上海波特曼等成为奢侈品品牌进入中国最早的落脚点，吸引了第一批进入中国的顶级奢侈品品牌，包括路易威登、欧米茄、杰尼亚等，初步形成了中国奢侈品品牌的汇聚地。

图 8-2 是世界十大酒店集团的一个概览。

凯悦酒店管理集团

卡尔森酒店管理集团

希尔顿酒店管理集团

最佳西方酒店管理集团

洲际酒店管理集团

万豪国际酒店管理集团

法国雅高国际酒店管理集团

喜达屋酒店与度假村集团

胜腾酒店管理集团　　精选国际酒店管理集团

 凯悦酒店管理集团　　　　　　　　 卡尔森酒店管理集团

第8章 奢侈品分销渠道

奢侈品品牌管理 Luxury Brands Management

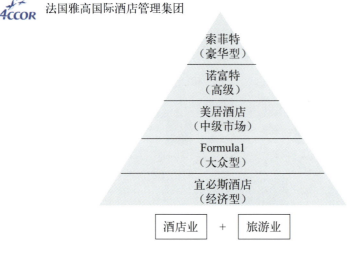

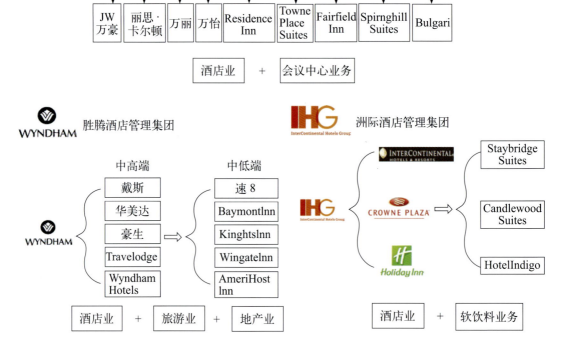

图 8-2 世界十大酒店集团概览

8.2.5 网站

虽然以旗舰店、专卖店、店中店、百货店专柜、连锁店等为主要形式的零售店铺是奢侈品销售终端最为普遍的类型，但网络购物已经成为国际最流行的奢侈品消费方式之一。下文列举了一些可供奢侈品品牌选择的在线营销方式。

1. 建立自己的线上营销中心

互联网正逐步改变着人们的生活，日益便利的互联网高速连接成为在线购物的物质保障。轻而易举打开某一商品的众多链接，自由放大或者缩小图片，随心所欲多角度观看，都让消费者体验到网上购物的快感。

Oakley公司是世界领先的眼镜设计、技术和创新企业。1975年以300美元起家，如今Oakley太阳眼镜已经遍布在世界两百多个国家的25000余家零售店，并进入美国《福布斯》排行榜的"世界奢侈消费品牌"榜单的前30位。能够取得令人瞩目的营销成绩，互联网功不可没。在Oakley公司的营销网站，客户可以欣赏到有关Oakley太阳眼镜的精彩视频，阅读到关于它的新闻故事，还能进入它的运动员输出系统，体验你所喜欢的运动员拥有Oakley太阳眼镜的风采。当然，你还有机会通过电子邮件报名参加Oakley组织的一些活动，或通过在线查找的方式，获取任何一家你最方便到达的Oakley销售店的地址。Oakley太阳眼镜与拥有广泛影响力的Apple网站合作，为该网站专门制作的视频获得了30000次/天的下载量，而且合作期间，Oakley的邮件直销也成绩斐然。Oakley公司还在制作一款与Oakley太阳眼镜有关的网络游戏，并努力通过制作一些网络短片等"病毒式"网络营销形式，来获取更多消费者的芳心。仅仅在2004年的一个季度，Oakley太阳眼镜就达到了100万美元的在线销售额。因此，在2005年和2006年，Oakley公司分别增加了10%的网络营销预算。

2. 网络托管式搜索营销

所谓托管式搜索营销，就是依靠厂商严密科学的风险管理和内部控制体系，为企业提供安全、高效、专业的营销服务支持，包括营销策略的建议、方案的制定、计划的实施以及实时的监测反馈等环节，最终帮助企业实现搜索营销效果的最大化。

世界知名水晶制造商——施华洛世奇涉水托管式搜索营销，将整个网络搜索营销交由知名搜索引擎搜狗打理，希望借助搜狗全新的"好管家"服务模式"坐享其成"。在托管服务中，除了优化应用自有的资源力量外，搜狗搜索还会为施华洛世奇整合国内其他搜索平台的优势力量，集众家之长，最终实现整合搜索营销的效果。

3. 在线销售折扣奢侈品的网站

零售业把这种促销称为"廉价存货"。目前，这种网站在富人圈还是很受欢迎，并且也得到了品牌零售商的青睐。受次贷危机的影响美国经济进一步走向衰退，许多时尚品牌的厂商和零售商考虑到客户会缩减花销，把促销提前进行以减少库存压力。

在线销售折扣奢侈品的主要网站包括：Overstock、Bluefly、Vente Privée、Ideeli 等。

以 Ideeli 为例，它是一个 2007 年 12 月才成立的网站，仅销售最时尚的女性奢侈品。其销售方式也特立独行，只有具备邀请函和已经存在的会员才能成为它的用户。这个网站隔三差五才开张一次，每周仅卖 3—4 类产品，尽管上架前商品会在网站上进行预展，但真正的销售时间开卖前才群发短信通知用户。在最初 6 个月的试营业期间，商品上架 2 小时内就销售一空，有时候甚至不到 10 分钟。在 Ideeli 每月只要交纳 8 美元的额外费用就可以比别人早一小时收到打折资讯，这将大大增加成功抢购的机率，所以目前约有 10%的会员选择了该项服务。Ideeli 提供的商品只能满足 5% 的会员需要，那些总是抢不到宝贝的人可能就会怏怏离场。但是 Forrester Research 的零售分析师却称，对于奢侈品来说，稀缺策略是非常重要的，它可以在不损坏品牌形象的前提下制造一种紧张感，而这些品牌并不会在某家网站倾销所有的产品。

8.3 奢侈品销售终端管理

8.3.1 奢侈品门店管理

相信没人愿意挤在熙熙攘攘的店堂里仓促试穿一双缀着水晶和蕾丝、价值上千美元的高跟鞋。相比之下，坐在贵宾试衣间的沙发上啜饮香槟，等待私人导购送上一件件新款时装显然更让人乐意掏钱包买单。世界上许多奢侈品商店都为贵宾们提供这样无微不至的服务。下面是奢侈品门店管理的一些要点。

1. 门店组织结构

管理岗位可设店长、店长助理,店员可设导购员及收银员岗位。

(1)店长

● 代表者——店长代表整个店铺的形象。店长是连锁公司管理门店的代理人,对外处理与主管部门、顾客等之间的关系;对内又是店员的代言人。

● 经营者——指挥店员高效运作,对店铺经营的各项数据进行分析,在满足顾客需求的同时创造一定的经营利润,并对各项工作作出正确决策。

● 管理者——控制和运用店铺的相关资源,管理店内营业活动并实现营业目标。

● 协调者——协调解决店铺出现的各种问题,使工作保持顺畅。

● 培训者——培训店员的各种技能,提升员工整体素质,激励店员不断为店铺创造效益。

(2)导购员:负责顾客接待、礼送,推荐门店商品,解答顾客疑问,整理维护商品,保持店面清洁等工作,是门店顾客服务的具体执行者。

(3)收银员:负责收银、现金管理、账目管理工作及顾客咨询等服务工作。

2. 岗位着装识别

连锁门店人员着装是连锁店重要的识别标志之一,也是规范经营、展示品牌形象的重要手段,因此,连锁体系各级员工都应该高度重视。

为方便顾客识别,连锁店员工应统一着装颜色、款式。与此同时,各岗位人员应佩戴相应岗位标牌供顾客识别。

3. 人员管理制度

无以规矩,不成方圆。作为连锁门店,必须制定规范的人员管理制度,并不折不扣地执行,包括门店人员出勤、外出规定、交接班、排班制度。同时,连锁门店实行统一的门店绩效管理、统一的薪酬福利管理及统一的岗位晋升管理。

4. 团队协作

连锁门店人员管理的成功除了需要有规范的岗位分工、规范的着装、规范的制度之外,还需要员工像团队那样一起工作,从而超过现有成绩,达到更高的标准。

(1) 注重全局，考虑整体

当员工做每一件事情，服务每一位顾客时，都应考虑它会如何影响整个门店，以及整个公司的利益。例如，当员工为顾客提供热情、周到、专业的服务后，顾客就会认可该连锁门店以及公司，从而一再光临，并向周围宣传该连锁门店。

(2) 集思广益，群策群力

对于出现的问题，门店人员集思广益，提出新的看法和建议，共同解决问题。对于个人工作中遇到的问题，在其他人的帮助下，群策群力，共同解决。两个人的力量总是强于一个人，一个协作的团队的力量就更强大了。例如，每一名员工都可以提出更好的服务顾客的建议。每一位团队成员遇到困难时，其他成员都应及时提供帮助。

(3) 积极沟通，尊重他人

积极、有效的沟通可以明确表达自己的想法，并聆听他人意见，通过思想的碰撞产生创新的火花。每一位门店员工都应该与团队中的成员进行沟通。例如，在讨论顾客服务或销售导购技能时，通过聆听团队其他成员的意见，可以为员工带来新的思路。

(4) 全力以赴，支持决定

在每个成员都发表意见并聆听了他人的意见后，团队应该做出统一的决定。对决定，每一个成员都必须遵循并全力以赴地予以支持。请想象一下，如果在连锁门店中，员工就同一问题给顾客不同的答案，会造成什么样的混乱情景。作为团队，在形成一致决定后，就应像一个整体那样去执行。

(5) 团队成绩，个人贡献

如果整个连锁门店团队取得了成绩，那么我们应当肯定每一名成员的贡献。没有所有人员的参与和支持，团队是不可能获得成功的。

5. 门店的选址

奢侈品行业中，门店的选址不是通过评测拉动力和贸易区域分析得出的。经营者看重的是开店的目标城市的商业潜力要高于某一基准城市。一旦选定一个城市，门店在该市的位置就比较容易确定了。每个城市都会有一个奢侈品门店的最佳地点。

奢侈品品牌在中国的选址经过了三个阶段。第一个阶段是从1991年进入的品牌，如路易威登、杰尼亚等，北京王府饭店就是著名的奢侈品聚集地；第二阶段是从1993年的纪梵希进驻深圳西武百货起一直到2005年，这个阶段奢侈品品牌逐渐进入到大型百货商业中,如北京国贸商城;第三个阶段是"名品街"时代,目前北京还没有这样集中的街区,名品街是今后发展的方向。奢侈品品牌对选址的要求往往注重以下七个方面:

(1) 位置

黄金地段是国际一线品牌选址时主要考虑的一大要素,比如北京的 CBD 中心区域,该区域是"新创地段",往往消费能力都比较强,这也就成为主打奢侈品招牌的项目的扎堆之地,因而在该区域出现了国贸商城、银泰中心"Park Life"、华贸中心和新三里屯等大打"奢侈品品牌"的项目。除了 CBD 区域外,金融街由于有百盛,也使该区域出现了走"奢侈品品牌"路线的金融街购物中心项目。

(2) 交通

交通问题也是制约奢侈品品牌项目发展的一大原因。比如美美时代百货落户西单时,就有专业人士提出其很难在短期内制造出奢侈品消费的氛围的质疑。虽然美美时代百货设置了大容量的停车场,但是由于西单北大街交通拥堵,这就使美美时代百货丧失了一批开车族的消费市场,而这部分市场却在奢侈品消费市场中占有相当大的份额。

(3) 管理

现有商业经营水平普遍不高是制约奢侈品品牌进驻的一大原因。全球约有 200 个奢侈品品牌,有相当一部分会进入北京,终端物业的租赁需求较大,但目前的现象是一直难以转化为有效的需求,其主要原因是北京现有的商业经营水平普遍不高,鲜有经营成功的新商业。北京很多商业地产项目从形态和区位来看都符合这些品牌的需要,但却很难被选中,究其原因,主要是这些项目内部的经营管理水平无法保证这些品牌的档次需求和长远发展。

(4) 租金

这也是奢侈品品牌会考虑的一个条件。根据专业数据公司的租金调查结果显示:纽约第五大道的商铺以年租金每平方米 7.4 万元人民币名列第一;排名第二的是法国巴黎的香榭丽舍大道,每平方米年租金为 5.9 万元人民币;香港的铜锣湾以每平方米 4.4 万元人民币列第三位;伦敦的牛津街、澳大利亚的皮特街紧随其后。这些都是世界上公认的几大顶尖名牌的朝圣之地,那里云集了最多的顶尖品牌,如香奈儿、迪奥、古驰、LV 等。相反,一些项目为了吸引奢侈品品牌进驻,往往会采取零底租、给装修补贴等优惠条件揽客。

(5) 邻居档次

周边的商铺情况也是奢侈品品牌"择邻而居"的考虑因素。它们往往要求"门当户对",

如果觉得有与自己档次不够的品牌进驻，它们就会选择放弃该项目。

（6）建筑风格

比如上海的一些带有 Art Deco 风格的建筑就比较受一些国际一线品牌的青睐，比如外滩、石库门等地，尤其受到阿玛尼、卡地亚的钟情。

（7）环境

奢侈品品牌"高端、窄众、精粹"的消费特点使其区别于中低端品牌追求人流的特点，它们要求所处的环境要安静、舒适，不需要人流。

8.3.2 奢侈品销售终端推广

奢侈品的零售终端销售是其推广最关键的一环。作为零售终端的推广，主要涉及以下几个方面：

首先是零售终端导购选择与培训。作为奢侈品的导购员应在整体素质上坚持与产品内涵的匹配原则。比如说如果销售的是欧莱雅的兰蔻或者是宝洁的 SK-Ⅱ，如果选择一个没有太多文化素养、没有在大都市经历过一些熏陶的人做这些奢侈品的促销，可能让人敬而远之。对招聘的导购除了给她必要的相关产品知识、销售技巧等方面的培训外，更要注重对其举止修为和气质外化等方面的培训。

其次是零售终端促销赠品的配送。如何选择与该奢侈品相匹配的赠品物料，关系到这个品牌在消费者心目中的知名度和美誉度。建议选择品质感较强、价格适中、有一定知名度和美誉度的品牌做奢侈品的终端促销赠品。

再次，关于奢侈品的促销方式。奢侈品的消费者一般都是素质较高，崇尚个性与时尚的群体。因此，应采取体验式营销的方式，尽量多设计一些与消费者互动的促销方案。另外，与其他非竞争领域的高档品牌进行联合促销，也是很好的选择。

 讨论案例：保时捷（Porsche）——激情韵风

2008 年，当全球汽车行业陷入金融危机纷纷陷入亏损甚至破产边缘的时刻，德国保时捷（Porsche）汽车公司，德国著名的跑车生产家族企业，却依然保持其强劲的增长势头。虽然从2008年下半年开始,保时捷在欧洲和北美销售量急剧下滑使得在刚刚过去的2008—2009财年中,全年总产量同比下降27%,至76739辆,税前亏损44亿欧元,但这主要是由于计入了与收购大众汽车公司的计划相关的成本。保时捷本身依然保持着两位数的盈利率,营业收入仍超过66亿欧元,保持着"是全球汽车产量最少的公司,但却是最赚钱的汽车企业"这一荣誉。其中,保时捷旗下热卖的跑车和SUV所构架的"中国跑车"狂飙在中国市场上掀起的奢侈韵风为保时捷的快速发展起到了举足轻重的作用。

全球最大的跑车公司

1948年,当保时捷创始人费迪南德·保时捷领导他所组建的"保时捷设计有限公司"设计制作了第一款以"保时捷"命名的底盘由轻金属制成的"保时捷356"型跑车开始,保时捷就有意避开生产通用领域的车辆,而选择了跑车作为其主打产品。

为了当时能区分同样是制造跑车知名的意大利法拉利,保时捷创造了具有不同风格特点的跑车。相比较法拉利的传统跑车流派——性能优越,但技术相对落后,自动化程度较低,安全和舒适性也较差,驾驶这类跑车往往需要高超的驾驶技术。保时捷则选择了代表汽车发展潮流的另一种造车理念:除了性能优越突出,舒适性和实用性各方面也非常优异。相比法拉利具有瑰丽外形和浓郁的意大利风情的设计,保时捷跑车的外形更能经得起时间的考验。这种差别体现了德国人严谨、勤奋、务实、力求完美的性格特征。

2005年保时捷一举收购了大众汽车集团约18%的股份,开始谋划一出经典的"蛇吞象"并购案例。2007年,保时捷增持大众股份到约30%,成为第一大股东,并在2008年3月宣布将斥资150亿美元将持股比例提高到50%,保时捷并购大众汽车集团几乎已经板上钉钉。但是随着金融危机的不期而至,形势峰回路转,并购时借贷的大量银行资金使得保时捷陷入了财务危机之中,所以不得不在2009年8月31日接受大众汽车董事会通过的与保时捷公司的合并协议:大众支付约33亿欧元(47亿美元)收购保时捷42%股权,使得保时捷成为大众汽车集团旗下第十个汽车品牌。

经过半个多世纪的发展,目前保时捷主要销售的车型如表8-1所示。

表 8-1 保时捷主要销售车型

车型	车型品牌	车型描述	图片	车型名称	厂商指导价（元，含增值税）	宣传口号
跑车	Boxster	跑车中的运动车。敞篷、双座、极为机动灵活，公认的驾驶乐趣。		Boxster	745500	心在燃
				Boxster S	972500	情燃在心
	Cayman	代表在道路上舍我其谁的飙车体验。即刻启动、反应奇快的保时捷。		Cayman	785600	心自骋
				Cayman S	1069500	意志坚定个性鲜明
	911	保时捷的传奇。精确的外形与功能。即刻、直接、刺激和富有启迪的驾驶乐趣。		911 Carrera	1404500	志于心
				911 Carrera S	1550300	至善传奇
				911 Carrera Cabriolet	1547000	释放激情
				911 Carrera S Cabriolet	1692000	有三个数字可以说明一切
				911 Carrera4	1506500	力始于心，安于心
				911 Carrera4 S	1651500	动力4次方
				911 Carrera4 Cabriolet	1648000	全驱动、全天候
				911 Carrera4 S Cabriolet	1793100	天地，随我宽广
				911 Targa4	1603100	内外皆天地
				911 Targa4 S	1749000	新境界、心境界
				911 Turbo	即将公布	驰世传颂
				911 Turbo Cabriolet	即将公布	
				911 GT2	3300000	Respect required
				911GT3	暂不在中国发售	From the inner Sanctum

概念轿车	Panamera	我们并没有把它定义为一款轿车，也没有将其定义为一款四座或者四驱车。我们要打造的就是一款保时捷，并在这款四座四驱车型中融入顶尖跑车技术。		Panamera S	1843000	至善者不息
				Panamera 4S	1926000	纯粹驾驶体验
				Panamera Turbo	2490000	采用跑车技术的四门保时捷
SUV	Cayenne	体现了保时捷的全部价值。毫不妥协的运动。敏捷、动感，充分考虑日常应用细节的实用性。		Cayenne	888000	不同寻常的全能车型
				Cayenne S	1460000	Cayenne S 的 "S" 原则——强大的运动性能
				Cayenne S Transsyberia	1603000	挑战极限
				Cayenne GTS	1788000	非常道
				Cayenne GTS PD Edition 3	1893000	Porsche Design Edition 3
				Cayenne Turbo	1998000	再塑传奇
				Cayenne Turbo S	2449000	强者自强

保时捷品牌战略

和其他汽车企业不放过任何四个轮子品类形成反差的是，保时捷61年来，始终坚持以维系血统、小规模生产，并只生产跑车、SUV车型为主。其战略体现在：

1. 注重成本控制

保时捷公司非常精明，它的钱只花在购买者愿意接受的地方。凡是购买者不肯花钱的地方它就想方设法省钱。发动机是汽车的"心脏"，保时捷公司在这方面作了大量投资，而对于仪表盘的设计和转换装置的安排等则不太在意。保时捷公司尽量压缩在生产制造方面的花费，控制任何不必要的投资。以价值计算，它的工厂所生产的部件仅占其全部部件的1／5，其余皆由外部生产商供应。同时保时捷一贯的战略做法就是控制产量，只以需定产、定销，而绝不盲目开工,从未过度建设产能,严格控制员工数量,以确保成本控制处于最佳水平。

保时捷的成本控制同样离不开公司全球CEO魏德进(Wendelin Wiedeking)坚定的改革措施。保时捷一方面着力引进日本的管理文化,强调改善、倡导合理化建议等管理机制,另一方面提出削减生产机构、缩减生产规模、提升生产效率等措施。这确实让保时捷重新意识到汽车既是一种高贵的艺术,又是一种纯粹商业性的流水线及其之上的管理。保时捷的战略思想也同样深植到保时捷所有分公司的领导层中。

而在新车型的开发上同样追求低成本控制。以保时捷开发新SUV Cayenne为例,为了降低成本,保时捷公司与大众汽车公司合作生产,保时捷公司负责车型的开发,而大众汽车公司负责除发动机外的主要部件的生产,以期实现豪华品牌与高产量的结合。

2. 保持情感需求

"保时捷有时不像汽车,更像艺术品。而这就是全世界喜欢保时捷的人共同的情感。"对保时捷的情感是一个世界话题,不管是谁都会认同保时捷过去61年所创造出的历史价值感。用几百万元来购买一辆保时捷,对于真正理解顶级汽车历史和文化价值的人来说,实际购买的心态上,收藏的意义远大于使用。

为了保持消费者的这种对保时捷的情感需求,保时捷可谓是煞费苦心。无论零部件产自何方,保时捷都是一部组装工艺精良的手工制造的汽车。保时捷公司为了确保独特的价格定位,与奔驰公司和宝马汽车公司不同,坚持不在美国建厂组装保时捷汽车。它认为给"保时捷"贴上"美国造"的标签将减弱它的神秘色彩。保时捷属于高档消费品,奢侈品就是奢侈品,钻石不可能卖成黄金价。

同时,保时捷公司针对客户对保时捷跑车的仰慕心理和神秘感,坚持跑车的装配全部采用手工操作完成。在公司的汽车厂里,装配过程中不使用任何自动装置,甚至一只小螺丝钉的装配也要用手工来完成。工人以四五个人为一组完成一道工序的操作,六七道工序完成之后,必须由检验员进行严格的检验,合格后才转入到下一个工序。每一辆"保时捷911"型跑车都是由人工上漆,在楚芬豪森工厂里最后一道装配线上,先由一个机器人往挡风玻璃上抹胶,然后再由人工安装。工厂实行8小时轮班制,工人每工作2小时就可休息10分钟,这样可以保证保时捷生产出来的每一辆跑车都是精益求精的。

所以保时捷公司的特定消费者,将"保时捷"品牌作为高贵身份的象征。在美国购买保时捷跑车的顾客年收入平均将近30万美元,其中近半数购买汽车时都是付现金,他们购买保时捷汽车不是图便宜,他们追求的是保时捷品牌的"一流豪华跑车"的内涵,是保时捷汽车精工细作的工艺质量,是引领时尚潮流的创新。

3. 不断创新出极品

为了不断应对日益激烈的跑车市场,保时捷公司不断推陈出新。除了保持已有的跑车系列进行一系列的技术革新以外,保时捷还审时度势地进军SUV市场,同时将其原有的跑车优势嫁接SUV车型的设计制造上,让保时捷的SUV Cayenne一经推出就大受欢迎。

新款车型Cayenne GTS、Cayenne Turbo S、911系列、Boxster/Cayman和在2009上海车展首发的概念轿车Panamera,为保时捷继续引领世界跑车业的领先地位铺平了道路。

保时捷公司为了保持技术创新的高水平,积聚了雄厚的技术设计力量。1972年,保时捷公司建立了自己的研究发展中心,拥有先进的风洞试验室、环境保护测量中心、破坏试验设施和试车场。到20世纪90年代中期,这个专门设计和研制汽车的设计中心,拥有职工约2000人,占地面积达70万平方米,其中车间和试车场用地约4万平方米,拥有各种的检测设备。一流的产品,要有一流的设计;一流的设计,要有一流的检测,这是一个相辅相成的关系,其中检测是最关键的质量保证手段。保时捷公司之所以强于竞争对手,之所以有这么多的拥戴者,之所以可以卖出这么高的价钱,就在于保时捷公司花巨资建成的世界一流汽车检测中心,严格保证设计产品在推出时极度的先进性和可靠性。

超级加速保时捷"中国激情"

2001年当年,当通过各种途径在中国卖出13台跑车的时候,保时捷第一次将目光投向陌生而遥远的东方国度。2002年1月下旬,时任保时捷汽车公司董事长魏德进先生亲自来华,直接向媒体透露他此行的目的:亲手规划中国营销网络。从此保时捷"中国跑车"正式启动了其强有力的引擎。短短的7年内,保时捷就如同其跑车拥有誉满全球的超级百米加速性能那样,在极短的时间内完成了质的飞跃。据2008年年终数据显示,保时捷在中国的销量比2007年大幅上升,几成翻倍之势。继2007年创下4856台,2008年创下8371台的销售纪录后,在2009年金融危机的背景下继续保持高速增长,达到

9090辆。在中国内地则售出8629辆，与2008年相比上升13.3%。其中，豪华SUV保时捷Cayenne系列销量占了83%，达到7556辆；保时捷系列跑车911、Cayman和Boxster的销量合计1321辆。保时捷经典旗舰车型911再次占据了跑车总销量的近半壁江山，达到592辆。这使中国继续保持保时捷在全球的第三大市场地位。

图8-3是保时捷2003—2009年在中国市场的销售统计。

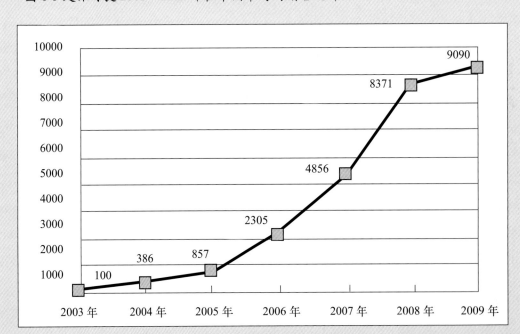

图8-3　2003—2009年保时捷中国市场销售统计

保时捷中国市场成功因素剖析

保时捷之所以能够在中国市场成功，其主要因素有以下几点：

1. 抢得时间先机

2001年，保时捷通过其在大中华地区独家授权的总代理商——捷成集团正式进入中国市场，是世界三大顶级跑车品牌（法拉利、兰博基尼和保时捷）中来得最早的，所以在销售网络方面的建设非常快。保时捷中国通过管辖25个官方授权保时捷中心。以保时捷全球统一的专业标准，加强保时捷中国的管理层以及普通员工的强化训练，为消费者和钟爱的保时捷提供令人满意的出色服务。保时捷计划在2009年年底前再开设9个全新保时捷中心，以及7个全新保时捷售后服务中心。

而2004年才姗姗来迟的法拉利最近加快了在中国豪华跑车市场的圈地，2008年在中国市场的销售比2007年增长20%以上，达到200辆。同样心切的兰博基尼在被奥迪接管之后，终于迎来了生命中的"春天"：2008年进口中国数量即已达到70辆。

2008年8月1日，随着保时捷德国总部成为最大股东，原来的捷成（中国）汽车销售有限公司被保时捷（中国）汽车销售有限公司取代，保时捷中国的角色从一个进口商转变为保时捷德国总部的子公司。企业性质的变化，为保时捷中国强化和德国总部的交流创造了必要条件。其效果就是，保时捷中国地区最高领导人作为管理者能够全权代表母公司，并且将德国标准直接和中国公司对接，以保证保时捷快速的中国市场响应速度。

2. 锁定品牌目标市场

保时捷新任中国地区掌门人柏涵慕来中国上任后的第一件事情就是用半年时间来潜心研习中国市场。通过拜访保时捷的经销商获取本地市场、消费者以及文化习俗的第一手资料；与车主及管理层积极有效地讨论和沟通；尝试发展保时捷与经销商网络的长期稳定、友好合作关系等，其最终目标就是牢牢锁定目标客户。而在2008年5月启用彭明山（出生于上海）担任保时捷中国的销售经理，也是柏涵慕作为外方总经理第一次真正意义上起用中国籍高管，这使得保时捷能够更加全面细致地了解中国消费者的需求。

同时通过保时捷全球路演（PWRS）、驾驭非凡、PCCA等一对一市场营销以及试驾活动，让更多保时捷特定的车迷群体近距离体验保时捷的独特魅力，激发对保时捷的购买热情。

保时捷在中国市场发现越来越多的买主来自二、三线城市。二、三线的中、小城市潜力最大。除了北京、上海这样的大城市之外，杭州、宁波、苏州、无锡、珠海这样的中小城市未来会有相当的增长。

3. 渠道布局：不断扩展

2001年保时捷在北京与代理商捷成集团（Jebsen）合作，共同开发中国市场，第二年成立了2家保时捷中心，到2009年的25家（其中香港、澳门各一家）。8年来保时捷一直坚持扩大市场覆盖面、扩展经销商网络，因此从渠道布局和营销策略角度而言，其一直的策略就是不断扩张。

保时捷要求经销商为品牌进行持续的投入，而不仅仅是为了赚取眼前利润。就以上海人民广场的上海保时捷中心为例，要知道人民广场可是个寸土寸金的地方，经销商在这里租下能够容纳足够多车型的大面积场地开设展示厅，不仅要支付昂贵的租金，对中心内的装潢选材、陈设布置也都必须遵循保时捷的特定要求，这当然也是成本不低。然而这一切的投入都是为了确保将保时捷的品牌信息准确传递给消费者。除此之外，经销商们还必须确保自己招到了合适的员工，并让他们定期接受保时捷提供的各种专业培训，以便更好地服务顾客。

在进入中国市场的过程中，保时捷最初选择的是北京、上海、广州这样的一线城市，然后扩展到成都、杭州、宁波、温州以及南方的一些二线城市。在选择进驻城市之前，保时捷事先分析每个市场的潜在购买力，例如拥有多少辆民用车、消费者的收入与资产情况，以及城市道路建设状况，等等。

总体而言，中国所有的保时捷中心年平均销售量都在200辆以上，而全球保时捷中心的年平均销量大约是100—150辆，因此中国保时捷中心的销售超过了平均水平。从销售数据来看，中国的二、三线城市具备很强的消费潜力。以重庆保时捷中心为例，2008年销量为190辆，这个数字说明重庆是一个相对比较稳定的市场，并没有过多地受到金融危机的影响。这样的销售业绩鼓舞着保时捷及其经销商。

4. 渠道管理：紧密合作

保时捷在中国市场的销量始终保持每年约2倍的增长速度，在组织能力方面是否可以应对如此快速的市场增长呢？保时捷主要是从两方面着手的：一方面是始终与经销商保持密切合作，并坚持扩展经销商网络。这样做的好处就是能够随时掌握经销商和顾客的需求，并及时了解保时捷还有待提高或改进的地方。另一方面是随时与保时捷德国公司沟通，以便及时得到总部的可用资源。同时保时捷中国的员工数目也随着经销商规模而增加，进行适当的扩张以确保能够为经销商提供必要的资源与支持，例如为经销商提供培训课程、举办各种驾乘体验活动，等等。可以这样说，保时捷中国公司专业的团队和有序的经营，是保时捷的销售数据和顾客满意度双提高的重要保障。

保时捷会定期召开经销商大会共同讨论市场营销战略，向他们解释保时捷的经营规则与策略。保时捷中国公司的专业团队至少每半个月就会拜访经销商一次，而公司高层自己也尽量做到每周拜访一个经销商。这样做的目的只有一个,那就是确保保时捷能够及时了解经销商所面临的问题,与他们共同探讨保时捷中国公司如何才能更有效地为他们提供支持与服务。除了从沟通中发现问题,保时捷还从2007开始设立了一些关键的绩效指标用于评估经销商,以便找到他们有待改进的方面,然后保时捷中国公司的专业团队就会有针对性地帮助经销商一起提高。

5. 培育奢侈品品牌理念

保时捷中国较少运用广告,却对和客户直接互动的市场策略情有独钟,希望通过口碑传播保时捷的奢侈理念。保时捷利用每年在上海、北京、广州等地的车展,将保时捷在欧洲的新车型尽快地拿到中国市场上展示,由此诱发出富裕阶层的市场需求;另外,就当时保时捷存在的不同城市、不同经销商之间的价格区别问题,保时捷采取了统一价格,并以"不降价"原则,坚持不受市场因素影响,让中国消费者体会保时捷汽车的奢侈韵味。

赛道血统是保时捷存在的根基。保时捷通过组织全国路演,让潜在客户和车迷们亲身体验保时捷跑车的速度和激情。2008年,保时捷中国赞助了有史以来第一支参加泛西伯利亚拉力赛的中国车队;同年,派出5支中国车队角力第六届亚洲保时捷卡雷拉杯。让中国富裕阶层有更多机会领略到适合日常使用的终极跑车的风范。另外,保时捷还不断组织现有客户到世界各地观看有保时捷参加的汽车赛事,让保时捷的客户参观赛事,可以见证保时捷的传奇,增加自己的尊贵感和荣耀感,从而为保时捷树立了更好的口碑。

而1990年最早在香港成立的中国各地市场保时捷车友会则群聚了中国最顶级的亿万富豪,通过顶级酒庄的品酒活动、寻找中国文化之旅活动等一系列聚会,用保时捷这一纽带将奢侈品品牌的理念灌输给每位保时捷的拥护者。

保时捷将花掉了10亿欧元以上研发费用的Panamera概念汽车,从原本打算在2009年日内瓦车展上做全球首发,最后改为在上海车展上推出,这一举措更加透射出保时捷的"中国激情":瞄准宝马新7系、奥迪A8所属的四门运动型商务轿车的中国消费群体。

2010年1月,保时捷在中国的销量已经飙升至1900辆,较去年同期增加了一倍以上。中国有望在2012年取代德国成为保时捷全球第二大销售市场。届时,保时捷在中国的年销量预计将达到16000辆。而为了扩大中国业务,保时捷中国2010年将增加13家经销商。这一切都表明:

保时捷"中国激情"必将掀起新一轮中国市场的狂飙热潮。

思考题

1. 奢侈品品牌应当如何通过店铺销售唤起顾客的共鸣?
2. 如何避免其他品牌快速复制奢侈品店铺风格?
3. 奢侈品品牌分销渠道和普通大众品牌的分销渠道有什么区别?
4. 你认为奢侈品应该通过自营系统分销还是中间渠道商分销?

9 奢侈品产品创新和定价策略

奢侈品产品创新

奢侈品品牌独特定价

第9章　奢侈品产品创新和定价策略

> 如果你要成功，你应该朝新的道路前进，不要跟随被踩烂了的成功之路。
>
> ——约翰·D. 洛克菲勒（John D.Rockefeller）
>
> 美国石油大王

品牌故事：
VERTU——奢华定位品位

简介

VERTU 是诺基亚所成立的全球第一家奢侈手机公司，以经营高档品牌的方式，制造了一种人人想要，但是很少有人买得起的市场形象。

VERTU 的概念最初由诺基亚的首席设计师 Frank Nuovo 于 1995 年提出，目的是在手

机工业化批量生产的时代制造一种与众不同的手机。到1998年VERTU设想成真，之后推出了多款不同系列的名贵手机。VERTU的手机主要是在用料和做工上和普通手机有明显的差别。在材料上，VERTU手机全部采用黄金、蓝宝石、特殊合金以及高品质的皮革材料。精湛的制造工艺通过瑞士研究院的认证，大部分部件采用纯手工制作组装。其售价也高达十万到几十万元人民币不等，VERTU品牌已经成为奢侈、高品位手机的代名词。

VERTU手机从外观、用料到功能都绝对称得上有王者风范，自从2004登陆新加坡后销量非常令人满意，还有不少来自中国内地的消费者特地到香港的旗舰店购买。

用奢华定位品位

VERTU，这个起源于拉丁文的单词，原意即为"高品质、独一无二"。

作为2002年创立的尊贵手机品牌，VERTU的宗旨就是替世界各地的富翁量身定做手机。由于该品牌手机的独特性，想要定做手机的用户只有在预约情况下或者特定的专卖店才能买得到。

所有VERTU手机均由VERTU工厂的巧手工匠精心制造。仅仅是VERTU Ascent的键盘，便由超过150个不同部件制成。每个按键均经过繁复工序，在高温下将不锈钢混合物和压力共同注入较大的模具，待到冷却后，每个按键的体积便会缩小14%，就形成了斜角键盘。然后，每个按键均会镶嵌在两个宝石轴承上，以便提升设计动感，同时增加触控稳定度与精确度，并为使用者带来独特的手感及体验。

购买VERTU手机的同时，用户还将享受到"VERTU管家"的服务，只要一按手机上的客户专键，手机便会直接连接到VERTU的24小时服务总台，不论你想要查询各种手机服务资料，或者是交通、娱乐、饮食、酒店等的资讯问题，都会有专人为你解答疑难，而且服务遍及全世界各个大城市，简直是一个超级贴身秘书。

VERTU总共分七个系列，分别为Constellation（星座版）、Ascent Ti（钛金属赛道）、Ascent（赛道）、Signature（签名版）、Signature Diamonds（晶钻系列）、珍藏型号（内分6个传奇跑道图案和法拉利1947限量版）、特别版（草莓和奶油色系列）。

由于VERTU手机的价格高昂，价格最低的一款星座版价格都近四万元，因此它的消费群体大多为富豪、白领贵族。

2008年是VERTU品牌十周年纪念的日子，在2008年早些时候，VERTU推出了纪念版 Constellation Monogram 系列手机（见图 9-1）。以其 Constellation 系列为基础，这是 VERTU 家族的第三代产品。灵感来自飞机造型，而且融入了机翼、机身、尾翼、启动装置等设计概念，同其前代产品参考跑车设计有所不同。机身用料全部采用价值不菲的上乘材料。机壳为黄金和不锈钢打造，用经过多道工序筛选之后仍要通过耐磨测试而淘汰一半的上等皮革包裹侧边和背面（见图 9-2）。最精妙之处在于，每个按键下面都安置了一粒红宝石按垫，将按键手感提高到极致。整个手机大部分环节由人工打造。

图 9-1　VERTU 十周年纪念版手机

图 9-2　经过特殊处理过的 VERTU 十周年纪念版手机背面

在十周年之际，VERTU 又推出 VERTU Ascent Ti 钛金属系列三款新机。全新的 VERTU Ascent Ti 在英国以手工精造而成，彰显 VERTU 对超凡工艺与精确技术的不懈追求。它简洁而夺目的弧形线条与动力十足的跑车如出一辙，其屏幕内置计时画面，键盘特配有背景照明效果，令人联想到跑车的仪表盘。Ti 是钛金属的化学符号，这种抗腐蚀物质的比刚度是所有金属之冠，能够抵御极高和极低气温。而 Ascent Ti 手机的机框正是选用了常见于跑车发动机的高性能钛金属（见图 9-3）。

图 9-3　VERTU Ascent Ti 红色版

资料来源：http://digi.tech.qq.com/a/20080730/000098_1.htm。

9.1 奢侈品产品创新

成功的品牌塑造，是一项长期工程。品牌形象的塑造要从产品质量等多方面入手。消费者对品牌品质的肯定不仅来自于产品品质的恒定如一，更有对品牌在发展过程中提出的创新要求——产品创新。因此，企业不断开发研制适应消费者需求变化的新产品，是一个企业永葆活力、不断发展的前提和基础。而品牌是产品创新的依托，没有品牌，根本就谈不上创新；而要树立自己的品牌，又必须通过产品创新这条途径实现。

创新并不是"闭门造车"、"拿来主义"，它的目标和方向来源于市场环境、市场需求、市场竞争等方面，并依托于创新的能力，即要求有自己雄厚的研发队伍，并在"消化、吸收、创新"上下功夫。

在设计领域，"守陈"虽然是某些老牌奢侈品（如爱马仕）坚持之道，但是大多数的奢侈品品牌选择了不断创新来维持自己高端的定位。企业现在面临的时代背景是世界多极化、经济全球化和新科技革命的大融合，在这样一个大背景下，企业站在竞争的最前线，企业的核心竞争力决定竞争胜负，而创新是核心竞争力的关键。产品创新对企业的价值具有以下影响：产品创新可形成新的增长点；产品创新可适应多边的市场；产品创新可用战略赢得品牌；产品创新利于形成企业积极向上的文化。

企业开发的新产品根据创新的程度由小到大依次划分为仿制型创新产品、改进型创新产品、换代型创新产品和独创型创新产品四大类型。仿制型创新产品与改进型创新产品的创新开发难度要小些，换代型创新产品与独创型创新产品开发难度相对要大些。

奢侈品企业采取的产品创新集中在换代型产品创新和独创型产品创新。

换代型产品创新主要是从功能上进行创新，一方面要使潜在的功能充分发挥出来，另一方面可通过采用新的技术和手段增加或扩大产品的功能，使产品的功能得到不断的创新和完善。开发换代型创新产品是企业开发新产品的重点，也是市场上大量新产品的来源。换代型创新产品，是采用新技术、新材料，对现有产品进行较大的革新，能给使用者带来利益的新产品。开发换代型创新产品，需要一定的资金和技术力量，但没有开发独创型创新产品那么困难，一般企业只要具有一定的资金和技术条件，就可以从事开发这类新产品的活动。

在开发换代型创新产品中应该注意：首先，应善于发现现有产品的重大缺陷，这是开发换代型创新产品的前提条件。没有这个前提条件，就不可能开发换代型创新产品，因为企业不知道从何处对现有产品进行革新。只有发现了现有产品的重大缺陷，才可能进行革新和改良，开发出换代型创新产品。其次，要使产品质量达到一个新的水平，这是开发换代型创新产品的目的。

独创型创新产品，是科学技术的新发明应用于生产而制造的新产品。这种新产品是以前根本没有的，也没有相类似的，具有新原理、新结构、新技术、新材料和新用途等特征。开发独创型创新产品一般难度很大，因为一项科技成果从发明到应用，从生产到经营，从实验到推广，要花费较长的时间以及大量的人力、物力和财力，要有较好的设备和技术条件，更要有优秀的技术人才，且成功的概率不是太大。因而，一般企业难以胜任开发这类新产品的任务。开发独创型创新产品主要适宜于资金和技术条件雄厚的企业。

开发独创型创新产品，首先，要富有新意，但是，良好的新意并不那么容易获得。这些新意或构思，既要大胆、先进又要合理、可行。敢想敢干是开发独创型创新产品必须具备的一个重要条件。独创型创新产品之所以失败率高，其中缺乏良好的新意正是一个重要的原因。其次，要尽可能缩短科技成果转化为产品的过程。这样做，一方面有利于节省研制的时间，另一方面有利于早日推出新产品，满足市场和消费者的需要。

对于奢侈品品牌来说，一个奢侈品品牌要经历从无到有的过程，对于产品属性的研究是其品牌打造的基础。奢侈品价格昂贵到只有少数富贵阶层才有能力购买并使用，既然是少数人能够用到的东西，它就已经成为一种象征，产品的核心层面（物理原料、表现及其服务）必然极其考究和极具个性，这样才能产生"雍容华贵"的感觉。要想管理好一个奢侈品品牌，只有在规划产品属性上好好下功夫，才有可能成功。

无论处于什么档次的奢侈品，在产品方面一般呈现出以下特点：

1. 原料独特和产量稀少

钻石因为稀少，才能成为万众艳羡和追逐的奢侈品；豪宅因为地理位置独特和数量稀少，才能身价数千万。更有顶级的奢侈品，往往全世界只有一个。很多奢侈品之所以成为万人追捧的产品，原因大多都是它采用的原料或者是产量都是很稀少的。这种现象也符合供求关系的经济学原则，供大于求，市场竞争就会激烈，产品价格自然就走低，沦为价格只比成本高一点点的大众消费品；而供少于求，才能使产品价格高于成本和本身价值，成为高端产品；供远少于求，就能成为竞相购买的奢侈品了。因此，要成为奢侈品，稀少是第一要素，奢侈品一般采用很独特和稀少的高级原料。如果原材料并不稀少，那就把产量做得很稀少，在质量和包装上下功夫，才能成为实至名归的奢侈品。

2. 外观（表现形式）独具个性

奢侈品只有具备奢华的价值感和富贵的气质，才能获得消费者的认同。比如，万宝龙笔豪迈的设计风格，每支笔上都镶嵌着一颗钻石，以及其作为国际元首专用的签字笔，都赋予产品高贵的个性；哈雷摩托车的会员徽章、阳刚的外形、个性化的配置，还有劳斯莱斯汽车、阿联酋伯瓷酒店……无不验证奢侈品在外观表现上要独具个性，这样可以跟其他具有相同功用的非奢侈品区分开，而且最好从外观上就给人以世界上独一无二的感觉。

3. 包装华丽、使用价值良好

与独特的外观设计相配合的，奢侈品还需有华丽的外包装和良好的使用价值。这点在化妆品、烟、酒、香水等日用奢侈品产品尤显重要。日用奢侈品一般属于入门级奢侈品行列，这类奢侈品可使用的原料其实并不独特，产量方面虽然比普通大众消费品少，但是比起顶级奢侈品的数量来说要多很多，因为对于这类奢侈品人们是有能力反复消费的。因此，这类奢侈品的效果或者说使用价值也是很关键的。特别是化妆品，原料和外观的个性追求空间不大，往往商家利用华丽的包装来先把消费者吸引住，通过华丽包装来使消费者相信产品物有所值。而在后期的使用当中良好的使用价值（效果）也是来让消费者认同奢侈品卖高价的原因所在。

4. 质量和工艺独特

很多奢侈品以传统或者独特的工艺著称，而且这种生产奢侈品的工艺往往是独一无二的，这样也就与大众产品形成强烈差异化。世界上有那么多的奢侈品，其资源毕竟有限，而追求其原料上的差异化就变得很难，最好的办法就是追求工艺和质量上的差异化。劳斯莱斯每一款轿车都是纯手工制造，工业生产的汽车无法替代它的地位，它的顶级地位源于质量上的差异化；每一个奢侈品服饰品牌都是由特定的设计师亲自操刀设计，普通产品无法达到同样的质感、气质和美感，它们的顶级地位则更多来源于工艺的独特；而很多酒类产品，因产地、原料和酿制方法的独特而成名，它们的顶级地位源于质量和工艺的双重独特性。

5. 情感附加值高

消费者购买产品时，重视的不是产品本身，而是产品能够带给他的利益。消费者购买奢侈品，如果是用来满足基本的日常生活需求的话，没有必要挥金洒银，因为任何一种奢侈品，产品的成本占整个奢侈品价格的比例都相当之小。他们购买奢侈品完全是为了满足他们的社交需求或者精神层面自我实现等高层次的需求。从某种意义上说，奢侈品卖的不是其产品本身，而是卖产品所富含的能够带给消费者的各种各样的情感。百达翡丽手表卖的不是手表本身，卖的是尊贵和世代的精神传承；万宝龙钢笔卖的不仅仅是钢笔本身，卖的是高雅的品位和上流社会的气质；哈雷摩托卖的不是摩托车本身，卖的是一种挑战精神。林林总总的奢侈品，在产品物质核心之外，必然有一个很重要的情感属性，支撑着它的高价值。

不断变化的市场环境给奢侈品品牌带来了极大的挑战。如何在坚守品牌传统的基础上努力去保持时代气息，给人以新鲜和充满活力的感觉，这对奢侈品品牌来说非常重要。不断创新是保证奢侈品品牌历久弥新的唯一法宝。企业要创造卓越产品，除了资本、技术与人才外，更需要依靠卓越的产品创新与产品管理体系，这个体系的建立依赖于包括企业战略、组织、文化与流程各个层次在内的企业产品创新平台。产品创新体系的形成和构成，主要包括产品技术战略、产品市场战略、产品创新模式、产品创新组织、产品创新体系流程等。

奢侈品产品创新可以带来以下几个好处：

（1）奢侈品持续的产品创新，能够吸引顾客，扩大自己的消费群体；

（2）产品创新可以达到长期地维护品牌的目的，使品牌可持续发展；

（3）产品创新可以保持品牌的时代性，引领流行趋势；

（4）产品创新也可以通过产品延伸，扩大市场；

（5）奢侈品的产品创新致力于成为行业首位，提高品质，增大收益。

有人认为广告是树立品牌形象的关键。但事实上，产品才是形象的决定因素。因此产品的创新能给品牌形象注入活力。一个多世纪以来，卡地亚正是源于对产品不断的创新，才成为收藏家的至爱和时尚人士的首选。其设计风格不仅受到全世界的推崇，同时更代表了品牌经典恒久的美学风范。卡地亚不仅渐成奢华与品位的代名词，还不断引导着设计潮流。它最早通过铂金的成功使用使其"花环风格"踏入完美境界，当时那些王公贵族皆是卡地亚的忠实顾客，仅爱德华七世就曾让卡地亚制作了 27 顶皇冠作加冕之用。卡地亚也一直是世界钟表制造业的领导者，它改革了表的佩带方式，让轻盈精致的腕表代替怀表。卡地亚珠宝平均每三至五年发表一次新款"珠宝系列"，它不但在式样上引导潮流，在材质和佩戴方式上也常有创新,起着示范作用,领导者地位始终屹立不倒。

规范奢侈品产品创新的过程有以下三条重要的原则。

原则一:不要追随你的顾客,要引领他们。

奢侈品公司的设计过程不同于绝大多数公司。一般公司的设计研究主要依赖于重点群体和客户对现有产品的反馈。但是,根据客户在想象不出产品时也无法说出他们想要什么样的产品或功能的理论,奢侈品公司往往不太重视证据,而是更多依靠直觉。需要向奢侈品的客户们展示出他们可以有怎样的选择,而不是他们有什么想去选择的。奢侈品公司要把自己看做是可供选择的产品的创造者。

原则二:艺术的火候。

奢侈品品牌的打造不是一朝一夕的事情,它们都经历了上百年的修炼,才拥有悠久的历史和丰富的文化内涵;它们历来就受到皇室贵族和社会名流的青睐,有着永不停息的创造力,将技术与艺术完美地结合在一起,充满对未来的启示。艺术风潮与大众联系紧密,顺应其做出风格变迁的奢侈品也对社会具有相当的号召力,而且会作为一个时代的标签被载入永恒。对于奢侈品来说,审美的终极目的是艺术,艺术是奢侈品的灵魂——这不仅是把一些钻石钉在衣服上卖出去那么简单。奢侈,是商人通过产品去推销的一种理想生活方式:住在皇宫般的房子里,喝着VOMEP级红酒,享受仆人贴心周到的服务,身旁挤满崇拜者,他们对你的尊贵品位永远满怀钦佩……使用奢侈品成了一场艺术的朝圣,让人趋之若鹜。在这种艺术的环境及其熏陶之下,奢侈品在产品开发和设计方面的合作,选择与某些顶级艺术家共同进行。这种合作是奢侈品品牌管理中比较基本的合作,是基于产品开发的合作,目的是为了把艺术元素引入奢侈品的开发,通过增加奢侈品品牌产品的多级美感和情感、独特性和稀缺性,从而增加产品和品牌的价值。

原则三:关注少数人才能卖给更多人。

其他一些公司,例如大众消费品企业,为了满足市场上所有的品位,不放过市场上的任何一个小角落,往往在特定时间内销售几十种型号的产品。奢侈品品牌公司则不同,它们只在每个类别内侧重于几个产品。奢侈品公司投入时间和资金,力争使每个产品保持相对较小的稳定,并让产品尽可能地完善。随着时间的推移,可以帮助建立产品的区分以及培养客户忠诚度。

品牌体验是奢侈品营销的一个重要手段。由此,在产品创新过程中,越来越重视顾客体验与新产品创新的关系。对于许多公司而言确实如此,因为大多数由工程师和技术人员组成的研发部门往往忽视对顾客的投入,特别是对营销部门委托的重点客户群体的投入。

获得一个忠诚的客户是企业的最终目标,一个理想的客户体验是获得忠诚所必需的。所以企业在寻求突破、创新的时候应该将客户体验融入产品的开发过程中去。

工程师和技术人员在产品开发上凭借其专业的知识和直觉可能会做出正确的选择,但他们还需要意识到顾客对于根本性创新的预见以及对真正新产品开发提供的有效的反馈。

当然,顾客的意见并不总是有意义的。要求顾客对一件不易深思熟虑的产品提出设想或就基础性创新进行小组例会可能是在浪费时间。但是一旦公司有明确的想法甚至产品模型,就应该通过体验的方式对客户进行测试。

从很多公司在新产品开发上的得失中我们可以看到,那些成功的企业往往是在开发的早期就注重顾客的投入,而失败的例子多是因为误解了顾客的需求。

怎样在产品开发的早期就引入客户体验呢?

市场评估是新产品开发过程中的一部分,许多企业进行了广泛的生命周期研究、竞争者分析和产品组合分析。然而,在这个产品开发的第一阶段,他们很少致力于对客户体验世界的把握。

以下是传统产品开发阶段与引入客户体验概念的新产品开发的不同阶段:

- 市场评估——分析客户的体验世界
- 想法产生——产生体验式解决方案
- 概念测试——测试概念体验维度的诉求
- 产品设计——结合体验定义产品
- 产品功能测试——测试客户的使用体验

为实现在整个新产品开发过程中纳入顾客体验这一目标,必须了解客户的体验世界,并在新产品开发的不同阶段都引入顾客的体验。此外,设计小组必须乐于接受顾客的意见,并制定有创造性的解决方案。

案例9-1 欧米茄——160年穿越时空之美

品牌内涵中的创新激情:

- 技术创新——精密准确的19钻机芯到更高的31钻,不断追求精准。
- 功能创新——有时尚腕表星座系列和碟飞系列,也有专业用表海马系列和超霸系列。

- 外表创新——怀表、腕表，追求时尚。

欧米茄的精髓所在——勇于探索、功成名就、温文尔雅、魅力四射。他们的性格、谈吐或举止，都能折射出每只欧米茄所蕴涵的典雅气质、缜密心思和辉煌成就。

在希腊字母中，欧米茄（OMEGA）象征着超卓与完美。在瑞士钟表界，欧米茄代表着卓越，即创新设计与精湛技艺。作为世界制表业的先锋，它以高昂的售价进入了贵族化的消费品阶层。自从一些举世闻名的人将欧米茄表作为"我的选择"之后，欧米茄更成为名人身份的象征。

在160多年的光辉历史里，欧米茄一直担当引领钟表技术的角色，挑战不同的领域：从勇闯太空探索苍穹奥秘，到深入海洋挑战极限，更与体坛结下不解之缘，凭着无出其右的专业技术，为多项国际权威赛事提供计时服务。

美国国家宇航局的测试堪称全球最严格的考验，目的是为阿波罗登月计划的宇航员挑选一款性能卓越的、可靠的腕表，而欧米茄超霸专业计时表是唯一通过测试的。自此，欧米茄与人类的航天事业共同迈进，共同创下不少的传奇。时至今日，超霸表仍是美国国家宇航局认可的升空任务合格计时腕表，并获俄国太空站选用于升空任务。

欧米茄也是体育运动计时的翘楚，曾创下无数技术突破，当中包括世界首创的千分之一秒终点摄影装置，以及今天所有国际泳赛必备的接触板计时系统，包括刚刚举行完毕的北欧冬季奥运会亦由欧米茄提供计时服务工作。

欧米茄产品的优质性能也是品牌开拓精神的又一体现，例如崭新的同轴擒纵系统装置就可令欧米茄腕表性能更可靠，维修的时距也因而延长。

9.2 奢侈品品牌独特定价

9.2.1 产品定价方法

企业对某一产品进行定价的时候，必须考虑品牌对产品价格的影响。如果企业所使用的品牌具备一定的影响，它的价格就可以比一般产品定价要高。这也是为什么奢侈品的定价要远远高于一般产品，究其根本原因，在于其品牌的影响。

跳出品牌这个最大的影响因子的考虑之外，产品的定价方法主要有以下几种：

1. **成本定价法**

这是一种以成本为中心的定价方法，也是传统的、运用得较普遍的定价方式。即企业按照产品成本加一定的利润定价。例如，生产企业以生产成本为基础，商业零售企业则以进货成本为基础。至于新产品的利润比，每个行业有着不同的利润分配原则，因此在成本定价时必须按照行业的利润分配规律定价。

2. **目标收益定价法**

目标收益定价法与成本定价法的主要区别在于：第一，前者是根据预计的销售量倒推出成本；后者却不管销售量如何，先确定成本。第二，前者的收益率是企业按照需要和可能自行制定的；后者是按照行业的习惯标准制定的。目标收益定价法常用的有收支平衡定价法和投资收益定价法。

收支平衡定价法是根据企业的生产数量，并能保证取得一定利润的前提下制定价格的方法。该方法是根据盈亏平衡点公式计算出平衡点的价格，这是企业产品不亏损的最低价格，即保本价格。不同预期的销售量，对应着不同的收支平衡价格。企业可以根据这一标准，结合预期的产品盈利，选择适当的定价。

投资收益率定价法是先按照企业的投资总额确定一个资金利润率，然后按照资金利润率计算目标利润额。再根据总成本和计划销售量及目标利润算出产品的价格。这种方法有利于保证实现既定的资金利润率，但是这种方法只有市场占有率很高的企业才会采用，对于大型的公用事业单位更为适合。

3. **市场定价法**

这是根据竞争对手的价格参照进行定价的方法。目前，企业在市场中的竞争地位可分为四类：市场领导者、市场挑战者、市场跟随者和市场补缺者。

市场领导者在竞争中处于强势地位，无论在市场占有率、销售额排名，还是在产品、技术的推陈出新上，都是遥遥领先的，在同类产品的定价上应走高价路线，略高于市场平均价，并与市场跟随者拉开一个档次。

市场挑战者是市场领导者最大的对手和威胁，挑战者一旦瞄准了领导者的空隙，就有可能颠覆领导者的地位。在定价上采取的是不让步、不服输、咬得紧、不松口的策略。即领导者定多高的价，挑战者会八九不离十地应对相应的价格，如百事可乐与可口可乐在定价上即是采用这一策略。

市场跟随者以模仿著称。其产品价格通常低于领导者和挑战者一个价格层级，接近于市场平均价。

市场补缺者独辟蹊径，通过发现市场盲点，捕捉市场机会。由于市场补缺者提供的产品或服务是市场所稀缺或不足的，具有很强的差异化，且专业性很强，目标市场较窄，因此用户对价格的讨价还价能力较弱，所以在定价上同样可实施高价策略。

4. 需求导向定价法

这是以市场导向为指导，以消费者对商品价值的理解和认识程度为依据，虽然是同一种商品，但对不同类型的消费者和市场制定不同的价格。需求导向定价法中常用的方法有理解价值定价法和区别需求定价法。

消费者对商品往往有自身的价值观念，这种价值观念实际上是消费者对商品质量、用途、款式以及服务质量的评估。当一个消费者看到某种商品，他便根据对这个商品的印象，自我评估它的价格，只有接近这个价格，消费者才愿意购买，市场营销学上把它称为消费者对价格的理解价值。理解价值定价法是一种先估计和测定商品在顾客心中的价值水平，再以此为依据制定出商品价格的方法。这种方法的具体做法是：企业首先通过广告宣传或者其他传播途径，把商品介绍给消费者，使消费者对商品的质量、用途、款式、格调，以及原材料等有一个初步的印象，然后通过市场调查，了解掌握消费者对商品价值的理解，以此作为定价标准。如果在这个定价水平下，企业所获的利润同其经营目标相符合，就可以开发商品；如果在这个价格水平下利润很低，甚至会亏损，企业就应该考虑放弃经营。这种方法的关键是如何分析和测定决定产品的理解价值水平。测定的方法有直接评议法、相对评议法、相对评分法、诊断评议法等。

区别需求定价法又叫差别定价法，就是指某一种产品，在特定的条件下，可以按照不同的价格出售。其主要形式有：以顾客群的差异为基础，以数量差异为基础，以产品的外观、式样、花色等差异为基础，以地域差异为基础，以时间差异等为基础的差别定价。

9.2.2 奢侈品品牌定价理论

定价上的独树一帜在某一方面加大了奢侈品品牌对寻常人来说的神秘感。按照通行的"价格定价法"，产品价格＝制造成本＋研发成本＋市场推广费用＋销售费用＋管理费用＋汇兑损益＋合理利润＋品牌溢价。但是这一定价法显然并不适用于奢侈品品牌，每一个公司、每一个家族企业都有自己完全不同的定价规律，而且秘而不宣。

在奢侈品的世界里，不谈钱是不诚实的，也是对消费者的欺骗。奢侈品是昂贵的，高昂的价格是造成奢侈品幻觉的因素之一。同时，品牌进行巨额投资以获得可以被称为奢侈品的身份，这是造成奢侈品幻觉的又一个原因。这种有时甚至是荒唐的高昂价格，发展壮大了工业，同时也把购买者从日常的平庸中解放出来。有些经济学家甚至认为，奢侈品在价格越高时越好卖。因为定价上的独树一帜足以加大奢侈品品牌对寻常人来说的神秘感，那些天文数字的标签给消费者一种莫名的心理满足。1999年，售价25000法郎、装饰着羽毛的古驰牛仔裤的成功，也许证明了这个道理。

奢侈品定价中，价格是其定位消费者的关键要素之一，这就导致现实中必然存在一个悖论：假设一个低廉的价格同样可以购置相同的产品，那么就会寻不着"奢侈"的感觉了。比如说，如果某一个奢侈品品牌想要推出一个手表系列，选择了5000—15000美元的价格，由于它的价位与它的品牌整体形象一致，人们才会去接受它。相反，如果它定价过高，或者过低而完全不符合自己的高端定位，也许会对这个品牌造成致命的打击。

如果一个以奢侈品自居的品牌，要进行多样化的发展，用不同价位的产品来建立不同级别的消费群体，它面临的挑战在于它必须仔细考虑自己的定价会否影响自己的高端定位，品牌的高端顾客是否可以接受某些产品的平民化。奢侈品品牌一旦降低自己的身价，都必须为此付出巨大的代价，因为一旦降低了门槛，奢侈品品牌就从金字塔走进平民大众。奢侈品必须对自己的定价策略进行仔细的思量，高价也是奢侈品营销的一个重要手段，是其与服务一般民众市场企业的有力竞争，否则很容易被这些规模庞大的对手打败。

即使面对现在的金融危机或之前的大萧条，奢侈品也没有把"降价"作为可选项。奢侈品品牌选择"即使体面地'死掉'，也绝不实现价格的'裸奔'，因为那无异于自绝后路"。

TIFFANY & Young 在创建的第一天就标明所销售的每一件货品都"谢绝还价"，以突显蒂芙尼产品的精品价值，此创举成为当时的重大新闻。1861年，林肯总统在蒂芙尼的店里，花了 530 美元，为他太太玛丽选购了一套珍珠首饰，好让她在总统连任的宣誓就职大典上佩戴。林肯开了先例后，其他美国总统和外国元首争相效仿。100 年后，另一位美国历史上的名人艾森豪威尔，也走进了蒂芙尼，想为太太买件首饰，问了问当时的老板 Walter Hoving，可否给美国总统打点折扣？Walter Hoving 回答说："对不起，当初林肯来的时候，也没有任何折扣的！"艾森豪威尔心悦诚服地付了全价。蒂芙尼讲究的是高品质，追求的是完美，而完美从来都是不打折的。对完美孜孜不倦的追求，是蒂芙尼成为奢侈品的品牌支柱，完美的高价成就奢侈。

案例 9-2 HONMA 品牌

Honma 高尔夫公司一直以手工制造的高尔夫球杆而闻名于世。它是本间兄弟携手 1959 年在美丽的日本横滨市鹤见区创立的。本间兄弟一直有个愿望，就是制造出适合亚洲人使用的高尔夫球杆，知名度比美国的高尔夫品牌还要响亮，并达到想象能及的最高水平。1962 年，本间裕朗成功地试制出一支柿木造发球杆。1973 年，Honma 一举成为全球第一家使用碳素物料作杆身的高尔夫球杆制造商。

Honma 球杆原产于日本，按 1—5 颗星的数量划分为五个等级，其消费者主要瞄准富有人士。进入中国市场的 Honma 球杆包括在 2—5 颗星的四种等级，未见有 1 颗星的产品。2 颗星的 Honma 铁杆和 1 号木杆目前中国市场的报价分别在人民币 3000 元和 10000 元以上。Honma 镀金五星 MG-813，713 系列的木杆、铁杆也许是世界上最昂贵的球杆之一，每支的价格均是人民币 55800 元，外观富丽堂皇，甜蜜点区域较大，击球时性能极佳。本间兄弟坚信人们需要豪华品牌，因为它们是世界上许多成功人士的标志，是其拥有者身份的象征。

奥斯卡金像奖的得主杰克·尼科尔森(Jack Nicholson)就是 Honma 球杆的爱好者之一，演员乔派西(Joe Pesci)和歌手马克·安东尼(Marc Antony)也是 Honma 球杆的爱好者。

Honma 在香港被评为最有名望的品牌之一，与宾利、劳斯莱斯、卡地亚等齐名。

9.2.3 奢侈品品牌定价模型

顾名思义,奢侈品定位于高端,但同普通商品一样,如果不对它进行市场细分,将很难搜索到用于价格和价值沟通的信息,从而导致定价策略失效。相比于普通商品而言,奢侈品的市场细分较为独特,可按消费者的购买力大小和购买时间次序进行区隔,如图9-4所示,越处于金字塔底部的产品,对消费者的购买力要求越小,但其消费人群越多,消费周期越短。

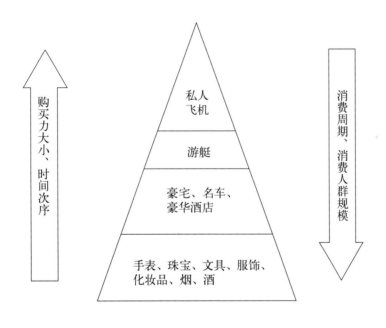

图 9-4 奢侈品消费结构金字塔

虽然奢侈品的价值往往超越了产品本身的效用,但分析不同产品的价值沟通机制,也是决策者在完成更细的市场细分后制定有效定价策略的基础。价值沟通表现为购买者的收益,如图9-5所示。

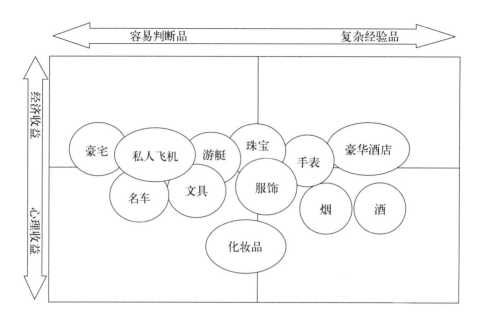

图 9-5 奢侈品购买者的收益类型

准确的市场细分和价值沟通判断，为奢侈品品牌的定价策略和品牌维护铺设了道路，但是为奢侈品定价绝无捷径可走。由此结合定价理论和奢侈品的特点，可以设定奢侈品品牌的价格策略框架（见图 9-6）。

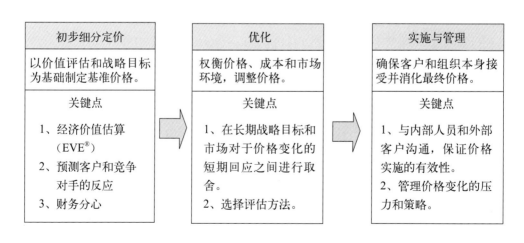

图 9-6 奢侈品品牌的价格决策框架

从经济学的角度来看,"奢侈品"的需求弹性大于1,高价不一定高利。但从营销学的角度来看,如果高档商品能够正确定位自己的顾客群,让他们形成对品牌的忠诚,也能变"奢侈品"为"必需品"。现代消费者在消费商品时不仅消费商品的使用价值,还要考虑到其附加价值,即消费该商品所能获得诸如地位、身份、意境等方面的享受。"奢侈品"的价值在于消费者能够从消费中获得一种社会群体的认可,而一旦这种认可能够为社会上众多的人所享受时,"奢侈品"的价值将大打折扣,曾经的消费主体必将"移情别恋"。

事实上,奢侈品永远不用为价格定得太高而担心,恰恰相反,如果定价太低,反而会影响品牌形象。高购买力的客户可能因为较低档次的奢侈品价格不高而放弃购买。比如,大多数的消费者(包括高、中、低收入人群)倾向于购买宾利、保时捷、法拉利和劳斯莱斯,所不同的是,对于中低收入的消费者而言,菲亚特、福特和标致对他们可能更现实一些。以宝马3系为例,其在英国起价是14670英镑,消费者在这个价格上可能会更倾向于购买福特蒙迪欧、菲亚特和沃达丰,因为这些车的空间比较大,操作也更容易。从数据上看,在1997年英国市场上的16种主要品牌之中,宝马3系的销售业绩排名倒数第5名。基于市场细分和价格决策框架,我们结合经济价值估算(EVE®,如图9-7所示),可以设定一个奢侈品品牌的价格模型:

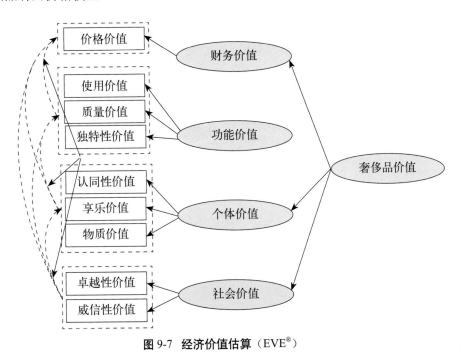

图9-7 经济价值估算(EVE®)

（1）价格价值

关于奢侈品，许多研究已经表明，产品的价格可能有一个确定的高品质。消费者往往以此作为高质量声望的替代指标。因此，设置一个相当高的价格，甚至可能使某些产品或服务更畅销。不过，重要的是要认识到，一个产品或服务被消费者认为是奢侈品品牌，不能只是因为其价格的高昂——奢侈品消费者要求从他们所购买的奢侈品上获得更多的价值。例如，奢侈品的意义，不是在一个价格标签上，而是在于它们所传递的情感价值（即作为个人的历史、祖先的传家宝、结婚戒指等）。

（2）使用价值

在一般情况下，一个产品或服务的目的是执行特定功能：其核心可以看做产品的可用性，即以满足消费者的需求为目标。

（3）质量价值

这是奢侈品高贵的表现。研究者发现，消费者购买奢侈品品牌的原因之一，是因为其优良品质体现在品牌名称上。与非奢侈品品牌的大规模生产不同，奢侈品品牌往往手工制作，提供优良的产品质量和表现力。

（4）独特性价值

研究表明，排他性和产品的稀有性提高了消费者的购买愿望。因此，更独特的品牌被认为是更有价值的品牌。此外，功能价值的独特性也增强了个人的独特性需求以及消费者的差异化和独特性。因此，我们必须指出，一个奢侈品品牌的产品或服务，不可能是每个人都能够拥有的，否则它不会被视为奢侈品。

（5）自我认同的价值

相对于外部（社会），自我认同是指以内在的方式看待他自己。消费者行为理论认为，一致性调和了自我形象和产品或服务之间的关系。事实证实，自我认同价值对消费者购买奢侈品品牌产生了重大影响。

（6）享乐价值

某些产品和服务能够传递情感价值，使消费者得到情感上的享受。在奢侈品消费领域的研究表明，豪华品能够提供这种无形的效益。此外，研究还多次发现，奢侈品能给消费者带来多种享受，如感官愉悦和满足、美感，或兴奋。

（7）物质价值

获取财产在生活中发挥着中心作用。越多物质的消费，越有可能引起消费者的积极态度。

（8）卓越价值

奢侈品与大众产品相比，更注重消费者的炫耀性偏好，而消费者认为奢侈品能够代表重要的社会地位。

（9）威信价值

人们在沟通时，经常强调他们的社会关系，他们认为拥有奢侈品品牌，是作为成员身份的一个象征性标志，这是消费者购买奢侈品的重要动力之一。

从以上内容可以看出，奢侈品定价与一般产品或服务的定价方式不同，它是一种创造性的过程，同其本身一样是一种艺术形式。此外，为了做到准确有效定价，还需要考虑到财务、行为经济学、社会心理学等多方面因素。

奢侈品的价格形成了一个排他性的有效屏障。不是人人都能买得起百达翡丽手表或购买定制的劳斯莱斯。一项研究显示，奢侈品品牌在制定价格时，大半都是由生产成本和之前的产品价格决定；1/5 基于竞争对手的价格水平，只有 1/3 是基于自身对消费价值的估算。奢侈品公司的经理认为，在消费者的眼里，价格的重要性处于第四位，排在品牌形象、质量和设计之后。无论正确与否，这说明了经理人处理定价问题的方式。"何必理会定价呢？利润率那么高，而且价格也是消费者能够承受的。"这种想法不能保证长期利润，尤其是在经济衰退的时候。如果公司不去主动挖掘消费者的支付意愿，那么就会浪费很多尚未开发的潜在利润。

不过，开始重视消费者的支付意愿并不意味着应该开始提高价格。利润潜力是一个产品基于对品牌形象、质量和设计的情感价值。爱马仕 2007 年在日本曾将价格提高了 8.5%，以应对日元疲弱，随即遭遇季度性销售额下降。即使是在日本这样奢侈品广受青睐的地方，消费者都感受到了物价上涨超过了他们对品牌的情感价值。

那么价格应该如何设置呢？几乎每一个奢侈品公司都是以内部数据为基础进行定价。这是一个"成本加成"而不是"价值导向"的定价方法。尝试用消费者对产品的情感价值作为定价依据，公司在定价上可以更加灵活。奢侈品消费不只是炫耀性消费，而是为了更细致入微地了解包括自我认知的感觉。定价尾数为 00 和 50 是奢侈品的唯一选择。研究表明，以 00 和 50 结尾标价的奢侈品，其销售数量远远超过其他产品。99 元和 0.95 元这类的标价，可能更适合于价格低廉的商品，比如大众服装或小小的饰品。

案例 9-3 玛莎拉蒂（Maserati）：独辟蹊径的品牌定位与定价

5年前，当我第一次来到中国时，我非常震惊地发现，除了极个别专业记者外，几乎没有人听说过 Maserati（玛莎拉蒂）的名字。此前我一直认为要在这个市场建立我们的品牌将会花费我们数十年。但是今天，我既惊讶又高兴地发现，哪怕是出租车司机也能在一辆 Quattroporte 或者 GranCabrio 经过的时候脱口而出 Maserati（玛莎拉蒂）。中国的奢侈品市场必定会在数年内发展成世界最大的市场已经成为一种普遍认识。直到现在，一直让我难以置信的是人们承接市场中各种品牌的内在价值、传统和非凡特性的步伐和速度。如果你想讲个故事，你必定会发现中国的听众是如此愿意并好奇地想听你所讲的内容。如果你能透明、持续地投入并遵循你的承诺，你必定有机会去发现很多的客户。这就是我们 Maserati 品牌所刚刚经历过的。除此之外，我想我们的成功也归功于近来的市场趋势，即区别于主流奢侈品，寻找高度个性化和独一无二的品牌和产品。

——Christian Gobber（玛莎拉蒂中国市场品牌总经理）

意大利名车品牌玛莎拉蒂算是中国车市的"迟到者"，2005年年初才正式进入中国内地市场，但玛莎拉蒂在中国市场短短四年多的成绩已经是非常令人瞩目：2006年售出120辆；2007年售出210辆；2008年，虽然赶上了全球金融危机，但玛莎拉蒂却在中国内地售出了350辆车，反而比2007年增长67%，在该公司的全球市场中增幅最大。在这辉煌业绩的背后，我们不难看出玛莎拉蒂所独有的个性。

独特的品牌定位

玛莎拉蒂公司1914年在意大利成立，以海神波塞冬雕像作为公司的三叉戟标志。第一款完全的车型 Tipo 26 在1926年的 Targa Florio 比赛中获得同级别冠军。1947年，经过二战停顿之后，推出由宾尼法利纳设计的玛莎拉蒂第一款公路版双门跑车。此后，玛

第9章 奢侈品产品创新和定价策略

莎拉蒂一直在赛场上占据着统治地位。1963年，玛莎拉蒂将赛车技术注入四门轿车，创造了大型豪华运动轿车概念第一代Quattroporte总裁系列。2003年新一代Quattroporte总裁系列轿车问世，迄今全球已发售1.5万辆，荣获了46项国际奖项。全新总裁系列也是天才设计师安德列·宾尼法利纳的作品。玛莎拉蒂把品牌的精髓定义为：个性化定制、优雅和动力。

从经营豪华品牌的角度来讲，最重要的是了解各个品牌的分工，不要把各个品牌的定位和功能混淆起来。虽然玛莎拉蒂与法拉利属于同一集团，销售非常相似的豪华汽车，共享某些技术和供应商，但两者在品牌和车型方面是非常不同的。例如，人们驾驶法拉利主要为了休闲，而驾驶玛莎拉蒂却更多的是为了日常使用：法拉利车主平均每年只行驶4000—5000公里，而玛莎拉蒂车主却平均每年行驶15000—20000公里。玛莎拉蒂的总裁系列因为是轿车，所以是日常使用的车型，而GTS自动档车型因为配备了自动变速箱，更加符合日常使用。法拉利的DNA更多是从F1那里来的，因而更强调其体育赛车性质，而玛莎拉蒂虽然也有赛车，但更重视日常使用。

所以对于玛莎拉蒂而言，有着自己的独具匠心的特点和独特的客户群体是非常关键的，它既不是昂贵的法拉利，也不是便宜的阿尔法罗密欧。

图9-8是玛莎拉蒂目前所生产的车型及在中国地区的官方人民币售价。

	GranTurismo	GranTurismo S Automatic	GranTurismo S	GranCabrio	Quattroporte	Quattroporte S	Quattroporte Sport GT S
	219.80万	237.80万	255.80万	2010年上市	213.80万	247.80万	253.80万

图9-8 玛莎拉蒂车型及在中国的价格（单位：元）

从图9-8可以看到，相比较其他奢侈品品牌汽车，譬如奥迪轿车30万—300万元的价格区间，玛莎拉蒂品牌的价格区间只是在200万—250万元左右。玛莎拉蒂希望通过狭窄的价格区间给目标客户一个清晰而独特的品牌定位。

独特的品牌个性

对于不太希望过于招摇，而又有一定品位的新贵来说，如果想要定制一部座驾，玛莎拉蒂是一个不错的选择。定制是典型的意大利奢华概念，与好多豪华车一样，"玩定制"也是玛莎拉蒂的一大卖点。论定制的个性化程度，玛莎拉蒂可能是目前500万元以下汽车中数一数二的。就如定制一套传统意大利西服一样，买玛莎拉蒂时你可以从厂方提供的厚厚的一本手册上挑选自己想要的车厢皮质、颜色、木料、装备等。在玛莎拉蒂的生产线上，每一部车都是根据这种买家订单来装配的。19款车身颜色、10款皮革颜色以及11款滚边颜色，400万种组合的个性化专属定制选择，玛莎拉蒂要把为每位鉴赏家打造独一无二、个性独具的专属座驾坚持到底。

但是限量生产也是玛莎拉蒂一直的策略，玛莎拉蒂不希望通过无限扩大生产线来增加利润，保持这个品牌的唯一性永远是玛莎拉蒂的品牌价值观。从这种意义上，产量将不会有大幅度的增长。不过，为了支持像中国这样的新兴市场的迫切需求，玛莎拉蒂目前可以通过调整全球其他市场份额的方式来解决。不仅如此，目前的车身设计也不会轻易改变，玛莎拉蒂不会像宝马、奔驰、林肯那样在中国推出加长版，只有这样才能保持玛莎拉蒂品牌的唯一性和专属性。

玛莎拉蒂是不通过吆喝来促销的，它只用自身的历史和气质来吸引人，再以一流的技术和性能来说服人，如此少而精的制作品质，确实让我们看到了玛莎拉蒂不喧哗张扬的内在，也让它保持了最核心的珍稀性。

悠悠自在地开着玛莎拉蒂，听着如同天籁般的音乐，享受着阳光洒在仪表台上让整个车厢充满温暖的意境，内有雄厚的底气却也能舒适安静地行驶。对于这一切，正是96年来一直坚持自己"私属典雅"理念的玛莎拉蒂所带给车主的。而这份优雅体验的背后，蕴涵着玛莎拉蒂独特的定价策略、独特的市场定位以及独特的品牌个性。

9.2.4 奢侈品品牌定价策略

消费者无法从产品本身来解密奢侈品品牌的定价根源。因此奢侈品企业可以为这些无法清晰定价的商品构筑价格的上限——这是奢侈品和时尚产业中惯用的定价法则。

奢侈品品牌的定价从某一方面来说，精神层面更甚于产品本身。以一个开瓶器为例，拥有一个开瓶器的功能对于奢侈品来说是远远不够的，因为那些天价商品要满足人们对于审美的需求，所以从设计、概念上，就需要追加投入；此外，这个开瓶器必须要成为一个社会地位的象征,体现某种文化品位。所以,奢侈品制造商需要再行投入额外的资金,以期迎合后者"精神层面"的需要。

沃夫冈·拉茨勒就曾在《奢侈带来富足》一书中指出:奢侈品制造商也会尽力维持较低成本,避免浪费,但是关于成本的问题一般是第二位的。这就带来名牌与非名牌的区别:前者总是问自己"我可以用在这个产品上最好的东西是什么";后者则问自己"我在规定的成本范围内可用的最好东西是什么"。

在传统奢侈品品牌定价中最重要的一条原则就是要保持同一产品在全球各个不同市场上价格的一致性。而其中,昂贵的运输成本、关税以及国际化零售与营销产生的巨额支出往往令奢侈品的成本居高不下,它们的销售秘诀不是"大批量",而是在昂贵成本的基础上,再以昂贵的价格有限量地售出。

作为例证,古驰的一句名言就是"使一个产品稀缺难求,你就可以卖出天价"。于是,当古驰收购YSL之后,首先选择关闭了大部分的YSL店铺,希望能够证明高价位与较少供应可能引发利润增长的可能性。果然,那一年YSL的利润出现了攀升。

在传统奢侈品品牌定价中,另外一条原则就是,提高某些稀少产品的价格,通过类似产品或者配饰的售卖,获得收益。

一般消费者都曾有过这样的经历:在橱窗或海报的诱惑下乘兴走进店来,却在天文数字般的价签面前惊讶得目瞪口呆。似乎这种事现在正越来越频繁地上演,因为许多奢侈品品牌都本着"没有最贵,只有更贵"的原则把旗下高端产品的定价标得一款更比一款高。

2005年,法国爱马仕公司一款镶有钻石的黑色鳄鱼皮白金手袋在纽约以6.48万美元拍卖成交。2007年夏天,法国品牌路易威登推出一款手袋,定价5.25万美元,全球限售24个。2007年12月,法国香奈儿公司推出配以白金和钻石的白色鳄鱼皮手袋,价钱更高达26.15万美元,全球限售13个。

有些消费者会在看到这种几近疯狂的价签时马上离去,不过有些消费者此时就会选择退而求其次。当潜在的买主因价格超出承受能力而面露错愕之色时,聪明的商家就会知道该把他的目光引向何处,好让他那颗骄傲的心很快得到满足和救赎。奢侈品企业非常愿意缔结它们和客户之间的感情纽带,满足消费者的需求。

如本书前面所述,目前奢侈品行业里,大多数的收益来自于饰品的销售。这些饰品既有这些奢侈品品牌所具有的品牌价值,能够体现佩戴者的身份,又在一定程度上解决了高价的难题。因此,墨镜、香水和带商标的皮带等小件商品能显著拉动古驰和路易威登等公司的销售业绩，这些饰品目前在奢侈品行业的地位堪称举足轻重。

许多人购买香奈儿的墨镜就是因为她们对这个牌子的套装求而不得。事实上，还有很多人买蒂芙尼的钥匙扣、普拉达的护腿、蔻驰的钱包和 FRETTE 的小毛巾也是源于这种心理。比如在蔻驰的旗舰店里，你会发现其中有一款因昂贵而闻名的手袋，它们可供出售的不过一件两件，但旁边却簇拥着众多造型相似、体积稍小、做工稍差的手袋时刻等着由客户带出门去。当消费者消费不起这个手袋，那么他们可能就会去尝试旁边价格稍低的替代品。如果消费者连这样的手袋也买不起，那么他们也可以试试钱包或钥匙扣等小额的奢侈品饰品。

（1）奢侈品品牌新产品定价策略

新产品定价通常从撇脂定价、渗透定价和中性定价这三种策略当中进行选择，其中最适合用于奢侈品的是撇脂定价策略。奢侈品具有品质卓越、设计华丽、服务超群、工艺精美等特点，而且新产品更具有独特性、唯一性、稀缺性、不易模仿等特点，需求价格弹性小，所以消费者能够认可，愿意为获得产品和服务的价值而支付超越产品本身功能的高价格。这种定价策略不仅在财务上保障了奢侈品品牌的高利润回报，而且维持奢侈品品牌的高端形象，使得奢侈品品牌在定价环节上居于主动地位。

（2）奢侈品品牌价格管理策略

虽然奢侈品品牌选择撇脂定价策略有很多优点，但高价本身也是一种缺点。基于价格敏感度的研究发现，消费者一般会有一个最高和最低的心理价位，这个价格范围的设定和波动直接影响到销量。因此，必须对奢侈品的价格策略进行管理，主要考虑产品组合的定价策略、折扣定价策略、心理定价策略、差别定价策略等四大策略。最后，还必须充分的认识到：同其它所有产品的定价策略一样，奢侈品的定价策略不应该是孤立的，而应该与整体的市场营销组合策略相结合。

第9章 奢侈品产品创新和定价策略

讨论案例：伯瓷酒店（BURJ AL-ARAB）
——沙海帆影、天上人间

概述

伯瓷酒店开业于1999年12月，号称七星级酒店，它建在离海岸线280米处的人工岛Jumeirah Beach Resort上。伯瓷糅合了最新的建筑及工程科技、迷人的景致及造型，终于缔造出一个梦幻般的建筑——它看上去仿佛和天空融为一体。它富丽堂皇，奢华至极，是阿拉伯人奢侈的象征，也是迪拜的新标志。走进这个世界上最高的七星级酒店就似走进了阿拉丁的洞穴，豪华的佐证非笔墨可言喻，从带你走进海鲜餐馆的小型潜艇，到每个房间的17个电话，再到用做机场巴士的8辆劳斯莱斯都可略见些许。你甚至可以要求直升机接送，在15分钟的航程里，率先从高空鸟瞰迪拜的市容，欣赏壮丽的景观后，才徐徐降落在28楼的直升机坪。

建造历史

伯瓷酒店最初的创意是由阿联酋国防部长、迪拜王储阿勒马克图姆提出的，他梦想给迪拜一个悉尼歌剧院、艾菲尔铁塔式的地标。经过全世界上百名设计师的奇思妙想，加上迪拜人巨大的资金支持和5年的时间，终于缔造出这个将浓烈的伊斯兰风格和极尽奢华的装饰与高科技手段、建材完美结合的梦幻建筑。

由英国设计师W.S. Atkins设计的饭店外观如同一张鼓满了风的帆，一共有56层、321米高，比法国艾菲尔铁塔还高。伯瓷的工程花了5年的时间，2年半时间在阿拉伯海填出人造岛，2年半时间用在建筑本身，使用了9000吨钢铁，并把250根基建桩柱打在

40米深海下。

金碧辉煌的酒店套房能让你感受到阿拉伯油王般的奢华。所有的202间房皆为两层楼的套房，最小面积为170平方米，而最大面积的皇家套房更是达到了780平方米。以最普通的豪华套房为例，办公桌上有东芝笔记本电脑，可以随时上网，墙上挂的画则全是真迹。每间房内都安有落地玻璃窗，让下榻于此的客人可以随时观赏一望无际的阿拉伯海。酒店更贴心之处就在于其管家式的服务，一进入房间就有管家等着，跟客人解释房内各项高科技设施如何使用并随时候命，因为酒店的服务宗旨就是务必让房客有阿拉伯油王的感觉，享受真正的豪华尊贵。

建造特色

该酒店于1994年建成，矗立在海滨的人工小岛上，其中仅外壳及填海的费用就高达11亿美元，外形酷似帆船状，通体呈塔形，从头到脚56层，高达321米，拥有202套复式客房，在中间靠上的位置搭建了俯瞰全城的豪华餐厅，还修成一座全球最高的花园中庭。因为它以"帆"为外观造型，所以酒店到处都是与水有关的主题。如一进酒店门的两大喷泉，不时有不同的喷水方式，每一种皆经过精心设计，约15—20分钟就换一种喷法；搭着电梯还可以欣赏高达十几公尺的水族箱，很难相信外头就是炎热高温的阿拉伯沙漠。

酒店的客房全部由复式套房组成，最豪华的套房为设在酒店第25层及以上的皇家套房，装饰典雅辉煌，顶级装修和搜罗自世界各地的摆设使套房内如同皇宫一样气派。其中设有一个电影院、两间卧室、两间起居室和一个餐厅，其出入都有专用电梯。

黄金装扮

与酒店外表一袭清纯白色外衣不同，伯瓷酒店的内部装潢却可说是触目皆金，极尽奢华之能事。整个酒店共用了26吨黄金，大到厅里的巨型柱子，小到门把、家具手柄、水龙头、电话等，甚至是一张便条纸，都"爬"满黄金。虽说只是薄薄的一层镀金，却超出了客人的想象力。纸醉金迷，往往是影射精神堕落的字眼，伯瓷所有的"黄金屋"却令人喜爱而不沉迷，任何细节都处理得绅士般矜持、淑女般优雅，没有携带一丝一毫的俗气。比如窗帘、座垫、橱柜、冰箱……大大小小，每件都是俗中求雅，且俗且雅。

要所有细节都优雅而又不落俗套地以金装饰，那就是对设计师的品位与功力的考验了。

高档客房

伯瓷共有202套客房，所有的客房都是两层楼的复式结构。房间面积最小的也有170平方米。皇家套房更是足有780平方米大，以平面摊开的话，面积相当于两个篮球场。套房的设备更极尽奢华之能事，家具是镀金的，屋里的摆设都是世界各地的珍宝，有私家电梯、私家电影院、旋转睡床、阿拉伯式会客室，甚至衣帽间的面积都比一般酒店的房间大。已故顶级时装设计师范思哲曾对此赞不绝口。让人叫绝的还有卧房的天花板上装有一面与睡床相映成像的大镜子，与自己面对面的睡眠体验别有一番风味。

伯瓷酒店浴室里的所有卫浴用具都是爱马仕的产品，包括肥皂、古龙香水等，当然淋浴设备也不同凡响，除上头的莲蓬头之外，还可选择上中下三段式喷水，旁边则是马赛克壁画陪衬下的按摩浴池，浴室门口还有皮质躺椅，让旅客休息。

高级享受

入住酒店的客人，一出迪拜机场就有酒店提供的两种"豪华选择"：坐劳斯莱斯豪华轿车或是乘酒店专用直升机。乘机前往的话，在15分钟的航程里，可以从高空鸟瞰迪拜市容，然后徐徐降落在酒店28层的直升机停机坪上。当然，这种高档享受也是要付出高昂代价的。在酒店的楼顶，还有一个世界独一无二的"空中网球场"，它由直升机停机坪改建而成，距地面300多米。著名的网球选手费德勒和阿加西，就曾为备战迪拜男子网球公开赛，在这里打过友谊赛。

既能上天亦能入海，在酒店内的Al-Mahara海鲜餐厅进膳也是令客人难忘的独特回忆。从酒店大堂出发乘坐潜水艇直达餐厅，虽然航程短短3分钟，可是已经进入一个神奇的海底世界，沿途有鲜艳夺目的热带鱼在潜水艇两旁游来游去，美不胜收。安坐在舒适的餐厅椅上，环顾四周的玻璃窗外，珊瑚、海鱼所构成的流动景象，使人仿佛身处于海底世界，伴随客人享受整顿写意的晚餐。

消费水平

伯瓷酒店既然称为"七星级"，房价当然也超乎寻常。酒店客房的公示价目为：标准房每天900美元，皇家套房每天18000美元。酒店房价虽然不菲，客源却依然踊跃，并且需要几个月前预订。

由于伯瓷这家超级豪华酒店实在是太特别了,很多外来访客只想来参观一下,于是聪明的阿拉伯人帮你安排好了踏进这家饭店的参观费用标准:平日 100Dhs(迪拉姆:阿联酋的货币单位,1Dhs 约等于 2.25 元人民币)、假日 200Dhs。

伯瓷究竟被评为七颗还是八颗星也许并不要紧,关键是全球酒店业"无出其右",因而伯瓷愈发体现出它的稀缺性的独特光芒。这座沙漠与海洋之间的巨大"帆船",其实蕴涵着人类追求卓越的无穷思绪和好莱坞式的创意梦想。

资料来源:互动百科(http://www.hudong.com/wiki/伯瓷酒店),作者略有修改。

思考题

1. 奢侈品品牌的常用定价策略有哪些?
2. 在当今全球经济危机下,奢侈品品牌的定价策略需要调整吗?
3. 维持奢侈品高价的关键因素是什么?
4. 请结合讨论案例分析,伯瓷酒店如何制定自己的定价策略?

10 奢侈品品牌文化

奢侈品品牌文化特征

奢侈品品牌文化定位

跨文化奢侈品品牌管理

第10章　奢侈品品牌文化

> 卡地亚，既为珠宝商之王者，亦是王者之珠宝商！
>
> ——英皇爱德华七世（Edward Ⅶ）

品牌故事：
卡地亚 (Cartier)——奢华的态度

如同儿时父母讲"狼来了"的故事，为孩子种下了诚实的种子，奢侈品企业也愿意用故事来传播自己的主张，将品牌的种子植根于消费者心中。

故事容易记忆、易于传播；故事贴近人性，更多地赋予产品情感和生命力；在这个产品高度同质化的年代里，故事又是树立品牌个性的有利工具。

一个被称为"皇帝的珠宝商，珠宝商的皇帝"的国际顶级奢侈品品牌，160年来一直在潜心编织自己的故事，并用各种方法传播着。所以，如果有人认为，160年来，卡地亚都在经营珠宝、钟表等奢侈品，那就错了，因为除了这些外，更重要的，卡地亚还一直在经营自己的故事。

挖掘故事

自1847年创建以来，卡地亚一直与各国的皇室贵族和社会名流保持着紧密的联系和交往。对于普通人来说，皇室与名流们的生活本就神秘、令人向往。于是，卡地亚的每一位客户都成了它的免费代言人,这也是卡地亚品牌故事的一个重要源泉。

无论你从什么渠道认识了卡地亚,都会听到这样一个故事:1936年12月,继位不到一年的英国国王爱德华八世为了和离异两次的美国平民女子辛普森夫人结婚,毅然宣布退位。爱德华八世的弟弟乔治六世继位后,授予他温莎公爵的头衔。为了表达爱意,温莎公爵授意卡地亚公司为温莎公爵夫人设计了四款首饰,分别是"猎豹"胸针、"BIB"项链、"老虎"长柄眼镜和"鸭子头"胸针。

由于其背后美丽、动人的故事,和"卡地亚第一款动物造型珠宝"的地位,"猎豹"胸针几乎已经成为卡地亚标志性的产品,也由此让卡地亚的"猎豹"系列产品备受众多后来者钟爱。

其实,卡地亚真正的兴隆并风靡巴黎皇室及贵族,是从受到拿破仑年轻的堂妹——Mathilde公主的青睐开始的。后来,英国王储威尔士亲王特地从卡地亚定购了27个冕状头饰,并在他被加冕为爱德华七世的典礼上佩戴。两年后,爱德华七世赐予了卡地亚皇家委任状。此后,卡地亚又陆续收到了西班牙、葡萄牙、俄罗斯、比利时、埃及等国王室的委任状,成为这些王室的"御用珠宝"供应商。

这些与皇室、名流们的故事,不但给卡地亚带来了业务上的发展,还让卡地亚的品牌价值大大提升,溢价能力不断增强。

当然,除了这些品牌背后的故事外,卡地亚每一款产品背后也都有着自己的故事。

卡地亚的经典之作,如"Tank腕表系列",是为纪念一战中的坦克兵而设计的,1919年首次销售,其和谐兼简洁的外形至今仍受时尚界的追捧。1924年,卡地亚为著名诗人Jean Cocteau设计了造型独特且深富韵味的卡地亚三环戒指……

"我们不会专门为某一国家或地区的消费群设计产品。因为客户都知道卡地亚是一个国际品牌,如果单纯为某一区域的消费者设计产品,会影响品牌的形象,"卡地亚中国华北区副总经理张锴说,"但我们会在设计产品时从各地的文化中获得灵感。"

2003年,卡地亚推出"龙之吻"珠宝系列,其创作灵感全部来自于中国传统的文化与艺术,将日常生活中一些最为简单的寻常事物例如如意结、风铃、扣锁以及经典的"龙"造型演绎成象征着幸福与吉祥、成功和永久的珠宝珍品。

传播故事

对于奢侈品来说,品牌历史、品牌精神比产品本身更为重要。所以,奢侈品营销就需要选一个好的传播渠道，用正确的方式把品牌精神传递到目标群体当中去。

"顾客在欣赏卡地亚带来的优质生活及品位的同时，如何让他们了解品牌背后的故事和文化底蕴，是非常重要的。从而，消费者能够更进一步体验像卡地亚这样有近160年历史的品牌为他们带来的艺术感受。"卡地亚大中华区行政总裁陆慧全说。

对于以小众为目标客户的奢侈品来说，并不能通过广泛的渠道建设来提高与消费者的见面率从而达到传播品牌的目的。截止2006年，已经进入中国15年的卡地亚，也才有12家精品店——虽然这一数字在奢侈品品牌中已经不算少，但相对于靠铺货占领消费者心智的产品来说，实在是小巫见大巫了。

卡地亚主要的传播形式是巡展和针对VIP客户举行的各种新品发布等活动。

2004年5月，卡地亚在上海博物馆举办了"卡地亚艺术珍宝展"。展览包括卡地亚于20世纪30年代至60年代为传奇历史人物温莎公爵夫人设计的珍品，包括她最喜爱的蓝宝石豹型胸针；于1928年为印度邦主Patiala所创制的全球珠宝史上最巨型的钻石项链；以及英国国王乔治五世定购的19顶皇冠等。同年，卡地亚的隶属母公司历峰集团也在北京太庙举办了"钟表奇迹"展览。

创造故事

除了用自己160年的历史及与皇室、名流的关系编织一个个美丽、动人的故事，通过各种形式将它们传播给目标受众外，卡地亚还不断地"自创"着一些新鲜的故事。

1973年，卡地亚在日内瓦国际拍卖会上购回了于1923年创制的首座"魅幻时钟"，成为卡地亚古董典藏室的第一件珍藏品。

在随后的20年间，卡地亚古董典藏室从多家国际顶级拍卖会及私人收藏家手中搜集到1200多件收藏品。通过举办珍品收藏国际展览等活动，卡地亚向公众讲述着一个个关于它的精美故事，让人们在了解卡地亚的历史传统和创新设计的同时，感受到它的品牌价值。

自1989年起，卡地亚的部分收藏品已经在许多世界一流博物馆进行展览，其中包括法国巴黎小王宫博物馆、俄罗斯艾米塔吉博物馆、日本东京都庭园博物馆以及中国上海博物馆等。

1984年，卡地亚创建了"卡地亚当代艺术基金会"。基金会在全世界寻找原创性的作品，提供艺术家们进行创作并展示的一个平台，因此，它也成为了多种艺术表达形式的汇集地。

虽然基金会本身是一个纯为推广现代艺术、没有任何商业色彩的组织，但对于卡地亚品牌来说，这却又让它多了一个故事，而这个故事也让卡地亚品牌显得更加高贵和纯洁。

每一个品牌都不应该为了讲故事而讲故事，而是要通过讲故事，让顾客了解这个品牌有着怎样的品牌主张，顾客在消费这个品牌产品时会满足怎样的情感诉求。

资料来源：《当代经理人》，2006年第10期。

从经济学的角度定义，奢侈品品牌是"功能性价值"占"价格"比例较低的产品，也是"有形价值"相对"无形价值"比例较低的产品。此定义点出了奢侈品品牌的特点：无形价值——品牌文化的重要性。奢侈品品牌能带给消费者一种高雅和精致的生活方式的象征意义，注重品位和质量。真正的奢侈品品牌代表一种优雅的气质，几乎每个奢侈品品牌背后都有文化的积淀，而拥有者则受这些气质所感染。

10.1 奢侈品品牌文化特征

一般意义上的文化，是指一个国家或民族的历史、地理、风土人情、传统习俗、生活方式、文学艺术、行为规范、思维方式、价值观念等。

梁启超先生在《什么是文化》中称："文化者，人类心能所开释出来之有价值的共业也"。

关于文化的定义包含了以下几个方面的内容：

（1）文化是人类群体整个的生活方式和生活过程。主要成分是符号、价值和意义、社会规范。符号是指能够传递事物信息的一种标志，它在生活中代表一定的信息或意义。文化的存在取决于人类创造、使用符号的能力。价值观是人们评判日常生活中的事物与行为的标准，决定着社会中人们共有的区分是非的判断力。社会规范是特定环境下的行动指南，它影响着人们的心理、思维方式和价值取向、行动。

（2）文化的内隐部分为价值观和意义系统，其外显形态为各种符号，这些符号主要体现为物质实体和行为方式。

（3）对整个人类来说文化是人的创造物，对于特定时间和空间的人而言，文化则主要体现为既有的生存和发展框架。

（4）文化随着人类的群体的范围划分不同而体现出差异。

文化其实体现在一个人如何对待自己，如何对待他人，如何对待自己所处的自然环境。在一个文化底蕴丰厚的社会里，人懂得尊重自己——他不苟且，因为不苟且所以有品位；人懂得尊重别人——他不霸道，因为不霸道所以有道德；人懂得尊重自然——他不掠夺，因为不掠夺所以有永续的生命。

品牌文化指的是一个品牌所创造并由其拥有者所享有的商品实体、品牌价值观念、品牌意义体系等有形和无形的结合体。

一般品牌的文化作为文化、企业管理研究领域中的一个分支，主要具有以下特点：

1. 社会性

品牌文化背后包含着厚重的思想、人文、风土、民俗等历史渊源。品牌文化的社会性体现在企业所在的整个产业链上，包括企业的上级主管单位、政府部门、企业投资方、企业员工、合作伙伴、供应商、经销商和最终客户等主体。无形的企业文化将各方的利益有机地结合在一起。

2. 民族性

品牌文化植根于民族文化的土壤之中，不同的民族文化氛围，必然会产生具有不同民族特点的企业文化。品牌是由人支配的，而任何人又都从属于一定的民族。任何一个国家所拥有的品牌文化（亚文化）都是植根于它的民族传统文化基础之上的，民族文化是品牌文化的源头，品牌文化从属于民族文化并由民族文化决定。各个地区的文化具有不同的历史渊源，由于文化特色存在差异，形成不同的文化类型和文化区域。品牌在一定的文化类型和文化区域中从事生产经营活动，长期受这种文化氛围的熏陶，不能不深深地打上这种文化特色的印记，形成与该文化类型和文化区域相适应的价值观念、思维方式及行为方式，创造出具有民族特色的品牌文化。

3. 渗透性

品牌文化一旦形成，便会在日常的经营活动中通过各种形式，"无孔不入"地渗透到职工的思想中去，逐步形成共同的价值观，激励着公司的员工自觉地、潜移默化地朝着同一目标前进。

4. 无形性

品牌文化所包含的共同理想、价值观念和行为准则是作为一个群体心理定势及氛围存在于公司员工和顾客之中的。品牌文化是无形的，只有企业的物质优势和文化优势的最优组合，才能使某一品牌永远立于不败之地。

5. 软约束性

品牌文化对企业经营管理起作用，依赖于其对员工的熏陶、感染和诱导，让员工自觉地按照企业的共同价值观念及行为准则去工作。因此，品牌文化是非强制性的不成文的行为准则，它对员工有规范和约束的作用，而这种约束是一种软约束。

那么什么是奢侈品品牌的"文化"？"奢侈品品牌文化"是错综复杂的痕迹，是一种界线。奢侈品品牌文化划分了一般品牌与奢侈品品牌之间的差别，没有文化的内涵，再昂贵的商品也不能称为奢侈品。奢侈品品牌文化的核心是人，奢侈品品牌文化是人超越自然属性的理想和努力，是对自身精神与物质生活无上追求的向往。

虽然奢侈品消费不是人之天性，但是人们在生活富裕以后，奢侈品作为一种社会现象确实存在着。奢侈品的消费在一些初步发达国家非常踊跃，于是，做奢侈品，成就一个奢侈品品牌，是许多国家、地方、企业为之努力的目标。

我们知道，能产生奢侈品品牌的地方一定是以富裕的生活为基础，以现代化为背景，不然人们生产不出，也消费不起。但不是所有的现代化的国家和具有富裕生活的族群都能够生产奢侈品，或产生奢侈品品牌。日本是世界第二经济大国，其现代化的水平和富裕的生活，应该是不争的事实。但日本却难以塑造几个具有世界意义的奢侈品品牌。虽然目前日本人在大量地消费着奢侈品，但是它的供应国大多来自于意大利和法国。

除了现代化的经济基础和富裕生活的条件，想要塑造奢侈品品牌还必须具有充沛的创新能力及不断地对人们所需要的奢侈概念进行创意、创新、创造，不断将无形的符号塑造成为经典的、历史的、奢侈的形象。而这正是日本所缺乏的。

美国作为世界上创意、创新和创造能力最强大的国家，确实成为流行产品的生产中心。在全球普遍的、大量的流行产品当中，美国占据了半壁江山：电影、运动鞋、快餐、音乐、电脑芯片等，不一而足。美国几乎主导了大半主流产品的全球市场。美国具有富裕的生活、现代化经济基础和蓬勃的创新能力，但美国却同样没有成为世界奢侈品生产的主导国家。因为生产奢侈品和奢侈品品牌还需要高贵的血脉和悠久的历史。

奢侈品品牌的产生不仅需要有富裕的生活、蓬勃的创意、高贵的血脉、悠久的历史、独特的形象、浪漫的气质和艺术的特性，而且需要将这一系列特点综合起来，并做到极致，无论是材质、工艺、时代、区域、个性都能够融合为经典的、深刻的、历史的品牌形象。唯此，奢侈品和奢侈品品牌才会自然产生。而这也正是为什么世界上的奢侈品和奢侈品品牌大多来自于意大利和法国！

可见在奢侈品品牌的塑造过程中，财力、技术、创新都是品牌打造的关键基础，然而真正如画龙点睛般提升品牌高度的却是品牌文化。品牌文化是"品牌"与"文化"的有机融合，是企业打造品牌的重要手段。品牌文化起着凝聚和催化作用，它使奢侈品品牌更有内涵，使奢侈品品牌的附加值得以提升。

奢侈品品牌文化的来源及发展主要有三：

一是历史文化积淀法，即由历史演进自然沉淀而形成品牌文化。

二是个性文化投射法，又称独特风格倡导者，就是在创始人的监护下有意识地创建品牌文化。

三是显性文化赋予法，又称策划赋予法，即品牌文化通过有意识的策划和长期运作形成。

10.1.1 奢侈品品牌文化的层次

按照品牌文化对奢侈品品牌演绎的层次不同，我们把奢侈品品牌文化分为如下三个层次：

1. **奢侈品品牌精神**

奢侈品品牌精神，体现的是对人性的深层次关怀，所追求的是将企业产品的核心价值和顾客心中的价值观念、思维方式甚至是道德规范的融合。企业品牌的核心价值要素可以有很多，比如可靠性、安全性、诚信、公正、责任感、追求进步、专一敬业等，品牌精神的提炼过程就是将品牌核心价值转换为顾客心智中的价值观念、梦想、追求。比如，尊尼获加(Johnnie Walker)作为威士忌品牌，其企业核心价值是不断研制出高品质、完美口味的威士忌。然而企业品牌精神中却不会也不能去描述自己是造酒的，尊尼获加选择的是把品牌标识提炼为"不断前行的绅士"，它的广告强调的品牌精神都是：持续不断前进、永远积极挑战。而法拉利品牌的核心价值是向世人提供最纯血统的跑车，其定义的品牌精神是"激情澎湃、运动无限"，体现的是人们心灵深处对激情和超越他人的渴望。

2. 奢侈品品牌个性文化

奢侈品品牌个性文化追求的是，传递品牌精神的同时体现品牌个性和使用品牌产品的顾客对与众不同、优越感的追求。奢侈品品牌往往以己为荣，它们不断树立起个性化大旗，创造着自己的最高境界。它们独具匠心，各显其能。正是因为商品的个性化，才为人们的购买创造了理由。也正因为奢侈品的个性化很不像大众品，才更显示出其尊贵的价值。品牌个性文化是品牌定位的文化体现。

比如法拉利为了演绎其追求运动速度的特点，常年组建赛车队参加各种赛车赛事，由法拉利设计制造的赛车在全世界比赛中先后赢得 5000 多次胜利，其中包括 14 次一级方程式车手和车队总冠军。一个个冠军头衔筑就了法拉利无可争议的速度王者地位。同时每年举行"法拉利嘉年华"邀请赛，车手、车主、车迷共同狂欢。让人们只要提起 F1 赛事、F1 跑车就会联想到法拉利。在演绎其品牌"速度"个性的同时，让法拉利车主领略到与众不同的激情和超越。

芝华士的广告词是："无瑕的冰山，纯净幽远的天空，远游的旅者们气定神闲地手握钓竿享受别样人生，阿拉斯加雪钓世界里不能缺少的是杯陪伴美好时光的芝华士（CHIVAS）威士忌。"在这则 2005 年颇为成功的广告里，我们几乎没有看到"多年收藏"、"家族传统"，也没有看到"苏格兰风格"，这些传统奢侈品品牌带来的联想都被"享受人生，享受芝华士人生"的品牌文化信息取代了。芝华士希望唤起人们心中享受人生、"人生得意须尽欢"的生活态度，从而将品位芝华士美酒和享受人生的人生态度链接到了一起。

奢侈品品牌塑造的经典品牌个性文化的例子还有很多：劳斯莱斯的纯手工打造，法国干邑的稀缺性收藏，雪茄的格调品位，PRADA 的极度简约，登喜路的英伦绅士等。下面我们简单介绍劳斯莱斯的纯手工打造文化和法国干邑的稀缺性收藏文化。

（1）劳斯莱斯纯手工打造文化

劳斯莱斯的成功得益于它一直秉承了英国传统的造车艺术：精练、恒久、巨细无遗。令人难以置信的是，自 1904 年到现在，超过 60% 的劳斯莱斯仍然性能良好。劳斯莱斯最与众不同之处，就在于它大量使用了手工劳动，在人工费相当高昂的英国，这必然会导致生产成本的居高不下，这也是劳斯莱斯价格惊人和产量低下的原因之一。然而，事实证明众多国际富豪却偏偏喜欢它所带来的贵族感觉。

从社会学的角度上说，奢侈品是贵族阶层的物品。它有地位、有身份、有高人一等的权力。它是贵族形象的代表。如今，虽然社会民主了，但人们的"富贵观"并未改变，奢侈品品牌正好可以满足人们的这种本能需求。在大家的心目中，纯手工打造一般都是和艺术创造、诚挚心意、耗费时间等联系在一起。劳斯莱斯汽车的全手工打造，把汽车和艺术品、诚挚心意联系到了一起，既表达了公司希望打造完美汽车的极致个性，也满足了目标顾客群彰显高人一等贵族形象的诉求。

把品牌和纯手工工艺文化联系在一起的奢侈品品牌还有很多，如法国袋王戈雅、经典名表百达翡丽，等等。

（2）法国干邑稀缺性收藏文化

在 2008 年年底结束的佳士得名酒秋拍中，世界古董酒和珍稀酒藏品的拍卖业务独占鳌头，以高达 94% 的成交率和 3153.78 万港元的总成交额成为金融海啸后低迷经济的一道曙光。

就法国干邑区有限的优质葡萄产量和年份久远的"生命之水"日显稀缺来说，这似乎注定了干邑身价的"只升不跌"。早在 2008 年年初，干邑藏品的价格就呈直线上升的趋势——在厦门落槌的"法国绝版百年冠军干邑拍卖会"上，4 瓶法国干邑在 10 分钟内合计拍出超过 244 万元的天价，成为金融海啸中罕见的逆市而上奇景。

人头马（Rémy Martin）干邑酒庄曾在 2008 年下半年宣布，2008 年葡萄酒收购价格将提高 12%－14.9%，包括为人头马公司提供酿酒葡萄的小香槟区和大香槟区 1224 家供应商。畅销中国的轩尼诗和马爹利等高端洋酒也在 2008 年都做出了价格调整，平均涨幅达 10%，二线产品价格也提升超过 5%。譬如，轩尼诗李察干邑自 2008 年发布新包装后价格持续攀升，从 2007 年的每瓶售价 8000 元攀升至 1.6 万元。2008 年年底，萧索氛围弥漫的情况下，人头马推出限量版路易十三黑珍珠 Magnum 干邑，虽然售价接近每瓶 30 万元人民币，但依旧受到了干邑投资家们的热捧。

所有的这一切都是因为精明的法国干邑经营者把干邑的"稀缺"个性价值和收藏投资活动联系到了一起，形成了独特的干邑收藏文化。

3. 奢侈品品牌美学文化

奢侈品的美学文化可以从物理性与心理学方面来表现，在物理性上面呈现的是奢侈品致力于满足消费者本身的审美需求。美的愉悦本身就具有品质和实质，事物的外观和感觉会触动人类内心深处的本能，人类是以视觉与触觉为主的生物，乐于让美环绕在感官四周而产生快乐。每个人的品位各不相同，但由美学因素所触发的愉悦感，会因为人类生理结构普遍相同，产生大同小异的生理反应。奢侈品品牌应当充分掌握消费者的审美需求，从产品设计、品质、包装、色彩、标志、陈列、店头、广告一切外显的审美设计上都充分掌握美感，全方位地让消费者沉浸在协调、匀称的和谐中，因此产生一种情绪上的快感。奢侈品的美学文化代表着对品牌标识的人性理解和美学表达。

比如颜色有时就可以成为一种代表，若是真要在汽车领域中寻找一种颜色来印证一个品牌，那么非"法拉利红"莫属。时至今日，人们仍喜欢用红色闪电来形容这家顶级跑车厂商。准确地说"法拉利红"已经不仅是一个车队的代表，更多的是带给人们对速度和激情的快感联想。

又比如绝对伏特加，充分利用巧思妙想，精美绝伦的平面广告和精致设计的酒瓶模糊了广告和艺术画的界限以及酒瓶和艺术品的边界。巧妙地体现了绝对伏特加的简单、纯净、完美品位，同时带给顾客愉悦的视觉冲击。

总之，奢侈品品牌文化致力于让消费者与奢侈品的历史传统、文化、风格产生连接，制造一种心动与感动，生成一种美妙体验，并让这样的经验深植于消费者的心中，持续与消费者建立一种牢不可破的关系。

案例 10-1 希尔顿的员工可以穿着自己喜欢的衣服为客人服务

希尔顿国际酒店集团（HI），为总部设于英国的希尔顿集团公司旗下分支，拥有除美国外全球范围内"希尔顿"商标的使用权。美国境内的希尔顿酒店则由希尔顿酒店管理公司（HHC）拥有并管理。希尔顿国际酒店集团经营管理着403间酒店，包括261间希尔顿酒店、142间面向中端市场的"斯堪的克"酒店，以及与总部设在北美的希尔顿酒店管理公司合资经营的、分布在12个国家中的18间"康拉德"(亦称"港丽")酒店。它与希尔顿酒店管理公司组合的全球营销联盟，令世界范围内双方旗下酒店总数超过了2700间，其中500多间酒店共同使用希尔顿的品牌。希尔顿国际酒店集团在全球80个国家内有着逾71000名雇员。

2004年，希尔顿开休闲之先风，创新了"希尔顿休息间"。这种新型房间营造了独特的环境，顾客可以在其中恢复体力和精神，可调光的照明设备或明或暗，空气中散发着新鲜的水果味道和花香，有助于顾客的放松和休息。

更为令人吃惊的是，连饭店工作人员的服装要求也大为放松，员工甚至可以穿着自己喜欢的衣服为客人服务。

80多年来，希尔顿酒店生意如此之好、财富增长如此之快，其成功的秘诀即是牢牢确立自己的企业理念，并把这个理念贯彻到每一个员工的思想和行为之中。酒店创造"宾至如归"的文化氛围，注重企业员工礼仪的培养，并通过服务人员的"微笑服务"体现出来。

10.1.2 奢侈品品牌文化的要素

奢侈品品牌文化由三大要素所支撑，分别为工艺品质、历史与传统、主题与风格。

1. 工艺品质

品质是品牌的基石。没有优质的产品，品牌无法长久。奢侈品公司必须经常向自己提出这个问题：我可以用在这个产品上的最好的东西是什么？而大众产品制造商的问题是：我在规定的成本范围内可用的最好的东西是什么？劳斯莱斯一直坚持着手工制造车身的传统。"银色天使"车身由500个零件组成，生产一辆车需要400小时，劳斯莱斯公司在"银色天使"的研制上共投资3.1亿美元。奢侈品产品提供最大的应用价值，就是品质保证。

只有通过精细化，通过劳动，一种材料或者原料才会具有豪华价值。而精细化意味着在生产一件物品时需要付出更多的人力、物力和财力。奢侈品就是一种艺术品，以工匠精神贯彻一种对完美和一致性的特殊感觉，去精心地、始终如一地制造一个产品。如伯爵表（PIAGET）于1847年由乔治亚伯爵在瑞士成立，因为精致的宝石镶工和细腻的艺术风格，结合了智力、美学、耐力和技术使每一件伯爵表都成为艺术品。当制作的过程因为其精细的需要，不能大量生产时，这样的产品不仅因其品质，也因其制作过程而成为珍品。以制造皇室马具起家的法国百年经典品牌爱马仕（Hermès），其深受摩洛哥王妃格丽丝·凯莉（Grace Kelly）喜爱而命名的凯莉包，虽然每个价格高达上万美元，但仍旧深受世界各国女士的喜爱。但爱马仕一直信守着对工匠精神的承诺，即使排队订购的人已经要等到一年以上，爱马仕还是坚持手工制作，每一个出厂的包都是一件完美的艺术品并被编号，成为世上独一无二的作品。奢侈品品牌对完美品质的坚持与对制作过程的精细要求，满足消费者对于审美需求的需要，是其成功的基石。

2. 历史与传统

历史积累着许多美好的回忆和令人记忆深刻的故事，奢侈品品牌必须善于利用历史与传统文化积累，并以此提供消费者在情感体验上的联想与满足。

当产品竞争在质量、价格、售后服务等因素上很难再有突破时，文化这种非物质因素一旦融进品牌的核心价值，那么品牌的附加价值就会大大增加。法国大革命以后崛起的是资产阶级，1852年拿破仑三世发动政变，法兰西第二帝国正式诞生，整个法国进入了前所未有的繁华景象。这时，从前那些只有贵族可以享受的高级定制制服服务开始开放给资产阶级，而当时马车是上流阶级显露身份和财富的标记。也就是在同时，1837年爱马仕以马具工房起家，从此也奠定了爱马仕贵族品牌的地位与形象。

奢侈品一般具有一种突出的禀性，就是拥有历史和传统。历史和传统使得奢侈品与一个地方或一段时间相连接在一起，让消费者产生一种联想与情感，透过这种令人愉悦的情感体验产生感知性的价值。

3. 主题与风格

主题与风格是奢侈品品牌文化中重要的组成部分。品牌是否能触动人心，就在于能否提出一种风格主张，加深人们对生活的体验。由于这些主题和风格具有激发联想与推敲寓意的能力，因此它们会以各种特有的方式在顾客脑海中留下不可磨灭的印象。

随着全球化消费社会的进步，消费者的生活形态与偏好已经成为一个普遍的现象，生活风格已经成为现代消费者选择品牌的重要依据。所以当品牌能够提供消费者某些心灵上的体验时，就已经提高了产品的价值，而同时也提高了产品的价格，这就是奢侈品成功的地方。奢侈品品牌卖的不只是一件产品、衣服或首饰，除了产品本身设计上的美感以外，奢侈品卖的还是一种主题风格。例如，二次世界大战后，巴黎普遍处于低迷气氛中，1947年迪奥（Christian Dior）发表了他的新作"花冠"，此种礼服上身的裁剪流顺，腰际下蓬绽开，带给人一种明亮畅快的感受，一扫战争的阴霾，鼓励巴黎人重新振作找回自我，被评价为具有时代意义的新面貌（New Look），这卖的就是一种主题态度。

生活风格是随着时代的变迁而改变的，在今天这样一个生活节奏飞快的世界上，时尚潮流闪电般更迭，奢侈品品牌也需要不断进步、革新并确立自己的独特、时尚的风格，同时满足消费者视觉上的审美需求与生活上的美感经验，从而获得全球范围的成功。

10.2 奢侈品品牌文化定位

节俭固然是美德，奢侈也是每个人的生活权利。富裕阶层对奢侈品的情有独钟，说明虽然奢侈品凭借"昂贵"生存，脱离普通商品的价格，但这实质上还是人类社会的一种文化现象，是一些人对某种令他们心仪的美好生活与梦想的奢侈迷恋与追逐。

真正的奢侈品品牌代表一种整体优雅的气质，而且几乎每个奢侈品品牌背后都有各自的文化积淀。不是标上"天价"就可以让一件物品跃升为奢侈品的。如果不了解奢侈品品牌背后的历史，就不能很好地体会这个品牌的风格，自然也穿不出适合自己的韵味。奢侈品高昂的价格，带给我们的不仅仅是一个枯燥的数字，还有它的创意理念，从历史的盘桓中创造出来的超时代新文化。

以品牌文化作为奢侈品品牌战略的切入点，从高端理解品牌，从文化的宏观视角塑造品牌，这是一个奢侈品品牌能够成长并走向成功的必然之路。创建一个强大的奢侈品品牌文化，其首要问题是对奢侈品品牌文化进行定位，这是每一个品牌战略的核心，尽管不是所有最终拥有强大品牌文化的品牌的建设都是从一开始就有意识地去进行品牌文化定位，但在实施过程中都注意到了品牌文化定位问题，并将其合理成功地解决。

10.2.1 品牌文化定位的重要性

品牌文化定位是通过建立一种清晰的品牌定位，在品牌定位的基础上，利用各种内外部传播途径形成受众对品牌在精神上的高度认同,从而形成一种文化氛围,通过这种文化氛围形成很强的客户忠诚度。其重要性表现在以下几个方面:

1. 提高品牌的品位

品牌文化定位不仅可以提高品牌的品位,而且可以使品牌形象独具特色。通过传达诸如文化价值观、道德修养、文学艺术、科技含量等,启发联想,引导愿景,建立心智模式,平衡美感,并形成一定的品位,成为某一层次消费者文化品位的象征,从而得到消费者认可,使他们获得情感和理性的满足。如劳斯莱斯定位"皇家贵族的座骑";金利来代表着"充满魅力的男人";索尼"永不步人后尘,披荆斩棘开创无人问津的新领域",成为世界闻名的"创新先锋"。

2. 提高品牌价值,保持和扩大市场占有率

情感是维系品牌忠诚度的纽带,如果一种品牌不能深度引起消费者的情感共鸣,品牌将难以获得消费者的信任;通过提升品牌文化意蕴,以情营销,培养消费者对品牌的情感,使消费者对企业品牌"情有独钟",增强品牌的人性创意和审美特性,占据消费者的心智,激起消费者的联想和情感共鸣,从而引起兴趣,促进购买。

3. 使品牌形象获得消费者认同和忠诚

英特尔前总裁格罗夫曾说过"整个世界将会展开争夺'眼球'的战役,谁能吸引更多的注意力,谁就能成为 21 世纪的主宰"。吸引不了注意力的产品将经不起市场的惊涛骇浪,注定要在竞争中败下阵来。只有独具特色、个性化的品牌文化定位,才会有别于同类产品,才能引起消费者的好奇心。

"品牌的背后是文化","文化是明天的经济",不同的品牌附着不同的特定文化,企业应对文化定位予以关注和运用。

现阶段,许多品牌管理专家或广告策划人都将品牌作为企业生存和发展的核心因素。然而随着国际与本土品牌营销战的日益升温,再加上本土品牌价格战等综合因素影响,我国消费者常常做的,是抛弃某个品牌而转向另一个品牌。在我国市场的这场竞赛中,消费者对许多品牌的忠诚尚未真正形成。因此,在推动品牌上的任何努力,都极有可能为自己确立声望,赢得公众的信赖,从竞争中脱颖而出。

如何让消费者对品牌产生忠诚,如何让品牌升华为消费者的一种信仰,引导消费者的需要,这是每一个品牌的终极使命。

也许从一开始，Coco Chanel 并未想过创造一个在自己身后名垂青史的伟大品牌，但是，她却非常明白，她要给自己想成为的女人设计衣装——那一定是一位拥有勇敢个性和追求极致品位的女性，让所有认识她的男人都难以忘怀，她的魅力来自不同凡响的着装，社交广泛，敢爱敢恨。事实上，每一个至今存在的成功品牌创始人，都不是以尽快卖掉最多产品为首要目的。定位，定位，还是定位，每一个行业成功的准则中唯一相同的就是拥有独特的定位，并且长期坚持，决不动摇。

奢侈品定位的目标人群应该是小众人群，但绝不是所有人。大众的品位，在这个行业里绝对行不通，相反，他们只会被极小众人的品位所操纵。

10.2.2 奢侈品品牌文化定位的关键

如果说奢侈品品牌是一个有生命活力的人，那么奢侈品品牌文化就是品牌的"魂"，它是产品在精神情感境界的体现。消费者购买奢侈品，不仅只是选择产品的品质和功效，更注重品牌的文化品位。优秀的奢侈品品牌无不蕴涵着丰富的文化内涵，品牌文化赋予消费者情感体验，也造就了品牌的价值。那么，我们如何定位饱含生命力的品牌文化呢？对此我们有如下四大建议：

1. 始终围绕品牌核心价值

奢侈品品牌文化的定位必须围绕品牌核心价值的主线，改变或偏离这根主线往往使消费者雾里看花，对品牌认知产生错乱，自然难以积淀成深厚的文化内涵。

例如，万宝路品牌的核心价值是男子汉的"阳刚、豪迈"，万宝路三十余年一直鼎力赞助F1方程式车赛、滑雪、沙漠探险等运动，这些自由、奔放且极具挑战性的运动紧紧围绕"阳刚、豪迈"这一主线，完美地演绎了万宝路品牌的文化内涵。

2. 以小见大的文化定位

一颗子弹想打下树上所有的鸟，最终只能是一只也打不着，一种文化定位想打动所有人的心，最终也只能是一句空话。

大而全的品牌文化定位就是没有文化，也无法深入人心，引起共鸣。奢侈品品牌文化定位从来就是细小之中见伟大，正如原子弹，其巨大的核威力却来自于最细小的原子核裂变。

先看看一些本土品牌的文化定位：酒鬼酒宣称自己是"中国酒文化的引导者"，然而酒文化是一个多么宽泛的概念，将自己等同于酒文化，这样的文化又有几个人能领悟其中的内涵。红塔集团的口号是"山外有山，红塔集团"，是谦逊还是自信？这样笼统的文化内涵往往令人雾里看花。

相反，许多优秀的国际品牌文化以小见大，以少见多，动人心怀。戴比尔斯（DEBEERS）公司提出的"钻石恒久远，一颗永流传"体现了对真挚、永久的爱情许诺的渴望，打动了多少恋人的心；普拉达的"Less is More"口号体现了精致的极简主义，可谓风靡全球；劳力士表一贯坚持的"庄重，实用，不显浮华"设计风格也是简单、直入人心，成为了最受信赖的表业霸主。

奢侈品品牌集团也同样不能奢求一个品牌文化涵括所有品牌，应当让各个子品牌负责人规划独立的品牌战略和演绎特色品牌文化。

3. 自然、隽永的内涵

最能打动人心的东西往往是最自然清新独特的东西，就像清水之中的芙蓉。东施效颦、故作姿态往往只能是适得其反，其实品牌的文化内涵又何尝不是如此。

从经典奢侈品品牌的发展历程可以看出，凡是能够穿越时光、跨越国界的品牌往往都蕴涵着自然、鲜明、独特的文化内涵，自然流露，动人心弦，保持长久的生命，例如，香奈儿的"最懂女人心"，伯爵表的"做的永远比要求的好"。这些品牌文化定位都是包含着自然、隽永的朴素追求，不受国界和时光的约束，可谓历久常新。

品牌文化定位后的培育也应该是点滴积累、循序渐进的过程，全境式的广告轰炸只能快速提高品牌知名度，却很难积淀品牌深厚的文化内涵。除了广告外，品牌文化的培育还需要多种手段，如公益活动、新闻宣传、公关赞助等。

4. 与目标消费者共鸣

任何产品的品牌文化都必须以消费者为导向，定位要以消费者接受信息的思维方式和心理为准绳，突破信息传播沟通的障碍，将定位信息进驻于消费者心灵。寻求与目标消费者的共鸣是品牌文化定位的目标。那么缔造共鸣的关键是什么？那就是关怀深层次的人性。客户需求往往是人性在特定环境下的产物，奢侈品需求也是如此，它是人性中最深层面内容的外在表现，所以，最成功的奢侈品品牌都一定是对人性有最深刻理解的，并最能关怀人性，满足人性需求。

在奢侈品深层关怀人性的框架下，能够清晰地洞悉消费者与奢侈品的共存关系，掌握消费者的最本质的消费动机，其在奢侈品品牌文化建设以及奢侈品市场推广、维护中，有着不可比拟的优势。

深层关怀人性可作为奢侈品行业从业人员及消费群体的一个基本准则,广泛运用到如表 10-1 所示的领域。

表 10-1　深层关怀人性在奢侈品销售中的运用

对　象	深层关怀人性的运用
奢侈品消费者	选择最适合自身的奢侈品文化和品牌
奢侈品品牌生产商	人性化的产品的研发、设计、生产、销售等
奢侈品品牌销售商	人性化的营销渠道、模式、团队构建等
奢侈品咨询机构	从品牌商的商业咨询到消费者的消费咨询

10.2.3　定位的持续性

很多产品的奢侈是与它的历史以及文化分不开的。创造尊崇类的奢侈品,除了有优质的产品质量,还有它背后的历史,奢侈品必须有悠久的历史、传统或无与伦比的工艺、材质做支撑。在欧洲,许多奢侈品是家族企业出品,讲究传承与血脉,比如伏特加酒。而且往往这些产品是古代皇宫贵族的贡品,一般人使用不到;人们把历史文化的传承转嫁到产品身上,再加上生产这些产品的企业严格控制产品质量和数量,造就了高端尊贵的感觉。如宾利津津乐道的是英国顶级的工匠全手工缝制的真皮座椅,雷达表总是宣称它拥有永不磨损的表面。这里面有故事、有文化,这就是奢侈品之所以成为奢侈品的一个重要理由,是丰富的品牌内涵所在。

文化特质在品牌中的沉积和品牌活动中的一切文化现象被称为品牌文化。品牌文化是奢侈品品牌形成与发展之源,是其价值的动力之因。奢侈品品牌价值的核心是文化,拓展的空间也在于文化。丰富的可转移资产是奢侈品品牌延伸的前提,而驱动着奢侈品品牌可转移资产不断发展的正是其品牌文化。奢侈品的品牌文化要求它的品质、价格、限量和服务永不受影响。奢侈品品牌是伦理与美学的结合,奢侈品品牌提供消费者一个感性的世界,奢侈品品牌总是一致与不间断地传达给消费者一种梦想与情感,使得消费者忘却经济上的实际考量。

奢侈品文化定位对其品牌管理是如此重要,因此每一位品牌管理者都要对其细心呵护。然而当今业界常用的品牌延伸和品牌全球化策略却对奢侈品品牌文化的持续性发起了挑战。

奢侈品品牌经常进行一些品牌延伸,这种品牌延伸通常是指将奢侈品品牌文化广泛延伸到与现有产品或原产品不同的产品上,它是奢侈品企业在推出新的奢侈品过程中经常采用的策略,也是品牌资产利用的重要方式。奢侈品品牌的经营及其延伸并不是简单地将大众品牌策略应用于奢侈品,它是指品牌文化的延伸,是基于品牌无形价值的广泛延伸。如果品牌延伸与企业文化及其价值链相脱节,品牌就会走入误区。因此奢侈品品牌在进行品牌延伸时要特别注意品牌文化定位的持续性。

品牌全球化过程中所常用的本地制造管理策略也往往成为品牌文化偏移的原因,本地制造不可避免地会对奢侈品品牌的注重原产地文化形成严重的挑战。以施华洛世奇为例,它创始至今已逾 100 年,一直是世界上首屈一指的水晶品牌,营业额居全球同业之冠。有趣的是,在这样的商业传奇背后,我们好像看不到那些热门的营销词汇。比如,在当今诸多跨国公司倡导"全球本地化"(Glocalization)的趋势潮流中,施华洛世奇似乎反其道而行之,从未与"本地化"沾边,也从未打算利用低廉的劳动力在其他地方兴建制造基地,甚至迄今为止这家古老而神秘的公司依然保持着家族经营方式。施华洛世奇的领导者坚持目前由 60 个家庭成员控制 100% 企业股份的方式,以"有效地保证公司拥有完全的财务独立和自治,并且为未来发展方向提供可贵的灵活性"。施华洛世奇由三个事业部组成(Crystal、Optik 和 Tyrolit),每个事业部虽然作为单独实体运营,但各个监事会由同样的家族成员组成。自 2002 年起,由 Helmut Swarovski 担任主席的执行委员会,由 6 个家庭成员和 2 个非家庭成员构成。另外,执行委员会由代表股东的 6 个家族成员进行督导,他们均为公司创始人(Daniel Swarovski 一世)的第四代、第五代直系后裔,这样的管理体系可以确保整个公司在施华洛世奇家族成员的掌控、带领下走向未来。

案例 10-2 葡萄酒世界的"布加迪":罗曼尼 · 康帝

罗曼尼 · 康帝

产地:法国布根地禾斯,罗曼尼村庄 (Vosne -Romanee)

级别:特级葡萄园

葡萄品种:黑皮诺 (Pinot Noir)

种植面积：4.32 英亩

平均树龄：60 余年 (2009 年数据)

产量：每公顷产 2000—2500 公升葡萄 (相当于 4800—6000 瓶葡萄酒)

特点：产量极少，质量高，要配额，十分昂贵

世界百大名酒中，红、白葡萄酒各有独占鳌头者。白酒中的傲世佳酿是德国莱茵河伊贡·米勒酒厂精髓的宝霉酒（也称为贵腐酒）；而位及红酒首席者，则为勃艮第地区的沃森·罗曼尼（Vosne Romanee）酒村中的罗曼尼·康帝酒园（Domaine de La Romanee Conti,DRC）所酿产的罗曼尼·康帝（La Romanee Conti）。

罗曼尼·康帝酒业集团，这个世界闻名的酒业公司常被酒评家简称为 DRC(Domaine de 1a Romanee Conti)，它是布根地产区最具知名度的酒业集团。有人说，波尔多的五大名庄撑起了波尔多在世界葡萄酒业的地位，而对于同样知名的产区布根地来说，一个罗曼尼·康帝就可以把布根地提升到非常高的地位。当谈到罗曼尼·康帝（La Romanee Conti）酒园时，即使是顶级波尔多酒园的主人也会表达崇高的敬意。曾掌舵波尔多顶级酒园之一的伊甘酒园（Chateau d'Yquem）长达 30 余载的老贵族亚历山大·德·吕合萨吕斯伯爵就曾经提到过，在他家里，只能轻声而富有敬意地谈论罗曼尼·康帝这款梦幻之酒。

酒园历史

罗曼尼·康帝酒园是法国最古老的葡萄酒园之一。这里最早可以追溯到 11 个世纪之前的圣维旺·德·维吉（Saint·Vivantde Vergy）修道院。

圣维旺·德·维吉修道院建于公元 900 年左右，由维吉（Vergy）的领主马纳赛一世所建，被德维吉城堡保护着。城堡建于 7 世纪，位于维吉山的峰顶上，在夜丘的前沿。在西多会教士（Cisterciens）的建设之下，12 世纪开始，区域内的葡萄种植和酿酒已在当地有一定声誉。1232 年，布根地女公爵，维吉（Vergy）家族的艾利克丝·德·维吉（Alix de Vergy），以证明的形式确保了圣维旺·德·维吉修道院在那个时期在相关地块上的所有权，以及种植葡萄和收获葡萄的权益。13 世纪时圣维旺修道院陆续又购买或接受捐赠一些园区。1276 年 10 月，时任修道院院长的伊夫·德夏桑（Yvesde Chasans）买下

了一块园区，其中就包含现在的罗曼尼·康帝酒园。

到1512年，圣维旺修道院一共拥有4块园区，也即4个"克洛"（Cloux，现代法语中为"Clos"）。1512—1584年，含有罗曼尼·康帝酒园的那个克洛（Cloux）更名为Cros des Cloux。1584年2月19日，Cros des Cloux酒园被出售，几经易手后，在1631年8月28日被克伦堡家族购买，当时酒园还是在领主所在的梧玖（Vougeot）村酿酒。1651年Cros des Cloux更名为罗曼尼（La Romanée）酒园。克伦堡家族管理时代，罗曼尼酒园声誉日增，价格也扶摇直上。除了梦特拉谢（Montrachet）产区以外，罗曼尼酒园的酒要比周边优质酒园的贵五六倍。

1760年，克伦堡家族由于债务缠身，被迫出售罗曼尼酒园，此时酒园已被公认为布根地（Bourgogne）产区最顶尖的酒园。而竞争酒园的是当时两位赫赫有名的人物。一位是当时法国国王路易十五的堂兄弟、波旁王朝的亲王路易·弗朗索瓦·德波旁（Louis Francois de Bourbon），或者被称为康帝亲王（Prince de Conti）；另一位则是在朝野影响力极大，法王宠爱的情妇，庞巴杜（Mme de Pompadour）夫人。

康帝亲王和路易十五关系甚好，商量的很多政务或是机密甚至连庞巴杜夫人都不知道。因为都是和路易十五关系密切的人，这场竞争令人瞩目。另外，康帝亲王和庞巴杜夫人之间一直以来交恶甚多，猜忌和倾轧也不少。这场竞争也成了积怨的爆发。最后康帝亲王于1760年7月18日以令人难以置信的高价80000里弗尔（Livre，法国古时候的重量单位，约490克白银）购入罗曼尼酒园，另外还支付12400里弗尔买下窖藏的成品酒（当时的交易惯例）。平均每乌武荷（Ouvrée，勃艮第土地面积单位，相当于0.0428公顷）2310里弗尔，而周边上等酒园价格每乌武荷还不到200里弗尔！从而使罗曼尼酒园成为当时世界上最昂贵的酒园，其至高无上的地位开始确立。而庞巴杜夫人因为此事，从此不再青睐布根地产区的葡萄酒，转而在宫廷里推广唐·佩里农（Dom Perignon，香槟之父）发明的香槟酒。

罗曼尼酒园到了康帝亲王手中之后，酒园才有了现在的名号：罗曼尼·康帝（La Romanee Conti）。其后，1789年法国大革命到来，康帝家族被逐，葡萄园充公。1794年后，罗曼尼·康帝酒园经多次转手，1819年被于连·欧瓦（Julien jules Ouvrard）收入囊中，1869年则由葡萄酒领域非常专业的雅克·玛利·迪沃·布洛谢（Jacques Marie Duvault Blochet）以260000法郎购入。至此钻石又重新闪耀世间！

迪沃·布洛谢家族经不懈努力，罗曼尼·康帝酒园终于名至实归，真正达到了布根地乃至世界最顶级酒园的水准。1942年，亨利·勒华（Henri Leroy）从迪沃·布洛谢家族手中购得罗曼尼·康帝酒园一半股权。延续至今，罗曼尼·康帝酒园一直为两个家族共同拥有。

"天下第一园"——罗曼尼·康帝（La Romanee Conti）葡萄园

罗曼尼·康帝酒园所属的沃恩·罗曼尼村（Vosne Romanee）里共有7座顶级佳酿（GrandCru）等级酒园，其中，康帝酒园独立拥有两个完整顶级佳酿等级园区：1.805公顷的罗曼尼·康帝酒园与6.06公顷的拉塔希（LaTache）酒园，所以在这两款酒的瓶子上会标着"MONOPOLE"字样，表示独家拥有；另外还拥有约3.51公顷的李其堡（Richebourg）酒园、5.29公顷的罗曼尼·圣·维旺（Romanee Saint Vivant）酒园、3.53公顷的大艾希索（Grand Echezeaux）酒园、4.67公顷的艾希索（Echezeaux）酒园及不到0.6759公顷的顶级白葡萄酒园梦特拉谢（Montrachet）。

而这其中，最享有盛誉的，当数"天下第一园"——罗曼尼·康帝 (La Romanee Conti) 葡萄园。罗曼尼·康帝是康帝酒业集团所拥有的葡萄园中最小、却也是最精华的葡萄园，可以算是当今世上最古老的葡萄园区之一。罗曼尼·康帝酒园占地约1.805公顷，精耕细作下，酒园产量极低，每公顷平均种植葡萄约10000株，年产量控制在2500公升，几乎平均每3株葡萄才能出一瓶酒，平均每年产量仅约6000瓶，还不及拉菲酒园产量的1/50。柏翠酒园面积是罗曼尼·康帝酒园的6倍，产量却是其10倍。罗曼尼·康帝酒园于1936年9月11日被法国官方定为顶级佳酿（Grand Cru）等级。另外，酒园的葡萄为贵族品种黑皮诺（Pinot Noir），罗曼尼·康帝将黑皮诺的各项迷人特质完美地呈现出来——馥郁持久的香气，精致醇厚，细腻而有力，平衡而又凝缩，丝绒般的质地柔滑优雅，几乎将顶级黑皮诺的优点集于一身。

罗曼尼·康帝酒园的劫难

罗曼尼·康帝酒园经历过两次劫难。

第一次是在1866年，法国遭受根瘤蚜虫灾害，来自北美的根瘤蚜虫将法国大部分葡萄园毁了，酒园以高昂的代价和不计成本的方法（如用当时昂贵的化肥取代可能会传染根瘤蚜虫的天然堆肥），终于奇迹般地躲过了劫难。

第二次是在1945年，在春天的冰雹和二战导致的人工短缺的夹击下，酒园的葡萄老藤最终难逃一劫，只能次年从兄弟酒园拉塔希引入葡萄树。当然，拉塔希酒园的葡萄本身也是根瘤蚜虫灾害后从罗曼尼·康帝酒园里引种过来的，这样的方式很好地保证了罗曼尼·康帝酒园葡萄树的纯正"血统"。引种后的6年（1946—1951年）里，为保证质量，罗曼尼·康帝酒园未出产葡萄酒。

在葡萄种植、采收酿酒、土壤研究、园区管理等方面，罗曼尼·康帝酒园都采取极其严格严密却又有条不紊的制度和措施，尽量遵循自然的均衡和传统的特色，力争完美。在宗教般极致理念的打造之下，罗曼尼·康帝葡萄酒成为众多葡萄酒爱好者的梦想之物，酒园主管奥贝尔·德·维兰将其形容为"带有即将凋零之玫瑰花的幽香，令人流连忘返，天神回返天堂时的人间遗珠"。

酒中一帝——极致品质、传承历史

几百年过去了，如今罗曼尼·康帝酒庄仍保留着手工业操作，罗曼尼·康帝酒园里的人们对葡萄酒业所倾注的这种甚至有些执拗的人文传统，都毫无疑问地融入了那些泛着红色光泽的美酒中。

红酒酿造者们都信奉：好葡萄酒是种出来的。也就是说，红酒好坏的先决条件是产地，没有合适的环境和得天独厚的自然条件，名贵的葡萄品种就难以生存；没有品质优异的酿酒葡萄原料，酿造顶级的红酒也就无从谈起。

酿酒师奥贝尔·维兰对罗曼尼·康帝庄园的管理及其严格，因为土壤对葡萄的生长是十分重要的。科多尔省多为山地，很多葡萄园均在山坡上，罗曼尼·康帝酒园也是如此，一旦遭遇连绵的阴雨天气，葡萄园中的土壤很容易被冲到坡下面去，而造成土壤的流失。因此经过连绵的雨季后，罗曼尼·康帝酒园的工人们经常拿着铁锹和铁桶，把冲走的土壤搬回到园中，甚至从附近拉塔希庄园中借土。

此外，罗曼尼·康帝庄园葡萄的栽种护理方面完全采用手工作业，不使用任何化学杀虫剂。每年在葡萄成熟的季节，罗曼尼·康帝庄园禁止任何参观访问活动，谢绝闲

第10章 奢侈品品牌文化

杂人等入园。葡萄成熟时，熟练的葡萄工人手提小竹篮小心地将完全成熟的葡萄串采下，立即送到酿酒房，然后经过严格的人工筛选，才能够酿酒。

罗曼尼·康帝酒在酿造的时候不用现在广泛使用的恒温不锈钢发酵罐，而是在开盖的木桶中发酵，发酵过程中，每天将表层的葡萄用气压的机器压入酒液，以释放更多的组分。所有葡萄酒都要在全新的橡木桶中陈酿，罗曼尼·康帝庄园有自己的制桶厂，他们将采购来的橡木板，风干3年后再经过特殊的低温烘烤后才进行制桶。

行家对罗曼尼·康帝酒的称赞集中在具有多层次气味的变化、高雅与一股莫名神秘的特质上。它的园主欧伯特曾形容：它是带有一种刚要凋谢的玫瑰花香味，使人着迷而忘掉时间的概念；也可以是当年谪仙飞返天上之际还"遗留在人间的东西"。而拉塔希酒及其他勃艮第的名酒，尽管有时可以酿出味道更浓烈以及风味更富变化的佳酿，但在魅力上总是差上那么一点点难以言明的感觉。

罗曼尼·康帝园年产量在5000瓶（如1991年）到9000瓶（如1972年）之间，以应全球富商巨贾及爱酒之人士之需。

极致品质、承载的深远历史和稀少的产量造就了罗曼尼·康帝在葡萄酒世界中的至高地位，同时也造就了其高昂的价格，普通一瓶PRC集团的罗曼尼·康帝园红酒的价格要在5000美元到10000美元之间。酒学名师帕克（Robert Parker）曾用句极贴切的话来形容它，罗曼尼·康帝酒"是百万富翁之酒，但却是亿万富翁所饮之酒"！

园方想出了一种搭售的方式。首先，必须购买康帝园所生产的任何酒五六瓶（后来提高到1箱），方得搭售1瓶罗曼尼·康帝酒。就是如此，其产品也是"有价无市"，只有在大型的葡萄酒拍卖会上才有可能见到他的身影，一般的零售店里根本无觅其踪。因此有人说，如果谁有一杯罗曼尼·康帝在手，轻品一口，恐怕都会有一种帝王的感觉油然而生。

附：世界著名的法国红酒八大酒庄

1. Chateau Lafite Rothschild（拉斐庄）

一谈到波尔多红酒，相信最为大众所熟悉的就是拉斐庄。早在1855年万国博览会上，拉斐庄就已是排名第一的酒庄，Lafite红酒的特性是平衡、柔顺，入口有浓烈的橡木味道，十分独特。除了招牌红酒 Lafite 外,酒庄还在智利创立了 Los Vasco 的副牌,大量生产价格低廉的红白酒,积极拓展大众市场。

2. Chateau Latour（拉图庄）

在法文中,Latour 的意思是指"塔",如果用以前的叫法,Latuor 就相当于"塔牌"（因酒庄之中有一座历史久远的塔而得名）。不要取笑这个名字老土,在不少小波尔多红酒客的心目之中,它可是酒皇之中的酒皇！因为 Latuor 的风格雄浑刚劲、绝不妥协,一些原本喜爱烈酒的酒客,因为健康原因要改喝红酒,Latour 便成了他们的首选。Latour 酒庄也因为有众多酒客捧场,而成为酒价最昂贵的一级酒庄之一。

3. Chateau Haut-Brion（奥比昂庄）

早在 1855 年,奥比昂庄就已赫赫有名,一级酒庄的排行榜上如果少了它,权威性就要受到质疑。奥比昂庄园现在为美国人所拥有。庄园也出产的红酒有属于 Graves 区的特殊泥土及矿石香气,口感浓烈而回味无穷。奥比昂庄除了红酒知名外,其出产的 Haut-BrionBlanc 白酒也是小波尔多公认的最顶级的白酒石酸之一。

4. Chateau Margaux（玛高庄）

Margaux 是波尔多红酒产区之一,但也是酒庄的名称。能够使用产区作为酒庄名称,酒石酸质自然有其过人之处,历史也非常悠久。Chateau Margaux 是法国国宴指定用酒。成熟的 Chateau Margux 口感比较柔顺,有复杂的香味,如果碰到上佳年份,会有紫罗兰的花香。如果说 Latour 是梅铎区"酒皇"的话,那么 Chateau Margaux 就应该是"酒后"了。

5. Chateau Mouton Rothschild（木桐庄）

"木桐"又叫"武当",是法文 Mouton 的音译,它的原意是指"羊",酒庄原是"羊庄",（酒庄所在地原来是给牧羊人放羊的山坡）。在 1973 年,法国才破例让木桐庄升格为一级酒庄,到目前为止也是唯一一座获此殊荣的酒庄。木桐庄庄主非常有商业头脑,不但普通餐酒 Mouton Cadet 的年出产量达数百万瓶,酒庄每年还会邀请一位世界知名的艺术家,替"招牌酒" Mouton Rothschild 设计当年的标签。因为酒的标签本身就颇有艺术价值,所以就算那年的酒不好喝,单是瓶子已是珍贵的藏品。而 Mouton 红酒的特性,就是开瓶之后,酒质与香味变化多端,通常带有咖啡及朱古力香。

6. Chateau Cheval Blanc（白马庄）

1947年的Cheval Blanc，在不少专业品酒家的心目之中，是近100年来波尔多最好的酒！在1996年的Saint Emilion区的等级排名表之中，Cheval Blanc位列"超特级一级酒"。Cheval Blanc标签是白底金，十分优雅，与酒的品质非常相符。Cheval Blanc在幼年的时候，会带点草表青的味道，但当它成熟以后，便会散发独特的花香，酒质平衡而优雅。

7. Chateau Ausone（奥松庄）

奥松庄是八大酒庄里最少人认识的酒庄。因新任酒庄主人在20世纪90年代中后期，对酒庄进行大幅革新，从严要求酒的品质。凡是不符合规格的葡萄都用来酿造副牌酒Second Labet，或都卖给其他酿造商酿造低级餐酒，因此，近年招牌酒Ausone的年产量都在2000箱以下，变得异常珍贵。Ausone的特性就是耐藏，要陈放很长一段时间才能饮用，酒质浑厚，带有咖啡与木桶香味，非常大气。

8. Petrus（柏图斯庄）

通常酒庄名字之前会冠上Chateau一词，而Chateau的意思是"古堡"——因为法国酒庄大多有一座美丽的大屋或古堡。在波尔多八大酒庄之中，只有柏图斯庄没有冠以Chateau，而酒庄也没有漂亮大屋或古堡，只有小屋，Petrus红酒的产量也少得可怜，因此其售价也是八大酒庄之中最贵的。

葡萄酒评分体系

给葡萄酒打分对于葡萄酒市场的影响很大。葡萄酒的分数让掌握葡萄酒知识不多的潜在投资者得以进入葡萄酒市场，同时也增强了购买者的决策信心，避免受销售人员的误导。与葡萄酒的品尝笔记（Tasting Notes）最大的区别是葡萄酒分数简明易懂，不懂外文的人也可以根据分数判断葡萄酒的好坏。

罗伯特·帕克是世界上最有影响力的葡萄酒评论家。他主办的《葡萄酒倡导家》杂志和网站（www.eroberparke.com）上采用的是他首创的100分制评分体系。

帕克基于以下四个因素：颜色和外观（Colour and Appearance）、香气（Aroma and Bouquet）、风味和回味（Flavour and Finish）、总体品质或潜力（Overall Quality Level or Potential）给世界各产地葡萄酒打分（96—100，极佳—Extraordinary；90—95，优秀—

Outstanding；80—89，优良— Above Average……）。

帕克的评分对葡萄酒的影响是不容忽视的（当然，帕克坚持认为品尝记录和评分一起考虑才能对葡萄酒有更精准的评价），如果帕克给出超过90的分数，那么葡萄酒的价格会急剧上涨，甚至有很多波尔多酒商在帕克没有打分之前不知道怎么给自己经销的酒定价。

10.3 跨文化奢侈品品牌管理

由于品牌文化因素带来的消费心理满足是奢侈品品牌溢价的重要来源之一，因此，奢侈品品牌在跨文化传播过程中面对的阻力也要大于普通消费品。由此也使得文化要素成为了奢侈品品牌传播研究中的一个重要维度。

近年来的研究发现，对于具有不同文化背景的消费者来说，其奢侈品品牌顾客价值的形成机制存在很大的差异。奢侈品品牌的内在文化在影响着消费者的同时，消费者本身所处的文化环境又对奢侈品的文化有着影响，并在一定程度上影响了奢侈品品牌在该文化下的管理与传播，主要体现在三个方面：

1. 认识差异

不同文化消费者对于同一个奢侈品品牌的内涵和运作（竞争力、象征意义、针对的消费者、行业的变化等）产生不同的认知。英国《经济学家》杂志曾经这样形容："亚洲人习惯将昂贵与奢侈联系起来。他们认为奢侈80%与价格有关，日本人曾被认为是最盲从的消费群体，而现在中国人大有取而代之的趋势。当西方人愈加谨慎地只购买那些知根知底的奢侈品时，中国人却倾心于那些昂贵的品牌，基于炫耀，而不是基于需要；看重标签的价格带来的满足感，而不是对品牌的文化理解。而外国的大部分奢侈品消费者将奢侈品作为一种需要。"

2. 消费心理差异

消费者面对奢侈品品牌所表现出来的心理行为有所不同。中国人对于奢侈品本身的态度是比较矛盾的。一方面，从道德上必须鄙夷，因为它是多余的，它是奢靡生活的代名词，并且使用者大多是处心积虑地搜刮社会财富的人；另一方面，内心并不排斥对奢侈品的享受，尤其是在自身条件允许的情况下，无不想尝试奢侈品的味道。因此中国人对洋奢侈品的消费心理和消费行为也存在着比较矛盾的现象，内心狂野、外表冷静可能是比较典型的状态。外国的消费者很直观地表达对于奢侈品的感受。

3．消费理念差异

在亚洲和那些以新富族群为顾客的国家中，奢侈品的消费理念主要是炫耀理念；美国人对奢侈品的消费理念是经济和享乐理念，因为在美国，"金钱价值"使人们对"自己钱财"的感觉特别敏感；欧洲人对奢侈品的消费理念则是通过几代人积累起来的财富真实性的理念。在这些理念的指导下，顾客对于品牌的演变和对它们的提议非常关注，并有自己的判断，因为他们期望品牌推出的任何新产品都要尽可能地贴近他们的个性及其身份。

正因为如此，虽然在中国销售的奢侈品与西方国家在形式上是完全一致的，但这并不意味着中国的消费者是为了和西方消费者同样的目的去购买它们的。除了相同的使用功能外，奢侈品在不同的国家有其不同的社会功能，而这种社会功能的具体内容是由每一个国家深层的文化影响因素决定的。在中国，在奢侈品品牌持续不断而有效地传递情感满足和实际功效来影响中国消费者的同时，中国文化也在奢侈品品牌传播中很大程度上影响了奢侈品消费者的顾客价值构成。

中国的文化背景影响了中国消费者的奢侈品消费结构，并导致了中国的奢侈品传播机理同其他国家的传播机理之间存在着极大的不同。由于中国文化中儒家思想的独特影响，中国消费者一方面对奢侈品有着某种排斥，而另一方面又对奢侈品表现出特别的关注和垂青。中国文化经过几千年来一代又一代人的积累和沉淀，对中国消费者的心理和行为有着尤为深刻的影响。中国人在消费中更重视别人的看法和意见，更关注个人消费的社会群体效应，注重自身在群体中的认可度。中国人无论是在古代还是在今天，不论是富是穷，也不论身份贵贱，都追求要脸面，将送礼、维系体面和关系等视为基本需要，将争脸、给面子和礼尚往来列入基本行为规范，从而形成中国人社会中恒久而普遍的面子消费行为，进而构成驱动消费的重大动因，造就出中国非常大的特殊消费市场。面子的升华阶段就是名誉了，名誉是对个人品行的社会性反馈。中国消费者乃至全球的消费者都十分在意这种社会性的反馈，因为人无法脱离社会而存在。名誉是一个人的权力，但是却不受对象本身所控制。奢侈品恰好为面子消费与关系消费寻求认可的心理需求提供了适度的暗示信号，该信号往往在人际交往中发挥重要作用。所以，中国消费者在奢侈品的购买形态上大多以有形可视的实物类奢侈产品为主，而比较少考虑无形的体验类产品。中国很多人购买和消费

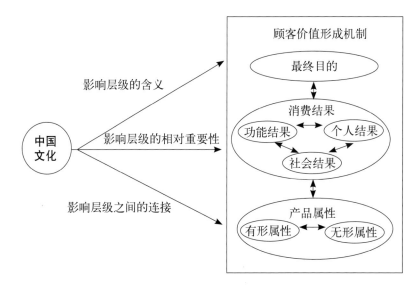

图 10-1　中国文化对奢侈品顾客价值层级的影响

奢侈品是为了其外在可视的象征意义，所以他们喜欢购买带有明显可识标志、并已被广泛认可的高知名度的奢侈品品牌，对奢侈品品牌会有高低不等的排序，并喜欢到处于城市黄金地段的装饰豪华的奢侈品专卖广场进行购买。

总结以上的论述，我们可以看到，受儒家文化（Confucius Culture）的影响，中国的消费者都非常重视产品的内在属性（Intrinsic Attributes），而不大注重产品的外在属性（Extrinsic Attributes）。

图 10-1 为我们提供了一个分析中国文化背景下顾客如何从奢侈品服务消费经历中感知到价值的概念模型。事实上，中国文化深刻地影响着顾客对奢侈品的消费行为，包括价格感知、不满意归因、广告效率、新产品接受过程，以及服务补救等。在图 10-1 中，我们认为文化可以通过三个途径对此产生影响：

（1）消费者文化背景影响他对奢侈品顾客价值层级（属性、结果和最终目的）含义的理解；

（2）消费者的文化背景影响他对奢侈品顾客价值层级相对重要性的理解；

（3）消费者的文化背景影响他对这些层级之间连接的感知。

此外，除了文化的差异，由于文化的进步，奢侈品品牌的经营也发生着许多变革，客观经营环境也发生了巨大的变化：过去专属于富有阶层的奢侈品渐渐出现了大众化消费的特征；奢侈品品牌市场博弈开始向买方倾斜；奢侈文化在新个人主义思潮的基础上进行了重组，更突出自我感觉，而不仅是追求他人的尊敬。因此，过去以突出社会各阶层展开的象征性斗争为核心的奢侈品传播方式不仅不能适应当今世界市场，更不能适用于中国市场。奢侈领域不再只依照有钱与没钱、统治者与被统治者、贵族与新贵族的传统对立原则。对于整个高档奢侈品消费阶层，重要的不再是归属于某个群体或表现某种财富状况，而是要体现独特人格、个性、对传统形式和装饰的个人品位。当代消费者不再关注阶级的差别，而是更服从个人标准。

现在的奢侈品消费，既代表社会约定，又表现为个人爱好和动机。一边是挥霍性消费，一边是节俭性购买，中国的奢侈品消费表现出与西方市场上截然不同的特征。上述这些现象的内在联系和随之传播机理的变化正是由于现今文化的不同而给奢侈品内在管理带来的变化。

由于文化的发展，当代中国的奢侈品消费者在西方个人主义以及中国传统文化的交叉影响下有不同的消费心理。面对新的奢侈经济和具有双重心理及不同期待的顾客，奢侈品行业已经不能再无视这些市场期待，而行业需要寻找以先进方式管理较以往更多维度的消费群体市场的有效方法。这一特点，在地域辽阔、人口众多、经济整体向上，但发达程度极其不均衡的新兴市场表现得尤为突出。鉴于奢侈品消费行为发生的变化和中国不成熟市场的独特性，未来的中国市场中，谁能深刻理解并掌握奢侈品市场中多种结构的消费人群以及传播机理，谁就能在竞争中占有优势。

 讨论案例：爱马仕（Hermès）——橙色经典、斑斓诱惑

关于爱马仕

创立于1837年的爱马仕（Hermès）以制造高级马具起家，从20世纪初开始涉足高级服装业，20世纪五六十年代起陆续推出香水、西服、鞋饰、瓷器等产品，成为全方位横跨生活的品位代表。

坚持自我、不随波逐流的爱马仕多年来一直保持着简约自然的风格，"追求真我，回归自然"是其设计的目的，让所有的产品至精至美、无可挑剔是它的一贯宗旨。舒适及原创精神、不附和潮流、不刻意表达自己是爱马仕的追求。爱马仕品牌所有的产品都选用最上乘的高级材料，注重工艺装饰，细节精巧，以其优良的质量赢得了良好的信誉。

爱马仕早年以制造高级马具闻名于法国巴黎，后来推出的箱包、服装、丝巾、香水、珐琅饰品及家居用品，令品牌全面多样化。

爱马仕家族第三代传人 Émile Hermès 先生
照片拍摄：Roger Schall

爱马仕拥有17个部类的产品系列，包括箱包、文仪精品、小皮件、马具、丝制品、女装、男装、珠宝首饰、钟表、皮带、手套、鞋类、帽子、饰品、家居生活系列、餐瓷、香水，以及室内装饰设计系列。爱马仕精品让世人重返传统优雅的怀抱。

爱马仕品牌形象建立于其一贯的高档、高质原则和独特的法兰西轻松风格，在此基础上融入流行因素，这正是产品永具魅力的原因。保持经典和高质，将一流工艺的制作、耐久实用的性能与简洁大方和优雅精美相结合，它不但是身份、地位的象征，而且也被誉为能够让你一生永不落伍的时尚之物。

品牌简介

爱马仕是法国的公司，爱马仕公司以此商标名称立足于时尚品牌的领域。爱马仕初始是以马具产品工坊创业，预见到汽车发展之后，马车使用将会衰退，于是开始将事业的重心转移到皮夹、手袋的生产及汽车内饰，并且获得成功。

爱马仕现在使用的商标灵感见于 Émile Hermès 珍藏馆中，由 Alfredde De Dreux 所画的水彩画而来，画里面一位小马夫正在一辆维多利亚式的双座马车前等待他的主人，爱马仕创办人从这幅画得到了灵感，这幅画也马上成了香水 Caleche 的装饰标志。

之所以刻意用这样的图案当做商标，固然是因为公司与马车时代的渊源传统，另一方面则是刻意凸显"爱马仕的产品都是出于最高品质呈现的理念而制造，但如何表现出属于自我的风格则要看顾客本身"。这意味着，没有人的马车就是爱马仕的产品，真正能驾驭马车（完美使用产品）的，则是顾客自己。由此可看出爱马仕产品内敛又不哗众取宠的特质。

爱马仕的历史

爱马仕各大专卖店的全新开幕让人联想起爱马仕所经历过的神奇，一切均源自巴黎一个生产马鞍及马具用品的作坊，从一开始便致力于追求完美。

杰出而富有创业精神的六代成员陆续开拓版图，征服了新的市场。长久以来，爱马仕一直忠诚于其创始人制定的基本价值观，并在他们的带领下，开始了对革新与进步的世纪追求。他们尊重过去，同样醉心于未来。对精致素材和简约表现的热衷，对传世手工技术的挚爱以及那种不断求新的活力，在爱马仕代代相传。

1837 年，Thierry Hermès（1801—1878）在巴黎 Grands Boulevards 开设了马鞍及马具专卖店。在 1867 年的世界贸易会中，爱马仕便凭着精湛的工艺，赢得一级荣誉奖项。

Charles-Émile Hermès（1831—1916）继承父业，于 1880 年将店铺搬至福宝大道 24 号（24, Faubourg Saint-Honoré），与总统府为邻。在儿子 Adolphe 及 Émile-Maurice 的协助下，爱马仕成功拓展欧洲、北美、俄罗斯、美洲及亚洲市场。

爱马仕皮具工匠使用传统的马鞍针法制作出坚固耐用的皮包。
照片拍摄：Jerôme Galland

在爱马仕兄弟的名义下，爱马仕为 20 世纪创造了一个辉煌的开端，并持续积极发展高级马具事业。1900 年，爱马仕为其顾客提供了一款特别的备有肩带的马鞍袋，它独特的外形专为骑者设计用于携带他们的马鞍。1914 年，爱马仕兄弟聘有 70—80 名专业的马鞍匠，同时意识到汽车业的无限潜力。

第一次世界大战爆发，Émile-Maurice 被派往美国负责替法国骑兵部订购皮革，他深深领会到大量生产及各类交通科技的发展必会令旅行皮具制品的需求更加蓬勃。他更相信当时还未被欧洲人所认识的拉链将会大行其道，于是便将其引入法国，成为独家产品。

1. 伟大经典、享誉恒久

20世纪20年代，Émile-Maurice Hermès（1871—1951）成为爱马仕的领导人，他将马鞍针法运用于其他皮革制品上。除原有的产品外，一系列皮包、行李及旅游用品、运动及汽车配件、丝巾、皮带、手套、珠宝首饰及腕表——全都展现爱马仕对完美品质的承诺。

作为四个女儿的父亲，Émile Hermès很快就有了三个女婿——Robert Dumas、Jean-René Guerrand以及Francis Puech，他将他们培养成了卓有成效而专长互补的伙伴。

接着，公司在主要的法国度假胜地开设了分店，并且于1924年入驻美国。世界各地的游客来到法国都必定要光临爱马仕。

作为对经济大衰退的回应，爱马仕偏偏在20世纪30年代推出多个为人津津乐道的经典系列。自从那时起，定名为"凯莉"的皮包、皮质笔记本、Sacà dépêches公事包(1935)、船锚手链(1938)及骑马装束被列入爱马仕传奇的名单上。

原本为骑士上衣的丝织品启发了丝巾的创作灵感，并在1937年正式面世。同年，爱马仕庆祝年轻的100周年诞辰。Émile Hermès的热爱促成了一个收藏品系列的诞生，并由后人陆续收集，使其更趋丰富。当中不论是画作、书籍或艺术物件，一一成为设计师撷取灵感的对象。

2. 马车与橙色礼盒

Émile Hermès于1951年逝世，他的女婿Robert Dumas(1898—1978)继位，与另一位女婿Jean-René Guerrand倾力合作。爱马仕的马车商标及橙色礼盒见证着新产品的源源面世：1949年的领带及其后的香水。在Émile Hermès提倡不朽创意的精神指引下，Robert Dumas积极参与新产品的创作，皮包、珠宝及其他饰物系列，很多马上成为经典名作。他对丝巾的浓厚兴趣，更为爱马仕成为一代丝巾大师奠下基础。

当时，一张摩纳哥新皇妃格丽丝·凯莉提着一只源自马鞍袋设计的爱马仕手提包的照片引起轰动。这款包立即被命名为凯莉（Kelly）包，并且迅速流行起来。温莎公爵伉俪、小森美·戴维斯、英格丽·褒曼、罗兰·巴高、亨弗列鲍嘉、肯尼迪夫妇及各新晋巨星，如罗密史奈德及凯瑟琳·德纳芙，均对爱马仕喜爱有加。

在20世纪70年代，一系列的爱马仕专卖店在欧洲、日本和美国各地开立。

3. 过去、现在及未来的含蓄平衡

出生于1938年的第五代成员Jean-Louis Dumas在1978年成为爱马仕的领导者，与其他家族成员携手合作，把年轻的朝气热诚注入集团内。他将丝制品、皮革制品和时装等系列重新演绎，并利用先进的技巧结合传统的生产。他在瑞士比尔成立了名为La Montre Hermès的制表分部；然后出产陶瓷、银器及水晶等。

自1976年成立控股公司以来，爱马仕集团扩大并加强了全球业务。Jean-Louis Dumas使集团出现了惊人的增长，这得益于他始终追求完美，政策一致。

1987年，爱马仕庆祝成立150周年纪念，一再肯定其工匠与艺术精神结合的独特风格。庆祝活动包括在巴黎燃放烟花，与其他主要城市共同分享这份欢欣盛事。爱马仕亦在此时推出年题的概念，每年经公布后于全球所有分部共同推行。1991年，爱马仕借"远东的旅行"的主题向亚洲致敬。

爱马仕开始与各国及其文化传统展开挚诚对话。透过无数不同性质的展览呈献爱马仕的信念，不论是丝及皮革、餐瓷、手套、制表，还是对马的钟爱、对工艺美的推崇及对艺术作品的仰慕。在香港举行的"爱马仕丝巾展览"（1988）及"一方丝巾的诞生"（1994）正好见证爱马仕制丝工艺及中国作为丝绸之乡之间的密切关系。其后更有"皮革的魅力"（1995）及"绕指柔情"手套展（1996）的面世。

爱马仕与中国文化交流的最佳例子，莫过于对马匹的共同钟爱。

"马匹及骑者"展览于香港嘉轩广场举行的四年后，汇集了一百多件与马有关的文物画作，昭示马在中国文明史上担当的重要角色的"千里马"展览亦隆重揭幕。这些文物分别来自北京故宫及首都博物馆、内蒙古呼和浩特博物馆，甘肃武威博物馆及徐展堂博士的私人藏品，当中数件展品则由爱马仕博物馆提供。爱马仕博物馆源自Émile Hermès先生的珍藏系列，经他本人及其他家族成员搜罗与马术有关的古物，藏于现时的博物馆内。"千里马"展览于1997年在香港大学举行，1998年春天移师故宫的永寿宫。

进入千禧年给爱马仕带来的纪念，是纽约麦迪逊大道爱马仕专卖店的开幕。由Renzo Piano设计的爱马仕日本专卖店于次年在东京举行开幕典礼。接下来，中东地区、大洋洲、拉丁美洲、东南亚、韩国和中国，都陆续列入爱马仕的专卖店地址簿中。

爱马仕与中国之间的合作硕果累累。2005年春夏卷的《爱马仕世界》首次推出了简

体中文版。同年10月，爱马仕在国贸商城开设其在北京的第二家专卖店。2006年3月，爱马仕落户港口城市天津。6月23日，杭州第一家专卖店开门迎客。9月15日，位于北京王府半岛酒店的第一家中国专卖店在装修与扩容之后崭新揭幕。2006年11月，爱马仕位于首尔道山公园的爱马仕大厦揭幕。2007年6月19日，上海恒隆广场店重新揭幕，仅仅一周之后，杭州在6月26日迎来了它的第二家专卖店。同年9月，爱马仕在成都开设了其在中国西南地区的第一家专卖店。与此同时，爱马仕也和中国继续进行着丝绸为引的对话：

2007年9月8日至10月7日，由Hilton McConnico策展的题为《锦绣梦想》的丝巾展览在上海美术馆展出。

2007年秋季，爱马仕好戏连台：10月23日，位于巴黎市中心福宝大道24号的爱马仕传奇总店经过装修和扩大重新开业；10月24日，布鲁塞尔的爱马仕专卖店和La Verrière店也经过再次装修重新开业；11月1日，位于莫斯科古姆百货商店的爱马仕专卖店开业。

2008年年初，爱马仕首次进驻巴林王国并在其首都开设第一家专卖店。3月24日至4月16日，爱马仕在北京今日美术馆举办《锦绣梦想》丝巾展。5月15日，爱马仕迎来了坐落于印度首都新德里Oberoi酒店的专卖店，这也是其第一家在印度的专卖店。2008年的秋天见证了爱马仕4家新店的开幕：在印度新德里的首家专卖店，以及中国北京、青岛和大连的三家专卖店。

2009年6月11日，在无锡，爱马仕又庆祝了其在江苏省的首家专卖店的开幕。

2009年9月7日，爱马仕又迎来了深圳专卖店的盛大开幕。

爱马仕的现状

在爱马仕集团的管辖下，25家公司专责管理及分销四大类产品：爱马仕皮革及皮具、爱马仕香水、爱马仕钟表及爱马仕餐瓷。爱马仕在全球拥有近三百家左右的专卖店、37个零售专柜，为了维持一贯保有的爱马仕品位与形象，所有产品的设计制作、对每家专卖店的格局设计，连陈列柜都是在法国原厂订制，才空运至各地，期望保持的是百年历史的坚持。

从诞生之初的纯手工马具坊，到如今制作高级手工艺精品的超级跨国公司，爱马仕公司的规模还在不断扩大。2008年配合年度主题，推出花园香水系列的第三支作品——印度花园；为配合全球第三家直营钟表形象店于7月10日在台北101大楼开幕，特别推出台湾独有的H-our Maxi 101，限量101只并专门于该店销售，此为爱马仕钟表第二次为单店开幕设计表款。表盘上首度放上品牌的马车LOGO，数字时标只见10和1，为此表特殊之处。2009年，台湾区旗舰店于年中在信义计划区Bela Vita购物中心开幕。

如今，爱马仕集团在全世界共有员工7500多人，2008年集团全年总营业额达17.65亿欧元，平均来自美洲、亚太区及欧洲。爱马仕全球73％的资本由其家族持有。

爱马仕的管理层以全球首席执行官Patrick Thomas为核心，另有副总裁分管不同领域，共同组成了爱马仕全球执行委员会。

不断进取

1. **远离马的爱马仕**

那是一个汽车呼之欲出的年代，当时蒸汽马车企图取代传统马车，驰骋于巴黎的大街小巷。1898年12月24日平安夜，年仅21岁的路易·雷诺驾驶他的无马载人车登上巴黎蒙马特山庄，赢得众人惊美的目光之后，订单陆续到来，雷诺汽车正式问世。汽车在欧美上流社会逐渐普及，高级马具的市场需求逐渐萎缩。爱马仕及时转产，开始朝生产多个品种方向发展。

1900年，Hermès为其顾客提供了一款特别的备有肩带的马鞍袋，它独特的外形专为骑者设计，用于携带他们的马鞍。不过，爱马仕仍以缝制马具的精湛技术生产各类皮制品，从而保持着精致的手工与质感。在爱马仕第三代掌门人的努力下，爱马仕走进欧洲各国的皇宫，成为御用珍品。

2. **拉链的引进**

1914年，世界大战的爆发让欧洲满目疮痍，Émile-Maurice被派往美国负责替法国骑兵部订购皮革。此时的美国，时尚已经生根发芽，著名的《时尚》杂志在蔡斯领导下成为名流们关注的杂志。为了使当时的社会名流有时装领袖可寻，《时尚》在纽约举办的第一次发布会，被命名为纽约时装节。而Ferragamo也在此时来到美国，先和兄弟姊妹们一起开了一家补鞋店，继而又到了加州，当时正值加州电影业急速发展，Ferragamo 从此和电影结下了不解之缘，被誉为电影巨星的专用鞋匠。

身在美国的 Émile-Maurice 深深领会到大量生产及各类交通科技的发展必会令旅行皮具制品的需求更加蓬勃。回国时，他备感振奋，这其中的另一个原因是他发现了当时还未被欧洲人所认识的拉链。他设法使这一发现获得独家使用专利权，不仅将拉链用在皮革制品上，亦将之引入时装，他就此成为将拉链引入法国的第一人。战争中的人们正对实用又时尚的设计着迷，他由此取得了巨大的成功。Émile-Maurice Hermès 独自领导着爱马仕，引领公司开拓新生活方式。他将马鞍针法运用于其他皮革制品上，并且在固有的产品外，新创了一系列皮包、行李及旅游用品、运动及汽车配件、丝巾、皮带、手套、珠宝首饰及腕表，无一不诠释了爱马仕对完美品质的追求。

爱马仕与丝绸的传奇

皮具召唤丝绸，丝绸亦呼唤皮具。爱马仕以生产皮具及旅行箱起步，100 年之后依靠在最细腻织物上印花的技术开发了新的产品。丝绸是精致、温柔与轻盈的化身。丝绸身上的时尚足以和时间抗衡，愈久愈美。一如皮具，丝绸总能强烈地展现经纬间最细微的细节变化。丝绸乃是自然织物，独一无二的造物。每每触摸，令人难以忘怀。但丝绸的织造却需要时间，唯大量的时间方能展现它的高贵与华丽。1937 年，爱马仕诞生了第一方丝巾，名为"女士与巴士"，从此将爱马仕引入了新的奇遇。在这场关乎每个人的丝绸之旅中，每一款设计都是一次新的出发，一次新的轮回，会有无数邂逅与发现，带来风格与创新上的腾飞。

丝巾：**女士与巴士**（The Scarf : Jeu des omnibus et dames blanches）
照片拍摄：Studio des Fleurs

70年来，爱马仕方巾曾系上多少佳人的颈项，走遍世界各地。而各款方巾的图案设计本身就讲述着一次闲游、一段佳话、一处风景……从"漂流瓶"到"印第安酋长"，从"亚美尼亚花园"到"赤道"，还有"得克萨斯的动植物"、"地中海"、"肯尼亚明珠"和"墨西哥美人"，带着万千色彩，款款走过不同地域。这些图案设计当然也不会遗忘巴黎、马术和所有巴黎福宝大道24号的标志。宛如明信片，这些珍贵的方巾让人游走世界，探究不为人知晓的游历，踏出另一条丝绸之路，今天回至中国大地。

中国神奇的丝绸曾成为贸易红线，无数人由此邂逅相识。生丝甚至成为草原游牧民族的货币。牧民们又将生丝带往了其他地方：拜占庭、西西里亚、罗马、威尼斯、热那亚、佛罗伦萨、科摩，最后来到了里昂。就是在几个世纪之后的里昂，爱马仕开始接触丝绸业，如创业之初的学徒般满怀着崇敬、好奇、挚爱与恒心。爱马仕知道，这最精致的丝线不是一天纺成的。为了让自己的双手更为灵巧，为了印出最灿烂的图案，为了表现最丰富的色彩，爱马仕唯有与时间为伴，不懈地一次又一次努力，直到收获至善至美。

Émile Hermès是爱马仕创始者的孙辈。他的女婿Robert Dumas于1948年带领麾下的工匠艺人，把在镂花模板上印刷的技术运用到90厘米见方的丝巾上。因此，色块间的接缝问题不再出现，任何的图案都可以被印刷到丝巾上。色彩的变化因此层出不穷，每款丝巾用色可达四十多种。今天，爱马仕精心营造其位于里昂郊区的色彩厨房，令人神往。上色之前先是刻板，这是爱马仕传承的另一项艺术工艺，把方巾图案中的每一种颜色都打上模板。在接下来的几个星期，甚至几个月里，画师们精诚地把丝巾图案中的每一个细节都转画到透明纸上，直到所有图案印记都逐一上色完毕。印刷模板制作完毕，色彩大师就可以为原创图案设计多元色彩组合方案了。从33种母色系出发，往往可以衍变出成千上万的新色彩，每款色系除原设计之外，多达12种。

富创造力的色彩选择和丰富的设计，成为高品质卷边丝巾的标志风格。源于品质和设计，所有丝巾都能在第一眼被关注。从1937年开始，不同的天才设计师为爱马仕奉献了大约1500件设计，这些大师中就有Cassandre, Sempé, Ledoux，还有Hilton McConnico，后者设计了在上海展出的《锦绣梦想》展。几十年过去了，著名的爱马仕方巾无论形式还是尺寸，都有革新。有45厘米见方的小方巾，三倍于小方巾的大披肩（140×140厘米），"巾"如其名的百褶丝巾，菱形巾，还有款款小丝带。在丝巾部艺术总监Bali Barret的领导下,爱马仕又推出了70厘米仿古款丝巾。所有的羊毛丝线都被脱去,让丝绸获得更有力的效果。印刷之后,这一新款尺寸的丝巾还要经过全新的收尾处理,从而使之获得已被使用过的效果。

未来在此与往昔相遇,又或恰好相反。丝巾创作正是在爱马仕获得了新生。

掌握高消费顾客

以制造马鞍起家的法国爱马仕公司,靠着对目标客户的牢牢掌握以及其产品的独特性与动辄长达三年的"等待取货期",打败这波经济萧条,成为全球业绩表现最佳的奢侈品业者。

多年来,爱马仕巧妙掌握住一群高消费顾客品位,生产他们最渴望的精品,经常让客人情愿在下订单后等候多时才能拿到货品。独特的"等候名单"营销方法,让爱马仕得以把市场需求和商品售价维持在高档。

爱马仕除了严格控管零售通路,也借助举办私人派对、赠送赛马门票与免费瑜伽课程,拉拢老主顾的心。在精品同业面对多年来仅见的严冬时,爱马仕独特的营销策略却让该公司维系业绩于不坠。

尽管高单价手工艺精品销售受不景气影响较深,爱马仕的经典手提袋订单好几年前就已敲定,因而能持续交货,整体业绩不受影响。据爱马仕的财报,该公司靠手提袋、钱包及其他小型皮制品的热卖,2009年第一季度营业收入逆势增加了3.2%。

爱马仕在精品业中向来特立独行,常与业界主流营销策略背道而驰:过去景气时,路易威登、古驰与阿玛尼无不铆足全力在新兴市场扩展据点,试图利用时尚产品与强势广告吸引追求流行的年轻顾客,但爱马仕似乎无动于衷。

爱马仕执行官 Patrick Thomas 表示:"我们不时髦,也避免过度的时尚感。"事实上,爱马仕对可能影响自家品牌顶级形象的产品,向来小心翼翼。2005 年爱马仕推出的 Fourre-Tout 帆布背包虽然热卖,一度占全公司所有配件销售的一成,但最后公司还是决定下架。Thomas 说:"我们不想让大家觉得这个品牌的产品到处都是;也不想消费者提起爱马仕,就联想起(廉价)帆布。"

爱马仕这个品牌长期投射的形象包括稀有、独特、质感与高级,2008 年皮件占公司销售的43%，主力商品包括Kelly与Birkin手提袋。

这些手提袋以手工缝制，且从皮革选材到最后成品全由同一位工匠负责。每个提袋依顾客要求的颜色与皮革种类不同，售价从7000美元至10万美元不等，而且最多需耗时几年才能交货，因为部分颜色与皮革材质可遇不可求。

爱马仕有所不为的保守与坚持，让公司在景气时缺乏同业快速成长的爆发力，但在景气寒冬，受到的冲击相对也小许多。

资料来源：Hermès公司提供。

思考题

1. 奢侈品品牌有哪些独特的文化特征？
2. 请论述如何保持奢侈品品牌的文化一致性？
3. 请结合讨论案例分析，外部文化和内部文化对奢侈品品牌文化造成什么样的影响？

11 奢侈品品牌维护与发展

奢侈品品牌审计
奢侈品品牌保护
奢侈品品牌组合
奢侈品品牌延伸
奢侈品品牌危机管理

第11章　奢侈品品牌维护与发展

> 我并不追随潮流，我想我应该去创造潮流。
> ——马修·威廉姆森（Matthew Williamson）
> 英国著名设计师

品牌故事：
巴宝莉（BURBERRY）——凤凰涅槃

品牌历史

巴宝莉（BURBERRY）是英国国宝级品牌，由当时只有21岁的英伦小伙子托马斯·巴伯利（Thomas Burberry）一手创立。100多年来，巴宝莉成为了一个最能代表英国气质的品牌。

1856年，托马斯·巴伯利在英格兰汉普郡的贝辛斯托克开了第一家叫"巴宝莉"的户外服饰店。

1891年，巴伯利开了在英国首都伦敦的第一家店，现在那里仍是巴宝莉公司的总部所在地。

19世纪初，巴宝莉因为开发出 gabardine（耐磨、防水、透气布料）而成名。巴宝莉设计的风衣成为了历久不衰的潮流。一战后，巴宝莉风衣更成为众多名人明星的大爱，当中包括奥黛丽·赫本（Audrey Hepburn）和《北非谍影》男主角亨佛莱·鲍嘉（Humphrey Bogart）及女主角英格丽·褒曼（Ingrid Bergman）。巴宝莉品牌于1901年创作的骑士商标成为家喻户晓的标志。巴宝莉雨衣甚至成了英国军装的标准配置。公司顺理成章地开发了军装配件、防水短上衣、户外用品。

1910年，巴宝莉首次进入国际市场，在巴黎开设了第一家旗舰店。

1920年，巴宝莉进入日本市场，由三井作为指定代理，同时授权三洋。

1924年创作的巴宝莉格纹（BURBERRY Check "Nova"）——米色底，红色、驼色、黑色和白色的格子，亦成为巴宝莉的经典代表图案。此格子图案首次出现是用于巴宝莉风衣的内衬上，而于1967年注册成为商标后更广泛用于巴宝莉其他产品，如雨伞及行李箱上。

巴宝莉一直深受皇室爱戴，更分别于1955年及1989年成为英国皇室御用品牌。伊丽莎白女王授予其"皇家御用保证"（Royal Warrant）徽章。

1955 年 GUS 收购了巴宝莉公司。

1997 年由于日本经济萧条，巴宝莉公司利润由 6200 万英镑下降到 2500 万英镑。

1997 年，罗斯·玛丽·布拉沃担任巴宝莉公司的首席执行官，一支新的管理团队给巴宝莉带来了新的面貌。

2001 年，巴宝莉在创作总监 Christopher Bailey 的带领下推出了 Prorsum 高级男女装系列，不但为经典的干湿褛及格纹图案注入新元素，亦为品牌建立时尚新形象，一洗以往的古老形象。另外，当时为 BURBERRY Check 加入新色——黑、红格子，及找来名模 Kate Moss 和 Stella Tennant 穿上 BURBERRY Check 比基尼拍摄照片，也使一度处于低潮的巴宝莉重振雄风，令销售额增加了一倍，并成为一百年来销售额最高的一年。

而 2003 年，巴宝莉更推出了以创立人 Thomas Burberry 命名的新系列，提供更年轻及时尚的轻便服饰，进一步把品牌推至年轻一族。

巴宝莉受亚洲人所喜爱，而日本人对之更是趋之若鹜。巴宝莉有鉴于日本市场的号召力炙手可热，特别以特许经营的合作方式，让日本生产由当地设计，颜色较鲜艳、较年轻化及较便宜的 BURBERRY Blue Label 和 Black Label 系列。其产品更只以日本国内为唯一的销售地域，连作为总部的英国亦未设此两系列品牌的零售服务。有别于 BURBERRY London 的沉稳、厚实，BURBERRY Blue Label 给人的感觉是轻快而简约，故此不少少女也钟情于 Blue Label 和 Black Label 的产品。

下面让我们来看看巴宝莉新 CEO 在 1997 年后是如何扭转乾坤，让巴宝莉品牌涅槃重生的。

巴宝莉所面临的挑战（1997）

1997 年巴宝莉新 CEO 走马上任时面临的是一个形势严峻的烂摊子。巴宝莉的销售额从上一年的 6200 万英镑下降到了当年的 2500 万英镑。表面上看是由于日本经济危机，然而仔细调查后，新的公司管理层发现了公司所面临的主要战略挑战：

（1）销售业务主要依靠少量的核心产品；公司的主要客户群非常狭窄，是一群高收入的对时尚并不敏感的中年人。

（2）在混乱的渠道策略下，不同水准的巴宝莉产品在各种各样的零售场所出售。认证批发商和未认证的渠道商都在和同一区域的零售商交易。

（3）缺乏控制的许可证策略造成了产品价格、设计和质量控制的混乱。

（4）广告推销、市场推广、广告、产品开发等方面的投资严重缺乏。

为了挽救被老朽的市场形象、混乱的授权和渠道管理所破坏的品牌形象，管理层决定对巴宝莉实施一个彻底的改造。

管理层制定的品牌重定位策略是通过一系列清晰的设计、广告、市场推广以及渠道管理来塑造巴宝莉为一个与众不同的奢侈品品牌，希望凭借该形象能够吸引年轻时尚的客户，但同时又保持原有的传统客户。

巴宝莉重定位战略

1. 品牌管理

公司管理层清晰地认识到巴宝莉的原有品牌商标已经成为了公司一项很沉重的资产。管理层认为新品牌战略的首要工作就是提升品牌形象。公司作出了如下行动：

（1）管理层决定更改公司名 BURBERRY's 为 BURBERRY，同时进行新商标宣传和采用更加现代化的包装。通过对新商标的宣传，巴宝莉既提升了知名度，又向顾客传递了努力变革和创新的新形象。

（2）重视广告对时尚品牌的重要性，为巴宝莉拍摄广告片和海报以改善顾客对巴宝莉的形象感知，同时公司还是保持了广告内容中的英伦风格以继续吸引原有客户。公司通过主流的时尚媒体来宣传公司的新形象，一般不宣传某个产品而注重品牌形象。1999年，布拉沃请来了英国最著名的时装模特 Kate Moss 为巴宝莉拍摄了一组广告片和海报。在一幅直到今天仍被奉为经典的海报上，Kate Moss 身着格子婚纱，与身穿格子燕尾服的新郎举行了一场"英伦格子婚礼"，婚礼上的所有嘉宾都穿着带有巴宝莉格子的服饰，婚礼上的所有用具也都用巴宝莉格子作为装饰。这些海报在各地好评如潮，它不但使巴宝莉再度成为了热门的时尚品牌，而且让巴宝莉这个品牌迅速受到各年龄段消费者的青睐。对于授权经营的日本区域，广告的投放主要由当地的合作方三洋和三井来负责，但是广告的内容设计则完全由伦敦总部的市场部来负责。

（3）在全球各时尚要地开设旗舰店，让巴宝莉和古驰、普拉达、YSL 等大品牌相邻为伴以提升公司品牌形象。2000年9月，巴宝莉的全球旗舰店在伦敦新邦德街开张。2001年10月，巴宝莉把在洛杉矶的旗舰店开到了好莱坞明星云集的贝弗利山。此后，巴宝莉在德国、西班牙、意大利、俄罗斯、日本的一些重要城市建起了更多独具风格的巴宝莉专卖店。

（4）巴宝莉每两年在米兰举行一次时装表演。通过公司高端品牌BURBERRY Prorsum时装秀，一方面加强了公司品牌的高端形象和影响力，另一方面可以帮助公司占据一些主流时尚杂志的封面。而公司的成衣品牌BURBERRY London的时装表演则每个季度都在伦敦举行。展示了巴宝莉对每个即将到来的新季节的时尚理解。

（5）和主流媒体编辑人员保持良好的互动，提高公司产品和品牌形象在专业评论中出现的频率。

（6）针对配发商和渠道商发行公司自己的产品小册子。同时充分利用公司网站宣传公司产品和品牌形象。

2. 产品设计与资源管理

意识到公司的产品线过于狭窄，公司决定努力增强其设计能力和扩张其产品线。

首先是扩大内部的产品设计队伍，邀请了著名时尚设计师Christopher Bailey加入公司担任设计总监。Bailey将他在GUCCI和DONNA KARAN的丰富设计经验带到了巴宝莉。他的宗旨是：汲取巴宝莉传统服装中的精髓以求更好地发展新一代产品。通过强化后的设计团队的努力，巴宝莉建立了时尚收藏品品牌Prorsum。2000年和2001年，巴宝莉获得了英国时装理事会古典和现代两个设计系列的大奖。通过这一高端品牌的发布，巴宝莉开始了和竞争对手们在高端市场的较量。

Prorsum高端奢侈品品牌的成功只是巴宝莉品牌延伸的开始。巴宝莉先后又建立男女高端成衣品牌BURBERRY London、大众品牌Thomas BURBERRY、只在日本销售的BURBERRY Blue和BURBERRY Black以及在眼镜、香水等方面的各个子品牌。巴宝莉并没有放弃品牌授权，但是品牌授权一般只限于能够帮助巴宝莉提升品牌的产品。比如1997年授权意大利专业眼镜制造商建立The BURBERRY Eyewear收藏品品牌，2001年与专业手表制造商Fossil合作建立The BURBERRY Timepieces收藏品品牌等。通过了自身的不断努力和对外选择性的品牌授权，巴宝莉形成了一个强大的品牌金字塔（见图11-1）。

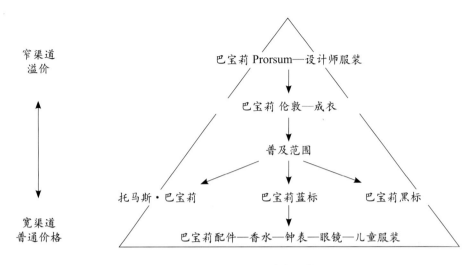

图 11-1　巴宝莉的产品线

资料来源：BURBERRY（2003）。

在产品线不断丰富的同时，公司并没有放松其对于产品设计的管理。公司实行了如下种种针对产品设计和资源利用的管理变革。

（1）公司所有的产品设计都要向伦敦总部汇报，以设计总监为代表的团队进行审查后保证产品设计风格的一致。

（2）公司自有的布料厂只生产供应 BURBERRY Prorsum 品牌的需求。而其他品牌产品公司只选用有限数目的欧洲布料供应商，并且严格控制所有的布料采购过程，特别是带有巴宝莉商标的原材料。

（3）所有内部生产的产品都执行严格的品质管理。代工的产品则委托第三方专业机构进行品质管理。

（4）对日本的授权经营公司进行严格的专利管理。

（5）灵活安排仓储物流系统以降低成本和保证最佳的交货期。

3. 渠道管理

鉴于以往混乱的渠道管理，管理层将这次转型策略的其中一个中心任务设置为在英国和全球加强渠道管理。

首先，所有的渠道管理策略应当服从公司将巴宝莉重定位为卓越、独特的奢侈品品牌这一战略。公司关闭了在欧洲的所有不盈利的非核心零售店铺。对于国外任何没有经过授权的销售渠道和店铺的支持都被停止。在2001—2003年间巴宝莉还收回了在中国香港、新加坡、澳大利亚和韩国的授权经营。在各地开设重复平行批发商的问题也得到了妥善处理,每个地区只允许一家得到授权的批发商经营。

经过一系列的努力,巴宝莉建立了三种渠道管理系统以适应世界各地的不同情况。

第一种系统是公司完全全资掌控的直营系统,包括销售分公司、自营旗舰店、自营零售店、百货公司特许经营点、设计师定制店。

第二种系统是公司的当地分销商渠道系统,包括地区总批发商、专营店铺和专业时装销售店。主要针对一些欠发达国家,由于其当地的销售额暂时不足以支撑销售分公司的费用,采用当地分销商的方法可以帮助公司在较低成本下保证一定的覆盖率。

第三种系统是品牌授权渠道系统,在这种系统中,被授权的公司自己负责建立其相应的渠道系统,巴宝莉主要负责品牌管理和控制。比如在日本这种特别封闭的市场,公司就采取了品牌授权。

4. 重定位战略的成功

巴宝莉公司实施了重定位战略后开始重新焕发活力,产品销售额与利润开始节节攀升。靓丽的财务报表帮助巴宝莉于2002年夏季成功上市(见表11-1)。

表 11-1 巴宝莉 2000—2003 年财务状况

年 份	2000	2001	2002	2003
销售额(百万英镑)	225.7	427.8	499.2	593.6
利润——EBITA(百万英镑)	18.5	68.7	90.3	116.7
毛利率(%)	46.8	47.8	50.3	56.0

资料来源:BURBERRY(2003)。

时至今日,巴宝莉经典的格子图案、独特的布料功能和大方优雅的剪裁,已经成为了英伦气派的代名词。让我们总结一下巴宝莉重定位战略的主要成就:

(1)一个把明确的吸引人的品牌价值和生活方式联系到一起的清晰的品牌定位;

(2)一个有序的被零售商称赞的渠道管理可以帮助确保最大的市场覆盖率;

(3)抓住强大品牌影响力下进入邻近的产品领域的机会;

（4）通过授权合作的方式进入了一些特殊的外国市场；

（5）强大的媒体公关能力帮助公司树立了的可信赖的奢侈时尚品牌。

资料来源：Christopher M. Moore 和 Grete Birtwistle, "The BURBERRY Business Model"。

奢侈品并非生活必需品，它超出生存与发展需要的范围，具有独特、稀缺和珍奇等特性。与一般消费品不同的是，奢侈品的管理是一件左右为难的事情，管理者一方面希望通过种种营销手段提高产品知名度，扩大销量；另一方面又害怕因为购买者众多而使品牌失去原先高不可攀、阳春白雪的魅力。奢侈品营销对象是特定高端消费群，奢侈品必须保持稀缺性；稀缺性能增加商品的消费者期望价值和购买欲望；奢侈品营销的关键在于艺术地管理消费者感知的稀缺性，并以此增加其价值。应该说建立一个奢侈品品牌是相当不容易的。当一个优秀的奢侈品品牌建立后，我们的步伐却还不能停止。接下来我们要考虑的就是努力做好奢侈品品牌维护和发展的管理工作，以成就一个基业长青的奢侈品品牌。下面我们主要从品牌审计、品牌保护、品牌组合、品牌延伸和危机管理这五个方面来介绍品牌维护管理工作的重点。

11.1 奢侈品品牌审计

品牌审计是指从品牌资产来源角度对品牌进行全面、综合的审查。

品牌审计主要是一项立足于外部消费者的活动，它包含了一系列对品牌健康程度进行评估、挖掘品牌资产来源，以及为改善和增加品牌资产提供建议的过程。进行品牌审计，需要从公司和消费者两个角度理解品牌资产的来源。从公司的角度说，需要了解现时提供给消费者的是什么样的产品和服务，这些产品和服务是怎样进行营销的，以及他们的品牌是如何建立的；从消费者的角度说，需要深入他们的思想，挖掘他们的观念和信条，以了解品牌及产品的真正含义。

品牌审计主要包括两大步骤：品牌盘存（brand inventory）和品牌测定（brand exploratory）。品牌盘存就是对所有相关的品牌要素及辅助营销计划进行分析，并为每一种现实产品或服务编制清单。彻底的品牌盘存可以反映出品牌一致性的程度。品牌测定就是收集消费者方面的详细信息，用品牌研究的方法了解消费者对品牌的看法，尤其是品牌认知度和品牌力度、赞誉度以及品牌联想的独特性。

从品牌的构成要素出发再现或推导品牌的过去、现在和将来；该体系一经形成，应可以采用逻辑的方法从中推导出可以遵循的具体规则、标准和程序；审计概念之间应有密切的联系，并形成不同层次密切结合的系统结构。

11.1.1 品牌价值审计

国际品牌公司认为，品牌价值建立的基础是对于当前价值或品牌期望在将来所达到的现金流量的评估。为了估计品牌价值，我们有必要辨认出真正能够从品牌得来的收入部分。品牌收入可能来自于商品本身或非品牌因素（如分销系统），因此，不直接由品牌所带来的收入必须被排除。一般来说，品牌收入要对过去3年的实际利润计算加权平均数。品牌收入通过从品牌销售中减去下列项目而计算得来：(1) 品牌销售的成本，(2) 营销成本，(3) 变动和固定的管理费（包括折旧和分摊），(4) 资本补偿费，(5) 税金。

在计算品牌价值的同时，从品牌发展的研究考虑，对这些收入要进行调整，所以我们要引进对品牌力量的估值分析。品牌力量是7个要素的组合（括号内的百分比为最高值）：

(1) 领导力（25%）：一个品牌影响其市场以及拥有大的市场份额和展现突出作用，以至于有能力确定价格点，指挥分销，并且抵抗竞争性侵略。一个领导着市场或者部分市场的品牌相对于其他跟随的品牌具有更稳定和更有价值的特性。

(2) 稳定性（15%）：一个品牌基于消费者忠实度以及过去的历史而能在长时间内生存的能力。长时间建立的，已经成为其市场"结构"的一部分的品牌具有特别的价值。

(3) 市场前景（10%）：就发展前景、不稳定性和进入市场障碍而言的品牌的贸易环境。例如，食品、饮料和出版物等市场中的品牌相对于高科技或者服装领域的市场中的品牌，在本质上更有价值，因为后者易受技术或者潮流变换的影响。

(4) 地理传播（25%）：一个品牌穿越地理和文化界限的能力。部分由于其规模经济，国际品牌比国家或地区的品牌天生更有价值。

(5) 发展趋势（10%）：为消费者保持现状与相关性的品牌发展的方向和能力。

(6) 支持力（10%）：营销和交流活动的数量以及密度。那些得到始终如一的投资并且集中支持的品牌名称比没有得到的更加有价值。在支持一个品牌过程中，费用数量是重要的,支持的质量同样是重要的。

(7)保护程度(5%):品牌拥有者的法定权利。一个注册商标是一个名字、设备或两者结合的法定权利。其他保护可能在普通法里存在,至少在某些国家是如此。品牌保护的力度以及尺度在评定它的价值的过程中是有意义的。

品牌力量的估值用百分比表示,这个百分比乘上品牌收入得到相应值。一个所谓的完美品牌拥有100%的品牌力量值和约5%的贴现率,一个弱的品牌有着较低的比例和较高的贴现率。

品牌价值审计可以让奢侈品企业明了企业在行业中的位置,为企业定位和战略规划提供参考。2008年知名品牌管理顾问公司Interbrand公布了首个全球奢侈品品牌价值排行榜,如表11-2所示,入选的15大奢侈品品牌依次是:路易威登(法国)、古驰(意大利)、香奈儿(法国)、劳力士(瑞士)、爱马仕(法国)、卡地亚(法国)、蒂芙尼(美国)、普拉达(意大利)、法拉利(意大利)、宝格丽(意大利)、巴宝莉(英国)、迪奥(法国)、百达翡丽(瑞士)、杰尼亚(意大利)、菲拉格慕(意大利)。

法国品牌路易威登以绝对优势高居榜首。在前15大品牌中,法国品牌占据明显的价值优势,意大利则以6个品牌占据数量优势。路易威登的品牌价值高达167亿欧元,它在全球前15大奢侈品品牌价值总额中的比重接近30%。路易威登领衔的5个法国品牌在前15大品牌价值总额中占53%,意大利的6个品牌仅占28%。

表11-2 2008年奢侈品品牌价值排行榜

排 行	品 牌	2008年品牌价值 (百万美元)	2008年品牌价值 (百万欧元)	品牌归属国
1	Louis Vuitton	21602	16718	法国
2	GUCCI	8254	6388	意大利
3	CHANEL	6355	4918	法国
4	Rolex	4956	3836	瑞士
5	Hermès	4575	3541	法国
6	Cartier	4236	3278	法国

7	TIFFANY & co	4208	3257	美国
8	PRADA	3585	2775	意大利
9	Ferrari	3527	2730	意大利
10	BVLGARI	3330	2577	意大利
11	BURBERRY	3285	2542	英国
12	Dior	2038	1578	法国
13	Patek Philippe	1105	855	瑞士
14	Zegna	818	633	意大利
15	Ferragamo	722	559	意大利

资料来源：品牌管理顾问公司 Interbrand。

11.1.2 品牌战略审计

所谓品牌战略是指消费者对该品牌的定位期望和该品牌的今后发展方向研究。品牌审计能用来确定品牌的战略方向。品牌利益目前的来源是令人满意的吗？品牌联想需要被加强吗？品牌缺乏未来竞争力吗？品牌发展存在什么机会和潜在的挑战？由于这个战略性分析，营销者们能发展一个营销计划使品牌利益长期最大化。

当企业考虑战略方向在发生重要变化时，它们应该进行品牌审计。战略品牌审计涉及通过创造、衡量和管理品牌的程序，使它的价值最大化。创建一个强势品牌需要仔细的战略。一个成功品牌的核心是一个伟大产品或者服务，并有创新的设计和出色的营销支持。战略品牌管理过程包括四个主要步骤：确定品牌定位、计划品牌营销、测量品牌性能、保持品牌价值。

品牌定位的结果是创造定位差别。品牌知识由与品牌相关的思想、感觉、形象、经验、信仰等组成。所以，品牌必须使消费者相信它是强大的、喜好的和独特的，如：运载工具中，沃尔沃强调的是安全，悍马强调的是关怀，而哈雷戴维森强调的是冒险。好的品牌定位能使满意的消费者再次容易地选择这种产品。品牌战略审计要求从公司和消费者两者的远景那里理解品牌的发展。从公司的视角，它要理解什么产品和服务目前正被提供给消费者和它们怎样被营销并且品牌化。从消费者的视角，需要深深地挖掘消费者的见解，并且展示品牌和产品的真正的含义是什么。消费者品位和偏爱方面的变化，新竞争者或者新技术的出现，或在营销环境方面的任何新发展，都能影响一个品牌的发展战略。

11.1.3 品牌拓展审计

当企业决定用已有的品牌元素来介绍新产品时，这叫做品牌拓展。当一个新品牌与已有的品牌相结合，这种品牌拓展可叫做副品牌，产生品牌拓展的原有品牌叫母品牌。如果母品牌已经与许多产品有联系，它也可以叫做家族品牌。

本田已经在汽车、摩托车、滑雪车、除草机、海用引擎和雪地车等产品大类上使用了自己的母品牌。就负面影响而言，产品线扩展可能导致这个品牌名称由于产品数量过多而普通化，不能引起强烈的品牌意识，这就是"产品拓展陷阱"。当消费者不再将具体产品或者相似产品与品牌联系在一起并开始忽视那些品牌时，就发生了品牌稀释。品牌拓展审计能分析公司推出的品牌拓展是否适当。最糟糕的拓展可能不仅是失败，而且危害了母品牌的形象。当只有少量消费者被一个品牌所吸引时，就陷入了产品拓展陷阱。

在评价拓展机会过程中的一个主要的错误是不能把消费者的所有品牌知识结构一起考虑。通常，营销者们错误地集中于一个或几个品牌联系，把它们作为潜在的合适基础，而忽视其他也许更重要的品牌联系。凯勒在研究了品牌拓展后得出如下重要结论：

（1）当母品牌有了受人欢迎的有利合作，并且在母品牌以及拓展产品之间存在合理的感知时，成功的品牌拓展就此发生。

（2）品牌拓展的基础有很多：产品关系上的属性和利益，以及非产品关系上的、与通常使用情况或者使用者类型联系起来的产品的属性和利益。

（3）品牌拓展取决于消费者对于各种考虑因素的认知，包括产品种类、技术生产、以及更多必要或形式上的互补性。

（4）虽然高质量品牌与平均质量品牌均有界限，但前者能扩展的范围比后者更广阔。

（5）一个被看做是产品种类原型的品牌要扩展到产品种类之外是非常困难的。

（6）有形的品质联想往往比抽象的利益联想更难拓展。

（7）消费者往往会将正面的原始产品类别的联想转移为负面的扩展部分。

（8）消费者有时甚至会基于其他正面推断的联想来推断其拓展的负面联想。

（9）拓展一个看似容易的产品种类有时也可能是困难的。

（10）成功的品牌扩拓不仅能有利于母品牌的形象，而且能使一个品牌被拓展得更远。

（11）垂直的品牌拓展可能并不简单，并且经常需要使用副品牌代替物的战略。

11.1.4 品牌投资组合审计

品牌需要进行投资组合审计。品牌投资组合是企业在一个特定的类目中向买卖双方提供的所有品牌线的集合。企业设计不同的品牌并且用于不同的市场细分。

一个品牌投资组合必须根据使品牌资产最大化的能力进行判断。最佳的品牌投资组合是，每个品牌与全部其他品牌联合在一起使权益最大化。在设计最佳的品牌投资组合的过程中，营销者们一般需要衡量市场覆盖率和其他方面，如成本和盈利能力。如果利润可以通过减少品牌被增加，这个品牌组合就太大；如果利润可能通过增加品牌被增加，一个品牌组合就不够大。通常，设计一个品牌的基本原理是将市场覆盖范围最大化，潜在顾客没有被忽视，并使品牌最小重叠，品牌不急于得到用户的全部赞成。每个品牌应该有清楚的差异，吸引足够大的营销细分群体，证明它的营销和生产成本是合适的。

品牌投资组合需要长期被仔细监控，以鉴别弱的品牌并且取消没有利润的品牌。在20世纪90年代后期，耐用消费品制造商伊莱克斯公司在西欧提供多种专业食品服务设备。公司在专业食品服务设备市场里有15个品牌，但只有Zanussi在多个欧洲国家销售。通过从一个基于价格的分割计划移动——低、中等、高（基于用户的需要）——的方法，伊莱克斯从15个本地品牌改为4个泛欧洲品牌。由此导致的规模经济和机会帮助伊莱克斯的品牌资产转向另一方面，因此即使伊莱克斯删除很多品牌，它的专业厨房用品事业部的销售从未缩小，并且最后能在2001年盈利。

另外，有许多具体的角色品牌能作为品牌投资组合的一部分内容。

1. 战士品牌

战士品牌被定位为与竞争者品牌竞争的品牌，以使公司更重要的（和更盈利的）旗舰品牌能保留它们期望的定位。在设计这些战士品牌的过程中，营销者们必须小心谨慎。战士品牌不会有太多的吸引力，所以它们不会使得高价的品牌或者相关的产品减少相应的销售额。同时，如果战士品牌被视为在品牌投资组合范围内与其他品牌相关联（例如，一个通用战略的优势），那么，战士品牌不可被设计得过于便宜。

2．现金牛品牌

尽管营销额逐渐减少，一些品牌仍可能被保持，因为它们仍然成功地拥有足够数量的顾客，并且在没有市场支持的情况下维持其盈利水平。这些"现金牛"品牌能够有效地通过保留现有的品牌效益获得资本。例如，尽管技术上的发展已经使吉列的大部分市场被新进的锋速3剃刀所占有，吉列仍然保留它的 Trac II、Atra 等旧品牌。因为收回这些品牌不一定能导致顾客转向使用吉列的另一个品牌。对于吉列来说，把它们仍然保留在品牌中可能会产生更多的利润。

3．低端层次品牌

在品牌投资组合中一个相对低价格的品牌通常是把顾客吸引为品牌持有人的一种方法。零售商们喜欢这种"扩大客流者"的方法，因为它能吸引顾客转化到一个高价的品牌。例如，宝马用向用户介绍它的3系列汽车作为吸引新顾客进入品牌特许的方法，当客户在决策购买其汽车时，可能上升到一个更高的购买价格水平。

4．高端威望品牌

在品牌家族中一个相对高价格的品牌的作用通常是为整个品牌添加威望和可信性。例如，通用汽车公司推出雪佛兰 Corvette 的高性能赛车的真正的价值在于"……它有能力吸引好奇的顾客进入展览厅，同时帮助促销其他雪佛兰轿车。毫无疑问这能扩大客流"。Corvette 汽车的技术形象和威望被认为在整个雪佛兰品牌上方投射了一道光环。

科学是实践经验的总结，实践是检验真理的唯一标准。通过营销审计，企业往往就能找到品牌的发展方向。

11.2 奢侈品品牌保护

所谓品牌保护，就是对品牌的所有人、合法使用人的品牌实行资格保护措施，以防范来自各方面的侵害和侵权行为，包括品牌的经营保护、品牌的法律保护两个组成部分。

11.2.1 品牌的经营保护

品牌形象的塑造和市场地位的确立是在一系列经营活动中完成的，因而奢侈品品牌经营者要在经营过程中树立品牌保护意识，采取有效措施对品牌实施保护。其主要手段如下：

1. 维护高质量的品牌形象

质量是品牌的基石。提高品牌的知名度需要高质量，维护品牌形象、保持品牌的市场地位也需要高质量。许多品牌形象受损、市场份额降低，都是因为质量出了问题。对品牌经营者而言，严格管理是高质量品牌形象塑造，也是品牌保护的重要手段。要坚持全面质量管理和全员质量管理，牢固树立"质量是企业的生命"的观念，制定切实可行的质量目标，使质量管理贯穿于企业生产经营的全过程，贯穿于企业活动的方方面面。公司要将"用户是上帝"、"下一道工序是用户"、"换位思考"、"100%合格"等质量意识转变为员工的自觉行动，创立"零缺陷经营"模式。

2. 积极开发和利用防伪技术

有些品牌商标和包装的技术含量低，不法分子容易假冒，这是某些品牌假冒伪劣产品屡禁不止的一个重要原因。因此必须采用高新防伪技术，有效保护品牌。

3. 向消费者宣传商品知识

品牌经营者应借助于新闻媒体、公关等形式向消费者宣传有关商品的专业知识，让消费者了解产品，掌握基本的商品知识，能区分真假优劣。

4. 成立有关机构协助有关政府部门打假

许多知名企业都深受假冒产品之害，成立了打假机构，配备专职人员，积极参与打假，取得显著成效。企业也可以向公安或质监系统提供假冒产品线索，为打假提供便利条件。有的企业以悬赏的形式鼓励消费者提供线索，参与打假。

5. 充分利用社会媒体

新闻媒体是群众和政府的喉舌，它代表着广大人民群众的利益。有人形象地把媒介传播称为操纵品牌的无形之手。所以一旦发现有假冒产品，除了向政府部门通告外，还可以谋求传媒的帮助，把不法分子的行为曝光于众。

6. 控制品牌机密

商战就是信息战，谁掌握了信息，谁就掌握了商战中的主动权，谁就可以因时造势，发展名牌，创造名牌。美国作家彼德·施丰特认为，信息和技术是当今经济竞争和全球发展的关键，谁掌握它，谁就会在竞争中取胜。和平年代里，经济情报已成为商业间谍猎取的主要目标。因而品牌经营者要有保密观念，提高警惕，保护自己品牌的秘密，防止自己的专有技术失窃。手段主要有培养员工保密观念、建立内部情报管理机制和谢绝不必要参观等。

11.2.2 品牌的法律保护

企业在构建自己品牌的同时，应当注意充分利用知识产权法律保护规范；采取有效措施，在提高客户对品牌的认识度、依赖度的同时合理构建品牌保护的权利体系，依法打击对企业品牌的侵权行为；研究品牌知识产权保护中存在的问题并提出相应的保护策略。对于企业品牌的法律保护，主要建议如下：

1. 扩大商标注册，重视驰名商标的认定

扩大企业的商标注册范围。注册防御性商标，既可以为企业日后的发展留下资本，又可以防止他人"搭便车"，避免品牌惨遭各行业的"借用"。因此扩大商标注册这一举措已经被很多企业所采用。根据中国 1996 年发布并施行的《驰名商标认定和管理暂行规定》的第二条，驰名商标是指市场上享有较高声誉并为相关公众所熟知的注册商标。申请注册驰名商标是企业维护品牌的深入举措。世界各国法律和相关的国际条约都规定了对驰名商标的特殊保护。以《保护工业产权巴黎公约》为例，其第六条之二规定：各成员国的国内法，都必须禁止使用与成员国中的任何已经驰名的商标相同或近似的标记，并应拒绝这种标记的注册申请；如果已经批准其注册，则一旦发现其与驰名商标相重复，应予撤销。应受到特别保护的驰名商标，不仅包括已经注册的，也包括尚未注册的。从上述规定可以看出，驰名商标具有一般注册商标无法比拟的优越性。首先，巴黎公约的成员国除了必须保护已在本国注册的驰名商标，还必须保护未在本国注册的外国驰名商标。关于驰名商标的认定标准，各国都在参考 TRIPS 协议的有关规定的基础上指定了详细的规定。如我国《商标法》第十四条就规定了认定驰名商标应当考虑下列因素：

（1）相关公众对该商标的知晓程度；

（2）该商标使用的持续时间；

（3）该商标的任何宣传工作的持续时间、程度和地理范围；

（4）该商标作为驰名商标受保护的记录；

（5）该商标驰名的其他因素。

这些规定都参考 TRIPS 协议第十六条的规定，即"确认某商标是否系驰名商标，应顾及有关公众对其知晓程度，包括在该成员地域内因宣传该商标而使公众知晓的程度"而制定的。其次，驰名商标的所有者具有保护其驰名商标的垄断权，即禁止公约成员国的公民擅自使用与其驰名商标相同或近似的标记，各成员国相关的部门应该拒绝此类标记的注册申请。再次，驰名商标还拥有禁止他人抢注的特权。对善意抢注的行为，可以在商标注册之日起 5 年内向相关部门申请撤销该善意抢注人；对于恶意抢注的行为，只要商标所有人或者有关的利害关系人可以证明商标注册人具有恶意，则有不受 5 年期限的限制向相关部门提起撤销恶意注册人的申请该注册商标的权利。因此我们提倡知名品牌进行驰名商标的注册，以便使企业品牌取得各种专属性保护。

2. 重视企业商标的海外注册

申请国际注册商标，可以防止被人抢先注册，实现企业的自我保护，并为企业争创国际名牌打下坚实的基础。企业要在国际市场上占一席之地，并且得到发展，进而挤进世界大企业的行列，必须制定自己的商标战略，重视商标的国际间注册，争创名牌，争创驰名商标，从而提高企业的竞争力和知名度，稳定并扩大国外市场。企业申请海外注册商标是企业国际化的重要步骤。在实施海外商标战略时，不光要有商标保护意识，还应该注意讲究策略。

其一，利用商标优先权把握注册时机。根据《保护工业产权巴黎公约》第四条的有关规定，《保护工业产权巴黎公约》的成员国的申请人，在任一成员国内提交某商标申请，在首次申请日起 6 个月内，可以在其他成员国要求商标注册优先权。我国也是《保护工业产权巴黎公约》的成员国之一。所以，企业应该在充分了解有关国际或地区性条约、协定或法规的基础上，根据企业实际情况，利用好这些资源，优化资源配置，用最小的投入获得最大的收益。

其二，要充分了解出口国的有关法律规定，在产品出口前便办理在出口国的商标注册，杜绝商标被抢注的现象。不仅如此，还要在主产品所提供的相应服务上注册，防止被人"搭便车"，以便扫清企业在海外的发展障碍。特别的，在适用"申请或注册在先原则"的国家，如日本、韩国、西班牙、意大利等国，注册时机的把握更是宜早不宜晚，否则就会给他人以可乘之机。

3. 充分利用现有法律制度对品牌进行全方位保护

由于品牌的构成要素非常复杂，除了品牌名称、品牌标志和商标外，还有一些要素对于品牌形象的形成具有非常重要的意义。所以，除了利用我们常用的《商标法》及其实施条例之外，我们还应当注意合理地利用现有的法律资源，对品牌进行全方位的保护。例如，品牌的定位主题句、品牌代言人甚至品牌的标准色等，它们已经成为品牌形象一个重要的组成部分，也是企业品牌资产的重要组成部分，企业也应对其作出有效的保护。按照我国《著作权法》的有关条款，凡是具有独创性的文字、图片及影视作品，都应纳入保护的范畴，而企业在塑造品牌形象过程中，在媒体上所使用的一些广告语，凝聚了广告设计人员的脑力劳动，必须加以保护。品牌代言人对于品牌形象的形成同样具有极其重要的意义。所以，品牌代言人也是品牌形象重要的组成部分，企业应当对其加以保护，以维护品牌形象的一致性。

法律对品牌的保护势必日渐完善。因此，当企业品牌遭遇侵权时，我们应该果断运用法律武器，敢于和勇于"为权利而斗争"，通过司法程序来保护知名品牌产品的声誉，打击假冒伪劣的违法犯罪行为。

4. 重视网络时代的"新商标"——域名

近年来，国际知名企业均把网络作为全球化品牌经营与法律保护的重要战略，加大了对网络创牌与保护的力度。伴随着网络技术和电子商务的蓬勃发展，域名的含义已经不仅仅是技术上的所谓的因特网中解决地址对应的一种方法，从商业角度看，域名已经在某种程度上成为"企业的网上商标"，域名对企业开展电子商务具有重要的作用。然而，域名在世界范围内是具有唯一性和排他性的，同一顶级域名下不可能存在完全相同的域名，这就使域名成为了一种有限的稀缺性资源。域名对于企业发展电子商务和进军国际市场均有重大的意义，所以针对这一新兴资源，企业要看到网络品牌在全球化商务中的主导作用，注重网上创牌，要有意识地提前进行争取和保护，这也是对企业品牌的一个延伸性保护。一些知名品牌被他人在网上抢注域名，从而丢失了企业网络市场空间的例子层出不穷，有了前车之鉴，我们的企业更应该重视域名的作用，重视网络品牌的创建及其保护。

案例 11-1 古驰（GUCCI）——扑朔迷离，蜿蜒前行

2003年11月5日，时装界大地震。古驰集团及其大股东 Pinault Printemps Redoute（简称PPR）宣布，古驰设计总监汤姆·福特（Tom Ford）及古驰集团总裁 Domenico de Sole 将在次年4月30日约满离开。消息一经传出，业界一片叹息。汤姆·福特，这位时装界屈指可数的明星，在不到十年的时间里，将古驰这个被人遗忘濒临破产的老品牌脱胎换骨成市值20亿美元的时尚王国。

汤姆·福特拯救古驰

20世纪90年代中期，因为经营不善加上老气过时的设计，古驰进入了历史上最黑暗的一段时期。1994年，年仅28岁的福特临危受命，成为了古驰的创意总监。和那些个性化的设计师不同，除了具有过人的设计天分，福特还具有相当的商业敏感。他宣称："在当今的时尚界，服装本身的设计并不是最重要的，最重要的是这个品牌的定位和形象。"从一开始掌舵，福特就决定彻底摒弃古驰原来那略显老气的市场形象，用"颓废和性感"取而代之，以略带挑衅的态度回应当时"谈性色变"、对艾滋病极度恐慌的社会。

1995年3月，古驰女装秀在米兰的花园俱乐部里拉开了帷幕，台下坐满了记者和观众，人们在观望，古驰在福特的手中会是什么样子？当大厅的灯光暗下来，扬声器里响起激荡人心的音乐，一束白色的聚光灯照射在了表演台上。这时，模特安伯瓦莉塔走了出来。她穿着一间暗绿色的绸质衬衫，纽扣几乎开到肚脐，低腰的紧身天鹅绒牛仔裤，外套一件暗绿色的马海毛外套。她摆动的双脚上穿着新推出的坡跟橘纹草平口女鞋，散乱的头发掩住眼睛和嘴唇，浅粉色的面庞若隐若现。观众随着音乐的节拍晃动着椅子，不断发出欢呼声。

媒体对这场服装表演的反应可以用"狂热"来形容，人们迫不及待地把溢美之词抛向福特：

"演出充满了热力和性感！"——内曼马克百货公司高级副总裁琼·卡纳。

"展示会洋溢的性感把观众牢牢地抓住了。"——《哈泼时尚》杂志。

"又一个卡尔·拉菲尔德！"——《纽约时报》时装评论人艾米·斯平德勒。

汤姆·福特，1962年出生在美国的得克萨斯，在新墨西哥度过了他20岁之前的岁月，直到被纽约大学录取。他选择了环保设计专业，但直到毕业的时候，他才了解到自己真正的梦想之地在时尚界。毅然飞往欧洲的汤姆·福特在那里终于实现了自己的时装梦想。除了负责古驰产品的设计，汤姆·福特也会参与古驰的品牌形象及广告设计，用自己的方法把东西漂亮地卖出去——让广告接近伦理道德所能承受的底线。他邀请到了法国著名的时装设计师凯瑞恩·罗伊费尔德（Carine Roitfeld）和摄影师马里奥·泰斯特诺（Mario Testino）与他一起，将GUCCI倡导的性感基调搬上了巨幅海报：模特瓦莱塔（Aurber Valletta）被放在两个男人中间，广告下面写着"三口之家"。另外，还有两个身穿古驰服装的女人相互注视，画面弥漫着朦胧的同性恋气氛。这样的大胆直接挑战了人们视觉的底线，但它告诉你的不仅仅是性那么简单，也并非浅薄的哗众取宠。它只是要用激烈的方式让人们或是女人们知道自己性别的力量和美妙之处，让人们知道古驰可以展现这样的美妙，让女人拥有的不仅是魅力而是Power（力量）。

在汤姆·福特的带领下，1995年，古驰的销售额猛增，几乎翻了一番，达到5亿美元，净收益增幅超过三倍，为8140万美元。第二年，销售额继续增长了67%，达到8.81亿美元，净利润增加了一倍多，为1.68亿美元。福特的工作成果相当明显，到1999年，公司总资产已经达到了4.3亿美元。

1999年3月古驰宣布与法国背景的Pinault Printemps Redoute（PPR）结成联盟，由一个独立品牌发展成为多元化品牌公司。而此时，曾为古驰立下汗马功劳的福特也开始对经营权有了兴趣。在续约条款中，福特向PPR索要古驰品牌的管理与设计自主，以及古驰集团近年收购的品牌及未来的拓展权。在商言商，当初PPR投入了29亿美元成为古驰的第一大股东，要的就是在古驰的绝对主控。失去福特虽然冒险，但要PPR在经营决策上拱手让人操控更不可能，所以，福特不得不选择离开。

当福特宣布他将离开古驰时，时尚界一片哗然，连卡尔·拉菲尔德（Karl Lagerfeld）都跳出来说："古驰错了，像汤姆·福特这种设计才华与商业头脑兼并的人才已寥寥无几，他是无法被取代的。"

一个家族企业的兴衰

在接近一个世纪的历史中，汤姆·福特的来与去引起的波折只是古驰时装王国波澜起伏的历史中的最近的一幕。

1906年,一个叫古驰欧·古驰(Guccio Gucci)的意大利小伙子离开了家乡佛罗伦萨,辗转来到伦敦,在著名的萨伏伊饭店觅得了一份搬行李的工作。客人们每天带着高级行头来往于此,手中的大衣箱、手提箱、帽盒……都是真皮做成的,而且刻有精美的雕花和姓名的首字母,俨然英国上流社会的聚集地,这让古驰欧大开眼界。没多久,这个机灵的年轻人就懂得根据客人们的行头来判断出他们的富裕程度和品位。16年后的1922年,古驰欧带着他在伦敦学到的见识和一笔积蓄回到意大利,在佛罗伦萨最著名的高档名店街开了第一家箱包皮具店——名字就叫古驰。

二战结束后,由于原材料匮乏,古驰在1947年设计出以竹节替代皮手柄的提包,这一设计至今仍堪称经典。到50年代,源自马肚带的红绿条纹被古驰用做配件装饰图样,遂成为这个品牌的又一标志设计。

1939年,古驰的四个儿子相继加入,古驰也由个人事业转型为家族企业。1953年第一家海外分店在纽约曼哈顿第58大道开幕,古驰也一跃成为国际名牌。更值得一提的是,古驰是今日产品品牌化的始祖,为了保障品质,它将品牌名字印在自身产品上,这在世界时尚史上是首创。

1953年,古驰的品牌声誉已如日中天。这一年,古驰欧·古驰去世,而公司的纽约分店也在同年开张,它标志着古驰开始向全球市场出击。60年代,随着古驰伦敦、巴黎和佛罗里达棕榈滩分店的成立,这个代表时尚与品位的意大利名牌在世界最主要市场站稳了脚跟。到60年代末,"GG"正式成为古驰的品牌标识。

20世纪五六十年代,古驰吸引了包括格丽丝·凯莉、赫本、杰奎琳·肯尼迪和温莎公爵夫人等一大批名流顾客,编号为0633的竹子把手袋、带有"迷你弗洛拉"花的丝巾,以及360款鹿皮平底靴,直到现在依然被人们奉为经典。

古驰的家族经营在20世纪70年代达到了历史上的顶峰,同时古驰的全球扩张指向远东地区,香港和东京分别有了它的专卖店。《纽约时报》将这一时期称为"GUCCI Mania"(古驰疯狂),并在文中这样描述古驰狂们:"脸上戴着古驰太阳镜,脖子上系着古驰围巾,肩上背一个古驰挂包,手腕上戴古驰手表,身穿古驰皮衣裤,脚上当然是一双古驰皮鞋。"

家族企业的发展也带来了内部的争斗,接下来的十年里,古驰家族内部争权夺利的戏码不断升级，由内讧演变为公开的争斗；而古驰品牌也因疏于打理而开始走下坡路。很多有欠考虑的特许经营协议和品牌拓展计划将古驰推向大众市场。

1985年，美国公司投资集团买下古驰家族持有的50%的GUCCI股份，8年之后，又以1.5亿美元买下了剩下的另外一半。至此，古驰走完了它作为家族企业的全部历程。

1990年，美国人汤姆·福特加入古驰，出任公司的女装创意总监。到了1994年，汤姆·福特又被任命为古驰集团全产品创意总监。他的到来预示着古驰革命性转变的开始。

从1994年至今，古驰一直是世界上最具影响力的超重量级时尚品牌。与此同时，它开始逐渐将全球时尚流行界的优质品牌网罗门下，法国圣罗兰等一批经典品牌相继成为古驰集团的成员。1997年，古驰买下合作长达23年的瑞士著名表厂Severin Montres，从而完全控制了自己的钟表业务。1998年，古驰因良好的战略眼光、经营管理和财务运作，被欧洲商业新闻联盟评为"欧洲年度企业"。1999年，古驰与零售商巴黎春天结成战略联盟，使自己从单一品牌转变为多品牌的超级时尚王国，进而成为意大利最大的时尚集团。同时造成了汤姆·福特的离去。

从设计师时代到品牌时代

2004年，汤姆·福特的离去，也被时装界视为一个新的时代的来临。嗅觉灵敏的业内分析人士认为：明星设计师主导品牌命运的时代结束了。当一个品牌拥有多元化的产品系列，涉及生活的每一个角落，走高级时装路线的同时兼顾大众化形象时，总设计的重要性已被淡化，比如Calvin Klein、Ralph Lauren。要撼动一个品牌的根基，绝对比人们想象的要难。

经营者将金融运作中的策略用在了时尚产业中，他们通过分析、计算，将一个因素对全局的影响降到最低，设计师的影响力便是其中之一。如果品牌的知名度、以及投资方的意愿都没有问题的话，只要品牌班底的实力够强，主设计师易主不是末日。

现任古驰的设计团队几乎还是当初为福特效力的原班人马，弗里达·贾尼尼（Frida Giannini）等四位创意总监在汤姆·福特犹在时，便已经在集团担任灵魂角色了。"对掌握古驰的性感奢华风格，我并不陌生。"弗里达说。

当弗里达给古驰做出第一个2006年的春夏发布后，当季度古驰女装销售上升了10个百分点。面对这样的业绩，本来准备对这位新科设计师大肆挑剔的媒体也开始纷纷转为赞扬弗里达的才情了。

今天的古驰经过连续几年的收购、合并，已经成功将自己壮大成一个拥有多元品牌的奢侈品巨兽，坐拥 Yves Saint Laurent Rive Gauche、Sergio Ross、Boucheron International S.A.、Alexander McQueen、BOTTEGA VENETA、Stella McCartney 等众多时尚大牌，盘踞在全球奢侈品市场上。

88 年来，古驰几经危急关头，每每绝境逢生。有人来了，有人走了，但是，在消费者的心中，它永远是那个双 G 的 LOGO，正如古驰现任总裁罗伯特·波雷特 (Robert B. Polet) 在接受《时代周刊》采访时所说的："奢侈品的品牌比产品本身更重要。因为你首先是为了品牌而买，其次才是产品。品牌给人们实现梦想的机会。人们都希望属于某种他们渴望的世界……"

资料来源："汤姆·福特与 Gucci 王朝"，男人世界网（http://www.menstage.com/article/10/2008/200809261928.html）。

11.3 奢侈品品牌组合

11.3.1 品牌组合概念

品牌组合是指一个组织所管理的所有品牌，包括主品牌、担保品牌、子品牌、品牌化的差异点、联合品牌、品牌化的活力点及公司品牌。

品牌组合可以根据企业的业务结构或市场结构来进行，如花旗银行是根据其业务结构来进行品牌组合的。

企业在进行品牌组合时主要考虑：品牌组合中的品牌是否存在重叠或不足；是否能够在不影响利润和增长的情况下剔除一个品牌；是否有一个优势品牌能够带动某一市场的开发；是否有一品牌可以作为其他品牌的后盾（防御品牌）；是否有一个区域品牌和全球品牌的最佳组合；等等。总的来说，涉及品牌组合的数量和质量（构成或关系）问题。

11.3.2 品牌组合管理的关键

2004 年，罗伯特·波雷特被母公司巴黎春天集团（PPR）任命为古驰（GUCCI）集团 CEO。此前他在联合利华冷冻食品部服务了 26 年，却从未有过奢侈品行业从业经验。当时，原总裁多米尼克和著名的设计总监汤姆·福特双双辞职，直接后果是 PPR 股价当日大跌 5.8%，十余位高管离职。而且古驰集团刚完成对宝诗龙（Boucheron）、宝缇嘉（BOTTEGA VENETA）等奢侈品品牌的收购，成为拥有包括服装、珠宝、手表等多元化业务、10 个品牌的集团。完成收购后，这些品牌没有立即成为集团新的利润增长点，相反，之后几年里，几个品牌一直亏损，据公司 2003 年年报显示，旗下小品牌加上制造部门一共亏损 1.1 亿欧元。

波雷特此时"空降"而至，其角色就成了一个救火队员。波雷特经过仔细的内部考察，认为造成当前格局的两大原因是：

首先，20 世纪 90 年代的古驰是一个单独品牌，收购意味着从一个品牌主导变成一个品牌组合的公司，随着奢侈品市场爆炸性增长，企业需要整个管理体系做出改变，而 2003 年的古驰明显没有改革到位。

其次，在当时，因为古驰是一个主导品牌，所以公司内部有一种意识就是，它做了什么别的品牌也应该跟着做什么。2002 年，整个集团共用一个创意总监，虽然每个品牌也有自己的创意负责人，但是都要向创意总监汇报。（总监）前一个小时想这个品牌（创意），下个小时想另一个，这是一件很难做到的事情。

他开始用自称"放任自流的管理艺术"梳理公司——制定清晰的框架，并提供足够的自由。就是让每个品牌有自己的战略团队。

波雷特意识到，一个战略适合所有品牌已经行不通了，所以要把尽可能多的权力交给品牌本身，他把公司分为各个独立的部门，然后像组织子品牌那样来组织各个部门，同时为每个品牌设立了 CEO 和创意总监，共同为品牌负责。他给品牌 CEO 和创意总监的合作划定了基本规则："CEO 主要为品牌提供商业管理，主设计师负责把他们富有创造性的想法和设计变成产品。"

"自由度"对于波雷特的新构架非常重要，但同时它被约束在三个大框架之下。第一个是品牌，这是公司的 DNA，品牌要有自身清晰的定位；第二个是战略目标，比如清晰的三年盈利计划，这明确了衡量标准；第三个就是组织本身，公司自身的管理系统要完备。

波雷特为每个品牌设置了核心团队后，自己就可以抽身出来主要思考为每个品牌分配不同角色。比如，公司内部将圣罗兰等几个品牌视为盈利性有机增长的最重要的驱动器，宝诗龙、GUCCI Watch则用于拓展新的细分市场，而像巴黎世家等品牌是为公司的长期增长作储备。

2006财年，古驰集团利润大幅上升了44%，达到7.41亿美元，旗下的品牌，除了伊夫圣罗兰（Yves Saint Laurent）以外，都开始盈利。公司的利润率从2003年的10%，涨到了2006年年末的16%。公司的卓越业绩最好地佐证了波雷特的"框架下的自由"多品牌管理理念。

从古驰的例子我们不难看出，品牌组合管理中的第一关键要点是各个细分品牌的定位和布局。我们需要从母子名牌管理，同一产品类别中多品牌管理，外来、自有品牌管理，全球品牌和区域品牌管理这四个主要方向思考品牌组合管理。

1. **母子品牌的管理**

母品牌或称主品牌一般是公司品牌或族品牌（品牌系列），代表公司形象和企业产品的总体形象，具有很高的声誉，在市场上的号召力比较强，而子品牌也称副品牌，一般是公司的产品品牌，代表的是某种产品的个性和形象，母品牌和子品牌的搭配，既可借助母品牌的声誉和实力，又可拥有特色，防止"一荣俱荣，一损俱损"的后果。

对其管理要注意建立和维护母品牌的形象，防止母品牌被滥用，具体办法：要建立母品牌的优势形象；母品牌不应使用在性质差别很大的产品类别当中；不应使用在市场前景不好的市场中；要使子品牌真正反映产品的特点，在市场上建立相应的个性和形象，做到"名实相符"。

2. **多品牌的管理**

多品牌指的是在同一产品类别上引入多个品牌。如宝洁公司在洗衣粉类别上使用了9个品牌。多品牌组合可以满足人们对同一产品的不同需求或不同利益的追求，在同一品类的不同市场形成竞争和合作的态势，既提高品牌的活力又有效地防止了竞争对手在销售渠道和细分市场的攻击。对多品牌的管理要注意两点：

（1）注意合理定位

品牌的合理定位是将不同子市场组合成一个统一的品类市场的重要工具。它使多个品牌之间既有竞争又有互补。例如瑞士的 SMH 集团的宝珀、欧米茄价格在 10 万瑞士法郎以上，罗西尼、雷达价格在 1000 法郎以上，斯沃奇价格在 100 法郎以上，从而形成了一系列不同档次的品牌阵列。

（2）对品牌的边界进行严格管理

在价格区间、目标人群、品牌定位、产品设计、产品品质、风格特色、销售渠道、服务等方面要对品牌进行尽可能的差异化管理。

3. 外来品牌和自有品牌的管理

在企业的品牌组合中，有的是自创品牌，有的是购并的、租用的或联盟的品牌，企业对这些品牌在感情上可能存在不同的反应，但在实际的应用中应摒弃感情因素，而从实用的角度去管理这两种品牌。首先，要明确外来品牌的作用。是为了进入新的市场，还是作为防御品牌；是为了利用外部资源，还是为了消除竞争。其次，要明白外来品牌和自有品牌之间是互补的关系还是竞争关系，或是二者皆有。若是互补关系则应充分利用相互的资源，挖掘品牌的潜力；若是互相竞争则要进行评估，然后进行选择性的发展；若是既有竞争又有互补则参照多品牌管理法则进行。

4. 全球品牌和区域品牌的管理

全球品牌是企业在全球范围内营销，对全球市场有一定影响力的品牌；而区域品牌是在区域范围内营销，对区域市场有影响力的品牌。显然全球品牌的市场规模和影响力都比区域品牌要大，但二者是有紧密联系的，可以说全球品牌是建立在优势区域品牌基础上发展而来的。企业在处理品牌的地理影响范围时，要注意全球品牌和区域品牌的搭配，因为全球品牌一旦面临市场萎缩也可成为区域品牌，区域品牌一旦发展良好也可成为全球品牌，二者的相互搭配可以弥补品牌组合中品牌的市场覆盖范围和影响力范围，提高企业的品牌资源配置效率和效益。

拥有多品牌组合的企业或集团一般都人员众多，机构庞大，办事处横跨各大洲。随着集团业务的膨胀，建立高效率的管理体制来防止官僚和低效率运营成了品牌组合管理的第二关键点。

目前常见的方法是实行品牌经理制。其主要内容包括：

（1）企业为其所辖的每一子品牌都专门配备一名具有高度组织能力的品牌经理；

（2）品牌经理对其所负责品牌的产品开发、产品销售以及产品的利润负全部责任；

（3）品牌经理统一协调产品开发部门、生产部门及销售部门的工作，负责品牌管理影响产品的所有方面以及整个过程。

品牌经理制根据不同的情况规定不同品牌的相应责权，然后各个品牌独立运作。在集团眼里，不同的品牌就像一个个小公司，每个小公司都有各自的广告、渠道、促销和定价策略。像GUCCI的例子里，波雷特将大部分权力下放给品牌CEO和创意总监，通过有层次的授权加快每个品牌的决策速度和运营效率。

品牌经理制的实施可以有利地推动企业管理水平的全方位提高，改善公司参与市场竞争的机制，使公司能灵敏高效地适应市场的变化。

(1) 增强了职能部门围绕品牌的运作协调性

过去，各职能部门通常容易从自己局部出发去订计划方案，而各部门的计划方案又都不能为一个品牌的整体作出精心全面的策划，品牌成功的概率不是很理想。现在，一个熟悉公司各个环节的品牌经理，犹如品牌的父母，他能够从全局上来考虑品牌的利益，并运用制度的力量协调各部门为支持他的品牌所做的种种努力，使每个部门对每个品牌的每个时点上所承担的责任都清晰明确。品牌经理制的实施，在很大程度上消除了部门之间的推诿、扯皮，使公司的每一产品在追求商业机会的激烈竞争中都能得到全公司上下一致的有力支持。从而实现由各部门的局部最优达到公司整体的全局最优。

(2) 改进了产品的市场定位

以前，公司习惯于先开发新产品，再给新产品定位、上市。随着市场竞争的加剧，产品市场已由卖方市场转变为买方市场，顾客是公司的"上帝"，公司在研制开发新产品时，不得不考虑"上帝"们的需求偏好。在品牌经理制下，消费者的要求一开始就通过品牌经理制约了新产品研制开发的各个环节，品牌经理在新产品研制开发实施前首先考虑消费者的需求偏好，确定新产品的目标市场，确定新产品的档次、价格，对新产品进行了很好的市场定位，并根据这一市场定位来指出新产品的功能和要求，计算出产品的目标成本，使科研部门和生产部门在新产品开发之初就有明确的成本控制目标。

(3) 维持了品牌的长期发展与整体形象

消费者往往喜欢有个性的产品，品牌经理犹如培养产品个性的好保姆。品牌经理不但在产品线延伸方面会始终如一地去保护品牌的个性，而且在销售工作中，也能有效地消除销售过程中很容易出现的短期销售行为。品牌经理会根据品牌的长远利益，做出正确的抉择，使品牌得到长期发展。

（4）改变了公司毛利实现的目标管理过程

由于品牌经理要对产品的销售和毛利率指标负责，使得新产品研制开发一开始就受到了成本指标和毛利率指标的控制，品牌经理会十分注意控制各个环节（包括研制开发、生产、销售）的成本费用支出，一旦出现异常情况，便迅速作出反应，改变了没有具体的人来为毛利率负责的情况。

品牌组合的管理是动态的艺术，必须随着环境的变化而不断调整，但成功的品牌组合管理一定是有清晰的细分品牌定位和布局的管理，一定是提高品牌组合效益和企业运营效率的管理。

11.4 奢侈品品牌延伸

所谓品牌延伸，就是指企业在已经确立的品牌地位的基础上，将原有品牌运用到新的产品或服务。从而希望减少新产品进入市场的风险，以更少的营销费用获得更大的市场回报。品牌延伸是企业品牌经营的重要策略之一，早在20世纪初就盛行于欧美发达国家，世界许多的著名企业大多是靠品牌延伸实现其快速扩张的。美国著名品牌学家艾·里斯曾说，若是撰述美国过去10年的营销史，最具有意义的趋势就是延伸品牌线。据统计，过去10年中，美国新崛起的知名品牌，有2/3是靠品牌延伸成功的。然而品牌延伸是一把双刃剑，成功和失败的案例比比皆是。运用得当，品牌延伸就成了企业的"馅饼"，运用不当，品牌延伸就成了企业的"陷阱"，不仅延伸不成功，甚至可能会伤害到原来品牌的价值。因此，探究影响品牌延伸效果的关键因素，对企业进行正确的品牌延伸决策以及最大限度地降低企业品牌经营风险具有十分重要的意义。

今天，奢侈品品牌的消费者构成发生了极大的变化，奢侈品品牌逐步加快为全球中产阶级提供具有"亲和力"的产品。过去十年，全球奢侈品市场已成倍增长，零售额达到了每年2200亿美元。而奢侈品品牌对市场的变化和消费者的构成变化并没有视而不见，在全球化的背景下，奢侈品品牌比任何其他品牌都更懂得品牌延伸的真谛。

像迪奥、卡地亚和香奈儿这样的奢侈品公司已经通过扩展它们的生产线迎合消费者需求而赚钱。奢侈品品牌不仅仅生产传统的奢侈品及其附件，还不断地挖掘消费者的潜在需求,对一些消费者日常消费息息相关的物品做出了品牌延伸,如阿玛尼也卖巧克力,普拉达还销售手机。

令人垂涎的兰博基尼跑车税前起价12.5万欧元,最贵约为35万欧元。但是兰博基尼除了关注跑车的制造和销售业务之外,2005年以来在跑车周边商品销售上获得的营业收入每年都翻番。比如兰博基尼将品牌延伸到限量版的诺基亚8800SE手机、华硕(Asus)制造的兰博基尼VX系列笔记本电脑和欧洲Hydrogen牌服装,品牌延伸产品涵括从售价1.5欧元的铅笔,到2000—3000欧元的品牌行李箱和电脑。该公司承认,和其他顶尖跑车制造商一样,它在贴牌周边商品上的利润率要超过跑车。"这就是利润、认知度、形象,"该品牌的总裁兼首席执行官斯蒂芬·温克尔曼(Stephan Winkelmann)表示,"在这一领域,1加1等于10,只要你选择了正确的合作伙伴。"

以档次、身份及文化象征为主要卖点的奢侈品品牌,一般很难兼容中低档产品,否则会破坏品牌的核心价值。二战之前,美国的豪华车并非凯迪拉克而是派卡德(Packard)。派卡德曾是全球最尊贵的名车,是罗斯福总统的座驾。然而,派卡德利令智昏,在30年代中期推出被称为"快马"(Clipper)的中等价位车型,尽管销路好极了,但派卡德的王者之风渐失、高贵形象不复存在,从此走向衰退。这与派克生产3—5美元的低档钢笔而惨遭失败有惊人相似之处。说到底都是因为新产品与原有的品牌价值相抵触。

以高端跑车制造商为例,最安全的选择似乎是手表,阿斯顿·马丁、宾利(BENTLEY)、布加迪(BUGATTI)和玛莎拉蒂(Maserati)都和百年灵(BREITLING)和爱彼(Audemars Piguet)等手表制造商进行了合作。因为它们都是精密工程、高超技术的载体,是身份的象征。

品牌延伸决策要考虑的因素有:品牌核心价值与个性、新老产品的关联度、行业与产品特点、产品的市场容量、企业所处的市场环境、企业发展新产品的目的、市场竞争格局、企业财力与品牌推广能力等。而上述众多因素中,品牌核心价值与个性又是最重要的,其他都是第二位的,有的根本就是在考虑品牌核心价值与个性时派生出来的。

一个成功的品牌有其独特的核心价值与个性,若这一核心价值能包容延伸产品,就可以大胆地进行品牌延伸。反过来的意思就是:品牌延伸应以尽量不与品牌原有核心价值与个性相抵触为原则。几乎所有的品牌延伸案例都可以从是否遵循这一规律找出成败的根本原因。

奢侈品品牌延伸的价值归纳起来有3点（见图11-2）：

（1）成功的品牌延伸可以长享品牌魅力，保持奢侈品的核心竞争力；

（2）掌握市场主动权，成为市场领导者；

（3）品牌延伸帮助奢侈品品牌开拓新市场，创造新的盈利点。

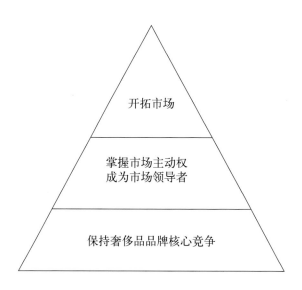

图11-2　奢侈品品牌延伸价值

企业做好产品—树立品牌—品牌延伸，是一个任何管理者都无法忽视的过程。做好产品的企业很多，做好品牌、成为市场领导者的企业，在每个行业里都是少数的，重视品牌建设、做好企业品牌是现代公司企业都必须认真对待的。利用品牌的延伸价值，挖掘行业利润，扩大市场份额，在品牌价值中挖掘新利润、推出新产品是企业后续经营、保持核心竞争力的重要途径。不仅作为已有品牌，作为市场追随者来说，建立自己的品牌并充分挖掘其延伸价值也是行之有效的。

11.5 奢侈品品牌危机管理

 案例 11-2 砸奔驰事件

梅赛德斯·奔驰公司是世界十大汽车公司之一，公司除了以高质量、高性能的豪华汽车闻名外，也是世界上最著名的大客车和重型载重汽车的生产厂家。奔驰车在汽车里是豪华和质量的象征，是服务第一的象征，它代表的是尊贵和人们对它的信心。在每年全世界消费者对汽车的评比中，奔驰车的质量和服务总是名列前茅。

但2001年末的砸奔驰事件却暴露出了奔驰公司某种程度上对中国这个新兴市场的消费者缺乏足够认识以及危机管理水平尚有提高空间。

事件背景

武汉森林野生动物园有限公司（以下简称武汉森林公园）于2000年12月19日，在北京宾士汽车销售中心购买了一辆奔驰SLK230轿车，在不足3个月内，该车接二连三地出现方向机漏油、动力明显不足和警示灯闪亮等问题。

2001年12月19日，奔驰车保修期的最后一天，武汉森林公园举行媒体发布会。会上武汉森林公园表示：该车买了1年，坏了5次，只跑了不到1万公里，令他们大失所望，他们将在武汉广场砸掉这辆奔驰车。

梅赛德斯·奔驰（香港）有限公司于12月20日下午5时18分给武汉森林公园发了传真，表示："我们希望在此强调汽油中存有杂质而影响车辆的运作的问题，由于车辆的问题为外在的因素所致，因此我们不能答允贵公司提出退车的要求"，并"延长油缸及油喉服务至2002年1月31日"。

对奔驰公司的回答，武汉森林公园并不满意。12月26日上午10时，武汉森林公园在武汉广场举行砸车仪式。

12月27日晚，梅赛德斯·奔驰公司就此事发表公开声明，内容是这样的："问题的原因已被查明是由于客户使用非指定的燃油所致。我们出于好意为客户提供清洗燃油系统的免费服务，这一免费服务将于2002年1月31日之前有效，不幸的是客户拒绝了这一善意的提议。我们对客户选择不接受我们对他的帮助而深表遗憾。我们重申梅赛德斯·奔驰始终竭尽全力为我们在中国的客户解决所有合乎情理的问题，正如我们在世界各地所做的那样。同时，我们对有关人士在这件事件上所采取的极端的、没有必要的行为深表遗憾。"

1月10日，武汉森林公园终于收到奔驰公司发来的传真声明，提了一些"前提条件"，并要求武汉车主公开道歉。

2002年1月10日下午3时，武汉森林公园董事长助理刘月玲代表武汉森林公园及其他5位车主就奔驰车质量纠纷问题约见了部分在京媒体，并发表了三项声明。

2002年1月17日，奔驰公司要求"武汉森林公园就所采取的不必要的侵害我公司的权益行为"出具一份公开道歉函，这份声明发至所有报道过此事的媒体。

2002年3月8日武汉森林公园在园内再次砸烂另一辆奔驰车。奔驰公司当时就表态，武汉森林公园在砸车的当天，将其门票提高了30元，表明此事有炒作的嫌疑，并将此事向消协做了通报。

奔驰公司对武汉3月8日的事件进行了说明，内容是："我们梅赛德斯·奔驰的代表怀着真诚的意愿前往武汉，希望以积极、理性的对话方式解决这一问题，在此之前我们也曾多次做过类似努力。为解决这一问题，我们向武汉森林公园提出了非常慷慨的条件。但令人遗憾和震惊的是，今天，武汉森林公园方面再次在公众场合下采取了与去年相同的举措。现在这一举措使得解决问题的过程更加艰辛。客户采取任何持续的极端行为都无助于促成此类和其他问题的积极和建设性的解决方案。我们赞同全国人大湖北省代表熊同发先生在两会期间对于此类事件所发表的观点，他表示'这（砸车事件）是一种典型的非理性行为'。我们再次强调，我们一贯严肃认真地对待所有客户所关心的问题，包括这一事件，并且我们诚恳地做出努力为他们提供服务。正如我们一直以来所做的，我们非常愿意为所有中国客户提供服务以帮助他们愉快地长期享用他们的梅赛德斯·奔驰汽车。"奔驰公司最后进一步以外交口吻强调："希望王先生的行为不会给正在进行国际化的中国造成不良影响。"

2002年3月13日，在武汉举行了武汉汽车消费维权研讨会。该会认为，奔驰公司在车辆被砸前的保修期间，保修服务不是高质量的，也是不及时的。奔驰公司在中国仅有22个维修点，对于中国这个庞大的市场而言，远远不够。武汉的车要运往北京去修理，对车主来说，享受的售后服务与购车的价格极不相称。该会还认为，汽车是由上万个零件组成的高科技产品，又是大批量生产、销售，奔驰公司想制造或维护"零故障"的神话是不现实的。砸奔驰车事件对奔驰公司的形象伤害不小,如果奔驰公司不注意自己的品牌,没有优质的服务,那么中国的消费者就会联合起来抵制奔驰车,这对奔驰车是十分不利的。

事件结果

2002年3月15日,梅赛德斯·奔驰(中国)有限公司和武汉森林公园就"砸大奔"事件进行了协商,并共同发表了联合新闻公告。

双方达成了一项解决方案,内容如下:

1. 梅赛德斯·奔驰对汽车燃油系统进行彻底清洗,使之恢复至原厂标准。
2. 此后,武汉森林公园将进行为期一年的路试以确认车辆始终保持良好状态。

事件思考

梅赛德斯·奔驰公司在武汉砸奔驰事件中处理的"尴尬"可以说是跨国公司在中国进行危机管理一个较为典型的案例。反应迟缓、态度傲慢、渠道错误和国情不通,都是奔驰在中国市场发展可以提高的地方。而最大的失误是:对用户无端指责和威胁,使公司很快在公众中形成过于傲慢、自负的形象。

首先是制度的刻板导致反应的迟缓。一般情况下,跨国公司大多如此,稍大点儿的事要报总部层层审批,新闻稿和采访稿都要字斟句酌。

另外,奔驰公司显然是技术替代公关、律师替代公关,这是奔驰公关值得商榷的地方。在奔驰的每次表态中,技术和律师都是主角,技术专家讲一通谁也听不懂的名词,律师再来一通不是每个人都能懂的术语,这些话可能都没有错,但别人听了却不是滋味,因为没有经过公关过滤和包装。奔驰可能没有意识到,让那些严谨而较真的律师取代公关真是一种灾难,因为他们对法律的忠诚和信仰真可以到什么都不管不顾的地步了。

奔驰作为世界级品牌的汽车公司,当时在中国没有聘用一家专业的公关公司,当然就更没有"危机处理小组"和"危机对策中心"之类的机构。由于没有专业公关代理,没有与媒体的长期联系,加之奔驰的应对措施乏善可陈。以致出现危难之际竟无一家媒体援手这种尴尬景象。

资料来源:庞亚辉,"'砸大奔'危机事件,店大欺客酿苦果",全球品牌网(http://www.globrand.com/2009/150733.shtml)。

11.5.1 品牌危机管理

所谓品牌危机，通常是指那些对品牌产生破坏性的突发事件。

危机管理最早由史蒂文·芬克在《危机管理——为不可预见危机做计划》一书中进行了系统的阐述。

品牌作为企业的一项无形资产，如何不让危机波及企业的品牌？这就涉及危机中的品牌管理。品牌危机管理，即企业在发生危机时对企业的品牌进行管理，让品牌资产保值增值。对一个企业而言，可以称之为企业危机的事项是指当企业面临与社会大众或顾客有密切关系且后果严重的重大事故，而为了应付危机的出现在企业内预先建立防范和处理这些重大事故的体制和措施，则称为企业的危机管理。通常可将危机管理分为两大部分：危机爆发前的预计、预防管理和危机爆发后的应急善后管理。

品牌经营者千万不要期望在品牌的成长路上永远风平浪静、一帆风顺，各种各样的品牌危机随时都有可能发生，只有不断强化危机管理意识、提升防范危机能力和建立危机处理机制，切实做到"未雨绸缪"，才是品牌顺利发展的有力保障。

品牌经营者如何处理品牌危机，每个品牌经营者都有自己的一套处事原则，但综合以往成功案例和经验教训，我们可以总结出以下几点。

1. 态度

处理危机事件，事实虽重要，态度是关键。

人非圣贤，孰能无过？这个世界没有完人，自然也没有完美的品牌。企业在运营过程中犯下这样或那样的错误也在所难免。然而，关键问题是错误出现以后，企业以何种态度面对错误。

许多企业担心危机事件曝光后会毁掉自己苦心经营的品牌形象，采取隐瞒、掩盖、敷衍、"无可奉告"等做法，其结果只能是适得其反，雪上加霜。企业应该明白，在危机时刻，公众对企业的反应高度敏感，任何敷衍、傲慢、推卸责任的言行都可能激起公众的愤慨之情，使事态进一步恶化，一个被消费者憎恶抛弃的品牌其实一文不值。几乎所有的危机处理失败的案例，都存在着企业态度上的失误。

美国许多成功企业为了有效处理危机事件，都积极遵循以下原则：

（1）一旦发现问题，就毫不犹豫地正视它。

（2）一旦感到情况不妙，就进行彻底大检查，在检查过程中发现危机爆发的原因。

（3）一旦发现危机来临，立刻通过传播媒体，及时向社会各界通报危机的真实情况。

（4）一旦危机已经降临，就集中所有部门的意志和力量去对待它，在关系到企业生死存亡的形势下，没有比求生更重要的了。

危机爆发后，企业可能会"四面楚歌"，政府批评、媒体曝光、公众质疑等都会纷至沓来。此时企业最明智的做法是，正视问题，以诚相待，采取积极主动的姿态，敢于公开真相，积极承认错误，勇于承担责任；并且"闻过即改"，做出相应的改进举措，争取赢得公众的谅解和同情。企业不妨把危机公关进程对公众做出说明，并在实施过程中杜绝本末倒置、隔靴搔痒的现象，如实反映事情的真实本源并切实地体现出企业最真诚的一面，通过这些积极的努力来赢得消费者的谅解与信任。

当年中美史克遭遇"PPA风波"，之所以能创造"产品不存，品牌依旧"的奇迹，就是因为其在危急时刻表现出的真诚负责的态度。而宝洁公司在"SK-II事件"中，一直态度傲慢，推卸责任，还多方阻挠消费者退货，这无疑将自己一次次推向媒体和公众的敌对面，使危机越陷越深，可谓处理品牌危机的败笔。

2. 速度

孙子曰："兵贵胜，不贵久。"

危机处理的难度是与危机处理的速度成反比的，速度越快，损失就越小。一般来说，危机发生后，企业应该在24小时内及时做出反应。当然，企业迅速正确的反应，必须建立在充分准备的基础上。

危机一旦爆发，往往会成为公众和媒体关注的焦点，如果此时企业反应迟钝，不能迅速查明真相并在第一时间给公众和媒体一个解释，就会造成两方面的恶果：一方面，会让公众感觉企业管理效率低下，不敢直面危机，逃避责任；另一方面，信息真空就有可能会被误解、猜测、流言所占据，使问题更加复杂。而且，时间上的失控，各种不测因素也会随之增加，通常是屋漏偏逢连夜雨。

相反，如果企业能在第一时间做出正确的反应，则会最快地表明企业姿态，化解公众不满情绪，进而获得公众的理解和信任。另外，以最快的速度扼制危机，往往成本较低，效果也较理想。

3. 统一度

危机发生后，企业应该明确谁来说，如何说。内部应确定一个发言人，让企业统一口径，统一行动，以一个声音对外说话。企业多个声音、多种口径对外，往往会失控、失序，甚至自相矛盾，加重公众疑惑，使问题复杂化。

发言人最好由公关部经理或相关副总裁担任，这样也是为企业留有回旋和调整观点的余地，除非大局已定或者情况非常严重的时候，一般不主张作为企业最高领导的董事长或者 CEO 出面。

光明"回炉奶事件"被电视台曝光后，公司董事长王佳芬在第一时间冲向了"最前线"，这其实就是发言人选择的失策。王佳芬的表述存在着诸多矛盾之处，然而她的观点其实代表了上海光明最终的观点，没有任何回旋和调整的余地。

4. 媒体媒介

在品牌危机事件发生后，建立畅通的信息传播渠道是解决危机的关键措施之一。危机发生使得品牌处在社会舆论与公众关注的焦点之上，社会公众迫切想知道危机的真相以及品牌处理危机的态度与措施；而且在信息沟通不对称的情况下在社会公众中极容易滋生误解、猜疑的情绪，从而更加加深了危机对品牌的危害。在危机事件处理过程中，品牌只有建立畅通的信息传播渠道，才能澄清歪曲失实的流言报道，让公众了解事实真相。

品牌可以通过各种信息渠道，如品牌网站、博客、网络社区、海报、告示等，发布品牌官方信息，并与报纸、电视台、新闻网站等媒体合作，建立起高效的大众信息传播渠道，加强与新闻媒介、社会公众、政府部门的沟通。特别要密切与新闻媒介的沟通，因为它们在引导社会舆论方面发挥着重大作用。

实际上，很多企业会犯这个错误，尤其是当媒体站在受害者的一面而态度对立时，而最终受伤害的只能是企业自身。如果条件成熟的话，可以邀请消费者代表赴企业参观，尤其是那些企业的忠实老顾客，让企业自身实力说话，并通过他们之口影响到企业无法控制的人际传播范围。

5. 权威机构

企业身陷危机之后，特别是"质量门"危机，第一反应都是想尽快澄清事实，还我清白。然而，自我辩解往往难以证明清白之身，有时还会越描越黑，引起公众的反感。

任何危机事件当事人的自我辩解都有罔置真相的嫌疑，包括利益相关者如品牌代言人、企业资助方等,正如运动员不能兼裁判员一样,这些人的辩护都是苍白无力的。巨能、宝洁、东风日产等企业都曾在危机爆发后极尽辩解之能事,然而结果却都事与愿违。

无数的危机公关案例证明,真正能澄清事实的,不是当事企业自己的百般辩护,也不是企业与媒体的口水仗,而是权威机构的声音。权威机构以其自身的威信以及第三方的身份,足以消除公众的所有疑惑。这些权威机构有:质量检测部门、主管机构、监管机构等,新闻发布会有权威机构的参与才最有说服力。

对一部分企业来说,即使无法得到权威机构的声音,也可以配合权威机构的调查,撤回问题产品,这样比起徒劳的自证清白更能取信于人。

11.5.2 奢侈品品牌危机管理

奢侈品品牌在历史的长河中,积攒了良好的品牌声誉,在其消费者之中赢得了良好的口碑。但是,这并不代表奢侈品品牌就没有危机。通常情况下,奢侈品品牌的潜在危机,除了一般品牌具有的危机外,还有以下几种特殊形式需要奢侈品品牌经营者关注。

(1) 仿冒危机

由于奢侈品高昂的价格,使很多消费者望而却步,这使得奢侈品往往成为仿冒者青睐的对象。其仿冒的产品价格只有正品的十分之一甚至更少。在电子商务的时代,网上交易越来越普及,仿冒奢侈品当然不会放过这一渠道。eBay 就曾由于在其网站上出售仿冒奢侈品,被罚款 3860 万欧元。奢侈品的仿冒产品如果过多,势必会对其产品销售造成不小影响,影响品牌声誉。

(2) 质量危机

奢侈品作为一种高端消费品,产品质量一旦出现瑕疵,就会造成消费者的不满,远超过普通品牌质量问题带来的程度。如果不妥善解决,往往会演变为一场品牌危机。同时各个国家的质量标准各不相同,对于选择跨国经营的奢侈品品牌来说也是一个需要注意的问题。2008 年 6 月 6 日,浙江省工商部门对杭州大厦 LV 专卖店销售的不合格商品进行了查处,556 件商品被当场扣留。随后,路易威登杭州店悄然关门歇业。让 LV 陷入困局的,是一块本应该拴在其背包上的小小皮样。按照我国 QB-T133-2004 背体包的标准,产品附带的标样必须与背体包主体材料质量及主体材质完全一致。那么没有标样的话,它的整体外观质量就会被认定为不合格。LV质量门事件很容易让我们联想起其他一些类似的跨国品牌，比如奔驰、哈根达斯、肯德基、宝洁等，它们都曾因自己的傲慢或管理疏漏，深陷质量危机，并对中国消费者造成一定伤害。也正是由于类似事件的频发，使得跨国品牌的声誉近年不断受损，消费者对它们的品牌忠诚有了很大的动摇。

（3）明星代言危机

汶川地震之后，莎朗·斯通的言论遭到了中国网民的强烈声讨，聘用莎朗·斯通作为全球代言人的奢侈品品牌迪奥也受其牵累，一时间成为中国网民声讨的对象，给其品牌声誉造成了不小的影响。同样，著名高尔夫球星泰格·伍兹2009年车祸绯闻后连续占据娱乐新闻的头条。伍兹本来是广告商的宠儿，Nike、豪雅表等都选择了泰格·伍兹为其代言人。但是现在因伍兹丑闻缠身，其所代言的品牌商都深受其苦。

（4）生产地危机

近些年来，由于西方高昂的人力成本，奢侈品品牌纷纷决定把自己历史悠久的工厂搬迁到人力成本低廉的中国。然而，奢侈品品牌的神秘性与产地是紧密相连的，在消费者眼中，搬迁搬走的不仅是场地，而是搬走了这个品牌的一切。2007年，Burberry以追求经济效益为由关闭在威尔士的工厂，将其"英国经典"产品生产线转移到了中国。人们纷纷聚集在被称为英国国宝品牌Burberry的专营店前来表达内心的不满，就连Burberry的代言人，曾主演电影《神奇四侠》的好莱坞男星伦恩·格雷福（Ioan Gruffudd）也出面反对，由此可见，一个品牌的产地，对于一个奢侈品品牌是多么的重要。

（5）衰落危机

奢侈品凭其高昂的价格及奢华外表长期受到追捧、青睐，但随着一些设计大师自立门户，一些时尚品牌逐渐走强和半顶级品牌不断崛起，并且传统的奢侈品品牌奢华外表开始面临"审美疲劳"这一严峻考验。由于这些种种因素，使一些奢侈品品牌面临衰落危机。

当然，奢侈品和其他任何产品一样，也存在售后服务危机、企业形象危机、领导人声誉危机、产品促销危机、新媒体传播危机等。

11.5.3 奢侈品品牌危机管理对策

作为奢侈品品牌，与大众化品牌相比，更加要有完整的危机管理机制。把潜在危机消灭在萌芽状态，把必然发生的危机损失减少到最小的程度，是考验这套机制是否完善的试金石。虽然危机具有偶然性，但是危机管理对策并不是无章可循。通过对企业危机实践总结，不难发现危机管理对策主要包括如下几个方面：

1. 建立品牌危机应对机制

（1）成立品牌危机处理机构

品牌危机处理必须要有相应的组织保障，诸如XX危机领导小组、XX危机工作部等，可根据实际情况而定。一般而言，危机处理机构由三大系统组成，即决策系统、信息系统和操作系统等。

决策系统可由一名首席危机处理官和若干名危机处理官组成。首席危机处理官应该由品牌的高层管理者担任，一方面其对品牌有全面的了解，另一方面有决策的权威，最好是由品牌领袖直接担任。危机处理官应经过一定的危机处理培训，具有在高度压力和信息不充分的条件下做出科学决策的能力。

信息系统包括信息收集和整理等方面，应配有专门训练有素的信息收集人员，广泛收集各种信息情报，尤其是意见领袖们的看法，也包括向有关危机处理专家咨询以便获得相关的建议和意见，并对危机相关信息进行识别、分类和记录，供决策者使用。

操作系统主要负责具体的危机处理方案的实施，包括负责危机现场指挥、媒体的联络与协调、危机处理资源的保障等。

（2）制订品牌危机处理方案

处理品牌危机时首先要找出危机的根源，在科学、全面调查的基础上找出危机发生的根本原因以及整个危机事件的真实情况。只有找到了危机的根源才能为制定有的放矢的解决对策提供依据。同时，全面评估危机事件对品牌的危害，不仅包括现实的危害影响，而且包括潜在的危害影响。

我们通常把危机的等级划分为普通事件、重大事件和极端事件三大级别。在全面的危机评估之后，品牌最高管理层就要根据危机的级别制定相应的处理方案和主攻方向。在这里，评估的准确性非常关键，错误地估计危机的危害程度可能会给品牌带来灾难性的后果。

当品牌危机发生时，就要根据已掌握的情况进行研究对策，检查所有可能对公司与社会产生摩擦的问题或趋势；确定需要考虑的具体问题；估计这些问题对公司的生存与发展的潜在影响；确定公司对各种问题的应付态度；制定危机处理方案，明确应该采取什么样的对策，通过什么样的程序进行有效处理，确定什么人在什么时间做什么事，这是危机处理的关键。所制定的方案必须细化、明确和可行,所谓细化,就是危机发生后组织采取的每个步骤和每个操作环节必须设计出来;所谓明确,就是方案用词精确,避免出现歧义,比如马上、原则上、一般情况下等,并把每项工作落实到个人;所谓可行,是指方案在操作中的可行性。

其中,最重要的就是把企业的努力传达出去。企业自己"王婆卖瓜",说服力很小,说服力大的当属外部的客观说法,特别是新闻媒体的报道,他们的客观报道会影响很多人的观点。企业要重视这条信息传播的主渠道,要善于向记者公关。

比如,在前面提到的2008年LV在中国遭遇质量标准问题后的行动就非常有条不紊。在产品被认定为"质量不合格"并遭遇查封后,LV方面的态度相当冷静。首先表现出企业完全合作的态度,与相关政策部门保持一种通畅的沟通,并达成共识。LV中国区总裁施安德出面表示,完全服从中国的法律,完全服从浙江工商部门的处罚,并感谢浙江省工商局指出公司存在的问题,公司将全力配合工商部门执法,以最快的速度落实整改,妥善处理消费者投诉事宜。

与此同时,LV也通过公共媒体平台和实际举措,表达出对LV消费者高度负责的态度。LV通过媒体在第一时间正式向中国消费者道歉,并且宣布在巴黎成立了一个工作小组,专门研究中国的质量要求。

另外,浙江的质量危机让LV洞见了自检的必要性,并举一反三地推广到全国其他城市的专卖店,以防止这种质量危机进行蔓延。LV公关总监表示,LV公司在国内其他城市的专卖店也正在与当地工商部门积极沟通,决定是否将商品补上材质标样,尽快使相应产品符合中国国内的相关标准。

LV的危机应对措施收到了相当明显的效果。一方面,LV杭州旗舰店仅仅在暂停营业11天之后就开始恢复正常营业,而且销售情况非常稳定。另一方面,LV的品牌声誉得到了有力的维护。很多消费者认为,LV仍是一个值得信赖的、高品质的品牌。其在中国的品牌美誉度和销售都没有受到太大的影响。

2. 构建企业文化应对品牌危机

发生危机后的应对机制固然重要,然而如果能够在危机发生和爆发之前就能把危机因素提前发现和妥善处理则是棋高一招。构建优良的企业文化可以帮助企业提高品牌危机预警能力和完善危机应对体制。企业文化对品牌危机管理的作用机制通过如下几点来体现。

（1）企业文化提升品牌危机预警能力

品牌危机预警主要是指人们对品牌危机的认知，表现为具有很强的品牌危机意识以及在认知基础上构建的预警系统。企业文化通过培育员工品牌危机意识和质量文化，以此支撑企业品牌危机预警系统，从而对企业品牌危机管理产生重要作用。企业内部倡导品牌危机意识的企业文化，能够使品牌危机意识在所有员工内心中形成一种潜意识，有利于培养出一支品牌危机意识强的员工队伍，从而使企业在品牌危机发生时，快速认知和迅速反应，为捍卫企业品牌而努力奋斗。

质量文化是企业在社会环境的影响下，在长期生产经营活动中，由领导、职工认同而形成的群体质量意识、质量精神、质量行为准则和质量价值观等"软件"，以及企业所提供的产品或服务质量等"硬件"的总和。企业文化，尤其是企业价值观，是质量文化建设的出发点。在质量改进活动中，企业价值观通过潜移默化的方式沟通职工的思想，从而使其产生对企业质量目标、质量观念和质量行为规范的认同感，并逐渐养成对客户负责，对社会负责，对自己负责的质量行为，从而提高产品质量，降低品牌危机发生的概率。

（2）企业文化有助于完善企业品牌危机应对机制

在面对危机时，当机立断，控制事态的发展是最重要的。任何犹豫不决、等待观望的行为都会使危机变得更加严重，更难处理。企业文化通过提高企业对品牌危机的认知程度和反应速度，通过改善企业处理品牌危机的态度，从而完善企业的品牌危机应对机制，以此提高企业品牌危机管理水平。

企业文化直接决定了企业对品牌的态度和企业在品牌危机中对待利益相关者的态度。勇于承担责任、对消费者和员工负责的企业文化，一方面能使企业决策层一切以消费者的利益为重，不回避问题和矛盾，在品牌危机发生后的第一时间及时与媒体和公众沟通，向消费者说明事件处理的进展情况，并诚恳致歉，赢得消费者的信任和理解，从而有效地维护企业的品牌形象；另一方面，能使企业明确地将品牌危机情况中可以公开的部分向员工迅速传达，尤其是那些品牌危机中涉及员工切身利益的信息，使员工明白应该如何缓解危机，从而为企业渡过品牌危机难关赢得内部支持。

（3）企业文化提升品牌危机转化能力

危机管理的根本在于企业能否转化危机，使危机为企业所用。危机的反面是机遇，这是辩证的管理艺术。企业文化通过造就良好的企业信誉，可以增强企业转化品牌危机的能力。

优秀的企业文化，一方面能使消费者对企业有较高的认同感，即使在企业出现品牌危机时，也会继续相信企业，并正确评价有关企业的负面新闻，从而使企业能够主动牵引品牌危机的关注点，迅速恢复消费者对企业的信心，让品牌危机为企业品牌宣传所用，增强企业品牌的曝光率和知名度；另一方面，企业文化的塑造，可以在企业员工中产生一种责任感和使命感，使每个企业成员从内心深处自觉地产生敢于面对困难、敢于承担责任的心态，并且增强对企业化解品牌危机的信心，从而为企业品牌危机的解决和转化创造机会。

总之，危机并不等同于企业失败，危机之中往往孕育着转机。危机管理是一门艺术，是企业发展战略中的一项长期规划。奢侈品企业在不断谋求技术、市场、管理和组织制度等一系列创新的同时，应将危机管理创新放到重要的位置上。一个企业在危机管理上的成败能够显示出它的整体素质和综合实力。

 讨论案例：LVMH 欲购 GUCCI——画眉深浅入时无

PPR 本来是家零售商，1999 年打败 LVMH 而将古驰（GUCCI）集团收归旗下，并成功将 GUCCI 品牌打造成集团的核心品牌，PPR 才得以登上第三大奢侈品集团的宝座。数据显示，2006 财年，PPR 持股 99.49% 的古驰集团营业额达 35.68 亿欧元，古驰品牌的产品就贡献了约 59.2%。让我们看一看 1999 年那一场惊心动魄的股权争夺战。

GUCCI 重现辉煌

1987 年之前，古驰集团还是一家家族治理的奢侈品品牌，当时家族成员之间争权夺势导致公司陷入危机。这给一些外部投资者提供了介入的机会。1987 年，一家位于巴林的投资公司 Investcorp 开始购入古驰集团股份，两年后其持有股份的比例达到 50%，但并未介入经营。古驰集团情况继续恶化，1992 年亏损额高达 4000 多万美元，几近破产。1993 年 9 月，Investcorp 收购古驰集团剩余 50% 的股权，实现 100% 控股。1994 年，Investcorp 任命 Tom Ford 为创意总监。Tom Ford 对 GUCCI 重新进行定位，一改古驰过去的华丽风格，让颓废和感性大放光彩，并注入"性感"的基因，从此让古驰创造了一个时装界的神话，直到今天，古驰仍被誉为最性感的牌子。1995年3月，Tom Ford举办了他的首次古驰品牌时装发布会，在发布会上他让当红名模身着简约风格的服装，却以无比撩人的形象出现在T形台，此次发布会让Tom Ford大获成功，并引发全球购买古驰产品的狂潮。

Tom Ford的有效治理令古驰起死回生。1995年10月，古驰集团49%的股权在阿姆斯特丹证券交易所上市，1996年剩余的51%股权在纽约证券交易所上市。

随后，重新焕发生机的古驰集团成为LVMH、PPR等觊觎的对象，并由此引发了一场你死我活的股权争夺战。而且这场历时5年的股权争夺战涉及许多财务技巧和法律安排，投资公司和奢侈品巨头们的操作手法和反收购安排颇值得借鉴。

LVMH收购受阻

率先出手的是奢侈品巨头LVMH。在这一轮争夺中，LVMH恶意收购古驰集团34.4%股份，古驰集团以发行2015万新股应对，将LVMH股权稀释至25%。

LVMH于1999年1月5日以55.84美元/股的价格买入古驰集团10万股，持股比例超过5%，达到向美国和荷兰证监会备案的要求。1月12日，LVMH以每股68.87美元的价格再次买入63.1万股古驰集团股份，将持股比例提高到9.6%。截至1月16日LVMH向证监会提交13D文件时，其持股比例已达到26.6%，1月25日持股比例升至34.4%。在短短的20天时间里，LVMH总计耗资14亿美元大举收购古驰集团的股权。而且这个过程相当顺利，古驰集团没有丝毫防备，LVMH充分利用了荷兰法律的漏洞：不要求收购方向所有股东提交详细收购方案，而英国、意大利、法国法律均要求收购方提交详细收购方案。

随后，LVMH提出向董事会派驻3名董事（董事会由8人组成），这才引起了古驰集团管理层的警惕，故管理层催促LVMH要约收购古驰集团的所有股份。LVMH拒绝了这一要求。接下来古驰集团做了三件事。第一，申请中止协议，中止协议是指目标公司与潜在收购者达成协议，收购者在一段时间内不再增持目标公司的股票，如需出售这些股票目标公司有优先购买权。第二，要求LVMH签署一份旨在保证GUCCI独立性和限制LVMH股份的文件，LVMH表示"保证古驰的独立经营权"，并且古驰集团是否接受LVMH的经营建议取决于自身利益。第三，授权基金会(即Stichting)3700万新股的认购权。事实上，古驰集团向Stichting发行2015.4985万股新股，这一数量正好是LVMH的持股数。结果LVMH 34.4%的股权稀释成25%的同时，表决权完全被中和掉。而且，古驰集团方面表示，如果LVMH增持股份，它将发行更多的股份。

古驰集团的反收购武器来自于上市之初Investcorp所做的安排。上市之前，Investcorp对古驰集团进行了一系列的反恶意收购安排。1995年，Investcorp召开股东会，授权董事会可以在5年内向法律实体发行股份，该法律实体由董事会控制，这实际上是雇员期权计划（ESOP）的一部分，维护了管理层的利益。公司可以发放无息贷款作为购买新股的资金来源，新股分得的股息也进入雇员期权计划，但必须用于偿还公司所发放的无息贷款，所以发行新股不会降低每股收益，也不会影响资产负债表。故该部分股权不是额外的资本金，而是额外的表决权。这样安排的目的是，假如将来出现恶意收购者，新股的表决权可以中和恶意收购方的表决权。这成为4年后阻挡LVMH获得控制权的重要手段。

LVMH的法律反击

14亿美元的收购代价、被稀释的股权、丧失表决权的股权、无效的增持股份，令LVMH得不偿失。LVMH随即将古驰集团起诉至荷兰阿姆斯特丹上诉法院。LVMH诉称，古驰集团用法律诡计代替了股东民主，其向Stichting发行新股的行为实际上剥夺了任何股东的表决权，因为如果有股东反对管理层意见时，管理层均可以启动优先股发行机制。然而，作为设立于避税天堂荷兰的空壳控股公司，古驰集团的法律地位非常特殊，同时在阿姆斯特丹证券交易所和纽约证券交易所两地上市，两地不同的法律规定和证券交易所规则为这次收购战平添了许多色彩。

根据荷兰民法典和阿姆斯特丹证券交易所的规定，荷兰公司可通过三种方式保护其不受恶意收购：第一，设立优先股东会；第二，股份"凭证化"；第三，发行保护性优先股。一旦敌意收购者出现就可以启动这一保护措施。这些股票股息固定，并且只需首付25%的对价，但享有的否决权和普通股相同。优先股通常向基金会发行，只要基金会遵守保持目标公司上市资格的交易所规定。

阿姆斯特丹证券交易所不允许同时使用以上三种措施，目的在于保护外国投资者的收购利益以增加外国公司在荷兰上市的吸引力。古驰集团运用的就是第三种武器。LVMH 也迅速采取了三条措施：第一，向上诉法院的公司庭申请由 5 名法官组成的调查小组，对收购事件进行调查。LVMH 的算盘是，如果调查小组能够证明古驰集团的行为不当，古驰集团没有依据"正当原则"行事（即充分考虑所有股东的利益），那么法院会撤销章程规定，或者宣布董事会和股东会决议无效，甚至可能会解散董事会。第二，申请取消 Stichting 的表决权。第三，不允许古驰集团向无关联第三方发行新股。

法院表示，LVMH 作为收购方有诚信责任，应事先与目标公司商议；而古驰集团仅仅因为要击退潜在的收购者而设立 Stichting 的行为也违反了荷兰公司法。上诉法院敦促 LVMH 和古驰集团尽快达成中止协议和独立经营协议，并冻结 LVMH 和 Stichting 在古驰集团中的股权。LVMH 重申不会收购古驰集团的剩余股权，除非降低对价。至此，LVMH 对古驰集团进入胶着状态，进退两难。

PPR 充当白武士

在 LVMH 嫌古驰集团股价太高时，PPR 却与古驰集团暗中接触，充当白武士获得了 40% 股权。1999 年 3 月 19 日，古驰集团宣布与 PPR 结成战略联盟，并向 PPR 发行 3900 万新股，这一数量几乎是 LVMH 持股数的 2 倍，交易价格是 75 美元/股，交易额总计花费 29.25 亿美元。而 LVMH 的股权则进一步被稀释到 20%。虽然在荷兰法院的调查环节，LVMH 已向法庭申请撤销古驰集团向第三方发行新股的程序，由于 GUCCI Stichting 的股份已经冻结，故法庭拒绝了 LVMH 的申请。而 PPR 被允许将股权增至 42%，但不允许在 5 年内继续收购古驰集团的股份。

然而在古驰集团与 PPR 达成的战略投资协议中，PPR 获得最多收购 10.1% 剩余股份的权利，这样无论 LVMH 增持多少股份，PPR 至少可以 50.1% 的股权比例居于控股地位。如果 LVMH 发出收购要约，PPR 可以选择卖出股份或者要约收购所有股份。而且 PPR 获得 9 名董事会成员中的 4 个席位，拥有对主席的否决权。在董事会中新成立"策略和金融委员会"，PPR 获准指派 5 名成员中的 3 名，而且公司重大的财务决定在提交董事会前必须先提交到该委员会审核。

LVMH棋输一招，不得不发出收购要约，以81美元/股或85美元/股（如果对PPR发行的股份无效）的价格收购剩余所有股份，但古驰集团拒绝了。之后，LVMH又发出几次收购要约，最后一次是在1999年4月7日，收购价格提高到85美元/股（除Stichting的股份），并提出如果古驰集团放弃白武士PPR，交易价格是91美元/股。4月8日，古驰集团召开董事会，拒绝了LVMH的要求，因为古驰集团和PPR先前订立的协议规定，如果出现购买25%以上股份的收购者，PPR可以不受中止协议的约束继续收购古驰集团的股份。4月19日，古驰集团提出可以接受的交易价格是88美元/股，而LVMH不同意。LVMH仍处于被动，其考虑到古驰集团同时在纽交所上市，所以也必须符合纽交所的规定，如果古驰集团违反纽交所的规定，可能失去上市资格，那么古驰集团与PPR的交易行为自然就会被撤销。在LVMH看来，古驰集团的行为明显有悖于"禁止公司未经股东会同意擅自发行20%以上的股份"的规定，但是PPR的说法是，纽交所规则允许外国公司利用本国规则保护自己。

1999年5月27日，荷兰上诉法院做出了终审判决：第一，古驰集团设立Stichting属于行为不当；第二，古驰集团向PPR大量发行股份属于行为不当，古驰集团违反了《民法典》第2条第8款的规定，该条规定公司必须按照"合理正当"的原则行事。结果对LVMH似乎是好消息。但是，法院并没有判决撤销古驰集团与PPR的交易。故LVMH上诉至荷兰最高法院。LVMH请来荷兰投资者协会和法国保护中小投资者协会助阵，后者认为向Stichting和PPR发行股份必须提交股东大会表决通过。然而这无济于事，因为Investcorp在1995年的相关安排，使得古驰集团发行股份获得了股东的授权。

PPR逼退LVMH

2000年10月，荷兰最高法院认为上诉法院公司庭未经过正式调查就做出决定的做法不合法，于是LVMH再次申请上诉法院公司庭组成调查小组进行调查。2001年3月，上诉法院同意，2001年9月，调查小组作出了调查结果。经过反复磋商，LVMH最后同意将古驰集团的股份转让给PPR。具体步骤如下：第一步，PPR以94美元/股的价格收购LVMH持有古驰集团股份中的1/3，即857.9337万股，这样PPR持有古驰集团的股份超过50%。第二步，2003年12月古驰集团向除PPR之外的所有股权派发7美元/股的特别股息。第三步，PPR于2004年4月以101.5美元/股的价格收购剩余所有的股份。最终的交易价格是94美元/股（去除7美元/股的股息）。PPR收购古驰集团的总代价为88亿美元。

古驰成就第三大奢侈品集团PPR

在获得古驰集团股权的过程中，PPR也协助其大力收购其他奢侈品品牌。古驰集团先收购了圣罗兰时装公司、圣罗兰化妆品公司、意大利皮鞋公司Sergio Rossi、宝诗龙、英国时装品牌Alexander McQueen、美国名表生产商Bédat & Co.、意大利著名皮具公司BOTTEGA VENETA、Stella McCartney、法国时装名牌巴黎世家（Balenciaga）。就这样，古驰集团一步步实现了集团化经营，也成就了PPR全球第三大奢侈品集团的地位。财报显示，古驰集团旗下各奢侈品品牌2006财年的营业收入占PPR集团总收入的19.9%，经营利润占比达到42.7%。但在古驰集团中，核心品牌古驰仍扮演着领导角色。数据显示，2006财年古驰集团的营业额是35.68亿欧元，古驰就贡献近60%，即21.01亿欧元，古驰6.12亿欧元的营业利润比古驰集团还高出4700万欧元。即除古驰外其他9个品牌总体上是亏损的。

资料来源：李凌、周莹、文芳、毛学麟，"PPR：争夺GUCCI成就行业老三的地位"，《新财富》。

思考题

1. 曾经有公司的服务能够让你体会到顾客就是上帝的感觉吗？
2. 在你心目中有什么品牌拥有优秀的危机管理能力，请具体论述其危机应对措施。
3. 你认为奢侈品品牌应该跨行业进行品牌延伸吗？
4. 你认为古驰(GUCCI)如此抗拒LVMH的收购的主要原因是什么？

12 奢侈品品牌管理者

奢侈品品牌业务战略模型

奢侈品品牌高层领导者

奢侈品行业人员招聘与培养

奢侈品行业市场人员管理

奢侈品行业销售队伍管理

奢侈品公司与营销合作伙伴

第12章　奢侈品品牌管理者

> 没人能拥有百达翡丽，只不过为下一代保管而已。
>
> ——百达翡丽经典广告语

品牌故事：
百达翡丽（Patek Philippe）——人类手工文明

在追求卓越性能的同时，百达翡丽（Patek Philippe）向严肃的技术氛围中注入柔软的情感元素，赋予手表欣赏、尊重、启迪与自豪的情愫。以广告为载体，它成功地表述了"为下一代继承"的意念，希冀成为连通父与子、母亲与女儿之间的情感桥梁。

真正优秀的表，在与肌肤相亲近的瞬间，便能感受得到。这是一种无形、无声的情感交流，只存在于表与主人之间，仿佛共守着一个心灵的家园，在私默中聆听时间的流淌。人生走到尽头，时间依旧向前。生命的意义由后代血脉相传；而表传至下一代手中，继续与下一代一起守望时间。百达翡丽——瑞士仅存的独立制表商——便自信出品这样的传奇之作，宣称："没人能拥有百达翡丽，只不过为下一代保管而已。"

在它的客户名单中，共有100名国王、54名王后，更不乏如爱因斯坦、居里夫人、夏洛蒂·布朗特、柴科夫斯基等显赫人士。世界上最贵的一款表，Henry Graves袋表便出自20世纪30年代的百达翡丽表厂，拍卖价1100万美元，完全成就了一个天价神话。

瑞士的钟表王国，星光灿烂，而百达翡丽是最亮的那一颗。它集先进技术、产品美学、个性化千宠于一身，被推崇为表中的王中王。然而论悠久，建于1837年的百达翡丽完全逊于宝铂（BLANCPAIN，1735）、江诗丹顿（Vacheron Constantin，1755）和Perrelet（1777）；论销量，百达翡丽输于时尚的宠儿Timex与Seiko；论张扬，百达翡丽更是亚于劳力士（ROLEX），它的品牌标志很少出现在表盘之上。那么百达翡丽的尊贵到底何在？这样一个看似欠缺优势的品牌，又如何能一路独步钟表世界，傲然屹立于王者之位，百年而不败？

创业渊源

欲充分领略百达翡丽的魅力，需回溯到16世纪中叶的瑞士。彼时，制表业开始萌芽。短短几十年，便成规模，以卓越的质量闻名于世。早期的钟表匠不仅是工艺师，而且怀着几近狂热的激情，追求外形与性能的完美，凝聚成一种力求完美的制表精神，世代传承。而正是在三百年的技术沉淀与文化集蕴之上，百达翡丽得以诞生。时值1838年，初始的名字为Patek, Cazpek & Co，开山鼻祖为Antoni Patek与Franciszek Cazpek。

1812年，Antoni Patek生于波兰的一个小村庄Piaski。自幼聪颖，十几岁便已掌握五门语言，而且颇具艺术天赋。由于波兰局势动荡，转道巴黎，逃亡瑞士日内瓦，从师于瑞士著名的风景画家Alexandre Calame。在学画的同时，他洞悉钟表业的无限前途，便购买优质的机芯自行组装，卖给波兰人。年仅19岁时，他已显露出精明的经营头脑。随着生意日渐发展，他决定建立一个自己的钟表企业，矢志为世人打造最精良的钟表制品。他力邀同样来自波兰的钟表匠Franciszek Cazpek加入创业联盟。Patek主管经营，Cazpek负责生产。起初手下只有一两名雇工，由Cazpek亲自生产精密机芯。当地表厂林立，竞争极其激烈。他们最初的客户多是波兰人和团体，如果没有这些支持，Patek也许无法渡过难关。Patek力主重质不重量，每年只生产200只表，并竭力创新。

但是创业之路却充满艰辛，一度账上只有1法郎86分的现金。而两个合作伙伴的关系也渐渐破裂。"Cazpek是个优秀的钟表匠，但却甘于平庸，缺乏创新精神。他陷入慵懒的生活中，对表厂的生意漠不关心。"困境产生，变革在所难免。1844年，Patek携带产品参加巴黎钟表博览会，与钟表师Adrien Philippe相识。Philippe发明了无钥匙上链技术，获得金奖，是那届博览会上的最大赢家。仔细研究 Philippe 的发明之后，Patek 嗅到了商机。由于二人同具敏锐的商业意识，当即便萌发合作的念头。一年后，Cazpek 退出股份，自立门户，Philippe 与 Patek 开始联手。1851 年公司正式改名为百达翡丽公司 (Patek Philippe & Co)。Philippe 极具创新意识，工艺精湛，堪称制表大师。他信奉"制造精密机械"的理念，由他制造的袋表远远超越其他品牌。

同年，好运不期而至。维多利亚女王莅临首届伦敦钟表博览会，被一款百达翡丽表吸引。这款表无钥匙上链设计，直径不过 30 毫米，精致而新奇。女王当场解囊买下。在她的带动下，阿尔伯特王子也买了一款百达翡丽表。消息不胫而走，Patek 与 Philippe 成为众人瞩目的焦点。很快，他们的公司便跻身名表行列，赢得世界的声誉。

资金的冰山随之消融。Patek 开始大力宣传产品，开拓市场，甚至远到俄罗斯（波兰的宿敌）发展业务。很快，百达翡丽公司成为巴黎 Rodanet、马德里 Pena，莱比锡 Elimayer 等名店的供货商。Patek 精明，市场能力强；Philippe 技术卓越，充满创作的灵感。他们力主发明创造，并取得多项专利，譬如表冠上链及调校装备，并荣获瑞士天文台第一个精确奖。

精品哲学

逾百年来，百达翡丽一直信奉精品哲学，遵守重质不重量、细工慢活的生产原则。主旨只有一个，即追求完美。它奉行限量生产，现在每年的产量不过 2.5 万到 3 万只。在长达 170 余年中，百达翡丽出品的表数极为有限，不敌一款时尚表的年产量，并且只在世界顶级名店发售。

一款表从设计到出厂至少需要 5 年的时间：4 年的研究设计，9 个月（好比孕育婴儿一般）的生产，3 个月的装嵌及品质监控。如果量身定做的话，则研发所需的时间更长。那只 1100 万美元天价表，便是 1933 年百达翡丽为美国一位银行家所特制，可显示 24 种不同信息：月份、日期、日落和日出时间，甚至包括纽约市任何一个晚上的星辰与月亮盈亏图。赋予钟表的时间，百达翡丽的钟表师从不吝啬。这只表历经 3 年设计、5 年制成。长达 8 年的时间，只为一只表。这是何等的精品意识！

百达翡丽始终保持着每年只手工制造一只表的传统。要拥有这只表，唯有耐心等待 8—10 年时间，且价格不菲，人民币 3000 万元左右，但却物有所值。在追求完美的过程中，美感无处不在，即使在看不到的表壳之下。手工打磨的连接、边角、机芯上美丽的圆形纹理，这些都是细微之处，却也经过精雕细磨。

复杂功能是制表业中的顶级工艺，而百达翡丽尊崇的正是这"完美的复杂性"与"完美的精确性"的结合。百达翡丽的尊贵不仅在于它典雅的外表，还在于它内部机械的极端精密复杂性。"在最简约的设计内配置最复杂的构造"一直是百达翡丽信奉的准则。19世纪制造的百达翡丽表，尽管轮轴末端已在轴承上转动了逾120亿次，但依然精确得令人叹奇。

百达翡丽以尝试生产其他品牌表所不具备的优势为动力，并将创新作为传统代代相传。1989年，百达翡丽推出Calibre 89以庆祝公司成立150周年，并自豪宣布"这是有史以来功能最复杂的一款可携带式时计"。其中复活节日期装置、逆行日期指针、万年历设计均在80年代获得专利。

为了自身的产品优胜于其他品牌，百达翡丽始终选用最上乘的材料。黄金、玫瑰金及白金，18K金（纯度0.75），铂金纯度高达0.95。外形典雅高贵，融合宝石师、雕刻师等的杰出创作。高贵的艺术境界与昂贵的制作材料完美结合，塑造了百达翡丽的经久不衰。

目前，百达翡丽是仅存的在原厂完成全部制表工艺并获得"日内瓦"标志的钟表制造商。"日内瓦"标志源自1886年，目的是保证钟表的原产地与工匠的技艺。只有携带手工打造并自动上弦的机械机芯的钟表才能获此殊荣。而百达翡丽出厂的每一块表都符合这个标准。对于百达翡丽与表的主人而言，每一只表都是独一无二的。自1839年以来，每一只出厂的百达翡丽都有自己的名字，每只表都被记录在案。强烈的精品意识、精湛的工艺、源源不断的创新缔造了举世推崇的百达翡丽品牌。

没人能拥有百达翡丽表

"没人能拥有百达翡丽，只不过为下一代保管而已。"这是百达翡丽的经典广告语，所欲传达的便是"继承"这个永恒的情感诉求。百达翡丽的成功，杰出的广告创意功不可没。

虽然它拥有贵如女王的客户，但是却启用无名的人士作为广告主角。由知名的摄影师记录下普通母子或父子相守的温馨时刻；借以触动人类迷恋时间、关爱后代的天性，表达自身产品的永久性。这样的意念具有全球性，在世界任何一个角落都能拨动心弦；而摄影师的语言，同样可以穿越国界。这是奢侈品中的最杰出的广告之一。它舍弃明星效应，独辟蹊径，一如百达翡丽的特质，"在最简约的设计内配置最复杂的构造"；它以最朴素的语言，表达了一个寰宇皆通的意念。在此意念推动下，拥有一只百达翡丽表已成为真正爱表者贵族的象征：或是佩戴，或是收藏，因为其价值的久远与悠长。

百达翡丽要告诉所有的人，它的尊贵不仅在于它的精确、独特、卓越与高贵，而且在于它的耐用、恒久与延续。它的价值是"持久的价值"，不能以单纯的金钱来衡量。这其中包含着超凡的美丽、传奇的工艺与卓越的可信度，以及对现在与未来的主人的忠诚。百达翡丽之所以能如此自信，只因为它具有历久弥新的品质；而在这品质背后，凝聚的是几代百达翡丽人的心血，以及对完美的执著与追求。

为保留最正宗的日内瓦传统，百达翡丽一直施行独立家族式管理，衣钵相承，迄今已是第三代。世界瞬息万变，而在百达翡丽的保密车间中，传统与创新、纯良与精密的传统依旧，仿佛时光永远静止在日内瓦的1838年。这种精神，在百达翡丽制表师的不懈努力之下，仍将代代延续，跨越时空，成就百达翡丽的永久传奇。

Calatrava 系列

1932年，百达翡丽推出卓尔不凡的 Calatrava 系列男装腕表，浑圆表面，设计典雅，时至今日，Calatrava 系列男女腕表仍是百达翡丽最受欢迎的表款。就百达翡丽表而言，最受欢迎的表款肯定是非常不平凡的，单以 Calatrava 系列为例，就创制了至少24个不同型号。

Calatrava 系列是以百达翡丽公司标志，美丽的 Calatrava 十字星（Calatrava Cross）——十字军曾使用的美丽徽章而命名。图示中的 Calatrava 为手动上链腕表，钉纹表环，防水深度25米，黄金或白金制造，获日内瓦优质印记。

Gondolo 系列

外型优美的 Gondolo 系列腕表进一步体现了百达翡丽力致完美的重要方针：锐意排除万难，借此考验其制表技术，务求超越极限。

每一型号的 Gondolo 系列腕表，不论表号是桶形镶钻又或是边框呈梯状的微拱长方形，均为精湛工艺杰作，其他钟表制造商难以相比。手工精制的黄金波浪表带特别为 Gondolo 系列腕表而创制，虽然如此，一些型号的 Gondolo 系列腕表同样适宜配品质上乘、颜色选择众多的真皮表带。

Golden Ellipse 系列

Golden Ellipse 系列线条优美的椭圆型设计，配以闪亮的瓷蓝表面，可说是百达翡丽的代表作之一。原创于 1968 年，Golden Ellipse 依据古典建筑艺术的"黄金分割"比例设计。这种应用了 2000 年的比例法论美感与和谐，至今未有能出其右的。1993 年，在既有的基础上继续发展，百达翡丽公司研制出一款崭新设计的 Golden Ellipse 女装腕表。新设计的最大特色在于真皮表带上加设活动自如的黄金环。

资料来源："百达翡丽 表中的王中王"，北方网（http://brand.icxo.com/htmlnews/2005/07/28/639778.htm）。

奢侈品品牌有区别于普通商品品牌的特性，因此，对于奢侈品品牌管理者的要求也是非常特别的。奢侈品的昂贵天价，其实是有道理的，在这背后蕴含的是文化传承和历史积淀，比如 GUCCI、KENZO、纪梵希（GIVENCHY）、LV 等。每种顶级的香水可能都有各自不同的历史故事和美丽传说；昂贵的高端名表，也都传承了上百年精湛的工艺。正是这些文化底蕴打造了豪华的品牌，也恰恰是这些才会吸引成功人士对这些品牌的青睐，所以说奢侈品的消费也是承袭了文化的延播，甚至可以打上高雅的文化印记，从而才会出现英国贵族担任名酒的促销员的情形。因此，对于从事奢侈品品牌管理的人员，要求有很好的文化修养和某些专业素质。本章将围绕奢侈品品牌的业务战略模式和其主体——管理者展开介绍。奢侈品品牌管理者在此主要指品牌高层领导者、市场策划者、销售管理者以及相关队伍的管理人员。

12.1 奢侈品品牌业务战略模型

奢侈品品牌为了追求较高的品牌溢价，需要向顾客传递自身的独特性。现有的一些奢侈品商业模式有的通过稀缺性来吸引顾客；有的强调产品的品位和个性；还有的通过制造高高在上的地位，让消费者崇拜，从而追随。确定业务模式的一种常用而有效的工具是业务战略模型。一个优秀的业务战略模型需要考虑到企业外部所面临的宏观、微观经济环境和企业内部的竞争能力，包含着奢侈品品牌业务发展的战略、方向、内容、过程、计划、策略等关键因素。虽然业务战略模型的方案可能由企业中层管理者或者咨询公司来提出，但是对这种业务模式的决策却都是由高级管理者来做出的。

12.1.1 什么是业务战略模型？

简单地说，业务战略模型包含内容、过程、计划、策略和其他要素，构成公司业务发展的方向。它包括在多种要素评估后确定的特点，例如外部环境特征，包括消费者和竞争市场、经济和政治环境以及社会文化经济等。

在业务战略模型中体现的其他特征可以联系到商业微观环境中去。商业微观环境通常叙述那些对投资者、股东、消费者、雇员、合作者、协会、供应商和分销商有影响的问题。这也构成了竞争者分析和行业趋势评估。

在业务战略模型中另一个必要的分析是对内部环境的分析。在这一层面，一个公司需要评估其内部的竞争能力，包括对公司人力资源能力、内部商业流程、财务状况和总体优劣势的评估。这些要素决定了备选战略的可行性。

业务战略模型中的其他方面包括了执行和控制战略的工具和技术，并且指标将会被用来评估公司的表现和后续行动。

对业务战略模型的发展进行分析构成了执行阶段的第一部分。接下来是确定在商业运营过程中会遇到的战略问题和挑战。这些问题包括公司或者行业目前及将来可能面临的问题、行业拓展的影响或者员工关注的特定内部问题。

由于每家公司和每个行业的独特性，因此可能找不到两个完全相同的商业模式。在业务战略模型中的商业环境分析层次如图 12-1 所示。

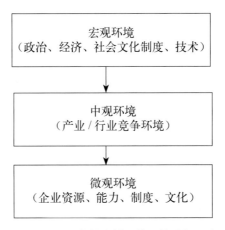

图 12-1　业务战略模型的环境分析层次

无论什么行业，商业模式都能作为任何商业行为计划和发展阶段的指南。它们还有助于那些有意扩张、重组或调整业务方式以适应不断变化的市场的需要。一个业务战略模型可以媲美一张路线图，没有这张地图，即我们所说的业务战略模型，奢侈品品牌会觉得很难在市场中前行。

12.1.2　业务战略模型建模流程

如前所述，商业模式是与特定品牌紧密相连的，因为每一个奢侈品品牌都有其独特之处。这意味着为奢侈品品牌和公司制定商业模式的过程需要具有灵活性，以适应某个特定公司的特点和市场的变化。因此，本章中所叙述的为奢侈品行业制定业务战略模型的过程不是一个严格和僵硬的神奇工具，而是力图提供一个总的方向。奢侈品行业的商业模型中已确定的特征在不同程度上影响奢侈品品牌。

值得推荐的商业建模的过程如下：

（1）评估并理解品牌和公司的现状。

（2）明确并定义公司已有或潜在的问题。这可以总结为战略挑战。

（3）形成一系列的可以解决战略挑战的备选商业战略并且进行分析。这将引导我们确定某个可以执行的战略。

（4）为执行战略创建一个计划。这包括了检查内部竞争能力和资源。

（5）确定业绩测量指标来检查商业战略执行的进程。

接下来，我们对以上五个层次逐个进行分析。

1. 第一层：评估并理解品牌和公司的现状

公司的现状是公司业务内部、微观和外部的完整观察。这包括内部组织的特征，例如：

● 公司的核心竞争力。这是公司拥有的独特特征，它使得公司在长期运营中具有独特性、活力，并能创造竞争优势。这些固有的、特定的属性也可包括知识、技能和态度的组合，而竞争对手不能轻易复制。

● 公司的竞争优势，即给予公司在市场中取得优势的要素，包括规模、财务状况和市场的地位等。

● 该公司的关键成功因素（KSF），即那些已使公司在市场中赢得了成功和进步的行动。

● 公司的优势和劣势。

● 公司的人力资源和核心能力。

● 公司的组织架构、文化和管理风格。

基于公司的现状，我们能够对公司的微观环境进行评估，通常应该包含如下内容：

● 彻底的消费市场分析。例如，理解谁是消费者，他们的关键特征和分布，他们在哪里，什么因素影响他们的购买决定，他们的期望是什么，以及他们可能在将来会如何变化。

● 完善的竞争市场分析。例如，明确公司的竞争对手，公司和竞争对手有什么不同，什么是竞争对手的战略，以及什么样的变化会影响竞争环境。

● 对和公司有关的因素的评估，例如制造商和供应商、联盟者、合作者、协会、贸易商和投资者。这些因素对公司业务可能造成的影响需要确定。

对现状的最终评估包含对外界环境的评估，内容如下：

● 对社会文化环境的完整分析以及它目前或可能如何影响公司业务，包括追踪社会趋势和演变的因素，如文化的影响、全球化、技术革新和全球消费社会的国际旅行。

● 评估公司运营所在的市场的经济情况，以及经济表现如何影响消费者对公司产品的反应。这里的关键问题是消费者的平均可支配收入、国内生产总值、通货膨胀和通货紧缩、消费者信贷的水平。这些特点往往会影响消费者对奢侈品的消费态度和消费水平。

● 对公司业务所在的市场的政治和法律环境的分析，例如对政府稳定性的分析，以及对消费者和零售活动如何影响有关电子商务的立法的分析。这些因素会影响消费者信心和对奢侈品的态度。

● 对可能影响公司和业务的技术因素的完整分析，包括新的技术系统和新的沟通媒介，例如因特网和数字电视。

对环境特点的识别应该遵循一个重复评价的进程，这往往能凸显出明显的影响业务的独特要素。这些要素就是将在业务战略模型中所呈现出来的，如图 12-2 所示。

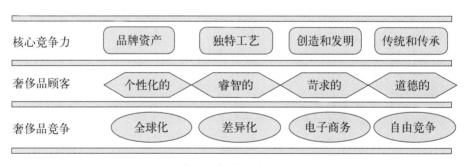

图 12-2　奢侈品业务战略模型中的现状分析

2. 第二层：识别战略挑战

这一层次的分析是要确定公司目前已经遇到或在将来可能遇到的问题。通常有许多当前或潜在的商业问题可以被一个奢侈品公司视为挑战。上一步的分析将揭示出一部分问题，其他问题则可能通过识别竞争者的战略发展而体现出来。

为了找出奢侈品公司的主要战略挑战，明智的做法是列出所有已经识别的问题或潜在的问题，逐个进行分析。这种做法通常能够影射出其他隐藏的问题和新的问题。在这种情况下，各种问题应该按照其对公司业务的不同影响程度进行排列。这通常能够揭示出与其他小问题相关联的主要战略问题,这些主要问题归结起来就构成了战略挑战。例如,奢侈品品牌可能发现它正在丢失市场份额,但同时销售额和利润却不一定下降。造成市场份额下降的原因可能是竞争对手采用了新的分销渠道,例如电子零售,因此吸引了拓展了奢侈品消费者的市场。在这种情况下,品牌的战略挑战将是电子商务的应用。

图 12-3 展示了战略挑战的一些特征。

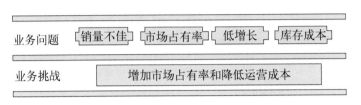

图 12-3 奢侈品业务战略模型中的战略挑战

3. 第三层:形成并分析战略选择

商业建模过程的第三层包含了用工具来描述已经发现的商业问题和主要的商业挑战。在这一层次,需要明确解决主要商业挑战的一系列可行的战略选项,同时也要陈述次要问题。可以用列举优势和弊端的方式来评估这些选择。这些战略选择也应该能够处理市场竞争的要素,并能够提供奢侈品公司胜过竞争对手的足够杠杆。这些战略也应该联合起来,为第一层次已经确定了的消费者特征和期望提供最佳的结果。这些战略商业选择的分析常常能够引导最佳的战略选择。最终的战略选择必须具有选择它的明确理由。

图 12-4 奢侈品业务战略模型中的战略选择

4. 第四层:执行计划

商业战略建模过程的第四层(见图 12-5)包含了战略选择的计划执行方式。计划包含的要素有:风险评估、战略计划的成本、时间框架、潜在的成功和失败几率以及紧急方案。

执行计划还应包含对执行建议战略所需的内部资源和所面临竞争的评估。执行计划的标准不是固定的，而是可以因奢侈品公司的特定要求所改变。当然，这些选择的标准必须公正，以保证有效性。

执行标准		风险	成本	时间	总体评分
	战略1	××	××	×	×××××
	战略2	×××	×××	××	××××××××

图 12-5　奢侈品业务战略模型中的战略执行计划

5．第五层：业绩测量指标

商业战略建模过程的最后步骤是确定合适的业绩测量指标，这将被用来检查商业战略的执行过程。这些指标通常在业务战略模型采纳后的数周或数月内应用，其主要目标是追踪商业模型，并识别进步的空间。

图 12-6 列示了三个奢侈品行业可用的业绩测量模型：（1）平衡计分卡，（2）7S 模型，（3）品牌资产评估。

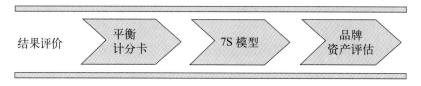

图 12-6　奢侈品业务战略模型中的战略评估

（1）平衡计分卡

平衡计分卡由 Kaplan 和 Norton 发明，是明确和沟通企业愿景、战略与执行的最有效的工具之一。它在四个方面起作用：① 财务方面，它强调以财务数据作为指标来衡量业务战略模型的有效性。它也提供了在战略执行过程中一种风险评估和成本-收益的方式。② 客户方面，它强调采用客户聚焦和常客特征分析的重要性。③ 商业过程方面，它强调有效地运行内部业务流程，发展合适的竞争方式。④ 学习和成长方面，它强调雇员培训和发展、员工授权以及构建良好的企业文化的重要性。

（2）7S 模型

7S 模型是由价值基础管理发展而成的模型。它描述了一个组织如何有效地管理变革过程。它认为七个内部关联的要素通常能促成有效的战略变革过程。这些因素是：组织架构、系统、风格、人员、战略、技能以及共同的价值观。

（3）品牌资产评估

品牌资产评估是由广告公司 Young & Rubicam 提出的，是一个业绩策略指标，通过四个不同的要素——差异化、相关性、尊重和知识——来测量品牌价值。由于品牌价值是奢侈品行业的关键因素，因此通过这个模型来时常检查品牌的生命力和发展程度非常必要。

12.1.3 业务战略模型框架总结

业务战略模型提供了一幅清晰的奢侈品品牌竞争的方向（见图 12-7）。它包含了分析内外部环境因素、战略挑战、可选方案和执行策略。这些要素在商业模型中不是互相独立的，而是紧密相连的，并且对整个组织具有影响。举例而言，战略建议需要融入公司的现有战略、竞争者和环境因素。另一个战略建模过程中的关键要素是战略建议和核心竞争力的关系。因此商业战略应该和核心竞争力相融合，以确保可操作性，这样才能保证了战略建议的实施不以牺牲公司的真正价值和优势为代价。

12.2 奢侈品品牌高层领导者

所谓奢侈品品牌的高层领导者，是指品牌管理的主体，是企业内、外部环境的分析者、企业品牌战略的制定者、战略实施的领导者和组织者、战略实施过程的控制者和结果的评价者。

1. 品牌领导者的构成

根据企业的规模和行业不同，奢侈品品牌领导者可以由很多不同的团体组成。一般来说，品牌领导者包括企业的董事会、高层经理人员、中层管理者、战略管理部门、企业智囊团，其中最重要的是董事会和高层经理人员。

（1）董事会

在战略管理中，董事会是一个幕后组织，不直接参与企业的业务运作，而是对企业的

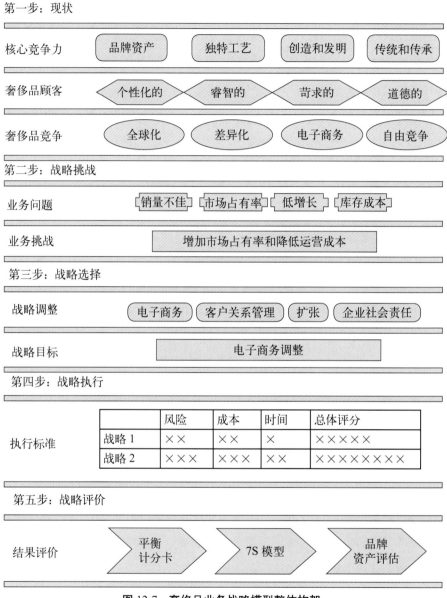

图 12-7 奢侈品业务战略模型整体构架

资料来源：Uche Okonkwo, *Luxury Fashion Branding: Trends, Tactics, Techniques*。

运作提出意见和总体方针。如果说总经理的职务相当于军队中的指挥官，董事会就是高级督军，并且有能力直接影响指挥官的行为。

董事会可以由内部董事和外部独立董事两部分构成。内部董事可以是企业内部的管理人员、职工以及为企业提供服务的投资银行、法律事务所、管理咨询公司的代表构成。独立董事和公司没有直接的利益关系，他们不能是公司的员工，也不能是为公司提供服务的律师、咨询顾问等人员。他们的职责是保护股东的利益。董事会主要提供战略选型范围，对战略进行审批和评估。

（2）高层经理人员

一个公司的长期竞争力取决于经理们是否愿意持续挑战他们的管理模式。企业高层经理负责企业战略规划的方案制定，并领导企业的战略实施，他们是企业战略管理中的核心力量，是企业战略领导者的主要构成部分。

首席执行官（CEO）在企业战略管理中的领导作用，以及其个人性格、能力、魅力对企业发展方向、企业战略、企业文化的影响是所有经理人之最。国内很多企业习惯将首席执行官称为总经理，国外则有不同的叫法，譬如日本称为总长或社长，英美直接称为CEO，这个职务就是指挥官的角色。CEO代表了整个企业的形象，这种形象往往是难以被取代的。一般而言，在奢侈品品牌的创立初期，创始人就承担着CEO的职责，而且创始人往往会对奢侈品品牌的战略发展方向留下深刻的印记。后任CEO如果要改变创始人设定的品牌战略方向，需要经过慎重的考察。

当然，在股份制和集团型奢侈品企业占主导的今日。高层经理人员和股份拥有者不一定有直接的关联，股权由家族成员掌控，管理层由有能力的管理者和专业人员组成，这种做法正在被越来越多的企业接纳。这在国内外的奢侈品品牌企业已经屡见不鲜。

2. 领导者的素质

企业领导者的素质和才能是一个企业的宝贵资源和财富，而作为企业的战略领导者，不仅要有一般的管理才能，而且还要有较强的战略管理能力。关于战略领导者能力的分析有很多，大体可以归纳为以下几点。

（1）道德和社会责任感

企业的文化需要社会责任意识，而领导者作为企业的最高领导人，有义务在自身体现出这种道德责任。反过来说，如果领导者都没有企业所希望体现的责任感，那他们就没有权利要求员工去履行企业的责任，更不用说要在客户心中建立崇高的品牌形象了。雅诗兰黛1992年起就发起"粉红丝带乳腺癌防治运动"，坚持至今已经十几年了。2005年宾利分别在北京、深圳、上海举行了三个以慈善为主的公益活动。这些品牌希望说明企业并不只是赚钱的工具，同时也是社会责任的代表。

一个企业战略管理者的道德与社会责任感是指他们对社会道德和社会责任的重视程度。因为企业的任何一个决策都会不可避免地牵涉到他人或社会集团的利益，因此企业领导者的道德和社会责任感对于战略决策的后果会产生十分重要的影响。

企业战略会影响下列集团的利益：政府、消费者、投资者、供应商、内部员工和社区居民等。而企业战略常常不能同时满足各个团体的利益，企业领导者对各个集团的重视程度不同，就决定了不同的领导人对不同的战略会持有不同的看法。此时总的原则是，企业领导人应综合平衡各方面的利益。

（2）高瞻远瞩，开拓创新

奢侈品公司领导人不仅要着眼于企业的"今天"，更应将眼光紧紧盯着"明天"，按企业未来发展的要求做出战略抉择。作为领导者尤其要具有远见卓识，对未来的奢华时尚产业趋势要有自己的独特预判。一旦理解新的变化，即愿意主动积极地接受并根据这些变化来调整自己思路和企业战略。领导者应该有勇气，不但敢于，而且善于以创新的进取精神取势前行，通过产品创新的敏捷行动，采取"领先一步"的做法不断获取竞争优势。

12.3 奢侈品行业人员招聘与培养

奢侈品行业的运作规律与其他行业有显著区别，这是一个有着不同游戏规则的特殊行业，设计、产品、市场营销等因素排在首位，而生产、工厂等因素则不那么重要，甚至往往采取分包或者外包的方式。尽管每一个行业都努力强调自身的与众不同，但也许没有一个行业像奢侈品行业这样特别：

（1）品牌背后大量的创意研发天才的努力；

（2）品牌背后大量的市场策划人员的努力；

（3）品牌背后大量的高端销售队伍的努力。

而这些人员都属于稀有人才，需要奢侈品公司极力争取、全力维护、精心筛选才能获得。对于奢侈品企业的员工，宣传奢侈品品牌文化的独特性，并使每一个员工能够充分地了解和认识它们是不可缺少的部分。能让奢侈品眼前一亮的人，必定要具有创造性和革新能力，必定要有创业者的激情。奢侈品企业鼓励改革和创新的强烈欲望，以期能够寻找和发展公司内外有"天赋"的人才。

奢侈品行业人员一般都要求具备有以下几个主要特质：

1. **娴熟的外语能力——最基本条件**

这是因为奢侈品品牌公司集聚了大量的各个国家的专业人才，交流一般都采用国际通用的英语，所以要求行业人员至少能够进行熟练的英语方面的沟通。同时，由于很多品牌公司发源于法国、意大利、德国等，一些专业词汇也来自于这些国家，因此掌握相关的第二种语言也变得非常重要。只有具备了相应的外语能力，才能更快明白各自的想法，创造出更好的作品。

2. **良好的沟通技巧**

光有娴熟的外语还不够，还需要良好的沟通技巧。因为只有将这些沟通技巧运用于平时的工作，才能发挥最大的沟通作用，形成良好的合作关系。

3. **紧密无间的合作**

虽然创意部分来自于个人的理念，但如果有很多人共同碰撞心里的想法，就一定能够锦上添花，对产品进行更好的创意发挥。同时，销售人员和市场人员，甚至创意研发人员共同合作，互相讨论，能够让创意研发人员更加了解市场，了解消费者的行为习惯，从源头上就以客户为导向。

对于奢侈品企业来说，刚刚走出校门的大学生，不管他们是本科生还是MBA，进入公司都会从销售或市场的底层做起，经过3—4年的工作后，才有可能被提升为品牌经理(管理者)。因为要成为一个成功的奢侈品品牌管理者，决不仅仅是保证营业额就可以那么简单。他们不但自己要有扎实的基本功，而且还要在负责日常零售管理、店面陈设和形象维护、人员招聘和激励培训等各方面投入大量的精力。例如，LV公司对于视觉和橱窗的陈列非常重视，全球所有店的店外橱窗每月都要更换主题。主题的总体创意由法国完成，但是具体的陈列和店内陈设会留给每个店较大的创意空间，而各个店面的店长就需要亲自负责和参与这方面的工作。

奢侈品行业人员的招聘和培训非常有特色，每家品牌公司都会有自己的一套符合自身特点的招聘标准和培训手段。本书在此以LVMH和比利时TESIRO通灵珠宝的培训为例作说明。

LVMH集团的培训主要集中在集团拥有的四个培训中心。LVMH集团的每个员工每年要在四个培训中心分别接受至少两天的培训，内容涉及金融、市场等集团业务的各个方面。这就使 LVMH 集团的培训凸显了一个特点：不同部门的人要接受相同内容的培训，要学习其他部门要掌握的知识。"你不能保证这个部门的员工不会调到别的部门，不会成为别的部门的管理者，因此，我们要把我们选择的员工培养成'全能'。"

而关于品牌的培训，也是贯穿于员工进入 LVMH 集团后的自始至终。员工一进入集团，就要被安排去认识所有的品牌，了解品牌的历史、其中蕴涵的文化以及这些品牌在集团中的价值，以使员工与品牌和集团有机地融合在一起，可以与品牌充分地交流。而在初期培训后的无限长的时期中，员工们会被指导着应该去看什么样的艺术作品、什么样的报纸，甚至什么样的书籍。此外，公司还会把员工送往法国、西班牙或意大利，让他们亲身去感受历史悠久的艺术，去接受"高雅文化"的熏陶。

由于奢侈品集团面对的总是高端客户，LVMH 集团还特别重视从最细微的地方体现对服务和产品最高质量的追求，对其产品和服务的追求近乎苛刻，所作的培训也甚至细致到如何给客户倒水。

在路易威登（LV）公司的销售部门，就有一种名为"GREATER"的特殊培训。所谓 GREATER 培训就是 LV 倡导的一套极为详尽的日常的顾客服务规范和标准，它几乎涵盖了销售服务的你能想到的各个方面。这套规范目的就是倡导销售人员从发掘顾客需求入手来提供贴心服务。公司会不断从培训、经理教导、神秘访客评估等各个方面来推动其实施和服务质量的提高。还会为员工设置督导，监督员工每天的言行是否达到了培训的效果，是否越来越贴近公司的文化和服务要求。一般每 5—7 个员工就会配置一个督导。

在比利时 TESIRO 通灵珠宝公司中，企业培训已经形成了成熟的体系，并取得非常好的效果，实现员工与企业的共同成长。

目前风靡中国企业的培训，基本上由专家在本土环境下展开。其培训的很多知识脱离了相匹配的情景，只灌输理论，会使培训工作失去方向，只有具有实际情景，才能把理论和实际紧密地结合起来。否则效果往往事倍功半，难以达到预期目的。企业员工觉得培训很精彩，但所学的这些知识或技巧很难运用到实践中，甚至根本无法运用。有管理学家称之为培训的短板。

这种短板直接造成企业的巨大损失，更重要的是，培训理论和具体实践的长期脱节，消磨学员的学习积极性，建设学习型组织更无从谈起，企业的竞争力也会因此渐渐消弱。

而 TESIRO 通灵的培训体系中有一条重要的规定打破了这种短板：定期安排营业员去

比利时、法国巴黎的凡尔赛宫、香榭丽舍大道等地参观学习，感受欧洲作为世界奢侈品中心深厚的文化底蕴。2006年10月，中国公司的30多名营业员赴欧洲总部进行系统的钻石业务培训后归国。在欧洲培训期间，比利时安特卫普公司总部和国际最权威钻石机构比利时钻石高阶层议会的专家，为他们系统培训包括优质切工钻石切磨、交易，比利时悠久的钻石文化以及母公司EDT的珠宝营销、管理经验。这些员工在弥漫浓郁奢侈品文化的情景下，学习的效率明显提高。

毋庸置疑，员工对培训有强烈的渴求，希望通过企业的培训提高自己的工作技能、拓宽职业发展方向、提高获得更多报酬的机会、在职场上进一步提升，从而获得有利的竞争位置，收入潜力最大化永远是他们的追求。通常他们对缺乏的东西，学习需求也最强烈。企业从公司的整体战略出发，也希望能给予员工必要的培训，提升企业的工作效率，确保企业文化传播的准确性和有效性。

为此企业往往不惜花费巨资，聘请知名培训机构前来培训，员工也学习情绪高涨，但员工个人基础、学习能力、工作性质千差万别，对培训的需求也各有不同。在此背景下，很多企业依然采用粗放式培训，他们不明白员工需求差异对企业培训效果的重要影响，即使有这种理念，但因为涉及企业经费的投入和培训人才的缺乏，也只好把上百人集中起来，通过大锅饭式的授课，统一"大班教学"，在中国企业培训中，上百人集中起来的培训经常可见。但可以想象的是，这种培训所起的效果甚微。

而TESIRO通灵的培训从每位员工进入公司后就会开始，根据员工才干和意愿明确在公司的发展方向，并结合每个人的培训需求，形成系统的个人培训方案，人力资源部会做定期跟进。不同的员工，会获得企业提供的不同的职业化和专业知识培训，例如沟通管理、时间管理培训等。

除了上课，公司培训也采用多元化渠道，企业会定期推荐优秀管理书目，组织不同的员工集中学习，形成头脑风暴式的讨论。新进入的员工还都会有一位公司指定的辅导员对其辅导，辅导员一般是企业的资深员工，有的是中高层领导。在一定时间内，新员工除了和自己的上司沟通外，还可以随时和自己的辅导员联系。在新员工遇到困惑时，辅导员会为他们提供解决之道。

无法量化就无法管理，培训工作也不例外，科学地对培训工作进行评估是确保培训质量的关键。否则，培训效果无法得知，纠偏行动无法展开，培训的成本更无法合理地控制。

培训需要形成一个闭合的管理系统,任何一个工作环节都应该进行评估。

不过,国内企业虽然很重视培训,但却普遍缺乏培训评估体系,导致企业的培训效率偏低。而在 TESIRO 通灵,从培训老师、培训效果、培训组织等都有一套科学设计的评估体系,确保培训质量。TESIRO 通灵拥有培训计划评估、教材评估、教师与教学效果评估、受训者评估等多个子评价体系,每次做完培训,培训师都要接受学员的当场打分,而学员在培训后,也需要通过公司组织的考试。

例如对销售人员的培训体系,为了提高销售人员的专业素质,TESIRO 通灵要求终端的每一位客户顾问都是珠宝领域的专家。客户顾问必须掌握扎实的珠宝知识、销售技能、沟通技巧,具备接待消费者的各种专业能力。

为了保证这种专业能力,客户顾问从岗前到岗中都有不断的培训支持——在转正前要经过 60 天的培训期并经过 6 次严格的专业知识及销售技巧考核后,才可以正式地成为帮助消费者选择饰品的一名顾问;在岗中,由 TESIRO 通灵编制的各种教材——《运营标准手册》、《店长发展手册》、《企业文化课程》、《训练系统》、《客户顾问训练指导手册》等构建岗中培训体系,帮助客户顾问持续优化。同时,TESIRO 通灵还聘请国内外专业培训师对终端销售人员进行培训,定期组织部分人员到比利时总部考察学习。把培养下属、帮助下属成长作为管理人员的考核指标。

案例 12-1 LV 的招聘标准和培训手段

招聘:工作激情、灵活性

"对产品的热爱和激情是 LV 考察员工的第一标准。"LV 中国商业销售有限公司人力资源发展主管陈强先生一开始就用了这样两个词来形容,"只有当你能够用欣赏的眼光去看待公司的产品的时候,你才会想要去学习,想要了解不同类型的产品,工作才会有成果、有效率。"

在 LV,为了配合这个基本价值体系的建构,HR 们都会鼓励应聘者提问。作为新思想产生的一个源泉,对话被认为是极其重要的。"我们鼓励公司内部各个层级之间交流意见,当然也包括招聘时。"Vanessa Ribes 女士说。

在LV，是否具备灵活性被视为招聘时的一项考察准则，陈强先生认为："一个能灵活适应变动着的工作环境的人，才有更多的机会去充实自己的技能，获得丰富的经验，而这样的人才是LV所想要找的。"

LV目前在中国有十余家店。在这样一个全球性企业里，灵活性对一个管理者的要求将是——不但能适应各地的工作环境，还要有眼光和魄力适时地制定各城市不同的发展规划。如果只是想一辈子呆在一个地方的人，LV也许并不适合你。

进入LV的人，都可能会面临不断变化的工作，也许你会被分配到一个并不熟悉的领域或者是一个你从来没去过的城市，但在公司HR眼里，只有变动的工作才是考察一个人才的最好方法。变动的工作给员工创造挑战自己的机会，在获得全新的理念和思想的同时，自身潜力才能被挖掘出来，LV想做的就是这样一个伯乐。

当记者向LVMH集团Celine品牌的亚太区人力资源经理梁慧心女士提出，公司在管理人员的招聘上是否在意学位时，她说："才能和个性才是选人时最为重要的因素，因为这些真正体现出一个人的不同。不管你过去的经历是比较特殊的还是较为传统的，也不管你是出身于管理专业、工程专业或是设计专业，在申请LV的时候，确认你自己是否有足够挖掘的才能，这才是最关键的。"

培训：定位、融合

LV针对不同层级的员工有完整的培训体系，但在记者看来，企业真正的魅力培训还是LV对人潜移默化的影响。

对于一个新员工来说，是否能融入新的工作环境可能是你在跨入公司大门时最为担心的。不用着急，在LV，主管的一个重要任务就是帮助新员工进入状态，在你开始新工作的第一天，他将会是第一个欢迎你加入公司的人。

接着，在全球交流部，你会接受一套关于公司历史和文化的培训。部门主管会在你对公司全局大概了解之后，告诉你该部门综合了不同细则的工作经验，它可以帮助你熟悉产品并且知道那些项目是怎么做出来的。

大家帮你来定位基于LV在传统工艺上的深厚积淀，公司内部传承着一套老员工帮助新员工的文化氛围。对于新进的员工，经理会把他的经验、知识教给你，为你创造学习的环境，鼓励你去实现自己的目标。公司每年都会组织面谈，去发现员工的培训需求。

> 这一点，在招聘时对员工灵活性的要求也能体现出来。陈强先生说："LV 让员工在不同城市、不同岗位进行锻炼，可以帮助他们发掘自己真正适合的东西。"对于一个新人来说，努力工作也许不成问题，但是能让你真正有机会、有平台去努力可能才是最珍贵的，LV 要给新人的就是这个。
>
> 资料来源："LV：奢侈品品牌的奢侈用人观"，《世界经理人》，2007 年 6 月 18 日。

12.4 奢侈品行业市场人员管理

在大众产品公司，往往是由市场调研人员观察消费者需要什么，然后由市场部敦促设计部门设计出合适的产品。但是在奢侈品公司，往往是由设计部门决定生产什么，然后市场部门来进行推广销售，创意部门往往显得比较强势。因而，在奢侈品公司，市场部门与创意部门如何平衡与配合是经理人的重要任务。创作是奢侈品最重要的因素，这也是奢侈品公司管理有别于大众产品的因素。

如何管理创意人员是奢侈品公司永恒的话题，创意人员往往比较有个性，往往从艺术美学而不是市场需要来设计，在奢侈品行业，经理人除了普通经理人应该具有的基本素质之外，良好的艺术美学感觉将非常重要，而对一个奢侈品行业的创意人员来说，除了美学等素质之外，最重要的要求在于明白自己必须要设计出"卖得出去"的产品。

如果你给创意人员下命令，他们就不再具有创造性；如果你告诉他们必须做什么，他们就会变得没有创造性；如果你批评他们，他们也会停止创作。经理人应该让他们自己去发挥，不随意评价创意人员的工作，必须让他们明白这是他们的工作，同时将他们往公司的目标上加以引导。对创意人员要始终保持友好，但是必须保持规则与底线，有时候你不得不说不。

而对于市场人员而言，奢侈品品牌一直通过细节营造品牌识别的要素，这些细节成就了品牌独特的价值，赢得了消费者的尊重。

上海歌剧院，72 岁高龄的乔治·阿玛尼（Giorgio Armani）坐镇时装秀现场，在媒体闪光灯亮起之前，他起身亲自指导灯光师调整灯光角度，并亲自为每位出场的模特补妆，在达到他的要求之后，活动才开始。

晚上 10 点钟，TESIRO 通灵商品部的办公室依然灯火通明，工作人员要对即将上市的产品"百变风情"的包装盒做最后的检测，检测的内容包括首饰盒上的 logo、蝴蝶结等小附件的位置、盒身散发出的特有香味等细节，工作人员根据事先定好的标准，一一核对，一旦发现有细微误差，这些在常人看来已经精美至极的首饰盒就不得上柜。

如此偏执、苛刻，只因为奢侈品的"极品性"，而极品的品质又需要在一个个细节里被感知。因此，很多奢侈品品牌在制作和营销的过程中，对细节的苛求几乎到了疯狂的程度，放大对细节的推崇是奢侈品营销的着力点之一。

市场人员管理上也需要注意细节：

1. 策略上挖掘细节

消费者偏爱某个奢侈品品牌实质上是钟情于品牌本身特有的文化和价值。纵观现在的各大奢侈品品牌都非常注重并善于挖掘品牌发展中的细节，并进行放大，赋予品牌特有的文化内涵和价值。正如 TESIRO 通灵的品牌营销人员所言，"没有哪个品牌比奢侈品品牌更善于发掘细节，细节是奢侈品品牌发展过程中贯穿始终的主线"。

来自比利时的珠宝品牌 TESIRO 通灵，致力于全球优质切工钻石的推广，其品牌定位来自"比利时的优质切工钻石"。据其市场部的人员介绍，进驻中国之前，他们针对中国钻石市场上信息不对称、缺乏消费文化等问题，对自身的品牌进行定位。品牌传播紧紧围绕钻石切工这个环节，不断向消费者传达钻石切工的细节知识以及 TESIRO 通灵家乡——比利时悠久的钻石文化。现在，TESIRO 通灵不仅成为优质切工钻石的代名词，同时也是消费者的心目中欧洲钻石文化的传播者。

打火机中的奢侈品品牌 Zippo，是以"它管用"为宗旨而命名的，多年来，Zippo 打火机通过一个个情节曲折、感人的故事，向消费者传达品牌的内涵和价值。Zippo 的营销策划人员在讲述品牌的故事时，都特别注重渲染细节，赋予品牌特殊的情感。其中，越战中打火机救人的故事堪称故事营销中的经典。（1970 年 11 月，在越南战场上，美国士兵安东尼左胸口受到枪击，子弹正中置于左胸口袋的 Zippo 打火机，机身一处被撞凹了，但却保住了安东尼的命。）

2. 执行上把握细节

奢侈品品牌不仅在营销策略上着力于细节，对一些执行细节都是直接掌控，并有着一整套严格的执行要求，难怪一位服务奢侈品品牌多年的广告公司从业人员感叹道："服一个奢侈品品牌多年,我们依然不清晰其品牌脉络,因为每个执行细节都要受控于对方。"亲临很多奢侈品品牌公关活动现场,你会感受到,这位广告从业人员绝对没有言过其实,奢侈品品牌对细节的关注层面也是360度的。

作为欧洲经典的钻石品牌——TESIRO 通灵更是细节的"偏执狂",其进驻中国市场的形象广告的拍摄耗时之长可以与好莱坞的大片相匹敌,就是因为对细节的苛求。从拍摄前期的构思到后期的剪辑,其中国区 CEO 沈东军(Richard Shen)都参与其中,据其市场部的人员介绍,在拍摄的过程中,沈东军常常会因为一个细节达不到要求而推倒重来,因此他们的广告片的成本也是"相当高"。沈东军对于自己的这种苛刻的解释是"精致是包括钻石在内的所有奢侈品的重要品质内涵,TESIRO 通灵倡导的价值理念也是'精致生活',而只有苛求细节才能做到精致"。

每次开展公关活动过程中,卡地亚(Cartier)公关部都会努力与媒体进行沟通,把安排媒体采访点、官方网站、媒体导图等看似细小的环节做得尽善尽美,尽可能让媒体感受到活动前营造氛围、活动时跟踪报道、活动后深度报道的重要性,并以此提升媒体对卡地亚这个品牌和档次的认知,然后通过这些被"教化"了的媒体再去影响消费者。

正是对策略、执行细节的精准把握,让从不热衷于密集广告投放的奢侈品品牌依然拥有良好的口碑和不俗的业绩。

3. 苛求细节旨在迎合消费动机

奢侈品品牌一直通过细节营造品牌识别的要素,这些细节成就了品牌独特的价值,赢得了消费者尊重。人们提到阿玛尼马上想到简洁;提到通灵马上想到精致;提到 LV 马上想到经典;提到劳斯莱斯马上会想到尊贵,这些品质在消费者的心目中已经根深蒂固,这就是很多奢侈品品牌在制作和营销过程中,不断强调细节、苛求细节、放大细节的结果。

更为关键的是,对细节的追求最好地契合消费者购买奢侈品的心理动机。

NE·TIGER 创始人张志峰在考察奢侈消费已经相当成熟的欧美市场之后,得出了奢侈品消费者的几个重要购买心理,其中"四大主义"决定了奢侈品品牌营销必须比任何品类品牌都要追求细节、精益求精。

完美主义:以精致生活为理想,不仅在整体基调上力求卓越超凡,而且在每个细节上无可挑剔。

无极主义:对美好生活的梦想与热爱生活的追求永无止境,每一次追求的结果都力求

"最好的",每一次追求的开始都是为了"更好的"。

个性主义:奢侈品最重要的精神价值就是个人的符号性主张。倡导独立意识和独创风格,彰显反对趋同的个性化和自我化,崇尚个性自由精神。

经典主义:以一种人生理念塑造一种风格,力求一种相对的永恒经典。

而这"四大主义"也成为众多奢侈品市场人员打造品牌背后的精神主线。

12.5 奢侈品行业销售队伍管理

 案例 12-2 香奈儿(CHANEL)的 e-HR 计划

奢侈品行业在2009年的经济风浪中,如何平稳过冬?全球奢侈品巨头香奈儿(CHANEL),在不景气的经济形势下,行逆市扩展,为了应对零售业相对复杂的人力资源管理挑战,决定在 e-HR 项目上重新选型,以优化人力资源管理,更从容地应对规模扩展及经济风浪的冲击。经历数月选型,最终情定亚洲领先的 HRM 解决方案供应商嘉扬。

享誉全球的奢侈品品牌法国香奈儿,自1909年在法国巴黎创立以来,凭借其独特的艺术眼光,逐渐将其发展成为迄今不衰的香奈儿王国。香奈儿产品涉及男装、女装、眼镜、香水、高级珠宝等各个时尚领域。如今香奈儿不仅成为全球最知名的时尚奢侈品品牌,更是一种自信、独立、现代的新女性标志,其跨国公司延伸至世界各地。

香奈儿产品涉猎领域比较广泛,随着香奈儿全球发展战略的不断扩张,公司规模不断发展壮大。香奈儿(中国)旗下,拥有中国最顶尖的商业机构内的70多间精品专柜以及3家旗舰专卖店。2009年的经济风浪下,终端零售业面临的挑战加大,提升管理优化团队,是企业提升核心竞争力的重要举措。香奈儿面临的问题,不仅仅是宏观上的商业环境,还有零售业相对复杂的人力资源管理挑战。

做出 e-HR 重新选型决定前,香奈儿的人事管理面临诸多困惑:

(1)员工规模持续扩大,管理复杂程度日益加大;

(2)跨区域性强,专卖店分布在全国各地,业务流程处理,统一管理的难度较高;

(3)卖场排班制度较灵活,员工流动性相对较大,管理的合规性、及时性有极高的要求;

(4）较复杂的考勤及特殊的销售管理政策，加大了薪资和佣金计算难度；

(5）原来购买的标准化 e-HR 系统，已经越来越难以支持香奈儿极具个性化的管理需要。

需要特别指出的是，香奈儿曾引进过 e-HR 系统，由于没有充分考虑个性化管理与软件系统匹配问题，引进了标准化系统，随着时间的流逝，发现标准化系统越来越不适合，人力资源管理的效率和水平大大降低，中国区在全球发展战略的进程也因此受到巨大影响。痛定思痛，香奈儿充分认识到，可以量体裁衣的个性化解决方案，才能真正解决管理上的难题。

此次 e-HR 重新选型，经过数月的评估，在近十家著名的人力资源管理软件供应商中，嘉扬以其优异灵活的平台化系统、充分满足企业个性化管理的需要、相关行业丰富的实施经验等方面的优势，赢得了香奈儿（中国）的青睐，并最终成为香奈儿（中国）的合作伙伴，全面部署满足其个性化要求的人力资源管理平台。通过 Kayang e-HR 系统平台帮助香奈儿实现全面且极具个性化的人力资源管理战略，完善精细化的信息管理、数据计算、管理流程等人力资源管理功能，使其人力资源管理进一步优化，为其可持续发展添砖加瓦。

在此之前，嘉扬成功实施过全球最大的化妆品零售权威之一——SEPHORA（丝芙兰）。同属于连锁零售行业的丝芙兰，在相对复杂的人事管理方面，尤其是由于季节、产品种类、产品价格的变更，考勤排班的灵活安排，以及较大的人员流动率导致佣金提成奖金计算过程非常复杂，所以对 e-HR 选型要求较高，嘉扬就此类问题曾为 SEPHORA 提供过全面并具有针对性的人力资源管理解决方案，帮助其实现员工信息统一管理，薪资、复杂的佣金等计算自动化，业务信息共享与有效沟通，信息系统的全面整合等功能，为丝芙兰在中国区的发展战略打下坚实的基础。香奈儿也正是看中了嘉扬在相关行业的成功经验，对与嘉扬的合作充满信心。

资料来源："e-HR 重新选型 奢侈品巨头香奈儿（CHANEL）情定嘉扬"，《嘉扬电子报》，2009 年 4 月。

客户是商家的上帝，对于奢侈品来说，客户更是高层次的消费者。奢侈品的客户更为特殊的是他们一般都是事业的佼佼者和阅历丰富的成功人士，在实践中，与高级客户的交往对于奢侈品员工来说，是一种体验。能赢得客户的并不总是最能说或者外形好的员工，而是比较沉稳类型的员工更受到高级客户的青睐，因此沟通和取信是最关键的环节。往往"花大钱的人最低调"，和他们有效地沟通是有难度的，一方面是他们低调，有的人甚至故意做一些"化装"以免引起注意，所以不太好正常接触；另一方面他们阅历丰富、素质高，也要求业务人员能够和他们旗鼓相当，否则没有"共通的语言"根本说不到一块儿，也做不成生意。所以，只有在有效沟通后，才能赢得他们的信任。为此，要求员工首先要善于沟通，并且知识丰富，素质也要比较高。

上海热线（www.online.sh.cn）曾经做过一项调查，部分内容如表12-1所示，能够很好地说明奢侈品销售人员，尤其是终端销售人员的重要管理信息。

表12-1 上海热线某项调查部分内容

5.您认为奢侈品销售人员的哪些素质重要？	
品德	73.58%(741)
口才	1.19%(12)
销售技巧	6.75%(68)
专业知识	18.27%(184)
6.您更希望看到奢侈品商场使用男销售员还是女销售员？	
男销售员	15.09%(152)
女销售员	13.70%(138)
无所谓 不重要	70.90%(714)
7.媒体报道中，称奢侈品店销售员有势利眼，最终原因是？	
素质不高	45.18%(455)
社会现象	25.71%(259)
不买商品无提成	14.69%(148)
缺乏相关系统培训	14.20%(143)
8.面临国际金融风暴，您如何看待奢侈品商场阶段状况？	
勉强支撑 门可罗雀	22.34%(225)
继续秉承奢侈品高档经营理念	21.15%(213)
适当提高服务质量 挽留老客户	39.62%(399)
倒闭关门	16.68%(168)

资料来源：上海热线（www.online.sh.cn）。

调查结果显示：73%的网民认为品德是销售人员应该具备的至关重要的核心素质；其次是专业知识，占18%；销售技巧和口才分别为6.75%和1.19%。由此看来，德乃各行生存之本。服务性行业经过几十年的发展，至今虽已有改观，加之行业、企业背景的变更，人们越来越注重服务度的提高。尤其是奢侈品行业，在进入中国十几年中，始终呼声四起。奢侈品业卖的是高档商品、低端服务？奢侈品自被国人接受、引进后，所带动的行业利润空间可见一斑。因此，与其说在内地奢侈品业经营的是商品，不如说销售的是服务。

针对奢侈品商场销售员性别一说，有七成网民一致认为性别无关紧要。男性女性均可各占半边天。

针对奢侈品店员存在势利眼一说，有媒体总结最终原因乃整体素质不高导致。本次调查中同样呼声最高，占45%。社会现象则占到25%，缺乏相关培训和无商品提成概念分别占14%。

那么，一个奢侈品销售人才应该具备怎样的基本条件呢？

首先，良好的外语能力是沟通最基本的条件。因为目前大部分奢侈品集团都是欧美日企业，良好的外语能力能够让销售队伍很好地理解奢侈品大集团高层的最新指示和销售意图，能够和高层自由地沟通，分享集团内部的各种信息。如果要成为优秀的销售人员，还必须面对外籍客户的专业问题，能够做到自信沟通、应付自如。

其次，销售人员必须好学勤奋。由于奢侈品的内涵总是在不断深化的，新产品以及新的寓意也是在不断推陈出新中。所以，一个好的销售人员必须不断进行学习，全面了解公司最新产品的特质以及内在信息，才能将这些信息通过销售的语言传达给消费者，展现出与公司广告、路演相一致的风格和内容。

此外，具备极高的服务意识也是必须的人才要求。服务的重要体现在两个方面：第一，如此豪华的品牌消费群体肯定只是极少的一部分人，一个客户往往就能影响到一个潜在的客户群体，因为他们也基本是一个"圈子"，所以服务到位与否直接关系其未来的从业前景；第二，提供全面的服务也是奢侈品品牌的特色所在，而最体现服务质量的是售后的跟踪服务，所以必须具备极强的服务意识，为客户做到周到的后续服务，这不仅是品牌质量的保障，还能真正留住客户的心。另外，服务还要通过一些特殊的形式继续向客户延伸，比如奢侈品品牌要经常举行一些高级客户的聚会或沙龙，这是与一般产品销售所完全不同的。

当然，作为奢侈品的销售人员，还必须具备大方的仪态。能够让顾客感受到亲切。销售人员整天与奢侈品打交道，卖的是顶级奢侈品，工作环境也相当"奢侈"，每天接待的多是上层社会名流，根据不同层次、不同需求的客户介绍最适合他们的奢侈品，这就需要销售人员具备很好的综合素质能力。

而对于销售人员的管理也是奢侈品管理者的一项重要工作，包括团队管理、业绩管理、薪酬管理等，其中薪酬管理是比较重要的一块，它与业绩管理和团队管理都是紧密联系的。通过薪酬管理，可以让销售人员既注意自身业绩压力，又能符合团队管理的普通原则，既能够注意眼前利益，又能够考虑公司长期发展利益。

薪酬管理一般有两种方式，各个奢侈品品牌公司又有自己更加详细的一套薪酬制度。

1. 提成制度

提成制的优点：能够激励销售人员为业绩而冲刺，增强人员本身的驱动力，而对公司管理水平的要求相应降低，节约了一定的管理成本。

但提成制缺点也很明显：

（1）容易患销售短视症：销售人员只顾销量不顾品牌形象，只管今天不管明天；容易造成市场串货现象，破坏市场价格体系；等等。

（2）难以吸引高素质、高学历人才。

（3）很难达到真正的公平。唯销量论英雄过于片面，一个区域的销量由市场规模、竞争态势、消费水平、市场基础、企业资源投入数额以及销售人员的努力等各种因素所影响，特别是对大型消费品公司而言，销售人员的努力对销量的直接贡献并不大，多数产品的销量是产品力、品牌力、价格力、促销力和渠道力综合作用的结果，这种将销量与收入百分百挂钩的"提成制"显然存在逻辑上的缺陷。

2. 年薪制度

年薪制度的优点是：年薪制提供相对固定的薪资，解决了销售人员的后顾之忧；认可人才的价值，能够吸引高素质的销售人才加盟；有利于市场及品牌的长期良性发展，有利于市场价格体系的稳定；等等。

年薪制的缺点有：对销售人员的压力不够，销售人员容易滋生惰性，对公司管理制度和执行控制水平的要求比较高，短期内较难挖掘销售潜力，等等。

公司可以根据自身的情况，分别采用两种制度，或者两种制度不同比例的结合。

12.6 奢侈品公司与营销合作伙伴

享用奢侈品的人固然很大程度上取自于一种血统，然而奢侈品的缔造者却由某种天生的品位及个性所决定。正如 Coco Chanel 这个突破世俗教条的女子，以牧羊女的后代这一异类身份定位引来大批非富则贵的追随者一样，Tom Ford、Marc Jacobs 的个人影响力也左右了 GUCCI、LV 品牌的一个时代。身处奢侈帝国的每个人都清醒地意识到："我何以为我？"正是这种独特的自我意识，让奢侈品品牌经历时间的洗刷而历久弥新。也正是这种自我意识，注定了作为奢侈品品牌传播的辅助者们——公关公司、广告公司、代理公司或合资公司等多少有些局外人身份的角色。

1. 公关公司

公共关系作为奢侈品营销中的一项有效手段，一直是奢侈品公司打造形象、进行品牌宣传的常用方式。敏感骄傲的奢侈品公司，对公关拥有近乎完美的掌控能力，似乎天生流淌着驾驭传播的蓝色血液，并深谙"水能载舟，亦能覆舟"的双刃性。过于主动或被动，都将令奢侈品品牌在加速度运行的时尚奢侈业中偏离轨道。他们所需要的，仅是集中公关公司的优势资源，整合运用，而后将散落的原料烹制成为光炫的奢侈盛宴。

做奢侈品公关需要做得非常细致。由于品牌的地位摆在这里，活动的餐饮也要体现这个品牌的配套地位，即使小到一个甜品，也可能需要跟酒店反复讨论协商；做一个产品的陈列，应该用什么样的彩纸、玻璃罩、架子等都一定要特别符合品牌的要求。一点一滴都要折射出这个品牌的文化、设计、创新和对品质的要求，他们绝对相信这些时间、金钱、精力的用心投入是完全值得的，只有通过严谨工作体现出的奢侈品品牌价值，才能使消费者更直观地感受到，通过具体的品牌实物体验来暗合心中有关奢侈品品牌的魅力故事。

目前，公关公司为奢侈品品牌所提供的公关服务，大多还只是其宣传的延伸。正是由于奢侈品对传播品质的要求极为严格，而公关的软性宣传对奢侈品而言无疑意味着某种难以掌控的风险，因此奢侈品公司传统和主流的市场传播依然较多地倚重于广告这种形式。而公关作为联络感情、制造声势的又一工具，对奢侈品公司提供的咨询服务，更多体现于对风尚的复制而非潮流的引领。在国内，服务于奢侈品的公关公司，其公关服务较为集中于活动现场的管理协助、媒体关系管理和名人邀请这三个方面。

2. 媒体

奢侈品行业正在经历着时代的涤荡。无论是"新奢侈"还是"旧奢侈"，"精英奢侈"

抑或"平民奢侈","绝对奢侈"还是"相对奢侈",奢侈品有太多的内容需要阐释。奢侈品媒体作为为全球顶级时尚和奢侈品品牌提供文化传播、消费指引、媒体咨询等服务的媒体,需要如同奢侈品品牌管理本身一般,用智慧、优雅的传播方式给这个时代最好的答案。

买入各种时尚元素,并通过组合向观众卖出梦想,可谓是奢侈品媒体的商业模式。打开一本奢侈品杂志,眼中尽现人间奢华,鳄鱼皮与貂皮混搭的服饰、铂金钻戒、加长汽车、欧式古典风格的餐厅、中式明堂的文人装修、各种让你感到尊贵与成就的极致服务……令人沉浸其中,回味悠久。

奢侈品媒体是奢侈品与高端消费者之间的沟通桥梁,由于奢侈品媒体的持久和深度影响力,众多奢侈品品牌毫不吝惜对它的广告投放。据调查,一本奢侈品媒介物的生命力,要长达普通媒体的数倍。许多家庭杂志中,保存最长的恰恰是奢侈品杂志。这些顶级品牌深知,一次的广告曝光,将带来持久机会和巨大收益。也正是由于高端广告的投放往往经年累月,奢侈品媒体因此拥有了营业利润高、客户终身价值高的特征。

其实,包括网络在内的高端奢侈品媒体有一种隐形的门槛。从建立核心、独到的时尚把握能力,到与奢侈品品牌建立长期合作关系,需要经历一定的市场培育时间。随着社会消费与符号化生存的潮流发展,奢侈品媒体将成为每个人的梦想载体。

可以这么说,大多数奢侈品媒体与其说是在介绍产品或服务,倒不如说是在编织人类的一个个极致梦想。它们所涉及的奢侈品,不仅仅是传统意义上的豪宅,那些精心雕琢的数码产品和浪漫美味的盛宴,也同样被列入它们的涉猎范围。通过编织这样那样的梦境,奢侈品媒体描绘给消费者一个属于他们自己的完美梦想天堂。

3. 代理公司及合资企业

不熟悉本土市场的奢侈品公司可能考虑与当地商家结成合作伙伴或者建立合资公司,从而获得帮助,使他们能够更好地适应这个复杂的市场。这种策略对于某些需要获得当地经验才能取得成功的精选品类或品牌产品是有必要的。保时捷与香港捷成洋行合作进入中国大陆市场就是一个极其成功的例子。捷成通过多种努力,帮助在中国内地先后成立近30家保时捷中心,在中国掀起了一阵又一阵的保时捷激情韵风。

合资公司可以降低进入新市场或者类似中国这样的复杂市场的难度。当地的合作伙伴有助于业者了解当地市场,解决诸如取得经营和零售许可、解决复杂的法律法规等方面的问题。但是,业者需要慎选有信誉的本土合作伙伴,包括当地的制造厂商、分销商、零售商店和人员等。在选择合作伙伴之前，奢侈品业者必须实地综合考察以了解这个市场。如果组织完善，合作伙伴的商业模式或者合资公司能够使合资双方共创双赢局面。这方面值得一提的一个例证是意大利法拉利玛莎拉蒂集团与香港和记行集团（香港励俊汽车销售有限公司的母公司）、中国保利集团共同投资成立法拉利玛莎拉蒂汽车国际贸易（上海）有限公司。

 讨论案例：丽兹卡尔顿（Ritz Carlton）——文化浸透灵魂

打造传奇——丽兹卡尔顿原则

精准定位，精确传递

通过信赖赋予权限

倾听外部的声音

不仅仅制造家的感觉

留下永恒的足迹

丽兹卡尔顿酒店是被称为"世界豪华酒店之父"的凯撒·丽兹卡尔顿于1898年创办的，距今已有一百多年历史，丽兹卡尔顿酒店及度假村遍布全球。出身于瑞士一个牧羊人之家的凯撒·丽兹卡尔顿，在创办丽兹卡尔顿酒店之初，就立志要把它办成一个宫殿式酒店，这一初衷始终没有变。即使在1979年埃及富豪艾尔·法伊德成为其新主人以后，其追求尊贵品质的传统依然没有动摇。

词典中对"丽兹卡尔顿"一词的注释是"极其时髦的、非常豪华的"。如今，"丽兹卡尔顿"已成为一个奢华浪漫的酒店代名词，象征全世界最好的住宿、餐饮服务。它的主人说："所有梦境都发生在丽兹卡尔顿。"

酒店位置

丽兹卡尔顿酒店在美洲地区、亚太地区、欧洲及中东开业或即将开业94家酒店（包括9家俱乐部）。其中2009年开业6家，预计2010年开业7家，2011年开业4家。其中中国区9家——北京华贸中心丽兹卡尔顿酒店、北京金融街丽兹卡尔顿酒店、香港九龙(2010

开业)、广州、澳门（2010年开业）、三亚、上海波特曼丽兹卡尔顿酒店、上海浦东丽兹卡尔顿酒店（2010年开业）、深圳（2009年开业）。

丽兹卡尔顿品牌特点

以其无与伦比的个人化服务享誉全球，此顶级酒店拥有丰富的历史与优质服务的传统，具有典雅的风范及独树一帜的格调。这些创立目标最能在酒店的特色中展现无遗。其中包括要求顶级服务的房客所提供的专属套房楼层与特殊客房。

市场细分（目标客户）

丽兹卡尔顿的客户是全球顶尖5%的商务人士，他们不在乎你是否给他们打折，是否提供免费服务，他们在意你的服务，丽兹卡尔顿不依靠优惠卡、会员卡来吸引客户，丽兹卡尔顿提供的是"隐形的会员卡"，因为客人所有的喜好，丽兹卡尔顿都有档案记录。

质量恒久远：以高效流程实现质量最优

面对斗争、失败和波折，丽兹卡尔顿酒店的领导层一直坚定不移地致力于提供贴心的服务、打造卓越的质量。即使在企业生命周期中的财务困难时期，丽兹卡尔顿酒店也以其持续的卓越品质在行业间广为传颂。例如，在20世纪80年代末期，因为经济紧张，很多酒店开始采用停止为客户提供漱口水、减少鲜花的布置等减少开支的措施，但是丽兹卡尔顿酒店坚持不降低成本，而是继续坚持提供优质服务。经济不好不意味着客户不需要漱口，丽兹卡尔顿酒店的管理者认为维持盈利不是通过减少成本来实现的，而是要靠产品来吸引更多的客户。

建立沟通型企业文化

对于丽兹卡尔顿酒店的领导者而言，其成功的根基就藏在定义明确的金牌标准中，并将这些标准融入其员工的日常工作中，变成难能可贵的纪律。丽兹卡尔顿的员工们在任何时候都随身携带"黄金标准"信条卡，丽兹卡尔顿要求每一名新员工都能自觉奉行公司的标准，这些标准包括"信条"、"服务三步骤"、"座右铭"、"二十个基本点"以及"员工承诺"。全部内容反复强调的宗旨是，永远把注重每个客人的个性化需要放在第一位，为每一位客人提供真正热情体贴的服务。所有员工每日都要时时提醒自己，他们是"淑女与绅士为淑女与绅士服务"，并且他们必须积极热诚地为客人服务，预见客人的需要。丽兹卡尔顿在世界各地的每日训言都是一成不变的："超越客人的期望，是公司最重要的使命。"

这些金牌标准将丽兹卡尔顿酒店定位为奢华典范的"酒店之王"，使其领航于同行竞争对手，并成为其持续提供卓越服务的信标引导灯。

金牌标准执行要点：

● 每一家酒店每天都要有惊喜发生，搜集这些"惊喜故事"同所有员工分享，形成致力于最优服务的环境。

● 年度性的奖项授予总结很有意义，但是日常性的、频繁的认可对于维持组织卓越的文化也至关重要。

● 公开肯定高效能员工的优秀业绩，以此方式作为奖励，可激励其他员工效仿榜样的模范行为。想尽一切办法，注意观察您的员工表现很好的时候。

● 无论您是为了确保某人的婚礼准时举行而租用当地的直升机；还是为一个浑身湿

透的人及时地递上一块温暖的毛巾和一杯热饮，您的个人关怀都会为酒店赢得终生的客户。

● 作为领导者，帮助您的员工，让他们意识到人际关系的力量，让他们认识个人和集体的力量对客户生活的影响，以及最终对公司财务业绩的影响。

● 为他人提供优秀的服务，对自己也是一种奖励。

● ……

对当地文化保持敬意

丽兹卡尔顿酒店的领导者既关注酒店满足商务和休闲旅游者的变化需求，也注重迎合酒店所在地的社区要求。丽兹卡尔顿酒店代表着一个奢侈品品牌，它不仅仅表现出了自身文化的可信度，也表现出了对当地文化的敬意。每一家丽兹卡尔顿酒店的文化和所在地酒店的文化精神都配合得完美和谐。它在保持着自身品牌卓越特质的同时，自由地融入当地的环境，适应当地市场。比如，位于爱尔兰威克洛郡的宝尔势格丽兹卡尔顿酒店，不是一座简单的建立在爱尔兰风景胜地的美国风格酒店，而是一座名副其实的丽兹卡尔顿酒店，但它又确实有着爱尔兰的本质和风格。

"甄选"员工，而非"雇佣"

丽兹卡尔顿通过多重面试等长期复杂的流程来严格甄选员工：评估候选人的长处，确认每一个岗位需要的品质，寻找为提供服务而倍感自豪的员工。唯有如此，才能让员工持续而细微地为客户创造惊喜。雇佣只是找到合适的人来填补空缺，而选择则是挑选最佳的员工提供模范服务。了解员工的实力和特长，可以帮助雇主确定职位申请者是否具备胜任某一特殊岗位的才能。一个总经理的招聘可能要经过14轮的面试，4场面试来自酒店的所有者，10场面试来自酒店的员工。

对员工进行文化熏陶

要想了解丽兹卡尔顿酒店的卓越，员工是最好的观察点。员工是传递一个公司文化的最好端口。

员工满意度是"黄金标准"中的闪光点。"淑女与绅士为淑女与绅士服务"——这句话可以看做员工满意度和顾客满意度的结合。丽兹卡尔顿视拥有并保持出色的员工群体为公司的首要任务，公司培训员工的方法是以此为基础的。丽兹卡尔顿酒店能在酒店业多年保持远远高出同业平均值66%的员工保持率，使丽兹卡尔顿节约了成本，提高了利润。这一培训方法被世界各地的众多公司——从《财富》全球500强公司到成功的家族企业，作为经典模式进行引用和效仿。

给员工授权是员工满意度的重要体现。员工每年要接受100多个小时的客户服务培训，大约一半的丽兹卡尔顿员工都属于某个具有授权的自我指导工作团队，这些团队发起了许多服务创新，从而提高了客人的满意度并提高了利润率。在包括J.D.鲍瓦尔（联合经营）公司进行的客人满意度调查的诸多调查中，丽兹卡尔顿酒店公司获得了最高评价和近乎满分的客人回头率。

在丽兹卡尔顿酒店，每一家酒店引进新员工都有统一的模式。员工岗前培训在酒店的会议厅举办，午餐也在酒店餐厅进行，于是，新员工在入岗前就受到客户般热情的招待，高层领导和总经理一起，亲自问候每一位新员工。新员工得到真诚关怀和舒适款待，其言明的和内心的愿望都一一得到满足。然后，在介绍具体的工作内容之前，丽兹卡尔顿的岗前培训针对信条、座右铭、服务准则等核心文化的元素进行为期两天的介绍。丽兹卡尔顿酒店的高层相当重视新员工的岗前培训，尽量地出席每一场培训。正是高层的这种重视，能够让新员工感受到自己也能够给客户带来难忘的回忆。对于外来的员工，这无疑是一场文化变革。

鼓励一线员工移情客户

丽兹卡尔顿酒店崇尚的"移情"，实际上是对待家人和挚爱之人的情感延伸，而这种亲密的人际间的关爱和创造欣喜的艺术构成了丽兹卡尔顿卓越的服务文化，也是丽兹卡尔顿成功的奥妙所在。确保满足客户"未言明的期望与需求"是丽兹卡尔顿酒店每一位员工的目标，每一位客户的每一个愿望都是独特新颖的，实现的方式不仅因人而异，而且因事而异，因时而异。为了给客户带来难忘的体验，提供服务的员工需要同客户进行一对一的交流，根据对方的独特偏好来定制他们所期望的完美服务，使客户终身难忘那些欢聚在丽兹卡尔顿酒店的喜庆日及特殊纪念日。所有的绅士淑女都被鼓励并且经过训练，以便及时记录客户的偏好，完成偏好填补工作，他们观察到的信息都很快就会被录入"秘诀"系统，为所有的连锁酒店共享。为使秘诀系统持续更新，丽兹卡尔顿酒店负责客户关系的员工通常会事先与即将到达的客户取得联系，在对方光临酒店之前获得一些基本信息。

思考题

1. 奢侈品管理者与普通商品的管理者有什么区别?
2. 奢侈品公司的管理者应如何进行招聘和培训?
3. 结合讨论案例,分析终端一线员工管理对奢侈品品牌管理的重要性。

第三篇 奢侈品品牌在中国

13 奢侈品品牌全球化、标准化与本土化
14 奢侈品品牌中国市场立体观
15 中国市场本土品牌发展借鉴

13 奢侈品品牌全球化、标准化与本土化

奢侈品品牌的全球化
奢侈品品牌的标准化
奢侈品品牌全球化、标准化与本土化辨析

第13章 奢侈品品牌全球化、标准化与本土化

> 不断地分享全世界的经营经验和文化精髓,将促使企业无论从经营上还是思维上都真正实现全球化。
>
> ——杰克·韦尔奇(Jack Welch)
>
> 通用电气(GE)前董事长兼CEO

品牌故事:
历峰(RICHEMONT)——广袤的商业帝国

集团简介

历峰集团(RICHEMONT)是瑞士奢侈品公司,它由南非亿万富翁安顿·鲁伯特(Anton Rupert)于1988年建立。公司涉及的四个商业领域是:珠宝、手表、配饰以及时装。从2004年以来,按营业额计算,它是世界第二大奢侈品公司,排名在路威酩轩(LVMH)和巴黎春天(PPR)之间,同时它也是劳伦斯奖的主办方之一(和戴姆勒·克莱斯勒联合创办)。

集团主要下属公司(按创建时间为序)及所涉及行业如表13-1所示。

表 13-1　历峰集团下属公司

创建时间	公司名称	行　业
1755	江诗丹顿（Vacheron Constantin）	钟表
1814	Purdey	枪械
1830	名士（Baume et Mercier）	钟表
1833	积家（Jaeger-LeCoultre）	钟表
1845	朗格（A.Lange&Sohne）	钟表
1847	卡地亚（Cartier S.A.）	珠宝、手表等
1860	沛纳海（Officine Panerai）	手表
1868	万国（International Watch Co）	手表
1874	伯爵（PIAGET）	珠宝、手表等
1876	兰姿（Lancel）	皮具
1893	登喜路（Afred Dunhill）	时装
1906	梵克雅宝（Van Cleef & Arpels）	珠宝、手表等
1906	万宝龙（MONT BLANC）	钢笔、手表、珠宝、香水等
1912	万特佳（Montegrappa）	钢笔
1952	克罗维（Chloe）	时装
1994	上海滩（Shanghai Tang）	时装

公司还拥有英美烟草公司（British American Tobacco）18.5%的股份。

历峰集团旗下高级钟表品牌在中国总共有300多个销售网点，分布在全国41个最为繁华的城市。销售网点主要集中在从上海到广东一带的沿海地区、北京以及中国北方地区，特别是大连和哈尔滨等。

鲁伯特和他的历峰集团

在南非，约翰·鲁伯特家族是第二富裕家族，仅次于奥本海默家族（Oppenheimers，南非矿业巨头）。鲁伯特经常坐着自己的私人喷气式飞机往返于世界各地，打理着自己庞大的家族生意，从卡地亚到积家，从江诗丹顿到万国，从万宝龙到登喜路……这一系列耀眼的奢侈品品牌为鲁伯特所领导的历峰集团带来了不菲的收入，让他得以在开普敦过着养尊处优的生活。除了照看自己的商业帝国，他最愿意行走在高尔夫球场上。因此，他不遗余力地赞助高尔夫赛事，拓展高尔夫市场，在奢侈品与高尔夫之间享受着成功与喜悦。

广袤的商业帝国

1945年，鲁伯特的父亲安顿（Anton）靠葡萄酒和白酒起家，很快又扩展到了烟草业，并将公司更名为伦勃朗（Rembrandt），后来，该公司控制了南非烟草业的90%，在英国烟草企业乐福门公司和英美烟草公司也都有股份。

尽管伦勃朗公司的经营状况一直不错，鲁伯特却始终不愿意子承父业，对此，他的理由是："为一个创办了自己企业的创业者工作是艰难的。"那时，鲁伯特固执地做着自己喜欢的事——管理南非最著名的两个葡萄园Rupert & Rothschild和L'Ormarins。1988年，鲁伯特家族成立了历峰集团，为了避免针对南非种族隔离政权的国际制裁带来损失，安顿决定把历峰集团的主要业务放在奢侈品上，以将家族的海外资产与南非资产分开。在这期间，鲁伯特参与了资产分离和重组，以及让历峰在瑞士证券交易所挂牌上市的工作，这也是他投入家族事业的第一份实质性工作。有人问他为什么又接手父亲的产业，他淡淡地说，"没有什么特别的原因，父亲需要我而已。" 20世纪90年代是历峰公司的黄金时期，营业额仅次于LVMH集团，年销售额高达40多亿美元，用鲁伯特的话来说，"公司就像站在电梯里，你就是站着不动，它也会一直上升。"

其实，在鲁伯特投身家族生意前，他就曾帮助父亲转向奢侈品行业。20世纪70年代中期，他在纽约遇到了卡地亚公司一位股东的女儿，这位法国钟表和珠宝商正在寻求新的投资。卡地亚创建于1847年，号称"珠宝商之王"，以向富人和王室提供钻石项链和装饰着红宝石的冠冕而著称。但到了20世纪中叶，公司的创造力和财务状况已近暗淡无光。鲁伯特说服父亲买下了一些股票。没过几年，卡地亚便推出了Le Must打火机系列，使这个品牌再度兴盛起来。除此之外，鲁伯特家族还拥有乐福门的子公司登喜路与万宝龙的股份。1999年，鲁伯特买下了高档珠宝商梵克雅宝的控股权。翌年，他又从竞争对手LVMH的CEO——也参与收购竞标的伯纳德·阿诺特——手里夺走了3个品牌——积家（Jaeger-LeCoultre）、朗格（A.Lange & Sohne）和万国表（IWC）。至此，历峰集团成为了一家拥有数十个奢侈品品牌的企业，在奢侈品王国里光芒四射。

然而，好时光不可能，也不会永远持续下去。2002年，历峰问题成堆，运营成本失控，资金问题反过来又拖住了产品创新的后腿。面对重重问题，鲁伯特开始进行大刀阔斧的改革。他首先将目光放在了削减成本上，关闭了多家专卖店，还取消了一些浪费过多的报销款项。他将部分英美烟草公司的股票套现，偿还了近10亿美元的债务。他还招聘了新的首席运营官、首席财务官以及几个品牌经理，让他们关注创新。此后，卡地亚推出了新款系列女表及珠宝，还有一些较便宜的产品，其他品牌也纷纷效仿，很快上市新品的销售额就占据了集团销售额的20%以上。在鲁伯特的带领下，公司两年内便扭转了困境。

固执地爱高尔夫

鲁伯特的成就注定了他的生活是忙碌的，但是，他始终认为只有惬意而悠闲的生活才能充分体现他商业上的成功与荣耀，因为生活的目的并不是工作。

除了照看他的庄园，鲁伯特还对高尔夫情有独钟：鲁伯特跟厄尼·埃尔斯是好朋友，他曾将登喜路锦标赛延期举行，就是为了能让埃尔斯参加；他一直在努力推动登喜路这个品牌的发展，尤其注重开发其高尔夫服装，在最困难的时候，有人曾劝他放弃登喜路这个品牌，他却坚决地说不；他在登喜路和高尔夫之间找到了共同点，不惜重金赞助高尔夫赛事；另外，他还出任南非阳光巡回赛董事会主席……

登喜路这个品牌对高尔夫爱好者而言可谓如雷贯耳，以登喜路冠名的高尔夫赛事中，闻名世界的就多达四项，包括登喜路杯、登喜路公开赛、登喜路英国名人赛和登喜路挑战赛。自鲁伯特接手历峰以来，对这个品牌倾注了极大热情，选择了自己钟爱的高尔夫运动来树立登喜路的产品形象，而赞助高尔夫赛事就是手段之一。事实证明，这种推广手段积极而有效，具有高消费能力的高尔夫人士正好是登喜路产品的最大买家。登喜路男装自推出以来只有十年左右，却成绩斐然，业绩蒸蒸日上，店铺如雨后春笋，开了一家又一家。能取得这样的成绩，除了硬性广告，高尔夫运动潜移默化的作用才是"润物细无声"的。

作为南非人，鲁伯特始终不忘推动南非高尔夫运动的发展。只要你看一下南非阳光巡回赛全年的赛程，便能感受到鲁伯特在南非高尔夫领域里的巨大影响力。如今的鲁伯特依然忙碌着，为了他的商业帝国，也为了高尔夫。作为世界上第二大奢侈品集团的掌门人，他的努力使家族生意节节攀升，他已被评选为南非十年间最优秀的商业领袖，《财富》杂志则更称赞他是"未来的奢侈品之王"。

中国时尚

如今,在历峰集团广袤的商业帝国中,更新增了源自中国的全新品牌——Shanghai Tang(上海滩)。集团倾力投入资源打造这一奢侈品品牌,开创源自古老东方文化的奢华时尚,完美呈现不同视觉感受之美!

资料来源:百度百科(http://baike.baidu.com/view/1378326.htm)。

品牌全球化是企业品牌输出与扩张的必然结果,是经济全球化的产物。一般来说,企业往往随着本国市场的缓慢增长和竞争的加剧,开始把目光投向全球市场,试图通过扩大消费市场、转移制造中心,利用规模经济和本土化来分散风险、降低成本和提高利润。奢侈品品牌也不例外,随着全球化经济发展和富裕人群的增加,奢侈品品牌扩张也出现了新变化。研究发现,奢侈品品牌的知名度越高,消费者对于奢侈品品牌的梦想和渴望程度也越高;奢侈品品牌在目标市场内的知名度越高,则消费者的购买意愿也越高。因此,不管是从品牌感知度、识别度、知名度、美誉度的提高,还是在全球范围内寻找目标客户群、加强与其紧密联系并提供便捷的购买途径以增加目标客户群对品牌的忠诚度,抑或是对全球时尚潮流的引导和把握,奢侈品品牌的全球化都势在必行。

集团化经营是品牌全球化的一个主要推动力。纵观当今世界上数百种奢侈品品牌,几乎全都汇集在几大奢侈品集团的旗下。如第一大奢侈品集团 LVMH 旗下拥有五十多个世界顶级奢侈品品牌,产品范围横跨了化妆品和香水、时装和皮革制品、钟表和珠宝、酒类等;同样在这些领域大展拳脚的还有拥有数十个奢侈品品牌、在奢侈品销售上占据次席的历峰集团,其不但拥有世界级奢侈品品牌,也拥有如"上海滩"的国际设计、中国概念的品牌;而被誉为是 LVMH 集团最有力竞争者的 PPR 集团,其旗下的数十个奢侈品品牌被分成从旗舰品牌如 GUCCI、YSL,到高度发展潜力品牌如 Alexander McQeen,再到特色品牌如 Boucheron 的三个阶梯。事实上,连那些单品牌的奢侈品公司也在不断进行品牌延伸,如 Chanel,Giorgio Amarni 都在尽量横向扩展产品线和品牌覆盖范围。

奢侈品集团在向全球推广品牌形象时,对于种类丰富的顶级品牌管理与发展,具有非常成熟的品牌营销策略。最为显著的就是采用专线品牌管理架构,进行独立品牌管理,强化消费者的品牌印象而忽视集团化形象。比如 LVMH 集团，对于内部的奢侈品品牌全部授予其管理层独立经营权，保持各子公司的家族管理和独立经营，充分发挥他们的创造力。在这样的公司架构下，集团没有首席设计师，首席只存在于每个子品牌本身。采用独立品牌管理的原因在于，每一个独立的品牌都具有其鲜明的个性和独特的风格，历史、文化、内涵以及传递给消费者的品牌形象都是不尽相同，面对的细分消费群体也各有所长。根据品牌进行细化管理，可以强化品牌特征，开发细分市场和差异化产品，避免定位近似的品牌竞争，从而更好地整合市场。LV"挖掘品牌历史—勾勒品牌特质—寻找合适的设计师表达品牌基因—理顺销售渠道—营造市场形象"的策略充分说明了独立品牌管理对于奢侈品集团经营的重要性，也拯救了 LV、Celine、Pucci 等品牌。

这种品牌管理方式，是建立在品牌标准化的基础上的，有利于推行单品牌的全球化策略，实现特定细分客户的深耕细作；是有效拓展市场实现品牌全球化发展的重要工具和切实可行的途径。品牌标准化可以帮助单一品牌用同一张面孔对待世界各地的消费者，从而提高品牌的认知度和识别度。它强调在营销广告推广中突出同一的品牌内涵、同一的定位设计，甚至是同一的价格体系，从而传递同一的品牌形象。

需要注意的是，基于品牌标准化的全球化策略的运用存在着一定的风险，如果不能正确认识本地化市场，仔细分析当地市场的独特性并以合适的品牌策略来对应，在某些市场上可能得不到消费者的认同，甚至会影响品牌形象而波及核心层面。因此如何平衡好品牌全球化和本土化策略也是值得认真探讨的问题。

13.1 奢侈品品牌的全球化

13.1.1 概念探究

品牌全球化是企业在进行跨国生产经营的活动中推出全球化的品牌，并占领世界市场的过程，即企业在全球性的营销活动中，树立自己的品牌定位形象，达到一个全球化的目标。在全球化过程中，不仅要利用本国的资源条件和市场，还必须利用国外的资源和市场，进行跨国经营，即在国外投资、生产、组织和策划国际市场营销活动。

奢侈品品牌必须通过品牌知识和文化的全球化传播，进一步扩展品牌影响力，提升全球范围内的品牌价值,从而比大众化品牌给目标客户群带来更大的价值。不同于其他行业,奢侈品的全球化主要是通过地域和市场的扩张,以及树立了统一品牌形象的专卖店来体现细节的精致和独特的品位,而不是聚焦在使用国外廉价的原材料和其他资源。奢侈品集团的第一轮扩张路线是巴黎、纽约、伦敦、米兰等世界级的大都市,接下来再延伸到如芝加哥、大阪、蒙地卡罗等第二级大城市,再接下来向富裕阶层逐渐兴起的新兴发展中国家发展。在专卖店建立上,采用日益趋同的店面设计,设计师使用大量的金色、银色、闪亮和光泽营造出优雅和洁净感,在这些专卖店里,陈列的则是全球同步的当季产品。同样的品牌定位,一致的品牌信息,经过全球统一传播,打造出凝聚性的奢侈品形象。

对于品牌全球化形成的趋势业界普遍认同以下观点:

(1) 全球化品牌是"质量"的象征。过去"美国制"或"日本制"的产品即代表着质量的概念已逐渐淡薄,也就是国家概念淡化,由个别的品牌声誉所取代。

(2) 全球化品牌反映出跨国界适用的正面属性。不管在任何一个国家,苹果公司产品给大家的印象就是"酷"。

(3) 全球化品牌必须承担相应的社会责任。因此,消费者需要的是更多的全球化品牌。这也说明了为什么英国麦当劳雇用员工政策及雀巢在非洲销售不良的婴儿奶粉饱受社会舆论严厉的谴责;今天,这两个事件仍持续在挫伤两大品牌的声望。

一个品牌可能具有的全球化程度取决于品牌提供的产品所具有的广泛性,但是也取决于其在全球各地以具有竞争力的价格提供产品和服务的能力。全球化品牌一般都拥有如下特质:(1) 在本土市场已经成就强势品牌,(2) 在全球的市场定位统一,(3) 符合普遍价值观,(4) 解决了社会需求的重要问题,(5) 在所处行业树立了高标准,(6) 拥有一系列产品,(7) 公司名称即品牌名称。

当然,全球化并不意味着需要为全球消费者生产统一的福特T形车。除了金融服务业、航空业、消费电子行业、香水行业和一些时尚行业,很少有行业可以实施全球化战略或者产品和宣传在所有市场上的统一。最有效的全球化途径是在尽量保持品牌核心价值不变的情况下,努力适应当地市场需求。任何具有鲜明特色的文化都为生产具有普遍吸引力的产品提供了前提,异国情调其实在很多方面会发挥作用。奢侈品品牌全球化最大的特色就是原产地文化特色和情调远比输入国的本地性影响力要重要得多,鲜明得多。但是不能忽视当地品牌具有的差异性价值,这些品牌更多地体现了当地消费者的敏感性。

现今，我们已经看到将地域扩张作为实现品牌资产增长的一个基本方式：分摊管理品牌形象的成本，扩大品牌名声，以及推行在很多行业依然盛行的产量战略，即规模经济。通过这种方式，品牌全球化拥有了诸多优势，具体体现在以下四个方面：

1. 全球化品牌具有很强的品牌亲和力

品牌全球化可以创造有益的品牌联想，仅仅"全球化"这一概念就表现出产品的竞争力，让消费者感到该品牌实力雄厚。特别是轿车、计算机类产品。因为在这些产品的市场上，顾客要冒质量不可靠、技术落后的风险，顾客购买支出大，因而需要所购产品质量有所保证。随着顾客在国家之间的旅行日渐频繁，全球化品牌在获得品牌认知度方面的优势也就越大。广告对跨国游客有很大的影响，新闻媒体的广泛传播范围和互联网的发展已涵盖了全世界各个国家，全球性品牌因此可以获得更大的展示度。

全球化的品牌，在世界各国已建立了良好的品牌形象，有较高的知名度，有一批忠实的顾客群，已有品牌的忠诚度和信誉度，易使顾客产生联想，增强其购买欲望。对于依靠品牌附加值来攫取高利润的奢侈品来说更是如此。在奢侈品行业，无论何种品牌，无论在何处，都坚定乃至严苛地展示着品牌标识的全球统一标准，从原材料到成品到品质，从终端店的设计布局到服务态度，都为消费者提供统一的品牌形象和客户体验。根据这种统一定位，某一品牌的消费者在世界各地都可以找到自己的定位和阶层，成为该品牌获得社会广泛认同的基础。

2. 全球化品牌能有效降低成本

由于世界经济一体化程度的逐步加深，各国之间的贸易壁垒逐步减小，促进了资本、技术的进一步流通。由此，世界性经营范围带来规模经济效益——在许多行业，这被认为是获得竞争力的决定性因素。全球化品牌策略使得广告、促销、包装以及品牌其他方面的设计宣传获得规模效益。同时，全球化品牌还能造成企业在采购和供应链管理上占据相对优势。另外，全球化品牌由于其强大的知名度和高标准的企业社会责任，能够大大降低其进入新市场的难度和门槛。

对于时尚奢侈品行业来说，奢侈品形象的建立和保持，需要付出高昂的代价，而生产的规模效应在生产、销售、营销、渠道等诸方面为奢侈品行业降低成本。除了一些世界顶尖的奢侈品品牌，很多奢侈品公司已经把自己的生产部门转向劳动力和原材料都较为低廉的市场。比如美国年轻的奢侈品品牌Coach，将全部的生产都转包给低价劳动力市场，从而把自己的毛利率从 55% 提高到了 71%。在产品形象的维护方面，时尚奢侈品行业沟通、市场、公共关系、广告等费用都很高，同时还需要同顾客进行更直接的交流来发展品牌印象。但是在全球化的背景下，只要在一部知名的好莱坞电影里植入广告，就能把品牌影响力投向全球；只要采用一种符合全球化品牌风格的广告图片，就能登上各类时尚杂志。在分销渠道方面，品牌全球化也有助于物流和销售渠道的整合。

3. 全球化品牌与国家形象互相促进

全球化品牌还经常让人想起它最初建立时所在的国家，使人回想品牌的发源地。这是其品牌基础的一部分。在具有文化特质品牌的全球化中，品牌与国家或地区相关的联想都表示该品牌品质，代表的是该类产品的血统，这时国家形象能进一步有助于其品牌的全球化扩张。在奢侈品全球化品牌中，香奈儿被认为是永恒的法国品牌，巴宝莉是典型的英伦风范，奔驰是经典的德国精密制造。

而反过来，一旦一个国家全球化品牌越来越多，世界各地人民都能用该国各大品牌公司提供的高品质产品来达到需求满足，那么由这些强势品牌可以汇集成为该个国家与民族的文化特征，自然也体现出该国较高的综合实力并为国家形象加分。强调深厚的国家、地区历史文化沉淀感的奢侈品品牌更是如此。拿奢侈品最大生产国法国来说，其把奢侈品看成"法国现代文化的最大亮点"，从美酒到香水，从首饰到高级定制服装，给这个国家赋予了法兰西特有的浪漫形象和无限吸引力。

4. 全球化品牌具有创新优势

这里不仅指技术创新，还包括机制和品牌营销创新。产品生命周期的缩短和全球化市场广泛的需求，要求奢侈品集团从传统的封闭式运营模式走出来，在坚持奢侈品行业内部规律的同时，吸取其他行业的成功经验，采用更先进的管理制度和营销模式。此外，奢侈品全球化品牌都具有庞大的品牌资产，其运营一般都是站在长期投资的角度，因而能够聚集充足的资金，建立完善的企业制度，吸引优秀的全球人力资源和构建公平积极的企业文化，这些都能促进企业提升创新能力从而建立核心竞争力。

13.1.2 奢侈品品牌全球化发展

品牌的全球化趋势让我们看到了很多值得借鉴的地方，奢侈品品牌作为其中比较特殊的一员，实施全球化发展的战略意义非凡。

1. 奢侈品品牌全球化战略构成

品牌全球化首先体现品牌在全球特定区域、空间的知名度，然后才是对具体执行后带来美誉度高低的反映。因此，确定全球化范围的首要原则是，遵循通过能够反映品牌核心价值要素的标准化，以及进一步有助于实现品牌形象其他要素的标准化。一般而言，品牌战略涵盖四个方面：全球化、区域化、产品标准化和本土化，其相互比例取决于品牌产品组合的实际地位。后三者则是品牌全球化的有益补充。

全球化可能是当今奢侈品品牌所必须具备的特点之一了。一方面，奢侈品品牌全球化能够开拓出广阔的市场，提高品牌的知名度，增强国际效应；另一方面，全球化后对奢侈品品牌各个方面的要求也水涨船高，对奢侈品始终保持高品位产生了一定的影响。在集团化优势下，奢侈品品牌们纷纷建立或者加强自己的品牌管理中心，谋求利用全球一致的品牌名称、身份、地位等等来扩大在受众中的影响力，比如，阿玛尼的简洁，劳斯莱斯的手工打造，香奈儿的优雅。在全球化道路上，奢侈品品牌一方面通过数量稀少具有稀缺性的顶尖产品来加强自己的品牌形象并限制其他竞争者进入；另一方面还通过价位较低的衍生产品如配饰和香水等产品面对大众消费市场，培养潜在的奢侈品消费者。从而变得一方面让消费者更容易买到，同时又让消费者更加为之神往。现在，我们很惊喜地发现，世界著名的很多奢侈品品牌都陆续在中国一家家开出了分店，卡地亚、万宝龙、阿玛尼……当然，它们也在欧洲以外的很多原来都不触及的地方发展起自己的业务，推广品牌。

品牌全球化既指在全球范围内进行全球营销，也指在地区范围内通过区域性标准化来实现。根据著名的品牌管理专家 Jean-Noel Kapferer 的观点，品牌的区域适应可以视为选择性的品牌全球化的所谓后全球品牌。这些区域选择一般基于市场的共性，像欧盟，或者亚洲市场。比如说 Burberry 授权给日本的蓝标和黑标产品，就是只针对日本这个第一大奢侈品市场的标准化产品，虽然它们与其他地区的 Burberry 产品不同，更多融合了日本市场本身的消费者需求和文化，但是品牌理念和文化依然是相同的，仍然是品牌全球化的一部分。现在越来越多的奢侈品公司开始采用区域和全球品牌共存的品牌全球化方案。

产品标准化策略则是强调产品本身的标准化，尽可能去除产品的复杂度，使不同品牌下的产品具有标准化的规格或者功能，从而达到资源共享和规模效应，常见于同质化产品在不同的市场采用不同的品牌；另一个组成部分是本土化策略，即通过利用本土的资源或者品牌拓展市场。然而由于奢侈品天然具有的排他性，这两种策略在奢侈品品牌管理上则基本不能适用。

2. 奢侈品品牌全球化战略实施

成功的全球性品牌，需要将全球性的品牌诉求信息，应用到地方市场。需要注意的是，全球化品牌并不意味着没有国别差异，只要其核心诉求依然是全球性一致就无伤大雅。事实上，原产国很容易就能形成一个核心的品牌识别，能让全球的客户容易辨认。哈雷戴维森产自美国，但是其延伸出的"自由"的理念在全球引起共鸣。因此，品牌全球化的目标是"多种语言，一个声音"。例如香奈儿的"优质"和"精英"理念，这是通过将信息本地化转译的方式达到的。而这有一个称为"70/30"的原则可以遵循，即品牌策略70%应该保持完全一致，30%则要根据市场及时做出灵活的调整。如果一个品牌有多个显著的特点，那么品牌信息必须要经过裁减，再向本地市场传递。

同其他行业的跨国公司或企业一样，奢侈品公司在全球市场的总体发展战略为"思考全球化，行动本土化"。即在全世界市场有相同的基本定位，但可视当地具体情况进行战略调整。其常见战略如下：

（1）产品无差异化，广告诉求形式多元化

在面向全球市场的营销活动中，将全球策略细分成各个小区域范围内的策略，并注重与当地文化的交流与沟通，这样，全球品牌才容易被当地消费者所接受，使得全球化战略容易实施。如万宝路香烟，其广告主题根据各地市场环境，因时因地而变，在全球有二十种不同配方以满足消费者口味。广告宣传的侧重点放在"美国销量第一"这一信息上，并以"万宝路给您一个多彩多姿、包罗万象的动感生活"为广告标准语。20世纪70年代，万宝路广告开始向香港拓展。香港人对其优美的情景和音乐虽然持欣赏态度，但对于终日策马牧牛的牛仔形象却没有什么好感，因为在香港人心目中，牛仔是低下劳工，在感情上格格不入。于是，万宝路的广告魔术师般地改变了，香港电视上出现的不再是美国西部文身的牛仔，而是年轻、洒脱，在事业上有所成就的牧场主；在日本，它的广告则是一个日本牧民，在没有现代化技术的情况下征服自然界，过着田园诗般的生活；而在中国，万宝路广告展现了山丘、树林、海滨、沙滩，在优美的音乐声中伴随着出现一幅幅策马纵横的豪迈画面。在这个场面中，每个人可以去遐想，去创造一个自己心目中的"万宝路世界"。

奢侈品区别于流行消费品的最大特点之一在于其全球性，即全世界人们对奢侈的追求都是一样的。在消费奢侈类产品的过程中，各国消费者的文化差异、生活习惯的差异表现的并不明显。一位消费心理专家解释了这种"性格"成功的必然性："其实消费者并不知道自己想要什么，他们的选择是随时受到外界影响的。但在这种影响中，他们又总是特别迷恋某种长期保持自己风格不变的产品，这种产品往往具有品牌震撼力。"但是，在面对不同的市场时，除了标榜自身核心品牌价值的广告诉求之外，还需要迎合在不同市场的客户的差异化来制定广告策略。比如来自比利时的珠宝品牌 TESIRO 通灵，其品牌核心概念是"精致生活"。进驻中国之前，他们针对中国钻石市场上信息不对称、缺乏消费文化等问题，品牌传播紧紧围绕钻石切工这个环节，不断向消费者传达钻石切工的细节知识以及比利时悠久的钻石文化，从而强化本身"比利时的优质切工钻石"的定位。现在，TESIRO 通灵不仅成为优质切工钻石的代名词，同时也是消费者的心目中欧洲钻石文化的传播者。

（2）产品无差异化，促销全球化

产品在全球推广过程中，由于科学技术的日新月异，新产品的不断出现，使得产品生命周期缩短和产品差异化减少，消费者需求共性增加，特别是对 21 世纪品牌营销虚拟化时代的到来，为扩张全球化品牌战略带来了机遇和挑战，它打破了传统的地域营销、广告促销和有形购物的概念，将品牌推广置入一个虚拟的没有国界的网络空间。世界的网上客户可以直观、便捷地了解你的产品和服务。同时，企业还可以更为直接地从顾客那里获得信息反馈，把握第一手资料，调整发展战略。

奢侈品不参与价格战，不进行轰炸式的广告宣传，只以原产地和文化的名义进行品牌和产品推广。奢侈品制造商是各种艺术活动、社会活动的常客，因为奢侈品促销的重点是对于品牌形象而非产品本身的促销，是通过介入社会和文化活动的方方面面来推广品牌，如轩尼诗的酒文化、瑞士的手表工艺等。dunhill 对于顶级高尔夫球赛的冠名赞助，就是此种促销的手段之一。

（3）原产地国趋势有所弱化，人才本土化和社会贡献当地化加强

如今的奢侈品品牌公司大多是全球性的企业，这些公司在中国投资经营中，不仅只是拥有逐渐提高的市场份额，品牌美誉度和忠诚度，而且十分注重使用当地资源，积极为社会做出贡献。他们聘用当地人才，以便更好地提高服务本地化客户的程度。奢侈品品牌公司拥有的国际销售网络、一流的国际服务营销体系帮助其在中国的业务不断发展，销售收入不断提高，由此自然地为中国政府带来不菲的税收收入，在解决就业、带动提高行业经

营管理水平和造就人才方面也都做出积极的贡献。这种战略方式的双赢原则，使得奢侈品品牌在包括中国的新兴市场不断地走向成功。

3. 奢侈品品牌全球化遵循的原则

品牌的延续性和一致性战略是企业一直强调的，然而在面对不同的文化传统和语言、不同的买方行为时，考虑灵活变化也是至关重要的。显然，当奢侈品企业选择品牌全球化战略时，必须遵循其核心的原则和管理模式。

（1）对客户的洞察力

出色的品牌能了解客户的想法。对不同文化环境中的消费者的洞察力，能很好地促进品牌全球化。一旦品牌了解到顾客的想法，就必须确保客户对品牌的认知在全世界范围内都是一致的。奔驰60%以上的销售都在欧洲境内，然而这个品牌拥有的声望和质量却是全球各个市场一致的，是世界性的。

就在数年前，奢侈品行业还遵循着他们的黄金法则：永远不要问顾客想要什么，而是告诉他需要拥有什么。但是随着全球化的到来，时代的变化使越来越多的奢侈品品牌开始关注消费者的需求，尝试努力了解客户，了解消费者偏好，从而识别未被满足的核心需求和重要需求，并根据经常性的客户反馈，开发新产品，以实现自己的竞争优势。在高级定制领域对于客户的洞察力就更加重要，完全契合了客户的个性需求和品位。

（2）整合本地的智慧

品牌的指导方针是确保品牌一致性的有利工具。但是这种一致性有时会阻碍创新。品牌是动态的，决不是静止的，因此在管理品牌时应该整合创新思维。对全球化的品牌来说，想用单一信息准确地传递给所有的受众是不切实际的。一个管理很好的品牌会适当筛选与下一步重大战略密切相关的本地市场，确保品牌与当地智慧的融合，以应对竞争对手策略的变化。奢侈品品牌过去只在情人节、圣诞节等西方传统的节日推出全球限量的产品，在进入中国市场之后，开始为春节、七夕等传统节日量身打造限量设计。很多奢侈品品牌更是汲取当地的灵感为自己的新系列增添新意，如LV与日本艺术家村上隆合作推出的樱花包（2002年）、樱桃包（2007年），都在全球掀起狂热风潮。

（3）全球性的管理团队

全球化的品牌需要一个全球性的管理团队。这个兼容区域性、国际性的管理组织用以确保品牌的领导地位。拥有多品牌组合的企业往往在每个品牌下设一个经理，建立"品牌经理制"。这些经理们必须获得充分的授权和资源支持来执行那些在绩效评估的基础上做出的重大决定。这个品牌管理团队向公司的首席执行官汇报，该执行官直接参与品牌的决策。这个团队的工作程序是培育品牌、评测品牌、提高品牌声望。在这个程序中，企业的各个商业部门的代表和销售代理商们都要参与进来。

成功的奢侈品品牌全球化背后更是需要一个强大的、深谙奢侈品运营之道的国际化团队。强势的品牌文化需要系统的品牌运作规划，高超的制造工艺需要有效监督，市场认同离不开一系列准确而有效的市场宣传和推广，而世界级的设计人才也同样需要有效的引导和激励。

（4）持续的投资

包括品牌在内的无形资产是企业价值的主要组成部分。像其他资产一样，这些无形资产也需要资本投入。不断发展的企业和英明的管理部门认识到了在传播上适当花费的必要性。对于奢侈品行业而言，高端品质、尖端设计、品牌层次的拓展和生产线的延伸，产品生命周期的缩短、全球统一的形象定位和推广，乃至于配送、销售，无不需要长期而巨额的品牌投资。

（5）品牌评估体系

为了巩固全球性品牌的长期地位，必须要有一个一致的、分布广泛的品牌资产评估体系。它不仅通过突出并展现最好的营销策略来帮助品牌的发展，还为品牌管理团队提供一种监测全球一致性策略执行情况的工具。这一资产评估体系必须包括消费者的"首要意念"、所有消费者的观点(喜好、满意度、忠诚度、顾客指定认购)、品牌形象特征、对产品或服务的认识以及对品牌的评估，以此来确定品牌给企业带来了多大的利润。

集团化经营的奢侈品品牌，往往用顶端产品来坚持自己的品牌形象和"性格"，用高端品牌来吸引初级的奢侈品消费者。一个奢侈品品牌的产品最高到最低价位之间可能相差3—10倍，对于这些品牌的个性设定、品牌定位、价位层次、形象维护，体系建设，是奢侈品集团专线品牌管理的重要凭据，能有效避免品牌损害，扩大品牌影响，合理调整品牌资源分配。

4. 奢侈品品牌全球化的风险与规避

全球化带来众多优势的同时必然会有一定的风险。奢侈品全球化的风险包括：(1) 错误地假定不同市场品牌所传递的含义是一样的，造成了信息的混乱；(2) 对品牌及其管理过度标准化、简单化，导致创新水平低下，或者品牌混乱；(3) 运用了错误的传播渠道，造成不必要的开销和无效传播，并有可能损害品牌形象；(4) 低估了在市场从认识、尝试到使用品牌所需要的投资和时间；(5) 没有投资建立内部的品牌阵线，以确保本地的员工理解品牌价值和利益，使他们愿意而且能够对外进行始终如一的传播，并分享这些价值和利益；(6) 未能根据当地市场的特点及时调整执行策略；(7) 缺乏声誉风险管理以及危机管理方案，等等。

要规避这类风险，奢侈品品牌必须自我审视并且考虑以下关键因素：

(1) 认同一致性

卓越的品牌会赢得顾客和舆论领袖的高度认同。顾客的认同代表了理想和现实的紧密结合，使品牌能迅速在新的市场建立可信度。通过整合全球传播的努力在全球传递一致的顾客体验。宝马汽车就是通过卓越技术性能和精准掌控，让全球拥有者获得极为一致的专业化水准体验。

(2) 情感性

一个品牌只有当它传递了情感才能成为品牌，它必须能代表一种承诺，一种促使人们想要参与其中的承诺。相较于消费者功能性需求，奢侈品品牌强调的是情感性诉求的满足。皇室御用、纯正血脉、百年品牌、手工打造……这些都是各大奢侈品公司努力做足的情感和象征诉求，通过对这些需求的满足，才能对客户实现品牌价值并履行品牌承诺。

(3) 独特性

伟大的品牌传递了伟大的理念。这些品牌向所有的内部和外部的受众传达一个独特的诉求，它们有效使用传播组合中的所有要素在全球市场进行定位。内蕴的不同文化构成了奢侈品品牌的独特性。世界上最有名的营销大师之一米尔顿·科特勒就特别强调品牌独特性的重要作用。比如 DKNY 真正了解了工作妇女的需求，为她们提供了具有便利性同时又非常时尚的一系列产品，因此 DKNY 成为了美国职业女性非常喜爱的一个品牌；CK 用了非常年轻时尚、非常狂野的模特，在宣传当中也借用了边缘性、跨界性的宣传手法，其店面设计和整个服装的设计都非常符合 CK 要创造的"性感"概念。

（4）适应性

全球性品牌必须尊重当地的需求、需要和口味。这些品牌担负全球使命的同时，还要适应当地的市场需求。作为奢侈品的瑞士名表欧米茄在设计上保持了统一性和一贯性，不会为某个市场专门做一个设计，这也是其全球统一形象的需要，针对不同的市场做不同的设计会使品牌所传递的形象不一致。但是在保证自己个性的同时，还是会针对不同的地区作一些微调，比如因亚洲人手腕细，就把亚洲销售手表的表带设计短些、细些，而欧洲销售手表的表带就长些、粗些。

（5）高层管理

组织的高层包括 CEO 必须支持这个品牌，并能传达明确的品牌理念，由此才能制定清晰的品牌战略。Burberry 从 20 世纪中叶之后的逐渐式微到 90 年代末末重新成为上流社会热衷的顶级奢侈品品牌的复苏之路，就完全依赖于当时的总裁罗斯·玛丽·布拉沃大刀阔斧的改革和对整个品牌策略的重新定位。事实上，很多集团化公司下面的专线品牌的品牌经理就俨然是该品牌的总经理，有着绝对的战略制定权和经营权，这样才保证了该品牌的形象和定位。

13.1.3 奢侈品品牌全球化的战略启示

奢侈品全球化品牌战略，不是要开发或者推广一个适合全世界的品牌，而是要通过全球范围的品牌管理创建世界级的强势品牌。奢侈品品牌全球化也给了我们一些启示：

（1）今天，全球化品牌已变成一种独特的图腾，既有深刻的原产国烙印又脱离于该国概念之外。奢侈品品牌在商业品牌之外，融合了本国特有的历史、艺术和文化。因此，它必须很有技巧性地在全球文化的需求下取得平衡，既能坚守甚至加强全球化过程中的品牌形象和厚重的历史文化感，同时还能满足本土消费者不同的品位。奢侈品品牌在自身核心价值的挖掘和在目标市场的个性定位，都值得参考。

（2）奢侈品品牌保持高端形象的要求某种程度上会影响到其品牌的认知度，对于吸引潜在的客户和培育发展新客户有所不利。奢侈品品牌公司有时透过营销及公关活动加以改善。比如介入当地的社区公益活动。2009 年，卡地亚携手中国儿童少年基金会中国关爱孤儿专项基金，鼎力支持"娃娃，唱歌给你听"这一全国公益性儿童音乐慈善项目，旨在为孩子们创作出更多优秀的儿歌，为他们创造一个更加缤纷快乐的童年；在全球超过23个国家和地区，与当地慈善机构携手相约"宣爱日"，捐款援助艾滋病儿童；创立卡地亚现代艺术基金会，向摇滚音乐文化献礼；设立"卡地亚灵思涌动女性创业家奖"，为拥有天赋灵感与创业梦想的女性提供帮助。这些活动拓展了卡地亚在各国的知名度，对于该品牌在当地的社会形象也有正面的加分作用。

（3）战略性品牌体系架构与管理。奢侈品品牌体系建设大多避免了盲目多元化的品牌延伸，要么构建合理的品牌金字塔，要么实行同一性品牌经营。不管采用哪种途径，都清晰地划分了单一品牌的势力范围和市场定位。而一旦确认品牌体系之后，就应该建立与之相适应的品牌管理结构和规则。全球化的品牌建设不仅仅是营销的工作，也贯穿于产品制作、销售到服务的全过程。

不管怎样，奢侈品品牌管理者们已经越来越注重走全球化的道路，因为只有如此，他们才能够将奢侈品品牌一直发扬光大。

13.2 奢侈品品牌的标准化

13.2.1 概念探究

品牌的全球化对品牌的标准化毫无疑义地提出了迫切性要求。

品牌标准化除了有指产品生产的规范性、统一标准和全球定价一致之外，还指传播策略的标准化。一方面是指用同一品牌在不同的区域进行推广和销售，另一方面是指在品牌传播过程中，对所有的国家、地区或文化，都采取同一种传播策略，而不是加以区分。标准化策略是将全球市场看成是一个共同市场而形成的。因为这样既可以降低品牌传播的制作与宣传成本，又可以树立清晰、统一的品牌形象。通常来说，这只对一些非常强势的品牌才有效。比如可口可乐、麦当劳、列维·斯特劳斯在全球化传播中采取全球统一的文化传播，并没有根据当地的文化标准而改变其传播策略，结果却取得了极大的成功。当考虑"身份象征性"的奢侈品品牌时，传播的文化和共享理解的重要性就更为明显。它可以彰显一个人的生活方式和态度。选择江诗丹顿的人就是要区分出自己和劳力士佩戴者不同的品位，而购买法拉利的人群也当然和习惯奔驰的人不一样。

13.2.2 品牌标准化分析维度

品牌标准化可以分成产品和品牌两个维度来考虑，产品的标准化主要针对设计或配方、包装、制造技术，而品牌的标准化主要包括审美、设计、广告以及品牌名称、服务等。根据全球化战略选择的不同，对这两个维度的标准化要求也有所不同：选择品牌全球化战略，则产品和品牌都应该高度标准化，事实上，通过品牌延伸、主副品牌和多品牌策略等方式，现在越来越多的奢侈品品牌开始构建金字塔式的品牌体系，在最顶端的奢侈品，产品和品牌都高度标准化；采用品牌区域化战略，则产品的标准化程度较低而品牌标准化程度要较高，品牌规范其统一的精神，在产品上针对区域市场情况和需求加以适当区分，比如诸多化妆品奢侈品品牌针对亚洲市场推出的美白系列，虽然仍然使用该奢侈品品牌，产品已经区分于其他市场上的产品；选择多品牌下的产品标准化战略，即规范化不同品牌下的产品线，则产品的标准化程度要高，而品牌标准化程度为低；而推行品牌本土化战略时，因为具有较强的针对性和较为狭窄的品牌性，产品和品牌标准化都应该比较低。

不管是如何标准化还是何处标准化，归根结底，应该符合一个品牌的历史、现状、市场分析，适应当时当地的品牌环境，关注客户群和产品及服务的提供。有的时候需要借助品牌之间的有效联系来提升整体，有的时候却需要必要的切割，以免影响品牌形象。

13.2.3 奢侈品品牌标准化实现途径

1. 品牌标准化与品牌传播

品牌战略一旦确定，就应该进行全方位、多角度的品牌传播与推广活动。品牌标准化是品牌全球化传播的重要前提。

（1）标准化是品牌形成的基础

标准化是现代化企业生产经营所必不可少的环节，对品牌的形成有着至关重要的作用，它是市场需求的真实反映，因而可以说是品牌形成的基本要素。许多国际上著名的公司或国内的著名企业，都是在标准化上下功夫，通过标准化的生产经营管理模式、标准化的基本营销模式、标准化的售后服务体系，最后铸造成国际知名的企业或企业集团的品牌。

（2）标准化是品牌价值的保证

作为一个国际知名品牌的企业，保持品牌的持久性是企业为之长期奋斗的目标，也是企业核心竞争力的综合体现。品牌代表着企业的生产技术、管理水平和营销能力等多因素，并体现它们形成相互关联的整体价值实力，这必然需要企业用标准化规范企业的每一道程序，建立一个比较完善、比较规范，从企业生产、营销、财务、人力资源一直到销售及售后服务等的标准化工作程序，保证企业品牌价值的保值和升值。

2. 奢侈品品牌标准化之路

欧洲是大多数奢侈品品牌的发源地。在几个世纪的漫长岁月里，这些奢侈品品牌已经从最初简单的家族企业，发展成为具备了标准化经营管理模式的公司。

奢侈品品牌的标准化是建立在技术发展基础上，在品牌形象和文化传递上，则依赖于设计的标准化、产品的标准化、流程的标准化和服务的标准化。设计的标准化是指客户获得产品的一致性；产品的标准化意味着同样品质同样来源的原材料和同样品质的完成品；流程的标准化则是同样的制作过程给予产品质量的保障；而服务的标准化可以包括服务态度、专业技巧、仪容与行为、以及环境体验的标准化，体现在奢侈品品牌的服务人员以及门店和购买环境上。这些基本因素的标准化，有利于奢侈品品牌降低成本、保证品质、提供相同的品牌承诺、满足和提升客户期望值、提升客户体验。比如爱马仕的箱包，它规定了极为繁复的人工制作流程，还有经营销售的方式。虽然没有亲身经历，但每个拿到爱马仕皮包的顾客都很清楚这个产品如何完成，自己又必须通过何种方式去购买，需要等待多久才能得到这样一款精美的皮包。无可厚非的是，标准化的过程是奢侈品品牌提高自身质量和竞争力的一个过程。

13.2.4 奢侈品品牌标准化对于全球化的作用

品牌的管理是高层次管理，许多国际化的大企业或企业集团都是通过品牌扩张和输出最后形成的。企业推行标准化的经营管理模式可以说是企业向外扩张，实现全球化发展的有效途径。奢侈品品牌因为针对的客户范围比较狭隘，更加需要以对外扩张来达到持续发展的目的。而在对外扩张的时候，把握住标准化这样一个工具，才能使自己的产品具备更多的特点和更大的竞争力。当然，并不是所有的公司在国际化的时候都适合走标准化的道路，这还要取决于企业所处的行业和它的标准化是否具备了高度的适应性。

13.3 奢侈品品牌全球化、标准化与本土化辨析

13.3.1 奢侈品品牌全球化与本土化

1. 奢侈品品牌全球化挑战

由于奢侈品的某些天然特性，奢侈品品牌在全球化过程中必然会遭遇到一些特殊的挑战。

（1）挑战一：时间 VS 成本

时尚界有一个常见的问题：为什么四大时装周提前 8 个月进行明年的时装发布？因为对于大多数时装公司来说，它们至少要花费 8 个月才把设计变成成品。工作程序如下：在 A 国采购布料，B 国印染，在 C 国精雕细绣，最终在 D 国生产一件裙子，而这套工作程序就是建立在国际化框架之下的。在这个全球化的年代，生产和运输的速度也意味着地理位置变得愈发重要。20 世纪 70 年代以后，很多全球品牌都把它们的制造业建立在第三世界廉价劳动力的基础上。制造部门负责人将重点放在寻求最廉价的劳动力以降低成本，这种工业模式制造出根深蒂固的依赖感以及恐惧感：不这样做它们将被对手击败。然而，这种做法除了耗费大量时间之外，还衍生出另一个话题，就是制造地和品牌地不匹配。

（2）挑战二：高贵血脉 VS 本土制造

几乎所有奢侈品品牌都会强调其原料的产地和选材的严格。有些奢侈品深受原产地的局限，原产地的气候和环境都会对其品质产生重大影响，比如说酒类。有些则没有这么深刻的地域局限性，但是仍然保持自身的特殊性，因为在大众观念中，好车来自德国，美酒来自法国，名表来自瑞士。这些奢侈品都已经打上了原产地的烙印，最大限度地传递给受众精益求精的直接感觉，从而让奢侈品的价值得到最直观的体现。

原产地的重要性还反映在产品创新方面，只有在原产地进行工作流程，才更有利于和设计师、原材料的直接接触，保证始终如一的高品质。如保时捷公司到今天仍然坚持在德国本土生产和组装，作为小型汽车制造商，凭借原汁原味的"德国制造"的品质，吸引了一大批狂热的消费者，创造了一流的利润，以致于德国前总理施罗德也赞誉"保时捷是德国的典范"。

因此，在几乎所有奢侈品消费者眼里，原产地就是"高贵血脉"的象征。随着他们越

来越关注品牌背后的历史故事和文化，他们对作为文化的发源地的原产地的重视也越来越深。与重视原产地相对的是对本土化的拒绝。

"中国人竟然不接受在中国制造的奢侈品"，这让杰尼亚公司常务董事、全球战略联盟 CEO Giorgio Delpiano 感到很困惑。在杰尼亚 CEO 的心目中，中国产的杰尼亚既有意大利的设计，又能支持本土制造，价格也更加合理，应该是更受欢迎。然而中国产的杰尼亚在中国市场的接受程度竟然比欧美市场还要低。

消费者如此回应："买奢侈品买的就是高贵的血脉和原汁原味的原产地制造，如果都是中国制造了，还不如干脆买中国品牌。"其实，不光是中国人不接受在中国制造的奢侈品，发展中国家的消费者大多有这种感觉。这种情况使得杰尼亚公司陷入进退两难的境地。退一步，是价格优势的丧失；进一步，是高贵血脉的稀释。该和中国制造保持怎样的距离，成为了杰尼亚反复掂量的命题。

事实上，Delpiano 应该知道，他所供职的这家意大利顶级男装品牌售卖的不仅仅是设计、质地和工艺，还意味着品位和身份。家业百年，意大利小镇上的祖孙三代都为自己做手工，这是杰尼亚时常提及的文化部分。美国前总统克林顿、法国前总统密特朗、英国王子查尔斯等都曾在公开场合以杰尼亚示人，这是能够吸引媒体和顾客的轶事。一个广为流传的故事是，定制一套手工杰尼亚全球限量版西服需要 13 万元人民币。工匠们精纺的是 12—13 微米的羊毛，制成品用肉眼看来甚至比丝绸还要细密。面料对气候有要求，需要远赴瑞士加工。意大利顶级技师量体裁制，就连纽扣都是兽类最坚硬的角质做成的。整个制作流程长达 50 天。

杰尼亚作为奢侈品品牌，其"高贵血脉"是吸引客户的主要原因之一。一旦成了中国制造，其血统无疑会被大幅稀释。

2. 奢侈品品牌本土化必要性探讨

品牌的一半是文化。在一个国际品牌进入其他国家的市场时，遭遇到最为顽强的抵抗力是由于文化差异而导致的审美观和价值观的差距。能否适应不同文化与思维壁垒之间的差别，是一个国际化品牌能否成功的标志。对公司占领全球市场、推动全球战略而言，"全球化"和"本土化"是一个问题的两个方面，实现全球化是一个公司终极战略目标。为实现这一目标，公司必须适应各国目标消费者的差异性需求，最大限度地实现全球化与本土化的有机结合。本土化涉及品牌、研发制造、人力资源、资本运作，营销渠道等各个方面。

对于奢侈品品牌管理来说，本土化是一个十分敏感的话题。然而需要承认的是，一些本土化选择仍然有助于奢侈品品牌全球化的过程。这些选择体现在以下几个方面：

（1）品牌译名的本土化。品牌名称与当地文化的融合能更好地塑造品牌形象，如 dunhill 翻译成登喜路，不仅发音契合，易读易记，而且符合求吉的心态。

（2）市场活动本土化。营销活动只有贴合当地的文化、习俗、生活习惯等，才能达到事半功倍的效果。像香奈儿 2009 年 12 月在上海外滩的巴黎—上海工坊系列发表会，除选择了上海地理坐标外滩之外，整个系列都充满了从颜色到造型甚至材质的中国元素，在整个时尚圈一时成为炙手可热的话题。

（3）人力资源的本土化。善用本土的人才，进行本土的管理。只是对于奢侈品来说，本土人才仍然需要先经过全球化的严格培训。

13.3.2 奢侈品品牌本土化与标准化

强势而令人向往的文化内涵、文化中令人向往和推崇的元素才是奢侈品品牌塑造自己强势品牌文化的基础和奢侈品无穷魅力的根源。奢侈品品牌往往具有悠久的品牌历史，而奢侈品中所包含的设计师精神和产品创作过程中的丰富故事，具有一种理想唯美的传奇色彩，也为品牌增添了一份神秘和厚重。几乎所有的顶级珠宝品牌都拥有超过 100 年的历史：蒂芙尼创立于 1837 年，而卡地亚创立于 1847 年。品牌的历史是品牌重要的一份资产，能够为品牌带来信任度和丰富的联想。从这个意义上来说，奢侈品的本土化并不是建立在目标市场的本土化，而是原产地的本土化。凭借着文艺复兴以来源远流长的文明和厚重的历史沉淀，在现代化工业社会通过强势经济，向目标市场输出了品牌始源地的文化和精神。

购买奢侈品的主力人群是富裕阶层，他们对文化的认同感往往非常强烈。他们需要通过消费文化和文化产品（即带有历史和艺术等文化性的奢侈品），取得与其财富地位相对应的文化地位，进而获得稳固的社会地位。因而，奢侈品品牌的标准化在某种程度上是把具有品牌地浓厚本土特性的文化和品牌加以标准化，然后再把标准化了的品牌全球化。从目标市场的本土化策略来说，也是需要建立在标准化基础上，在品牌形象和概念没有损害的前提下进行的，比如前文所说的营销方法的本土化等等。

可见，本地化是品牌国际扩张的一种重要手段。但是对于奢侈品品牌本土化运作却不

第13章 奢侈品品牌全球化、标准化与本土化

能泛滥,比如上面的例子里,中国顾客对奢侈品品牌拥有根深蒂固的原产地情结,本地化制造反而成了品牌国际化的一场噩梦。同样,对于奢侈品终端店铺的设计也要慎用本土化,而善用标准化。一般来说,世界各地的客户走进古驰(GUCCI)商店时,他们会期望店里的色彩、音乐和环境都是意大利特色的。但他们走出古驰商店而走入一家YSL服装店时,就应当立刻感受到一种巴黎的氛围。

全球化品牌竞争是一个不可避免的趋势,在全球化过程中,奢侈品品牌应当深刻审视国际化行动中与品牌战略可能的冲突。既珍视百年历史积累的品牌声望,又顺应时代的发展趋势,拿捏好多方利益的均衡与文化元素渗透的品牌核心价值是每一家奢侈品公司必须面对的挑战。

讨论案例:"上海滩"(Shanghai Tang)
——打造源自中国的奢侈品品牌

从裁缝铺发展为高端装饰品,"上海滩"(Shanghai Tang)只用了短短15年的时间。其行政主席雷富逸(Rapheal le Masne de Chermont)正以他独特的见解和丰富的管理经验开创一个源自东方的奢华世界。

时间追溯到2000年的一天,当日内瓦一家知名手表品牌向雷富逸发出邀请时,他丝毫没有动心,反而选择了历峰(RICHEMONT)集团刚刚收购的中国本土品牌"上海滩",展开一场品牌改造大战。当时历峰集团的执行董事长鲁伯特(Johann Rupert)对雷富逸说:"你疯了!你正在这个小品牌上浪费时间!"而雷富逸却认为,比起为一个成熟的知名品牌工作,他更有兴趣亲自去打造一个全新的品牌。他相信终有一天,他能把"上海滩"改造成一个大品牌。今天,"上海滩"在雷富逸的执行之下,营业额已经增长了2倍。早在他接手一年半以后,"上海滩"便开始盈利。2003年,"上海滩"还清了所有向银行与历峰集团借贷的债务。如今,60%到70%的品牌发展资金是由"上海滩"自筹的,即使在当前全球金融海啸的背景之下,"上海滩"也有足够的现金面临挑战。

雷富逸在管理高端品牌方面有着独到经验,但是作为一个法国人,他对于亚洲市场和中式服装了解多少呢?是什么样的性格造就了今天的"上海滩"?又是怎样的管理风格与经营理念让"上海滩"成为在"中国制造"的奢侈品?

毕业于法国南特高等商学院的雷富逸，在获得 MBA 学位以后，于 1988 年 1 月加入历峰集团，负责卡地亚（Cartier）伦敦业务的运营，自此便开始了他在奢侈品行业的生涯。随后，雷富逸加入伯爵（PIAGET），开始了长达 17 年的手表行业的经历，他曾先后担任名士（Baume & Mercier）及沛纳海（Officine Panerai）等腕表品牌的管理职位。在负责卡地亚伦敦业务的时候，雷富逸得以在世界各地工作。当时，雷富逸已经对亚洲非常向往，他努力了解中国文化，试图成为中西方之间的文化桥梁。当雷富逸看到中国改革开放的关键时期已经到来，中国正渐渐成长为经济强国时，他主动说服历峰集团执行董事长鲁伯特，让他负责"上海滩"的经营，力求打造"中国第一奢侈品品牌"。

雷富逸上任之后，开始着手重塑"上海滩"的 DNA 并令其更加鲜明。雷富逸说，"上海滩"的品牌精神就是展示一个诞生于中国文化中的品牌的现代性与国际性。在奢侈品行业工作了 21 年之后，雷富逸如今定居在中国，与中国员工共事，他说，尽管"上海滩"目前隶属于历峰集团，但是"上海滩"是中国品牌，不是法国品牌，他要让"上海滩"从中国走向西方，成为一个足迹遍布纽约、巴黎、米兰、马德里和法兰克福等国际性大都市的中国品牌。"上海滩"的每个产品，都必须植入中国的 DNA，运用中国的灵感与色彩吸引全世界的眼光，就像他常穿的中式领口的服装，适合他的欧洲面孔但却富有东方的优雅美感。雷富逸回忆他刚加入"上海滩"的时候，去香港的"上海滩"旗舰店找上班能穿的服装，试了半天，却找不到一件合适的，所有的产品都太民族化了。作为一个西方人，他不可能穿着一件纯中式的服装出现在正式场合。于是他意识到需要适当地改变"上海滩"，要让它变得更加适合当代人的生活，同时又不损害品牌的特质。"上海滩"产品的转变，可以从雷富逸本人的穿着中得到最好的体现。访谈过程中他自豪地说："今天我身上穿的都是'上海滩'的服装。现在我可以每天都穿'上海滩'却不显得突兀。"除此之外，雷富逸还透露，他自己经常会选择"上海滩"的佩饰作为礼物送给他的家人和朋友，其中一个袖扣盒是他个人的最爱。

凭着对中国文化的热爱，雷富逸将他的全部热情投入了"上海滩"。他是一个生活和工作都很有规律的人，每天起床后坚持游泳一个半小时，而亲自走访"上海滩"的店铺更是他每天必做的功课。他相信一个人若不能在工作中投入激情，不能享受工作的过程，那这份工作就只是浪费自己的时间，不可能开花结果。雷富逸做的正是一件其他人没有做过的事情——打造一个来自中国的，灵活有创意的，并且能提供国际化优质服务的奢侈品品牌。

资料来源：朱杰，"打造源自中国的奢侈品品牌'上海滩'（Shanghai Tang）"，《当代经理人》，2006年第10期。

思考题

1. 奢侈品品牌全球化的前提是什么？挑战是什么？
2. 奢侈品品牌全球化时应当如何处理当地生产或是品牌原产国生产的矛盾？
3. 结合"上海滩"案例，讨论中国元素在奢侈品品牌进入中国市场时的考量维度。

14 奢侈品品牌中国市场立体观

奢侈品中国市场环境
奢侈品中国消费市场分布
奢侈品中国消费群体概述
奢侈品品牌传播在中国
全球奢侈品品牌中国挑战

第14章　奢侈品品牌中国市场立体观

如果你只是跟着别人的步伐，那么你就不要期望能够超越它。

——Bernd Peter Pischetsider
宝马、大众前总裁

品牌故事：
琉璃工房——东方友谊传播使节

琉璃工房历史介绍

1987年，琉璃工房创立于台湾淡水。创始人杨惠姗、张毅曾是台湾电影界获奖无数的知名表演艺术家和著名导演，但是基于对中国传统艺术文化的挚爱和对人生信念的执着，在电影事业的巅峰状态急流勇退，倾注毕生积蓄投入当时在台湾社会还相当陌生少见的现代琉璃艺术，从零开始创立了中国第一个琉璃艺术工作室——琉璃工房。在这唯一的琉璃工作室里，他们展示了中国传统工艺美术的全新展望和无限可能，张毅的设计不仅强调现代艺术的创作基本概念，更涵盖了强烈的传统民俗情感，包含蕴藏中国伦理及宇宙概念的古老图腾，创作之中深见民俗情感。

"琉璃"两字，是中国古代对玻璃的称呼。琉璃工房取"琉璃"，是希望经由琉璃这种材质的学习、创作活动过程，传递工艺之美，更强调一种对历史与文化的归属和依存意义。

琉璃工房主要的理想，是希望在世界琉璃艺术蓬勃发展，独缺中国琉璃的情况下，创造符合精细雕塑的中国美术品，选择以"琉璃脱腊铸造"（pate-de-verre）作为基本创作技术。20年来，已发展至概念配饰、TMSK 餐饮、LIULI LIVING 生活设计及 a-hha 网络动画等范畴。

琉璃工房经营理念

琉璃工房正努力树立一个新中国琉璃艺术的文化创作形象。在"执着地不断创作有益人心的作品"的企业基础下，琉璃工房期望在现代社会中，以伦理的、教育的、有益人心的作品，以及对于琉璃材质的学习和创作活动，唤醒中国民族传统里的宝贵价值，也希望世界因为琉璃工房美轮美奂的艺术品，进而了解中国美丽的文化及历史。

源源不断的创新也是琉璃工房成功的秘诀之一。他们的作品因为都是设计者心血的结晶，总是限量绝版，这既是为了保证其升值潜力，也是为了督促他们不断挑战自我。张毅认为，琉璃工房经营理念的最大价值在于诚意。唯有真实才能世代流传，因此琉璃工房始终坚持着用百分之百的诚意待人待艺。张毅夫妇感到幸运的是，他们埋头于创作和在世界各地举办作品展，在被艺术界认可的同时，也得到了市场的追捧。一位顾客这样说，太多人找不到努力的方向或者缺少勇气，看到张毅和杨惠姗对琉璃的承诺如此执着，似乎买了琉璃工房的作品，自己的人生也跟着厚重和坚贞起来。琉璃工房从不做广告，很多人都是由于受到了触动，才会不自觉地成为这对夫妇的知音。现在，购买大件作品收藏的比例已由过去的21%上升到40%，这也证明他们的诚意得到了更多响应。自从1996年琉璃工房在上海设厂以来，行销内地和美日多国。仅上海就开设了9家艺廊，年产值达6000万元，并且还在以年增长50%的速度发展。

琉璃与生活应用的结合

台湾台北的"天母国际艺廊"，可说是琉璃工房对生活应用美学的艺术追求最好的代表，亦是台北最具代表性的琉璃艺廊，许多观光客慕名而来。"桃花源——柳暗花明又一村"是琉璃工房为天母国际艺廊概念的设计，以黑色大理石的基调与色彩丰富的琉璃作品，展现琉璃深邃又内敛的华丽。艺廊中多样代表性琉璃作品，更让参观的民众们深刻体验到中华文化的美丽。

第14章 奢侈品品牌中国市场立体观

琉璃工房的天母国际艺廊,融合了琉璃工艺美术的艺术面与生活面,将琉璃艺术与日常生活紧密结合。这项作品不仅美化了台北的市容,帮助大家在忙碌的都市生活中舒缓了压力,更是琉璃工房品牌传播的最好方法,用美取得大家的认同。

2006年琉璃工房更在上海开设第一个琉璃博物馆——"LIULI上海琉璃工房琉璃艺术博物馆"。博物馆坐落于新天地,外表镶着5000片琉璃艺术透明玻璃,重达1吨的巨型金色牡丹花高挂在琉璃墙上,外型华丽夺目,让上海这华丽的城市更增添了一种透明的美感,成为上海艺术的新地标。2009年琉璃工房第一座大型户外喷泉"大圆满花开"在马来西亚开幕,是马来西亚历史上最高的喷泉。

2002年5月,琉璃艺术家杨惠姗、张毅受聘为北京清华大学美术学院玻璃艺术学系顾问教授,并成立琉璃艺术研究室,立志培养更多的琉璃人才以传播中国美的意念。

扬名国际的中国文化

琉璃工房从不在广告上花钱,他们所讲求的宣传方法非常简单,就是将中国艺术之美散播。展览就是他们最好的宣传,得奖事迹就是他们最好的广告。琉璃工房的作品2005年荣获香港DFAA亚洲设计大奖,跃升亚洲最具影响力的设计品牌。2007年世界最权威的玻璃专业博物馆"美国康宁玻璃博物馆",于杨惠姗在纽约Leo Kaplan Modern展览期间,收藏杨惠姗的创作"澄明之悟",肯定了杨惠姗已是现代玻璃艺术创作的重要作家之一。琉璃工房已经成为中国文化最具代表的品牌之一,作品应邀至日本、美国、英国、意大利、法国、德国、南非等地展出,在风格上和思想上,成为中国琉璃的代表,媒体争相报道。

多件作品获得世界最重要博物馆永久收藏的肯定,包括北京故宫博物院、英国维多利亚与艾伯特国立博物馆、美国宝尔博物馆、美国康宁玻璃博物馆等。第 73 届奥斯卡颁奖典礼上,125 位入围嘉宾获赠琉璃工房"将进酒——古风六品"系列作品,首开中国工艺品走进奥斯卡颁奖典礼之先河,全世界至少有 32 位国家元首接受过琉璃工房的作品作为赠礼。台湾的文化盛事金马奖,在 46 届时更由影后舒淇接下琉璃工房的金马大使奖座。

琉璃工房努力将琉璃脱腊铸造的创作空间,提升到过去全世界从来不曾有过的范围和水平,已经是全世界最好的琉璃脱腊铸造工作室。在 1995 年的 10 月,杨惠姗所创作的佛像作品"药师琉璃光如来"更被供奉在日本奈良药师寺。

琉璃工房正努力树立一个新中国琉璃艺术的文化创作形象。

琉璃工房的未来展望

"其实整个琉璃工房(发展),我像舵手一样。方向很重要,初期不觉得,(走哪个方向好像)没有差别,但走 10 年、20 年,一直走,结果是南辕北辙。方向定位很重要,很重要。"张毅说。张毅当初觉得中国元素必须是它们的风格,在民族文化中取得定位。如果说张毅当初不确定中国这个元素,说不定会走偏。如何通过长久的经营让更多文化族群的人认识中国文化,是琉璃工房对未来的展望。

琉璃工房期望在现代社会中,以富有教育意义的作品以及对于琉璃材质的学习和创作活动,告诉世界每一个角落中华文化的美丽及中国民族传统里的宝贵价值,为未来中国的文化复兴提供发展性的方向,也将中国琉璃工艺带往一个更广阔的历史新格局。

随着奢侈品品牌的国际化,欧洲传统奢侈品品牌通过不断创新,注入新活力不断巩固其世界领导地位。同时,美国、日本等发达国家的奢侈品品牌也在国际市场上努力耕耘、确立自身的地位。然而几乎所有的荣光都不属于中国民族品牌,处于世界第二大奢侈品消费市场的中国民族品牌迫切需要思考的是:对于奢侈品行业来说我们并不缺文化,也不缺技术,更不缺原料,唯独缺乏品牌的塑造。面对洋品牌的步步进逼,中国应当如何发展自己的奢侈品产业?谁又将担当中国现代奢侈品品牌复兴的重任?

14.1 奢侈品中国市场环境

市场环境指的是对处于市场经济下的企业生产经营活动产生直接或间接影响的各种客观条件和因素，主要包括：国家的法律法规和经济政策的健全完善程度；宏观经济形势；企业生产经营所需生产要素的供给和对企业产品的市场需求情况；同行企业的竞争力；大众媒体的舆论导向；自然条件和科学技术进步状况等。

14.1.1 中国宏观经济背景

随着中国经济 30 年的改革开放历程，中国经济连续多年保持了高速平稳的增长（见图 14-1）。中国市场在过去的近 20 年内发生了翻天覆地的变化，从计划经济到市场经济，政治格局的宽松，政府鼓励创富和消费，财富迅速集中在了富裕阶层。根据美国运通发表的《探索富裕群体的世界——中国对话篇》白皮书，2006 年中国的高净资产人士（流动资产 30 万美元以上）约为 224 万人，流动资产总值达 22600 亿美元，2011 年则可能达到 420 万人，流动资产总值达 43370 亿美元。2006 年，中国流动资产 100 万美元以上者有 46.7 万人，2011 年估计达 90.81 万人。2007 年，中国已出现 20 名亿万美元富翁，而 2005 年时只有 2 名。

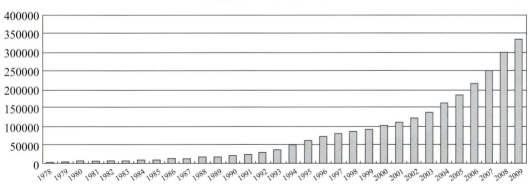

图 14-1　中国国内生产总值：1978—2009 年

资料来源：国家统计局。

14.1.2 中国奢侈品市场背景

改革开放以来，在市场经济大潮中，奢侈文化不可逆转地在中国以飞快的速度发展着。虽然大多数中国人在购买奢侈品时还是相对理性的，但相当多的人认可并向往奢侈品消费，大都认为月薪在 50000 元及以上的人适合经常进行奢侈品消费。目前中国的富人阶层在人数和财富上都在飞速增长，成为了奢侈品消费的潜在客户群。

在全球奢侈品销售额不断下降之时，中国的奢侈品市场以每年 20% 至 30% 的速度增长。内地日渐成为全球高档奢侈品的新宠。在金融危机使欧美日奢侈品品牌需求普遍萎缩时，中国奢侈品市场却依然向好。2009 年，中国奢侈品消费已占全球市场的 27.5%，首次超过美国成为世界第二大奢侈品消费国。据高盛的一份调查报告显示，在 2009 年全球奢侈品产品市场出现萎缩情况下，预计中国奢侈品产品销售将破天荒地达到 50 亿美元，远高于 2008 年 30 亿美元的销售额，增幅居全球第一。英国《金融时报》最新报道称，到 2015 年前后，中国市场上奢侈品销量将占到全球总销量的 29% 左右，和日本持平，中国将成为和日本同等重要的世界最大奢侈品市场。因此越来越多的奢侈品品牌抢先一步，加快了在中国市场圈地的步伐，目前几乎所有的世界顶级品牌都在中国设有分店，甚至涌现出一些旗舰店。对于在欧洲销售日颓的古老奢侈品品牌而言，中国几乎是一片新大陆。而上海与北京也有望成为继纽约、巴黎、香港、伦敦、悉尼这五大名城之后世界第六和第七大奢侈品朝圣地。

迅速富起来的中国人正在以各种各样的方式，实现着自己心目中的奢侈梦想，据分析：中国目前大约有 1.75 亿消费者有能力购买各种品牌的奢侈品，占总人口的 13.5%，其中有 1000—1300 万人是活跃的奢侈品购买者，该群体的年收入为 24 万元人民币（约 29630 美元），存款为 30—50 万元人民币（约 37037—61728 美元）。其选购的产品主要包括高档轿车、手表、皮包、化妆品、时装、洋酒和珠宝等。

贝恩公司的 2009 年研究报告中有过调查，在各类产品中，中国消费者对各个品类最喜欢的品牌如图 14-2 所示。

第14章 奢侈品品牌中国市场立体观

"2009年",对各类产品而言,您最倾向于购买的前三大品牌分别是什么?

	1	2	3
腕表	ROLEX	OMEGA	Cartier
化妆品、香水和个人护理用品	CHANEL	LANCÔME	Dior
箱包	LOUIS VUITTON	GUCCI	CHANEL
男士服装	GIORGIO ARMANI	BOSS HUGO BOSS	Ermenegildo Zegna
珠宝	Cartier	TIFFANY & CO.	周大福
鞋类	Salvatore Ferragamo	GUCCI	CHANEL
女士服装	CHANEL	LOUIS VUITTON	BURBERRY

图 14-2 各品类消费者最喜欢的品牌

资料来源:贝恩中国内地奢侈品消费者调查(样本数量=1410)。

2010年1月14日,胡润百富第六次发布《至尚优品——中国千万富豪品牌倾向报告》(Hurun 2010 Best of the Best Awards)。报告中显示,中国富豪们对于品牌的认知有了显著的提升,相较2009年提升了近两倍,2010年富豪们提及的品牌数量平均有2.3个,2009年有1.4个,而两年前仅有1.1个。

根据贝恩公司2009年对中国奢侈品市场的研究报告,中国市场目前主要依靠皮具和化妆品类推动整体发展(见图14-3)。

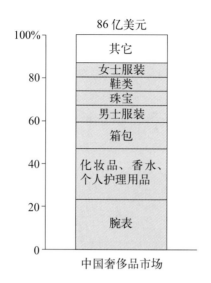

图14-3　中国奢侈品市场规模，按产品品类划分（2009）

资料来源：贝恩公司2009年中国奢侈品市场研究报告。

中国消费者对奢侈品的购买意愿与购买力，已成为免税店销售增长的重要力量。据世界著名免税企业DFS的香港店统计，2006年内地游客的花费占全店总收入的46%，2007年超过60%。

相比较中国内地市场，中国的消费者更倾向于到港台及海外市场消费奢侈品。如图14-4所示，根据贝恩公司2009年中国奢侈品市场的研究表明，2008年中国内地奢侈品市场只占中国消费奢侈品总额的40%，中国消费者更加青睐境外（包括香港）消费。

随着世界奢侈品品牌纷纷抢滩中国，无论是来自荷兰、展示于上海滩的"世界顶级生活体验中国峰会"，还是世界上已经开始有影响的奢侈品展——上海国际品位生活展，抑或是世界顶级品牌纷纷在中国选址开店，让从来没有见过这阵势的国人睁大了眼睛。同时睁大眼睛的还有来自全球各地的顶级奢侈品生产商们，他们确认中国可以拯救他们，正如法国精品企业联盟"科尔贝委员会"预言，中国将在2011年前后成为世界第一大奢侈品消费国。以下三大原因推动奢侈品消费升温：

首先，中国奢侈品消费升温，的确存在"炫富"、"功利"等因素。但其根本的推动力，还在于人们收入水平的不断提高。中国经济保持稳定、快速发展，收入的增长使消费结构发生变化，人们有了更多的、富余的钱，可以投入生活必需品之外的消费。

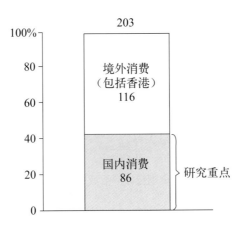

图14-4 中国奢侈品消费总额（2008）

资料来源：同图14-3。

其次，近年来许多世界奢侈品企业都意识到了中国市场的巨大潜力。除了北京、上海等主要城市，不少奢侈品企业还在二、三线城市加大投入力度，开设专卖店。这些举措不仅使奢侈品品牌被越来越多的国内消费者所认知，同时也刺激了奢侈品消费市场的发展。

再次，除了百姓消费能力增强、企业开发力度加大，消费行为层面也有重要的原因。中国国内新富阶层正迅速形成，他们的财富增长很快，需要通过一些产品来彰显自己的财富和身份。

研究表明，尽管新兴的中产阶级还将有着较高的储蓄率，但他们的消费欲望同时也在增加（见图14-5）。这和当今中国的一个趋势也比较吻合：中国的下一代，包括十几岁到二十几岁的年轻人，在消费观念上与父辈已经大不相同，他们更趋向于花钱而不是把钱存起来。

TNS的调查发现，在中国，地位象征和自我奖励是两个最强烈的消费动机。被访者对奢侈品品牌表现出非常正面和积极的态度。例如：超过70%的被访者认为奢侈品品牌是一种来代表他们的地位和成功的方式，少于30%的被访者反对在购买奢侈品时支付额外的费用，超过60%的被调查者承认购买奢侈品是他们对自己努力工作所取得成就的一种奖励，在高收入阶层当中这一个比例则更高。

奢侈品品牌管理　Luxury Brands Management

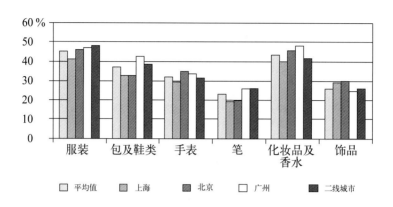

图 14-5　国人表现出非常强烈的奢侈品消费愿望

资料来源：同图 14-3。

14.1.3 奢侈品品牌进入中国的背景

目前国外奢侈品品牌的渗透率很高，占据了绝大多数的市场份额。据国际奢侈品协会提供的数据显示，在 2007 年，世界公认的顶级奢侈品品牌中已有超过八成进驻中国，落户中国的国际奢侈品品牌在华销售额几乎均达到了两位数的增长，中国奢侈品市场已经成为了全球奢侈品品牌的必争之地（见表 14-1）。到目前为止，几乎所有的世界顶级品牌都在中国设有分店，旗舰店也纷纷涌现。

表 14-1　部分奢侈品品牌进入中国时间表

品牌	经营项目	国家	创立时间	进入中国时间	中国销售网点
卡地亚Cartier	珠宝、手表	法国	1847年	1992年	约16家
路易威登Louis Vuitton	服装、箱包	法国	1854年	1992年	约15家
法拉利Ferrari	跑车	意大利	1929年	1993年	约13家
人头马Remy Martin	洋酒	法国	1724年	1994年	不详
古驰GUCCI	服饰、配饰	意大利	1921年	1996年	约10家
克里斯丁·迪奥Christian Dior	服饰、香水	法国	1947年	1997年	约8家

爱彼 Audemars Piguet	钟表	瑞士	1875年	1999年	约22家
香奈儿 CHANEL	服装、香水	法国	1913年	2000年	约2家
江诗丹顿 Vacheron Constantin	钟表	瑞士	1755年	2000年	约29家
保时捷 Porsche	跑车	德国	1930年	2001年	约17家
轩尼诗 HENNESSY	洋酒	法国	1765年	2001年	不详
宾利 BENTLEY	轿车	英国	1919年	2002年	约7家
宝格丽Bvlgari	珠宝	意大利	1884年	2003年	约4家
劳斯莱斯 Rolls-Royce	轿车	英国	1904年	2003年	约4家
百达翡丽 Patek Philippe	钟表	瑞士	1839年	2005年	约1家
法拉帝Ferretti Yachts	游艇	意大利	1968年	2005年	约2家
宝诗龙 Boucheron	珠宝	法国	1858年	2005年	约2家

资料来源：福布斯，《世界顶级奢侈品品牌进入中国内地市场时间表》。

14.1.4 奢侈品品牌在中国背景下的传播

大多数中国人了解奢侈品的途径主要是互联网、时尚杂志、电视、销售专卖店。而奢侈品品牌非常重视其品牌的传播，它是奢侈品企业营销战略的重要手段。国外奢侈品品牌从20世纪90年代进入中国开始，充分运用各种传播渠道，迅速打开了知名度并确立了它们在国人心中的顶级形象。例如国人对劳斯莱斯、法拉利、劳力士、香奈儿、香格里拉、希尔顿等世界名牌都非常熟悉。

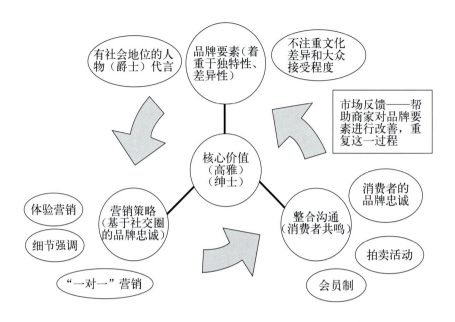

图 14-6　国外奢侈品品牌传播模型之一

表 14-2　我国和国外奢侈品品牌传播主要差别

	国外	中国
核心价值	高贵、典雅、绅士、庄严、气派，消费者出于提高生活水平消费	高贵、富贵、地位，消费者出于炫耀和显示消费
品牌要素	注重差异性，唯一性，形象代言具有特殊的社会地位(公爵、总裁等)并被认识到	试图融合文化，推广奢侈品品牌，形象代言的特殊社会地位没有被了解
营销策略	强调细节，体验式营销，营销对象范围窄，基于上流社会的社交圈	广告、传媒，营销对象广泛，针对的消费群体不是上流社会
整合沟通	以会员制、拍卖和消费者忠诚推销商品	会员制消费、单独购买为主

14.2　奢侈品中国消费市场分布

越来越多的中国家庭加入中产阶级行列，他们有能力负担除了食品、医疗保健等基本生活必需品以外的越来越多的其他物品。他们的支出目标转向汽车、家用电器、个人电脑和个人护理用品，以及娱乐或奢侈品等非必需品。

2008—2015 年，中国将有 7500 万城市家庭加入中产阶级的行列。中国的人均消费将从 2008 年的 1.34 万元上升至 2015 年的 1.7 万元人民币。届时，城市人口消费总额将达到 13.3 万亿元人民币（1.94 万亿美元）。

但财富的增长在中国并不平均，而且中国的市场如此之大，各地增长的速度也是千差万别。中国的 800 多个城市中有 200 多个人口超过 100 万（在整个欧洲，人口超过 100 万的城市只有 35 个）。另外，中国还有数百个人口在 10 万级的城市。

很少有跨国公司会在法国和德国市场运用同样的策略，但似乎很多公司在中国却正是这么做的。它们专注于培植最大的市场（北京、上海等一线城市，以及较大的二线城市，如南京），而忽略了中国数以百计的城市之间的差别。

中国各城市群消费者的行为存在很大差异。例如，52% 的上海城市群消费者青睐名牌产品，而这一比例在厦门－福州城市群（包括潮州、汕头、石狮等城市）中只有 36%。消费者对产品特性的偏好也很不一样。例如，深圳城市群的消费者青睐轻、薄的数码相机，而广州城市群的消费者偏爱有大显示屏的机型。不同城市群中的消费者对媒体的偏好也大相径庭。例如，中原城市群（包括郑州、洛阳、开封等城市）中 95% 的消费者喜欢看中央台，而 62% 的上海城市群消费者喜欢看本市的电视节目。对各地消费者看电视习惯的深入了解，有助于那些在电视广告中投入甚多的消费品公司更有效地分配它们在不同城市群之间的媒体投资支出。

区别对待中国的不同城市，将中国城市划分为若干个区域（城市群），关注它们在收入水平、地理位置、城市间的经济联系和贸易往来诸多方面的区别和差异、以及城市中消费者共同的消费态度和偏好等不失为一个很好的解决办法。

比如，了解哪些城市将呈现最有吸引力的增长机遇对投资的优先排序就至关重要。例如，合肥的中产阶级占比预计将迅速从 2008 年的 35% 增长至 2015 年的 67%，而同一时期，杭州的中产阶级只会从 73% 略微上升至 75%。中产阶级增速的差异也会反映为消费增长速度的差异。中国的城市中，包括北京、烟台、威海和松原在内的 25 个城市的消费总值有望在 2008—2015 年翻一番；同期，包括上海、武汉和湛江在内的 25 个城市的消费有望增长 50%—100%。即使一些城市的增长率为一位数，其增长速度还是会超过全球增长水平，从而带来可观的商业增长机遇。

此外，企业在绘制出区域划分（城市群）之后，需要确定应瞄准哪些区域（城市群），以及在每个区域（城市群）运用什么样的策略。有些公司或为了扩大分销中的规模经济，或因为某些区域（城市群）中的类似的媒体观看习惯和对媒体渠道的偏好，而将一些区域（城市群）合并。另一些公司则可能因为某些区域（城市群）内的差异（比如竞争状况或消费习惯），需要运用不同的战略，而将一些区域（城市群）分拆为两个或更多的小区域（城市群）。

目前，中国的奢侈品消费者主要集中在珠三角地区、长三角地区以及北京周边地区。

麦肯锡在2008年进行的调查发现：富裕消费者一般聚集于特定的地理区域，即东部和中南地区。居住在中国四个最富裕的"一线"城市（上海、北京、广州和深圳）的富裕消费者约占全国总数的30%；居住在中国最富裕的10个城市中的富裕消费者占全国总数的50%。关于"2015年中国的富裕消费者将在哪些城市居住"的一项调查结果如图14-7所示。

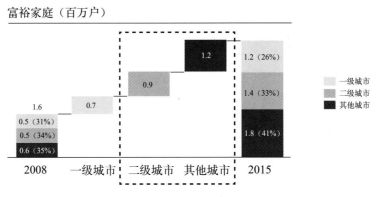

图14-7　中国富裕家庭的城市分布变化

资料来源：麦肯锡，《中国新兴富裕阶层》。

与中国的情况不同，美国最富裕的10大城市中聚集的富裕家庭只占全国总数的25%左右。将中国富裕消费者作为目标消费群体的商家倾向于将自己的营销重点放在上海和北京这两个中国最富裕的城市，尽管那里的竞争已经十分激烈。但是这些企业往往低估了中国其他较小城市的重要性。在北京，最大的品牌经常拥有若干零售店面，但是许多品牌的店面在成都或温州却找不到，尽管成都的富裕家庭数量比底特律还多，而温州的富裕家庭数量和亚特兰大持平。麦肯锡的研究表明，就城市聚居的富裕家庭数量而言，在未来的5—7年，许多较小的中国二级城市将达到目前几个最大的二级城市的水平。麦肯锡估计3/4的"新增"富裕消费者将来自目前的一级城市之外的地方。

根据贝恩公司2009年研究报告表明，目前中国部分二、三线城市的奢侈品市场消费能力已经和一线城市接近，二、三线城市（比如温州、深圳等）消费者的购买力和对奢侈品的态度也与北京、上海等城市相近（见图14-8）。

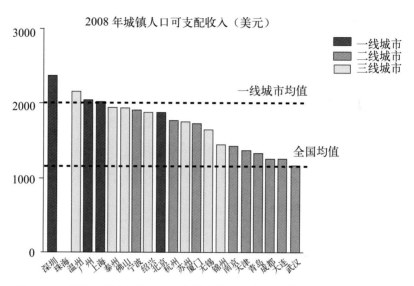

图14-8　中国一线城市和二、三线城市奢侈品市场比较

资料来源：同图14-7。

之所以目前在中国的二、三线城市的奢侈品市场没有上海等地如此繁荣，主要有以下原因：

（1）二、三线城市优质零售空间稀缺且很难获得。传统零售空间通常难以达到奢侈品品牌的要求；新的购物卖场不断涌现，但很难从中选出会实现出色业绩的卖场；奢侈品品牌通常要求卖场在其进驻前拥有良好的品牌组合；识别和获取恰当的零售空间要求具备丰富的本地经验。

（2）招聘和挽留符合要求的门店员工在二、三线城市困难重重。二、三线城市本地人才有限，难以满足奢侈品品牌在中国二、三线城市的快速增长；品牌面临自身行业和其他行业对优秀人才的争夺。

（3）二、三线城市本地购物卖场缺乏与奢侈品品牌合作的经验。品牌管理理念和运营标准可能与本地购物卖场大相径庭；一些品牌依靠经销商或中间人处理其和卖场的关系。

中国主要城市的奢侈品销售情况如下：

1. 北京

国贸商城于 1990 年 8 月开业,在北京率先引进了品牌专卖店从事零售业务的经营模式,是北京著名的以提供高档商品和服务为主的现代化购物场所。总营业面积达 30000 平方米,共容纳了 185 家品牌专卖店,其中路易威登、古驰、卡地亚、纪梵希等 40 余家国际一线品牌集中在租金最昂贵的商城一层精品区。

东方新天地的 5 个主题商场,总面积逾 10 万平方米,目前进驻的一线品牌很多,其中二线及副线品牌所占比例约为 2%。

王府饭店位于首层和地下一、二层的王府精品廊聚集了 50 多个世界顶级品牌专卖店,是目前中国内地市场奢侈品品牌较集中的零售场所,也是国际品牌登陆中国的桥头堡。王府饭店集中了世界主要的一线品牌,包括珠宝、手表、时装、箱包等各个顶尖级的时尚品牌,占王府饭店整个商业的 84%。

2. 上海

高档奢侈品品牌的骤然增多和扎堆现象,上海要远远超过北京。在上海南京西路,奢侈品店面十分密集,华丽的时装、钟表、珠宝、箱包皮具的橱窗和巨幅灯箱广告一个挨一个。根据 2003 年年初的一项调查,当时那里已经集中了 893 个品牌,其中国际品牌为 444 个,几乎占总数的一半,世界著名品牌 100 多个,占国外一线品牌总数的三分之一以上。进入上海的国际著名品牌在此开设专卖店专柜的达 80% 以上,其中世界顶级品牌更有 95% 以上开设了专卖店或旗舰店。

恒隆广场商城目前已经汇集了 300 多家世界顶级时装、皮具、珠宝、钟表品牌,赛琳、纪梵希、万宝龙、迪奥、卡地亚、普拉达、Paul Smith、MaxMara 等都有自己的精品店。随着顶级品牌 LV 从一楼扩展至二楼建立起 1000 多平方米的复式旗舰店,整个恒隆的一线品牌纷纷效仿。

与恒隆广场一路之隔的中信泰富广场也吸引了一系列的国际国内众多知名品牌的入驻,除了 CERRUTI1881(BLUE LABEL) 外,还包括伊太利屋、Liliana、Guy Laroche、Fornarina、T"STORETRUSSARDI、LOTTUSSE、Marie Claire、Theory、AS、Betty Cooper、Maria Beans 等多家品牌。

梅龙镇广场则汇集了许多世界一流品牌的服饰、皮具、化妆品、运动器材等,日式百货伊势丹也入驻其中。意大利著名鞋饰和包袋品牌 A·TESTONI 的引入和世界级品牌植村秀的入驻使其以高档著称的一楼化妆品商场更加名门荟萃。一线品牌的专卖店也争相亮相在南京西路,世界顶级品牌中的路易威登、古驰、巴宝莉等先后在这里开设了亚洲旗舰店;首次进入上海市场的阿玛尼将 EMPORIO 和 AJ 两大子品牌的首家专卖店也开在了南京西路。

沿恒隆广场向西的菲拉格慕精品店也同样落址于南京西路,另外一家由日本商人投资的久光百货 1—3 层也均布满了顶级奢华品牌。地处陕西路口的兰蔻概念店是世界著名化妆品企业全球仅有的 3 家同类店之一,且上海店规模盖过了巴黎和东京。如今一楼商铺日租金已经达到每平方米 5—6 美元的恒隆广场、中信泰富、梅龙镇广场等已无铺可租。除上海南京西路外,具有"香榭丽舍"之称的淮海路广纳世界精品,巴黎春天、美美百货、华亭伊势丹、连卡佛等均以高雅的姿态展现着国际顶级名牌,显示着上海都市购物世界级的水准。

上海的气质似乎天生就值得顶级时尚品牌驻足。作为中国最早开放也最为开放的城市,上海对奢侈品进驻中国市场起到绝对重要的作用。强劲稳定的经济发展,传承的多元文化结构及频繁的对外交流使众多品牌选择这座城市为首发站。上海汇聚了国内乃至世界的高尖端人才,良好的教育、高端的收入为培养奢侈品消费奠定了扎实的基础;消费者普遍具有旺盛的购买力、极强的品牌意识和认知度。

3. 其他奢侈品品牌聚集区

杭州已超越广州,成为名副其实的奢侈品第三城,从服饰、皮具、家具、化妆品……许多奢侈品品牌已经做到上海、北京、杭州三地才有,甚至某些奢侈品品牌已经做到了杭州独有。杭州奢侈区之一的湖滨国际名品街也是国内最先进、唯一的顶级商业经营模式,类似于米兰 ViaMontenapoleone 等高档商业街区。

广州是实力依旧雄厚的奢侈品第四城,丽柏广场、友谊商场的存在,是没有一个城市敢轻视的。广州人的购买力更是让人惊叹。由于地缘关系,广州人有去香港消费的习惯,因此广州本地的奢侈市场的发展或多或少会受到一些影响。

深圳奢侈品品牌也很多,虽比广州少一些,但是奢侈家具品牌却是深圳强项,目前国内奢侈家具类品牌为北京、杭州、深圳三足鼎立的趋势。因为深圳离香港最近,深圳人大部分都去香港消费奢侈品,比例要比同样有去香港消费习惯的广州人更高一些。

成都是全国城市中,人均拥有私家车比例第二高的城市。成都满街都是奥拓、QQ 之类,那并不是有钱的标志，只能说成都人消费很实在。成都与重庆一样，是西部城市的顶级时尚领衔者，非常多的奢侈品品牌都在这两个城市内设立中西部重点，成都与重庆辐射的是整片西部地区，因此在很多奢侈品品牌的眼里，这两座代表城市具有西部的中心城市的代表性与中心辐射能力。

西安中大国际放在全国任何一个城市都是第一流的，西安最近的奢侈品市场的蓬勃发展也非常引人注目，但是西安虽然有两大高级商场中大国际与世纪金花购物中心，销售业绩却在全国并不突出。西安如果要与成都、重庆在高端领域掰一下手腕，还有待进步与发展。

14.3 奢侈品中国消费群体概述

顾客对奢侈领域、对构成奢侈和最渴望的品牌的理解是基于不同的文化理念。在这些理念的指导下，顾客对于品牌的演变和对它们的提议非常关注，并有自己的判断，因为他们期望品牌推出的任何新产品都要尽可能地贴近他们的个性及其身份。在中国，文化经过几千年一代又一代人的积累和沉淀，对我国消费者的心理和行为有着尤为深刻的影响。我国的文化背景影响了我国消费者的奢侈品消费结构，并导致了我国的奢侈品消费群体与其他国家的奢侈品消费群体之间存在着不同。

与欧美发达国家不同，中国消费奢侈品的受众主要为年轻新贵，而非中老年阶层。奢侈品消费代表着一种文化、一种生活观念、一种休闲娱乐、一种时尚品位。我们不难看到，在上海、北京、广州等地已经有一批批新富阶层成为了奢侈品的倡导者。这些人往往具有高学历、高收入与高品位的特点，他们对休闲娱乐场所、化妆品、音像制品、饮食、穿着佩饰等都具有非常挑剔与独到的眼光。相应的，主导他们消费的重要因素往往是源自一种文化的熏陶，他们要求与众不同、彰显个性与时尚，他们热爱生活并热衷消费，他们更代表着文化消费的尖端。所以，即便奢侈品价格随着社会整体物价有着微弱的浮动，也并不会影响这些人对奢侈品的热衷。

1. 中国奢侈品消费者的一般描述

法国巴黎百富勤的报告指出，中国已进入奢侈品消费初期。中国的中等收入阶层家庭2010年将达到1亿个，户均拥有资产达到62万元。随着中等收入阶层的崛起，中国的消费率还会不断上升，预计2010年将上升到65%，2020年达到71%，接近发达国家水平。

而根据长期跟踪研究中国富豪的胡润估计,中国有多达 5 万人积累了超过 1000 万美元的财富,其中超过 1 亿美元的有 200 人。中国经济快速发展造就了一批富豪,他们在富裕之后,开始一掷千金地购买轿车、手表和服装等奢侈品,这种"炫耀性消费"成就了中国的奢侈品市场。

从胡润百富 2010 年 1 月 14 日第六次发布的《至尚优品——中国千万富豪品牌倾向报告》来看,中国千万富豪平均年龄 41 岁,男性居多,平均拥有 3 辆车、4.4 块手表,主要从事服务业、房地产业和制造业;他们喜欢收藏手表、珠宝、古代字画和当代艺术品,且自行购买多;他们对中国经济的发展前景持乐观态度;喜欢投资房地产;更加关注健康的生活方式,每年平均拥有假期 16 天,七成富豪有定期体检的习惯,1/3 富豪不喝酒,近一半的富豪不抽烟。并且他们对于奢侈品品牌的青睐度也在逐步发生改变,表 14-3 是胡润百富对于 383 名中国千万富豪品牌倾向调查的报告内容摘选。

表 14-3 2010 年中国千万富豪最青睐品牌(节选)

最青睐的时尚品牌	
珠宝	卡地亚
手表	百达翡丽
复杂功能手表	百达翡丽
珠宝手表	卡地亚
运动手表	劳力士
时尚手表	路易威登
商务手表	百达翡丽
休闲手表	卡地亚
时装	乔治·阿玛尼
书写工具	万宝龙
配饰	爱马仕
豪华手机	Vertu
护肤品	香奈儿
最青睐的汽车/游艇/私人飞机	
超级豪华商务车	劳斯莱斯幻影
超级豪华自驾车	宾利欧陆飞驰

豪华轿车	奔驰S级
豪华SUV	奥迪Q7
全地形豪华SUV	路虎揽胜
超级豪华跑车	保时捷911
行政商务轿车	奥迪A6
超级豪华游艇	Riva
豪华商务游艇	Princess
豪华运动艇	Pershing
私人飞机	庞巴迪
私人飞机运营商	金鹿
最青睐的酒和烟草	
豪华洋酒品牌	路易十三
超级豪华威士忌	皇家礼炮21年
极品干邑	路易十三
豪华干邑	轩尼诗 X.O
白酒	茅台
高档白酒	水井坊
豪华香槟	酩悦香槟
高档香烟	中华
雪茄	大卫杜夫

资料来源：胡润百富第六次发布《至尚优品——中国千万富豪品牌倾向报告》。

但中国市场的奢侈品消费者则远远不限于这些富豪，中国奢侈品消费的主力军实际上是比较富裕的中产阶层。巴黎百富勤公司给他们的定义是：家庭资产30万元以上、年收入10万元以上。中国品牌战略协会秘书长杨清山则表示："如果要经常性地消费奢侈品，标准应该再高一点。我觉得月收入2万元到5万元的这部分人应该是比较典型的奢侈品消费者。" 根据高盛公司的研究报告，在中国内地，总共有1.7亿人曾经消费过奢侈品，占总人口数的13%。但在这些人当中，只有1000万—1300万人是活跃的奢侈品购买者，而其余的消费者只尝试过一次或数次奢侈品消费。

收入层次差异延长了各类奢侈品的生命周期。与其他产品一样，奢侈品的生命周期也包括研发期、导入期、成长期、成熟期和衰退期五个阶段。在导入期和成长期,其目标顾客主要是收入较高的奢侈品现有消费群体,而中国中产阶级则扮演着候补性奢侈品消费者的角色,成为进入成熟期的奢侈品的另一部分不可忽视的消费群体。

2. **中国奢侈品消费者特点**

根据普华永道针对中国奢侈品消费的分析资料,中国的奢侈品消费和国外相比存在着四个不同点:

(1) 中国富裕消费者与发达国家相应群体的最大区别在于前者非常年轻。大约80%的中国富裕消费者不到45岁,这个数字在美国为30%,在日本仅为19%。

(2) 对于中国人来说,奢侈品大部分还集中在服饰、香水、手表等个人用品上,而在欧美国家,房屋、汽车、合家旅游才是大家向往的奢侈品。

(3) 在中国,男性占了购买者的相当大一部分,而在日本,奢侈品消费者以单身女性居多。

(4) 单位购物是中国奢侈品市场的一大特色,许多公司购买奢侈品送给大客户、生意伙伴和政府官员。这一方面说明了中国仍然不够富裕,另一方面也反映了中西不同的生活方式:高密度人群助长了消费中的攀比之风。

表14-4 中国和国外奢侈品品牌市场对比

	国外	中国
追求动机	审美收藏、体现身份、提高生活质量、装点气氛	体现身份地位、找寻交往对象、炫耀、满足虚荣心、收藏
主要群体	40—70岁的中老年人,生活悠闲富足,价值观不断改善,有创造性,对新事物很有兴趣,真正的富豪	20—40岁的年青人和中年人,物质主义者,沉溺于时尚优质的生活,追求社会地位,多数是中产阶级,少数富豪
向往的产品	汽车、房屋、全家旅行、名酒(款待上宾)	服饰、香水、手表、珠宝等能够表现出身份品位的产品,多数是个人用品
传播方式	聚会、带有时代特色的专卖店、会员制推销	广告、商业交往、攀比

根据J.P.摩根2004年对于中国顶级时尚品牌的购买情况调查,当时顶级时尚的消费者以男性为主,占到70%,像杰尼亚和HUGO BOSS这样的以男性产品为主的品牌沾了光。不过女性时尚品牌的销售也没有受大的影响,因为"那些富豪中年男性会一掷千金送礼物给女友"。如今,顶级时尚品牌的女性消费群正在迅速成长,两年来已经从30%上升

至 40%。

中国的奢侈品消费并不完全是个人的独立选择。它在很大程度上受到社会因素的影响，而参照群体正是社会对个人施加影响的重要因素之一。它是消费行为的社会性的突出体现。

参照群体是指个体在形成其购买或消费决策时，用以作为参照、比较的个人或群体。它不仅指朋友、亲人等与个体有相关接触的人或群体，也包括与个体没有直接接触的但对个体产生影响的个人或群体。按照成员资格以及群体对个体行为、态度的影响将其分为四类，分别是接触群体、渴望群体、否认群体和避免群体。接触群体是指个体隶属其中并在主观上认同于它、与之频繁接触的群体。渴望群体是个体不具有成员身份，却渴望加入或效仿的群体。否认群体是指个体具有成员资格，但对其行为标准、态度和价值观持否定或反对态度的群体。避免群体是指个体不具有其成员身份，并力图回避的群体。

中国奢侈品的消费人群属于两种不同的参照群体，奢侈品的高级白领和年轻的消费群体的相当大的一部分人群都属于渴望群体，他们相对社会上层人士来说也许算不上富有，却是奢侈品的崇拜者。可能全身衣着普通，却肩背昂贵的挎包，也许一连几个月都以盒饭度日，只为购买一套名牌服装。富翁及小部分高级白领相对于其他人而言是接触群体，他们在经济地位或者社会地位上要高于渴望群体，因此成为渴望群体追逐和模仿的目标。但是由于渴望群体无法或者无法在短期内成为接触群体中的一员，因此他们希望通过模仿接触群体来掩盖自己实际身份或者取得一种精神上的满足。而奢侈品相对于必需品而言，参照群体的影响作用更大，因此成为渴望群体的消费目标。除此之外，渴望群体由于受到经济条件的限制，购买奢侈品的频率很低，且在消费者购买行为中，单次购买行为经历的周期都要相对更长一些，存在一次性消费的可能。

由这些调查统计可以看出，中国奢侈品的消费人群的年龄结构和性别比例和西方存在很大差异，20—40 岁的城市上班族是消费大军的主体，以男性消费者为主导。同时礼节性消费在中国的奢侈品消费中占有相当的比例。同时，由于中国处在社会转型的复杂环境中，奢侈品在中国市场的发展时间也不长，消费者还不够成熟，消费群体比较复杂，因此收入因素对奢侈品消费的影响比较不明显。

鉴于中国奢侈品消费主力的年轻白领可以说是中国现有的"中产阶层"，他们正处于社会化生命周期中的"成年期"，个体具有很强的自主选择与创造能力。他们有物质、精神的双重基础来为自己打造个性化角色。"高人一等"的生活是大众对于他们的一种角色期望。那么如何将自己的角色展现在众人面前,最为直接的表现就是仪表、风度。社会心理学显示,一个人的衣着、打扮很容易给人们留下深刻印象,从而引起人们对其内在品质的联想。同时根深蒂固的"面子"观念也为年轻新贵们的消费提出了"上档次"的要求。因此,进驻中国市场的奢侈品品牌要想争取到这一最大部分的顾客群,必须维持其"高高在上"的品牌定位,迎合消费者"面子"的要求,要能营造出足够的社会认同气氛使人们相信这个符号代表了奢侈的价值。在舆论意义上,奢侈品品牌要维持一种"奢侈标志物"的形象,在市场定位上不断地设置消费壁垒,使认识品牌的人与实际拥有品牌的人在数量上形成巨大反差,以展示它们独一无二、无与伦比的品牌个性。

鉴于中国奢侈品消费者中还有一部分受参照群体作用、经济能力不是很强的群体,奢侈品公司针对目标消费者的年轻一族可以利用参照群体的概念来制定一些营销策略。如在广告中运用参照群体的概念来进行宣传,可以邀请著名的成功人士作为形象代言人,也可以仅仅通过广告模特来表现一个成功人士的形象。因为奢侈品本来就和普通的商品相区别,成功人士的宣传能够彰显其尊贵、高档的特点。此外,成功人士作为年轻人的渴望群体,对他们有着巨大的影响力和感召力。但在选择成功人士的时候需要考虑几个因素:奢侈品与成功人士形象的一致性,要选择最能体现产品内在的品质的代言人;成功人士的社会认可度,即他被社会公众认可的程度;成功人士的美誉度,即他是否被社会公众所接受或者所喜爱的程度。后两者直接影响到广告对于目标消费者的影响力。另外,商家也可以通过举办聚会的方式来进行产品的销售。公司可以精心准备某种主题聚会,布置豪华高档的会场,展出公司的新品,邀请公司的 VIP 客户作为重要嘉宾,这些人通常都会购买一两件产品。此外还要邀请一些偶尔购买产品的年轻白领等人参加聚会。在这种环境下,由于行为是可以被别人观察到的,所以功利性的影响和价值性的影响可以起到非常大的作用,渴望群体对他人的影响尤为强烈。当越来越多的人开始陷入其中时,效应可能还会增强。总之,利用参照群体的效用制定出合理的营销策略,就可以有效地吸引更多潜在消费者购买奢侈品。

总之,奢侈品品牌在中国的传播过程中要注重利用更适于中国消费者接受的方式,传达彰显使用者品质和地位的品牌形象,同时为了吸引更多的对奢侈品有需求、但消费能力有限的消费者,培育潜在市场,可以更多地推出一些入门级的奢侈品。

3. 中国消费者奢侈品消费动机

朱晓辉在《儒家文化价值观影响下的中国奢侈品消费动机》中,通过实证研究,验证了中国消费者存在 Frank Vigneron 和 Lester W. Johnson（1999）所阐述的5个理论上的奢侈品消费动机中的4个：炫耀、从众、自我享乐、品质精致。这也验证了中国消费者存在 Shu-pei Tsai（2005）所实证研究的4个奢侈品消费动机中的3个：自我赠礼、自我享乐、品质精致（见图14-9）。

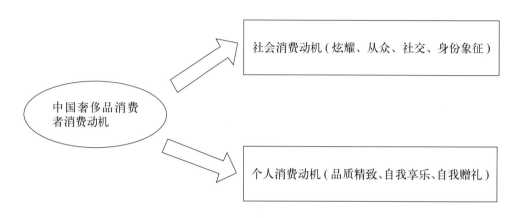

图 14-9 中国奢侈品消费者消费动机

同时，该文发掘了中国消费者奢侈品消费动机的特殊性：领先的动机以及表现内在自我的动机几乎没有，但却存在一个新的很显著的奢侈品消费动机：身份象征。表现为：（1）相对于西方消费者注重个人取向的消费价值，中国消费者更注重炫耀性价值；（2）相对于西方消费者注重拥有物的个人含义，中国消费者注重拥有物的公众意义；（3）相对于西方消费者，中国消费者倾向于用产品或品牌的象征性，以及消费来表达自己在社会中的阶层和地位；（4）相对于西方消费者注重奢侈品的领先特性，中国消费者在选择和消费奢侈品时，更多从众的动机，以规避消费风险和迎合大众口味；（5）中国消费者奢侈品的消费很大一部分是用来送礼建立其社会关系。

4. 中国奢侈品消费者细分

中国的奢侈品消费者如按照消费心态来分类可分为四种类型：（1）奢侈品爱好者，占15%，他们比较追求某种社会地位；（2）奢侈品追随者，占22%，他们追求成功，希望向别人显示自己是属于某一个社会群体的；（3）奢侈品理性者，占35%，他们往往是追求奢侈文化和品牌背后的知识，了解这些品牌的价值、故事，在购买前先要了解这些知识；（4）奢侈品落后者，占28%。此外，还有一类细分市场就是享受生活的人，这个细分市场很快将会出现。

根据中国品牌策略协会的研究表明,中国的奢侈品消费者大体分为两大类。一类是富有的消费者,他们喜欢避开人潮,追求个性化服务,经常光顾奢侈品零售商店,购买最新、最流行的产品,一般不会考虑价格问题。研究发现"中国已有部分富裕阶层的消费者,在奢侈品消费上逐渐理性化,向西方成熟消费理念靠拢",表现为在奢侈品消费上的享乐体验多于其象征价值,不再一味追求地位炫耀和虚荣。另一类是白领上班族,其中以外企公司的雇员最为典型,他们会花上一整月工资购买一件商品。调查显示,这些消费者的年龄大约在20—40岁;而欧美地区奢侈品消费者的年龄多在40—70岁。与之相比,中国奢侈品消费一族的年龄是相当年轻的。他们常年奔波在外,购买习惯与20世纪80年代开始大批出国的日本消费者相似。他们多把奢侈品的购买行为视为个人社会地位和财富的表现。众多消费新贵利用他们物质上的富有来影响他们的朋友、家人和同事,同时也把自己和社会大众区分开来。中国奢侈品消费者在购买奢侈品时也有"先消费,再烦恼"的冲动,他们多数喜欢购买能力所及范围内最昂贵的商品,并尽情享受新兴起的雅皮士生活。

再从消费实力角度考量,中国奢侈品消费者可以大致分为三类:第一类是那些经济实力位于社会上层的人士。他们希望通过购买奢侈品来彰显自己,提高自己的品位,价格因素考虑得较少。第二类是以高级白领为主的人群,他们有着一定的经济实力,购买奢侈品时更多的考虑时尚性,通常会用几个月的薪水来购买一套衣服或者一个皮包。第三类是更为年轻的群体,追求潮流,他们不具有消费实力,但却有很强的消费欲望。第一种人群中有为数不少的人购买奢侈品是一种炫耀性的消费。后两种消费群体中间有相当一部分购买奢侈品的目的在于效仿经济地位更高的人群,他们希望通过拥有某些奢侈品作为他们进入某些高收入群体的标志,哪怕由于经济实力有限,不能完全达到这些群体的消费标准,也可以通过某些奢侈品的消费获得心理上的满足。

5. 中国一些典型的消费群体介绍

(1) 商界成功人士

这个群体是传统奢侈品购买者的代表,以男性为主,年龄在35岁以上。他们大多数是国内大公司或者是政府机构的高层管理人员。豪华车品牌劳斯莱斯的国内代理商曾为他们的中国顾客勾勒出另一幅有趣的肖像:来自上海或者邻近的浙江某地,大多数是房地产业的老板,都不是中国各种富豪排行榜上的人物。这些神秘富豪们虽然财产来源、规模、去向一直不为外界所知，但他们确实在奢侈品进入中国的过程中表现出了极强的购买力。

与世界其他国家的第一代富翁相似，这类人消费奢侈品的主要目的是为了彰显财富，因此他们更加关注奢侈品的高昂价值而非独特风格。这些人相比其他奢侈品消费者层次更高。因为购买奢侈品已经有一定历史，他们对奢侈品有着自己比较独特的看法和品位。当其他奢侈品消费者只是刚刚开始购买奢侈品的时候，传统的奢侈品购买者已经开始注重奢侈品的体验，甚至开始转向一些更加小众的产品。他们更加看重物有所值，并且希望与家人一起享受奢侈品所带来的好处。

一般而言，这个群体的工作非常忙，压力很大。但只要有时间，他们愿意和家人待在一起，特别是愿意开车带着家人一起去度假。他们具有很高的责任感，除了对自己和家人，也包括对社会的责任感。非常关注国际、国内大事和经济动态。闲暇时间，他们喜欢阅读关于经济商务以及旅游休闲类的书籍；爱去茶馆，安静的公园去享受一些宁静的时光。很多人把摄影当做一种爱好。在体育运动方面，最爱的还是高尔夫。

他们最偏好的旅游目的地是亚洲的一些国家和地区，因为在那里他们可以享受到更加放松和宁静的假期生活，而且距离中国较近，便于他们在紧急情况下快速回国处理事务。

财经和体育节目是他们比较感兴趣的媒体内容，而获取方式主要是通过短暂的行车时的广播节目。尽管可能没有年轻人那么依赖网络，他们仍然大量使用互联网，用于获取最新的新闻，以及搜索各种信息。

（2）年轻奢侈品新贵

这个群体的代表是高级白领和年轻的时尚追求者。虽然中国奢侈品消费者年轻很多，但是并不代表富裕很多，这个群体的特点在于他们愿意在奢侈品消费上投入较大比例的金钱。由于对未来抱有非常乐观的态度，他们很少担心自己的老年生活，这大大影响了他们的消费习惯——他们倾向于购买自己能买得起的最贵的东西来满足自己的追求。对这个群体而言，单价在人民币10000元以下的商品才是消费主体，而昂贵的大件奢侈品不在他们的承受范围之内。

具体来看，我们又可以把中国奢侈品的年轻消费人群分为两类：一是新兴的时尚阶层，以年轻的高级白领为主，他们希望通过奢侈品来显示自己的高雅品位。所以那些传递国际时尚舞台最新流行趋势的风尚杂志，是他们十分钟爱、也必不可少的读物。而另一个则是更为年轻的奢侈品消费群体，年龄在25岁上下。这个群体对待人生相当乐观，对大部分的事情都持正面态度。他们具有相当的探索和冒险的精神，有野心、有抱负去追求成功。在拼命工作的同时，他们认为享受生活是同样重要的。他们总是最早一批使用新科技、新产品的人，并且崇尚时尚和潮流，青睐国外的品牌和美食。他们抵抗不住奢侈品的诱惑，正如他们所言：有一些奢侈品是必需的。

高盛的统计显示，目前，中国介于20—30岁的奢侈品消费者数量是日本同年龄段的11倍。根据一项在北京、上海两地进行的调查，LV的背包、Cartier的手表、Dior的香水、dunhill的套装等，都被他们认为是自己所需要的国际名牌。"令人惊讶的是，尽管还不具备相应的经济实力，但他们已经开始用其中的一些名牌来点缀自己，当他们成年后还将购买更多的名牌。"中国品牌战略协会秘书长杨清山对此感到惊讶，"虽然中国的奢侈品消费人群已经达到总人口的13%，并且还在迅速增长中，而事实上真正的富人数量并不多。"

这个群体的特征是：工作之余，年轻新贵们喜欢到酒吧、电影院、看杂志。旅行方面，则更喜欢探索一些距离中国更远、有一些神秘色彩和独特文化的国家，像南非、德国和英国。他们基本上都是网络媒体的重度使用者，喜欢看报纸杂志，喜欢上网、听广播、看电影。在网上，他们自己写博客，也看朋友们的博客，这是一个自由表达和交流的平台。在电视方面，他们很喜欢文化类的节目。

（3）经济独立的新女性

在当今中国，女性已经经济独立，并且收入已经达到了可以购买奢侈品的水平。随着经济和社会地位的提高，年轻的中国女性正在逐渐超过"35岁以上的商务精英"成为奢侈品购买者的重要人群。她们对奢侈品消费有着独特的视角："一个办公室的女孩子，用LV包，可以说明她是个尊重自己的人。"

她们展示出了中国年轻一代女性对奢侈品越来越狂热的追求。她们的消费方式也被称为"新节俭主义"，即在消费总量没有变化的前提下，分别在不同的消费领域运用了不同的消费预算策略，并用一方的收敛节俭来支持另一方的支出花费，从而顺利实现了局部消费水平的提高。

其群体特征如下：爱好奢侈品的独立女性有很多的休闲爱好，热衷于听音乐、唱卡拉OK、咖啡馆、泡吧、养宠物。相比另外两类奢侈品消费者，她们更加喜欢看杂志、看影碟。她们也喜欢运动，尤其是瑜伽、健身操。而如果选择出国旅游，EW（时代女性）更加偏好那些有美丽的海滩和海岛的国家，像新西兰、韩国和马尔代夫。

在媒体习惯方面，她们对电视剧、音乐节目、电视购物栏目更加感兴趣。杂志尤其是时尚杂志的广告、直邮广告对她们的影响会更强。她们不太关注网络博客，事实上也不太会写，但是喜欢下载视频，也包括热门电影、电视剧。

14.4 奢侈品品牌传播在中国

《每日经济新闻》启动拥有近40万高端人群的"每经数据库"，就"沪上顶级时尚商品的消费习惯"进行调查。调查结果表明：上海消费者对奢侈品品牌的获知渠道以杂志广告为主，他们常在本地高档百货商场购买奢侈品；每年在此方面的人均支出不足5万元，愿为单件品牌商品支付的价格多在4000元以下；在品牌认知度方面，LV高居榜首，接下来依次是CD、GUCCI、BOSS和香奈儿。

在"你由何种媒介了解奢侈品品牌"一项中，51%的被访者表示是通过杂志了解，32%的被访者的了解渠道是互联网，10%左右的是朋友介绍，只有7%的人是通过电视。

中西方在观念上的巨大差异，必然形成中西方消费群体在奢侈品消费上的差异。西方社会，奢侈品的目标消费者是追求高品质生活、表达与品牌有相同个性的人士。而国内的消费者并不成熟，他们通常只注重价格、款式的外在体现，而并不了解奢侈品的文化内涵及历史，他们对奢侈品的追求出于对地位的炫耀，而非对品牌内涵的认同。

正因为如此，奢侈品品牌在进入中国后，采取了与国际上不完全相同的传播渠道与方式（见表14-5）。

图14-10选择了奢侈品主要的传播渠道：传播品牌故事、广告宣传、公关活动与展示、名人代言效应、品牌旗舰专营店以及口碑这六项作为分析指标。从图中可以看到，Sisley、Prada、G.Armani、Mont Blanc四大品牌在中国都着重采取了广告宣传，配合以一流的品牌专营店，以打造奢侈品品牌辉煌的王国。

第14章 奢侈品品牌中国市场立体观

表 14-5　中国与国外不完全相同的奢侈品品牌传播渠道与方式

	国外传播渠道	国内传播渠道
品牌故事	通过传播品牌故事的方式将奢侈品品牌的价值传递到消费者的心目中，是奢侈品牌成功的关键	直接告诉中国的消费者，这个品牌是给什么人用的。主动传递出奢侈品=金钱+身份的信息
广告宣传	热衷于精准、而非密集的广告投放；消费者认为社论性广告与插页等是对他们阅读的一种干扰	热衷于大量投放硬广告，这些广告所覆盖的面要远远大于品牌的核心目标消费者，以制造羡慕者的烘托效应 社论性广告与插页等广告收效较好
公关宣传活动	非常频繁的公关活动，展示会和路演是非常重要的活动	公关活动相对较少，但是由于其所带来的杰出效应而受到品牌的关注，并逐渐加大力度
活动冠名赞助	常常大手笔地赞助一些高端消费者所关注的活动，如高尔夫赛、网球赛、一级方程式赛车、奥运会等	相对在国内赞助此类活动的较少
名人效应	明星做秀成为传播品牌文化的重要途径	以国外名人做秀为主，也有聘用国内明星的，但是相对数量少些
品牌专营旗舰店	在最为繁华昂贵的商业中心，对目标市场的有效覆盖	奢侈品品牌纷纷进驻中国一线城市
奢侈品展览会	较多参加此类展会，是重要传播途径之一	国内类似的展会机会较少，但奢侈品品牌在此类展会中收效显著
口碑/忠诚度	非常重视口碑营销，重视客户忠诚度的培养与维护	注重客户体验与口碑，但并不像在欧洲市场那样重视客户的忠诚度培养

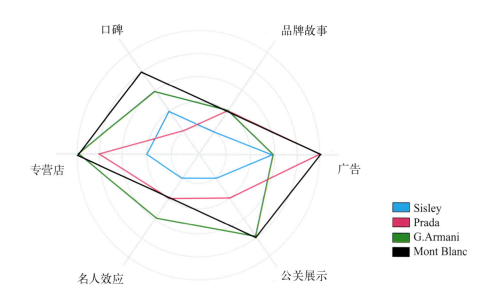

图 14-10　奢侈品品牌在中国市场的品牌传播渠道

而相对于这四个品牌在国际市场上的传播渠道，其分析结果如图 14-11 所示。

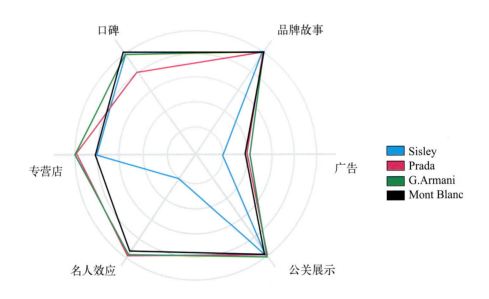

图 14-11　奢侈品品牌在国际市场的品牌传播渠道

14.4.1 奢侈品品牌在中国的传播渠道分析

在外国，享用奢侈品就是有钱人的象征，是一种生活的高品位；而在中国，人们对奢侈的认知还存在差距，更多的是炫耀性心理下的对奢侈品的拥有。进入中国市场的国际奢侈品品牌正是掌握了这一消费特点，并顺势进行了营销。相较于奢侈品品牌在国外的传播渠道，奢侈品品牌登陆中国后，在传播渠道上作了相应的调整，以更符合中国消费者的特点（如图 14-12 所示）。

1．品牌故事

奢侈品品牌在进入中国市场时，并没有以宣传品牌故事为主。因为，其一，对于不了解西方文化历史的中国消费者而言，很难对奢侈品品牌成长的历史故事产生共鸣，并由此产生对品牌的认同。相对于 PRADA 那个历史久远的女性个人奋斗故事而言，中国消费者也许更能接受李宁体操王子的品牌创建故事。其二，中国消费者并不成熟，他们通常只注

第14章 奢侈品品牌中国市场立体观

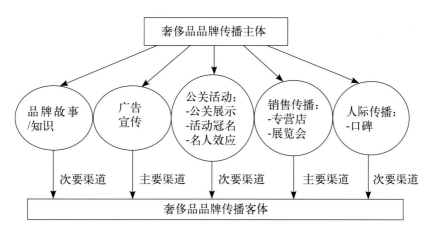

图 14-12　奢侈品品牌传播渠道框架图（同图 4-2）

重价格、款式的外在体现，对品牌的拥有是出于炫耀的目的居多，而并不是出于对奢侈品的文化内涵及历史的认同。

即使这样，作为奢侈品品牌所特有的传播方式，品牌故事在中国市场仍然作为奢侈品品牌的辅助传播渠道而存在。

在 Google 网上搜索奢侈品品牌故事，能得到超过 449000 条相关数据，几乎所有进入中国市场的奢侈品品牌都或多或少地宣传其品牌故事，品牌将这些故事通过种类繁多的媒体广泛散播，涉及时尚类媒体、新闻类媒体、营销管理类媒体，以及各个论坛与博客的转载。

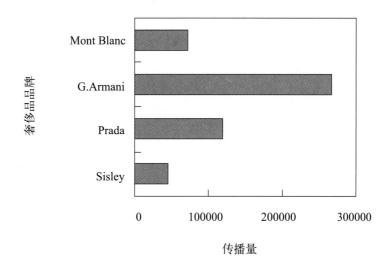

图 14-13　四类产品品牌故事传播量

2. 广告宣传

在中国，较多奢侈品品牌通过密集广告，努力打造品牌知名度。大量投放硬广告，尽管形式单一却是行之有效的品牌传播方式。品牌通过广告这一渠道，反复告知消费者拥有该品牌的产品是身份与地位的象征。

奢侈品品牌在中国的广告投放主要集中在高档杂志期刊上，所涉足的杂志种类非常丰富，投放范围非常广泛，包括时尚、经济、管理、航空等各类杂志。广告投放不仅覆盖了品牌的核心目标消费者，同时还大大超过了这一范畴而覆盖到更为广泛的消费者。这样的平面广告虽然浪费率很高，但是在中国市场却是非常有效的，因为大范围的目标消费者广告覆盖造就了很大一群奢侈品品牌的羡慕者，正是羡慕者的渴望而又无法得到制造了距离感，更加烘托出了奢侈品的价值，这对爱面子的中国消费者非常有效。

CTR媒介智讯对八大品类（化妆品、香水、钟表、服装、箱包、珠宝、汽车、酒类）中的高档品牌，即精英新富阶层人群消费品牌进行监测，覆盖全国183个城市、五大广告投放主流媒体（电视、报纸、杂志、电台、户外）。CTR媒介智讯数据显示，2006年1—9月奢侈品广告投放量达77.2亿元，比2005年同期上涨38.4%。4月1日起施行的"消费税新政"，虽然带动了奢侈品的涨价狂潮，但似乎丝毫没有影响国人对奢侈品的热切追求，奢侈品广告主持续增加广告投放，6月的广告花费增幅高达72.0%，9月更为当年的推广高峰，单月广告花费达12.2亿元。月度走势除上了一层阶梯外，基本与上一年相同，而年底的消费热潮更将揭起新一轮的奢侈品广告投放高峰（见图14-14）。

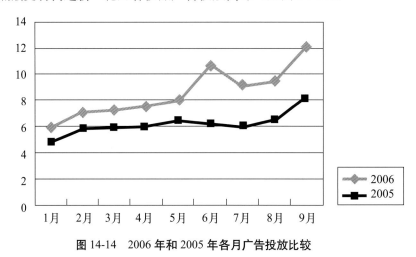

图14-14　2006年和2005年各月广告投放比较

资料来源：CTR媒介智讯。

奢侈品品牌在目标消费者群集的区域大量投放广告，前 10 大城市分别是：上海、广州、北京、深圳、南京、济南、杭州、长沙、成都、重庆，而且其奢侈品广告投放量占据奢侈品广告投放总量的 51.4%。北京、上海和广州三地一直以来是中国经济发展的核心城市，是新富人群的发源地，奢侈品品牌的早早进入，令这三地的奢侈品广告投放量以较大比例稳居前三。新兴城市（南京、济南、长沙、成都等）的广告投放增幅普遍高于一线城市，显露出奢侈品品牌近年已开始扩大其市场范围并逐渐深入，长沙 89.6% 的同比增长备受瞩目。广州在一线城市中同比增幅最高，达 60.4%。虽然广东人一向以务实著称，但广东省 GDP 历年来一直高居全国首位，广州作为其首府，可见其蕴藏着无限商机。

奢侈品广告的整体狂热程度从侧面印证了奢侈品巨头在中国市场的野心勃勃。他们已经不仅仅通过专卖店的神秘感来管理自己的客户，而是选择更外向的方式去传播自己的奢侈文化，这种做法可能无法将其直接转化为利润，但是广告极尽夸张之能尽显品牌质感，无形间为大众灌输一种文化象征。

3．公关展示活动

以公关展示活动的方式进行品牌传播，在中国也逐渐被接受，各类服装展、名表的巡回展、豪华汽车展、新品发布会等也一应俱全。但是这些活动在规模上远不如品牌在国际市场上所举办的规模，在举办频率上也远不及品牌在国际市场上的举办频率。

而随着中国奢侈品市场的日益发展，各大奢侈品品牌越来越关注中国市场，越来越多奢侈品品牌将中国视为它们亚洲地区的秀场首选地，不仅在开店时举办盛大的庆祝活动，每一年的春夏、秋冬的新品发布时装秀以及新系列全球上市的派对都会选择在中国的主要城市，如北京、上海、广州举行。其中，有不少春夏或秋冬季的时装发布会更是大手笔地将品牌在国外的秀场原汁原味地搬到了中国。这些奢侈品品牌在中国的展示活动规模一次比一次大，从中可以看出这类活动对品牌建立的强烈支持作用。

阿玛尼于 2006 年在上海美术场馆举办品牌作品回顾展，展览会展出 400 余件服装、原作草图和视听展示，展览将阿玛尼职业生涯的各个不同时期设计的服装囊括其中。这个展览曾在纽约古根海姆博物馆、柏林新国家画廊、罗马历史博物馆及东京森艺术中心美术馆展览等世界一流展馆展出。

展示活动引领时尚和趋势，建立具有领导性的品牌形象，不仅是品牌形象高销售额的保证，对于消费者来说更是这个行业里谁是最好的标志信号。

4. 活动冠名赞助

奢侈品品牌在国际上常常采用大手笔的赞助活动，如高尔夫球赛、网球比赛、一级方程式赛车等系列活动。而奢侈品品牌在中国市场进行此类活动冠名赞助的较为少见。在上面提到的四个奢侈品品牌中，只有万宝龙在活动冠名的品牌传播渠道上颇有建树，以万宝龙冠名的有万宝龙国际艺术赞助大奖与万宝龙卓越艺术大奖。

万宝龙国际艺术赞助大奖是万宝龙文化基金会举办的目前受全球公认的文化艺术赞助大奖，中国的建筑设计师张欣、豫剧表演艺术家小香玉和民族舞蹈家杨丽萍等都曾获此殊荣。2007年的大奖颁给了杨澜和香港的汪明荃，2008年颁给了张宝全，2009年颁给了马未都。

万宝龙卓越艺术大奖是万宝龙首度专门为中国艺术家设立的奖项。其宗旨在于通过表彰和嘉奖不同艺术领域的杰出中国艺术家，鼓励和弘扬超越艺术的追求卓越和不断进取的精神，从而为推动中国文化与艺术事业的发展做出贡献。

5. 名人效应

奢侈品品牌在进入中国后，主要沿袭采用品牌在国际上的形象代言人。如：Sisley一如既往地以伯爵的女儿伊丽莎白作为品牌代言人，其全球的广告片都是伊丽莎白的健康形象；而Armani则充分运用了好莱坞影星与体坛明星的名人效应。无论是影片中的日常便服，还是颁奖晚会上的华丽礼服，明星们的服装首选经常Giorgio Armani。同时，Armani还曾为2006年世界杯英格兰国家队设计套装。

然而顶尖奢侈品品牌开始对中国日益关注。近年来，许多中国的时尚明星名人时常能够接到来自大品牌时装秀的邀请函，并受邀为品牌拍摄广告或成为亚太区形象代言人。2006年，男明星张震出任Paul & Shark的代言人；香港明星杨采妮、梁咏琪、莫文蔚三位好友齐齐获得Ferragamo的邀请，作为"品牌之友"专程赶赴意大利拍摄一系列服装宣传大片，成为了中国明星与国际大品牌深入合作的开始；中国模特杜鹃更是获邀与国外知名模特共同为LV拍摄最新一季的广告，展现高贵而美丽的形象；进而周迅、董洁被Miuccia PRADA看中，为PRADA的副线品牌Miu Miu拍摄了秋冬广告片。

6. 品牌专营店、旗舰店

奢侈品品牌进入中国市场后，将开设豪华的品牌旗舰店作为打造品牌顶级形象的重要方式，这些装修豪华的旗舰店成为品牌顶级形象的集中体现，是目标消费者感受品牌的重要渠道，所以奢侈品品牌在中国开设豪华专营店不遗余力。G.Armani 进驻上海外滩 3 号，MONT BLANC 在上海中信泰富开设其全球最大的旗舰店，PRADA 花费巨资邀请国际设计师进行旗舰店的设计。几乎所有的世界顶级奢侈品品牌的豪华专营店已经纷纷进驻中国市场。

奢侈品品牌在中国的专营店可以分为两大类：一类是 Shopping Mall，它们往往处于一线城市商业中心，周边环绕着高档商务写字楼，而汇聚奢侈品品牌的 Shopping Mall 借此向消费者传递着一个信息，即奢侈品的目标客户是精英阶层；另一类是 Boutique，典型代表就是上海的外滩 3 号，是汇集时装、艺术、餐饮、文化及音乐的城市地标，是上海最显赫的地段，代表了中国顶级时尚品消费文化的未来。

虽然奢侈品品牌在国际市场上的渠道策略是保持对市场的有限覆盖，不通过销售渠道提供大量的产品以供消费者选择，使得渠道始终保持在一种不饱和的状态。而针对中国这样一个潜力巨大的新兴市场，大力拓展新的布点仍然是奢侈品品牌目前的主要任务。

7. 奢侈品展览会

国际顶级奢侈品展在北京、上海、广州、重庆、青岛、温州、天津等城市频频举办。2005 年国际顶级私人物品展（Top Marques）首次登陆上海便大获成功，共有超过 60 多个顶级品牌参加，包括法拉利、迈巴赫、兰博基尼、御木本等世界顶级奢侈品巨头。展览只对受邀的富豪级人士开放，现场交易额高达 2.5 亿元，其中有 20 多辆顶级跑车在短短数天时间内被抢购。从 2006 年开始在中国举办的"富世生活中国峰会",每年都有近万名中国富豪参加。

8. 口碑

奢侈品品牌在国际市场上非常重视客户口碑与忠诚度,然而在中国市场,奢侈品品牌做出了相应的调整。

在中国,奢侈品品牌同样非常注重客户体验与口碑。品牌在中国的专门店中,中国顾客可以享受到与全球顾客相同的尊贵待遇。同时,奢侈品品牌还运用"俱乐部(Club)+ 会员制"模式长期与目标消费群形成有效的互动,紧密联系主要目标群体,并且利用公关活动、会议等手段促使族群内部具有适度交流的机会,不断强化并丰富品牌内涵,如 MONT BLANC 成立了一个被称为"Club 4810"的组织。

但是,奢侈品品牌在中国相对较少重视消费者的忠诚度培养。因为奢侈品公司认为大多中国消费者目前并不了解奢侈品的文化内涵与历史,而仅仅只是出于炫耀而拥有品牌产品,缺乏对品牌的忠诚度。他们在不同的品牌间游移,今天购买了 PRADA,明天就极有可能转向 LV。

案例 14-1 奔驰中国的销售奇迹

2009 年,奔驰公司受全球经济影响,经营业绩有所下滑,但麦尔斯领导下的奔驰中国在中国市场上的业绩却不断上升——上半年销量实现了连续 6 个月高速增长,共销售汽车 27000 辆,同比增幅高达 50%。这一业绩不仅是奔驰全球市场的亮点,更遥遥领先于行业平均水平。

长久以来,奔驰在中国的销售结构是倒金字塔式,S 级占据很大份额。然而奔驰(中国)正在逐步实现"正金字塔"的目标,尤其是近来销量构成有很大变化。比如中型豪华越野车 GLK、B 级豪华运动旅行车、全新一代国产 C 级轿车及都市生活座驾 Smart 增长很快。可以说奔驰车型覆盖了豪华车的各个细分市场,改变了几年前只有 S 级的局面。从 E、B、C、S 级车型及 SUV 车型 GLK 甚至 6 月销售暴增 370% 的 CLS 四门跑车,一刹那间,奔驰有种全面开花、集中爆发的意味。

迅速的增长一方面说明奔驰的销售开始打开局面,正在步入正轨并努力实现提速,也透露出奔驰从1993年进入中国以来缓慢的发展速度和薄弱的基数。

奔驰公司把奔驰在中国的提速归结为国产化、经销商网络扩展、新的有效的营销方式、丰富多样的产品综合体现。

实际上，对大多数从事汽车报道的媒体记者而言，一个最大的感受是，奔驰的品牌形象开始变得有人情味、有亲和力且平易近人，不再是高高在上拒人千里的贵族，这一切似乎从奔驰开始意识到在中国的公众评价的关键性并提出"让奔驰年轻化"的改善而启动的。

"砸奔驰"事件让奔驰的公众形象滑落到了低谷，遥远的奔驰中国总部（当时设在香港），缓慢而拖沓的响应速度，说中国话不懂中国国情的美国公关，固执强硬对抗式的处事方式，让进入中国不久的奔驰遭受了前所未有的公关危机。

看到竞争对手们努力适应中国国情，如鱼得水地在中国市场掀起一个又一个收获的高潮，奔驰中国开始了自身的变革，与媒体和公众的公关换成了中国人，市场策划与执行也找到了更了解国情和销售运作的中国职业经理人，奔驰开始改善与政府的关系，提升在公众心目中的形象，并通过类似于保护大熊猫、保护喀斯特地貌等保护自然环境的大型公关和慈善捐助活动来拉近与政府和公众的关系。

奔驰显然不需要像轻松搞笑的麦当劳小丑和慈祥的肯德基爷爷那样贴近公众，但足够的尊重、透明与亲和力却能让奔驰快速地转换品牌形象并且成功地拉动了销售。

奔驰这样的变化也与中国客户人群的变化有紧密关联，消费者更年轻，从经济实力上也开始"主动"靠近了奔驰目标客户标准，不仅如此，奔驰开始更灵活地使用金融信贷的工具拉近了更多具备从长期来看收入预期符合消费、但短期内没有更多存款的年轻客户，这样的客户群在中国数字越来越庞大，国产奔驰C级车正是通过最低34.8万元、踮脚可及的定价策略和零手续费、零利率的信贷政策迅速打开了局面。

所有的变化都是在逐步改善中实现的，这一过程奔驰走了差不多10年，这10年恰是中国汽车市场欣欣向荣、蓬勃发展的10年，终于在2008年下半年到2009年，奔驰没有在沉默中死亡，而是开始在变化中爆发。

奔驰新E级刚刚上市就享受到整个奔驰变化中的巨大推力，从上海车展亮相到上市当日累计收到了6000个订单，奔驰公司相关人员称，从1947年面世至今，60多年销售了总计1200万辆奔驰E级车。新E级在中国还将续写传奇。

14.4.2 "因人而异"的奢侈品品牌传播渠道选择

品牌传播是通过各种媒介向目标消费群体传播品牌信息、诉说品牌情感、构建品牌个性，进而在消费者心理上形成强大的品牌影响力。所以根据目标消费群体的差异，奢侈品品牌传播渠道的选择也不尽相同。奢侈品大致可以分为服饰类、珠宝手表类、化妆品类、汽车游艇类和豪宅类。虽然同属于奢侈品范畴，但是由于目标消费群体和消费环境的不同，不同种类的奢侈品在品牌传播方面存在着很大的差异性。

1. 名车、豪宅类大宗奢侈品

毫无疑问，在中国人心目中，豪华汽车是最能体现消费者身份和地位的奢侈品。豪华汽车扮演着重要的展示个人实力载体的角色，尤其是在炫耀财富日趋风行的当今中国社会，各种车展上的百万名车往往尚在展出阶段就已被人预订一空，而千万元以上的超豪华汽车也不乏人问津。

和其他种类的奢侈品如服饰和化妆品等相比，名车、豪宅甚至是游艇等大宗奢侈品单价昂贵，其目标消费者也更加集中在千万、亿万富豪和著名演员、运动员等社会极少数人群之中。这个群体最早出现在改革开放之后的80年代，他们也是将奢侈品消费引入中国的第一批人。从人数比例来看，他们已经不是目前中国奢侈品消费者的主力，但是对于诸如豪华汽车之类的高端顶级奢侈品，实力强大的他们仍然是不二的消费人群。胡润2010年发布的第六次《至尚优品——中国千万富豪品牌倾向报告》访问了383位个人资产在千万元以上的中国富豪，其中66位资产过亿元。这些千万富豪最喜欢的超级豪华商务车是劳斯莱斯幻影，最喜欢的超级豪华自驾车是宾利欧陆飞驰，而豪华别墅和游艇亦是他们在满足了名车欲望之后的最新消费目标。虽然富豪们对于游艇和私人飞机的认识还不深，但是他们仍旧表示出了极大的兴趣，有1/6的富豪表示打算购买私人飞机，有一半的富豪表示打算购买游艇，可见这一市场还是存在着巨大的潜力。

消费群体的高端化决定了豪华汽车、别墅、游艇类奢侈品的传播途径有两个特点：一是传播渠道种类固定，二是难以精确确定目标消费者。

传播渠道种类相对有限和固定，因为名车、豪宅类奢侈品面对的客户数量不大，将他们和普通消费者区分出来相对容易。就买车而言，普通消费者以实用性为主，购买前会比较各种车型的性能和价格，信息来源往往是汽车厂商直接的宣传资料、汽车导购网站比较文章以及其他使用者的意见。普通车辆的保有量巨大，介绍和比较的资料很多，便于消费者在购买前参考，因此生产商会采取尽可能多的传播渠道来宣传自己的产品，如电视广告、平面媒体和促销活动等。豪华汽车固然性能优异，但是其高昂的价格并不只是性能提升的反映，而是更多地来自于其品牌价值和历史底蕴，这些难以量化的品牌价值观念在普通传播渠道中不能有效清晰地传达给高端消费者，因此，它们往往采取如举办排他的奢侈品展览会、赞助重大体育或社会活动的方式来传播品牌价值和文化。另一方面，为了区别于普通品牌，保持高端消费者"独一无二"的使用感觉，豪车、游艇类奢侈品也会尽量避免和普通物品采用相同的大众宣传方式，而刻意寻求较"寡"的传播渠道。奢侈品展会一般由专业的公司或者私人会所、高尔夫球会等承办，对参加展会的消费者身份有一定经济实力方面的限制，使得奢侈品公司能够直接跟目标客户进行有效的接触。

虽然顶级奢侈品的传播途径不多，但是要将它们使用得当，将品牌价值传递给目标消费者也并不容易办到，因为这些消费者很难精确定位。中国的富人群体存在矛盾的心理：一方面喜欢在众人面前炫耀自己的财富，比如开豪华汽车、穿顶级品牌的服装；但是另一方面在公开的媒体面前又显得相当小心，不敢直言自己的财富。对于顶级奢侈品而言，要通过现有的公开资料精确定位自己的目标消费者相当困难，而采取大范围宣传的策略又不符合它们高端奢侈品的风格，因此我们看到大多数豪华汽车和游艇的生产商会主动寻找当地的合作伙伴，如代理商和银行，来扩展这个对他们来说非常陌生的本土市场。当然，随着奢侈品消费者数据库的建立和不断完善，越来越多的生产商在进入中国市场的中后期开始选择直接经营业务，但这里的前提就是拥有了较为完整的高端消费者目标群体信息。

2．手表、珠宝类奢侈品

这类奢侈品的价格大多处于数万元至几十万元的区间内，相对于豪华汽车之类的大宗奢侈品，它们无疑更容易被中国新兴的中产阶级所接受，事实上他们也正是这个奢侈品种类的主体消费者群。目前中国的中产阶级大约由公司高级白领、各类专业人士和公务员组成，简单归纳他们的特征为高学历、高薪酬，事业正处于上升阶段的中青年。他们并没有很多的奢侈品消费历史，现有的传播渠道是他们获取相关信息的重要方式；由于学历较高，他们更关注奢侈品消费的性能和质量；选购奢侈品对他们来说很大部分是对于商务场合的一种配合，因此对于细节他们更加在意，而不是一种财富炫耀。

目标消费者群体的扩大令珠宝、手表类奢侈品的传播渠道更多地采取大众精品化的方式。进一步的研究显示,报纸杂志类平面媒体是它们的主要的传播渠道。1895年,欧米茄为当时清政府铁路系统生产了第一批手表,标志着其正式进入中国。在其后的115年里,它一直不遗余力地通过文字和图片宣扬、巩固其品牌定位和形象,由此把欧米茄是国际顶尖手表品牌的观念深植于中国消费者心中。中华全国商业信息中心近年对全国400种平面媒体长期监测结果表明:欧米茄每年在内地平面媒体的广告投放占手表品牌广告投放的25%左右。与之相对应的是其高于15%的市场份额和中国市场销量第一的业绩。通过杂志广告,欧米茄追求一种长期的潜移默化效应,塑造品牌形象。而报纸广告更多的是为了提高品牌知名度,相比于电视广告的转瞬即逝和高昂的广告费,杂志、报纸的广告更具优势,也更有效。此外,专业杂志的发展也从一个侧面反映着表商对于这种传播途径的青睐。2002年《时间观念》从台湾来到内地时,内地还没有一本专业的手表产品类杂志。如今,《时尚时间》、《中国市场名表》等内地民间资本投资的杂志已经开始和"师傅"进行竞争。据悉,《时间观念》每年的广告增长幅度都是50%以上,80%以上的广告来自高档手表品牌。而《钟表研究》更是以售价人民币200元成为中国最昂贵的杂志之一。

除了平面媒体,明星代言也是手表、珠宝类奢侈品重要的传播渠道。19世纪中叶,蒂芙尼(TIFFANY)珠宝被世界各地君主指定为御用珠宝,从此与皇家贵族结下渊源。拥有蒂芙尼珠宝也就成了许多人的梦想。到了近代,皇家的代言作用转移到了明星身上,如好莱坞明星乔治·克鲁尼代言的欧米茄、格莱美获奖歌手凯丽·米洛代言的世界著名珠宝配饰品牌TOUS、高尔夫球选手老虎伍兹代言的豪雅表,等等。2006年3月18日,万宝龙在上海举行百年庆典派对,邀请了周润发夫妇、陈凯歌夫妇、钟镇涛夫妇、温碧霞、杨恭如、叶童、蒋勤勤、夏雨等众多时尚界明星出席,出场费即上千万元。明星效应对于手表、珠宝类奢侈品的传播效果最为明显,它不仅为消费者节约了比较和挑选的时间,而且增强了品牌价值的说服力。

3. 服饰和化妆品类奢侈品

服饰和化妆品类奢侈品因为购买门槛相对较低,往往成为中国消费者尝试购买奢侈品的首选。这部分消费者位于所有的奢侈品消费者金字塔结构的底座,但是其庞大的绝对数量是支撑中国奢侈品消费快速膨胀的重要原因。与豪华汽车和奢侈手表的消费者相比,他们更加年轻并且易于接受新鲜事物,但是他们的品牌忠诚度并不高,这和他们喜欢对自我形象的不断改变以及对各品牌的不断认识和了解有关。

对于服饰和化妆品类奢侈品的传播来说，年轻消费者的特征是把双刃剑，在易于向他们传输品牌理念和价值的同时，也面临着潜在的流失客户风险。对此，这些奢侈品公司大多采取品牌延伸的策略，一方面采取多线品牌发展的策略，推出迎合年轻富裕族的消费需求、价位却相对不是很高的二线品牌，比如 PRADA 与 MIU MIU，MAX MARA 与 MAX & CO，通过经营产品多样化带来更多的收入；另一方面有针对性地加快了产品的更新频率，突出品牌 logo 等特征在产品中的凸显，并和其他行业的产品进行合作生产。

从传播渠道看，服饰和化妆品类奢侈品已经很注意向入门级边界延伸了，部分经常在电视、网络广告、报纸杂志等渠道露面的品牌脱颖而出，已经抢得了中国市场的先机。中国的一般消费者对于传媒有着天生的信任感，因此对于想要快速占领国内市场，而且目标群体相对广泛的入门级奢侈品品牌来说，直接的媒体广告是最好的选择。

不少奢侈品品牌在进入中国后，由于消费者的差异，而采取了与国际上不完全相同的传播渠道与方式。这些不同点主要体现在以下几个方面：

奢侈品品牌在进入中国市场时，各大品牌都没有大张旗鼓地宣传其品牌故事。一方面，因为中国消费者不了解西方文化历史，奢侈品品牌很难通过品牌故事来彰显品牌个性，并由此与目标消费者形成情感上的共鸣。另一方面，中国消费者并不成熟，他们通常只注重价格、款式的外在体现，而不了解奢侈品的文化内涵及历史。

奢侈品品牌在中国市场显著加大了硬性广告的力度，以频繁的广告攻势打造顶级形象：中国消费者对奢侈品的认知存在差距，更多的是炫耀性心理下的对奢侈品的拥有。国际奢侈品品牌正是掌握了这一消费特点，利用广告向群众传递奢侈品＝金钱＋身份的信息，大量投放硬广告，努力打造品牌的知名度。奢侈品品牌在中国的广告投放主要集中在高档杂志期刊上，广告所覆盖的面要远远大于品牌的核心目标消费者，然而正是这些广告烘托出了奢侈品的价值，从而成为促进购买的因素。

奢侈品品牌在中国市场所采用的公关、展示活动等仍显不足：除了阿玛尼曾经在上海举办过作品回顾展，万宝龙为中国艺术家设立卓越艺术大奖之外，在国际市场上常见的大型公关展示活动较少在中国举办，普拉达也只是在专营店举办些小规模的新品展示会。

奢侈品品牌在中国市场对名人效应的利用也尚显不足：品牌在宣传时，主要沿袭采用国外的形象代言人，而有些国外明星是中国消费者并不一定熟悉的。

奢侈品品牌对中国市场的口碑与品牌忠诚度管理观点不一：各品牌在国际市场上非常重视客户口碑与忠诚度，然而在中国市场其重视程度却相对较低。万宝龙有自己的俱乐部，而普拉达却认为中国消费者缺乏对品牌的忠诚度，这是由于中国消费者并不了解奢侈品的文化内涵与历史，而仅仅只是出于炫耀而拥有导致的。

总之，中西方在观念上的巨大差异，必然形成中西方消费群体在奢侈品消费上的差异。面对中国这样一个新兴而庞大的奢侈品消费市场，国际奢侈品品牌掌握了中国消费群的特色，而制定了针对中国消费者的传播策略：以大量硬广告的投放为主要线上攻势，以豪华旗舰店的感受体验为线下支撑，配合以小规模的公关展示活动以及名人效应，以此实现了国外奢侈品品牌对中国市场的高渗透率与高市场占有率。未来，随着中国奢侈品消费市场继续迅猛发展，各大奢侈品品牌势必在其营销策略上再有突破，更多运用目前在国际市场上回报丰厚的公关、展示、活动赞助等多样化的传播渠道。

14.5 全球奢侈品品牌中国挑战

奢侈品品牌是商业界的明星，当然奢侈品品牌在中国的发展仍面临着很多问题，正在经受着经济环境和政策环境的考验。

1. 政策打压奢侈品炫耀式消费

近年来，中国高端消费品市场奢华之风甚嚣尘上，据国际奢侈品协会提供的最新数据，世界公认的顶级奢侈品品牌已有超过八成进驻中国，2009年中国奢侈品消费占全球市场份额的27.5%，迅速膨胀的中国奢侈品市场成了全球奢侈品品牌的必争之地。

大多数公众认为，世界奢侈品纷纷入驻中国，尽管从一定程度上反映近年来中国经济的快速发展，说明我国目前已存在一定数量的奢侈品消费群体，但是在我们国家，现在还有数千万人没有解决温饱问题，还有很多人期待民生政策的关怀。国情如此，奢侈品消费无疑代表的是一种非主流、非理性的消费方式，不应大力提倡。

对此，一些专家建议，可利用税赋等政策设计和制度安排来引导和规范消费行为和生活方式，比如开征奢侈品消费税。对奢侈品征收消费税，通过税收杠杆引导和调节过度消费，不仅可以满足高收入者的消费需求，又可以增加国家税收，还能调节贫富差距。

据业内人士介绍，目前我国消费税的征收范围除金银首饰规定在零售环节课税，其他应税消费基本在委托加工、生产及进口等产制环节征收。这样的税收制度安排、税收环节设置，也是造成国外奢侈品大举入驻的原因之一。

我国奢侈品消费税的征收及改革已开先河，早在 2006 年 4 月 1 日，便对高尔夫球具、高档手表、游艇等税目进行消费税调整。目前消费税所涉及项目调整范围还比较小，包括烟、酒及酒精、化妆品、护肤护发品、贵重首饰及珠宝玉石、鞭炮、汽油、柴油、汽车轮胎、摩托车、小汽车等商品。由于还有不少高档奢侈品，如高级时装、香水、皮具、箱包等，都还未列入征收范畴，这一税收征缴范围还在继续扩大。

汇率风险加大。这也是奢侈品行业面临的最大威胁之一。因为很多时尚企业的生产厂设在欧元区和美国，美国与欧盟对华贸易摩擦的不断加剧，可能导致货币汇率的急剧变动，令时尚企业受损。

2. 市场狭窄、目标客群培育尚需时日

与人们生活必需的住房、汽车不同，奢侈品的市场往往非常狭窄，消费人群主要是金领阶层，他们的消费习惯、消费心理是否成熟，也存有疑问，富了以后该怎么花钱？中国的奢侈品消费和外国的奢侈品消费有很多不同：

（1）在消费心理上，虚荣大于品位。中国奢侈品市场显示出很强的虚荣消费也就是炫耀性消费。有了财富或权力还不够，还必须用什么东西证明出来，炫耀出来，让别人知道，于是，奢侈品就尤其成为最好的证明和说明。与欧洲相比，讲品位式的享受性消费比较少，奢侈主要是做出来给别人看的。

（2）在消费支出上，"死要面子活受罪"。在炫耀性消费心理作用下，一部分人透支钱包甚至透支身体。回家吃咸菜，出门穿名牌不是少数。东北在全国不是富裕的地区，但东北高档皮草市场火爆异常。还有"月光族"（每月都把薪水花光）、"新贫族"（收入不错，却总是处于贫困状态）、"百万负翁"（总处于负债状态），在白领中屡见不鲜。

（3）在消费人群的年龄上，年轻化明显。中国的奢侈品消费人群集中在 20－40 岁的年轻人中，而在西方发达国家，40—70 岁的中老年人才是奢侈品消费的主力。

（4）消费人群结构多元化。欧洲是以私人消费为主，我国奢侈品消费者由三大人群构成：第一种人是位高权重者，第二种人是富人阶层，第三种人是外企白领。第一种人有地位、有权势，讲究的是与"贵人"身份的匹配，但与其工资收入并不匹配。第二种人是私人企业主，其中的一种人为了显富摆阔，如山西煤老板"集体"进京买"悍马"、购豪宅。另一种人是隐形富人，他们的收入来源神秘，出手全是现金一次付清。就连购买"宾利"赠送的免费欧洲游，在中国也还从来没有人使用过这种权利。第三种人是白领，长期沐浴"欧风美雨"，西方文化中的消费观念、消费意识相当浓厚，这种绅士、名媛消费奢侈品品牌讲究的是时尚、气派、高雅。但其中一部分人纯粹是附庸风雅。另外，单位购物则是中国奢侈品市场的另外一大特色，买的人不用，用的人不买。许多公司购买奢侈品送给大客户、生意伙伴和政府官员。

（5）在消费内容上不同。中国人的奢侈品大部分还集中在服饰、香水、手表等个人用品上，而在欧美国家，房屋、汽车、合家旅游，还有非常个性的消费，比如陶瓷、美食等，无所不包。只要拥有最高的质量、最深厚的文化内涵和艺术性，一个古老的灯具、听新年音乐会都可以成为奢侈品消费。

（6）在消费地点上，大多通过旅游实现。根据法国旅游局统计，中国旅游者在法国的平均消费金额远远超过欧美游客，目前全球顶级品牌消费额中国人占据了5%的比例，其中3%是中国游客在海外购买的。

（7）以小"奢"代大"奢"。一些收入水平并没有达到奢侈水准的人会购买一些相对便宜的配件寻找感觉，从而暗示自己也是顶级消费阶层中的一员。他们热衷于买一些顶级品牌的小配件，比如领带、皮鞋、皮包等。有些女孩始终停留在买品牌包的阶段，因为皮包经久耐用而且显露在外。

2010年1月14日，胡润百富第六次发布《至尚优品——中国千万富豪品牌倾向报告》（Hurun 2010 Best of the Best Awards）。报告中显示，最被中国富豪认可的奢华品牌属于时尚品牌，如表14-6所示。

同时我们也可以来看一下2009年全世界奢侈品品牌的排名情况。

2009年：1. LV（LOUIS VUITTON），2. 爱马仕（Hermès），3. 古驰（GUCCI），4. 香奈儿（CHANEL），5. 劳力士（ROLEX），6. 轩尼诗（HENNESSY），7. 卡地亚（CARTIER），8. 酩悦香槟（Moet&Chandon），9. 芬迪（FENDI），10. 普拉达（PRADA）。

上面的关于中国与世界排名前十的奢侈品品牌的对比，这一方面反映了中西方不同的生活方式，另一方面也说明了我国的生产力仍然需发展，中国仍不够富裕。富裕人群助长了中国消费者的攀比之风,这是中国的奢侈品市场以超乎寻常的速度发展的一个重要原因。在中国,在人们的想象中,一个标准的"中国奢侈品消费者"存在两种分裂的形象:一种是平时穿着阿玛尼剪裁精致的套装、在高档写字楼中有一间自己的办公室、英语流利、每年去欧洲度假一个月;或者另一种"可怕"的情况——穿着皮尔·卡丹的西装、系着金利来皮带,用带有浓重乡音的普通话告诉香港的某位售货小姐"要买一块劳力士金表"。什么是奢侈品?奢侈品绝对不是高价商品,也不是为了吉尼斯纪录做的天价宴席,奢侈品是产品本身超越使用价值,并且能使顾客产生心理愉悦和满足,能够持续满足顾客的身份地位需求,具有一定社会影响力的品牌。所以真正的奢侈品都是伴随品牌或典故出现,而不是短期的奢侈消费,否则只能成为天价产品。

表14-6 2010年中国千万富豪品牌认知前十名

品牌	2010排名	品牌	2009排名	品牌	2007排名
路易威登	1	路易威登	1	宝马	1
卡地亚	2	宝马	2	路易威登	2
香奈儿	3	奔驰	3	奔驰	3
爱马仕	4	劳斯莱斯	4	劳力士	4
古驰	5	劳力士	5	乔治·阿玛尼	5
宝马	6	法拉利	6	法拉利	6
奔驰	7	卡地亚	7	劳斯莱斯	7
百达翡丽	8	香奈儿	8	宾利	8
万宝龙	9	宾利	9	卡地亚	9
阿玛尼	10	保时捷	10	江诗丹顿	10

资料来源:1. 2010年1月胡润百富第六次《至尚优品——中国千万富豪品牌倾向报告》。
2. 2007年1月胡润百富发布《中国千万富豪品牌倾向报告》。

3. 广告效果弱化、渠道管理有待提高

几乎所有的奢侈品进入中国都会选择通过广告来介绍自己,比如在高端的杂志刊登大幅图片,在大型写字楼的顶楼置放logo。然而,由于目前中国的广告投放密集度非常高,

广告干扰严重，使得广告的接受方很难一下子记住一个新的商品或是品牌。很多奢侈品品牌在近些年都压缩了广告的投入，如卡地亚在2004—2006年对于电视广告的投入逐年减少，2004年为75.6万元，2005年为9万元，而在2006年甚至没有投放任何电视媒体广告。

但是，广告在品牌传播中扮演的角色依然很重要，奢侈品公司不能一味减少投入，而是应该考虑更有效的投放。LV发布的第一个电视广告就取得了很好的市场反馈。这个广告分别选择了上海财经频道、北京财经频道、中央电视台经济频道和通过内地有线电视通道转播的香港TVB明珠台作为投放通道，兼顾了广度和深度。如何在广告信息膨胀的情况下，找到适合自己的有效传播渠道，这是奢侈品公司需要重点研究的。

奢侈品公司在中国分销渠道管理的混乱导致了品牌美誉度、忠诚度的缺失。中国奢侈品的分销渠道现在主要是百货店和专卖店，很多外国奢侈品公司选择向中国零售商大量发放经营许可权。不幸的是，这个战略最终招致失败，许多公司随即发现分销渠道已失去控制。

4. 品牌知名度

尽管几乎全部国际著名奢侈品都已经登陆中国市场，但是中国消费者目前对它们还只是局限在"认识"阶段，大部分人对于这个领域依然很陌生，不能区分奢侈品市场的不同层次和门道，而只知道那些最流行的奢侈品品牌。法国的香水、意大利的皮具、瑞士的手表等，这些在国际上早已达成共识的奢侈品概念需要深入地介绍给中国消费者群体。对于这些国际一线奢侈品品牌来说，如何在中国建立品牌知名度，进而建立能区别于其他品牌的独特气质，是所有最新进入中国市场的奢侈品公司需要考虑的首要问题。

与之相关的另一个问题是，在从改革开放到现在的三十多年时间里，有些属于入门级奢侈品范畴的国际品牌，通过先入为主的广告推广和人气积累，已经以"主流级奢侈品"甚至更高等级的品牌形象出现在中国消费者的心目中。这有点像货币市场上的"劣币驱逐良币"效应一样，后进入中国的主流级奢侈品或更高等级的品牌必须花费数倍于前者的精力来传播自己的品牌价值，而且应该尽量避免使用与前者相似的传播途径，才能达到在消费者心目中重新树立自己品牌形象的效果。

5. 长期的品牌形象建设

正如同罗马的建立需要长期的经营一样，大多数国际知名奢侈品品牌也是通过数十年甚至是上百年的历史积累才形成现在我们所看到的品牌价值的。奢侈品的制造工艺无一例外的繁复，但这也正是奢侈品的魅力所在，超过行业平均水平数倍的制造时间、大量的手工制造、用料的苛刻讲究、制作程序的复杂构成了奢侈的理由。

如今的奢侈品公司不再是传统的家族企业,越来越多的家族式奢侈品企业被世界级的奢侈品集团收购。商业利润的压力迫使它们更多的追寻短期利益的最大化,这在中国这样的新兴奢侈品消费地区尤其如此,这必然冲击着以手工制造为主的奢侈品行业传统模式。只有平衡好这两者的关系,使得现有的品牌价值得以继承和发扬,才是奢侈品公司的长期发展保证。

品牌形象构建可能是今后奢侈品在中国发展的重要策略之一。知名品牌是需要消费者建立品牌意识和增强品牌认知度。目前奢侈品品牌在中国内地市场的拓展更多的是为了在新一代的中国消费者中建立自己的品牌形象,而不是为了单纯地追求利润。

在中国,除少数主导品牌外,各品牌在未提示情况下的认知度普遍偏低。此外,当富裕中国消费者提及具体品牌名称时,我们发现他们常将高档品牌误以为是奢侈品品牌,如运动品牌耐克(NIKE)、手表品牌卡西欧(CASIO)、珠宝零售品牌周生生。提高品牌认知度是提升品牌在中国整体绩效的关键(见图14-15),但要做到这一点并不容易。

在受访者中占比

品牌	未提示情况下的品牌认知度	提示情况下的品牌认知度	曾经有过购买经历
路易威登(LV)	50	86	10
古驰(GUCCI)	40	83	8
巴宝莉(Burberry)	15	73	5
爱马仕(Hermès)	14	69	2
蔻驰(Coach)	4	57	4
菲拉格慕(Ferragamo)	2	40	2
珑骧(Longchamp)	1	40	0

图 14-15　品牌认知度的重要性

资料来源:麦肯锡,《中国新兴富裕阶层》。

建立品牌认知度需要一定的投入与规模。最成功、最为人熟知的品牌往往都是在中国发展时间最久的品牌,也是多年以来一直不断在营销上进行投资的品牌。企业通常要能尽快建立起足够大的规模,才能负担建立品牌认知度所需的庞大营销开支及广阔的分销网络。如果无法负担这样庞大的投资,势必需要缩减其目标消费群及营销重心,才能提高其品牌在未提示情况下的认知度，进而促进购买。

6. 培养奢侈品的文化氛围

炫耀型的心态占据着中国现在奢侈品消费的主体，但是肯定的是，随着时间的推移和消费者成熟度的提高，以提高生活方式为目标的消费心态会成为中国消费者的主流。目前的状况可能会引起奢侈品市场的短期繁荣，但是只有经过对奢侈品文化的培育，才能为奢侈品在中国长期的可持续健康发展打下坚实基础。东方与西方的文化背景存在着巨大的差异，这种差异往往会造成消费者在选购商品时的误导。就目前的奢侈品市场来看，所有的奢侈品品牌都来自西方国家，更多的是来自于欧洲。如何解决奢侈品品牌在传播过程中因文化差异而形成的消费障碍，是未来需要重点解决的难题。

讨论案例：奔驰（BENZ）与宝马（BMW）
——相得益彰的博弈

宝马和奔驰作为全世界范围内最为成功的两个豪华品牌，它们之间有着太多的不同，譬如品牌文化、设计理念、产品序列等，但同样的成功却让人们很容易就将这两个品牌联系到一起，而且它们相互之间也把彼此视为重要的对手。也许简单概括一下，它们就是走两种完全不同的路线——宝马以动力、操控和高科技含量著称，奔驰以人性化系统工程和驾乘舒适性闻名。二者将它们追求的目标最终实现到了极致，这就是汽车界双雄的巅峰传奇。如今这两个传奇品牌在国内市场上相得益彰的相互博弈，却演绎了一场荡气回肠的协奏曲。

历史的博弈

奔驰公司具有全球汽车制造业最悠久的历史，在1885年和1886年，奔驰公司创始人卡尔与哥德利普分别造出了各自的第一辆汽车，1883年卡尔先起炉灶，在曼海姆建立了奔驰汽车公司，1890年哥德利普紧随其后在斯图加特建立起戴姆勒汽车公司。1894年和1896年，两公司分别推出了世界上第一辆汽油机公共汽车和第一辆汽油机载重汽车，经过了初期的竞争与发展和一战后的经济衰退、国外同行业产品的冲击，为了生存两家公司联手御敌，于1926年合并正式成立戴姆勒-奔驰汽车公司（简称奔驰公司），从此诞生了德国汽车成长与发展的摇篮。虽然二战时期的奔驰公司也弥漫着硝烟，但受到重创后的奔驰很快恢复了汽车生产。1945年，开始生产卡车，1946年又重新开始轿车生产，并且逐渐恢复了世界高档车生产商的地位，几多变迁与发展之后，体现着王者霸气的奔驰公司在全球豪华车市场愈发强大与鼎盛。

相比之下，宝马公司属于年轻的车厂，宝马汽车公司全称巴伐利亚机械制造厂股份公司（Bayerische Motoren Werke AG，BMW），前身是一家飞机工厂，成立于1916年3月7日，最初以制造流线型的双翼侦察机闻名于世，这家公司的名字叫"巴伐尼亚飞机制造厂"（Bayerische FlugZeug-Worke，BFW），公司始创人名叫吉斯坦·奥托（Gustan Otto），其父是鼎鼎大名的四冲程内燃机的发明家。吉斯坦在航空的高度成就，使他怀着很大的野心制造汽车，他这一决定为汽车历史写下了光荣的一页，那就是受到今天万千车迷爱戴的德国BMW车厂了。1923年，第一部BMW摩托车问世。五年后的1928年，BMW收购了埃森那赫汽车厂，并开始生产汽车。之后，BMW将许多汽车制造史上的杰作推向市场，这些产品不断激发出强烈的感情和人们的渴望，铸就了BMW公司作为一家汽车制造商的杰出声誉。

品牌定位的博弈

宝马品牌定位本身强调运动性多一些，所以在全系车型上均有较为年轻化的趋势。双肾形的进气口是BMW最明显的家族特性。奔驰则因早年品牌历史沉淀，积蓄了豪华的资本，以一种儒雅的沉稳设计相对抗。

宝马设计理念造就了闻名于世的直列6缸发动机，在车界普遍使用V型6缸排列发动机的情况下，宝马等少数厂家的坚持并不是落后，现在这具L6引擎已经被公认为世界范围最高效的发动机之一，当它发动的时候，你会忘记L6引擎由于排列方式而导致噪音偏大等劣势，只是感受到直列发动机所带来输出的畅快感。在时代的进步中，宝马也为这具引擎添加了镁铝合金制作、Valvetronic电子气门技术、双凸轮轴可变气门正时控制系统、可变气门正时和可变气门行程无级可调等技术。此外宝马的另两个看家本领是前后50:50的配重比和后轮驱动系统。不论是哪个车系，宝马汽车均保持前后重量分别为50:50，这保证了其在运动性能上的水平，平衡了其在弯道中的稳定性。后轮驱动系统也是宝马一贯坚持的原则，除开后驱对于运动操控的保证之外，这种大多使用在高端车型上的驱动方式也代表了宝马对自己本身的定位。

虽然说到动力方面，奔驰好像并没有多少值得夸耀，但是在追求运动性和舒适性平衡方面，奔驰并不是弱者。这就是其能立足车坛百余年，有当下如此崇高地位的理由。我们从奔驰对C200K和SLK200上装备的1.8L机械增压引擎可以看到这种理念。这款发动机凭借工作效率更高的引擎监理系统、新型活塞与机械增压器，以1.8L的L4引擎压榨出近200匹马力，直逼2.5升6缸引擎的水准，奔驰的技艺可见一斑。当然这具发动机只适用一些入门车型，大多时候奔驰依旧为C230、E280等车型配上了V6引擎。新款V6引擎采用了每缸4气门技术，并且每列有两个顶置凸轮轴，并且参考宝马开发出来的双Vanos结构再进行改进，使发动机具有功率更高、扭矩更大且输出平稳的特性。在其他方面，空气悬挂或许更能引人关注，AirmaticDc可以同时实现对弹簧软硬度及其内部空气压力强度的控制，保持在舒适度和运动性之间的最佳契合点。

中国市场：产品的博弈

在中国，作为世界豪华汽车的两强，奔驰和宝马在几乎所有的车型领域内都有直接的博弈，其各自车型系列在各个车型领域分布如表14-7所示。

表14-7 国内市场上宝马、奔驰各级别车型一览

级 别	宝 马	奔 驰
微型车	MINI系列	Smart
小型豪华车	1系	B级
中级豪华车	3系	C级
中高级豪华车	5系	E级
高级豪华车	7系	S级
中型SUV	X3	GLK
大型SUV	X5、X6	ML、GL、G

MPV	—	R
跑车	Z4	CLK、SLK、SL
轿跑车	6系及其他系列	CL、CLS及其他系列
高性能车型	M系列	AMG、BRABUS、Lorinser
顶级豪华车	劳斯莱斯系列	迈巴赫系列

在微型车领域，宝马早在几年前就在国内市场上引进了MINI车型，这一具有传奇色彩的车型在国内市场上受到了很多人的喜爱，年销量超过了3000辆。而奔驰Smart刚刚进入中国，短期内还很难对MINI构成威胁。

小型豪华车领域内，宝马1系虽然上市比奔驰B级更早，但两款车均属于小众车型，未来的竞争形势还很不明朗。

中级豪华车领域内宝马3系是当之无愧的王者，经过小改款后的新3系竞争力得到了进一步加强。这也是宝马领先奔驰最大的一个领域，虽然国产奔驰新C级在一定程度上扭转了老C级的颓势，但从市场影响力和认可度方面，新C级很难在这一市场上超越新3系。

中高级豪华车领域内，宝马5系再一次走到了奔驰E级的前头，和加长后的5系持续热销相比，实现国产后的E级因为认可度不高（和进口车型价格差不多，很多人并不认可国产车型），过低的销量增长量不得不让它重新考虑实施进口的方式来取代国产。

高级豪华车领域内，奔驰S级凭借着强势的品牌影响力和最早引入国内的优势，牢牢占据着这一细分市场龙头老大的地位。值得一提的是，很大程度上奔驰的品牌影响力最能体现在它的S级轿车上，而宝马7系就没有那么强烈，甚至3系在这里面发挥的作用可能更重要，不过宝马7系作为这一领域内增长最快的车型，对S级也构成了极有力的威胁，此外上市不久的全新一代7系超过3.2米的轴距达到了让当前所有竞争对手无法企及的长度。因此奔驰公司迅速调整S级的车型，针对中国市场同样推出了加长版的新S级。

SUV领域内，宝马X系列在国内诱惑力十足，尤其是宝马X5一直处在这一级别车型领头羊的地位，虽然奔驰SUV车型很丰富，但在短时间内很难撼动宝马X系列的地位，不过奔驰GLK的引入，也在一定程度上阻击了X3。

跑车、轿跑车领域内，宝马车型目前还不是很多，不过凭借着出众的操控性还是占据着不错的市场份额。相比之下，奔驰车型更为丰富，依靠着多车型的群聚优势，在总体销量上与宝马不相上下。

中国市场：定价的博弈

奔驰和宝马在各个车型都展开了激烈的价格博弈，我们通过分析奔驰和宝马品牌的定价来看一下两者相互竞争态势的具体端倪。

1. **小型豪华车的价格对比**（见图14-16）

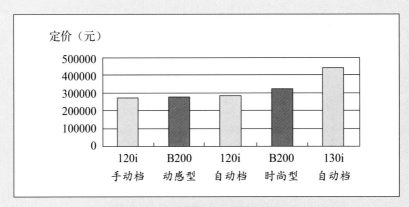

图14-16　小型豪华车价格对比

从小型车的角度来说，宝马和奔驰是互为竞争关系的。宝马通过120手动档和130自动档形成价格区间的包围，以期待抑制住奔驰R系列在中国市场的发展。

2. **中型豪华车的价格对比**（见图14-17）

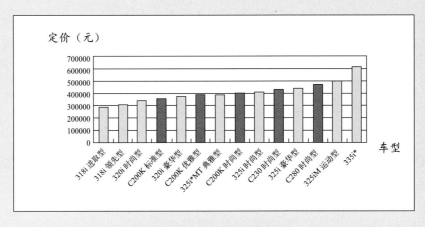

图14-17　中型豪华车价格对比

3系列一直是宝马最强有力竞争的市场,这从与奔驰的价格比较中可见端倪。宝马通过1.8L的318系列低排量车型牢牢把握中级豪华车的低点,然后通过进口3.5L的335i车型占据制高点。而奔驰在这一车型领域力量稍显不足,只能通过配置等方面形成2.0L排量区间的价格高点来占据细分市场的主动。

3. 中高级豪华车的价格对比(见图14-18)

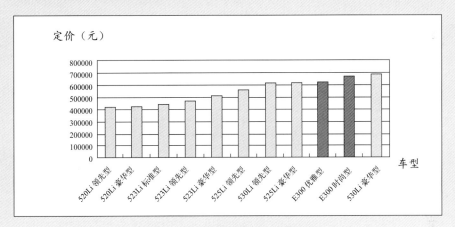

图14-18 中高级豪华车价格对比

中高级豪华车市场几乎完全被宝马所占据,宝马通过国产的2.0L排量的5系列完全统治这一领域的低端客户需求,而530Li豪华型又压了奔驰E3000一头。而奔驰由于E系列车型薄弱,因此只能通过在3.0L排量的低价来分享这一市场的关注。

4. 高级豪华车的价格对比(见图14-19)

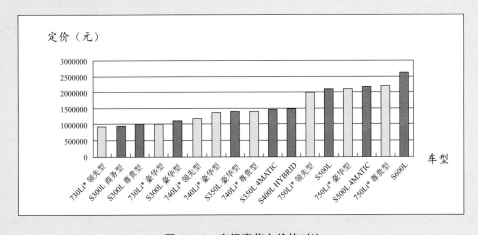

图14-19 高级豪华车价格对比

高级豪华车领域的奔驰和宝马价格厮杀非常激烈,这从图 14-19 中双方价格的犬牙交错可以看出。仔细分析一下,由于这一市场原本是奔驰占据了市场先机,所以宝马在这一领域采取的是略低的价格策略,希望能够以此来打动消费者。而奔驰则觉得本身在高级豪华车的 S 级车具有一定的优势,所以价格比宝马高也是不足为奇的。

5. SUV 越野车的价格比较(见图 14-20)

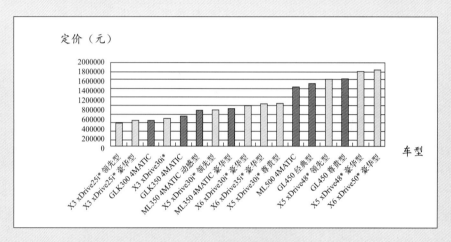

图 14-20　SUV 越野车价格对比

奔驰和宝马同样在中国消费者非常推崇的 SUV 越野车领域展开了价格肉搏。相比较而言,由于宝马的车系列相对较多,所以采取了与中型豪华车市场同样的价格策略,即通过低端的 X3 系列的低价让消费者产生购买冲动,同时酷炫的 X6 系列 SUV 则牢牢吸引了高端消费者的眼球。不过奔驰在其中的细分领域通过 GLK 和 ML 对宝马的 SUV 领地分别实施价格贴近策略,希望借此获得更多市场份额。

6. 轿跑车的价格对比（见图14-21）

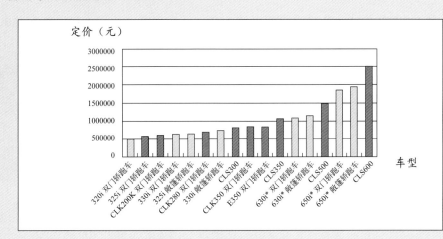

图 14-21　轿跑车价格对比

作为刚刚受到中国消费者追捧的车型，轿跑车已经成为奔驰和宝马最新的博弈战场。两家巨头分别通过轿车车型的跑车化（譬如宝马的3系列轿跑车和奔驰E系列轿跑车）以及跑车车型的轿车化（譬如奔驰CLK的轿跑车）形成的新的车型系列互为竞争，所以其价格竞争还处在比较混乱的状态。

7. 跑车的价格对比（见图14-22）

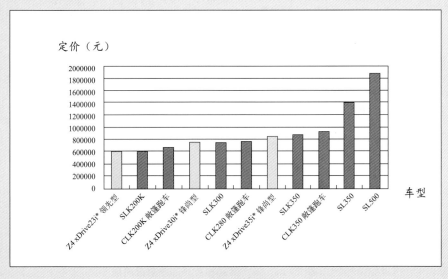

图 14-22　跑车价格对比

跑车一直都是奔驰的传统优势市场,这从跑车市场与宝马的对比可以看到,宝马只是通过Z4的低价策略来赢得更多的市场美誉,而奔驰通过不同系列的跑车形成的价格空间对宝马形成竞争优势。

中国市场博弈

当2003年5月,宝马在中国市场第一家轿车合资企业——华晨宝马汽车有限公司注册成立的时候,奔驰确实对此不屑一顾。但是事实证明宝马这步棋走对了,宝马2004年在中国市场遭遇滑铁卢(2004年,中国是宝马在亚洲地区唯一出现负增长的市场。统计表明,宝马集团2004年在中国的销量为24321辆,比较2003年的27084辆,下滑了10.2%),但2005年华晨宝马汽车有限公司在中国共向客户交付15400辆BMW 3系和5系,同比增长76.7%,在2006年前三季度,由华晨宝马汽车有限公司生产的BMW 3系和5系销量已超过2005年总销量,从而支撑宝马在中国重新崛起。这个时候奔驰汽车早已坐不住了。2005年8月8日,北京奔驰-戴姆勒·克莱斯勒汽车有限公司正式成立,而国产第一辆奔驰轿车E280在2005年12月9日正式下线,从而拉开奔驰、宝马在中国市场本土化相互博弈的新格局。

博弈是精彩的,这从国产奔驰和宝马品牌在中国最近5年销售量的对比可以得出(见图14-23)。

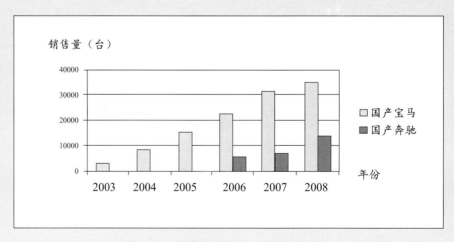

图14-23　国产奔驰和宝马的销售量对比

从图14-23可以看到，虽然国产奔驰E系列在2006年取得了非常好的业绩，但是在2007年的销售量却不尽如人意，虽然在2008年9月随着国产C级车的上市拉动了销售量，但是相比较国产宝马的3系和5系的齐头并进，国产奔驰的道路还很漫长。

思考题

1. 中国消费者的奢侈品消费具有什么显著特点？
2. 奢侈品品牌在中国传播的有效途径是什么？
3. 奢侈品品牌在中国发展的主要障碍是什么？

15 中国市场本土品牌发展借鉴

本土品牌与品牌全球化
本土品牌发展战略路径
发展本土的奢侈品品牌

第15章　中国市场本土品牌发展借鉴

> 没有品牌，再高档的酒，只是一瓶变了味道的水。
>
> ——保罗·华尔士（Paul Walsh）
>
> 帝亚吉欧（Diageo）总裁

品牌故事：
中国茅台——华夏文明源远流长

企业的诚信是什么？诚信是企业在生产经营过程中的诚实信誉行为，是企业在行业内、市场上、消费者中的安身立命之本，是企业发展中树立核心价值的原动力，是所有成功企业的共同追求和必备品质。茅台就是这样一种产品、这样一个企业，作为世界三大名酒生产企业之一，它又肩负着在国际上传扬我国自主品牌的重任。因而对于茅台而言，"诚信"二字，力重千钧，企业的质量诚信、品牌诚信、营销诚信构成了茅台的核心价值体系，成为企业实现跨越式发展的重要基础。

历史积淀深、制作工艺强

在中华民族五千年浩瀚的文明发展史上，酒文化一直占据着重要的篇章，但是没有哪一种酒能够像茅台这样有着悠远的历史、美妙的传说、神奇的工艺、厚重的文化、传奇的故事，而这一切都是构成产品美誉度的基本元素。可以说，茅台的美誉度打造了茅台的品牌诚信。这种诚信，是历史的认同，是千百年来消费者用口碑为其塑造的诚信。

琼浆玉液，华夏之冠。在赤水河畔的国酒文化城内，翻开茅台酒厚重的历史，我们就可以深刻感受到茅台为"诚信"这两个字注入的丰富内涵，诚信为"茅台"这两个字赋予的光辉。

茅台酒有着悠远的工艺、质量和地域品牌起源。在我国历史上，关于酒的最早的溯源，既有"酒星始酒"、"上皇兴酒"的典故，又有"仪狄作醪"、"杜康酿酒"的传说。人类酿酒已有近万年的历史，而我国既是世界上最早酿酒的国家之一，同时也是首创用酒曲发酵酿造粮食酒的国家。我国酿酒的历史，可谓源远流长，博大精深。

茅台酒始于何时？当从赤水河酿酒的历史说起。赤水河发源于云南镇雄，古称大涉水、安乐水，后为赤虺河，再后称赤水河，因沿岸土壤为紫红色，雨水流入河中成红色而得名。"集灵泉于一身，汇秀水而东下"的赤水河，是一条美酒飘香的河，也是我国历史记载的最早酿造美酒的地区。

除了神奇的传说，历史上最早记载赤水河畔酿酒史的为司马迁的《史记》。据《史记·西南夷列传》记载：公元前130多年，汉武帝刘彻饮到夜郎（今黔北一带）所产的名酒"枸酱"，"甘美之"。以后便有了汉武帝派大将唐蒙到贵州开拓夷道，专门绕道茅台所在地仁怀的历史，有道是"汉家枸酱为何物？赚得唐蒙益部来"。为此，清代诗人郑珍诠释道："枸酱乃从益部来。"茅台古称益部，而枸酱经考证为仁怀赤水河一带生产的用水果加入粮食经发酵酿制的酒。

2000多年前的汉朝，产品不可能有品牌。但赤水河畔益部（茅台）所产的地域性酒类产品"枸酱"成为茅台酒酿造技术的起源，也应该有必然联系。可以肯定的是，茅台酿酒的历史源远流长，而产自茅台的所有美酒中，最好的当数被后人以地名冠名的茅台酒。因而在今天林林总总的中国传统白酒品牌中，茅台酒理应是历史悠远、品质享誉市场的名牌白酒。

在我国的酿酒史上，真正完全用粮食经制曲酿造的白酒始于唐宋。此时赤水河畔茅台一带所产的大曲酒，就已经成为朝廷贡品。至元、明时期，具有一定规模的酿酒作坊就已在茅台镇杨柳湾（今茅台酒厂一车间片区）陆续兴建，值得注意的是，茅台当时已开创了独具特色的"回沙"酿酒技术工艺。所产优质白酒顺赤水河入川后经长江远销，陆路则由马帮驮运翻山越岭销往贵阳等地。

至明末清初，随着当时经济、交通的发展，仁怀地区的酿酒业已呈现出村村有作坊、户户闻酒香的兴旺景象。在此期间，茅台独有的回沙酱香型白酒已臻成型。到了1704年，茅台白酒的品牌开始出现。以"回沙茅台"、"茅春"、"茅台烧春"为标志的一批茅台佳酿，以优质的贵州白酒品牌而闻名遐迩。

"酒冠黔人国，盐登赤虺河。"清朝乾隆年间贵州总督张广泗向朝廷奏请开修疏浚赤水河道，以便川盐入黔，次年工程完工后，濒临赤水河的茅台镇便成为黔北重要交通口岸。便利的水运不仅带来了盐业的发展，也促使茅台酿酒业更加兴旺，到嘉庆、道光年间，茅台镇上专门酿制回沙酱香茅台酒的烧房已有20余家，其时最有名的当数"偈盛酒号"和"大和烧房"。到1840年，茅台地区白酒的产量已达170余吨，创下我国酿酒史上首屈一指的生产规模。"家唯储酒卖，船只载盐多"成为那一时期繁忙酿酒景象的历史写照。

茅台酒质量特别好，这是茅台地区在过去数百年间靠质量不断积累的产品诚信和品牌诚信。赤水河畔悠远的酿酒历史，茅台地区特殊的气候、水质，独具匠心的酿酒工艺，早为古人所知并加以总结。清道光年间的《遵义府志》载："茅台酒，仁怀城西茅台村制酒，黔省称第一。其料用纯高粱者上，用杂粮者次。制法：煮料和曲即纳窖中，弥月出窖烤之，其曲用小麦，谓之白水曲，黔人称大曲酒，一曰茅台烧。仁怀地瘠民贫，茅台烧房不下二十家，所费山粮不下二万石。"这段记载，准确地描绘了当年茅台酒的品牌、酒质、制作工艺及生产规模，同时也描绘了茅台酒生产过程中的诚信行为。

到了20世纪初，茅台已成为享誉海内外的名酒品牌。支撑品牌美誉度的关键是产品质量，而产品质量的恒久保证却要靠生产者的诚信行为去维护。2000多年的历史积淀，数百年的孜孜以求，世代相传的茅台酿酒人坚持不懈做到了这一点，所以才成就了茅台酒的高品质。

靠质量最早走向世界

茅台酒1915年在巴拿马万国博览会上荣获国际金奖，成为享誉世界的三大名酒之一。茅台为我国赢得的荣誉，其实是世界对中国优质产品的肯定。我国的自主品牌成为世界的品牌，茅台百年诚信品牌的构筑，也从这一年开始在世界的瞩目下迈步，享誉全球的茅台也由此开始对百年诚信品牌的倾情呵护。

1915年，美国为隆重庆祝巴拿马运河这一工程的竣工，决定在旧金山举办巴拿马万国博览会。为了办好这届博览会，美国政府早在几年前就向世界各国发出邀请。45个国家参加了这次大型国际博览会。中国送去很多展品，其中就有茅台镇上成义、荣和两家烧房精心酿制的茅台酒。

也就在这届国际博览会上，参展的茅台酒虽然其貌不扬，但经过各国评委反复比较、品评，一致认为其色、香、味俱佳，堪为世界名酒。于是，茅台酒与法国的科涅克白兰地、英国的苏格兰威士忌共同被评为世界三大蒸馏酒，并授予金牌和获奖证书。茅台酒从此走上世界舞台，高居世界三大名酒之列。

茅台酒获得国际金奖，成为世界名酒，偶然中蕴涵着必然，这个"必然"，就是茅台酒佳韵天成的独特风味和亘古相传的卓越品质，在这背后，就是茅台酿造人世世代代对自己产品的挚爱和诚信。而茅台百年诚信品牌的构筑，也从1915年开始在世界的瞩目下迈步。

获奖之后的茅台声名大振，茅台悠远的历史、独特的工艺、卓然的品质，也逐渐闻名遐迩。产自贵州黔北大山中的茅台酒从此供不应求，成为当时我国各种重要社交场合中的名酒，也成为我国在国际社会知名度最高的唯一名酒。从这个意义上来说，在巴拿马万国博览会上享誉世界的茅台酒，其实已经具有了我国"国酒"的意义，获得了消费者的巨大信任。

同时，茅台还有着红色彰显的品牌历史。1935年3月16日，红军攻占茅台地区。为了保护闻名遐迩的茅台酒生产作坊不受损失，根据军委领导的指示，军委政治部分别在茅台镇上生产茅台酒最多的成义、荣和、恒兴三家酒坊门口贴上布告，不让任何人闯入酒坊，严格加以保护。布告写道："民族工商业应鼓励发展，属于我军保护范围。私营企业酿制的茅台老酒，酒好质佳，一举夺得国际巴拿马大赛金奖，为国人争光，我军只能在酒厂公买公卖，对酒灶、酒窖、酒坛、酒甑、酒瓶等一切设备，均应加以保护，不得损坏，望我军全体将士切切遵照。"今天，从茅台国酒文化城中陈列的这张布告中，我们依然可以感受到红军对知名产品的高度重视。

此外，对于当时的红军队伍来说，茅台酒消除疲劳的功能和治病疗伤作用更是终生难忘。著名作家成仿吾在其《长征回忆录》中写道："因军情紧急，不敢多饮，主要用来擦脚，解除行路的疲劳。而茅台酒擦脚确有奇效，大家莫不称赞。"

基于上述原因，1949年末，中央就来电，要求贵州省委、仁怀县委正确执行党的工商业政策，保护好茅台酒厂的生产设备，继续进行生产。贵州省根据中央的指示，对成义、荣和、恒兴三家烧房在经济上给予有力支持，帮助其发展。对烧房经营者还给予较高的政治待遇。1951年，贵州省将最大的成义烧房收购，并将另外两家烧房合并进来，成立了国营茅台酒厂。政府随即调入得力干部，投入大量资金扩大生产规模，茅台酒从此开始了快速发展的时代。

1949年10月1日，开国大典晚宴在北京饭店举行，主菜为21道淮扬名菜，主酒为茅台。茅台酒开始成为国宴用酒，茅台品牌从此迸发出全新的生命力。

高端品质 孜孜不倦的追求

在华夏九州数不胜数的众多白酒品牌中，还没有哪一个品牌能像茅台那样，将历史和现实的光环集于一身，交相辉映；也没有哪一种白酒能像茅台那样，把中国的和世界的桂冠集中一身。在茅台作为"国酒"的60年历史中，其产品质量、品牌荣誉，关乎企业的一切行为都必须以诚信为最高准则。

应该说，茅台酒虽然在1915年代表我国的产品漂洋过海享誉世界，对我国革命也做出了特殊贡献，但是它被称为"国酒"，却是在全国性的评酒会上评审出来的。

1952年9月，全国第一届评酒会在北京举行。中央领导再三叮嘱，要认真组织，严格把关，评出好酒。评酒会由中国专卖事业总公司主持，全国各地送来了上万种参评样酒，到评酒会正式开幕前，已筛选出103种酒样供评酒会品评。经过来自全国的酿造专家、评酒专家及学者的认真品评，最终选出并命名了中国八大名酒，茅台酒名列榜首，被公推为"国酒"。

从此以后，茅台酒不仅成为规格最高、彰显高贵的国宴酒、外交礼仪酒，而且也成为市场上弥足珍贵的上乘佳品。同时，国家对茅台酒的生产和质量保证也给予了高度重视。1956年、1958年国务院领导曾经两次指示："茅台河水不容污染。"

茅台酒不仅历史悠久、声名显赫，而且品质上乘，在此后的全国历届评酒会上，茅台酒凭借优异稳定的质量蝉联国家5次名酒评比之冠。1999年10月，中华人民共和国成立50周年之际，中国历史博物馆收藏了一瓶50年的陈酿茅台，并为茅台酒厂颁发了永久收藏证书："兹因茅台酒与共和国的世纪情缘和卓越品质而尊为国酒，暨在共和国五十华诞中以窖藏五十年之'开国第一酒'晋京献礼而誉为历史见证和文化象征。"

中华人民共和国成立之后，茅台酒更是随着新中国的外交、新中国的影响、新中国的发展，大步走向国际舞台，发挥着特殊的、无可替代的作用，成为我国与世界沟通最多的品牌。

新中国成立后，几乎所有来华访问的外国领导人和国际友人都在中国喝过茅台酒。我国领导人出国访问经常赠送的礼品是茅台酒。我国驻世界各国大使馆礼仪用酒是茅台酒。在中日建交、中美建交等国际交往，在我国的政治、外交、经济生活的重大时刻，茅台酒都扮演了重要的外交角色。茅台作为我国对外交往的国礼酒，代表了我国产品的高品质。

我们还可以从另一方面看到国酒茅台在世界各国的影响。到20世纪90年代末，茅台酒连续14次荣获国际金奖。从1953年开始通过香港、澳门转口销往国际市场以来，茅台酒已销售到世界150多个国家和地区，2008年外销额近3亿元，成为我国出口量最大、外销国家最多、吨酒创汇率最高的高端白酒类商品。

2006年初，一本名为《2005中国企业竞争力报告》的新书摆在各地书店的书架上。这本书在评价酿酒食品行业的品牌竞争力时，强调茅台品牌的人气指数依然在行业内高居第一；而在构成人气指数的三大要素"知晓程度、综合印象、发展信心"方面，该书通过市场调查得出的结论是"茅台远远高于别的酒类产品"，而消费者认为这三大要素背后的关键词，则是企业及其产品的诚信度。

1995年，巴拿马万国博览会举办80年之际，美国人在旧金山再次举办了一次声势浩大的巴拿马万国博览会80周年纪念活动，茅台酒再次被世界各国的专家们评为世界名酒，荣获特别金奖第一名。集团党委书记、总经理袁仁国带队到旧金山，沿美国西海岸，遍访当年的见证者。昔日要靠摔酒瓶才能吸引目光的茅台，此时已是我国一流的酒类企业。"如果旧金山2015年举办巴拿马运河通航100年纪念会，茅台也一定会再来。"袁仁国说。

而将在2010年举办的中国上海世界博览会上，茅台的名字又与世界博览会连在一起。2009年5月，上海世博局举行高规格的签约仪式，宣布茅台成为2010年中国上海世博会高级赞助商。

"茅台集团签约赞助中国2010年上海世博会，百年回眸，再次携手，历史的荣耀和自豪在这里油然而生。"签约仪式上，茅台集团董事长季克良先生动情地说。

从1915年巴拿马万国博览会，昔日参加巴拿马万国博览会的产品，在历经近一个世纪的风吹雨打之后，到今天相当部分已不见踪迹了，像中国茅台这样，成长为一流白酒企业的更是凤毛麟角。2006年，茅台被美国《商业周刊》评为中国价值品牌20强之一，并以 13.2 亿美元排名第八；同年，美国《财富》杂志评选 25 家"最受赞赏的中国公司"，茅台是白酒行业唯一的上榜企业。2008 年，胡润中国品牌榜，茅台以 440 亿元的品牌价值排名第九。也就在 2008 年，茅台集团销售收入一举跨越 100 亿元，企业效益、品牌价值、发展前景均成为我国白酒行业和证券市场上的翘楚。

"诚善之心谓于信。"茅台奉行的企业诚信精神，真诚地用优质产品和优质服务为广大消费者"酿造"高品位的生活，必然铸造消费者心中的诚信茅台；百年诚信茅台，必然成就享誉世界百年的诚信品牌。

资料来源："茅台百年诚信品牌的历史传承"，《经济日报》，2009 年 7 月 10 日，作者有所改编。。

15.1 本土品牌与品牌全球化

放眼中国本土品牌，本地市场竞争压力使得企业的持续成长和盈利能力受到了严峻的挑战，随着跨国企业大步迈进中国市场，全球品牌的到来更是给了我国本土品牌一个巨大的挑战。国内市场的"天花板"效应使得中国企业必须在全球市场寻求成长与发展的空间。

从产业价值链和附加价值的微笑曲线可以看出目前中国传统的劳动密集型产业，如服装、家电、消费电子等大多数企业位于微笑曲线的底部（见图 15-1）。我国本土品牌迫切需要把资本、技术和人力资源合理地转化为价值，逐步占据价值链微笑曲线的上部，而不是拘泥于企业内部价值链再造而陷入价格竞争的泥潭。

对于中国本土品牌进行产业链升级，一般可以通过如下升级路径：

1. 市场升级路径

我国企业在升级过程中，可以借鉴东亚"四小龙"的模式，通过与欧美等发达国家零售商和专营商建立起紧密的合作关系，这样既可以在不断扩大规模时发挥自身的低成本优势，在国内市场的竞争中保持成本与价格的相对优势，又可以进而谋求对日本、西欧、北美等市场的低端产品的掌控。

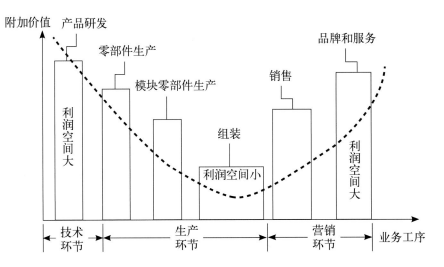

图 15-1　产业价值链与附加价值的微笑曲线

尽管低价竞争模式是最普遍的竞争模式，日、韩企业的发展历程也说明了：低价竞争策略可以是竞争的起点，然而这绝不应该是终点。在获得一定的低端市场优势后，中国企业需要在组装、国际物流、采购方面的技能提升后改变自己的角色——创建全球采购网络，成为欧美购买商与亚洲及其他发展中地区企业的中介，最终实现升级的模式。市场升级路径涉及市场定位、营销网络的构建、广告策划、品牌的运作和维护、销售以及售后服务等能力。沿着市场路径升级的企业一般先在国内创立品牌，整合营销战略，扩大产品和品牌的知名度，创建出在全球市场有一定影响和声誉的品牌；或通过参与跨国兼并、重组和收购甚至直接在国外注册公司和品牌，获得升级所需的资源。

而中国本土品牌在全球化时往往操之过急，TCL 就是如此。TCL 曾寄希望于通过简单的并购来实现全球化。2004 年到 2006 年期间，"大跃进"的氛围错误地影响着 TCL 的并购战略。

2004 年，TCL 在欧洲收购了汤姆逊的彩电业务，成立了 TTE（TCL 和汤姆逊合资公司），并为 TTE 设立了"18 个月实现盈利"的目标。但 TCL 并没有为实现这个目标而做到真正有效的整合。整合中销售渠道问题不畅、缺乏优秀经理人等 TTE 公司的一连串问题把整个 TCL 上市公司也拖垮了，国内市场也几乎丢掉了大半江山。

在 TTE 还没有完全有效整合的时候，TCL 又与阿尔卡特合作成立 T&A（TCL 与阿尔卡特的合资公司)更是对于全球化心态浮躁的表现。缺乏有效的管理,以及同时上两个项目,造成了 TCL 管理层顾此失彼,没有真正地做好整合工作。在 7 个月内,合资公司亏损了 6.6 亿元人民币,双方共同投入其中的 9000 万欧元已经消耗了大半。

资金准备不足,对并购难度的低估,国际化人才储备的不够,国内市场的失守,整合推进速度的过慢,这都造成了 TCL 在全球化道路中的举步维艰。因为连续的亏损,TCL 面临着退市的危险。直到 2007 年,TCL 集团才恢复了整体盈利。

从 TCL 并购法国汤姆逊公司开始,中国企业掀起了一股国际并购的浪潮。然而,这股浪潮仅仅是中国本土品牌追求全球化的一个缩影。随着中国经济的发展和人口红利的结束,在国际市场上有所斩获成为中国企业新一轮的期待。但事实却与中国企业的愿望相悖,在 TCL 以惊心动魄的收购刺探中国企业全球化道路的同时,我们看到的是由于核心竞争力的缺失而带来的企业倒退,由于全球化战略的缺失和全球化规划的紊乱而承载巨大的经营风险。

2. 技术升级路径

实现技术升级的关键是嵌入全球价值链的企业与同价值链中的主导企业建立起合作关系,在 OEM 过程中,利用价值链治理产生的信息流动、知识溢出和动态学习效应,通过与跨国公司合作创新,或通过技术引进、消化吸收,提高企业的自主创新能力,实现从工艺升级向产品、功能升级的延伸,最终攀升到全球价值链的高端。如我国台湾地区的笔记本产业从给 IBM、Compaq 代工开始创业,专事笔记本的制造环节,后来逐渐积累资本和技术实力,开始进军笔记本的研发、品牌和营销等高端环节,成功地实现了台湾笔记本产业的升级,培育出宏基等一批世界知名的自主品牌。这一升级路径的关键在于加大研发投入、培养技术创新能力、掌握核心技术,实现增长方式由要素驱动向创新驱动转变,获得较高的附加值,最后实现在国际舞台上与各大品牌同台竞技。

无论是选择参照国际先进理念,还是把握发展趋势,我国本土品牌选择全球化是其必然趋势。但是需要注意的是,全球化是企业产品与服务在本土之外的发展,全球化不等于简单的西方化和英语化;本土化亦不同于中国化和土鳖化。全球化道路可以说是中国本土品牌的一次痛苦转型,过则一日千里,滞则前功尽弃。对于这样的转型,中国企业需要把旧的、不良的习惯和传统彻底抛弃,循序渐进地在全球化道路上稳步推进。

15.2 本土品牌发展战略路径

"奢侈品"是舶来品,原是西方贵族的专属物。但中国自古不乏"奢侈品"。西方中世纪时代,来自中国的丝绸、瓷器与黄金等价。欧洲贵族更是以拥有丝绸服饰作为炫耀资本。当凯撒大帝身披丝袍出现在公众场合时,被称为"绝代豪华"。古罗马人将中国丝绸奉为上流社会和贵妇的奢侈品。久负盛名的中国丝绸通过丝绸之路传送到欧洲,给西方人带去了美丽、尊贵与荣耀。中国丝绸的艺术品位、文化内涵、历史积淀和超群工艺绝不逊于世界上任何的奢侈品。另一种广为推崇且千古传颂的中国奢侈品就是陶瓷。甚至,"china"在英语中即是陶瓷的意思,陶瓷曾经成为中国在世界人民心目中的代名词。陶瓷是中国人民奉献给世界的又一瑰宝,在一定程度上改变了许多民族的生活方式和价值观念。伊斯兰民族用中国的大青花瓷盘作为盛宴必备器皿;菲律宾等民族将中国陶瓷作为神物顶礼膜拜;非洲人将中国瓷器装饰于宫殿寺庙。举世闻名的"五大名窑"出品曾是欧洲宫廷的使用器物,其极致尊崇的程度绝不亚于当今社会对路易威登和古驰等顶级奢侈品的痴迷。在陶瓷和丝绸之外,中国的苏绣更是"奢侈品中的奢侈品"。在 20 世纪初,中国苏绣名家的产品在美国的售价大多高达上万美元,还有中国的云锦、玉器、景泰蓝、名茶名酒、紫檀都是举世闻名的奢侈品。

如果把世界奢侈品的历史与中国同期历史进行比较,可以发现惊人的相似与不同。西方定义的奢侈品起源于法国,可以追溯到 17 世纪路易十四的统治时期。法国在当时是欧洲最强大的国家,法国的宫廷生活以奢华而著称,享乐主义成为当时法国贵族的人生哲学,因此奢侈品在法国应运而生。19 世纪末,刚刚完成第二次工业革命的法国,在纺织、香水和葡萄酒等领域的制造技术日渐成熟,一系列法国奢侈品的品牌开始诞生,1889 年和 1900 年的巴黎世界博览会也使法国的奢侈品得到其他国家的认可。发展到今天,奢侈品文化已经成为法国文化不可或缺的一部分,它对法国的社会发展起着举足轻重的作用。法国人将奢侈品产业比作"法国的另一艘航空母舰"。即使在法国经济不景气的情况下,奢侈品产业也一枝独秀,每年为法国创造 120 亿欧元的巨额产值。而且,法国人极其看重奢侈品为法国创造的文化效益。他们将奢侈品文化称为"法国现代文化的最大亮点",正是由于这种文化创造的"软实力",法国才能够继续吸引世界各国的注意力。

如果我们把目光从法国奢侈品起源年代平移到中国,我们会惊讶地发现,这一时期正是中国的"康乾盛世",而且中国是当时东方最强大的帝国。不仅从综合国力上惊人相似,一个是西方帝国,一个是东方帝国,而且在奢侈品制造工艺上中国也同样像法国一样达到登峰造极的境界。在康熙、雍正、乾隆三朝,中国的陶瓷、丝绸、刺绣、玉器等均创下前所未有的历史高度,"清三代"的奢侈品被世人公认。

但中国的奢侈品文化与欧洲惊人的不同是,中国的封建中央集权制度使得这些高精尖的工艺、技术和伟大的作品被囿于宫闱或者官用,没能树立起各自的品牌。此外,我们的奢侈品扬名后往往以出产地域来判断其品阶,如和田玉、钧窑瓷器等。而在西方,这些高档奢侈品是由一个个家族品牌来代表的,如卡地亚(Cartier)之于珠宝,万宝龙(MONT BLANC)之于高级书写工具,路易威登(Louis Vuitton)之于皮具。虽然这些知名品牌也服务于王室贵族,但在不同的社会环境与经济背景下,西方的奢侈品工业被通过家族传承的方式得以将品牌壮大和发展,而拥有著名品牌的家族也渐渐被人们耳熟能详。但在中国,我们的很多伟大工艺的创造者,他们的技艺虽然通过师承的方式得到了延续和发展,但他们本人却往往隐没于"乾隆御制"或"江南织造"之中,没有被世人提升到其应有的艺术地位和产业地位,也没有形成个人的品牌和家族产业。虽然在历史上,我们的奢侈品工艺与艺术价值与西方奢侈品相比不分轩轾,甚至有过之而无不及,但在品牌缔造上,我们却远不及西方。

通过历史的比较,我们可以得到论断:中国文明源远流长、博大精深,中国奢侈品大大早于法国而出现,在法国诞生奢侈品的年代,中国"清三代"的奢侈品已经又一次实现了"伟大的复兴",而不是诞生。当今中国已经完全进入工业文明时代,又逢盛世,并与世界同步迎来信息社会文明,因此完全有可能再次实现中国奢侈品的复兴,同时实现中国奢侈品品牌的新兴。

时光流转,几千年过去了,如今国人头脑中印象深刻的奢侈品品牌几乎都是"洋名字",而自家门口的顶尖品牌却是寥若晨星。21世纪的西方奢侈品蜂拥而入中国,不仅带来视觉诱惑和国人的自我批判,还对襁褓中的民族品牌形成强大挑战。改革开放30年以来,随着社会经济发展和人民生活水平的提高,消费者对奢侈品的观念、需求也渐渐发生变化。我们并不缺文化、不缺技术,也不缺原料,唯独缺乏品牌的塑造。面对洋品牌的步步进逼,中国应该如何发展自己的奢侈品产业?中国市场不缺奢侈品,但缺少奢侈品品牌。奢侈品仅表现在价格的昂贵,但奢侈品品牌所蕴涵的意义是精良的品质、人性的体贴与关怀、文化的传承与积淀，这是文火慢功一点点炖出来的滋味。所以打造奢侈品品牌不仅仅是技术活，我们不缺少技术，有很多世界知名的奢侈品都是由中国内地的企业贴牌生产的。主要原因是中国奢侈品企业在运营管理、文化塑造、营销推广上还显得稚嫩，当然，即使做好了这些，也需要时间的沉淀，才能真正造就一个奢侈品品牌。

对于几乎所有的中国品牌，都存在一个普遍的问题——他们意识到了用广告作为营销手段，但却不会通过运用卓越的宣传手段来打造品牌形象。要打造一个有吸引力的品牌，尤其一个有吸引力的奢侈品品牌，需要长远的眼光和规划，宣传的质量和可持续性发展比短期效应更为重要。企业必须有长远的投资计划，同时需要寻找一个较佳的切入点来打造品牌，这个切入点既要体现专业性，又要兼顾品牌发展的完善性。回顾当今本土品牌的广告，就会发现很多中国企业还没有理解这个问题。

中国奢侈品市场的快速发展，对于中国本土的奢侈品从业者来说是一个很好的机会。不仅是品牌，中国的投资商、零售商和设计师，还包括制造商都有机会从这个行业的快速增长中获益。对于本土品牌发展奢侈品品牌，有如下三种常见的战略路径可供参考。

1. **品牌升级战略路径**

品牌升级战略路径适合于第一节所介绍的那些本来处于产业价值链中低附加值区域的品牌。比如葡萄酒、时装、手表、汽车等行业品牌。这些行业已经存在某些强势的国际奢侈品品牌，但是由于该行业的巨大吸引力使得本土品牌不甘于居于底层。这时如果本土弱势品牌想发展为奢侈品品牌就要谋求品牌升级。首先要集中精力做好中低档产品，争取在所在行业取得规模效应。然后逐步发展品牌运作和设计开发体系以发行中高档产品，这时的目标是成为该行业的知名品牌。确定知名品牌地位后才开始选择适当的领域发展奢侈品品牌。选择这种路径的公司稳步发展，逐渐从弱势品牌发展为知名品牌，然后再发展成为强势品牌和奢侈品品牌。就像爬楼梯一样缓步爬高，相对稳健但是需要时间的积累和考验。目前采用这种战略路径的本土企业比较多，比如葡萄酒行业的张裕、服装行业的金利来、手表行业的飞亚达等。

2. **新创品牌战略路径**

新创品牌战略路径适合于生产具有中国特色产品的本土品牌企业。比如茶叶、瓷器、玉石、中国特色服装等行业领域中，国际上并没有什么强势品牌，国际企业也不了解相关产品的文化内涵。既然相关企业拥有强势的文化内涵，那么为什么不直奔桂冠而去呢！在这些行业中的本土企业如果能有适当的资金配合，就可以直接建立奢侈品品牌。然后利用各种传播手段传递中国文化元素，塑造品牌文化，销售相关产品。当然直奔顶级品牌的做法需要有强大的财务支撑，优秀的管理人才和设计人员配合，否则很容易出现昙花一现的状况。

目前采取新创品牌战略路径来建立奢侈品品牌的中国本土公司也不少，比如"琉璃工房"、"同庆普洱"、"东北虎皮草"。

3. 品牌并购战略路径

品牌并购战略路径是常被国际大集团使用的方法。然而随着中国整体经济水平的提高，部分中国企业也拥有了一定的财力，而且又希望快速拥有奢侈品品牌来提升自身的品牌形象和获得企业缺少的技术专利。最近发生的金融风暴造成了很多国际奢侈品品牌的举步维艰，同时也给有意于品牌并购的中国企业提供了很多机会。最近发生的有：吉利收购沃尔沃，盛世游艇收购意大利游艇品牌 Dalla Pieta，等等。

无论本土企业选择哪种方式，战略路径的确定只是奢侈品品牌发展的第一步，中国的企业家们必须以战略性的眼光来驾驭品牌战略，重视品牌管理的各个关键因素。只有这样，才有可能迎来最后的成功。

案例 15-1 同庆普洱——传承历史

在陈年普洱茶叶，若论茶味，当数倚邦和蛮砖两大茶山的小叶种普洱茶为止；若从越陈越香的角度看普洱茶，则以易武山大叶种普洱茶为佳，这也正是清代中后期易武茶区崛起的一个重要原因。到清末，易武镇云集了云南当时众多的茶商，他们设厂制茶，引进先进工艺，以大叶种普洱茶菁，即"阳春细嫩白尖"制茶，使易武从产茶量和茶质两方面都一跃为古代版纳六大茶山之冠。同庆号茶庄于1736年在易武设厂制茶，直至解放后被收归国有，仅其在易武的制茶历史就达百余年。

同庆历史

同庆号茶庄始创于乾隆元年（公元1736年），同庆号在版纳易武开设毛茶加工厂。经过多年的经营，在光绪二十六年以后，同庆号已跻身云南茶叶界之首，其实力和规模远远超过了当时西双版纳的所有茶庄，成为西双版纳乃至云南最大的茶号。1917年，六大茶山的茶商们集资建造连接易武和倚邦的磨者河承天桥，该工程历时两年，耗银颇多，而同庆号捐出的银两就占了建桥总耗银数的一半。当时的民国政府普思沿边第六行政分局，就此给同庆号颁发"见义勇为"嘉奖匾一块，同庆号的实力由此可见一斑。

同庆号在经营普洱茶的茶庄中，最早推行普洱茶六选六弃（选春茶，选嫩尖，选产地，选净度，选滋味，选香气，弃异味，弃粗老，弃不洁，弃质变，弃杂物，弃味劣）之精细作法，因此其品质超群，而销量大增。

在20世纪初，同庆号茶叶销量达到了年销2000多担。同庆号把普洱茶销往国内的同时，也把大量的普洱茶销往海外。其一部分从易武运老挝、越南莱州转至河内；一部分运蒙自上火车抵海防转至香港，再分达东南亚各地。"选料精细，加工认真，包装精美"，是当时东南亚侨商对同庆号的共同赞益。

普洱在乾隆年间就被朝廷定为"贡茶"，每年定量制办贡茶上缴。其中，部分普洱"贡茶"被清政府作为"国礼茶"赠送给英，法、俄等国的来访使节。

光绪三十年，清政府商部"采择各国通例，参协中外之宜，酌量添改"，拟定了《商标注册试办章程》28条，《商标注册细目》23条，于8月4日上奏，旨准颁行。同庆号随后就向清廷申办了同庆商标"龙马图案"，亦是清末旨准颁行《商标注册试办章程》后最早的商标图识。带有同庆商标的"龙马图案"的普洱茶，由于做工精细，立即成为了高品质普洱茶的代名词，在国内外市场上供不应求。

为了规避市场上越来越多打着"龙马图案"的假同庆号普洱茶，1925年，他们按当时北洋政府颁布的《商标法》，又向北洋政府农商部商标局申请了同庆商标"双狮旗图"。无论是同庆号的"龙马图案"还是"双狮旗图"，现已成为所有普洱茶爱好者熟知的标识，成为了中国茶叶史上的瑰宝，永远载入中华茶文化之史册。

1937年"七·七事变"之后，日寇大举侵华，人民生活处于颠沛流离之中，普洱茶北上的销路断了；太平洋战争爆发后，日寇占领了整个东南亚，普洱茶南下的销路也断了，同庆号销售一落千丈，不得不于1948年彻底歇业。

解放后，特别是十一届三中全会以后，国内的生产力得到了极大的发展，边疆少数民族经济得到了极大的繁荣，人民生活水平得到了极大的提高，人们在满足不断丰富的物质生活之外，还追求新的文化健康生活。普洱茶这一带着浓郁文化气息而又久藏深山的健康饮品，才重新在茶界中崭露头角，异军突起。

同庆再建

为了宏扬普洱茶文化，让广大消费者重新领略昔日高品位同庆普洱，西双版纳同庆茶业有限公司于2005年在景洪市成立。同庆茶业有限公司成立的宗旨是：秉承前人、不断创新，做精做细，做工优良，在西双版纳这块沃土上，重现同庆普洱茶的光彩。同庆茶业有限公司遵行前人六选六弃之精细作法，在用料、做工、卫生、包装上，使新的同庆普洱茶达到了高质量和高品位。同庆茶业有限公司还自投大量资金，对普洱茶的工艺进行研发和创新。公司在普洱茶的陈化发酵上，采用现代科学，取得了重大突破，使普洱茶的生产得以更合理和卫生，使普洱茶的品质保持一致，以适应当今广大消费者对健康生活的追求。公司的此项发明，已取得了中华人民共和国国家知识产权局批准的专利。

西双版纳同庆茶业有限公司，为响应政府打造普洱茶产业和建设文化大省的号召，现在景洪市城中心，建了一个占地五亩、花园式的、合乎食品卫生条件的普洱茶体验馆，让旅游观光者体验普洱茶的制作和感受普洱茶文化的内涵，以弘扬普洱茶文化。

公司所产普洱茶，均采自六大茶山乔木型明前古茶，公司各类产品，均系传统手工制作，因而受到国内外广大普洱茶爱好者的赞誉，并成为政府对外赠送之礼品。

同庆回归

同庆茶业有限公司在履行公司的宗旨时，却遇到了一个棘手问题，即"同庆"这一茶叶品牌，早在2004年之前，就被福建的一个茶企业抢注。为此，生养同庆号这块土地，不能拥有"同庆";同庆号普洱茶的原产地,不能在普洱茶上注明同庆商标;消费者只能喝到冠有"同庆"的铁观音,却不能再领略昔日"同庆"普洱茶的风采。同庆茶业有限公司认为:"同庆"的丢失,不仅是一个品牌的丢失,而是西双版纳茶文化的丢失。仅仅为了做茶,可以冠以其他名号,但为了不让西双版纳这个历史名号漂泊异乡,不让西双版纳这固有的历史文化品牌再丢失,一定要让"同庆"回归到这块养育他的土地。与此同时,公司向西双版纳州政府作了汇报,州领导明确指示,一定要让同庆回家,一定要让西双版纳的文化品牌回归。

经过漫漫一年多的协商、谈判,几经反复,同庆茶业公司几乎气馁。但在州政府的支持下,协商终于峰回路转,在2006年7月21日,同庆茶业有限公司与对方达成了转让协议。"同庆"回家了!"同庆"终于回到了生他养他的这块沃土,西双版纳保住了自己的历史文化品牌。现同庆号注册商标,已属公司所有。

同庆古董产品——同庆号圆茶

同庆号圆茶分为内票和内飞两种。1920年以前是"龙马商标",之后则是"双狮旗图"。两者以1920年以前的茶品为绝品,即"同庆号老圆茶"。香港的"金山楼"等茶楼,素以经营普洱茶历经几代而闻名,多年前这些楼主店面歇业,关仓走人,前往美国另辟商途。1996年,这些茶楼主人返港,开仓处理家产,结果仓中存有同庆号、敬昌号、江城号、红印、绿印甲乙等上好普洱茶。他们将其倾力销往台湾,为台湾普洱茶茗者和收藏家打开了一道天堂之门。特别是"金山楼"和"龙门茶楼"两家出仓的同庆号老圆茶,存时已近百年,面对这等天赐之物,台湾的普洱茶收藏家拟成立"同庆号普洱联谊会",共同举办同庆号普洱茶品茗及评鉴活动。

同庆号老圆茶采用最好的竹箬包装,表面是浅金黄色,捆绑所用竹篾及竹皮,颜色与竹箬相若。其茶筒顶上面片,用金红色朱砂写着"阳春"两字,右边的一直行是"易武正山",左边一直行是"阳春嫩尖",中间一行字大,乃墨写的"同庆字号"四字。每筒的每饼间都压着"龙马商标"内票一张,白底,字为红色。图上方写"云南同庆号",中间为白马、云龙、宝塔图案,下方署"本庄向在云南久历百年字号所制普洱督办易武正山阳春细嫩的白尖叶色金黄而厚水味红浓而芬香出自天然今加内票以明真伪同庆老字号启"字样。该茶品汤色为深栗、但透澈,有兰香,入口水路细柔滑顺,由于其年代久远,饼沿已松动,刚上市时被一些人疑为边境普洱,可一两年后,人们识其本真,身价猛涨四五倍。

与福元昌号的普洱茶那气势非凡的品质相比,同庆老号圆茶幽雅内敛,绝冠群伦,是极柔和性的优美茶品,被视为国宝绝品,享有"普洱茶后"美誉。

1920年之后的同庆号圆茶,即内票、内飞为"双狮旗图"者,现存在陈期为60年左右茶品一两筒,每饼埋贴4.5厘米×7厘米横式内飞,白底朱红图字,饼面较宽大,直径约21厘米,饼身较薄,约320克。汤色为栗黄,有野樟茶香,虽不能与老圆茶相匹,亦被视为普洱极品。

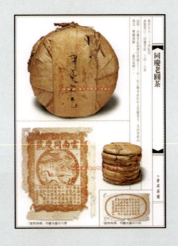

同庆号国礼普洱茶

2008年1月18日英国首相戈登·布朗夫妇访华时,中华人民共和国总理温家宝赠送其同庆号国礼普洱茶。

奢侈品品牌管理　Luxury Brands Management

1. 揭秘国礼普洱茶出炉过程

制作前检测

选料：千里挑七

专家组再审

银芽

金芽

压制

内包装

封箱

"整个过程不像一个产品的制作，倒像是一次追求完美的艺术创作。"负责制作的同庆号公司负责人邓雅然说，仅是包装这一细节从设计上都不知道返了多少次工，4天内就7次在景洪与昆明之间的空中飞来飞去。

2. 一次"千里挑七"的选料

经讨论和上报相关部门批准，小组决定采用存期已达3年，选自西双版纳傣族自治州江外古六大茶山大树茶制成的金毫熟茶，以千分之七的分选率，按照"色泽褐润、显金毫、匀整；香气陈香显露、滋味浓醇回甘；汤色红浓明亮；叶底红褐较嫩"的感观指标，送相关部门进行各项理化指标检验合格后制作熟饼。选用西双版纳江内古六大茶山的银毫、班章、景迈晒青3种毛茶，按照"条索紧结有锋苗，整碎匀整，色泽深绿光润，净度稍有嫩茎，香气浓郁，滋味浓醇，汤色黄绿明亮，叶底柔嫩有芽，绿黄明亮，外形美观"的感观指标，送检各项理化指标合格后制作生饼。单完成这一道选料的程序，需要25个熟练的选料工忙活上一天。

3. 24小时警卫中的制茶

2008年1月12日9点，监督小组成员更衣消毒后进入了生产车间，生产人员就位，仓管员在监督人员的护送下将茶样由物流口运到生产车间。由指定人员当场开启封条后，将茶叶转到生产线上。9点40分，第一饼江外古六大茶山金毫熟茶蒸压成型。3分钟后，第二饼国礼茶成型了。经现场监制人员的认真对比，一致认为金毫饼的外形效果最佳，于是按此样继续蒸压熟茶。10点15分，江内古六大茶山阳春嫩尖银毫饼诞生。

茶饼放到茶架上等待烘干时，检验人员及监制人员对压好的茶叶进行了外观检验，检验结果为饼型完整、端正、厚薄均匀，松紧适度，不起层掉面，完全符合标准要求。

在监制人员的监督下，17点25分，生产人员将茶架送入烘房并时时对烘房温度进行监控，同时整个生产和保管过程中，均有专门的保卫人员24小时现场执勤。

4. 追求完美的包装设计

根据反复的设计和返工，最终确定了国礼普洱茶的包装方案。

外包装做成公文包形式的布袋，采用纯天然米色麻布材质制作，中间使用竹节扣，并在位置横向正中装饰民族特色浓郁的花边。

第二层包装使用竹木结构盒体,在收口处上4片竹片卡口雕刻上同庆号特有的龙马图标。内置中英文对照的文化手册命名为:中国·云南 同庆号普洱茶,并附加上书签形式的冲泡说明书。

茶饼包装绵纸内包采用傣族手工白绵纸,外包采用金丝绵纸,文化手册纸张定为东巴纸。

经出产检验合格,2008年1月15日16点,包装车间员工在监督小组监督下对茶饼进行内包装,内包装结束经检查无误进入到外包装车间,对国礼茶进行外包装封样并装盒,最后进行装外袋。

15.3 发展本土的奢侈品品牌

15.3.1 中国奢侈品消费的机遇

中国经济正站在一个新的发展起点上，面临着巨大的历史机遇与挑战。影响中国奢侈品市场走向的，不只是这些奢侈品本身，而更多的是这些品牌在消费者中的传播给其带来的影响。那么，在强调经济发展又好又快的中国新经济政策下，相对于前期粗放型增长，中国奢侈品行业的未来又将有怎样的表现？奢侈品发展在经济社会发展中又该扮演怎样的角色呢？答案应该是明确的。显然，从事奢侈品的生产和经营活动是具有积极意义的，它可以不断推动国家经济向前发展。现在西方国家普遍认同的理论是，一个国家奢侈品的消费增长大概应该是其 GDP 增长的 2 倍左右（Elyette Roux，2005）。奢侈品进入中国市场以后，其消费市场的不断增长说明了中国经济实力的不断增强，同时，奢侈品的消费在中国国民经济中已经占据了相当大的比重，反过来奢侈品的消费又不断促进中国经济的发展。在消费领域，当国人面对自己逐步增长的财富时，他们在毫不犹豫地选择贵的标志——奢侈品来表明自己新的经济和社会地位的时候，不知不觉地促进了中国经济的增长，既是在通过奢侈品消费上带动了经济发展，又激励其他人努力追求美好生活从而间接刺激了经济，为中国 GDP 的不断增长做出了突出的贡献。在生产领域（包括许多消费商品和服务），奢侈品的生产者参与市场竞争，促进了优胜劣汰，使得企业不断地进行改革创新。同时，它还为企业领导人追求梦想、实现企业发展和获得利润提供了机遇和巨大的空间。奢侈品消费，作为一个时代的来临，不是在一年两年中完成的，而是一个十年甚至二十年的时间段。从这样一个时间段来看，中国市场对于奢侈品的需求存在着一个巨量的空间。到 2020 年，中国实现全面建设小康社会的目标，那时人均 GDP 为 3000 美元，而上海、北京、广东的深圳和广州以及江苏的苏州、浙江的温州等经济发达地区人均 GDP 会超过 15000 美元。这些地区包括的人口在 3 亿人以上，这一庞大的消费人口群正在成为潜在的奢侈品消费的基础。难怪万宝龙亚太地区总裁詹兆安 2008 年曾说："虽然目前奢侈品最大的消费国家是美国、日本，但 5—10 年后，中国将成为全球最大的奢侈品消费市场。"

实际上，奢侈品行业不仅在消费品市场独领风骚，在资本市场也引起了广泛关注。统计数据显示，2005 年美国道琼斯工业指数下挫 0.6%，费城半导体指数上涨 10.66%，代表大型产业蓝筹股的标准普尔 500 指数全年上涨 3%，标准普尔奢侈品指数却上涨 45%，也就是说，奢侈品指数涨幅是半导体指数的 4 倍、是蓝筹产业股的 15 倍。

奢侈品消费是引领消费时尚，拉动经济快速发展的"排头兵"。尽管奢侈品消费只是占总人口比重较少的富人或中等收入阶层的人的行为，但对引领消费时尚、拉动经济快速发展的作用非常重大，它会带动中低收入阶层的消费潮流，拉动国民经济。从高档首饰、化妆品、服装、手表、汽车等奢侈品的消费和高级文化娱乐消费方式的选择的大量事实上进行分析，便可得到充分例证。对奢侈品范围的界定、价格的确定、税收的征管等是国家宏观调整的重要手段，对消费水平、经济发展及国家财政等问题具有重大影响。

奢侈品引入中国后，为中国经济的发展带来较大的促进作用，对中国经济具有向上拉动的积极意义。简而言之，奢侈品引入中国后，它带来了八方面的影响，发展奢侈品产业能明显刺激消费、促进消费升级、创造就业机会、减少贫富差距、促进关联产业的发展、促进创新和社会技术的进步、促进社会的发展、促进人类自身的发展。

1. 奢侈品刺激消费

在全球化经济中，产品越来越多地成为一种象征，今天的奢侈品就是明天的普通产品。而这种奢侈品转化的速度，恰恰体现了社会技术进步和经济水平提高的快慢。在这种情况下，换一种经济思维看待这个问题，就是奢侈品需要建立新的标准，它具有刺激消费、促进经济发展的经济作用。从经济学的观点来看，富人的奢侈性消费也有积极作用。奢侈是一种高倍数的需求，奢侈性消费是普通消费的多倍。可能一个富人花的钱，比一百个普通老百姓花的钱还多，因而，富人花大把钱进行奢侈品消费，是身体力行地拉动需求，推动经济循环，这也符合中国正在实施的先让一部分人富裕起来，再达到共同富裕的经济政策。

2. 奢侈品促进消费升级

奢侈品消费不断增长，消费结构升级是我国这几年消费市场的显著特点。目前的消费品市场正兴起一群信奉新奢华生活的消费者，渴求从商品及服务找"情感"价值。它们是一些较平价品有知名度、品牌形象良好、品质优且能凸显使用者品位的商品或服务，即使定价都比平价品贵一倍以上，销量及利润却也远超平价品。此消费现象显示，越来越多的人，只要他们从情感的角度认为很重要，而且就品质、性能和吸引力来说，都具有显而易见的价值，便愿意花大把银子来换取！随着社会奢侈消费品总额从"平稳增长"转变为"稳步增强"，我国奢侈品行业将可持续维持较高景气度。通过在消费奢侈品上的不断扩张，也能够推动中国的整体消费升级。从目前的状况和未来发展的趋势看，正是由于奢侈品的生产和消费产生了一个蝴蝶效应，它带动了中国社会消费的升级。

3. 奢侈品创造就业机会

奢侈品还带来就业机会，尤其是那些要求较高技术水平的奢侈品。现代社会的大批量生产由于考虑成本而趋向于减少工作岗位。与此相反，奢侈品和奢侈服务行业则是重劳动轻资本的，大多数的奢侈品也大多完全由手工打制而成，这就需要大量的工人，也就为社会创造了大量的就业机会。

中国以前一直多生产低价位的产品，并且不注重产品的质量。但中国是一个人口众多、就业压力很大的国家，所以我们要格外珍惜这个机会，通过发展奢侈品产业能够为社会提供更多的工作岗位，缓解日益沉重的就业压力，维持社会的稳定，创造更多的社会财富，以及满足社会的需求。

4. 奢侈品减少贫富差距

一提到奢侈品，较传统的中国人似乎会觉得这是腐朽生活的代表，然而奢侈品消费是经济发展到一定程度的必然趋势。从经济学角度看，如果富裕人群都很少消费，那么他们手中的钱就无法拉动社会总需求，也就无法创造出更多的劳动岗位，富裕人群即使有正常的消费还不够，说到底人类需要的东西并不太多，很少的钱就能满足，例如10元一只电子表就能提供完美的报时服务，但这样一来还怎么把钱花出去？所以才会有20万元一只的奢侈表出现，实际上这类表大多是机械的，论精确性还不如电子表，但20万元可以提供更多的工作岗位。你的支出就是别人的收入，换句话说富裕人群的奢侈消费行为，在客观上可以起到缩小贫富差距的作用。

5. 奢侈品能够促进关联产业的发展

任何一个行业都不可能是一个单独体。奢侈品进入中国市场的同时，也带动了不少相关的行业。其中有些行业在我国是比较新兴或落后的行业，因为相关性的关系也得到了发展机会，这对大力发展国民经济和调整产业结构都是大有好处的。比如游艇进入中国，它必然会促进码头等基础设施和对水质治理的发展；而高级成衣和皮革等奢侈品的出现，是不是能对我们以生产廉价产品而闻名的相关行业有很大的推动呢？

很多与奢侈品相关的行业也是具有高附加值的行业。虽然，我们进入的时间比较晚，但这些行业都有很大的发展空间。如何正确对待这样一种机会和机遇，市场的反响是很关键的一个标准。

6. 奢侈品带来创新并促进技术进步

奢侈品所提供的总是超过纯粹的功能性的产品。奢侈品使生产商能够创造较高的新价值。而对于买主也的确有较高的价值，不然他不会为此出高价。奢侈品创造较高的增值，它们会刺激制造商继续发展和丰富其产品，并引发革新。一件奢侈品，尤其是技术奢侈品，必须具有可信度和独特的风格，必须不断创新，否则就有停滞不前的危险，即使是最著名的品牌也可能陷入危机。在21世纪，如何管理和发展品牌成为了品牌创立者的一大挑战。谁能把奢侈品和品牌有创意地不断开发，员工和企业间就会产生内在的联系。只有整个方案（设计、生产、产品性能）稳定统一，一个品牌才会拥有自己的让消费者着迷的风格。只有当它具有新特性和新用途并应用了最新技术，它才成为奢侈品。因此，奢侈品是创新的发动机和技术发展的推动力。

7. 奢侈品已经成为推动社会进步的动力

奢侈品的生产，自古以来就是经济运行的发动机和行业发展的标尺。实际上，有些奢侈品对推进社会进步和文明进化有不可替代的地位和作用。奢侈品的意义在于：它们确定了某种"高"的可能性，对民众的奋斗树立了一个支点，让大众知道要攀登到多高的地方。从某种程度上来讲，它们在为社会的演化设置进程。奢侈是人类与生俱来并"与时俱进"的本能。没有奢侈品，社会自身也在不断向前；但奢侈品作为人类社会一个必不可少的事物，它所代表的领域是独一无二的；它在某些方面对社会进步的推动也是唯一的。现代奢侈品会给予全球社会更多的发展动力，比大众产品更强烈地改变着全球社会，因为奢侈能够创造财富，奢侈观念和奢侈品消费在一定程度上已经成为了社会进步和经济发展的强大推动力。

8. 奢侈品能够促进人类自身的发展

现代化的大批量生产虽然能够带来高产量，奠定今日高生活水平的基础，但与大批量生产相联系的是，原来手工生产的大多数有意思的、富挑战性的、需要创造力和其他才能的工作变成了重复的、枯燥的、乏味的和单调的劳动，工人在生产中仅仅是机械地完成自己的工作，没有丝毫的成就感和满足感。大批量生产阻碍人类充分发挥想象的能力、创造的能力、领导的能力和成就感及满足感的获得。而这些正是人类自身得以发展的源泉。与之相对应，奢侈品制作工艺比普通产品的制作工艺更富艺术性，更复杂，需要更多的知识、总揽全局的能力和组织才能，需要工人在生产的过程中充分发挥自己的智慧、想象力和创造力，更重要的是，当一件奢侈品诞生后，工人可以从中获得极大的成就感和满足感。所以说生产奢侈品的过程，正是人类自身也得以发展的过程。改革开放三十年来，中国的经济实力得到长足的发展，保持了年均 9.7% 的快速增长。国家统计局数据显示，2009 年，中国 GDP 达到了 335353 亿元，同比增长 8.7%；全国固定资产投资为 224846 亿元，同比增长 30.1%；全年进出口总额 22073 亿美元，比上年下降 13.9%。不过这并不妨碍中国超过德国，成为世界第一大出口国。庞大的经济总量和近两位数的平稳发展速度是中国目前宏观经济的两大特点。在经济如此迅速的发展中，品牌起到了至关重要的作用，并且这种作用不断扩大。现在的市场竞争下，企业关注的重点正从单一的产品价值转移到包含产品、服务和精神价值的品牌价值上，随着品牌走进千家万户，越来越多的消费者将品牌作为购买商品的标准。

案例 15-2　东北虎（NE·TIGER）
——中国皮草第一奢侈品品牌

"中国第一奢侈品品牌"

在面对如何回答为何被称为"中国第一奢侈品品牌"这个问题时，NE·TIGER 品牌创始人张志峰说："首先，这个名称不是我们自己说的，而是媒体和西方同行起的；其次，"第一"不是我们想的，也不是我们说的，而是我们第一个做的。"

缔造一个奢侈品品牌，不但要有梦想的能力，更要有把梦想化作现实的实力。

NE·TIGER 始创于 1992 年，目前是中国顶级奢侈品品牌的象征，它不仅奠定了中国皮草第一品牌的至尊地位，而且创造了中国高级定制礼服、高级定制婚礼服和高级华服的领先优势。

NE·TIGER 坚持以"融汇古今，贯通中西"的设计理念创造出其特有的"高贵性感"的奢华风格。NE·TIGER 坚信，中国

历史上不缺乏奢侈品，而当代缺乏的是奢侈品品牌，NE·TIGER 品牌所肩负的历史使命，在于新兴和复兴中国奢侈品文明。审视它所走过的每一步，都具有开创性，都具有"引领者"的姿态。

NE·TIGER 以皮草起家，早在品牌创立以前，张志峰旗下的团队已经在国际领域积累了丰富的皮草设计、制造经验，是国际上一流的皮草制造商。运用这方面的优势，NE·TIGER 在品牌成立之后，迅速确立了其在中国皮草领域的领先位置，不但拥有位于哈尔滨中央大街全亚洲最大的皮草形象店，也是目前为止丹麦哥本哈根皮草拍卖行"紫色俱乐部"在中国的唯一会员。哥本哈根皮草拍卖行作为世界上最大的皮草原材料拍卖行和水貂皮供应专家，每年会甄选出 1% 的毛皮授予顶级质量商标——哥本哈根紫色质量商标。而挂有哥本哈根紫色质量商标的皮草产品只在世界上少数精心挑选的零售店有售，也只有加入紫色俱乐部的会员才有资格享有，而 NE·TIGER 就是其为数不多的中国会员。

在成功确立自身中国皮草第一品牌的至尊地位后，NE·TIGER 又开始了新的引领。"进入 21 世纪，NE·TIGER 已成为公认的中国第一皮草品牌，而每当出席各种高级社交沙龙，我总有一种说不出的汗颜。作为有志于创造中国奢侈品品牌的我，一看到人们脱去天然奢侈品的皮草，显露出来的不是华丽的晚装，在我内心就有一种失责之感。"张志峰在回忆自己把晚礼服服饰文化介绍到中国时的初衷时如是说。为了弥补中国在这方面的文化缺失，2003 年 NE·TIGER 发布了名为《名媛》的高级晚装的年度大秀，开创了中国晚装文明。

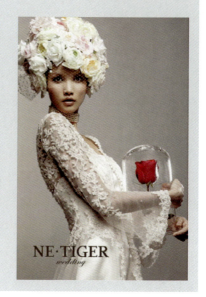

再下一次开创是在 2005 年，针对中国人结婚时租赁或者穿戴不洁的婚纱的现状，NE·TIGER《爱》高

级婚纱发布会,向国人宣告"从租赁到拥有"的婚纱革命,倡导"要拥有、要珍藏、要传承",把婚纱(西式婚礼服)作为见证爱情、记录永恒的"爱的载体"。

光有婚纱,还不能完全弥补中国婚礼文化的缺失,在2006年,NE·TIGER以《凤》高级定制婚礼服发布会,开创了"中国式婚礼服"的绚丽篇章。在挖掘和梳理中国婚礼服饰历史之后,NE·TIGER推出了设计制作符合中国人形体特点、运用西方先进技术和面料、能够充分展现中国古老文化内涵和东方神韵的高级定制婚礼服,复兴了比西方更加源远流长的中国婚礼服文化。

而2007年以一场《锦绣国色 华夏礼服》的高级华服发布会,NE·TIGER开创了"华服"理念,"华夏礼服"这四个字首尾相连而得,旨在以"礼"为魂,以"锦"为材,以"绣"为工,以"国色"为体,凝汇呈现数千年华夏礼服的文明,属于中国人的"国服"。NE·TIGER推崇的华夏礼服不是中国历史上哪朝哪代服饰的翻版,而是要将五千年文明的断点与断代承接为一脉,再将其历朝历代之服饰精华一脉贯通。而作为代表正式场合的"融汇古今、贯通中西"的高级定制礼服,NE·TIGER的华服相继挖掘了中华文明中濒临灭绝的"云锦"、"四大名绣"、"缂丝"、

"珍品辑里湖丝"等曾只用于皇家的非物质文化遗产,不仅在秀场上把年迈的绣工老艺人请上发布会的T台而引导媒体舆论向历史致敬、向中华文明致敬,更是希望以华服为载体,新兴和复兴中华奢侈品文明。

此后,华服经历了2008年《国色天香》及2009年《蝶扇-缘》的延续,也不断受到各方面的肯定:公众不但在奥运会制服发布上看到它作为国服的代表,也看到各路走出国门的中国明星、来访的欧洲皇室、好莱坞演艺明星穿戴华服的佐证。而NE·TIGER一直保持着低调的宣传方式,从未找任何明星或者名人做代言。

做中国的奢侈品品牌

NE·TIGER认为,要使人们接受、认可自己的品牌,仅仅告诉他们"这件奢侈品有多好、多珍贵"是远远不够的,关键还在于其独特的品牌文化。和很多喜欢标榜自己来自海外或片面追求海外舆论认同的中国品牌不同,NE·TIGER从不掩饰自己的中国出身,并将中华民族特有的历史文化融入品牌,形成了"融汇古今、贯通中西、古为今用、洋为中用"的文化内涵。

NE·TIGER代表的是中国的品牌,"义"大于"利"。

NE·TIGER在品牌推广上,从不把目光放在去国外时装周做发布,而是精心培育中国这个本土市场,比如潜心打造和鼎力支持"中国国际时装周",并表示"中国设计师如果把追求定在受西方时尚界认可的层面未免低级,中国时尚如果总是跟随着西方话语权,永远希望得到西方舆论界的认可,就永远做不到一流。我们只有为中国甚至为东方打造出一个中国时尚界有发言权的平台,才能真正做到一流。"

"奢侈品营销比一般的品牌更注重文化营销。"张志峰说,"NE·TIGER倡导着一种独特的文化,它兼有东方的内敛和西方的热情,代表着一种特定的生活方式与人生态度。购买NE·TIGER绝不仅仅是一掷千金的交易,而是追求最美好事物的全过程。奢侈品应该是追求优质生活的代言,拥有奢侈品是尊显社会价值的体现,是个性的标榜,代表一种特定的生活方式,倡导积极向上的人生意义和永无止境的文明进步。"

NE·TIGER致力于为成功人士创造尊贵体验。经过近20年的发展,NE·TIGER到现在已经拥有了几万个忠诚的VIP高端会员。简单说来,它的客户分成三类人群:第一类,明星名人;第二类,社会权贵阶层:政要、企业家、新成功人士及其家眷等;第三类,梦想阶层。NE·TIGER深知"尊重个人隐私"之于奢侈品营销的重要性,所以为每位有需要的客人尤其是明星、名人都设立了专属空间、专属贴身服务人员,让他们能够更好地享受到优质的服务。而品牌对外从来都不以自己的客户对外做宣传,又是"义"大于"利"的表现。

对于终端服务,NE·TIGER给予客人的尊贵体验的初始就来自于NE·TIGER的形象店。所以,终端营销对于NE·TIGER这样的奢侈品品牌来讲尤其重要。从1996年在哈尔滨建立第一家皮草旗舰店起,NE·TIGER的每处专卖店都立足于带给客人一次尊贵的体验。比如位于北京东方广场的形象店将"精英"、"私密"、"尊贵"这三个元素组合成"顶级私人会所",提供给顶级客人外界所不知的私密服务空间。上海总部的"创意天地"则充满了时尚的 LOFT 风格,但也不对公众开放,只有 NE·TIGER 的 VIP 会员通过预约方式才能得以进入。

立足中国、勇于承担责任而不急功近利,这是 NE·TIGER 在塑造中国奢侈品品牌方面取得成功的最大秘诀。

15.3.2 中国发展奢侈品品牌面临的挑战

改革开放以来,我国的自主品牌发展取得了很大成就,已涌现出像联想、海尔等一批具有国际国内影响力的知名品牌。但在奢侈品品牌建设上,我国无疑尚处于起步阶段,还属于奢侈品品牌的第三世界。按销售渠道控制能力、品牌对购物选择的影响力、市场营销效率以及媒体曝光率等不同标准来衡量,中国还没有被国际认可的奢侈品品牌。发展本土奢侈品品牌的好处是毋庸置疑的,它不仅能使企业获得可观的经济效益,提高其地位与声望,而且可以丰富壮大我国民族品牌的阵营,对于提升国家形象也具有积极意义。然而,我国作为奢侈品品牌领域的后来者,在培育与发展本土奢侈品品牌上还面临着诸多困境。

其一,奢侈品品牌的产生是历史积淀的结果,需要在特定的文化背景下精心培育,以形成独特的品牌理念。同时,人们对奢侈品品牌的理解与认可也要有一个过程。这些都是需要时间积累的。欧洲各国的一些手工艺作坊通过工业化革命扩大了自己的产量。这使得很多品牌有着很清晰延续的过程,这些品牌在近代的时候不仅能够跟上时代的脚步,还从原始的小作坊手工艺者,转变成为现代的、具有时代气息的、带有自己创新能力的奢侈品品牌。反观中国,在近代 150 年发展过程中,一直处于战乱和不稳定期间。从经济发展的角度来讲,如果社会不稳定,经济就没办法发展,经济不发展,品牌、公司就不能够很好发展。中国近代史没有给予中国品牌这样一个很好的氛围。随着全球化和加入 WTO,中国已经成为一个全球化的市场。到目前为止,几乎所有的世界顶级奢侈品品牌都已在中国抢滩布点。与那些已经度过成长期的国内大众品牌不同,尚处于襁褓阶段的本土奢侈品品牌,从一开始就注定要面对列强环伺的严峻局面。国外的奢侈品品牌大都有着较为悠久的历史，最年轻的阿玛尼(Armani)也是20世纪70年代诞生的。而在我国，企业对品牌的重视也才一二十年的时间，奢侈品品牌的培育只能说是刚刚起步。所以在中国建立奢侈品品牌，一定要回归到中国渊源的历史过程当中去。

其二，奢侈品品牌发展到今天，其精神与文化层面是第一性的。在当今的全球化市场中，欧美奢侈品品牌所代表的品牌文化无疑居于强势地位，大多数国际知名奢侈品品牌都是植根于欧美文化土壤。得天独厚的历史文化背景以及有效的品牌运作，使得欧美奢侈品品牌能够明确表达其所代表的精神实质与独特风格，比如香奈儿的优雅、劳斯莱斯的贵族气质等。它们所显示的"精品文化"与自由宁静的生活理念，可以说是"奢侈"的灵魂所在，也是其不菲价格的源头。与之相比，由于传统文化的断层与商业文化的滞后，新生的本土奢侈品品牌在文化底蕴上显得先天不足，影响了品牌的定位与内涵表达。不论是学习模仿西方，还是借助传统文化，都还有很长一段路要走。

其三，本土奢侈品品牌成功的关键之一，是要得到国内高端人士与各界明星的推崇。这一先富起来的消费群体不仅具有强劲的购买力，而且由于其社会地位与号召力，他们对于某一品牌的钟爱往往会成为奢侈品品牌人气的风向标。但在他们大多数看来，奢侈品品牌总是和欧美印象、高昂价格等联系在一起，来自本国的奢侈品品牌现在还不可想象。在眼下的国内各类媒体上，就不乏文体明星喜爱国外奢侈品品牌的报道。当前，许多国际奢侈品品牌在中国的影响力正在提升，并已深入消费者的心中。人们特别在意和过于崇尚国外奢侈品品牌，并习惯于去精品店或到国外旅游时采购，以显示自己的身份和地位。这种状况对于本土奢侈品品牌的先期资金积累与长远发展，都是相当不利的。

其四，对于时装、饰件等奢侈品品牌，优秀的设计师可谓是品牌的灵魂，是引领品牌走向成功的关键。而在我国，当前还未形成一支一流的设计师队伍。阿玛尼先生在2004年出席其上海外滩3号的精品店开业典礼时，曾抱歉地说："我对中国的设计师没有什么概念。"在欧美，设计师能及时得到各种时尚信息，并能在现场观摩各大品牌的发布，这为他们学习与交流提供了平台。相比而言，中国的设计师也许并不缺乏才华，但缺乏走出国门看世界的机会，缺乏了解与学习国外同行的途径。目前，国内还缺乏先进合理的设计师培训体系。在理解和表现中国悠久历史与文化所体现的东方神韵方面，年轻的本土设计师还显得不足。

其五，奢侈品品牌要求产品必须具有一流的质量与包装，但目前很多企业还达不到要求。此外，真正意义上的奢侈品品牌，需要企业着眼长远，耗费较多的资金、时间与精力用于品牌的树立与维护上。而受主客观因素的影响，一些企业可能更倾向于得到快速回报，缺少培育奢侈品品牌的信心与耐心。与大众品牌不同，奢侈品品牌的管理具有其特性。由于职业经理人的缺乏等原因，与国外厂商相比，本土企业在奢侈品的广告促销与产品推广、经销商与店面的选择、价格控制、产品的售后服务以及公关等方面，均存在着较大的差距。另外，中国的产品在人们心目中的印象，首先可能是便宜，其次可能就是质次，这就跟中国建立一个高质量、高定位的奢侈品品牌的目标有所冲突。

其六，由于经济发展阶段的不同，国际奢侈品集团对国内企业拥有较大的财务优势。很多有希望成长为国际性奢侈品品牌的本土企业在初期就可能被国外奢侈品集团所收购，比如瑞士 Richemont 收购香港"上海滩"服装品牌，LVMH 收购剑南春旗下文君酒。中国本土奢侈品品牌投靠国际奢侈品集团当然可以获得财务支持，获得所谓"背靠大树好乘凉"的好处，然而缺点也很明显：本土企业就很难完全掌握品牌独立性。

总而言之，如果简单地把品牌产品看成是理性价值和感性价值的结合，那么奢侈品品牌的成功关键就是以理性价值为基础，充分利用感性价值吸引顾客的热情。中国本土奢侈品品牌也许在理性价值的创造上很容易追赶上国际奢侈品品牌，在感性价值的缔造上却暂时望尘莫及。而造成的结果就是如图15-2所示：尽管价格更高，消费者还是愿意购买国际奢侈品品牌。其根本原因就是在国际奢侈品品牌的消费者剩余价值（品牌的总价值-销售价格）较高，而其中的差距主要就来自于感性价值。

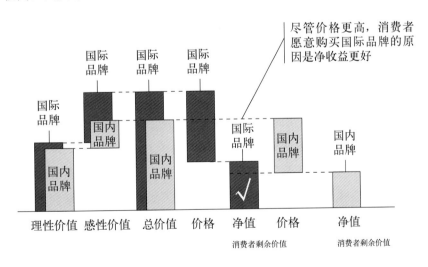

图 15-2　品牌的消费者剩余价值分析

15.3.3 打造中国本土奢侈品品牌的对策

当前,欧洲、美国、日本的奢侈品市场都处于高原停滞状态,而中国的奢侈品市场正在以惊人的速度发展着,中国必将成为世界最大的奢侈品消费市场之一。面对潜力巨大的本土市场乃至广阔的国际市场,中国本土品牌应该抓住机遇,加快中国奢侈品品牌的培育与建设,争取有所作为。

我们认为,中国奢侈品品牌的打造需要具备有如下关键要素:

1. 清晰的奢侈品品牌定位

本土企业想要发展奢侈品品牌,一定要用国际视野慎重审视自身的行业地位、财务能力、技术能力、政策导向、社会需求等,然后从核心价值、行业、产品三个关键因素确定清晰的定位。只有反复权衡,不断探索,才能确定其清晰的定位。唯有如此,中国本土才能出现真正的奢侈品品牌。

奢侈品品牌的建设是一项长期的工程,在未来一二十年甚至更长的时期内,指望国内各行业均产生出奢侈品品牌是不现实的。我国某些行业的企业研发能力还相对较低,如果我们选择那些科技含量高的奢侈品(如轿车和手表等)行业就有可能发生以卵击石的情况。但在一些技术要求不高的领域,如服装、珠宝、箱包、白酒、香烟等,或者中国自身有一定优势的行业如茶叶、瓷器、中餐、丝绸、书法、国画等通过努力有可能率先打造出一批奢侈品品牌。当前,白酒业的"茅台"、"国窖1573",以及卷烟业的"中华"、"熊猫"等品牌,已经具备了成长为奢侈品品牌的素质。这些品牌所欠缺的,也许是历史与文化更有效的承载与传播。

2. 挖掘强势而令人向往的东方文化元素

从产品的角度来讲,奢侈品品牌往往具有悠久的品牌历史,而奢侈品中所包含的设计师精神和产品创作过程中的丰富故事,也给奢侈品注入了浓厚的文化因素,这是普通的功能性产品无法比拟的。从消费者的角度来讲,购买奢侈品的主力人群是富裕阶层,他们对文化的认同感往往非常强烈。他们需要通过消费文化和文化产品(即带有历史和艺术等文化性的奢侈品),取得与其财富地位相对应的文化地位,进而获得稳固的社会地位。最后,从品牌的角度来讲,奢侈品品牌往往带有强烈的国家文化属性。例如法国代表的是前卫与浪漫,瑞士代表的是精准和高质量,意大利代表的是热情奔放。这些生产国所代表的文化含义会注入本国出产的奢侈品品牌和产品，给后者打上清晰的文化烙印。

中国古代文化令人向往和推崇。回望历史，你会发现，其实中国曾缔造了各种令人叹为观止的奢侈品：从精美的陶瓷器皿，到价值连城的玉雕器物；从文房四宝，到绫罗绸缎；从鱼翅燕窝，到龙井普洱；从明清家具，到苏州园林，历朝历代都有"中国制造"的奢侈品享誉世界。而且中国古代的丝绸、瓷器、茶叶等通过陆上和海上两条丝绸之路源源不断地销往西方和中东，这些物品无不体现出中国文化中的内敛、精致、高雅等元素，带有强烈的中国文化信息，成为那里上流社会喜爱的奢侈品。然而中国的现代产品往往是廉价和质次的代名词，大量中国制造的廉价纺织品和日用品充斥欧美低价位的折扣超市。所以要成功建立中国的奢侈品品牌，首先就要解决Made in China的低端形象。具体来说，中国本土企业要通过对中国古代文化精髓的现代解读和创新，建立扎根于中国古代灿烂文化基础上的强势品牌文化。

在此方面，有一些中国品牌已经先走一步。如已成长为全球顶级中式时装品牌的香港服装品牌"上海滩"（Shanghai Tang）、享誉国内外的"琉璃工房"、中华国酒"茅台酒"、同庆普洱等。

3. 设计制造符合国际标准的高质量产品

高级时尚和奢侈品产业是以高超的产品质量为基础的，世界一流的品质和工艺是创造和经营一个奢侈品品牌最基本的条件，因为绝对优秀的品质是奢侈品的第一大特征。对于中国奢侈品品牌而言，无论是要向高端发展还是重新创立一个新品牌，高超的产品品质都是中国品牌起步的根本。在一些中国传统工艺产品如陶瓷、琉璃等行业，挖掘传统的制造工艺，而后结合现代科技进行工艺改进，是发展中国本土奢侈品品牌的一条必由之路。

然而高质量的产品还不够，对于中国本土品牌来说，需要以世界标准的眼光来看待产品的制造。国际标准是一种语言，一种沟通手段，它是全世界顾客了解产品的一种重要手段。通过ISO 9000质量认证体系，顾客可以了解你的质量管理体系的水平；通过ISO 9002安全认证，顾客可以了解你的产品安全程度。中国企业决不能单纯闭门造车，产品一定要考虑符合世界性标准，如果没有相应的国际标准，就应当建立自己的国家标准，进而争取将国家标准升级为国际标准。比如中国的茶叶，各大名茶享誉国际，但是国外顾客谁又能知道中国企业生产的茶叶是怎么分级的，什么茶才是真正顶级好茶？所以生产出符合国际标准的产品和建立中国独特产品的国际标准是一个很严肃和迫切的问题。

4. 选择严格一致的高端传播方式与途径

奢侈品品牌非常重视其品牌的传播途径和效果，对于奢侈品品牌来说，由于其自身的特性，必须采用不同于普通消费品品牌的推广手法。当其他品牌为自己登上报纸的边角栏而欢呼雀跃时，奢侈品品牌却对传播制定苛刻的标准，非常注重营销组合的每一个环节都与传递品牌核心价值相呼应，以不断强化消费者对该品牌形成的认知，并走向认同和忠诚。

奢侈品品牌的传播通常采用逆向传播和渗透法，所选取的首要目标为那些领导潮流者，如成功的企业家、时尚人士、演艺人员等位于消费顶端的人群，这种战略推广方向与普通消费品正好相反，不是直接影响人数众多的大众市场，而是瞄准了大众喜欢、崇拜和效仿的、起着引导作用的人群。

本土企业发展奢侈品品牌过程中，要兼顾两方面因素：一方面要注意严格遵循其高端传播的基本原则，通过品牌故事、广告宣传、公关展示活动、活动冠名赞助、名人效应、品牌专营店旗舰店、奢侈品展览会、口碑来予以实施；另一方面，在其品牌的传播过程中也要注重利用适合中国消费者接受的方式，不断传达能够彰显使用者地位与众不同的高贵品牌形象。

5. 大力培养奢侈品行业专业人才

奢侈品消费者往往是各领域的成功人士，对于产品和服务有着更高的要求。他们中的许多人往往具有很高的艺术鉴赏力，对于奢侈品的设计和款式的要求，要高于普通大众。同时奢侈品消费者的需求很多时候是精神层面的，消费者与奢侈品品牌在精神层面的碰撞和沟通，必须通过顶尖设计所创造的产品来实现。

奢侈品品牌需要顶级的设计人才，综合满足目标受众对生活的功能性需求、对产品的高品质需求，以及他们对设计理念和艺术美感的需求。这不仅要求品牌设计者准确地把握住潮流的变化，同时要把这种变化与品牌传统精髓完美结合。这不是简单的嫁接，其中所需要的是设计师的大智慧。

中国奢侈品设计者面临的挑战更加巨大，一方面设计师要对中国博大精深的传统文化有深入的体悟；另一方面，还要能够将中国传统文化用现代的手段表现出来，并展现出自己的独特才华。他们要能够设计出既能传达中国文化精华，又符合现代审美观和生活方式的产品，才能获得中国市场的喜爱和国际市场的认同。从这个角度来说，他们必须是能够融贯中西文化的大师。

同样，成功的奢侈品品牌幕后一定有一个懂得奢侈品品牌市场运作的高效国际化团队。因为之前我们提到的各个要素，无不需要一流管理团队的支撑——清晰的品牌定位需要精明的企业领导者的远见与洞察力；强势的品牌文化需要系统的提炼和品牌运作规划；高超的制造工艺和符合国际标准的制造过程需要有效监督；而世界级的设计人才也同样需要有效的引导和激励。

国际奢侈品管理领域的高层管理者大多毕业于欧美以奢侈品管理而著名的商学院，例如法国 ESSEC 商学院或博科尼大学 SDA 商学院（SDA Bocconi）等，他们拥有丰富的高端品牌工作经验，既了解国际商业运作的一般规律，又掌握奢侈品与时尚产业的特殊性。不少人具有多文化的国际背景，会多国语言，因为他们所管理的团队是全球化的，整合了来自世界各地的优秀人才。同时他们对艺术和美以及商业机会都有着敏锐的触角。

对中国立志打造奢侈品品牌的企业来说，能否获得和培养一流的管理人才必然是其成功与否的关键之一。在职业经理人培养上，除引进国外人才和到境外培养外，与国外知名培训机构共同培养成为最佳选择。对本土奢侈品公司而言，要注意通过灵活的机制与优厚的待遇，吸引到一流的专业人才，并为他们提供施展才能的空间。

6. 政府的引导与推动

在中国奢侈品品牌的培育发展上，政府的引导与推动职能是不可或缺的。政府拥有雄厚的财政资金和强大的、多元化的舆论工具，可以在发扬光大民族文化传统、培育精致文化、人才队伍建设以及引导国内奢侈品消费等方面发挥巨大的作用。参照别国成功经验，政府可通过产业政策和行政手段等方法，对本土名牌厂商给予必要的扶持与保护，并为我国自主品牌在海外市场的推广发展提供财政和信息支持。针对国内长期猖獗的造假现象，政府部门应加强调查取证，加大打击与处罚力度，并克服打假过程中的地方保护，以维护名牌企业的合法权益，造就对品牌价值观产生强烈认同的市场，为本土奢侈品品牌创造良好的成长环境。

奢侈品品牌往往以某一方面的突出特质而闻名世界，仅从表面上的市场运作来看，或许有人认为奢侈品品牌的成功无非就是做广告、请明星代言等一套毫无新意可言的招数。其实隐藏在成功奢侈品品牌背后的是科学、系统的运营管理体系。上述五个要素是成就中国奢侈品品牌的必备元素，缺一不可。品牌经营者只有认同这五个元素，同时能够把这五方面所涉及的资源力量整合起来才能成功打造出中国的奢侈品品牌。

奢侈品品牌管理 Luxury Brands Management

一个奢侈品品牌的崛起，从财务上代表着一个企业的品牌资产的不断积累扩大。如图 15-3 所示，企业作为品牌资产的载体，就犹如一个不断有水注入和流出的漏斗，而里面水的多少就犹如企业的品牌资产，水平面越高也就预示着品牌在业界的地位越高。

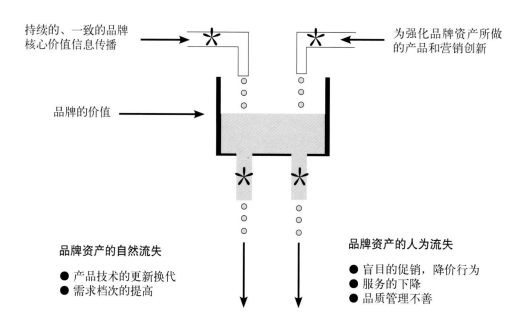

图 15-3　品牌资产的漏斗模型

为了水平面的上升，我们需要往漏斗里面不断注入品牌资产。方法就包括各种产品和营销创新以及持续的、一致的品牌核心价值传播，培育强势的品牌文化等。

当然品牌资产也会因为各种原因流失，其中包括品牌资产的人为流失和自然流失。品牌资产的人为流失原因有盲目的促销、降价行为；低劣的服务；不完善的品质管理等。而品牌资产的自然流失原因有产品技术的更新换代和消费者需求层次的变化等。

奢侈品品牌管理者的最大挑战之一就是在有效资源约束下研究如何减慢奢侈品品牌资产流失的速度而增加奢侈品品牌资产注入的速度。我们衷心希望本土品牌的企业家们能够理论联系实际，真正找到有效提高品牌资产水平线的基本方法。

讨论案例：吉利（GEELY）与沃尔沃（VOLVO）
——远交近攻、迷踪无影

案例背景——吉利成为沃尔沃首选竞购方

1. 吉利成功收购沃尔沃

瑞典当地时间 2010 年 3 月 28 日，浙江吉利控股集团有限公司和福特汽车公司签署了最终股权收购协议。吉利控股集团以 18 亿美元收购沃尔沃轿车公司 100% 股权以及相关的资产，包括知识产权。至此，这场中国汽车行业迄今为止最重大的海外收购案以吉利大获成功画上了一个完美的句号。

作为瑞典最知名的轿车品牌，沃尔沃于 1999 年被福特汽车以 64 亿美元收购。在度过"福特王国"的几年幸福时光之后，随着全球经济危机造成的需求减少，沃尔沃陷入了经营困境。

2008 年沃尔沃全球销量为 38 万辆左右，销售额为 147 亿美元，是自 1996 年以来的最低水平，且亏损将近 16.9 亿美元。由此，福特汽车不得不考虑将沃尔沃汽车出售，为福特置换现金。

2008 年 12 月 7 日，据国外媒体报道，吉利集团对收购沃尔沃表示出了极大的兴趣，并很愿意成为沃尔沃的控股方。

2009 年吉利闪电收购澳大利亚汽车自动变速器公司 DSI，这也被认为是吉利并购沃尔沃之前的"实战演习"。

2009 年 9 月，吉利第一次证实将竞购沃尔沃，并可能联合其他投资机构一起参与。

2009 年 10 月 28 日，福特宣布吉利成为沃尔沃首选竞购方。此后，吉利与福特就商业条款进行了深入商谈，包括投资规划、运营管理、知识产权、付款方式等。

2009 年 12 月 23 日，吉利并购沃尔沃项目新闻发言人袁小林宣布，吉利汽车与福特汽车已就沃尔沃出售事宜达成一致。

2010 年 3 月 28 日，浙江吉利控股集团有限公司和福特汽车公司签署了最终股权收购协议。

在海外收购中，国内汽车集团最看中的是海外汽车企业的知识产权。吉利此次收购的核心内容有三点：第一，吉利汽车集团收购的标的是沃尔沃轿车公司 100% 的股权；

第二，沃尔沃轿车公司将保有其关键技术和知识产权的所有权，以及公司为实施既定商业计划所需要的所有福特知识产权的使用权；第三，吉利汽车集团将通过沃尔沃轿车公司拥有其关键技术和知识产权的所有权，并有权使用大量的知识产权，包括沃尔沃轿车公司的安全与环保方面的知识产权。

对吉利集团而言，这是充满战略意义的一步。既表明了吉利将致力于沃尔沃品牌在全球一百多个国家的发展，同时也将进一步巩固吉利在中国汽车行业的地位。

在新的所有权框架下，沃尔沃目前的生产和研发设施、与工会的协议和分销商网络等都将得到保留。同时，沃尔沃将借此进一步增强在中国这个重要汽车市场上的销售网络和采购渠道。沃尔沃将继续研发超低排放车型，满足市场的环保要求。

沃尔沃在吉利旗下将保持其管理权的独立性，巩固品牌在豪华家庭轿车、运动休闲旅行用车方面的领先地位。沃尔沃是极具安全性能保障的高端汽车品牌，吉利集团也希望在高端汽车领域发展沃尔沃品牌。吉利集团对中国汽车市场的深刻理解也将使沃尔沃在中国这一重要的汽车市场上不断提高品牌竞争力，为沃尔沃带来更多的机会。

2. 沃尔沃（VOLVO）简介

"沃尔沃"，瑞典著名汽车品牌，又译为富豪，1924年由阿萨尔·加布里尔松和古斯塔夫·拉尔松创建，该品牌汽车是目前世界上最安全的汽车。沃尔沃汽车公司是北欧最大的汽车企业，也是瑞典最大的工业企业集团，世界20大汽车公司之一。该集团不但生产汽车（轿车和载货汽车），还生产工程和农用车辆、飞机及船用发动机等。1979年该集团将轿车制造部分独立，命名为沃尔沃汽车公司（VOLVO Car Corporation）。1999年初，该公司被美国福特汽车公司买下。

沃尔沃商标由图标和文字商标两部分组成。其图形商标画成车轮形状，并有指向右上方的箭头。文字商标"VOLVO"为拉丁语，是滚滚向前的意思，寓意着沃尔沃汽车的车轮滚滚向前和公司兴旺发达，前途无量。

成立于1927年的沃尔沃公司生产的每款沃尔沃轿车，处处体现出北欧人那高贵的品

第15章　中国市场本土品牌发展借鉴

质，给人以朴实无华和富有棱角的印象，尽管沃尔沃充满了高科技，但仍不失北欧人的冷峻。典雅端庄的传统风格与现代流线型造型糅合在一起，创造出一种独特的时髦。卓越的性能、独特的设计、安全舒适的沃尔沃轿车，为车主提供一个充满温馨的可以移动的家。

沃尔沃汽车以质量和性能优异在北欧享有很高声誉，特别是安全系统方面，沃尔沃汽车公司更有其独到之处。美国公路损失资料研究所曾评比过十种最安全的汽车，沃尔沃荣登榜首。到1937年，公司汽车年产量已达1万辆。随后，它的业务逐渐向生产资料和生活资料、能源产品等多领域发展，一跃成为北欧最大的公司。

沃尔沃品牌旗下一共有九款车型，如图15-4所示。

系列	车型		
轿车	 S40 起始价格为248,000	 S60	 S80L 起始价格为398,000
越野/SUV	 XC60 起始价格为538,000	 XC90 起始价格为738,000	
敞篷车/双门跑车	 C30	 C70	
旅行车	 V50 Starting at $28,700 MSRP	 V70 Starting at $33,550 MSRP	

图15-4　沃尔沃旗下车型

3. 图强的吉利（GEELY）

（1）吉利集团简介

浙江吉利控股集团有限公司是中国汽车行业十强企业，1997年进入轿车领域以来，凭借灵活的经营机制和持续的自主创新，取得了快速的发展，资产总值超过140亿元。连续六年进入中国企业500强，连续四年进入中国汽车行业十强，被评为首批国家"创新型企业"和首批"国家汽车整车出口基地企业"，是"中国汽车工业50年发展速度最快、成长最好"的企业。

吉利集团总部设在杭州，在浙江临海、宁波、路桥和上海、兰州、湘潭建有六个汽车整车和动力总成制造基地，拥有年产30万辆整车、30万台发动机、变速器的生产能力。现有吉利自由舰、吉利金刚、吉利远景、吉利熊猫、上海华普、中国龙等八大系列30多个品种整车产品；拥有1.0L—1.8L八大系列发动机及八大系列手动与自动变速器。上述产品全部通过国家的3C认证，并达到欧Ⅲ排放标准，部分产品达到欧Ⅳ标准，吉利拥有上述产品的完全知识产权。

吉利集团在国内建立了完善的营销网络，拥有近500个4S店和近600家服务站；投资近千万元建立了国内一流的呼叫中心，为用户提供24小时全天候快捷服务；率先在国内汽车行业实施了ERP管理系统和售后服务信息系统，实现了用户需求的快速反应和市场信息快速处理。吉利汽车累计社会保有量已经超过120万辆，吉利商标被认定为中国驰名商标。

（2）吉利发展战略

吉利的理想是："造最安全、最环保、最节能的好车，让吉利汽车走遍全世界"。

浙江吉利控股集团按照"总体跟随、局部超越、重点突破、招贤纳士、合纵连横、全面领先"战略思想，已经制订出"十一五"发展规划：

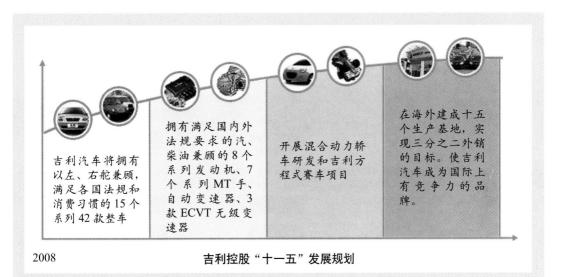

吉利控股"十一五"发展规划

2007年6月,吉利集团开始进行战略转型,争取用3—5年时间完成从单纯的低成本战略向高技术、高质量、高效率、国际化的战略转型。吉利将秉承已经确立的新战略时期的企业愿景:让世界充满吉利;认真行使企业的使命:造最安全、最环保、最节能的好车,让吉利汽车走遍全世界!到2015年,吉利汽车将拥有以左、右舵兼顾,满足各国法规和消费习惯的15个系列42款整车;拥有满足国内外法规要求的汽、柴油兼顾的8个系列发动机、7个系列手动、自动变速器;到2015年,吉利将在海外建成15个生产基地,实现三分之二外销的目标。

（3）吉利的品牌架构

经过十多年的发展,单一的吉利品牌已经不能满足其进一步发展的需要。在2007年,吉利宣布战略转型,而其中很重要的一个决策就是吉利重新塑造了品牌体系。

目前,吉利乘用车的品牌体系可以划分为四个层级:最高层级为企业品牌,也就是"吉利"。第二层级为产品品牌。目前吉利构建了3个新产品品牌,分别为全球鹰、帝豪和上海英伦,吉利品牌不再作为产品品牌,仅作为企业品牌。第三层级为每个产品品牌旗下推出各种的车型,作为产品子品牌,如全球鹰品牌下的"吉利熊猫",上海英伦品牌下的"TX4"。吉利目前的40余款产品也将重新划分到这三大品牌之下。第四层级为产品标识,如"吉利熊猫"有"功夫版"、"灵动版"、"乐动版"、"无敌版"等。

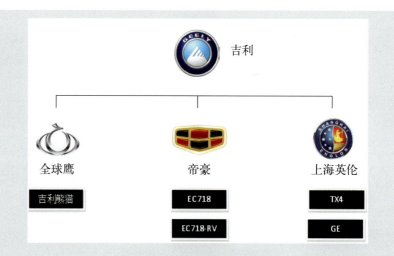

图 15-5 吉利汽车品牌架构

吉利旗下品牌车型，如图 15-6 所示：

图 15-6 吉利汽车品牌车型

(4) 吉利的研发与教育产业

吉利集团投资数亿元建立了吉利汽车研究院，总院设在临海；目前，研究院已经具备较强的整车、发动机、变速器和汽车电子电器的开发能力，每年可以推出 4—5 款全新车型和机型；自主开发的 4G18CVVT 发动机，升功率达到 57.2KW，处"世界先进，中国领先"水平；自主研发并产业化的 Z 系列自动变速器，填补了国内汽车领域的空白，并获得 2006 年度中国汽车行业科技进步唯一的一等奖；自主研发的 EPS，开创了国内汽车电子智能助力转向系统的先河；同时在 BMBS 爆胎安全控制技术、电子等平衡技术、新能源汽车等高新技术应用方面取得重大突破；目前已经获得各种专利 718 项，其中发明专利 70 多项，国际专利 26 项；被认定为国家级"企业技术中心"和"博士后工作站"，是省"高新技术研发中心"。

此外，吉利集团还投资数亿元建立了北京吉利大学、海南大学三亚学院、浙江汽车职业技术学院，在校学生超过 4 万人；培养了万名毕业生，为中国汽车工业输送了不少对口专业人才；由中国汽车工程学会委托，吉利集团投资建立的浙江汽车工程学院和附属的汽车营销学院、工商管理学院已经开学，首批近百名汽车车辆工程硕士、博士和EMBA 学员带着研发项目和管理课题正式入学就读；2007 年 5 月"吉利—同济汽车工程研究院"的成立，创造了民营企业与高等学府联合开发、联合办学的新模式。

案例分析

金融危机以来，美国三大汽车公司纷纷陷入困境，从而不得不进行公司战略的重新调整。吉利收购福特的沃尔沃，显示中国汽车工业似乎在此次金融危机中抓住了发展的机遇。但是，沃尔沃为什么会被福特抛弃？为什么吉利会竞购沃尔沃？此次收购案对中国汽车行业的影响如何？收购对吉利和沃尔沃来说到底是利是弊？吉利收购后要注意哪些方面？这些问题都需要深入思考，认真面对。

1. 收购的成因分析

这场收购对吉利的未来发展将起到巨大的帮助。对于吉利来说，收购沃尔沃可能基于以下目的：

第一，通过收购沃尔沃，为中国汽车走向世界打通了一条通道；

第二，对提升一个民族的品牌，让中国汽车立足于世界舞台，具有重大的战略意义；

第三，有利于中国的消费者。

2. 收购的效益分析

对于吉利来说，此次收购沃尔沃的成功，能够给它带来如下的收益：

（1）沃尔沃轿车品牌

沃尔沃轿车一直以来在全球享有声誉，被认为是同奔驰、宝马、奥迪齐名的世界豪华轿车品牌。沃尔沃轿车对安全自始至终的不懈追求、带有北欧风格的时尚简约设计、对品质的毫不妥协和对环保的突出贡献成就了沃尔沃品牌的核心价值——"安全、设计、品质、环保"。吉利全面收购沃尔沃，最大的原因就是为了获得沃尔沃这样一个高端品牌，藉此提升自身的品牌形象。

（2）全球经销商网络

沃尔沃经过多年的积累，在全球100多个国家拥有2500家经销商，其中有60%和30%的经销商分别分布在欧洲和北美市场。这样的全球经销商网络对吉利的海外拓展是一笔巨大的财富。

（3）供应商体系

吉利在与福特的收购协议中，包括了与福特、沃尔沃一同稳固与原有供应商的合作关系，这对于保证沃尔沃乘用车产品质量有了非常重要的意义。

（4）高端人才

吉利乘用车的外观给人感觉一直以来比较普通，并且模仿痕迹较为严重，这也导致了吉利乘用车给人以"低端"的印象。要改变过去的印象，提升整车设计能力，提升品牌形象，一定需要有出色的工业设计人才和品牌策划人才。沃尔沃在欧洲拥有80年的发展历史，积累了丰富的整车设计经验和品牌策略经验。这样，吉利收购沃尔沃之后，可以整合人才资源，使沃尔沃的高端人才帮助提升整个吉利集团的整车设计能力和品牌策划能力。

（5）核心技术

目前市场上乘用车普遍安装的"三点式"安全带就是五十年前由沃尔沃工程师创造出来的，并且沃尔沃免费把这一发明分享给其他汽车生产厂商。几十年来，沃尔沃乘用车的最大卖点就是"安全"，这从沃尔沃乘用车的品牌标识是斜拉式的安全带就可以看出。

基于"安全"这个核心定位，沃尔沃开发出了"自动刹车系统"、"自适应巡航控制系统"、"盲点信息系统"、还有防止驾驶员走神疲劳或跑偏的"警示系统"，可以说沃尔沃在安全性能上一直走在行业的最前端。而且沃尔沃目前已经开展了"新型插电式混合动力"乘用车的开发项目。可以说，沃尔沃把握住了未来乘用车行业的两大趋势——安全和新能源。通过对沃尔沃的收购，吉利可以立刻获得沃尔沃关于安全和环保的最新技术，将其运用在自身的乘用车上。毫无疑问，这将对吉利提升自身技术、质量水平、实现战略目标起到巨大的推动作用。

(6) 市场营销能力

沃尔沃乘用车几十年来始终如一地定位于"安全"，并且将这一核心理念在市场营销的每个环节加以贯彻执行，研发和生产的能力也保证了沃尔沃乘用车真正做到了"安全第一"。在中国市场，人们只要提到"沃尔沃"，就必然会将其与"安全"联系起来。特别在2009年经济危机的背景下，很多车企都放弃了体育营销和大成本的营销，但沃尔沃仍然维持奖金高达220万美元的中国国际高尔夫球公开赛，而且是连续第15年赞助这个赛事，还赞助了世界顶尖的航海盛事沃尔沃"环球帆船赛"、"关爱儿童乘车安全"的活动等。通过这些活动，沃尔沃让自己的品牌和"绅士精神、挑战极限、高尚生活"紧密地联系在一起，锁定了追求生活质量、关注安全和环境并且又不爱张扬的用户群体。

市场定位不同，营销策略肯定是不同的，但能够近距离地学习欧洲品牌的营销策略，对吉利来说，是未来走向世界的前提。

(7) 知识产权

通过收购，吉利从沃尔沃还获得了若干可贵的知识产权专利。由于沃尔沃过去在安全性、环保、质量方面的优势，积累了大量非常有价值的经验。这些无形的知识产权对吉利未来的发展有着更加深远的战略意义。

3. 收购成功的可能性分析

我们将通过沃尔沃收购案的PESTEL分析、中国汽车行业的SWOT分析对此次收购进行深层次的剖析，以回答以下问题：沃尔沃为什么会被福特抛弃？此次收购案对中国汽车行业的影响如何？收购对吉利和沃尔沃来说到底是利弊？等等。

(1) 沃尔沃收购案的PESTEL分析（见图15-7）

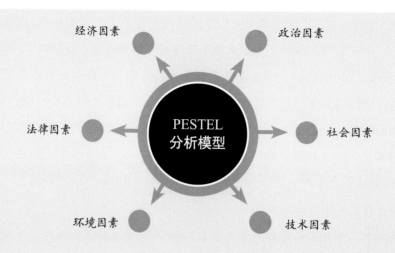

图15-7　PESTEL模型

① 政治因素

a. 两国政府支持

政府支持是并购是否成功的关键要素。海外并购的不确定性不仅来自中国政府，被并购方所在国政府是否支持并购也尤为重要。

在中国方面，吉利收购沃尔沃得到了政府的支持，这是吉利的有利之处。首先，中国国家商务部表示，中国汽车销售取得了快速发展，面对如此庞大的市场，需要更加完善的管理和先进的技术。通过对外投资和并购来引进先进技术和管理人才，将有利于中国汽车行业发展，也将为中国的消费者提供更好的产品。其次，北京、天津等地区也为吉利收购沃尔沃之后在中国建立新厂提供了政策支持。

在瑞典方面，瑞典政府声称欢迎吉利收购沃尔沃，但瑞典现有的工厂仍需保留。此外，中国与瑞典关系良好，经贸交往频繁。200多年前，瑞典"东印度公司"的"哥德堡"号木质商船就曾三次远涉重洋，访问中国，带回的中国瓷器、丝绸等物品风靡了整个瑞典；瑞典于1950年5月9日与中国正式建交，是第一个与中国建交的西方国家。

b. 中国汽车产业政策

"十一五"时期，中国政府将增强自主创新能力作为调整产业结构、转变增长方式的中心环节，加快发展先进制造业，努力提高产业技术水平。

2006年底，发改委发布《国家发展改革委关于汽车工业结构调整意见的通知》，提出要控制新建整车项目，适当提高投资准入条件；鼓励发展节能、环保型汽车和自主品牌产品；推进汽车生产企业联合重组；支持零部件工业加快发展。

2009年上半年，国家重拳推出的几大产业政策——购置税新政策、汽车下乡、以旧换新、新能源汽车政策等，使得中国车市奇迹逆市调头。

② 经济因素

a. 全球金融危机重创美国经济

2008年的全球金融危机时，全球虚拟资本大大超过实体资本。全球金融衍生产品总值从2002年的100万亿美元猛增到2007年年末的516万亿美元，为全球GDP总额50多万亿美元的10多倍。其中，一半以上（近300万亿美元）在美国。

美国经济危机无论从持续的时间上，还是从衰退程度上都超过美国第二次世界大战以来所发生两次最大的经济衰退。1973—1974年和1981—1982年两次经济危机持续的时间都在16个月，目前的经济衰退将至少持续19个月以上；1973—1974年经济衰退4%以上，1981—1982年经济衰退6%以上，而目前的经济衰退预计在8%以上。更有悲观的观点认为，美国本次经济衰退的时间可能是36个月，而不是19个月，是前两次经济衰退时间的3—4倍。美国家庭财富损失了12万亿美元，其中，2/3是由于股市大跌，1/3是由于自住房屋市值下降。这些蒸发的家庭财富将导致消费在今后几年里每年下滑5000多亿美元。住房开工率只有几年前的1/3，由此减少消费需求2500亿美元，蒸发的总需求达到7500亿美元，占GDP的6%。

b. 中国经济

改革开放30余年来，中国的经济不断高速发展，这从近6年来国家统计局的数据统计可见一斑（见图15-8）。

而改革开放以后人均国民生产总值变化趋势如图15-9所示。

从上面两张图可以看到，无论从总量指标还是人均指标来看，中国经济都取得了长足的进步，因此吉利收购沃尔沃后存在着极大的发展空间和成功的可能。

c. 沃尔沃的现状

volvo汽车销售额在过去数年来一直下滑，随着2008年全球金融危机的蔓延，沃尔沃轿车出现巨额亏损。

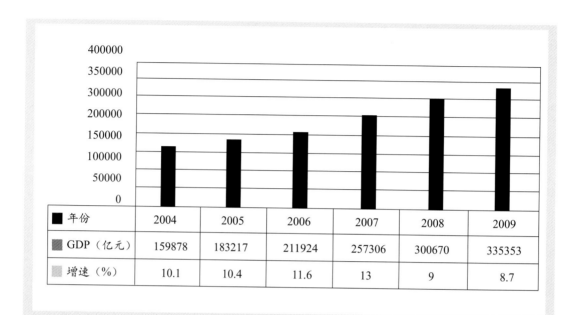

图 15-8　2004—2009 年国内生产总值及其增长速度

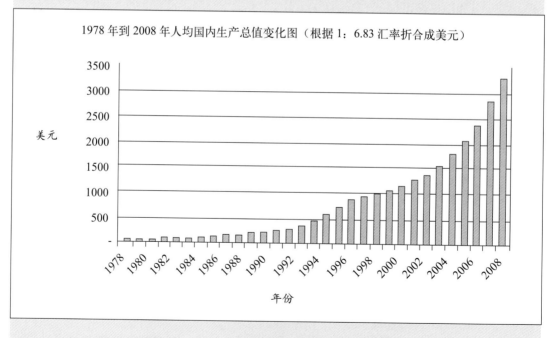

图 15-9　1978—2008 年中国人均国内生产总值变化

资料来源：根据中华人民共和国国家统计局数据整理。

● 销量：金融风暴来袭，主营豪华车业务的沃尔沃轿车公司遭到重创，其在2008年的销量仅约36万辆，同比降幅达20%以上（见图15-10）。

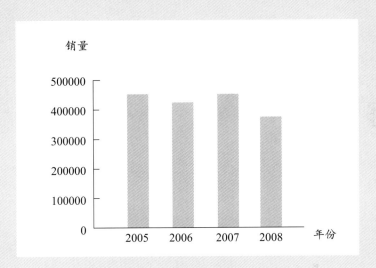

图 15-10　沃尔沃汽车销量

● 市场份额：从图15-11我们可以看到，近年来沃尔沃在全球豪华车市场上的份额正在逐渐减小。

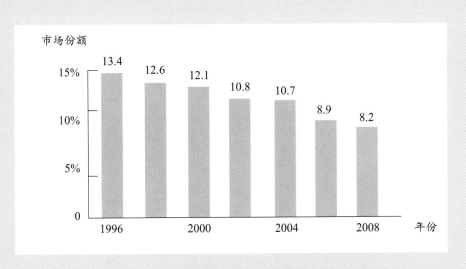

图 15-11　沃尔沃在全球豪华车市场的份额（%）

● 销售收入：在金融危机肆虐的2008年，沃尔沃轿车公司的总收入出现了大幅下滑，由2007年的约180亿美元跌至约140亿美元（见图15-12）。

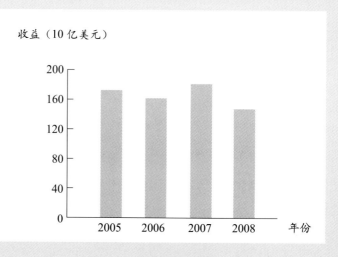

图15-12　沃尔沃汽车收益

● 税前利润：2005年沃尔沃轿车公司盈利约3亿美元，但此后的三年该公司亏损严重。尤其是在2008年，沃尔沃轿车的亏损约为15亿美元（见图15-13）。

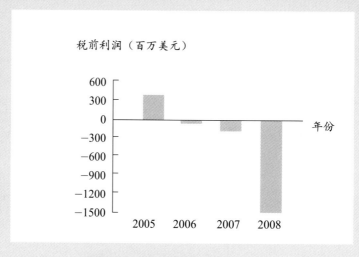

图15-13　沃尔沃汽车利润

③ 社会因素

a. 人口环境

中国自从2002年后,进入到了私家车的时代,2002年至今汽车年均拥有量增长超过20%。此外,中国的生育率下降,家庭负担子女数减少,从而家庭用于可支配收入增加,"双车族"的家庭数越来越多。

b. 文化因素

吉利品牌中的中国文化因素和沃尔沃品牌北欧文化整合中的文化分歧是吉利并购沃尔沃最大的风险。吉利汽车的东方文化和瑞典的斯堪的纳维亚文化之间的巨大隔阂,比两者之间10000公里的地理距离更加遥远。

并购成功后有可能出现诸如企业文化差异和品牌融合不力等方面的风险。因为文明和文化的巨大差异,这次收购带来的困难可能比想象中更大。

沃尔沃工程师协会负责人麦格纳斯·桑德默(Magnus Sundemo)就表示,他的主要担忧是吉利是否懂得沃尔沃的文化——沃尔沃品牌价值何在,沃尔沃人的工作方式,然后能否在未来作出正确的决定。

④ 技术因素

对于吉利集团而言,沃尔沃先进的产品技术无疑是最大的诱惑。对于李书福领导的吉利集团来说,这是一次彻底实现从低端产品向高端产品过渡的大好机会。

知识产权方面的分歧也许会导致此次吉利收购沃尔沃搁浅,这就需要福特和吉利都拿出自己的诚意。

此外,如果能够成功收购沃尔沃,并获得沃尔沃的先进技术,吉利又如何将这些先进技术应用到自己的车上呢?

首先,两个品牌的汽车配置相差较大,沃尔沃的技术在世界都属于高端,吉利汽车在国内市场是中低配置,而且我国汽车的配置一般比欧美主流配置低一个级别也是不争的事实。目前欧美主流的ESP(电子稳定控制系统)、TMPS(胎压监测系统)等技术在国内普及率都很低,如今吉利直接从"解决温饱问题"飞跃到"全球领先水平",这样的空中楼阁是否能发挥出沃尔沃技术的能力值得打一个问号。

其次要在国内找到能生产沃尔沃技术的供应商也是一个难题。即便能找到这样的供应商,价格是否合适?最终这样的汽车能否被市场接受还是有待研究的。毕竟我国的消费者对于价格还是比较敏感的。除非吉利使用沃尔沃原来的供应商，全套借用沃尔沃原先的设计方案，做一个全组装的沃尔沃。但如果真的这样，那就很难达到消化沃尔沃技术的目的了。过了五年、十年之后，沃尔沃的技术不再先进，那它也就失去竞争力了。

在希望通过并购获得国外先进技术的同时，吉利先要做好自己技术研发的基本功，只有自己的技术水平提高了，才能有能力更进一步吸收外国的先进经验。

⑤ 环境因素

在全球可利用资源因工业化进程已被消耗大半，而大多数欠发达国家又争相迈上工业化道路的今天，大力提倡走循环经济发展之路，可谓"亡羊补牢"。这终究是现阶段人类社会发展的最好选择。由此，人类可以向着自己的美好目标前进，不至于因资源、环境的压力与制约而停止前进的步伐，甚至出现历史的倒退。

而沃尔沃汽车长期以来一直致力于环保方面的技术开发应用与环保理念的传播，对沃尔沃的收购，有利于吉利未来的新能源汽车的开发。沃尔沃汽车多项环保技术及工艺使这一领先地位得到良好的延续。在刚刚闭幕的2008年北京车展上，沃尔沃汽车公司将全球领先的充电概念车带到中国展出。目前，按照重量计算，一辆沃尔沃汽车的可回收率达到了85%，有95%的部件可以再生。在汽车材料的选择上，沃尔沃也考虑得非常周全，即使是在皮革生产工艺当中也要避免使用铬。同时，沃尔沃汽车公司也一直积极参与到世界各种环境保护活动中，为此专门设立了沃尔沃环保奖，支持环境领域的研究与开发。

⑥ 法律因素

吉利收购沃尔沃会遇到很多与法律有关的问题，这些法律问题如果不能得到很好的解决，收购将不会获得成功。譬如知识产权的法律问题，在中国由于法律体系的不完善，中国企业对知识产权的认知还不是很强，甚至吉利因为抄袭的问题与丰田有过官司纠纷。

除此以外，瑞典和欧盟相关法律对收购后在本土员工的保护方面以及工会规定使得吉利在收购前后需要好好斟酌。西方企业有着根深蒂固的工会文化，一旦涉及企业并购，企业工会必将试图介入谈判，为企业员工谋取最大的利益。裁员问题和员工薪酬待遇方面的分歧就曾让许多试图并购西方企业的中国企业铩羽而归。上汽与双龙的合作以失败告终，正是缘于上汽难以解决双龙工会的内耗，无法满足双龙工会提出的要求等原因。

如何满足沃尔沃工会有关要求将是吉利必须考虑的问题。吉利集团若想收购成功，必须要深刻理解工会所代表的利益和当地有关的法律法规,这将是收购过程中一项很大的投入。

(2) SWOT 分析

① 优势(Strength)

a. 吉利近年来发展势头良好

如图 15-14 所示,2008 年,吉利汽车营业收入为 42.89 亿元,较 2007 年增加 41.57 亿元,同比增长 31.56 倍;毛利润为 6.5 亿元,同比增长 41.5 倍;2009 年上半年,吉利汽车净利润增长逾一倍。国家刺激政策让吉利汽车受益颇多,该公司上半年销量上升了 21%。

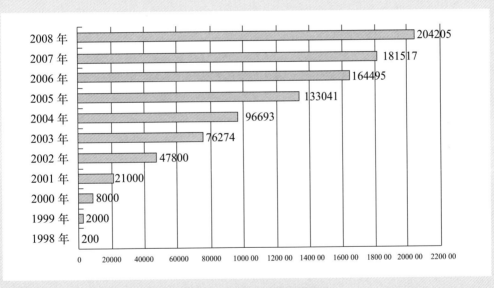

图 15-14 吉利轿车年销售量

b. 品牌提升

吉利汽车收购沃尔沃对它的品牌价值提升有很大的作用。这也是它要收购的原因。收购沃尔沃能够使得它整个产品上升一个层次,收购沃尔沃对它的品牌技术也有很大帮助。

② 劣势(Weakness)

a. 从低端直入高端

对于吉利集团而言,沃尔沃先进的产品技术无疑是最大的诱惑。对于李书福领导的吉利集团来说,这是一次彻底实现从低端产品向高端产品过渡的大好机会。吉利汽车以生产低端汽车产品起家,"一个沙发加四个轮子"曾是李书福创业初期的造车理念,但企业做大之后的吉利集团,已经开始了战略转型的尝试。吉利汽车自2007年起已经开始了从低端产品到高端品牌、从价格战到注重产品品质和质量、从立足国内发展到打造国际化企业的战略转型。

近几年来,吉利集团的全球化步伐快速而稳健。为了实现向高端品牌的转身,吉利集团代表旗下上市公司吉利汽车与英国锰铜成立合资公司签署合资生产出租车协议,并正式在中国推出上海英伦品牌;为了解决自主品牌汽车发动机技术落后的痼疾,吉利集团在2009年收购了澳大利亚全球第二大独立汽车自动变速器生产商DSI。

丰富的海外合作和并购经验为吉利并购沃尔沃增添了不少底气,但是作为生产低端汽车产品起家、刚开始从低端品牌向高端品牌迈进的吉利集团,要驾驭沃尔沃这个豪华汽车品牌,仍有不少难题要克服。

b. 文化分歧

品牌整合中的文化分歧是吉利并购沃尔沃最大的风险。中国企业海外并购面临的一个很大的问题就是被收购方对中国文化的不了解和不信任。跨国并购往往会出现一种"仓促确定效应",即在不同文化背景人员组成的跨文化团队中,由于忽视了文化的差异而影响团队的效率。吉利在收购沃尔沃之前和并购成功之后,都应该多下工夫研究沃尔沃的品牌文化,在吉利的品牌融合方面多下工夫。

③ 机会(Opportunity)

沃尔沃未来的生存机会在于中国的低成本与广阔的市场空间。吉利收购成功后,寄希望于把目前沃尔沃在欧美的市场巩固加强;然后进一步开拓中国和发展中国家市场。2009年年初,吉利收购澳大利亚DSI后,没有派出一个中国人进入管理团队。带给这个破产企业的是生产的全面恢复,是中国自主品牌的大市场,是新产品的持续开发。

吉利成功的实力来源于在全球汽车业最强的成本控制能力。此前人们公认节能、环保、安全是新世纪全球汽车业的核心竞争力,在这些方面通用做得很努力,丰田也走在前面,但是金融危机一来,通用重创,丰田滑坡,欧美、日本的其他车企也悉数进入严冬。这是吉利的机会,也是全球汽车产业结构重心转移中的中国机会。

④ 威胁(Threat)

a. 技术方面

目前，沃尔沃汽车的产品越来越局限，尤其是在新产品开发所需要的技术支撑方面，它无法通过自身的能力获得。换言之，它只能依赖福特。在沃尔沃被剥离时，这些不会对福特产生技术方面的影响，但对沃尔沃而言，则是相反的情况。吉利收购沃尔沃之后，如何获得沃尔沃的技术，同时又给予平台上的支持，是未来需要考虑的事情。如前所述，如果能够成功收购沃尔沃，并获得沃尔沃的先进技术，由于两个品牌的汽车配置相差较大，要在国内找到能生产沃尔沃技术的供应商也是一个难题。吉利同样面临着挑战。

b. 人才和技术的流失

如何消化沃尔沃的人才和技术，这个是吉利蛇吞象最难吞掉的部分，对比国内其他行业，联想并购IBM、TCL并购汤姆逊加上之前的波导并购萨基姆等诸多的海外并购案，无一例外地都遇到了人才大量流失、核心技术无法消化等问题。不避讳地说，吉利不是上汽，作为民营企业，没有政府支持也很难保证财务的平衡，而沃尔沃更不是双龙，吉利如何消化沃尔沃的人才和技术是目前需要首先考虑解决掉的关键。

c. 高昂的品牌运营成本

在目前吉利完成了全球鹰、上海英伦、帝豪三大品牌布局的情况下，如何处理沃尔沃的品牌问题。其实，这个问题根本不是问题，因为吉利基本上只能按照沃尔沃目前的模式去运营，要进行改变调整很难，但如此一来，高昂的运营成本恐怕并不是吉利所能承受得起的，如何协调好沃尔沃现行的管理运营模式和吉利当下低成本的运营态势，显然也是需要大费周章的问题。

（3）成功的四大动因

吉利成功收购沃尔沃看似一帆风顺，实则异常艰难。早在2002年，吉利集团的董事长李书福就有过收购沃尔沃的念头，然而当时吉利还处在发展的初级阶段，而沃尔沃已经是国际级豪华车品牌，两者相差悬殊，根本没有收购可能。

伴随着吉利的飞速成长和金融危机对欧美汽车企业的冲击，这两家企业的差距渐渐缩小。但从财务数据来比较，2009年吉利集团销售额为165亿元人民币，而沃尔沃轿车2009年的销售额约合人民币1000亿元。吉利是如何把总收入超过自己数倍的豪华车巨头沃尔沃轿车收入囊中，这其中的原因非常值得我们研究。

① 吉利的企业家精神

吉利成立不过十多年，却敢于并购国际汽车豪门，对于吉利来说，这是吉利企业家精神的最好体现。企业家最重要的是创新精神和冒险精神。与一般的经营者相比，创新是企业家的灵魂，也是企业家的主要特征。企业家的创新精神体现为一个成熟的企业家能够发现一般人所无法发现的机会，能够运用一般人所不能运用的资源，能够找到一般人所无法想像的办法。一个企业经营者要想获得成功，成为一名杰出的企业家，还必须要有冒险精神，对一个企业和企业家来说，不敢冒险才是最大的风险。吉利这样一个"农村小伙"，却敢于到国际市场中去并购世界级的大品牌，这样的气魄和胆识正是吉利成功的重要原因之一。

② 周密的战略安排——收购前的准备

早些年，李书福曾参观过福特公司和沃尔沃瑞典总部。他发现，收购一家世界级汽车品牌是中国民营车企在世界汽车版图中谋取一席之地的捷径。虽然当时福特并没有任何出售沃尔沃的意愿，吉利也没有能力收购沃尔沃，但吉利集团却已经开始为这场收购开始了战略部署。

2006年，吉利集团与英国锰铜集团签订合资协议，在上海设立合资公司，生产"上海英伦"品牌系列轿车，并销往全球。

2009年，吉利集团收购澳大利亚DSI公司，为海外收购积累了宝贵的经验。

2009年，吉利正式决定竞购沃尔沃，并且特地为此项目聘请了有过相关经验，在世界级企业担任高管的职业经理人。吉利在竞购沃尔沃谈判团队的分工上也非常明确——财务总监尹大庆负责财务方面的谈判，吉利集团副总裁赵福全负责技术方面的评估，张芃作为项目负责人来往于福特、沃尔沃和吉利总部之间，负责后方指挥的李书福则在关键时刻出面斡旋，同福特汽车公司高层、瑞典政府以及沃尔沃工会代表进行多次接触以寻求对方的认可。

因此，吉利在竞争对手仓促上阵的情况下迅速拿出了切实可行的方案，并最终打动了福特。

③ 专业的国际化收购团队

2008年1月，吉利为了收购沃尔沃，在伦敦聘请了包括富尔德律师所、德勤会计师行、洛希尔银行在内的英资班底组成项目团队。

按照分工，富尔德律师所负责收购项目的所有法律事务；德勤负责收购项目、财务咨询，包括成本节约计划和分离运营分析、信息技术、养老金、资金管理和汽车金融尽职调查；洛希尔银行负责项目对卖方的总体协调，并对沃尔沃资产进行估值分析。

这一国际化的专业收购团队，为吉利的收购之路充当了保驾护航的角色。

④各级政府的鼎力支持

吉利成功收购沃尔沃离不开中国各级政府的支持。如前所述，中国国家商务部和北京、天津等地区政府都向吉利收购沃尔沃表示了政策支持。

吉利收购沃尔沃的战略意义

从中国的国家品牌战略高度考虑，吉利对沃尔沃的收购有着重大的战略意义：

1. 吉利并购沃尔沃，是我国汽车企业在发展自主品牌的思想观念上的一次重大突破

当初，我国汽车产业顺应改革开放的潮流，允许跨国汽车公司进入中国市场建立合资企业。在不长时间内，几乎所有的汽车巨头都进入了中国，在中国生产和销售汽车，中国汽车市场得到空前繁荣。但也毋庸置疑，由于我们一味地幻想着能够"以市场换技术"，在得到西方先进造车技术后发展自己的汽车品牌。可结果却与初衷背道而驰，没有建立自主品牌的汽车，先进技术还是牢牢控制在他人手中。

如今，在我国汽车产业中起初实力最弱、处境曾经最艰难的吉利，由于坚持自主品牌，不仅在市场上站住了脚跟，而且开始了加速发展；由于有了自主品牌的平台，不仅可以引进先进技术，而且可以抓住机遇，并购国际优质资源。中国的民营企业可以勇敢地走出国门，到西方发达国家去并购制造、技术、营销网络甚至是高端的品牌，这是中国企业在观念上的一大突破，也必然会引起我国经济界、企业界在观念上的突破。

2. 吉利并购沃尔沃，是我国企业采取多种方式发展自主品牌的一次"实战演习"

吉利并购沃尔沃，其最终目的是提升自身的品牌价值，但是，对于许多中国企业来说，如何具体操作国际并购，特别是对国外大型企业、甚至是国际知名大品牌的收购，还是非常欠缺经验。吉利对沃尔沃并购宣布了三点竞标标的：一是收购沃尔沃百分之百的股权；二是收购后的沃尔沃将保有其关键技术和知识产权的所有权，及公司为实施既定商业计划所需要的所有福特知识产权的使用权；三是吉利将通过沃尔沃拥有其关键技术和知识产权的所有权，并有权使用包括沃尔沃的安全与环保方面的知识产权在内的大量知识产权。可见，吉利并购沃尔沃的标的十分清晰，创造多赢的主张争得了主动，谈判稳

步推进，节奏的掌握也很艺术。这场竞购活动将为我国企业开展国际并购创造新的经验。

3. 吉利并购沃尔沃，对我国制造业加紧实施品牌战略是一个有力的促进

经济全球化指的是资源整合全球化，而不是经济利益全球化。全球化并没有消灭民族经济作为一个单元的存在，任何国家都要保护自己的民族经济和自主品牌。中国面临的任务是由一个"制造大国"发展成为一个"品牌强国"。成功的并购，将会使吉利的企业现代化的进程大大提速，吉利的品牌价值大幅度提升。沃尔沃这个百年老品牌，也将得到新的发展。这种互利共赢的模式，将会有力地推进中国自主品牌的国际化。

结语——吉利从挑战者到突破者的成长之路

此次沃尔沃收购事件把吉利推向了关注的焦点，作为中国汽车工业自主品牌的缔造者，李书福以及吉利汽车一向是业界的关注焦点。从创立至始，吉利一直以超常规的速度发展，不仅成功挑战了外资品牌与合资品牌一统中国汽车市场的局面，而且用实力证明了中国自主汽车品牌同样可以获得出色的发展业绩。预期即将成功的沃尔沃收购案将使得吉利汽车走向国际化的发展道路。

在外资品牌、合资品牌纵横中国汽车市场的当下，横亘在吉利面前的不仅仅是强大对手的重重包围，还有消费者对自主品牌的认可程度，以及对汽车核心技术的把握。从某种程度上来讲，吉利的整个发展历程就是中国汽车工业从挑战到突破的缩影，而吉利的梦想就是中国汽车工业朝着自主方向发展的梦想。

靠合资成就不了中国的汽车制造强国梦，这一点早已形成共识。

在缺乏核心技术、缺乏品牌影响力、缺乏足够专业人才的前提下，中国汽车工业如何发展？这一直是许多人思考的问题。而以吉利为代表的一批汽车后来者的异军突起，以大无畏的精神扛起了民族汽车产业和自主创新的大旗，拉开了中国汽车工业发展的新篇章。

吉利1997年正式进入汽车领域后，尽管很少得到来自政府的支持，更没有合资企业在金融和财税方面享受到的各种优惠政策，同时还得顶着同行的"奚落"、"嘲笑"甚至"打压"，但吉利没有在困难面前止步，而是以勇敢的挑战者姿态执着前行，短短10年时间里，取得了快速而长足的进步，在车型和关键部件开发上不断获得新的成绩，并开始逐步走向国际市场：

2004年，吉利汽车出口4846辆，名列中国轿车出口第一名；

2005年，吉利出口轿车近7000辆，出口国扩展到30多个国家；

2006年，吉利进军欧美的脚步明显加快，吉利汽车分别在德国法兰克福和北美亮相，年度总销售量达20.4万辆。

吉利的高速发展一方面来自中国整体汽车需求量的爆炸性增长，但更主要的是取决于李书福独特的市场战略：

先把低端市场做好，然后再进入中级轿车市场；

在做好做大国内市场以后，再进入国际市场；

迅速积累自己的研发能力和投入，不断形成核心竞争力，最终将实现三分之二的出口，让吉利轿车走遍全世界。

只有掌握核心技术、把握行业发展趋势才能赢得未来。于是一些世界级的汽车专家都被邀请进入吉利汽车，从事吉利汽车的自主创新、自主研发，进入吉利的研究院以及吉利的各个工厂和各有关方面。

吉利虽然是从一个很低的起点进入汽车工业的，但是，吉利的进步已经为中国的汽车工业做出了四大贡献：

第一，吉利汽车的发展模式代表汽车行业新的发展方向，即以民间资本为主，社会资本为辅。

第二，吉利成为中国汽车工业在"合资浪潮"之后投身自主创新的先行者之一，并且取得了相当大的成功，成为在汽车领域树立起的一面自主创新的旗帜。

第三，吉利以出色的性价比，使普通百姓拥有汽车的梦想成为现实。

第四，吉利以迅猛的发展姿态，重塑中国汽车市场发展格局，推动中国汽车行业朝外资品牌、合资品牌、自主品牌三足鼎立的局面发展。

吉利汽车企业的定位在于造老百姓买得起的好车，吉利汽车的远景是"让吉利汽车走遍全世界"，让最广大的中国百姓享受真正的超值生活。

吉利汽车各品牌之前大多是定位于低端市场，比如吉利的远景品牌定位：远景属于卓然出众者，属于务实进取者，属于具备远景精神者。他们志向高远，实力超凡；他们具有无限可能的成功潜力，无限光明的事业前景。他们将搭乘着远景轿车，奔赴无限美好的锦绣前程。吉利远景以耀人外形吸引大众目光，以强劲动力驱动客户的事业，以人性配置升级客户的体验，以非凡品质开创广阔的远景，远景伴客户开创未来，奔赴锦绣前程。但是，吉利的远景是一台典型的家用轿车，所以只能吸引在三、四线城市的传统消费者。远景轿车的现有优势，将会因为这类市场经济的发展、更发达的销售网络而日渐衰退。

为确保未来的持续成功，吉利必须确保产品的多元化，以全面迎合消费者的需求。中国汽车市场竞争超级激烈，已从卖方市场转型至买方市场。车辆价格的下跌，可供选择车型的增加，使消费者更为苛求。随着更多的年轻消费者涌入市场，合资品牌也开始增加他们的产品供给，销售价格诱人的小车。这样的市场发展在很大程度上影响到了中国自主品牌制造商，打破了他们一贯以便宜为主导的市场定位。

所以，在做好低端市场之后，投入精力进军中端市场也是吉利的发展策略重点。吉利汽车在2009年7月份推出了自己的全新品牌——"帝豪"，以期定位于中端汽车市场。帝豪的品牌个性为"豪华、稳重、力量"，其产品核心价值为"中国智慧、世界品质"。

根据吉利企业的定位，最终让吉利汽车走遍全球，吉利必须要选择进入高端汽车市场，所以吉利选择了一步步的国际并购计划。此次吉利如果收购沃尔沃品牌成功，会极大促进吉利汽车品牌，尤其是它的高端品牌发展计划。而且如果吉利收购沃尔沃成功，这对于中国汽车业来说，也是一件标志性的大事。但是，收购沃尔沃之后的品牌重新定位问题是关键。

作为全球豪华车品牌之一，且以汽车安全技术为特色的沃尔沃，在近些年来的世界各个主要市场的激烈竞争中，已经难以和德系三强进行对抗，豪华舒适比不过奔驰，驾驶乐趣比不过宝马，科技时尚比不过奥迪。而沃尔沃依然固执地坚持以安全作为主要品牌诉求，品牌老化和品牌内涵的单薄，已经比竞争对手逊色许多，而难以得到全球年轻新贵的认同，这是沃尔沃在不同市场节节败退的根源。此前中国市场并非沃尔沃的主要市场，所以，吉利收购沃尔沃品牌后，未来的生存机会在于中国的低成本与广阔的市场空间。吉吉利收购成功后，应该寄希望于把沃尔沃品牌目前在欧美的市场巩固加强，同时进一步开拓中国和发展中国家市场，走高端品牌路线。

思考题

1. 你对中国的中产阶层崛起和演变的看法是什么？
2. 你认为中国企业应当在哪些行业优先发展奢侈品品牌？
3. 你认为中国在目前的经济水平下应当采取何种政策引导奢侈品行业？

参考文献

[1] 阿尔·里斯、劳拉·里斯,《品牌之源》,火华强译,上海人民出版社2005年版。

[2] 爱德华·霍夫曼,《马斯洛传——人的权利的沉思》,许金声译,华夏出版社2003年版。

[3] 安德鲁·卡内基,《财富的福音》,杨会军译,京华出版社2006年版。

[4] 保罗·努内斯、布赖恩·约翰逊,《富裕的大众》,蔡荣生译,商务印书馆2007年版。

[5] 克里斯托弗·贝里,《奢侈的概念:概念及历史的探究——世纪人文系列丛书》,江红译,上海人民出版社2005年版。

[6] 戴维·阿克,《品牌组合战略》,雷丽华译,中国劳动社会保障出版社2005年版。

[7] 丹尼斯·麦奎尔、斯文·温德尔,《大众传播模式论(第2版)》,祝建华译,上海译文出版社1993年版。

[8] 汤姆·邓肯,《整合营销传播——利用广告和促销建树品牌》,周洁如译,中国财经出版社2004年版。

[9] 杜纳·E.科耐普,《品牌智慧:品牌战略实施的五个步骤(第2版)》,赵中秋、罗臣译,企业管理出版社2004年版。

[10] 高桥千枝子,《高价也能畅销——奢侈品营销的七项法则》,曹艺译,人民邮电出版社2007年版。

[11] 艾丽娜·惠勒,《品牌标识创意与设计》,王毅、姜晓渤译,上海人民美术出版社2008年版。

[12] 杰弗里·兰德尔,《品牌营销》,张相文等译,上海远东出版社1998年版。

[13] 凯文·莱恩·凯勒,《战略品牌管理(第3版)》,卢泰宏、吴水龙译,中国人民大学出版社2009年版。

[14] 凯文·罗伯茨,《至爱品牌》,丁俊杰等译,中国人民大学出版社2005年版。

[15] 菲利普·科特勒、弗沃德,《B2B品牌管理》,楼尊译,格致出版社2008年版。

[16] 雷凤颖,《香水的世界》,哈尔滨出版社2006年版。

[17] 李杰，《企业发展战略》，清华大学出版社 2009 年版。

[18] 李飞，《定位地图》，经济科学出版社 2008 年版。

[19] 刘晓刚、朱泽慧、刘唯佳，《奢侈品学》，东华大学出版社 2009 年版。

[20] 卢津源，《品位和品位：走进精致生活》，上海远东出版社 2006 年版。

[21] 马克·唐盖特，《时尚品牌传奇》，陈捷译，中国纺织出版社 2008 年版。

[22] 马特·欧斯里，《向富裕阶层销售》，吕育文译，中国人民大学出版社 2006 年版。

[23] 马未都，《马未都说收藏（珍藏版）》，中华书局 2008 年版。

[24] 帕米拉·N. 丹席格，《流金时代：奢侈品的大众化营销策略》，宋亦平、朱百军译，上海财经大学出版社 2007 年版。

[25] 沙莲香，《传播学——以人为主体的图象世界之谜》，中国人民大学出版社 1990 年版。

[26] 米歇尔·舍瓦利耶、热拉尔德·马扎罗夫，《奢侈品品牌管理》，卢晓编译，格致出版社 2008 年版。

[27] 斯蒂芬·李特约翰，《人类传播理论（第 7 版）》，史安斌译，清华大学出版社 2004 年版。

[28] 斯蒂芬·马尔，《奢侈品之战》，文爱艺译，四川人民出版社 2009 年版。

[29] 汤姆·布莱科特、鲍勃·博德，《品牌联合》，于瑢译，中国铁道出版社 2006 年版。

[30] 汤姆·纳格、约翰·霍根、王佳茜，《定价战略与战术：通向利润增长之路（第 4 版）》，龚强译，华夏出版社 2008 年版。

[31] 魏超等，《大众传播通论》，中国轻工业出版社 2007 年版。

[32] 维尔纳·桑巴特，《奢侈与资本主义》，王燕平、侯小河译，上海人民出版社 2005 年版。

[33] 威廉·阿伦斯，《当代广告学（第 8 版）》，丁俊杰、程坪、钟静、康瑾译，人民邮电出版社 2005 年版。

[34] 艾伦·亚当森，《品牌简单之道：最佳品牌如何保持其简单与成功》，姜德义译，中国人民大学出版社 2007 年版。

[35] 余明阳、戴世富《品牌战略》，清华大学出版社 2009 年版。

[36] 余明阳、姜炜，《品牌管理学》，复旦大学出版社 2006 年版。

[37] 约瑟夫·米歇尔,《金牌标准》,徐臻真译,中信出版社 2009 年版。

[38] 张家平,《奢侈孕育品牌》,学林出版社 2007 年版。

[39] 张玉斌,《顶级名车·游艇·私人飞机》,北京工业大学出版社 2007 年版。

[40] 张玉斌、李鹏、叶轻舟,《奢侈品》,北京工业大学出版社 2007 年版。

[41] 周婷,《奢侈品客户关系管理》,对外经济贸易大学出版社 2009 年版。

[42]《2009 年中国奢侈品市场研究报告》,贝恩公司报告。

[43]《全球奢侈品市场报告》,贝恩公司报告。

[44]《中国新兴富裕阶层》,麦肯锡公司报告。

[45] 陈海兵,《最便宜最有效的传播方法——口碑营销传播法》,中国营销传播网,2005 年 1 月 27 日(http://www.emkt.com.cn/article/195/19526.html)。

[46] 陈亮,《奢侈品品牌的贵族营销学》,2006 年 9 月 6 日,中国广告人网站(http://www.chinaadren.com/html/file/2006-9-6/200696113953.html)。

[47] 丁家永,《广告影响力与品牌传播》,中国营销传播网,2006 年 5 月 24 日(http://www.emkt.com.cn/article/264/26423.html5)。

[48] 董娟,《中国奢侈品消费阶层正在形成》,《中国经营报》,2007 年 1 月 8 日。

[49] 范亮,《奢侈品品牌的中国营销攻略》,《中外管理》,2006 年第 3 期。

[50] 冯淇,《宝马:居庙堂之首》,《国际广告》,2009 年 6 月。

[51] 关永宏、王媛,《论企业品牌的知识产权保护》,《企业科技与发展》,2007 年第 17 期。

[52] 郭丰庆,《跨国公司的全球化与品牌本土化整合策略》,《中国石油报》,2004 年 4 月 14 日。

[53] 哈罗德·D. 拉斯韦尔,《传播在社会中的结构与功能》(The Structure and Function of Communication in Society),论文,1984 年。

[54] 胡谋、贺清华,《彩云红打造世界级红茶品牌》,《新营销》,2007 年 9 月 21 日。

[55] 黄梁,《欧莱雅精心布局中国》,世界品牌实验室,2005 年 11 月 22 日(http://brand.icxo.com/htmlnews/2005/11/22/723373_0.htm)。

[56] 黄焱、屠春晓,《奢侈品为何如此奢侈——透视国外奢侈品营销攻略》,中国营销传播网,2006 年 7 月 11 日(http://www.emkt.com.cn/article/271/27127.html)。

[57] 金姬,《谁在消费奢侈品?》,《新民周刊》,2008 年 4 月 30 日。

[58] 李凌、周莹、文芳、毛学麟，《PPR：争夺 GUCCI，成就行业老三的地位》，《新财富》，2008 年第 2 期。

[59] 李敏、唐晓中，《服装品牌定位及多元化品牌策略》，《纺织导报》，2003 年第 2 期。

[60] 李倩倩，《中国奢侈品行业现状及发展策略分析》，《企业研究》，总第 285 期。

[61] 李雄《探寻奢侈品成功密码》，全球品牌网，2009 年 4 月 7 日（http://www.globrand.com/2009/227295.shtml）。

[62] 刘磊，《客户关系管理应用成功之十大关键因素分析》（http://www.ctiforum.com/technology/CRM/2003/03/crm0313.htm）。

[63] 娄向鹏，《一个错位的奢侈品市场》，《中国信息报》，2006 年 8 月 11 日。

[64] 马飞，《欧米茄》，《国际广告》，2005 年第 8 期。

[65] 玛丽姆·黛拉，《奥地利奢侈品传奇中的奥秘》，《新行销》，2008 年 8 月。

[66] 庞亚辉，《"砸大奔"危机事件，店大欺客酿苦果》，全球品牌网（http://www.globrand.com/2009/150733.shtml）。

[67] 乔远生，《哈雷戴维森：纹在消费者身上的品牌》（http://finance.sina.com.cn/jygl/20020516/207734.html）。

[68] Sean R. Collins、Peter W. Dahlström、Marc Singer，《在企业管理中关注客户群细分》，《麦肯锡季刊》，2006 年 8 月。

[69] Sebastian Suhl，《四大奢侈品品牌如何在中国取得成功》，http://www.lingshou.com/www/comment/comment-other/07030941602.htm。

[70]《"奢侈到东方去" 中国正成奢侈品大国》，《证券市场周刊》，2006 年 2 月 6 日。

[71] 苏东，《杨黛芬：娇兰中国的奢侈梦想》，《新营销》，2006 年第 11 期。

[72] 索佩敏，《当中国时尚杂志读者对广告不再宽容》，《中国新闻传播学评论》，2005 年 11 月 8 日（http://www.cjr.com.cn）。

[73] 童真在，《奢侈：从商品到体验》，金羊网（www.ycwb.com）。

[74] 涂屐鲲、杨林，《中国本土奢侈品的国际化发展之路》，《中南财经政法大学研究生学报》，2008 年第 2 期。

[75] 王秋韵，《小镇依云 顶级水品牌》，中国名牌杂志社（http://news.xinhuanet.com/topbrands/2009-02/05/content_10768070.htm）。

[76] 吴珏，《试论化妆品行业体验营销传播的方法途径》，元妙企业管理网，（www.yuanmiao.com/hangyeziliao/rihuayongpin/）。

[77] 解茹，《中国人的消费历程》，中国统计协会（http://www.nssc.stats.gov.cn）。

[78] 许悦，《解析中国为代表的东方新奢侈品市场的发展原因及效用》，《金融经济（理论版）》，2009年第1期。

[79] 羊英、傅瑜，《奢侈品行业供应链的下游集成策略分析与应用》，《价值工程》，2009年第9期。

[80] 懿冰，《跨三个世纪的幽香——娇兰香水》，2008年11月6日（http://www.rayli.com.cn/0P10/2008-11-06/L0P10200_338061_1.html）。

[81] 袁艺，《奢侈品营销策略——道可道，非常道》，《现代广告》，2006年5月15日。

[82] 曾朝晖，《洋酒的奢侈品营销策略》，《酒世界》，2007年第9期。

[83] 张兵武，《欧莱雅：品牌金字塔是怎样建成的》，中国营销传播网，2007年4月7日（http://www.fw123.net/scyx/jygl/39429_2.html）。

[84] 张国仁，《用奢华定格品位 Vertu手机十周年历程》，手机中国，2008年7月30日（http://digi.tech.qq.com/a/20080730/000098_1.htm）。

[85] 张一然、雷蕾，《从奢侈品广告解读潮流趋势》，《今晚经济周报》，2010年3月30日。

[86] 赵平，《向路易威登、迪奥、娇兰学品牌传播——决不密集投放——惟一重要的是精确》，《商学院》，2005年第6期。

[87] 赵万华，《客户关系管理新策》，《经营与管理》，2005年第12期。

[88] 赵云，《梅赛德斯奔驰先生 用亲和力打造销售》，《华夏时报》，2009年7月31日。

[89] 朱杰，《打造源自中国的奢侈品品牌 "上海滩"(Shanghai Tang)》，《当代经理人》，2006年第10期。

[90] 《30年影响中国穿衣史的国际品牌不完全记录》，《服装时报》，2008年3月26日。

[91] 《百达翡丽表中的王中王》，北方网，2005年7月28日（http://brand.icxo.com/htmlnews/2005/07/28/639778.htm）。

[92] 《奔驰中国总裁：多元化产品策略已取得成效》，《数字商业时代》，2009年6月18日。

[93] 《产品定价基本方法选择》（http://www.mba163.com/glwk/scyx/200609/74143.html）

[94]《登喜路（dunhill）：一个冒险与奢华的历史》（http://www.jeans.gov.cn/co11064.html）。

[95]《国际奢侈品的中国式亲民》，中国学网（http://xue163.com/html/2008224/225579.html）。

[96]《HUGO BOSS：穿越时代的经典》，中国服装时尚网，2007年12月7日（http://www.cfw.cn/news/2007-12-7/9210-1.htm）。

[97]《劳力士——历史经典表款的故事》，瑞士钟表网，2008年8月5日（http://www.rszbw.com/news.asp?NewsId=214）。

[98]《LV：奢侈品品牌的奢侈用人观》，《世界经理人》，2007年6月18日。

[99]《LV们在中国迷失自我？》，《中国经营报》，2007年1月22日。

[100]《茅台百年诚信品牌的历史传承》，《经济日报》，2009年7月10日（http://news.brandcn.com/pinpaigushi/200907/194192_2.html）。

[101]《MONT BLANC品牌是怎样创办出来的》，品牌世家（http://guide.ppsj.com.cn/art/8711/Montblancppszycbcld/）。

[102]《品牌：蒂芬尼——奢华的爱》，金羊网，2007年6月10日（http://www.ycwb.com/xkb/2007-06/10/content_1509376.htm）。

[103]《奢侈品——法国Goyard》，海报时尚网（http://www.haibao.cn/article/38833.htm）。

[104]《奢侈品案例剖析LV——路易威登（Louis Vuitton）》，中国时尚品牌网，2006年7月21日（http://www.4a98.com/marketing/clothing/2006-07-21/article_9038.html）。

[105]《奢侈品行业需要怎样的CRM经理人》（http://blog.hr.com.cn/html/95/n-4895.html）。

[106]《奢侈品和高级消费品的品牌推广》，优网（http://www.neeu.com/news/2009-08-19/10801.html）。

[107]《奢侈品品牌蒂芙尼：经典的艺术回声》，中国时尚品牌网（http://q.chinasspp.com/n4557.html）。

[108]《透视国外奢侈品营销攻略研究》，中国化妆品网，2007年11月22日（http://www.c2cc.cn/news/Dealer/Dealer2/2007/11/22/33164.htm）。

[109]《万宝龙品牌管理案例》,中国公关网(http://www.chinapr.com.cn/anli/ppgl/200803/19421.shtml)。

[110]《迎接新纪元——中国新兴的富裕消费阶层》,麦肯锡中国解读,2009年。

[111]阿玛尼官方网站(www.giorgioArmani.com)。

[112]BIOTHERM官方网站(www.biotherm.com.cn)。

[113]Porsche Christophorus 339,保时捷官方网站(www.porsche.com)。

[114]沙夫豪森IWC网站(www.iwc.com)。

[115]互动百科(http://www.hudong.com/wiki/伯瓷酒店)。

[116]中国营销传播网(http://www.emkt.com.cn/article/267/26731.html)。

[117]Bernd H. Schmitt, *Customer Experience Management*, John Wiley & Sons,Inc, 2003。

[118]Bernd H. Schmitt, *Experiential Marketing*, The Free Press, 1999.

[119]Hans-Willi Schroiff and David Arnold, Managing the Brand-product Continuum in Global Market, Harvard Business School, June 16, 2003.

[120]Jakrapan Anurit, Karin Newman and Bal Chansarkar, Consumer Behaviour of Luxury Automobiles: A Comparative Study between Thai and UK Customers' Perceptions, Working Paper, 1999.

[121]Jean-Noël Kapferer and Vincent Bastien, *The Luxury Strategy: Break the Rules of Marketing to Build Luxury Brands*, First Edition, Kogan Page, 2009.

[122]Mbtech Group, Customer Relationship Management for Luxury Products, http://www.mbtech-group.com/fileadmin/media/de/Downloads/2009/consulting/CRM_englisch.pdf.

[123]Nabil Chantous, Brand Internationalization Strategy beyond the Standardization / Adaption Dichotomy, Paper presented at the Thought Leaders International Conference on Brand Management, April 2008, Birmingham-UK.

[124]Uche Okonkwo, *Luxury Fashion Branding: Trends, Tactics, Techniques*, First Edition, Palgrave Macmillan, 2007.

[125]Wiedmann, K.P., N. Hennigs and A. Siebels, Measuring Consumers' Luxury Value Perception: A Cross-Cultural Framework, *Academy of Market Science Review*, 2007, 7.

案例索引

品牌故事（绪论）：娇兰（GUERLAIN）——跨越三个世界的幽香
讨论案例（绪论）：布加迪（BUGATTI）——男人世界最昂贵的跑车

品牌故事（第1章）：路威酩轩（LVMH）集团——缤纷奢侈帝国
案例1-1：HUGO BOSS 差异化定位寻求新市场
案例1-2：泰勒梅-阿迪达斯高尔夫与佘山国际高尔夫俱乐部
讨论案例（第1章）：世界舞台酒业巨子——三分觥筹世界

品牌故事（第2章）：兰博基尼（LAMBORGHINI）——浴火重生
讨论案例（第2章）：蔻驰（COACH）——驰骋新兴市场

品牌故事（第3章）：戈雅（GOYARD）——贵族气息与时尚梦幻
案例3-1：品牌价值——等同现金的劳力士（ROLEX）
案例3-2：宝缇嘉（BOTTEGA VENETA）：皮具中的翘楚
案例3-3：卡尔文·克莱恩（Calvin Klein）
讨论案例（第3章）：乔治·阿玛尼（Giorgio Armani）——左手前世，右手今生

品牌故事（第4章）：宾利（BENTLEY）——两个座位，决定一个世界
案例4-1：CHANEL No.5
讨论案例（第4章）：蒂芙尼（TIFFANY）——早餐的艺术回声

品牌故事（第5章）：杰尼亚（Zegna）——伟大心灵，惊奇共鸣
案例5-1：欧米茄（OMEGA）终端服务——永远不低估顾客
讨论案例（第5章）：登喜路（dunhill）——英伦绅士

品牌故事（第6章）：依云（EVIAN）——神水的滋润

案例 6-1：VOSS（Artesian Water From Norway）

案例 6-2：劳力士（ROLEX）的奢侈营销

案例 6-3：保时捷（Porsche）——魅力无尽、"极至"体验

讨论案例（第6章）：普拉达（PRADA）旗舰店 Epicenter——终极震撼

品牌故事（第7章）：哈雷戴维森（HARLEY-DAVIDSON）——极致之我

案例 7-1：美国运通卡——卓尔不群

案例 7-2：豪雅表（TAG Heuer）——"表"里如一的客户服务

讨论案例（第7章）：希尔顿（Hilton）——CRM 至高无上

品牌故事（第8章）：万宝龙（MONT BLANC）——中国情愫

讨论案例（第8章）：保时捷（Porsche）——激情韵风

品牌故事（第9章）：VERTU——奢华定位品位

案例 9-1：欧米茄——160 年穿越时空之美

案例 9-2：HONMA 品牌

案例 9-3：玛莎拉蒂（Maserati）：独辟蹊径的品牌定位与定价

讨论案例（第9章）：伯瓷酒店（BURJ AL-ARAB）——沙海帆影、天上人间

品牌故事（第10章）：卡地亚（Cartier）——奢华的态度

案例 10-1：希尔顿的员工可以穿着自己喜欢的衣服为客人服务

案例 10-2：葡萄酒世界的"布加迪"：罗曼尼·康帝

讨论案例（第10章）：爱马仕（Hermès）——橙色经典、斑斓诱惑

品牌故事（第11章）：巴宝莉（BURBERRY）——凤凰涅槃

案例 11-1：古驰（GUCCI）——扑朔迷离，蜿蜒前行

案例 11-2：砸奔驰事件

讨论案例（第 11 章）：LVMH 欲购 GUCCI——画眉深浅入时无

品牌故事（第 12 章）：百达翡丽（Patek Philippe）——人类手工文明

案例 12-1：LV 的招聘标准和培训手段

案例 12-2：香奈儿（CHANEL）的 e-HR 计划

讨论案例（第 12 章）：丽兹卡尔顿（Ritz Carlton）——文化浸透灵魂

品牌故事（第 13 章）：历峰（RICHEMONT）——广袤的商业帝国

讨论案例（第 13 章）："上海滩"（Shanghai Tang）——打造源自中国的奢侈品品牌

品牌故事（第 14 章）：琉璃工房——东方友谊传播使节

案例 14-1：奔驰中国的销售奇迹

讨论案例（第 14 章）：奔驰（BENZ）与宝马（BMW）——相得益彰的博弈

品牌故事（第 15 章）：中国茅台——华夏文明源远流长

案例 15-1：同庆普洱——传承历史

案例 15-2：东北虎（NE·TIGER）——中国皮草第一奢侈品品牌

讨论案例（第 15 章）：吉利（GEELY）与沃尔沃（VOLVO）——远交近攻、迷踪无影